World Book 155
Andre Gide
LA PORTE ÉTROITE
LA SYMPHONIE PASTORALE
LES NOURRITURES TERRESTRES
좁은 문/전원교향악/지상의 양식
앙드레 지드/이휘영 이춘복 옮김

동서문화사

디자인 : 동서랑 미술팀

좁은 문/전원교향악/지상의 양식
차례

좁은 문
좁은 문 … 13

전원교향악
내면 일기 Ⅰ … 133
내면 일기 Ⅱ … 171

지상의 양식
1장 LIVRE PREMIER … 197
2장 LIVRE DEUXIÈME … 211
3장 LIVRE TROISIÈME … 220
4장 LIVRE QUATRIÈME … 229
5장 LIVRE CINQUIÈME … 254
6장 LIVRE SIXIÈME … 266
7장 LIVRE SEPTIÈME … 281
8장 LIVRE HUITIÈME … 296

도스토옙스키
도스토옙스키 … 307

지드의 생애와 작품에 대하여
지드의 생애와 작품에 대하여 … 423
지드 연보 … 454

La Porte étroite
좁은 문

좁은 문으로 들어가기를 힘쓰라
〈누가복음〉 제13장 24절

주요인물

제롬 주인공. 이 이야기를 이끌어 가는 사람.
미스 플로라 아슈뷔르통 어머니의 가정교사. 나중에 한 가족처럼 지낸다.
뷔콜랭 어머니의 남동생. 알리사, 줄리에트, 로베르의 아버지.
뤼실 뷔콜랭 미인이며 사치를 좋아하는 뷔콜랭의 아내. 젊은 남자와 집을 나간다.
알리사 두 살 위인 사촌누이. 이 이야기의 여자 주인공. 제롬에 대한 사랑으로 괴로워한다.
줄리에트 한 살 아래인 사촌누이. 알리사의 여동생. 제롬을 남몰래 마음속으로 사랑하지만, 언니가 자기에게 사랑을 양보하려는 것을 알고 다른 곳으로 시집간다.
로베르 가장 나이 어린 사촌동생.
플랑티에 이모 어머니의 언니. 르아브르의 산기슭에 살고 있다.
아벨 보티에 목사의 넷째 아들. 제롬의 친구.
에투아르 테시에르 줄리에트의 구혼자. 뒤에 남편이 된다.

좁은 문

1

다른 사람이라면, 이 이야기로 책 한 권은 너끈히 엮어낼 수도 있을 것이다. 그러나 지금부터 하려는 이야기는, 내가 그렇게 살기 위해 온 힘을 기울이고 내 정력을 바닥까지 쏟아부은 삶의 증거이다. 따라서 나는 아무 꾸밈없이 그 추억을 쓰려고 한다. 군데군데 뚝뚝 끊어지는 곳이 있다 하더라도, 그것을 매끄럽게 깁고 이어 붙이기 위해 결코 이야기를 지어내거나 하지는 않을 것이다. 왜냐하면 기억을 꾸미려고 애쓰다 보면, 내가 이 이야기를 함으로써 맛보고자 하는 마지막 즐거움이 사라져 버릴 수도 있기 때문이다.

아버지가 돌아가신 것은 내가 채 열두 살도 되기 전이었다. 어머니는 아버지가 의사로 계시던 르아브르에 머물러 있을 아무런 이유도 없게 되자, 내가 학업을 더 잘 마칠 수 있으리라는 생각에서 파리로 옮겨 살 작정을 하셨다. 어머니는 뤽상부르 공원 근처에 조그만 아파트를 세내어 그곳에서 미스 아슈뷔르통과 같이 살게 되었다.

가족 없이 혼자인 미스 플로라 아슈뷔르통은, 처음엔 어머니의 가정교사였다가 이어 말벗이 되더니 곧 친구가 되었다. 나는 부드럽고도 쓸쓸한 표정에 늘 상복 입은 모습 말고는 떠오르지 않는 이 두 여인 곁에서 자랐다. 어느 날, 아버지가 돌아가신 지 한참 지난 뒤 느닷없이 어머니가 아침에 쓰는 모자의 검은 리본을 연보라색 리본으로 바꾸어 단 것을 보고 나는 놀라서 소리치고 말았다.

"엄마! 그 색깔은 정말 엄마에게 어울리지 않아요."

다음 날, 어머니는 다시 검은 리본을 달았다.

나는 꽤 허약한 편이었다. 그래서 어머니와 미스 아슈뷔르통은 늘 내가 지치지 않도록 마음을 썼다. 그런데도 내가 게을러지지 않았던 것은 정말 공부를 좋아했기 때문이었다. 초여름 화창한 계절이 되자 두 여인은, 내 얼굴을 창백하게 할 뿐인 파리에서 떠나야 할 시기가 왔다고 생각했다. 그래서 우리는 6월 중순경에, 해마다 여름이면 뷔콜랭 삼촌이 맞아 주는 르아브르 근처 퐁궤즈마르를 향해 출발했다.

그다지 크지도 아름답지도 않은 정원, 노르망디 지방의 다른 정원들과 비교해도 별다른 특징이 없는 정원 안에 하얀 3층 건물 뷔콜랭 댁은 18세기풍 별장이었다. 동쪽으로는 정원을 향해 20여 개의 창이 열려 있고 뒤편에도 그만큼 달려 있다. 양쪽 곁에는 창이 하나도 없다. 창에는 작은 유리들이 끼워져 있었는데, 최근에 갈아 낀 유리 몇 개는 너무 투명해서 그 주변의 것들을 푸르고 어두워 보이게 했다. 어떤 창유리에는 집안 식구들이 '거품'이라 부르는 흠이 있어, 그리로 내다보면 나무가 뒤틀려 보이고 그 앞을 지나가는 우체부는 갑자기 혹이 달려 보이기도 한다.

긴 네모꼴 정원은 담으로 둘러싸여 있었다. 집 앞에는 그늘진 널찍한 잔디밭이 있고, 그 둘레로는 모래와 자갈 깔린 작은 길이 나 있었다. 이쪽에서는 담이 낮아서 정원을 둘러싸고 있는 시골집 뜰이 보이는데, 너도밤나무를 심은 길이 이 고장 특유의 방식대로 이 농장의 뜰을 구분하고 있었다.

집 뒤 서쪽 방향으로, 정원은 더 활짝 트여 있었다. 남쪽 과실나무 울타리 앞쪽, 꽃이 만발한 좁은 길은 포르투칼산(產) 월계수의 두터운 장막과 몇 그루 나무로 바닷바람을 피했다. 북쪽의 담을 따라 뻗어나간 또 하나의 오솔길은 나뭇가지 밑으로 사라진다. 내 사촌누이들은 그것을 '어두운 길'이라 불렀고, 해가 지면 거기로 나가길 주저했다. 이 두 갈림길은 채소밭에 닿아 있고, 이 채소밭을 몇 계단 더 내려가면 정원과 맞닿아 있다. 그리고 채소밭 구석 조그만 비밀 문이 나 있는 담 건너편에는 해마다 벌채한 숲이 보이고 너도밤나무가 늘어선 길이 좌우 양쪽에서 그곳으로 이른다.

서쪽 계단에서는 이 숲 너머로 정원까지 보이고 이 고원을 뒤덮은 농작물을 바라볼 수 있다. 지평선 그리 멀지 않은 곳에 아담한 마을의 교회가 서있고 해질녘 바람이 잔잔할 때면 몇몇 집에서 피어오르는 연기가 보인다.

날씨가 맑은 여름날 해가 저물 무렵이면, 언제나 저녁을 먹고 나서 '아래 정원'으로 내려갔다. 우리는 작은 비밀 문을 통해 주변의 경치를 어느 정도 바라볼 수 있는 길가의 벤치까지 갔다. 거기서 지금은 사용하지 않는 이회암(泥灰岩) 채굴터 이엉 지붕 옆 벤치에 삼촌, 어머니, 미스 아슈뷔르통이 앉았다. 우리 맞은편에 있는 작은 계곡은 뿌연 안개에 잠기고 그 너머 숲 위의 하늘은 금빛으로 물들어 있었다. 땅거미가 진 뒤에도 우리는 늦게까지 그 정원에서 시간을 보내곤 했다. 우리가 다시 집에 돌아오면 우리와 같이 밖에 나가본 일이 없는 외숙모가 응접실에 있었다……. 우리 같은 아이들에게는 그것으로 저녁 시간이 끝나지만, 밤이 이슥해져 어른들이 올라오는 발소리가 들릴 때까지 자기 방에서 책을 읽는 일이 자주 있었다.

정원에서 보낼 때를 뺀 시간을 우리는 대부분 삼촌 서재에 책상을 마련해 놓은 '자습실'에서 보냈다. 사촌동생인 로베르와 나는 나란히 앉아 공부했고 뒤에서는 줄리에트와 알리사가 공부했다. 알리사는 나보다 두 살 위였고 줄리에트는 한 살 아래였으며 로베르는 넷 중 가장 나이가 어렸다.

내가 여기서 쓰려 하는 것은 어린 시절의 추억이 아니라 다만 이 이야기와 관련이 있는 부분만이다. 이 이야기가 시작되는 것은 바로 아버지가 돌아가신 그해다. 아마도 내 감수성이 아버지가 돌아가신 불행과, 자신의 슬픔은 아니더라도 적어도 어머니의 슬픔을 보는 것으로 지나치게 자극을 받은 나머지 지금까지와는 다른 감정을 일으켰던 탓인지, 나는 상당히 조숙한 편이었다. 그해 퐁궤즈마르에 다시 왔을 때 줄리에트와 로베르는 아주 어려 보였지만, 그와 반대로 알리사를 보았을 땐 문득 우리 둘은 더 이상 어린애들이 아니라는 것을 느꼈다.

그렇다. 그것은 아버지가 돌아가신 해다. 내 기억을 되살려 준 것은, 우리가 도착한 바로 뒤에 미스 아슈뷔르통과 어머니가 주고받은 대화였다. 나는 어머니와 그 친구가 이야기하고 있던 방에 갑자기 들어갔다. 외숙모에 관한 이야기였다. 어머니는 외숙모가 상복을 입지 않았다든가 혹은 입었다 하더라도 벌써 그만두고 말았다는 것에 화를 내고 있었다(사실 상복을 입고 있는 뷔콜랭 외숙모를 상상하는 것은 화려한 옷차림의 어머니를 상상해 보는 것만큼이나 어색한 노릇이다). 내 기억으론 우리가 도착하던 날 뤼실 뷔콜랭은 모슬린 옷을 입고 있었다. 여느 때와 마찬가지로 타협적인 미스 아슈뷔르통은 어머니를 진정시키려 노력하면서 조심조심 말했다.

"어쨌든 흰색도 상복의 색이잖아요?"

"아니, 그럼 그 어깨에 걸치고 있는 빨간 숄도 '상복 색깔'이란 말이에요? 플로라, 내 화를 그만 돋워요." 어머니가 소리쳤다.

내가 외숙모를 본 것은 여름방학 때뿐이었다. 그러니 낯익은, 그 가볍고 폭이 넓은 웃옷 차림도 더위 탓이라 할 수 있을 것이다.

그러나 드러난 어깨 위에 걸치고 있었던 숄의 타는 듯한 빛깔보다도 어깨를 그처럼 드러낸 모습이 더욱 어머니 눈에 거슬렸던 것이다.

뤼실 뷔콜랭은 퍽 아름다웠다. 아직도 내 집에 있는 외숙모의 초상은 그 당시 그녀의 모습을 그대로 보여주고 있다. 자신의 딸과는 자매지간으로 보일만큼 앳된 모습으로 비스듬히 앉아서 언제나 변함없는 맵시로 왼손을 턱에 괸 채 새끼손가락을 맵시 있게 입술가로 굽히고 있다. 올이 굵은 헤어네트가 목덜미 위에 웨이브를 한, 반쯤 헝클어 진 머리를 감싸고 있다. 웃옷 깃 사이의 움푹 파인 곳엔 검은 벨벳으로 만든 헐거운 목걸이에 이탈리아식 모자이크 메달이 달려 있다. 큼직한 매듭이 흔들거리는 검은 벨벳 허리띠, 모자끈으로 의자 뒤에 달아매 놓은 테두리가 넓고 부드러운 밀짚모자, 이 모든 것이 외숙모의 모습을 더욱 앳되게 만들고 있다. 오른손은 아래로 늘어뜨린 채 덮인 책 한 권을 들고 있다.

외숙모 뤼실 뷔콜랭은 식민지 출신이었다. 그녀는 부모를 몰랐다든가 아니면 일찍 여의었다든가 했다. 그 뒤 어머니가 들려준 이야기로는, 외숙모는 내버려졌거나 아니면 고아였는데 아이가 없던 보티에 목사 부부가 거두어서, 곧 마르티니크를 떠나게 되자 당시 뷔콜랭네가 살고 있던 르아브르로 데리고 왔다는 것이다. 보티에 집안과 뷔콜랭 집안은 서로 친해지게 되었다. 삼촌은 당시 외국의 어떤 은행에 근무하고 있었는데, 3년 뒤 집에 돌아왔을 때 처음으로 어린 뤼실을 보게 되었다. 보자마자 삼촌은 그녀에게 홀딱 반해서 곧 청혼을 했는데 그로 인해 부모와 내 어머니 속을 어지간히 썩였다. 당시 뤼실은 열여섯 살이었다. 그동안 보티에 부인은 두 아이의 어머니가 되었다. 부인은 날이 갈수록 성격이 점점 비뚤어져가는 수양딸이 두 자녀에게 어떤 영향을 끼칠까 두려워하기 시작했다. 게다가 살림살이도 궁색했고⋯⋯ 이것은 모두 보티에 부인이 어째서 자기 동생의 청혼을 반갑게 수락했는지 어머니가 내게 들려준 이야기다. 더 나아가서 내가 상상하기로는, 젊은 뤼실가 그들을 몹시 당황하게 했으리라는 것이다. 르아브르의 사회를 잘 알고 있는 나로서는 그처럼 매혹적인 용모를 지녔던 아이에게 사람들이 어떻게 대했을지 쉽사리 짐작할 수 있다. 훨씬 뒤에야 알게 되었지만, 성격이 온유하고 신중하면서도 순박하여 속임수엔 감당을 못하고 악 앞에서는 완전히 당황해 버리고 마는 이 착한 보티에 목사는 정말 진퇴양난에 빠졌을 것이다. 보티에 부인에 대해서는 아무것도 아는 게 없다. 부인은 넷째 아들, 나와 같은 또래로 나중에 내 친구가 된 남자아이를 낳고 세상을 떠나고 말았으니까…….

뤼실 뷔콜랭 숙모는 우리 생활에 별로 끼지 않았다. 점심 식사가 끝난 뒤에나 겨우 자기 방에서 내려오는 것이었다. 그러고는 소파나 해먹 위에 저녁까지 길게 누워 있다가 나른한 모습으로 일어났다. 그녀는 윤기라곤 전혀 없는 이마에 땀이라도 닦으려는 듯 때때로 손수건을 갖다대곤 했다. 부드럽고, 꽃향기보다는 과일내가 풍기는 이 손수건은 내게는 지극히 신기한 것이었다. 때로 그녀는 허리띠에서 여러 가지 물건과 함께 시곗줄에 달린 매끄러운 은으로 만든 뚜껑이 있는 조그마한 거울을 꺼냈다. 그러고는 그 거울에 자기 얼굴을 비춰보면서 손가락 하나를 입술에 갖다대어 침을 조금 묻히고는 눈꼬리를 축이곤 했다. 그녀는 자주 책을 들고 있었는데 늘 덮여진 그 책 중간쯤엔 별갑으로 만든 페이퍼나이프가 끼워져 있었다. 누군가가 옆으로 다가가도 여전히 공상에 잠긴 채 돌아보지도 않았다.

때로는 그 힘없이 나른해진 손에서, 소파의 팔걸이에서, 혹은 치마폭의 주름 사이에서, 손수건이나 책 혹은 무슨 꽃이나 서표가 떨어졌다. 어느 날 그 책을 주워—이건 어릴 때 추억이다—그것이 시집인 것을 보고 나는 얼굴을 붉힌 적이 있다.

저녁 식사가 끝나면 외숙모는 우리 가족 테이블로 가까이 오지 않고 피아노 앞에 앉아 쇼팽의 느린 마주르카를 치곤 했다. 때로 박자가 틀리면 어느 한 음만을 누른 채 움직이지 않고 앉아 있었다.

외숙모 곁에 있으면 나는 언제나 까닭 모를 어색한 기분, 일종의 존경과 두려움이 뒤섞인 듯한 느낌이었다. 무의식적인 어떤 본능이 외숙모를 경계하도록 했는지도 모른다. 게다가 나는 그녀가 플로라 아슈뷔르통과 어머니를 경멸하고 있다는 사실, 또한 미스 아슈뷔르통은 그녀를 두려워하고 있으며 어머니는 어머니대로 그녀를 싫어하고 있다는 것을 느끼고 있었다.

뤼실 뷔콜랭 외숙모님, 나는 이제 당신을 탓하고 싶지도 않으며 또 외숙모가 저지른 많은 잘못도 잊고 싶은 심정입니다…… 적어도 나는 노여움 없이 당신에 대해 이야기하렵니다.

그해 여름 어느 날—혹은 그 이듬해였는지도 모른다. 언제나 비슷한 배경 속에서 내 기억은 가끔 뒤섞인다—책을 한 권 찾으러 응접실로 들어갔다. 거기에 외숙모가 있었다. 나는 곧 되돌아 나오려고 했다. 그런데 여느 때는 나를 거들떠보지도 않던 외숙모가 나를 불러 세웠다.
"제롬! 왜 그렇게 급히 나가니? 내가 무섭니?"
나는 가슴을 두근거리며 그녀 쪽으로 갔다. 그리고 애써 미소를 짓고 손도 내밀었다.
그녀는 한 손으로 내 손을 잡고 다른 한 손으로 내 뺨을 어루만졌다.
"너희 어머니는 어쩌면 이렇게 흉하게 옷을 입히니, 가엾어라! ……."
그때 나는 넓은 옷깃의 세일러복을 입고 있었는데, 외숙모는 그것을 구기적거리기 시작했다.
"세일러복의 깃은 훨씬 더 젖혀 입는 거야!" 외숙모는 내 셔츠 단추를 하나 빼면서 말했다. "자! 봐라, 이렇게 하니까 얼마나 좋으니!"
그러고는 그 작은 거울을 꺼내더니 자기 얼굴에 내 얼굴을 끌어당기고, 드러낸 팔로 내 목을 휘감고는 반쯤 벌려진 내 셔츠 속으로 자기 손을 집어 넣고 웃으며 간지럽지 않으냐고 물으면서 자꾸만 더 속으로 손을 넣었다……. 내가 깜짝 놀라 갑자기 뛰어일어나는 바람에 그만 세일러복이 찢어지고 말았다. 나는 얼굴이 홍당무가 된 채 "아유, 이런 바보!" 하고 외숙모가 소리치는 동안 도망쳐 버렸다. 그러고는 정원으로 달려가 채소밭에 있는 작은 저수통에 손수건을 축여 이마에 대고 뺨과 목 할 것 없이 그녀가 손댄 곳은 어디나 닦고 문질러 댔다.

때때로 뤼실 뷔콜랭은 '발작'을 일으키곤 했다. 그것은 갑자기 그녀를 찾아와 집안을 뒤엎어버리는 것이었다. 미스 아슈뷔르통은 부랴부랴 아이들을 데려가 돌보아 주었지만 침실이나 응접실에서 나오는 무서운 고함 소리를 들리지 않도록 막을 수는 없었다. 삼촌이 반미치광이가 되어 수건이나 화장수, 또는 에테르를 가지러 복도를 뛰어가는 소리가 들려왔다.

저녁때 아직 외숙모가 나타나지 않은 식탁에서 삼촌은 근심에 찬 지친 얼굴을 하고 있었다.

발작이 거의 지나고 나면 뤼실 뷔콜랭은 언제나 아이들을 그녀 곁으로 불렀다. 주로 로베르와 줄리에트를 불렀다. 알리사를 부르는 일은 거의 없었다. 이런 슬픈 날이면 알리사는 꼼짝 않고 자기 방에 틀어박혀 있었고, 그의 아버지가 이따금 그녀를 보러 가곤 했다. 삼촌은 곧잘 그녀와 이야기를 나누었다.

외숙모의 발작은 하인들에게 공포감을 주었다. 발작이 유난히도 심했던 어느 날 저녁, 응접실에서 벌어지는 일이 잘 들리지 않는 어머니 방에 꼼짝 말고 들어가 있으라는 말을 듣고 나는 어머니와 함께 방에 앉아 있었는데 하녀가 소리치며 복도를 뛰어가는 소리가 들렸다.

"주인님, 어서 내려오세요, 마님께서 지금 돌아가시려고 해요."

삼촌은 알리사의 방에 올라가 계셨다. 어머니가 삼촌을 부르러 가셨다. 한 15분 뒤 내가 있던 방의 열린 창 앞으로 두 분이 무심히 지나갈 때 어머니의 목소리가 들려왔다.

"내가 똑바로 말해 볼까? 저건 모두 연극이야!" 그러고는 음절을 끊으면서 몇 번이나 "연……극……이야!"라고 되풀이하는 것이었다.

이 일은 방학이 끝날 무렵에 일어났다. 아버지가 돌아가신 지 2년 뒤의 일이었다. 그 뒤로 나는 오랫동안 외숙모를 만나지 않게 되었다.

그러나 우리 집안을 뒤엎은 슬픈 사건, 또한 그 결말에 조금 앞서 그때까지도 뤼실 뷔콜랭에 대해 내가 느끼고 있었던 복잡하고도 막연한 감정을 그야말로 증오심으로 바꾸어 놓은 사정을 이야기하기 전에, 나는 이쯤에서 내 사촌누이에 대해서 이야기하려고 한다.

알리사 뷔콜랭이 예쁘다는 것을 나는 그때까지 느끼지 못하고 있었다. 내가 그녀에게 끌렸던 것은 단순한 아름다움보다도 다른 어떤 매력 때문이었다. 물론 그녀는 자기 어머니를 많이 닮았다. 그러나 그녀의 눈길이 주는 표정이 그녀의 어머니와는 너무도 달랐기 때문에 서로가 닮았다는 사실을 훨씬 뒤에야 알게 되었다. 나는 그녀의 얼굴을 잘 그리지 못하겠다. 얼굴의 윤곽뿐 아니라 눈동자 색깔마저도 이제는 기억이 희미하다. 단지 지금 생각나는 것은 그 무렵에 벌써 슬픔이 깃든 듯한 미소를 띤 표정과 커다란 곡선을 그리면서 눈과는 아주 멀리 떨어져 있는 눈썹의 선뿐이다. 나는 그런 눈썹을 어디서도 본 적이 없다. 오직 단테 시대의 피렌체 조각상에서 본 적이 있을 뿐이다. 어릴 때의 베아트리체도 그처럼 크고 높이 곡선을 그린 눈썹이었으리라.

이 눈썹은 그녀의 눈길에, 그녀의 몸 전체에, 의심과 신뢰가 동시에 섞인 궁금한 듯한 표정, 열정적으로 묻는 듯한 표정을 보여 주었다. 그녀에게 있어서는 모든 것이 질문이요, 기다림이었다. 이 질문이 어떻게 나를 사로잡았으며 내 생애를 결정짓게 되었는가를 이제부터 이야기하겠다.

그러나 그녀와 비교한다면 보는 이에 따라서는 줄리에트가 더 예뻐 보였을 것이다. 기쁨과 건강이 그녀에게 빛을 더해 주고 있었다. 그러나 그녀의 아름다움은 그 언니의 우아함과 비교할 때 어딘지 모르게 외형적이고 누구에게나 단번에 드러나는 것 같았다. 한편, 사촌동생 로베르는 이렇다 할 별다른 특징이 없는 아이였다. 단지 내 나이 또래의 아이에 지나지 않았다. 나는 줄리에트나 로베르하고 같이 놀았다. 그리고 알리사와는 같이 이야기를 했다.

알리사는 우리 장난에 끼는 일이 없었다. 아무리 먼 과거로 되돌아가도 내 눈에 그려지는 알리사는 언제나 진지하고 부드러운 미소를 띤 채 명상에 잠겨 있는 모습이다. 우리는 무슨 이야기를 했던가? 어린아이 둘이서 무슨 이야기를 할 수 있었을까? 머지않아 나는 그것도 이야기할 것이다. 그러나 그보다 먼저 다시는 외숙모 이야기가 나오지 않도록 그녀의 이야기를 끝맺을 생각이다.

아버지가 돌아가신 지 2년 뒤에 어머니와 나는 부활절 방학을 보내려고 르아브르에 갔다. 시내에서 어지간히 비좁게 사는 삼촌 댁에는 머물지 않고, 한결 집이 넓은 이모 댁에서 지냈다. 좀처럼 만날 기회가 없었던 플랑티에 이모는 여러 해 전부터 과부였다. 나보다 훨씬 나이도 많고 성격도 나와는 전혀 다른 이모의 아이들과는 겨우 얼굴이나 알 정도였다. 르아브르에서 사람들이 플랑티에 댁이라고 부르는 이모집은 시내가 아니라 '산마루'라 불리는, 시내가 내려다보이는 언덕 중턱에 있었다. 뷔콜랭 댁은 상가(商街) 근처에 있었는데, 가파른 언덕길로 이 두 집을 순식간에 오갈 수 있었다. 나는 하루에도 몇 차례씩 이 길을 오르내렸다.

그날 나는 삼촌 집에서 점심을 먹었다. 식사를 하고 나서 얼마 안 있어 삼촌은 곧 외출을 했다. 나는 삼촌을 따라 사무실까지 갔다가 어머니를 찾아 플랑티에 이모댁으로 갔다. 어머니는 이모와 함께 외출을 했는데 저녁 식사 때나 돌아오실 모양이었다. 나는 곧 시내로 내려왔다. 이 시내를 마음껏 산책할 기회를 그때까진 별로 갖지 못했었다. 나는 부두로 내려갔다. 바다의 안개로 뒤덮인 이 부두는 음울해 보였다. 한두 시간 동안이나 부둣가를 걸었다. 문득 방금 만나고 온 알리사를 찾아가 놀래 주고 싶은 생각이 들었다. 나는 달음질쳐서 시내를 지나 뷔콜랭 댁의 초인종을 눌렀다. 이미 나는 계단 위를 뛰어오르고 있었다.

대문을 열어 준 하녀가 나를 가로막았다.

"올라가지 마세요, 제롬 도련님. 마님께서 발작을 일으키셨어요."

그러나 나는 그대로 올라갔다. 외숙모를 보러 온 것은 아니니까…… 알리사의 방은 4층에 있었고 2층에는 응접실과 식당이 있었다. 3층에는 외숙모 방이 있는데, 그곳에서 이야기하는 소리가 흘러나오고 있었다. 방문이 열려 있는데 그 앞을 지나가야만 했다. 한 줄기 불빛이 흘러나와 계단참을 꺾어 비치고 있었다. 들키지나 않을까 조마조마하여 나는 잠시 주저하다가 몸을 숨긴 채 놀랍게도 다음과 같은 광경을 보고 말았다. 커튼이 내려지긴 했지만 두 개의 가지 달린 촛대에 꽂힌 촛불이 화려한 불빛을 비추고 있는 방 한가운데 외숙모가 긴의자에 누워 있고, 그 발밑에는 로베르와 쥘리에트가 앉아 있었다. 외숙모 뒤에는 중위 복장을 한 낯선 젊은이가 서 있었다. 이 두 어린애가 그 자리에 있었던 것은 지금 생각해 보면 망측한 일이지만, 그때 나의 순진한 생각으론 오히려 그것이 안심이 되었었다.

아이들은 웃으며 플루트처럼 맑고 부드러운 목소리로 같은 말을 되풀이하는 낯선 사나이를 바라보고 있었다.

"뷔콜랭, 뷔콜랭, 혹시 내게 양 한 마리가 있다면 정말 뷔콜랭이라 이름

붙여 줄걸."
 외숙모는 또 큰 소리로 깔깔대고 웃었다. 나는 외숙모가 그 젊은 사나이에게 담배를 한 대 내밀어 그에게 불을 붙이게 하고는 외숙모가 그것을 몇 모금 빠는 것을 보았다. 담배가 바닥에 떨어졌다. 그러자 사나이는 그 담배를 주우려고 달려나와 숄에 발이 걸린 척하며 외숙모 앞에 무릎을 꿇는 것이었다…… 이 우스꽝스러운 연극 덕분에 나는 들키지 않고 빠져나올 수 있었다.

 나는 지금 알리사의 방문 앞에 서서 잠시 그대로 기다렸다. 웃음소리와 떠드는 소리가 아래층에서 들려오고 있었다. 아마도 그 소리가 내 노크하는 소리를 묻어 버렸는지 대답이 없었다. 문을 밀어 보니 조용히 열렸다. 방 안은 어둠이 깃들어 알리사를 빨리 찾아낼 수 없을 정도였다. 그녀는 저무는 저녁 햇살이 스며드는 창문을 등진 채 침대머리에 무릎을 꿇고 있었다. 내가 가까이 다가가자 여전히 앉은 채 고개를 돌리고는 이렇게 속삭였다.
 "아, 제롬 왜 왔어?"
 나는 키스를 하려고 몸을 굽혔다. 그러나 그녀의 얼굴은 눈물에 젖어 있었다……
 이 순간이 내 인생을 결정지었다. 지금도 그 순간을 회상해 보면 마음이 괴롭다. 물론 나로서는 알리사의 슬픔의 동기를 어렴풋이 짐작할 뿐이었다. 그러나 나는 그러한 슬픔이 파도치는 이 불쌍한 영혼, 흐느낌으로 온통 흔들리는 이 연약한 육신에 대해서는 너무나 심한 것이라는 사실을 뼈저리게 느꼈다.

 나는 무릎을 꿇고 있는 그녀 곁에 서 있었다. 내 마음속에 솟아오르는 이 새로운 격정을 무엇이라 표현해야 할지 몰랐다. 오로지 그녀의 머리를 내 가슴에 꼭 껴안고 내 영혼이 흘러넘치는 입술을 그녀의 이마에 대고 있을 따름이었다. 사랑과 연민, 그리고 감격, 희생, 정성이 뒤얽힌 걷잡을 수 없는 감정에 도취되어 나는 힘껏 하느님을 불렀고 이제 내 삶의 목적은 공포, 불행 그리고 삶으로부터 이 소녀를 보호하는 것뿐이라 다짐하면서 스스로 내 몸을 바치기로 했다. 나는 기도 드리고 싶은 마음으로 가득 차서 무릎을 꿇었다. 그리고 그녀를 감싸듯 안아 주었다. 어렴풋이 그녀의 말이 들려 왔다.

"제롬! 들키지 않았지? 자! 빨리 가, 들키면 안 돼." 그러고는 좀더 음성을 낮추어 속삭였다. "제롬, 아무에게도 말하지 마. 불쌍한 아버지는 아무것도 모르셔……."

그래서 나는 어머니에게도 아무말 하지 않았다. 그러나 플랑티에 이모와 어머니와의 끊임없는 속삭임, 두 분의 뭔가 숨기는 듯 안절부절못하는 근심스러운 모습, 또 그들이 가만가만 이야기하는 곳에 내가 다가갈 때마다 "애야, 저리 가서 놀아라" 하면서 나를 멀리하던 일, 이런 모든 것이 나에게 두 부인이 뷔콜랭 댁의 비밀을 전혀 모르지 않는다는 것을 짐작케 했다.

우리가 파리에 돌아오자마자 한 장의 전보가 어머니를 다시 르아브르로 가게 했다. 외숙모가 도망쳐 버렸다는 것이다.

"누구하고요?" 나는 어머니가 나를 맡기고 간 미스 아슈뷔르통에게 물었다.

"애야, 그것은 어머니께 여쭈어 봐라. 난 아무 대답도 할 수 없다." 이번 사건에 완전히 어리둥절해진 이 나이든 어머니 친구는 말했다.

이틀 뒤에 미스 아슈뷔르통과 나는 어머니 있는 곳으로 떠났다. 그날은 토요일이었다. 다음 날 교회에서 사촌누이들을 만나기로 되었는데, 내 마음은 그 생각으로만 가득 차 있었다. 어린 마음에 우리가 그런 장소에서 만남으로써 우리의 재회가 거룩해진다는 것이 참 대견스러웠던 것이다. 어쨌든 외숙모 생각은 별로 하지 않았으며 어머니에게 묻지 않는 편이 좋으리라 생각했다.

그날 아침 작은 교회에는 사람들이 별로 많지 않았다. 보티에 목사는 아마도 의도적으로 '좁은 문으로 들어가기를 힘쓰라'는 그리스도의 말씀을 묵상의 주제로 삼은 것 같았다.

알리사는 나보다 조금 앞자리에 앉아 있었다. 나는 그녀의 옆모습만을 바라볼 뿐이었다. 그녀를 바라보는 데 정신이 팔려 있었으므로 주의깊게 듣고 있던 그 말씀도 그녀를 통해 듣고 있는 듯싶었다. 삼촌은 어머니 곁에 앉아 울고 있었다.

목사는 먼저 전체 구절을 읽어 내려 갔다. '좁은 문으로 들어가기를 힘쓰라. 멸망으로 인도하는 문은 크고 그 길이 넓어 그리로 들어가는 자가 많고, 생명으로 인도하는 문은 작고 좁아서 찾는 이가 드무니라.' 그러고 나서 주제를 명백하게 분류하면서, 목사는 먼저 넓은 길에 대해서 이야기했다. 나는 멍하니 꿈속에서처럼 숙모의 방을 다시 그려 보았다. 누워서 웃고 있는 숙모가 보였고 화려하게 차려 입은 장교가 웃고 있는 것도 보였다. 웃음이라든가 기쁨 자체가 불쾌하고 모욕적인 것으로 생각되고 추악한 죄악의 과장인 것처럼 보였다. '그리로 들어가는 자가 많고' 보티에 목사는 계속했다. 그러면서 자세히 설명해 나갔다. 나는 빈들빈들 히히덕거리며 앞으로 나아가 행렬을 이루는 화려한 옷차림의 군중을 보았다. 그들과 발을 맞추어 한 걸음 나가자면 알리사에게서 떨어져야 하기 때문에, 나는 그런 행렬에 낄 수도 없고 또 끼고 싶은 생각도 없었다.

그러자 보티에 목사는 인용문의 첫 구절을 또다시 되풀이했다. 그래서 나는 힘써 들어가지 않으면 안 되는 그 좁은 문을 보았다. 꿈 속에 잠겨서 나는 그 문을 흡사 압축시켜 펴는 기계처럼 상상하고 나 자신이 그 사이로 뼈를 부러뜨려 들어가는 것은 매우 고통스럽지만, 그러나 하느님의 축복의 예감이 섞여 있는 것이라고 생각했다. 그러자 이 문은 바로 알리사의 방문이 되는 것이었다. 나는 그리로 들어가려고 몸을 작게 만들고 내 속에 이기심으로 남아 있는 모든 것을 비워버리는 것이었다. '생명으로 인도하는 문은 작고 좁아서' 보티에 목사는 설교를 계속했다. 그리고 모든 고난, 모든 슬픔 너머에 또 다른 하나의 맑고 신비롭고 거룩한 기쁨, 내 영혼이 이미 갈망하기 시작한 또 하나의 다른 즐거움을 상상하고 예감했다. 그 기쁨은 날카로우면서도 부드러운 바이올린과 같았고, 또한 알리사의 마음이 녹아 버리는 맹렬한 불꽃처럼 상상되었다. 우리는 다같이 요한계시록에 적혀 있는 것 같은, 흰옷을 입고 손에 손을 잡고 똑같은 목표를 향해 앞으로 나아가는 것이었다…… 이러한 어린애의 갖가지 공상이 미소를 자아낸들 어떠랴. 나는 그것을 꾸밈없이 이야기할 뿐이다. 분명치 않은 점도 있겠지만 그건 단지 완전한 비유로 말미암은 것이다.

'이를 찾는 이가 드무니'라고 보티에 목사는 끝을 맺었다. '찾는 이가 드무니라'…… 나는 그중의 한 사람이 되리라.

설교가 끝날 때쯤 되니 내 마음은 너무나 긴장되어 예배가 끝나자마자 나는 사촌누이를 찾아보려 하지도 않은 채 도망치듯 뛰어나왔다. 그것은 일종의 자존심으로부터 내 마음을(나는 이미 결심한 바가 있었던 것이다) 시련에 던지는 것이었으며, 그러기 위해서는 그녀에게서 멀리 떨어져 있는 것이, 내가 그녀에게 더욱 적합한 인간이 되는 것이라 생각했기 때문이다.

2

이런 준엄한 교훈은 의무를 받아들일 준비가 되어 있을 뿐 아니라 이미 소질을 갖추고 있는 하나의 영혼을 발견한 것이었다. 또한 부모님이 보여 주신 모범은 내 마음에서 싹트기 시작한 충동을 억눌러 주던 청교도적 규율과 결합되어 이 영혼을 '덕'이라 불리는 곳으로 이끌어가 버렸다. 이렇듯 자신을 억제하는 것은 남들이 방종하는 것만큼 내게는 자연스러웠고, 내가 복종했던 이 엄한 규율도 혐오감을 주기는커녕 오히려 내 마음을 기쁘게 했다. 내가 원하는 미래는 행복 그 자체보다도 행복에 이르기까지의 무한한 노력이었다. 나는 이미 행복과 덕을 혼동하고 있었다.

물론 14살 소년으로서의 나는 아직 생각도 불분명했고, 어떻게도 변할 수 있는 상태였다. 그러나 알리사에 대한 나의 사랑이 막무가내로 그쪽을 향해 나아가게 하였다. 그것은 급작스러운 마음의 계시였는데 그것으로 말미암아 나는 나 자신을 의식하게 되었다. 즉 나는 내성적이며 활발치 못하고 늘 기다리고 있는 성격으로 남의 일에는 별로 신경을 쓰지 않고 과감하지도 못해 자신과 싸워 이겨내는 것밖엔 다른 승리를 꿈꾸어 보지 못하는 그러한 인간으로 보였다. 나는 공부하기를 좋아했으며 장난도 머리를 쓰는 것이거나, 혹은 힘든 것이 아니면 열중할 수 없었다. 나는 내 나이 또래 아이들과는 별로 사귀지 않았고 같이 어울린다 해도 그것은 단지 우정이나 호의로서일 뿐이었다. 그러나 그 이듬해 파리에 와 내 동급생이 된 아벨 보티에와는 잘 어울렸다. 그는 상냥하고 만사태평인 소년으로서, 나는 그에 대해 존경보다는 오히려 애정을 느꼈다. 적어도 그와 있으면 내 추억 속의 르아브르와 퐁궤즈마르에 관한 이야기를 할 수 있었던 것이다.

우리와는 같은 중학교의 기숙생이었으나 두 학년 아래였던, 사촌 로베르 뷔콜랭은 일요일에나 만날 뿐이었다.

게다가 그는 누이들과 별로 닮은 점도 없었고, 그가 사촌누이의 동생이 아니었다면 나는 그를 별로 만나려고도 하지 않았을 것이다.

그때 나는 사랑에 빠져 있었으므로 로베르나 아벨에 대한 우정도 중요하게 여겨졌던 것이다. 알리사는 복음서에 나오는 그 값진 진주와 같았고, 나는 그 진주를 얻기 위해 내가 가진 모든 것을 팔아 버린 사람이었다. 비록 내가 아직 어린애이긴 했지만 그것을 사랑이라 이야기하고 사촌누이에 대해 느낀 감정을 그렇게 부르는 것이 잘못된 것일까? 그 뒤 내가 경험한 것 중, 이보다 더 사랑이라는 이름에 적합하다고 여겨진 것은 없다. 그뿐만 아니라 내가 육체적인 가장 뚜렷한 고민으로 괴로워할 나이가 됐을 때도 내 기질은 별로 변하지 않았다. 즉 어렸을 때 어떻게든 그녀에게 적합한 인간이 되려고 했던 데서 나아가 그녀를 보다 직접적인 방법으로 내 것으로 만들 생각은 없었다는 것이다. 공부, 노력, 경건한 행위 등 모든 것을 나는 신비로운 마음으로 알리사에게 바쳤으며, 그녀만을 위해 한 일을 그녀가 모르게 한 것이야말로 깨끗한 덕행이라고 생각했다. 이처럼 나는 독한 술 같은 겸양에 도취해 있었다. 나 자신의 즐거움이란 별로 염두에 두지도 않고…… 아! 나는 어떤 노력이 필요치 않은 일에는 만족할 수 없게 되었던 것이다.

나만 이러한 덕행에 대한 경쟁심에 사로잡혀 있었던가? 사실 알리사는 그런 내 마음을 눈치채고 있는 것 같지도 않았고, 단지 그녀를 위해서만 노력을 기울였던 나 때문에, 혹은 나를 위해, 특별히 어떤 일을 하고 있는 것 같지도 않았다. 꾸밈없는 그녀의 마음 속에서는 모든 것이 아주 단순한 아름다움이었던 것이다. 그녀의 덕은 너무나도 자유롭고 우아했기 때문에 그대로 내던져진 상태에 있는 것 같았다. 그 앳된 미소로 그녀의 눈길에 깃든 엄숙한 빛도 오히려 매력적이었다. 그녀가 너무나도 부드럽고 다정한, 무엇인가를 묻고 있는 듯한 시선을 위로 치켜 올리는 모습을 나는 지금도 다시 그려 본다. 그리고 보면 삼촌이 마음이 괴로울 때면 이 맏딸에게서 원조와 조언과 위안을 구하시던 까닭도 이해할 수가 있었다.

그 이듬해 여름, 나는 삼촌이 자주 그녀와 이야기하는 것을 볼 수 있었다. 슬픔으로 인해 삼촌은 훨씬 더 늙으셨다. 식사 때도 삼촌은 통 말이 없다가 때때로 갑자기 쾌활한 표정을 애써 보이시곤 하셨는데, 그것은 침묵보다도 더 쓸쓸하게 느껴졌다. 알리사가 찾으러 갈 때까지 삼촌은 서재에서 담배만 피웠고 알리사에게 이런저런 말을 들은 뒤에야 겨우 방에서 나왔다. 알리사는 삼촌을 마치 어린애처럼 정원으로 데려갔다. 두 사람은 꽃이 활짝 핀 오솔길을 내려가 채소밭 계단 근처, 의자가 몇 개 놓인 둥그런 갈림길에 가서 앉는 것이었다.

어느 날 석양 무렵, 나는 크고도 붉은 너도밤나무 그늘 밑 잔디밭에 누워 늦도록 책을 읽고 있었다. 꽃이 활짝 핀 그 오솔길과 나 사이에는 월계수 울타리가 있을 뿐이어서 보이지는 않아도 소리는 그대로 들렸다. 그곳에서 알리사와 외삼촌의 말소리가 들려왔다. 아마도 두 사람은 로베르 이야기를 하고 있었던 것이 틀림없다. 알리사가 내 이름을 말하는 소리가 들려, 내가 그들의 이야기에 귀 기울이자 삼촌은 큰 소리로 말씀하시는 것이었다.

"음! 그 애는 늘 공부하길 좋아할 거야."

나도 모르게 엿듣게 된 나는 그 자리를 떠나거나 그렇지 않으면 적어도 내가 있다는 것을 알리기 위해서 무슨 기척이라도 내고 싶었다. 하지만 어떻게?…… 기침을 할 것인가? '나 여기 있어요! 이야기 소리 들려요!'라고 소리를 칠 것인가? 내가 잠자코 있었던 것은 더 들어 보고 싶은 호기심에서가 아니라, 어색하고 수줍었기 때문이었다.

더구나 두 사람은 그냥 내 앞을 지나갔을 뿐이고 나 또한 그들의 이야기를 자세히 듣지도 못했다. 그들은 천천히 걷고 있었다. 아마도 알리사는 여느 때와 마찬가지로 팔에 바구니를 걸고, 시든 꽃을 따버리기도 하고 자주 끼는 바다 안개 때문에 울타리 밑으로 떨어진 아직 푸릇푸릇한 열매들을 줍기도 했을 것이다. 그녀의 맑은 목소리가 들려왔다.

"아버지, 팔리시에 고모부는 훌륭한 분이었어요?"

삼촌의 음성은 낮고 희미해서 나는 삼촌의 대답을 알아들을 수가 없었다. 알리사는 또다시 물었다.

"아주 훌륭한 분이셨나요?"

여전히 희미한 대답이었다. 그러자 알리사가 다시 물었다.

"제롬은 총명하죠?"

내가 어떻게 이 말에 귀를 기울이지 않을 수 있겠는가?

……그러나 한 마디도 알아들을 수가 없었다. 알리사는 다시 말을 이었다.

"훌륭한 사람이 되리라 생각하세요?"

여기서 삼촌의 음성이 높아졌다.

"하지만 네가 어떤 뜻으로 이 '훌륭한'이라는 말을 쓰고 있는지 먼저 알고 싶다. 인간이란, 겉보기에는 그렇지 않아도, 적어도 사람들의 눈에는 그렇게 보이지 않으면서도……, 하느님의 눈으로 보면 아주 훌륭한 사람이 있는 법이다."

"저도 그런 뜻으로 말한 거예요." 알리사가 말했다.

"게다가…… 그런 걸 벌써부터 알 수 있겠니? 그 애는 아직 너무 어리잖니…… 물론 분명히 장래성이 있다. 하지만 그것만으로 성공할 수 있는 것은 아니야……."

"또 무엇이 필요하죠?"

"글쎄, 무엇이라 할까? 신뢰라든가, 조력이라든가, 사랑이라든가……."

"조력이라뇨?" 알리사가 물었다.

"내가 받아 보지는 못했지만, 애정이라든가 존경 같은 것 말이다."

삼촌은 쓸쓸하게 대답했다. 그리고 나서는 두 사람의 말이 전혀 들리지 않았다.

저녁 기도 시간에 나는 본의 아니게 저지른 실수를 뉘우치고 사촌누이에게 고백하리라 작정했다. 아마 거기에는 좀더 캐보려는 호기심도 섞여 있었을 것이다.

그 이튿날 내가 말을 꺼내자마자 그녀는 말했다.

"그렇지만 제롬, 그렇게 엿듣는 건 아주 나쁜 짓이야. 기척을 내든가 자리를 떠나든가 했어야 할게 아냐?"

"난 정말 엿들은 게 아냐. 그저 귀에 들려왔을 뿐이야. 그리고 그쪽도 그냥 지나가 버렸잖아."

"우리는 천천히 걷고 있었는걸."

"그래, 그렇지만 내게는 들릴락말락할 정도였어. 그러고는 곧 들리지 않게 되었어……. 그런데 성공하려면 무엇이 필요한가 물었을 때 삼촌이 뭐라 대답하셨지?"

"제롬." 그녀는 웃으며 말했다. "다 들었으면서 뭘 그래. 나한테 한 번 더 듣고 싶은 모양이지?"

"아냐, 정말 첫머리밖엔 듣지 못했어. 신뢰와 사랑에 대해서 말씀하셨을 때 말이야."

"그러고 나서 또 여러 가지 많은 것이 필요하다고 하셨어."

"그래서 뭐라고 대답했어?"

그녀는 갑자기 정색을 하고 말했다.
"인생에 있어서의 도움을 말씀하시기에 너에겐 어머니가 계시다고 대답했어."
"아아 알리사, 어머니가 언제까지나 나와 함께 계실 수는 없으리라는 것을 잘 알고 있잖아…… 그리고 그것은 달라……."
그녀는 고개를 숙이면서 말했다.
"아버지도 그렇게 대답하셨어."
나는 떨면서 그녀의 손을 잡았다.
"내가 장차 어떤 사람이 되든간에 그것은 모두 너를 위해서야."
"그렇지만 제롬, 나도 너를 떠날지 모르잖아?"
나는 진심을 다해 말했다.
"나는, 나는 절대 너를 떠나지 않을 테야."
그녀는 어깨를 약간 으쓱하더니 이렇게 말했다.
"혼자서 나아갈 만큼 강하지 못한 거니? 하느님을 만나려면 누구나 혼자 가지 않으면 안 돼."
"그렇지만 내게 길을 가르쳐 줄 사람은 너야."
"왜 너는 예수님이 아닌 다른 안내자를 찾는 거야? ……우리가 서로 가장 가까이 있을 수 있는 건 우리 둘이 저마다 자기자신을 잊고 하느님께 기도드릴 때라고 생각하지 않니?"
"그래." 나는 말을 가로챘다. "우리를 함께하게 해 달라고 나는 밤낮으로 기도하고 있어."
"넌 하느님 안에서 결합한다는 게 무슨 뜻인지 모르겠니?"
"잘 알고 있어. 그건 둘이서 숭배하는 동일한 것 속에서 서로를 열심히 찾아내는 거야. 나는 널 찾기 위해서 네가 찬양하는 것을 나 역시 찬양하는 것 같아."
"너의 찬양은 순수하지가 않구나."
"나를 너무 궁지에 몰아넣지 마. 천국이라도 거기서 널 다시 만나지 못할 것이라면 난 싫어."
그녀는 입술에 손가락 하나를 갖다대더니 약간 엄숙한 말투로 말하는 것이었다.

'너희는 먼저 하느님의 나라와 그 의를 구하라.'

우리의 대화를 여기에 옮기면서 나는 아이들이 의외로 심각한 이야기를 즐겨하는지 모르는 사람들에게는, 이런 이야기가 어린애답지 않다고 생각할 것이라고 짐작한다. 그러나 어쩔 것인가? 변명이라도 할 것인가? 나는 우리의 대화를 좀더 자연스럽게 보이도록 꾸며 대고 싶지 않은 것과 마찬가지로 그러한 변명도 하고 싶지 않다.

우리는 라틴어판 복음서를 구해서 긴 구절들을 외우곤 했다. 알리사는 동생 로베르를 도와준다는 구실로 나와 함께 라틴어를 배웠다. 그러나 그것은 오히려 내 독서에 따라오기 위한 것 같았다. 그리고 그녀가 따라올 것 같지 않은 공부에는 나도 별로 마음이 내키지 않았다. 이것이 때때로 내게 방해가 되었다 할지라도 남들이 생각하듯이 내 정신적인 비약을 방해하는 것은 아니었다. 오히려 그 반대로 그녀가 어디서나 자유롭게 나보다 앞서고 있는 것 같았다. 내 마음은 그녀를 따라 방향을 정하는 것이었다. 그 당시 우리의 마음을 사로잡고 있었던 것, 우리가 '사색(思索)'이라 부르던 것도 실은 좀더 그럴 듯한 마음의 일치에 대한 하나의 구실, 감정에 입히는 옷, 그리고, 사랑을 덮는 겉치레에 지나지 않았다.

어머니는 그 깊이를 알 수 없었던 나의 그러한 감정에 대해 처음에는 염려하셨을 것이다. 그러나 차츰 기력이 약해짐에 따라 우리 두 사람을 어머니로서 감싸 안아 주고 싶어하셨다.

어머니는 오래전부터 앓고 계시던 심장병의 고통이 차츰 더해지셨다. 발작이 매우 심하던 어느 날 어머니는 나를 곁으로 부르셨다.

"애야, 너도 보다시피 난 이제 몹시 늙었단다. 언젠가 갑자기 너를 두고 가버리게 될지 몰라."

어머니는 숨이 가빠져서 말을 끊으셨다. 나는 더 참을 수가 없어 내가 말을 꺼내기를 기다리는 듯한 그 말을 그만해 버리고 말았다.

"어머니, 아실 테지만 난 알리사하고 결혼하고 싶어요."

그러자 이러한 내 말이 틀림없이 어머니의 마음속 깊이 있던 생각과 연결되어 있었는지 어머니는 곧 이렇게 말씀하셨다.

"그래, 내가 하려던 이야기가 바로 그거다, 제롬."

"어머니!" 나는 흐느끼면서 말했다. "알리사는 날 사랑하겠죠?"

"그럼, 애야." 어머니는 몇 번이나 정답게 '그럼 애야'를 반복하셨다. 어머니는 말씀하시기가 힘든 모양이었다. 어머니는 이어 말씀하셨다. "모든 일을 하느님께 맡겨야 하는 법이다." 그러고는 곁에서 고개를 숙이고 있던 내 머리 위에 손을 얹으시고 다시 "주님이 너희를 보호하여 주시옵기를. 부디 주님께서 너희 두 사람을 보호하여 주시옵기를." 이렇게 기도를 하시고는 잠이 드셨는데 나는 깨우려고 하지 않았다.

이 이야기는 그 뒤 두 번 다시 되풀이되지 않았다. 그 다음 날은 어머니의 기분도 좀 나아졌다. 나는 또다시 학교로 되돌아갔고 절반밖에 못한 고백담 같은 이야기는 또다시 침묵에 싸였다. 뿐만 아니라 그 이상 내가 무엇을 알 수 있었을 것인가? 알리사가 나를 사랑한다는 사실은 조금도 의심할 여지가 없었다. 설혹 그때까지 내가 그 점에 대해 다소 의심을 했다 하더라도, 뒤이어 일어난 슬픈 사건으로 인해 그러한 의심은 내 마음에서 영원히 사라진 것이 틀림없었다.

어느 날 저녁 어머니는 미스 아슈뷔르통과 내가 지켜보는 앞에서 아주 조용히 운명하셨다. 어머니의 생명을 앗아간 마지막 발작은 처음에는 그 이전에 일어난 발작에 비해 그다지 심한 것 같지 않았다. 임종에 가까워서야 위험한 증세가 나타났기 때문에 친척들도 달려올 틈이 없었다. 첫날 밤에는 어머니의 옛 친구 곁에서 그리운 이를 위해 날을 새웠다. 나는 어머니를 생전에 깊이 사랑했다. 그러나 눈물이 흘러내리는데도 마음속은 슬픔을 느끼지 못하는 데에 놀랐다. 내가 눈물을 흘린 것은 자기보다 훨씬 나이가 적은 친구가 이렇게 앞서 하느님 곁으로 가는 것을 보고 있는 미스 아슈뷔르통이 측은히 여겨졌기 때문이었다. 그러나 어머니가 돌아가심으로써 사촌누이가 보다 빨리 내게 오리라는 비밀스러운 생각이 내 슬픔을 억누르고 있었다.

다음 날 삼촌이 오셨다. 삼촌은 당신 딸의 편지를 내게 전하셨는데, 그녀는 그 다음 날 플랑티에 이모와 같이 왔다.

……제롬, 어머니가 돌아가시기 전에 기다리고 계시던 만족하실 말씀을 드리지 못한 것이 얼마나 마음 아픈지 몰라. 이제 어머님께서도 용서해 주시고 앞으로는 하느님께서 우리를 인도해 주시길 빌 뿐이야. 그럼 안녕히, 내 가엾은 벗! 어느 때보다도 더욱 다정한 너의 알리사.

이 편지는 무엇을 뜻하는 것이었을까? 그것을 말하지 못해서 마음 아프다는 말, 바로 우리 두 사람의 앞날을 기약하는 말이 아니고 무엇이랴! 그러나 나는 아직 너무나 어렸기 때문에 즉시 결혼 신청을 하지 못했다.
　그 밖에 그녀와 무슨 약속이 필요했던가? 우리는 이미 약혼한 사이나 다름없지 않았던가? 우리의 사랑은 이미 친척들에게는 비밀이 아니었다. 삼촌도 어머니와 다름없이 거기에 아무런 이의가 없었다. 오히려 삼촌은 벌써부터 나를 거의 자식처럼 대해 주고 있었다.
　그로부터 며칠이 지난 뒤에 시작된 부활절 방학을 나는 르아브르에서 지냈다. 머무는 곳은 플랑티에 이모 댁이었지만 식사는 거의 뷔콜랭 삼촌 댁에서 했다. 팔리시에 플랑티에 이모는 더할 나위 없이 훌륭한 부인이었지만, 나는 내 사촌누이들과는 그다지 친하게 지내지 못했다. 늘 숨이 턱에 닿을 정도로 쉴 새 없이 분주했다. 태도도 부드럽지 못하고 목소리도 윤기가 없고 거칠었다. 아무 때나 우리가 귀여워 죽겠다는 듯 귀찮을 정도로 애무를 하는 것이었다. 뷔콜랭 삼촌도 이모를 퍽 좋아했지만 이모와 이야기하는 목소리만으로도 얼마나 어머니를 더 좋아했는지 알 수 있었다. 어느 날 저녁 이모가 말했다.
　"너 말이야, 올여름엔 뭘 할 작정인지 모르겠지만 내가 할 일을 결정하기 전에 네 계획부터 좀 알았으면 좋겠다. 혹시 네게 도움이 될 수 있다면 말이다……."
　"아직 별로 생각해 보지 못했어요. 어디, 여행이나 가볼까 생각합니다."
　그러자 이모가 말을 이었다. "너도 알겠지만 퐁궤즈마르와 마찬가지로 우리 집에서도 네가 오는 것은 언제든지 환영이다. 하긴 거기에 가면 삼촌이랑 줄리에트가 반가워하겠지만……."
　"알리사 말씀이죠?"
　"그래, 맞아. 미안하다. 네가 좋아하는 건 줄리에트라고 생각했구나! 네 삼촌이 이야기해 주기 전까지는…… 그게 아직 한 달도 채 못됐다…… 알다시피 난 너희를 매우 사랑하지만 잘 알지는 못하는구나. 너희를 만나볼 기회가 별로 없었으니까. 게다가 또 난 살피는 성격이 못돼서 나와 관계없는 일은 살펴볼 겨를이 없단다. 너는 노상 줄리에트하고만 놀길래…… 난 생각하길…… 그 애는 참 예쁘고 활달하니까."

"네, 저는 여전히 그 애하고 잘 놀아요. 하지만 제가 사랑하는 건 알리사입니다."

"좋아! 좋아, 그야 너 좋을 대로가 아니냐. 난 말하자면 그 애를 그다지 잘 알지 못하니까. 알리사는 다른 애들보다도 말이 없지 않니. 어쨌든 네가 택했을 때야 무슨 그만한 이유가 있었겠지."

"하지만 이모님, 저는 알리사를 골라서 사랑한 것은 아닙니다. 그리고 또 이유 같은 것도 생각해 본 적이 없어요……."

"화낼 건 없다, 제롬, 나쁜 의미로 한 말은 아니니까……. 네 말을 듣다 보니 무슨 말을 하려 했는지 깜박 잊었구나…… 옳지 옳지! 그러니 결국 모든 일은 혼인을 해야 끝이 나는 건데, 아직 상중이니 벌써 청혼을 할 수는 없지 않니? 예법상 말이다. 게다가 넌 아직 어리고…… 내 생각엔 어머니와 함께 가는 것도 아니고 하니, 너 혼자 퐁궤즈마르에 가는 것도 좀 이상하게 보일지 모르고……."

"제가 여행 이야길 꺼낸 것도 바로 그 때문입니다."

"그래, 그럼 말이다. 내가 있으면 만사가 순조로울 것 같아서 이번 여름 한 달 동안 여유를 두었단다."

"하지만 제가 와 달라고 말하면 미스 아슈뷔르통이 와 줄 텐데요."

"그녀가 와 주리라는 건 나도 알고 있다. 하지만 그것만으론 충분치가 못해! 나도 함께 가자꾸나. 아니, 내가 가엾은 어머니 구실을 대신 하겠다는 건 아니다." 이모는 갑자기 흐느끼면서 말했다.

"단지 집안일을 돌볼 작정이다…… 그러면 너나 삼촌이나 알리사가 어색해지지 않을 테니 말이다."

팔리시에 이모는 자기가 우리와 함께 있는 일의 효과를 착각하고 있었다. 사실 우리는 이모 때문에 거북스러웠다. 이모는 자기가 말한대로 7월부터 퐁궤즈마르에 와 있었고 미스 아슈뷔르통과 나도 곧 도착했다. 그리고 알리사의 집안일을 거들어 준다는 구실로 이모는 그처럼 조용한 집안을 늘 시끄럽게 했다. 이모는 우리를 즐겁게 해주기 위해, 또 이모 말에 의하면 '만사를 수월하게' 하기 위해 비위를 맞추는 모양새가 너무 심해서 알리사와 나는 이모 앞에서 늘 어색한 채 반벙어리가 되는 것이었다. 이모는 우리가 퍽 쌀

쌀하다고 생각했을 것이다. 하지만 우리가 설령 잠자코 있지 않았다 하더라도 이모는 우리의 사랑이 어떤 성질의 것인지 이해할 수 있었을까? 반대로 줄리에트는 호들갑스러운 이모의 성격과 잘 어울렸다. 그리고 이모가 작은 조카딸을 유별나게 귀여워하는 것을 보는 데서 오는 불쾌한 감정이 이모를 향한 내 정을 줄게 했던 것 같다.

어느 날 아침, 우편물을 받고 나서 이모가 나를 불렀다.

"제롬, 정말 곤란한 일이 생겼다. 내 딸아이가 앓는다고 나를 오라고 하니 아무래도 널 두고 떠나야 할 것 같구나……."

나는 부질없는 걱정에 사로잡혀 삼촌을 뵈러 갔다. 이모가 떠난 뒤에도 그대로 퐁궤즈마르에 머무를 것인지 아닌지 결정을 못했기 때문이었다.

그러나 그 말을 꺼내자마자 삼촌은 소리쳤다.

"누이는 왜 자연스러운 일들을 복잡하게 생각하는 걸까? 그래 넌 무엇 때문에 우리 곁을 떠나겠다는 거냐, 제롬? 너는 이제 내 자식이 아니냐?"

이모는 퐁궤즈마르에 단지 두 주일 머물렀을 뿐이다. 이모가 떠나자 집 안은 다시 조용해졌다. 행복을 느끼게 하는 고요함이 다시 집 안에 찾아왔다. 내 어머니가 돌아가신 일은 우리의 사랑을 흐리게 하기는커녕 더욱 깊게 했다. 단조로운 나날이 시작되었다. 거기에는 마치 메아리치는 곳처럼 우리 마음의 작은 움직임도 들려오는 것이었다.

이모가 떠나고 며칠 지난 어느 날 저녁, 우리는 식탁에 앉아 이모 이야기를 했다. 지금도 그것이 생각난다.

"왜 그렇게 소란스러우신 건지! 인생의 파도는 이모의 영혼에 휴식을 줄 수 없는 것일까? 아름다운 사랑의 모습이여, 그대 그림자는 여기서 무엇이 되었는가?" ……이렇게 말한 건 괴테가 슈타인 부인을 두고 '이 영혼 속에 세계가 비치는 것은 보기에도 아름다우리라'고 쓴 말이 생각났기 때문이었다. 그리고 나서 우리는 무슨 등급 같은 것을 정하고 가장 으뜸가는 등급은 명상의 능력이라는 판단을 내렸다.

그때까지 잠자코 계시던 삼촌이 쓸쓸한 미소를 지으며 이야기를 이으셨다.

"애들아, 하느님은 비록 부서져 있다 하더라도 거기에서 당신의 모습을 알아보신단다. 사람의 생애 중에 어느 한 시기만을 가지고 그 사람을 판단하는 것은 피하자. 내 누이에 대해서 너희가 싫어하는 모든 점은 여러 가지 일들 때문에 그렇게 된 것이고, 그것을 너무나 잘 알고 있는 나로서는 너희처럼 가혹하게 그녀를 비난할 수가 없다. 젊은 시절에 남들이 좋아하는 성격도 늙어 갈수록 변하는 거란다. 지금 너희가 분주하다고 부르는 팔리시에 이모의 성격도 처음에는 생기발랄하여 귀엽고 생각나는 대로 해버린다든가, 소탈하다든가, 애교가 있다든가 하는 것으로 여겨졌던 것이란다. ……우리도 지금의 너희와 비슷했다. 나는 너와 퍽 비슷했었다. 제롬, 아마 지금 생각하는 것보다도 훨씬 더 비슷했었을 거야. 또 팔리시에는 지금의 줄리에트와 아주 비슷했다…… 그래, 체격까지도…….” 그리고 문득 삼촌은 그 딸을 돌아보면서 말했다.

“네 목소리를 들으면 팔리시에 목소리를 듣는 것 같다. 미소지을 때도 너와 같았다. 그리고 이건 얼마 안 가서 없어졌지만 가끔 아무것도 하지 않고 의자에 앉아서 팔꿈치를 짚고 깍지 낀 두 손을 이마에다 갖다대고 가만히 있곤 했었다.”

미스 아슈뷔르통은 나를 돌아보고 속삭이듯이 말했다.

“네 어머니 모습을 지닌 것은 알리사다.”

그해 여름은 찬란했다. 만물에 푸른 하늘이 스며든 것 같았다. 우리의 열정은 불행도 죽음도 극복하고 있었다. 어둠은 우리 앞에서 물러갔다. 아침마다 나는 기쁨에 싸여 잠을 깼다. 동틀 무렵이면 일어나서 해를 맞으러 달려가곤 했다……. 지금도 그때를 회상해 보면, 이슬로 흠뻑 젖은 시절이었다. 늦도록 자지 않는 습관이 있었던 알리사에 비해 아침 일찍 일어나는 줄리에트는 나와 함께 정원으로 내려가곤 했다. 그녀는 자기 언니와 나 사이에서 심부름꾼 역할을 하고 있었다. 나는 끊임없이 줄리에트에게 우리의 사랑을 이야기했고 그녀도 내 이야기에 싫증내는 것 같지는 않았다. 알리사 앞에서는 너무나 격정적인 사랑으로 인한 두려움 때문에 감히 말하지 못하던 이야기도 줄리에트에게는 모두 다 털어놓았다. 알리사도 나의 이런 행동을 눈치챈 것 같았다. 우리가 자기에 관한 이야기를 하고 있다는 사실을 몰랐는지 아니면 모르는 척한 것인지, 자기 동생 앞에서 내가 아주 쾌활하게 이야기하는 것을 보고 재미있어 하는 것 같았다.

아! 사랑이여, 사랑의 미묘함이여! 어떤 비밀의 길로 그대는 우리를 웃음에서 눈물로, 천진난만함에서 기쁨으로 엄격한 법도를 향해 이끌어 가려는가!

그해 여름은 너무도 맑게, 너무도 매끄럽게 흘러가버렸기 때문에 나는 그 가버린 날들에 대해 이젠 아무것도 기억나지 않는다. 그즈음에 있었던 일이란 오직 이야기와 독서뿐이었다.

"슬픈 꿈을 꾸었어." 방학이 끝날 무렵 어느 날 아침 알리사가 내게 말했다.

"난 살아 있었는데 넌 죽어 있었어. 아니, 네가 죽는 걸 본 건 아니고, 오로지 네가 이미 죽어 있었다는 거야. 정말 무서웠어. 너무나 터무니없는 일이어서 네가 잠시 어디 가고 없을 따름이라고 마음먹었지. 우리가 떨어져 있기는 했지만 꼭 다시 만날 길이 있는 것처럼 느껴졌어. 어떻게 하면 되나 하고 안간힘을 쓰다가 잠에서 깨어났어. 아침에도 꿈속에 있는 느낌이었어. 꼭 그 꿈을 계속 꾸고 있는 것 같았지. 여전히 너와 떨어져 있는 것 같았고, 앞으로도 오래오래······." 그녀는 낮은 소리로 덧붙였다. "평생 너와 떨어져 있게 될 것 같았어. 그리고 평생 몹시 애를 써야만 될 것 같았어······."

"무엇 때문에?"

"둘이 함께 하기 위해서는 몹시 애써야만 할 것 같았어."

나는 알리사의 이야기를 진심으로 받아들이지 않거나 혹은 진심으로 받아들이기가 두려웠다. 그래서 가슴을 두근거리며 그녀에게 반박이나 하려는 듯 갑자기 용기를 내어 이렇게 말했다.

"그런데 난 오늘 아침 죽음이 우리를 갈라놓지 않는 한 어떻게든 너와 결혼하려는 꿈을 꾸었어."

"너는 죽음이 우리를 떼어 놓을 수 있으리라 생각하니?" 그녀는 말을 받았다.

"그건······."

"내 생각에는 오히려 죽음이 더 가깝게 해 줄 것 같은 생각이 드는데······ 그래 살아 있을 때 떨어져 있던 것을 가깝게 해 줄 거야."

이 이야기는 내 심장 깊은 곳까지 배어들어가 아직도 그 말의 억양까지도 귀에 들리는 듯하다. 그러나 나는 그 말이 지닌 중대한 뜻을 훨씬 뒤에야 깨닫게 되었다.

여름은 거의 지나가고 있었다.
 벌써 들판은 거의 텅 비어 있었고, 시야는 더욱 허전하게 넓어졌다. 내가 떠나기 전 날, 아니 그 전전날 나는 줄리에트와 같이 아래 정원 숲으로 내려갔다.
 "어제저녁 알리사에게 암송해 준 게 뭐지?" 줄리에트가 물었다.
 "언제 말야?"
 "그 폐광(廢鑛) 벤치에서 말이야. 우리가 둘만 남겨놓고 먼저 와버렸을 때……."
 "아아, 아마 보들레르의 시 구절이었을 거야……."
 "어떤 시? 내게는 들려주고 싶지 않은 거지?"

　이윽고 우리는 차가운 어둠 속에 잠기리.

 나는 별로 내키지 않는 기분으로 읊기 시작했다. 그러자 그녀는 곧 여느 때와는 달리 떨리는 목소리로 받아 읊었다.

　잘있거라, 우리의 너무나도 짧았던
　여름날의 화려한 빛이여!

 "아니, 너 그걸 알고 있었니?" 나는 놀라서 소리쳤다. "넌 시를 좋아하지 않는 줄 알았는데……."
 "왜? 오빠가 내게 읊어 주지 않아서?"
 그녀는 웃으면서 다소 뻣뻣하게 대답했다.
 "오빠는 때때로 날 바보 취급하는 것 같아."
 "총명한 사람 중에서도 시를 좋아하지 않는 사람이 있으니까. 난 한 번도 네가 시 이야기 하는 걸 들어 보지 못했고, 너도 나한테 시를 읊어 달라고 부탁해 본 적이 없잖아?"
 "그야 그건 알리사가 도맡고 있으니까……." 그녀는 잠시 말이 없더니 제롬에게 물었다.
 "모레 떠나는 거야?"

"그래야겠어."
"이번 겨울에는 무엇을 할 작정이야?"
"사범학교 1학년이야."
"알리사하고는 언제 결혼할 거야?"
"병역을 마치기 전에는 안 되겠지. 그리고 그 다음에 내가 하고 싶은 일이 확실해지기 전에는 안할 생각이야."
"아직도 그걸 모르고 있어?"
"아직 알려고 생각해 보지도 않았어. 마음에 끌리는 일이 너무나 많아서, 무엇이든 하나를 택해서 그것에만 몰두해야 하는 그러한 시기를 난 될 수 있는 대로 미룰 생각이야."
"그래서 약혼을 미루는 것도 생활이 고정될까 두려워서야?"
나는 말없이 어깨만 으쓱했다. 그녀는 다그쳐 물었다.
"그럼 왜 약혼을 미루고 있어? 왜 당장 약혼하지 않는 거야?"
"구태여 약혼할 필요가 있을까? 세상 사람들이야 알든 말든 지금도, 앞으로도 우린 서로가 짝이야. 나는 내 생명을 그녀에게 바치려고 하는데 내 사랑을 무슨 약속 따위로 얽어맨다고 해서 더 좋아 보일 것 같아? 난 그렇게 생각지 않아. 맹세 같은 건 사랑에 대한 모독이야…… 알리사를 믿지 못하게 된다면 그녀와 약혼을 하지."
"내가 믿지 못하는 건 알리사가 아니라……."
우리 두 사람은 천천히 걸었다. 그러나 내가 뜻하지 않게 알리사와 그 아버지의 대화를 엿들었던 정원까지 왔다. 그때 문득 좀전에 정원 쪽으로 나가던 알리사가 어쩌면 지금쯤 그 둥그런 갈림길에 앉아 우리가 하는 이야기를 듣고 있을지도 모른다는 생각이 들었다. 직접 대하고는 말하지 못하던 이야기를 그녀에게 직접 들려주게 될 수도 있을지 모른다는 생각이 내 마음을 유혹했다. 내가 꾸민 연극에 신이 나서 소리를 높여 "아아" 하고 내 나이 또래의 아이들이 흔히 하는 좀 과장된 감격적인 어조로 나는 외쳤다. 그리고 나 자신의 이야기에 너무나 열중하고 있었던 나는 줄리에트가 하는 말 속에 그녀가 입 밖에 내지 않는 말뜻을 알아차릴 수가 없었던 것이었다……

"아! 사랑하는 이의 영혼 위에 몸을 굽혀 우리가 그 영혼 속에 비치는 모습이 어떤 것인지, 마치 거울 속처럼 들여다볼 수만 있다면! 상대방의 마음속에서도 자기 자신 속에서처럼 아니, 자기 자신 속에서보다 더 뚜렷이 자기의 모습을 발견할 수만 있다면! 사랑은 얼마나 부드러워질까! 사랑은 또 얼마나 순수해질까……."

줄리에트가 쓰라린 표정을 짓는 것을 보고 나는 그것이 내가 늘어놓은 이 값싼 문구의 효과라 생각하고 흡족해했다. 그런데 갑자기 그녀가 내 어깨에 얼굴을 파묻더니 이렇게 말하는 것이었다.

"제롬, 제롬, 알리사를 행복하게 해 준다고 다짐해 줘. 만일 오빠로 인해 언니가 고민하는 일이 있게 된다면 난 정말로 오빠를 미워할 테야."

"그럼 줄리에트." 나는 그녀를 끌어안아 그 이마를 들어올리며 말했다. "그렇게 되면 나 자신을 증오하게 될 거야. 이건 알아주었으면 해. 내가 아직 앞길을 결정하지 않고 있는 것은 오직 알리사와 함께 좀더 훌륭한 생활을 하고 싶어서 그러는 거야! 알리사 없이는 난 어떤 것도 하고 싶지 않아……."

"그런 이야기를 하면 알리사는 뭐라고 말하지?"

"그런 애길 알리사에겐 전혀 하질 않아. 우리가 아직 약혼하지 않은 것도 그 때문이야. 결혼이라든가 또 그 다음에는 뭘 할 것인가 하는 것에 대해선 우린 아직 한 번도 이야기해 본 적이 없어, 아, 줄리에트! 알리사와 함께 있는 삶이 너무나 행복할 것 같아서 나는 감히…… 알겠니? 그녀에겐 감히 그런 이야길 못해."

"갑자기 그녀를 행복하게 해주고 싶어서?"

"그런 게 아니야. 단지 두려워…… 알리사를 겁내게 할까 봐, 알겠니?…… 나는 지금 내가 바라보는 그 큰 행복 때문에 알리사가 겁내지 않을까 두려워! 언젠가 알리사에게 여행하고 싶지 않으냐고 물어본 적이 있어. 그녀는 조금도 바라지 않는다고 하면서 단지 그런 나라들이 있고, 그런 아름다운 나라들에 남들이 가볼 수 있다는 것을 알면 그것으로 충분하다는 거야."

"제롬, 오빠는 여행하고 싶어?"

"어디든지 다 가보고 싶어! 삶 자체가 내게는 긴 여행으로만 보여. 그녀와 함께 여러 가지 책과 온갖 사람들과 여러 나라를 거쳐 가는 긴 여행 같아. 넌 '닻을 올려라'는 말이 무엇을 뜻하는지 생각해 본 적이 있니?"

"어, 가끔." 그녀는 중얼거렸다.

그러나 나는 그녀의 말에 별로 귀를 기울이지 않고, 마치 상처받은 새처럼 그녀의 말이 땅에 떨어지게 내버려둔 채 말을 계속했다.

"밤에 떠난다. 여명의 눈부신 햇살 속에서 잠을 깬다. 불안한 파도 위에 우리 두 사람뿐이라고 느낀다……."

"그러고는 아주 어렸을 때 지도에서 보았던 어느 항구에 도착하지. 거기서는 온갖 것이 낯설고…… 오빠가, 팔에 기댄 알리사와 함께 배에서 발판을 내려오는 게 보이는 것 같아."

"우리는 바로 우체국으로 가서" 나는 웃으며 덧붙였다. "줄리에트가 우리에게 부쳐 준 편지를 찾고……."

"이 줄리에트가 남아 있는 퐁궤즈마르에서 부친 편지? 아마도 오빠와 언니에게 퐁궤즈마르는 작고 쓸쓸하고 까마득하게 보일 거야……."

이것이 분명 그녀의 말이었는지 나는 단언할 수가 없다. 왜냐하면 내 마음은 너무나도 사랑으로 가득 차 있었으므로, 그 사랑의 표현 말고는 그 어떤 이야기도 귀에 들어오지 않았기 때문이다. 우리는 둥그런 갈림길 근처에 다다랐다. 막 발길을 돌리려는 순간, 별안간 그늘에서 알리사가 나타났다. 그녀의 안색이 너무나도 창백해서 줄리에트는 놀라서 소리를 질렀다. "정말 몸이 이상해." 알리사가 중얼거렸다. "바람이 차서 들어가는 게 좋을 것 같아." 그러고는 곧 우리 곁을 떠나 빠른 걸음으로 집을 향해 돌아가 버렸다.

"우리가 하던 이야기를 들었어." 알리사가 좀 멀어지자마자 줄리에트가 소리쳤다.

"하지만 알리사가 기분 상할 이야기는 없었어. 오히려……."

"가야겠어." 줄리에트는 그렇게 말하고는 언니 뒤를 쫓아갔다.

그날 밤 나는 잠을 이룰 수가 없었다. 알리사는 저녁 식사 때 나타났지만 곧 머리가 아프다며 돌아가 버렸다. 그녀는 우리의 대화에서 무엇을 들었던가? 그리하여 나는 걱정스럽게 우리가 하던 말을 돌이켜 생각해 보았다. 그리고 내가 줄리에트에게 너무 바싹 붙어서 걷고 있었다는 것, 줄리에트 몸에 팔을 감고 있었다는 것이 아마 잘못이었는지 모른다고 생각해 보았다. 그러나 그런 건 이미 어릴 때부터 우리가 늘 해오던 것이 아니었던가. 뿐만 아니라 알리사는 이미 몇 차례나 우리가 그렇게 걷는 것을 보았던 것이다.

아! 나는 스스로의 잘못을 더듬어 찾고 있으면서도, 내게 잘 들리지 않아서 기억도 별로 나지 않는 줄리에트의 말을 알리사가 나보다 더 잘 알아들었을지도 모른다는 것을 단 한 번도 생각질 못했으니, 나는 얼마나 슬픈 장님이었던가. 불안으로 마음의 갈피를 잡을 수 없고, 알리사가 나를 의심할지 모른다는 생각에 겁이 나서 나는 또 다른 위험이라곤 도무지 생각지도 못한 채 줄리에트에게 말은 그렇게 했지만, 어쩌면 그녀가 내게 한 말이 자극되어 나는 고집과 걱정을 깨고, 다음 날 약혼을 해 버리기로 결심했다.

그것은 내가 떠나기 전날의 일이었다. 그녀가 슬픈 표정을 짓고 있는 것도 그 때문이려니 여겼다. 그녀는 나를 피하는 것 같았다. 그날 내내 단둘이 만나지도 못한 채 해가 저물었다. 서로 이야기도 나눠 보지도 못한 채 떠나게 되지 않을까 두려워 나는 저녁 식사를 하기 조금 전에 그녀의 방으로 들어갔다. 그녀는 산호 목걸이를 거는 중이었는데, 그것을 걸어매려고 두 팔을 올린 채 등을 문 쪽으로 돌리고 두 개의 촛불 사이에 있는 거울 속을 어깨 너머로 들여다보고 있었다. 그녀가 나를 본 것은 거울 속에서였다. 그녀는 돌아보지도 않은 채 얼마 동안 그대로 나를 응시하고 있었다.

"문이 닫혀져 있지 않았니?" 그녀가 말했다.

"노크했는데 대답이 없었어. 알리사, 내가 내일 떠나는 걸 알고 있어?"

그녀는 아무 대답이 없었다. 끝내 목에 걸어매지 못한 목걸이를 벽난로 위에 놓았다. '약혼'이란 말이 너무나 노골적으로 여겨졌기 때문에 나는 빙 돌려서 말했다. 그녀는 나의 말뜻을 알아듣자 휘청거리는 듯 벽난로에 몸을 기대는 것 같았다…… 그러나 나도 몸이 너무나 떨렸기 때문에 그녀를 바라보는 것을 조심조심 피했다.

나는 그녀 곁에 있었고, 눈을 뜨지 않은 채 그녀의 손을 잡았다. 그녀는 피하지는 않지만 얼굴을 약간 숙이면서 내 손을 들어 입술에 갖다대고, 몸을 반쯤 내게 기댄 채 중얼거리듯 말했다.

"아니야! 제롬, 약혼하지 말자. 제발……."

내 심장은 너무나 심하게 뛰었기 때문에 그녀도 그것을 느꼈을 것이다. 그녀는 한결 다정스럽게 말했다.

"아직 너무 일러……."

그래서 내가 물었다.
"왜?"
"묻고 싶은 건 내 편이야. 지금 이대로가 싫으니?"
나는 감히 어제 이야기를 꺼낼 용기가 나지 않았다. 그러나 그녀는 분명 내가 그것을 생각하고 있다고 느꼈음인지, 내 생각에 답하는 듯 나를 똑바로 바라보며 이렇게 말하는 것이었다.
"넌 오해하고 있는 것 같아. 나는 그렇게까지 행복해질 필요가 없어. 이대로 우린 행복하지 않아?"
그녀는 애써 미소를 지으려고 했다.
"그렇지 않아, 하지만 난 지금 이대로 떠나지 않으면 안 되니까."
"이봐, 제롬, 지금은 말 못하겠어…… 우리의 마지막 순간을 망치지 말자…… 정말로, 난 한결같이 널 사랑하고 있으니 안심해. 내가 편지할게, 그리고 이유를 설명할게. 꼭 쓸게, 내일이라도…… 네가 떠나면 곧, 자 이젠 가! 어머나, 나 지금 울고 있잖아…… 가줘."
그녀는 나를 밀어내더니 조용히 내게서 몸을 빼냈다. 그리고 그것이 그녀와의 작별이었다. 그날 저녁 나는 그녀에게 더 이상 아무 말도 하지 못했고, 이튿날 내가 떠날 때도 그녀는 자기 방에 있었다. 나를 태운 마차가 멀어져 가는 것을 창가에서 바라보며 작별의 손짓을 하고 있는 그녀가 보였다.

3

그해, 나는 아벨 보티에를 전혀 만나보지 못했다. 그는 징집되기 전에 지원 입대를 한 것이었다. 한편 나는 수사학급 강의를 한 번 더 들으면서 학사 시험을 준비하고 있었다.
아벨보다 두 살 아래인 나는, 우리가 그해 입학할 예정이었던 '에콜 노르말'(고등사범학교)을 졸업할 때까지 병역을 연기해 두었다.
우리는 다시 반갑게 만났다. 전역한 뒤 그는 한 달 이상이나 여행을 했다. 나는 그가 변하지 않았을까 걱정했지만 그는 좀더 침착해졌을 뿐 조금도 그 매력은 잃지 않고 있었다. 개학 전날 오후 뤽상부르 공원에서 함께 산책하며 나는 더 이상 숨길 수 없어 혼자 간직하고 있던 내 사랑 이야기를 긴 시간 얘기해 주었다. 물론 그도 이미 그 사실을 알고 있었다. 그해 몇몇 여인들과 만난 경험이 있던 그는 약간 자만심이 깃든 선배 행세를 하려고 했지만 나는 조금도 불쾌하지 않았다. 그는 이른바 '마지막 말'이란 것을 내가 할 줄 몰랐다고 빈정대면서, 여자를 마음이 변하도록 내버려둬서는 절대로 안 된다는 것은 하나의 진리라고 설명하는 것이었다.

나는 아무 말 없이 그가 지껄이도록 내버려두었다. 그리고 그의 훌륭한 이론이 나나 알리사에게는 전혀 부질없다는 것, 그리고 그가 우리를 잘 이해하지 못하고 있다는 것을 스스로 드러내고 있는 것이라고 생각했다.

우리가 도착한 다음 날 나는 다음과 같은 편지를 받았다.

그리운 제롬
나는 네가 제의한 것을 곰곰이 생각해 보았어. (네가 제의한 것! 우리의 약혼을 이렇게 부르다니!) 나는 너에 비해서 너무 나이가 많지 않은가 두려워. 너는 아직 여자들을 사귈 기회가 없었으니까 그렇게 생각되지 않을 거야. 그렇지만 내 생각으로는, 내가 너의 것이 되고 나서 네 마음에 들지 못한다면 나중에 나도 괴로워질 거야. 편지를 읽으면서 무척 화를 내겠지. 지금 난 네가 좀더 인생의 경험을 쌓을 때까지 기다려 달라고 부탁하는 거야. 이런 말을 하는 것도 오직 너를 위해서라는 것을 이해해 줘. 나로서는 너를 사랑하지 않게 되는 일은 절대로 없으리라는 걸 잘 알기 때문이야.

알리사

우리 두 사람이 서로 사랑하지 않게 되다니! 그것이 새삼스럽게 문제가 될 수 있을까! 나는 서글퍼지기보다도 오히려 놀랐고, 너무나 당황해서 이 편지를 아벨에게 보여 주려고 달려갔다.

"그래, 어쩔 셈이냐?"

아벨은 편지를 읽고 나서 입술을 꼭 다문 채 머리를 흔들며 말했다. 나는 불안과 슬픔에 차 두 손을 들었다.

"어쨌든 답장은 하지 않는 것이 좋을 거야. 여자하고 다툴 때는 지는 법이니까. 이봐, 토요일에 르아브르에 가서 하루 묵으면 일요일 아침에는 퐁궤즈마르에 도착할 수 있고, 월요일 첫째 시간까지는 여기에 돌아올 수 있어. 나도 입대하고 나서 네 친척들을 만나뵙지 못했으니까 이것으로 핑계는 충분히 되고 또 인사치레도 되지. 만일 알리사가 이것을 한낱 핑계에 지나지 않는다고 생각한다면 일은 더 수월하게 되는 거야! 네가 알리사와 이야기하는 동안 난 줄리에트를 맡을게. 어린애 같은 짓은 하지 않도록 명심하고, 사실 네 이야기 속에는 뭔가 알 수 없는 게 있어. 아마 내게는 사실을 다 털어놓지 않은 모양이지? 하지만 관계없다. 내가 알아낼 테니까. 무엇보다도 우리가 간다는 것을 알리지 마. 불시에 네 사촌누이를 찾아가서 미리 다른 생각할 틈을 주지 말아야 한단 말이야."

  정원의 나무문을 밀면서 내 가슴은 몹시 두근거렸다. 줄리에트는 즉시 우리를 맞으러 달려나왔다. 속옷을 손질하고 있던 알리사는 금방 내려오지 않았다. 우리가 삼촌이며 미스 아슈뷔르통과 이야기를 하고 있을 때에야 비로소 응접실로 들어왔다. 우리의 느닷없는 방문이 그녀의 마음을 당황케 한 것 같았으나 그녀는 내색도 하지 않았다. 나는 아벨이 하던 말을 생각하고, 알리사가 그토록 한참 동안 나타나지 않은 것은 바로 나에게 맞설 준비를 하기 위해서라고 생각했다. 줄리에트의 몹시 쾌활한 태도는 알리사의 신중한 모습을 더욱 차갑게 보이게 했다.
  그녀는 내가 돌아온 것을 못마땅해하는 것 같았다. 적어도 그녀는 그것을 태도로 나타내려 했고, 나는 그러한 감정 뒤에 숨겨진 더욱 세찬 감정을 찾아 볼 용기가 나지 않았다. 그녀는 우리와 꽤 떨어진 창가에 앉아, 수를 놓는 데만 열중하고 있는 듯 입술을 움직이며 바늘 매듭을 세고 있었다. 아벨이 이야기하고 있어 다행이었다. 왜냐하면 나는 더 이상 말할 기력도 없었고, 따라서 그가 군대 생활과 여행 이야기를 하지 않았더라면 이 재회의 첫 순간은 참으로 침울했을 것이다. 삼촌 역시도 근심스러운 기색이었다.
  점심 식사가 끝난 뒤 줄리에트는 나를 따로 불러 정원으로 데리고 갔다.
  "글쎄, 내게 청혼을 하는 사람이 다 있더라!"
  우리가 단둘이 있게 되자 그녀는 소리쳤다.
  "팔리시에 고모님이 어제 아버지께 편지로 청혼을 한 거야. 고모님 말로는 아주 훌륭한 사람이라나. 올봄 사교계에서 몇 번 나를 보고 홀딱 반했다니."

"너도 그 사람 눈여겨 봤니?" 나도 모르게 그 청혼자에 대해 반감적인 말투로 물었다.

"으응, 누군지 알아. 사람좋은 돈키호테 타입이야. 교양도 없고, 못나고 시시한 사람인데 퍽 재미있는 사람이어서 고모도 그 사람 앞에선 웃음을 참지 못하는 모양이야."

"그래, 그자가 유망해 보이니?"

나는 비웃는 말투로 말했다.

"어머나! 오빠, 농담두! 상인이야. 한 번만 그 사람을 보면 그런 질문은 안 할 거야."

"그래서 삼촌은 뭐라고 대답하셨어?"

"내가 대답한 대로지. 시집가기엔 아직 어리다고…… 그런데 곤란하게도" 그녀는 웃으며 덧붙였다. "고모님은 반대할 걸 예상했던 거야. 그래서 편지 덧붙임에 에투아르 테시에르 씨는—그 사람 이름이야. 시기를 기다리는 건 문제가 아니며 벌써부터 입후보를 하는 것은 단지 '선수를 차지하기 위한 것'이라고 했어…… 터무니없는 짓이지. 하지만 어떻게 해? 그 사람 얼굴이 너무 못났다고 할 수도 없고!"

"그럴 순 없지. 하지만 포도 재배자에겐 시집가고 싶지 않다고는 할 수 있잖아?"

그녀는 어깨를 으쓱하더니 대답했다.

"그런 건 고모한테 통하지 않아……. 이제 그 이야긴 그만해. 알리사가 편지했어?"

줄리에트는 막힘없이 술술 말을 했지만 무척 흥분되어 있는 듯했다. 내가 알리사의 편지를 내밀자 그녀는 얼굴이 빨개지면서 읽었다.

"그래서 오빠는 어떻게 할 거야?" 그녀의 말소리에는 노여움이 서려 있는 듯했다.

"이젠 나도 모르겠어. 막상 여기 와보니 차라리 편지를 쓰는 편이 좋았을 것 같아. 벌써 온 것을 후회하고 있어. 그녀의 의도가 무엇인지 알겠니?"

"오빠를 자유롭게 해주려는 거야."

"하지만 내가 그런 걸 바라고 있는 것도 아닌데 뭐. 왜 알리사가 그런 편지를 했는지 너는 알겠니?"

"몰라!"

그녀의 대답이 너무나 매몰찼기 때문에, 나는 진정한 이유는 짐작하지 못한다 할지라도 그녀가 이 일을 전혀 모르는 것은 아니라고 그 순간부터 확신했다. 이윽고 우리가 따라 걷고 있던 오솔길이 다시 오던 길로 되는 길목에서 줄리에트는 갑자기 발길을 돌리면서 말했다.

"이젠 갈래, 나하고 이야기하기 위해 오빠가 온 건 아니니까. 너무 오래 같이 있었어."

줄리에트가 집으로 달려가고 나서 잠시 뒤부터 그녀의 피아노 소리가 들려왔다.

내가 응접실로 들어갔을 때 그녀는 여전히 즉흥적으로 피아노를 치면서 자기를 보러 온 아벨과 이야기하고 있었다. 나는 두 사람을 남겨놓은 채 나왔다. 그러고는 알리사를 찾아 한참 동안 정원을 헤매고 다녔다.

그녀는 과수원 안쪽 담 밑에서 너도밤나무 숲의 가랑잎 냄새에 그 향기가 뒤섞여 풍기는 첫 국화를 꺾고 있었다. 공기에는 가을향이 담뿍 배어 있었다. 울타리에 내리쬐는 햇살도 겨우 온기를 던져 줄 뿐이었지만, 하늘은 동쪽 나라처럼 밝았다. 아벨이 여행 선물로 갖다 준 젤란드식 큼직한 모자로 가려진 그녀의 얼굴은 틀에 끼인 듯했다. 내가 가까이 다가가도 처음에는 돌아보지 않았지만 참지 못하고 가볍게 몸을 떠는 것으로 보아 내 발소리를 들었다는 것을 알 수 있었다. 나는 벌써 그녀가 할 비난과 그녀의 눈길이 나에게 보내는 준엄성에 대비해 마음을 긴장시키고 용기를 냈다. 그러나 아주 가까이 이르러 조심스럽게 걸음을 늦추자 그녀는 처음엔 얼굴을 돌리지 않았지만 마치 성난 어린애처럼 얼굴을 숙인 채 꽃을 한 아름 쥔 손을 나를 향해 등 뒤로 내밀면서 오라고 청하는 시늉을 했다. 이러한 몸짓에 이번에는 내가 일부러 멈추어 서자, 비로소 그녀는 몸을 돌려 내게로 몇 걸음 걸어오더니 얼굴을 드는 것이었다. 그 얼굴에는 미소가 가득 차 있었다. 그녀의 눈길에 온갖 것이 다시금 단순하고 쉽게 생각되어 나는 변함없는 목소리로 힘들지 않게 말문을 열었다.

"편지를 보고 다시 왔어."

"그럴 줄 알았어." 그녀는 신랄한 책망투의 억양을 부드럽게 하면서 말했다. "내가 화를 내는 것도 바로 그 점이야. 왜 내 맘을 오해하지? 아무 일도 아니었는데……." (그러자 슬픔과 번민은 정말로 나 혼자 꾸며낸 것이어서 단지 내 마음속에만 존재하는 것 같았다.) "내가 아까도 말했지만 우리는 이대로 행복하잖아? 그러니 그것을 네가 바꾸자는 데 내가 반대한다고 해서 놀랄 것은 없는데?"

사실 나는 그녀 곁에 있기만 하면 행복했다. 너무나도 행복해서 그녀의 생각 말고 다른 생각은 하지 않았다.

그리고 이미 나는 그녀의 미소밖에는, 그리고 꽃이 만발한 오솔길을 그녀와 손 잡고 거니는 것밖에는 아무것도 바라지 않았다.

"그러는 편이 좋다면……." 나는 그 순간의 완전한 행복에 몸을 맡기고 다른 모든 희망을 포기한 채 엄숙하게 말했다. "그러는 편이 좋다면 약혼은 그만두자. 네 편지를 받았을 때 난 내가 정말 행복하다는 것과 이제부터는 그 행복이 사라져버리려 한다는 것을 동시에 깨달았어. 아! 옛날의 그 행복을 다시 돌려 줘. 그 행복 없이는 못견디겠어, 일생을 기다려도 좋을 만큼 나는 너를 사랑하고 있어. 그러나 나를 사랑하지 않게 된다거나 내 사랑을 의심한다거나 하는 생각은, 알리사, 그건 정말 못견디겠어."

"아아! 제롬, 난 왜 그런 생각을 하는 걸까?"

이 말을 하는 그녀의 목소리는 조용하고 쓸쓸했다. 그러나 그녀의 얼굴을 환히 빛내주던 그 미소가 너무도 티없이 아름다웠기 때문에 나는 의심하거나 항변하는 것이 부끄러웠다. 그녀의 목소리 깊이 숨어 있는 서글픔의 여운도 그러고 보면 단지 내 두려움과 항변에서 나온 것 같았다. 그리고 밑도 끝도 없이 나는 나의 계획, 공부, 그리고 얻을 것이 많을 내 새 생활에 관해 횡설수설 이야기하기 시작했다. 그때의 에콜 노르말은 최근 개편된 것과는 퍽 달라 규율이 몹시 까다롭기는 했지만, 게으르다든가 다루기 까다로운 학생들에게나 엄격했을 뿐 부지런히 노력하는 학생에겐 안성맞춤이었다.

나는 거의 수도사적(修道士的)인 이 관습이 사회로부터 나를 보호해 주는 것이 마음에 들었다. 게다가 사회란 별로 내 흥미를 끌지 않았을 뿐 아니라 혹시 알리사가 그것을 두려워하게 되면 나도 금세 싫어질 것에 불과했다.

미스 아슈뷔르통도 없으니 일요일이 되면 아벨과 함께 거기에 가서 몇 시간 보내리라. 일요일마다 알리사에게 편지를 쓰며 내 생활을 낱낱이 알려 주리라.

이때 우리는 열어젖힌 온실 유리창에 걸터앉아 있었다.

알리사는 내 이야기에 귀를 기울이고 이것저것 물었다. 그처럼 조심성 있는 그녀의 따뜻한 마음, 그처럼 절실한 그녀의 사랑을 나는 일찍이 느낀 일이 없었다. 근심과 걱정 그리고 아주 작은 마음의 동요까지도 푸른 하늘 속으로 사라져 버리는 안개처럼 그녀의 미소 속으로 사라지고 그 애틋한 친밀감 속에 녹아드는 듯했다.

이윽고 줄리에트와 아벨이 우리를 찾아와 너도밤나무 숲의 벤치에 앉아 한 사람씩 번갈아 가며 스윈번의 〈시대의 개가〉를 한 구절씩 읽고 또 되풀이해서 읽으면서 우리는 나머지 시간을 보냈다.

저녁이 됐다.

"자!" 우리가 떠날 무렵 알리사는 내게 입을 맞추면서 이렇게 말했다. 반은 농담 같기도 하고 반은 누님 같은 태도였다. 무분별한 내 행동 때문에 아마도 그런 태도를 취한 듯했고 또 그녀도 그것을 즐겨 취한 듯싶은 태도였다. "자, 이제부터는 그렇게 공상적인 사람이 되지 않겠다고 약속해……."

"그래 약혼했니?" 우리가 또다시 단둘이 있게 되자 아벨이 내게 물었다.

"이제 그런 건 문제가 아냐." 나는 말했다. 그러고는 모든 질문을 딱 잘라버리는 말투로 덧붙였다. "나는 이대로가 훨씬 좋아. 오늘 오후만큼 행복했던 적은 없었어."

"나도 그래!" 아벨은 소리쳤다. 그러고는 갑자기 내 목을 끌어안더니 말했다. "기막히고 희한한 이야기 하나 해줄까? 제롬, 난 줄리에트가 미칠 듯이 좋아! 지난해에도 그런 생각을 좀 하긴 했지만. 그러나 나도 세상 맛을 보았고 해서 너희 사촌누이들을 한 번 더 보기 전에는 아무것도 네게 말하고 싶지 않았어. 이제는 됐어. 내 인생도 결정됐어."

　　사랑하노라, 사랑하노라기보다는
　　—나는 줄리에트를 애찬하노라. *(라신의 비극 《브리타니퀴스》 중의 네론의 대사를 흉내낸 것)*

"난 오래전부터 네게 의형제 같은 애정을 느꼈어……."

그러고는 웃다가 장난을 치다가 하면서 팔을 벌려 나를 끌어안고는 우리가 탄 파리 행 열차 속 좌석 위를 어린애처럼 뒹구는 것이었다. 나는 그의 고백을 듣고 숨이 막힐 지경이었다. 거기에서 느껴지는 과장된 표현은 나를 괴롭혔다. 하지만 그처럼 벅찬 감각과 희열에 대해 어떻게 순종하지 않을 것인가?

"그래서, 어떻게 됐어! 고백을 했나?" 나는 그가 이야기를 털어놓는 사이에 물었다.

"천만에! 이야기의 가장 멋진 대목을 태워 버리고 싶진 않아." 그는 이렇게 소리쳤다.

가장 아름다운 사랑의 순간은
'그대를 사랑하노라'고 말할 때가 아니니…… (쉘리 플뤼돔의 서정시)

"이봐, 나를 책망하지는 못하겠지, 느림보 대장인 네가 말야?"
"하지만 줄리에트는 어떻게 생각하는지……."
나는 다소 신경질적으로 물었다.
"그녀가 나를 보면서 당황해하던 것을 못 봤어? 우리가 거기 있는 동안 줄곧 어쩔줄 몰라 얼굴을 붉히며 이야기를 쉬지 않았잖아…… 아니, 넌 아무것도 눈치채지 못했을 거야. 너야 알리사한테만 정신이 팔려 있었으니까. 줄리에트가 내게 어찌나 이것저것 캐묻는지! 또 내 말을 얼마나 솔깃하게 들으며 좋아했는지 몰라! 지난 해에 비해 굉장히 총명해졌어. 어째서 그녀가 독서를 좋아하지 않는다고 네가 생각하게 되었는지 난 도무지 알 수가 없어. 책은 오직 알리사만을 위한 것이라고 늘 생각하는 모양이지…… 하지만 줄리에트는 놀랄 만큼 많이 알고 있단 말야. 저녁 식사 전에 우리가 무엇을 하고 놀았는지 알아? 단테의 칸초네를 암송하며 즐겼어. 둘이서 번갈아가며 암송했는데 내가 틀리면 그녀가 척척 고쳐 줬어, 왜 너도 알고 있지?

내 마음 가득 채워 주는 사랑의 마음이여.

줄리에트가 이탈리아 말을 배운 걸 너는 말해 주지 않았지."
"나도 그건 몰랐는데!"

나는 놀라서 말했다.

"뭐라고? '칸초네'를 시작할 때 너한테서 배웠다고 하던데."

"아마 내가 알리사한테 읽어 주는 것을 들었던 모양이지. 그녀는 언제나 우리 곁에서 바느질을 하거나 수를 놓고 있었으니까. 하지만 알고 있는 듯한 기색은 전혀 보이지 않았는데."

"그랬을 거야. 알리사와 너는 지독한 이기주의자니까. 자기네 사랑에만 열중해서 그녀의 지능과 마음이 놀랍도록 꽃피는 건 거들떠 보지도 않았으니 말이야. 내가 나 자신을 치켜세우는 건 아니지만 아무튼 나는 때맞추어 나타난 거야. 난 널 탓하는 건 아니야. 너도 그건 알고 있지?"

그는 다시 나를 끌어안으며 말했다.

"다만 이것만 약속해 줘. 이 일에 대해서는 한 마디도 알리사에게 알리지 않겠다고. 내 일은 내가 알아서 할 테니까. 줄리에트는 내 사람이야. 그건 틀림없어. 다음 방학까지 이대로 내버려두어도 괜찮아. 그때까지는 편지도 쓰지 않을 작정이야. 그렇지만 새해 방학에는 너와 함께 르아브르에 가서 방학을 지내고, 그리고……."

"그리고는?"

"그리고 나서 알리사는 갑자기 우리의 약혼을 알게 되는 거야. 나는 이 일을 빨리 해치울 작정이야. 그리고 어떻게 되는지 알아? 네가 얻지 못한 그 알리사의 승낙을 내가 본보기를 보여 줌으로써 얻게 해준단 말야. 너희 결혼 전에는 우리도 결혼할 수 없지 않느냐. 우리 둘은 알리사를 설득시킬 작정이야."

그는 이야기를 계속했다. 그래서 기차가 파리에 도착했을 때도, 노르말에 우리가 돌아왔을 때도, 그칠 줄 모르는 이야기의 바닷속으로 나를 잠겨들게 했다. 우리가 역에서 에콜 노르말까지 걸어와 밤이 깊어졌는데도 아벨은 내 방까지 따라 들어와 아침이 될 때까지 이야기를 주고받았다.

아벨은 스스로 감격하여, 현재도 미래도 제멋대로 상상하고 있었다. 그는 이미 우리 두 쌍의 결혼을 예견하고 이야기하는 것이다. 저마다의 놀라움과 기쁨을 상상하여 얘기했고 우리의 아름다운 사랑 이야기, 우정 그리고 내 사랑에서 자기가 한 역할의 아름다움에 도취하기도 했다. 나는 이처럼 아벨의 솔깃한 열정에 저항하지 못한 채 또 공상적인 그의 제안에 매력을 느낀 나머지지 마침내 나 자신도 그런 기분에 점점 끌려들어갔다. 그 사랑으로 우리의 야망과 용기는 부풀어 오르기만 했다.

에콜을 졸업하면 곧 보티에 목사의 주례로 우리 두 쌍은 결혼할 것이고 넷이서 여행을 떠나리라. 그런 다음 우리가 거창한 일을 하게 되면 우리의 아내들은 즐거이 거기에 협력해 줄 것이다. 교수직엔 별로 마음이 없지만 글쓰는 소질을 타고났다고 자신하는 아벨은 희곡 몇 편으로 성공을 거두어 별로 없던 재산을 삽시간에 굉장하게 만들 것이다. 학문에서 오는 이익보다 학문 그 자체에 마음이 끌리는 나는 종교 철학의 연구에 몰두하고 그 역사를 써 보리라…… 그러나 그 많은 희망들을 여기서 회상한들 무슨 소용이 있을 것인가?

다음 날 우리는 다시 공부에 열중했다.

4

새해 방학까지는 기간이 너무도 짧았기 때문에 지난번 알리사와의 대화로 매우 좋아진 나의 믿음은 잠시도 흔들리지 않았다. 계획했던 대로 나는 일요일마다 그녀에게 긴 편지를 썼다. 그 밖의 날에도 동급생들과는 되도록이면 떨어져 지내며 아벨을 만날 뿐 오로지 알리사를 그리워하며 생활했으며, 내가 좋아하는 책에는 나 자신이 거기서 얻는 흥미보다도 알리사가 즐겨할 재미를 먼저 생각하여 그녀에게 도움이 되도록 여러 표시를 해두었다. 그녀의 편지는 여전히 나를 불안하게 했다. 비록 내 편지에 대해 꽤 규칙적으로 답장을 보내기는 했지만, 나를 따라오는 그녀의 열성은 마음이 끌려서라기보다는 오히려 내 공부를 격려해 주려는 배려가 엿보이는 듯했다.

그리고 판단, 토론, 비평 등이 내게는 단지 내가 생각하는 바를 나타내려는 방법에 지나지 않았음에 비해 그녀는 이 모든 것을 이용해서 자기의 생각을 내게 숨기려는 것 같았다. 때때로 나는 그녀가 그것으로 장난을 하는 것이 아닌가 의심했다…… 그러나 아무럼 어떤가. 무슨 일에도 불평하지 않기로 굳게 결심한 나는 편지 속에 불안한 기색을 보이는 말은 전혀 쓰지 않았다.

드디어 12월 말에 가까워지자, 아벨과 나는 르아브르를 향해 떠났다.

나는 플랑티에 이모 댁에 머물렀다. 내가 도착했을 때 이모는 집에 없었다. 그러나 내 방에 들어가 있자, 곧 하인이 오더니 이모가 응접실에서 나를 기다리고 있다고 전해 주었다.
　내 건강, 숙소, 공부에 관해서 대충 듣더니 이모는 곧 애정이 넘치는 호기심에 이끌려 아무 조심성 없이 말했다.
　"퐁궤즈마르에서 만족했는지, 너는 아직 내게 말하지 않았지? 일은 좀 진척됐니?"
　나는 이모의 이 어설픈 친절을 참아야만 했다. 아무리 순수하고 다정한 말로 대해 줘도 상처받을 수밖에 없는 감정을 이처럼 간단히 다루는 걸 듣는 것은 괴로웠다. 그러나 그것을 말하는 이모의 어조가 너무나 구김살 없고 정다웠기 때문에 화를 낸다는 것은 어리석은 짓일 것 같았다. 그럼에도 불구하고 처음에는 대꾸를 좀 했다.
　"지난봄엔 약혼이 시기 상조라고 말씀하시지 않았어요?"
　"그래, 그랬었지. 처음에는 으레 그렇게 말하는 법이야." 이모는 내 한 쪽 손을 잡아 자기의 두 손 안에 감동적으로 꼭 쥐면서 서슴지 않고 대답하는 것이었다. "게다가 네 공부라든가 병역 때문에 몇 해 더 기다리지 않으면 결혼할 수 없다는 것도 잘 알고 있다. 하지만 내 생각에는 약혼을 오래 끌지 않는 것이 좋을 것 같다. 그렇게 되면 처녀들은 지쳐 버리거든. 때론 그것이 아주 딱하게 여겨지기도 한단다. 그건 그렇고, 약혼을 반드시 공개해 둘 필요가 있어. 그렇게 하면 남들이…… 이제는 그 처녀에게 손을 뻗쳐볼 필요가 없다는 걸 알아차릴 수 있게 된단 말이야. 그렇게 해 두면 너희도 편지나 교제를 떳떳이 할 수 있지. 그리고 다른 사람이 청혼해 오면…… 그것도 있을 법한 일이잖니." 이모는 그럴 듯한 웃음을 지으면서 암시조로 말했다.
　"그런 경우에는…… 차분하게 그럴 수가 없게 됐습니다라고 거절할 수도 있단 말이다. 너도 알겠지만, 줄리에트한테 청혼이 들어왔단다. 올 겨울에 그 애는 남의 눈에 무척 띄었거든. 그 애는 아직 좀 어리지. 그래서 그 애도 그렇게 대답했어. 한데 그 젊은이는 기다리겠다는 거야. 정확히 말해서 그 사람은 이미 젊다고는 할 수 없지. 아무튼 좋은 자리야. 아주 틀림없는 사람이지. 너도 내일이면 볼 거다. 우리 집 크리스마스트리를 보러 올 테니까. 네가 본 인상이 어떤지 내게 좀 말해 주려무나."
　"이모, 모르긴 하지만 그 남자는 헛수고하는 게 아닐까요. 줄리에트에게 다른 사람이 있을지도 모르니 말이에요." 나는 아벨의 이름을 대지 않으려고 애를 쓰면서 말했다.

"응?" 설마 하는 표정으로 이모는 입을 뾰족 내밀고 머리를 갸우뚱하면서 의심쩍다는 듯이 말했다. "놀랐는걸! 그렇다면 왜 그 애가 내게 아무 말도 하지 않았을까?"

나는 더 이상 말하지 않으려고 입술을 깨물었다.

"그래? 두고 보면 알겠지. 줄리에트는 요즘 좀 몸이 좋지 않단다……." 이모는 다시 말을 이었다. "우린 지금은 그 애 이야기를 하고 있는 게 아니니까……그래! 알리사도 귀여운 아이야, 그런데 그 애한테 선언을 했니 안 했니?"

그 '선언'이란 말이 너무나 어울리지 않고 거친 듯해서 나는 발끈했으나 거짓말을 못하는 성미라 정면으로 질문을 받자 그만 우물쭈물 대답해 버렸다.

"네, 했어요." 그러자 얼굴이 화끈 달아오름을 느꼈다.

"그래, 그 애는 뭐라고 하든?"

나는 고개를 숙였다. 별로 대답하고 싶지가 않았다. 이번에는 한층 더 막연히, 그리고 마음이 내키지 않는 어조로 말했다.

"약혼하는 것을 반대했어요."

"그래! 그것도 일리가 있어." 이모는 소리쳤다. "너희야 언제든 할 수 있으니까, 그렇고말고……."

"제발 그 이야긴 그만해요, 이모."

나는 말을 막으려 했으나 헛일이었다.

"그 애로선 있음직한 일이야. 그 애는 언제나 너보다는 분별이 있어 보였으니까."

나는 이때 무엇 때문이었는지 잘 모르겠으나, 아마 그렇게 다그쳐 물어서 흥분되었던 것인지, 갑자기 가슴이 찢어지는 듯했다. 그래서 마치 어린애처럼 마음씨 좋은 이모의 무릎에 이마를 비벼대며 흐느끼는 목소리로 말했다.

"아니에요. 이모, 이모는 몰라요. 그 애는 기다려 달라고 하지도 않았어요……."

"뭐라고? 그 애가 너를 싫어하기라도 한단 말이냐?" 이모는 손으로 내 이마를 올리면서 퍽 따뜻한 말투로 말했다.

"그것도 아니에요…… 아니, 확실히 그런 것도 아니에요."
나는 서글프게 머리를 저었다.
"그 애가 너를 사랑하지 않을까 봐 겁이 나니?"
"아아! 아니에요, 제가 두려워하는 건 그게 아니에요."
"애야, 좀더 분명하게 말을 해야 내가 알지."

나는 약한 내 마음을 그대로 드러낸 것이 부끄러웠다. 이모는 내가 불안한 이유를 모르고 있는 게 틀림없었다. 그러나 만일 알리사가 약혼을 거절한 배후에 어떤 뚜렷한 동기가 있다면 이모가 나를 도와 부드럽게 그녀에게 물어봄으로써 그 이유를 밝혀낼 수도 있을 성싶었다. 이모는 스스로 그 이야기를 꺼냈다.

"애야!" 이모는 말을 이었다. "내일 아침 알리사가 크리스마스트리를 꾸미러 올 테니까, 어떻게 된 영문인지 내 당장 알아보마. 그걸 점심때 알려줄게. 그럼 네가 걱정할 건 아무것도 없다는 걸 깨닫게 될 거야, 틀림없이."

나는 뷔콜랭 댁으로 저녁 식사를 하러 갔다. 쥘리에트는 정말 며칠 전부터 앓고 있어서인지 사람이 변해 보였다. 그녀의 눈초리는 적잖이 표독스럽고 표정은 굳어 있었다. 그 때문에 전보다 훨씬 더 자기 언니와는 달라 보였다. 그날 저녁 나는 알리사와 쥘리에트에게 별다른 이야기를 할 수 없었다. 게다가 나도 이야기할 마음이 생기지 않았고, 삼촌이 피곤해 보여서 식사가 끝난 뒤 곧 물러나와 버렸다.

플랑티에 이모가 꾸미는 크리스마스트리는 해마다 많은 아이들과 친척들, 친구들을 모여들게 하였다. 이 트리는 계단을 올라가는 현관 한 어귀에 세워져 있었는데, 이 현관은 첫 문간방, 응접실, 찬장을 들여놓은 온실 비슷한 유리문 달린 방을 통하고 있었다. 트리 장식은 아직 끝나지 않아 축제일 아침, 즉 내가 도착한 이튿날, 알리사는 이모 말대로 아침 일찍부터 여러 가지 장식, 촛불, 과실, 과자, 장난감 등을 나뭇가지에 다는 일을 거들었다. 나도 그러한 일을 그녀 곁에서 거들고 싶었으나 이모가 그녀와 이야기를 하도록 해야만 했다. 그래서 나는 그녀를 만나지 않고 집을 나와 아침 내내 불안한 마음을 달래느라고 애썼다.

나는 쥘리에트를 만나려고 먼저 뷔콜랭 댁으로 갔다. 아벨이 나보다 앞서 그녀 곁에 와 있다는 말을 듣고 나는 중요한 이야기를 방해할까 두려워 곧 다시 나와서 점심때까지 부둣가 거리를 쏘다녔다.
 "이런 바보!" 내가 들어오자 이모가 소리쳤다. "그런 쓸데없는 걱정을 하며 살다니. 오늘 아침 네가 한 소리는 모두 당치도 않아. 나는 단도직입적으로 애길 꺼냈다. 우리 일을 거드느라고 피곤해진 미스 아슈뷔르통을 산책이나 하라고 내보내고 알리사와 단둘이 있게 되었을 때, 나는 곧 왜 지난여름에 약혼하지 않았느냐고 아주 간단하게 물었어.
 넌 아마 그 애가 당황했으리라 생각하겠지? 알리사는 조금도 당황하지 않고 아주 침착하게, 자기 동생보다 먼저 결혼하기가 싫었기 때문이라고 대답하더라. 만일 너도 그 애에게 솔직히 물어 보았더라면 그렇게 대답했을 거야. 혼자서 괴로워한 이유가 거기에 있는 거야, 그봐, 솔직한 게 가장 좋은 거야. 가엾은 알리사는 아버지를 떠날 수가 없다는 거야……. 우리는 별별 이야기를 다 했다. 그 애는 참 지각이 있더구나. 자기가 네게 적합한지 어떤지 아직 자신이 없다는 거야. 또 너보다 너무 나이가 많은 것을 걱정하며 네게는 줄리에트 또래의 여자가 차라리 나을 것 같다고……."
 이모는 말을 계속했다. 그러나 나는 더 이상 이모의 말을 듣지 않았다. 내게 중요한 것은 단 한 가지, 즉 알리사가 동생보다 먼저 결혼하지 않겠다고 말한 것이었다. 하지만 줄리에트에게는 아벨이 있지 않은가! 그 녀석 말이 옳았구나. 그 녀석은 한번에 두 쌍의 결혼을 성사시키려 하고 있는 것이다…… 아주 단순한 일이기는 하지만 이모가 밝혀 준 이야기는 나를 흥분시켰고, 나는 최선을 다해 이 흥분을 이모에게 감추었다. 이모에게는 너무나 당연한 기쁨, 그것이 모두 자기의 덕택이라고 생각되도록 그만큼 이모를 흡족하게 할 그러한 기쁨만을 보였다. 점심이 끝나자 나는 핑계를 만들어 이모 곁을 떠나 아벨에게로 달려갔다.
 "어때! 내가 뭐라고 그랬어!" 내가 기쁨을 알려 주자마자 그는 나를 껴안으며 소리쳤다.
 "오늘 아침 줄리에트와 한 이야긴데, 거의 결정적인 것이었다고 말할 수 있지. 우리는 거의 네 이야기만 했어. 그러나 그녀는 피곤해서 마음이 안정되지 않은 것 같았어. 지나치게 너무 깊이 들어가면 그녀의 신경을 자극할까 두려웠고, 너무 오래 머물러 있으면 그녀를 흥분시킬까 염려스러웠어. 네 말을 들으니, 이제 모든 일이 다 된 거나 다름없어! 난 달려가서 지팡이와 모자를 가져올게. 넌 내가 혹시 도중에 날아가려고 하면 붙잡아 줄 셈치고 뷔콜랭 댁 문전까지만 같이 가 줘. 나는 오이포리온보다 더 몸이 가벼워진 것 같아. 자기 언니가 승낙을 거절한 이유가 단지 자기 때문이라는 것을 줄리에트가 알게 되면, 그리고 내가 곧 청혼을 하면…… 아아! 이봐, 오늘 저녁 우리 아버지가 크리스마스트리 앞에서 행복에 겨워 눈물을 흘리면서 주님을 찬양하고 축복에 넘치는 손을, 무릎 꿇은 네 사람의 약혼자 머리 위에 얹으시는 게 벌써 내 눈에 선 해. 미스 아슈뷔르통은 한숨 속으로 증발해 버릴 것이고 플랑티에 이모님도 웃음 속에 녹아 버릴 거야. 그리고 환하게 밝혀진 크리스마스트리는 하느님의 영광을 노래할 것이고 성경에 나오는 산들처럼 손뼉을 칠 거야."

해가 질 무렵, 크리스마스트리에 불이 켜지면 아이들, 친척들 그리고 친구들이 그 주위에 모이기로 했다.

아벨과 헤어지자 불안과 초초로 인해 일이 손에 잡히질 않아, 나는 기다림을 잊으려고 생 아드레스의 낭떠러지까지 걸어갔다가 길을 잃었다. 겨우 플랑티에 이모 댁에 왔을 때는 이미 조금 전부터 축연이 벌어지고 있었다.

현관에 들어서자 나는 알리사를 보았다. 그녀는 기다리고 있었던 듯 나를 보자 곧 내게로 왔다. 화려한 겉옷 깃 사이가 파여진 곳에는 목에서부터 작고 오래된 자수정 십자가가 매달려 있었다. 내가 어머니께 기념물로 준 것인데, 그녀가 달고 있는 것을 보기는 처음이었다. 긴장된 그녀의 얼굴과 괴로운 표정이 내 가슴을 아프게 했다.

"왜 이렇게 늦었지?" 그녀는 다급하고 숨가쁜 목소리로 말했다. "네게 하고 싶은 말이 있었는데."

"낭떠러지 길에서 길을 잃어버렸어…… 그런데 안색이 왜 그리 좋지 않지…… 아니, 알리사, 왜 그래?"

그녀는 잠시 당황한 듯 내 앞에서 입술을 떨고 있었다. 이러한 고뇌의 표정을 보자 나는 마음이 아파 감히 더 이상 물어볼 수가 없었다. 그녀는 내 얼굴을 끌어 당기려는 듯 내 목에 손을 갖다댔다. 무언가 이야기를 하려는 눈치였다. 그러나 바로 그 순간에 손님들이 들어왔다.

힘이 빠진 그녀의 손이 다시 아래로 떨어졌다……

"지금은 안 되겠어." 그녀는 중얼거렸다. 그러고는 내 눈에 눈물이 글썽이는 것을 보고 마치 그런 하잘것없는 변명으로도 나를 진정시킬 수 있다는 듯 내 눈길의 물음에 대답했다.

"아냐……안심해, 단지 머리가 좀 아플 뿐이야. 어린애들이 너무 소란을 피워서…… 이리로 피해 온 거야…… 이제는 그 애들 곁에 돌아가 봐야지……."

그녀는 급히 내게서 멀어져 갔다. 사람들이 들어오면서 나를 그녀에게서 떼어 놓았다. 나는 응접실에 가서 다시 그녀를 만나리라 생각했다. 방 저 끝에서 알리사가 아이들에게 둘러싸인 채 같이 놀아주고 있었다. 그녀와 나 사이에는 여러 사람들이 보였고, 그녀에게로 가려면 틀림없이 누구에게 붙잡힐 것 같았다. 인사나 이야기를 나눌 수 있을 것 같지가 않았다. 혹시 벽을 따라 살짝 빠져나간다면…… 나는 그렇게 해보았다.

정원으로 나가는 커다란 유리문 앞을 막 지나가려는 순간, 누가 내 팔을 잡는 것이 느껴졌다. 문에 반쯤 몸을 숨기고 커튼으로 몸을 휘감은 줄리에트가 거기 있었다.

"온실로 가!" 그녀는 재빨리 말했다. "꼭 할 말이 있어, 그쪽으로 혼자 가. 곧 따라갈게." 그러고는 문을 조금 열더니 도망치듯 정원으로 사라졌.

무슨 일일까? 나는 먼저 아벨을 만나보고 싶었다. 아벨은 무슨 이야기를 했을까? 뭘 한 거지? 현관으로 되돌아온 나는 줄리에트가 기다리고 있는 온실로 갔다.

그녀는 얼굴이 새빨갛게 달아올라 있었다. 눈썹을 찌푸리고 있어 그녀의 눈초리는 날카롭고 괴로운 표정을 띠고 있었다. 신열이 있는 듯 두 눈이 반짝거렸다. 목소리마저 거칠고 경련을 일으킬 듯싶었다. 그녀는 뭔가 분노로 흥분되어 있었다. 나는 불안을 느끼면서도 그녀의 아름다움에 놀라 어색할 지경이었다. 우리는 단둘이었다.

"알리사가 이야기했어?" 그녀는 내게 다그쳐 물었다.

"겨우 두어 마디, 내가 아주 늦게 와서 말야."

"언니는 내가 자기보다 먼저 결혼하길 바라고 있다는 것을 알아?"

"응."

그녀는 뚫어지게 나를 쳐다보고 있었다……

"그리고 내가 누구와 결혼하기를 바라고 있는지 알아?"

나는 잠자코 있었다.

"그건 오빠야!" 그녀는 소리쳤다.

"말도 안 돼!"

"그렇지?" 그녀의 목소리에는 절망과 승리감이 동시에 섞여 있었다. 그녀는 다시 몸을 일으켰다기보다 뒤로 몸을 젖혔다. "지금 내가 해야 할 일이 무엇인지 알겠어." 정원으로 통하는 문을 열면서 희미하게 말하더니 그녀는 문을 쾅 닫고 나가 버렸다.

내 머리와 가슴속에서 모든 것이 비틀거렸다. 관자놀이에서 맥박이 뛰는 것을 느꼈다. 단 한 가지 생각만이 그런 내 마음의 혼란을 버티게 해주었다. 아벨을 찾자. 그러면 아마도 이 두 자매의 기이한 이야기를 설명해 줄 수 있을 것이다. 그러나 나의 혼란스러운 모습을 사람들이 알아차릴 것 같아서 응접실에 다시 들어갈 용기가 나지 않았다. 나는 밖으로 나왔다. 정원의 차가운 공기가 내 마음을 가라앉혔다. 나는 잠시 그대로 정원에 머물러 있었다. 어둠이 짙어지면서 바다 안개가 도시를 감쌌다. 나뭇가지는 앙상했고 땅과 하늘은 한없이 쓸쓸해 보였다…… 노랫소리가 들려왔다. 크리스마스트리를 둘러선 어린이들의 합창소리였다. 나는 현관을 통해 다시 들어갔다. 응접실과 문간방 문이 모두 열려 있었다. 텅 빈 응접실에서 피아노 뒤에 반쯤 몸을 가린 이모가 줄리에트와 이야기하는 것이 보였다. 문간방에는 한껏 장식된 크리스마스트리를 둘러싸고 손님들이 빈틈없이 모여 있었다. 아이들은 이미 찬송가를 마친 때였다. 갑자기 주위가 조용해지더니 크리스마스트리 앞에서 보티에 목사가 설교 비슷한 것을 하기 시작했다. 그는 이른바 '좋은 씨를 뿌리기' 위해서는 어떠한 기회도 놓치지 말라는 것이었다. 불빛과 온기가 나는 싫었다. 나는 다시 나가려 했다. 그런데 문에 기대어 선 아벨이 보였다.

그는 얼마 전부터 그곳에 서 있었던 모양이었다. 그는 적의에 찬 눈초리로 나를 바라봤는데, 우리의 시선이 마주치자 어깨를 들썩였다. 나는 그에게로 갔다.

"바보!" 그는 낮은 목소리로 말하더니 갑자기 소리쳤다. "아아, 이봐, 나가자. 좋은 말씀은 이제 지긋지긋해!" 우리가 밖으로 나오자 그는 아무 말없이 걱정스럽게 보고 있는 나에게 다시 한 번 말했다. "바보! 그 애가 사랑하는 건 바로 너야, 나한테 그런 것을 말해 줄 순 없었니?"

나는 아찔했다. 도무지 무슨 일인지 알 수가 없었다.

"말할 수 없었지? 너도 모르고 있었을 테니까!"

그는 내 팔을 잡더니 미친 듯이 흔들어 댔다. 악문 치아 사이로 새어나오는 그의 목소리는 떨리고 숨찼다.

"아벨, 제발 부탁이야." 잠시 뒤 나는 떨리는 목소리로 말했다. 그러고는 그가 성큼성큼 나를 끌고 가는 동안 말했다.

"그렇게 흥분하지 말고 무슨 일이 일어났는지 말 좀 해 봐. 나는 아무것도 모르겠어."

그는 느닷없이 가로등 불빛 아래 나를 세우더니 내 얼굴을 찬찬히 뜯어보는 것이었다. 그러고는 와락 나를 끌어안더니 내 어깨에 얼굴을 파묻고 흐느끼며 중얼거렸다.

"용서해 줘. 나도 바보였어. 너와 마찬가지로 나도 잘 몰랐어."

울고 나니 다소 마음이 진정되는 듯싶었다. 그는 머리를 들더니 다시 걷기 시작하면서 말을 계속했다.

"무슨 일이 일어났느냐고?⋯⋯ 이제 와서 다시 그 이야기를 한들 무슨 소용이 있어. 네게도 말했지만 아침에 줄리에트와 이야기했어. 굉장히 예쁘고 쾌활했지. 난 그게 다 나 때문인 줄 알았어. 그런데 그건 순전히 우리가 네 이야기를 했기 때문이었어."

"그때는 짐작을 못했니?"

"못했어, 확실히는. 하지만 지금 와서 생각해 보면 환히 짐작이 가⋯⋯."

"오해가 아니라는 건 분명해?"

"오해? 그 애가 널 사랑하는 걸 모른다면 그건 장님이나 마찬가지야."

"그럼 알리사는⋯⋯."

"알리사가 희생을 하는 거지. 동생의 비밀을 알게 되자 자기가 양보하려 한 거지. 뭐 이해하기 어려운 일도 아니지⋯⋯ 나는 줄리에트에게 다시 한 번 이야기하고 싶었어. 내가 말을 꺼내자마자⋯⋯ 아니, 내 말을 알아듣기 시작하자마자 그녀는 우리가 앉아 있던 소파에서 벌떡 일어서더니 몇 번이고 되풀이해서 '그런 줄 알고 있었어요' 하는 거야. 그런데 그건, 그런 줄 알고 있는 말투가 아니었어……."

"아! 농담은 제발 그만둬!"

"어째서? 나도 참 바보 같은 얘기라고 생각해…… 줄리에트는 자기 언니 방으로 뛰어갔어. 그러자 느닷없이 격렬한 소리가 들려와서 난 깜짝 놀랐지. 잠시 뒤에 줄리에트가 다시 나온 줄 알았는데, 나온 건 알리사였어. 그녀는 모자를 쓰고 있었는데 나를 보고 어색한 표정을 짓더니 내 앞을 지나가면서 재빠르게 '안녕하세요?' 하더군…… 그뿐이야."

"줄리에트는 다시 보지 못했니?"

아벨은 약간 망설였다.

"봤어. 알리사가 가자, 내가 방문을 열었지. 줄리에트는 난로 앞 대리석 위에 팔꿈치를 세우고 두 손으로 턱을 받친 채 꼼짝 않고 서 있었어. 거울 속 자기 모습을 뚫어지게 노려보면서 내 기척을 듣더니 돌아보지도 않은 채 발을 굴러 대면서 '제발 나가 줘요!' 하는데 그 말투가 어찌나 매몰찬지 더 묻지도 않고 나와 버렸어. 그게 전부야."

"그럼, 이제부터는?"

"아! 털어놓고 나니 기분이 좀 낫군. 그래 이제부터는, 글쎄…… 넌 이제부터 줄리에트의 사랑이 식도록 해야겠지. 내 짐작이 틀리지 않는다면, 그러기 전엔 알리사는 네게 돌아오지 않을 거야."

우리는 오랫동안 말없이 걸었다.

"돌아가자." 마침내 그가 말했다. "손님들도 이제 다 갔을 거야. 아버지께서 날 기다리실지도 모르고."

우리는 집으로 돌아왔다. 과연 응접실은 텅 비어 있었다.

문간방에도 장식이 다 떼어졌고 촛불도 거의 다 꺼진 크리스마스트리 곁에 이모와 그 두 아이들, 뷔콜랭 삼촌, 미스 아슈뷔르통, 목사, 사촌누이들, 그리고 여태까지 이야기를 나누고 있는 이모와, 줄리에트가 말했던 청혼자라는 너무도 우스꽝스러워 보이는 사나이만 있을 뿐이었다. 우리 중 누구보다도 크고 튼튼하고 대머리에 혈색이 좋으며, 다른 계급, 다른 사회, 다른 종족에 속한 그 사나이는 우리 사이에 끼인 것이 퍽이나 어색하게 느껴지는 모양이었다.

그는 초조한 듯이 거창한 카이제르 수염 끝을 잡아당겼다 비볐다 하였다. 문이 활짝 열린 현관에는 이제 불빛마저도 없었다.

아벨과 내가 소리 없이 들어왔기 때문에 아무도 우리가 와 있는 줄 몰랐다. 그때 오싹하는 어떤 예감이 나를 엄습했다.

"멈춰!" 아벨이 내 팔을 잡으며 말했다.

그 순간 우리는, 그 낯선 사나이가 줄리에트에게 다가가 그녀가 시선을 돌리지도 않은 채 아무런 힘도 없이 내민 손을 잡는 것을 보았다. 캄캄한 어둠이 내 마음을 덮었다…….

"아벨, 도대체 어떻게 된 거야." 나는 아직도 무슨 일인지 깨닫지 못한 것처럼, 혹은 잘못 알았기를 바라는 것처럼 중얼거렸다.

"글쎄! 저 애는 자기 몸을 내던지겠다는 거야."

그는 빈정대듯 삐딱한 목소리로 말했다. "자기 언니한테 지기 싫다는 거지. 천사들도 하늘에서 박수갈채를 보내고 있을 테지."

삼촌이 오더니 미스 아슈뷔르통과 이모에게 둘러싸여 있는 줄리에트의 뺨에 입맞추었다. 보티에 목사가 가까이 왔다. 나는 한 걸음 앞으로 다가섰다.

알리사가 나를 보고 뛰어오더니 떨면서 낮은 소리로 말했다.

"제롬, 안 돼. 줄리에트는 저 남자를 사랑하지 않아. 바로 오늘 아침에도 그렇게 말했어. 제발 좀 말려, 제롬. 아아! 저 애가 어떻게 되려고……."

그녀는 절망적인 애원을 하면서 내 어깨에 매달렸다. 그녀의 이 고통을 덜어 줄 수만 있다면 나는 목숨이라도 바치고 싶었다.

크리스마스트리 곁에서 갑자기 고함소리가 들려왔다. 우리는 달려갔다. 줄리에트가 의식을 잃은 채 이모의 팔에 안겨 있었다. 모두가 다급히 그녀를 들여다보고 있어서 내게는 잘 보이지 않았다. 헝클어진 머리칼이 무섭도록 창백한 그녀의 얼굴을 뒤로 잡아당기고 있는 듯했다. 그녀의 몸이 그처럼 경련하고 있는 것으로 보아 예사로운 기절이 아닌 것 같았다.

"아무 일도 아니야! 아무 일도 아니야!" 이모는 어쩔 줄 몰라 허둥대는 뷔콜랭 삼촌을 안심시키려고 큰 소리로 말했다. 보티에 목사도 집게손가락으로 하늘을 가리키면서 위로를 하고 있었다. "아니야! 아무것도 아니야, 흥분했을 뿐이야. 신경이 좀 발작한 것뿐이야. 테시에르 씨, 당신은 힘이 세시니까 좀 거들어 줘요. 내 방으로 데리고 올라가야겠어요. 내 침대로……."

그러고 나서 이모가 자기 맏아들 쪽으로 몸을 굽혀 귀에 대고 몇 마디 속삭이자 그는 의사를 부르러 가는 듯 곧 나가 버렸다.

이모와 그 청혼자는 그들 팔에 몸을 반쯤 젖히고 안겨 있는 줄리에트를 어깨 밑으로 손을 넣어 받치고 있었다. 알리사는 동생의 두 발을 들어 다정히 껴안고 있었다. 아벨은 자칫하면 뒤로 떨어질 듯한 머리를 받쳐 주고 있고, 흩어진 머리카락을 쓸어 모으며 몸을 굽혀 입을 맞추는 모습이 보였다.

나는 방문 앞에 멈추어섰다. 줄리에트는 침대 위에 뉘어졌다. 알리사가 테시에르 씨와 아벨에게 몇 마디 말을 했지만 내겐 들리지 않았다. 그녀는 두 사람을 따라 문까지 나와 플랑티에 이모와 단둘이서 간호하고 싶다고 말했다.

아벨은 내 팔을 잡고 밖으로 이끌었다. 우리는 아무런 목표도 용기도 생각도 없이 오랫동안 어둠 속을 거닐었다.

5

알리사에 대한 사랑만이 내 삶의 유일한 이유였다. 나는 그 사랑에 매달렸으며 그녀로부터 오는 것이 아니면 아무것도 기대하지 않았고, 또 기대하고 싶지도 않았다.

그 다음 날 내가 알리사를 만나러 가려고 준비하고 있는데 이모가 나를 잡더니 금방 받은 편지를 내게 내밀었다.

줄리에트의 그 심한 흥분은 의사 선생님이 처방해 준 물약으로, 아침에야 겨우 가라앉았습니다. 당분간 제롬이 이곳에 오지 않기를 바랍니다. 줄리에트가 그의 발소리나 목소리를 알아챌 수 있을 것 같아서 그렇습니다. 지금 그 애에게는 절대 안정이 필요하니까요.

줄리에트의 상태로 보아 아무래도 제가 이곳에 머물러야 할 것 같아요. 제롬이 떠나기 전에 제가 만나지 못하게 되면 후에 제가 나중에 편지하겠다고 전해 주세요.

이 방문금지는 순전히 나를 대상으로 한 것이었다. 이모나 그 밖의 누구도 뷔콜랭 댁의 초인종을 누를 수 있었고, 이모는 오늘 아침에도 거기에 갈 셈이었다. 내 발소리? 목소리? 얼마나 어설픈 핑계인가…… 아무튼 좋다.

"좋습니다. 가지 않겠습니다."

알리사를 만날 수 없다는 것은 퍽 마음 아픈 일이었다. 그러나 한편으로는 그녀를 다시 만나는 것이 두렵기도 했다. 동생의 병을 내 탓으로 돌리지나 않을까 두려웠고, 화가 난 그녀를 보느니 차라리 만나지 않는 편이 나을 것 같았다.

하지만 아벨만은 만나고 싶었다. 그의 집에 찾아가자 하녀가 쪽지 하나를 전해 주었다.

네가 염려하지 않도록 몇 마디 적는다. 르아브르에서 줄리에트 가까이 머물러 있는 건 도저히 견딜 수 없었다. 그래서 어젯밤, 너와 헤어진 뒤 사우샘프턴 행 배표를 샀다. 런던의 S 집에서 방학을 보낼 셈이야. 학교에서 다시 만나자.

세상의 모든 도움이 한꺼번에 나를 저버렸다. 고통밖에 남지 않은 이 체류를 더 이상은 하고 싶지 않아 개학이 되기도 전에 파리로 돌아왔다. 나는 하느님에게로, '모든 참된 은혜, 완전한 혜택을 주시는' 하느님에게로 눈길을 돌렸다. 나의 온갖 고뇌를 주님께 바쳤다. 나는 알리사도 하느님에게서 안식을 구하고 있으리라 생각했다. 그녀도 기도를 드리고 있으리라 생각하니 나 또한 용기와 열심으로 기도를 드릴 수 있었다.

알리사의 편지와 내가 쓴 답장 말고는 이렇다 할 별다른 일 없이 사색과 공부의 긴 세월이 흘렀다. 나는 그녀의 편지를 모두 간직해 두었다. 이제부터 희미한 내 추억을 이 편지들을 참고하며 더듬어 갈 생각이다.

겨우 이모를 통해서…… 처음에는 이모만을 통해서 나는 르아브르의 소식을 들을 수 있었다. 나는 이모의 편지를 통해, 처음 며칠 동안 줄리에트의 병세가 심해 모두들 얼마나 근심했는지 알았다. 떠나온 지 이틀 만에 비로소 나는 알리사로부터 다음과 같은 쪽지를 받았다.

그리운 제롬, 좀더 일찍 편지 쓰지 못한 걸 용서해. 가엾은 줄리에트의 상태가 그럴 겨를을 주지 않았어. 네가 떠나고 나서 나는 거의 그 애 곁을 떠나지 못했어. 고모에게 이곳 소식을 전해 주십사고 부탁했는데, 그렇게 하셨겠지. 그래서 알겠지만 사흘 전부터 줄리에트는 좀 나아졌어. 나는 벌써부터 하느님께 감사드리고 있지만 아직 마음이 놓이지 않아.

이제까지 로베르에 관해서는 별로 이야기하지 않았지만 그는 나보다 며칠 뒤에 파리에 돌아와 제 누이들의 소식을 전해 주었다. 오로지 그의 누이들 때문에 나는 마음내키는 것보다 더 그를 보살펴 주었다. 그가 다니던 농업학교가 쉴 때마다 나는 그를 돌봤으며 즐겁게 해주려고 애썼다.

내가 알리사나 이모에게 감히 물을 수 없던 일도 그를 통해서 알았다. 에투아르 테시에르는 줄리에트의 병세를 알아보려고 꾸준히 찾아왔으나 로베르가 르아브르를 떠날 때까지 줄리에트는 아직 그를 만나지 않았다는 것이었다. 그리고 내가 떠나온 뒤로 줄리에트는 자기 언니 앞에서 입을 다문 채 아무 말도 하지 않고 있다는 것이었다.

그리고 얼마 뒤 나는 이모를 통해, 알리사가 곧 깨지기를 바랐던 줄리에트의 약혼을 이번엔 줄리에트 쪽에서 서둘러 공식적인 것으로 해주길 바라고 있다는 사실을 알게 되었다. 누구의 충고도 명령도 애원도 소용이 없게 된 이 결심은 줄리에트의 가슴에 아로새겨졌고, 그녀의 눈을 가렸으며, 그녀를 침묵 속에 가두었다.

세월이 흘렀다. 나도 그녀에게 뭐라고 써야 할지 몰랐지만, 알리사로부터도 너무나 실망적인 쪽지밖에는 받지 못했다. 짙은 겨울 안개가 나를 둘러싸고 있었다. 학업도 그리고 사랑과 신앙의 모든 열정도, 내 가슴으로부터 어둠과 추위를 털어 내지는 못했다. 세월이 흘렀다.

느닷없이 찾아온 어느 봄날 아침, 때마침 르아브르에 없었던 이모에게 온 알리사의 편지를 이모가 내게 전해 주었다. 그 편지 내용 가운데 사건을 밝혀 줄 만한 부분을 여기에 적는다.

……제가 온순하다고 칭찬해 주세요. 고모님이 시키신 대로 테시에르 씨를 만났어요. 그분과 한참 이야기했어요. 나무랄 데 없는 사람이라는 것도 알게 되었고, 또 솔직히 말씀드리면 이 결혼이 제가 처음 두려워했던 것처럼 불행하게 되진 않으리라는 것도 믿게 될 정도였어요. 확실히 줄리에트는 그분을 사랑하진 않아요. 하지만 제가 보기에 그분은 날이 갈수록

점점 사랑을 받을 만한 사람이라고 생각되는군요. 그분은 사정도 잘 알고 줄리에트의 성격도 잘 파악하고 계셨어요. 그런데다 그분은 줄리에트에 대한 자기 사랑의 힘에 자신이 있어서, 꾸준한 마음으로 반드시 모든 것을 극복하고 말 것이라고 확신하고 계세요. 말하자면 줄리에트에게 홀딱 반하신 거죠.

 정말 제롬이 그처럼 동생을 돌봐 주는 데 대해 무어라 말해야 좋을지 모를 만큼 고맙게 생각하고 있어요. 일종의 책임감에서 날 기쁘게 해주려고 그러는 것 같아요. 왜냐하면 그의 성격과 로베르의 성격은 많이 다르니까요. 하지만 수행할 의무가 벅찰수록 의무는 영혼을 가꾸고 향상시켜 준다는 것을 그는 이미 터득했을 거예요. 아주 지고(至高)한 생각이죠. 큰조카딸이 이런 이야기를 한다고 너무 웃지 마세요. 왜냐하면 줄리에트의 결혼을 좋은 쪽으로 바라보도록 힘쓰는 저를 지탱해 주고 도와주는 것이 바로 이런 생각 때문이니까요.

 그처럼 살뜰하게 염려해 주시니 얼마나 기쁜지 몰라요. 하지만 제가 불행하다고는 생각지 말아 주세요. '저는 오히려 그 반대예요'라고 말씀드릴 수 있어요. 줄리에트를 휩쓸고 간 시련이 제 마음속에서 반동을 일으켰기 때문이에요. 잘 이해하지도 못한 채 되풀이해 읽던 성경 말씀이 갑자기 이해가 되었어요. '인간을 의지하는 자는 망한다.' 이 말씀은 제가 성경에서 찾아내기 훨씬 전에, 제롬이 아직 열두 살도 채 못되고 제가 열네 살이 되었을 때, 제롬이 제게 보내 준 자그마한 크리스마스카드에서 읽은 적이 있어요.

 그 카드에는 그때 저희에게도 꽤 아름답게 보였던 꽃다발 곁에 코르네유의 다음과 같은 주석시(註釋詩)가 적혀 있었어요.

오늘의 사바 세계로부터
나를 주께로 인도해 올리는 힘은
어떤 불가항력의 매력인가?
인간의 무리 위에 주추를
세우는 자는 불행하리라.

솔직히 말씀드리면, 저는 이 시구보다는 예레미야의 그 간결한 구절을 좋아합니다. 틀림없이 제롬도 그 당시에는 이 구절에 별다른 주의를 하지 않은 채 카드를 골랐을 거예요. 하지만 그의 편지를 보면 제 성향과 상당히 비슷해요. 그래서 저는 날마다 저희를 동시에 하느님께로 가까이 인도해 주신 것을 감사드리고 있습니다.

고모님과 나누었던 이야기를 생각하고 제롬의 공부를 방해하지 않기 위해 전처럼 긴 편지를 쓰지는 않겠어요. 제롬에 대한 이야기를 함으로써 제가 직접 그와 이야기 못하는 걸 보상하려는 것이라고 생각하시겠죠? 편지가 너무 길어지는 것 같아 이만 마치겠어요. 이번만은 너무 꾸중하지 말아 주세요.

이 편지를 읽고 나는 얼마나 곰곰이 생각했는지 모른다. 나는 이모의 주책없는 참견(편지 속에서 알리사가 잠깐 비친 이야기, 내게 침묵을 지킨 그 이야기란 무엇이었을까?), 그리고 내게 이 편지를 전해 주도록 이모를 충동한 그 어색한 친절을 저주했다. 내가 알리사의 침묵을 견딜 수 없게 될 바에야, 아! 그녀가 이젠 내게 하지 않는 말을 다른 사람에게 써보내고 있다는 사실을 차라리 모르게 내버려두는 편이 훨씬 더 좋았을 텐데! 이제 나는 모든 것이 짜증스러웠다. 자기와 나 사이의 사소한 비밀을 그처럼 쉽사리 이야기하다니. 게다가 그 자연스런 어조, 태연한 모습, 진지한 태도, 쾌활한 문맥……

아벨이 말했다. "그게 아니라니까. 네게 보낸 편지가 아니라는 사실 말곤 화낼 건더기가 없는 거야." 그는 하루하루 내 생활의 짝이었고, 성격 차이에도 불구하고 오히려 그 때문에 나는 아벨에게만은 여러 가지 이야기를 할 수 있었다. 외로울 때면 약해지는 마음, 남의 동정을 구하고 싶은 슬픈 마음, 스스로에 대한 불신, 그리고 내가 곤란한 처지에 있을 때 그의 충고에 대한 신뢰의 마음에서 언제나 나는 아벨의 도움을 바라는 것이었다.

"이 편지나 좀 검토해 보자!" 그는 편지를 자기 책상 위에 펴면서 말했다.

나는 이미 사흘 밤을 분한 마음으로 보냈으며 그 분노를 나흘이나 가슴 깊이 간직하고 있었다. 그러다가 마침내 아벨이 하는 다음과 같은 이야기에 나도 모르게 자연히 빠져들어 갔다.

"줄리에트와 테시에르의 문제는 사랑의 불길 속에 내던져 버리자, 응? 사랑의 불길이란 것이 어떤 것인지 우린 잘 알잖아? 그렇고말고! 테시에르는 그 불길 속에 뛰어들어 타죽는 나비 격이지……."

"그런 이야긴 그만두자." 나는 그의 농담이 귀에 거슬려 말했다. "나머지 문제나 이야기하자."

"나머지 문제?" 아벨은 말했다. "나머지 문제는 모두 너에 관한 거지. 멋대로 한탄하려무나! 편지 속의 단 한 줄, 단 한 마디에도 네 마음이 울렁대지 않는 게 있어? 편지의 사연 하나하나가 너를 향한 것이라고 말해도 과언이 아니지. 팔리시에 아주머니는 이 편지를 네게 전해 줌으로써 결국은 본디 수신인에게 돌아오게 한 것뿐이야. 알리사가 하는 수 없이 마음씨 좋은 아주머니에게 이 편지를 부쳤던 것은 네가 없었기 때문이야. 도대체 네 이모에게 코르네유의 시구가 무슨 소용이람. 말이 났으니 말이지, 사실 알리사는 라신의 시를 빌려 너와 이야기하고 있는 거라구. 알리사는 이 모든 것을 바로 너에게 이야기하고 있는 거야. 앞으로 두 주일 내에 이만큼 길고 자연스럽고 마음에 드는 편지를 알리사가 네게 쓰도록 하지 못한다면 넌 바보야……."

"그녀는 도무지 그러질 않을걸!"

"그건 네게 달려 있는 문제야. 내 생각을 좀 들어 볼래? 이제부터 당분간 너희는 사랑이나 결혼에 관해서 이야기하지 마. 동생의 그 일이 있고 나서부터 알리사가 원망을 품고 있는 것이 바로 그런 것이라는 걸 너는 모르겠니! 남매간의 정이라는 면에서 공작을 해봐. 그리고 기왕 네가 그 바보 녀석을 돌봐 줄 참을성이 있다면 알리사에게는 꾸준히 로베르 이야기만 써보내. 계속해서 알리사의 머리만 즐겁게 해주라구. 그렇게 되면 나머지 일은 다 잘될 거야. 아아! 내가 편지를 써야 한다면! ……."

"너는 알리사를 사랑할 자격이 없어!"

그러면서도 나는 아벨의 의견에 따르기로 했다.

그러자 과연 알리사의 편지는 다시 활기를 띠기 시작했다. 그러나 줄리에트의 행복까지는 안 되더라도, 그녀의 처지가 결정되기까지는 알리사로부터 진정한 기쁨이나 온갖 것을 거리낌없이 내게 맡겨 버릴 마음을 기대할 수는 없었다.

알리사가 보내 주는 줄리에트의 소식은 차츰 좋아졌다. 줄리에트의 결혼식은 7월에 한다는 것이었다. 그날, 아벨과 나는 학업 때문에 못 올 줄로 생각한다고 알리사는 써 보냈다. 나는 우리가 식에 참석하지 않았으면 하는 그녀의 생각을 짐작했다. 그래서 우리는 시험을 핑계삼아 축하의 편지를 보내는 것으로 인사를 대신했다.

결혼식이 있고 약 두 주가 지난 뒤에 다음과 같은 알리사의 편지를 받았다.

  그리운 제롬

  어제 우연히 네가 준 아름다운 라신의 시집을 펴보니 벌써 근 10년간이나 성경책에 간직하고 있는, 네 조그마한 크리스마스카드 위에 적힌 몇 줄의 시구를 발견하고 얼마나 놀랐는지 몰라.

    오늘의 사바 세계로부터
    나를 주께로 인도해 올리는 힘은
    어떤 불가항력의 매력인가?
    인간의 무리 위에 주추를
    세우는 자는 불행하리라.

  나는 그것이 코르네유의 주석시에서 발췌된 것인 줄은 알았지만 솔직히 거기서 별다른 감흥을 느끼진 못했었어. 그런데 그야말로 정신적인 제4음절을 읽어 나가다가 네게 전해주지 않을 수 없을 만큼 아름다운 구절을 찾아냈어. 그 책 여백에 네가 마구 적어 놓은 첫 글자들로 미루어 너는 이미 알고 있는 모양이지만(사실 그녀에게 알려 주고 싶은 좋은 구절이 있을 때마다 나는 내 책이나 그녀 책에 그녀 이름의 첫 글자를 써넣는 버릇이 있었다) 그런 건 상관없어.

  그것은 내가 즐거워서 여기에 옮겨 쓰는 거니까. 나는 내가 찾아냈다고 생각한 것이 실은 네가 가르쳐 준 것이라는 걸 알고는 다소 약이 오르긴 했어. 하지만 너도 나처럼 이것을 좋아했구나 하는 즐거움 앞에서 이 어리석은 생각은 사라져 버렸어. 그것을 여기 다시 옮겨 쓰고 있노라니 너와 함께 그것을 읽는 것 같아.

불멸하는 지혜의 목소리가
우렁차게 울려 우리에게 가르치기를
인간의 아들들이여, 너희 심려로 얻은
열매는 무엇이느뇨?
헛된 영혼들이여, 그 무슨 잘못으로
혈관의 깨끗한 피로
배 불리는 빵이 아니라,
더욱 허기지게 하는 그림자를
그토록 번번이 사들이느뇨?
내가 너희에게 권하는
이 빵은 천사들의 양식이니
주께서 먼저 밀을 고르시어
손수 만드신 빵임을 알라.
이 감미로운 빵은 너희가 뒤쫓는
세상 무리들의 식탁 위에는
오르지 않는 빵임을 알라.
나를 따르는 자에게 이 빵을 주리라.
오라, 살기를 원하는 자
잡으라, 먹으라, 그리고 살지어다.
....
복되이 갇혀 있는 영혼은
속박에서 평화를 찾으며
영원히 마르지 않는 신선한 샘물로
목을 축이도다.
누구나 와서 마실 수 있는 물
그 물은 뭇 사람을 부르고 있도다.
그러나 우리가 미친 듯이 찾아다니는 물은
진흙투성이 샘물이거나
언제나 흘러가 버리는
거짓된 웅덩이뿐이로다.

얼마나 아름다운지! 제롬, 얼마나 아름다워! 정말 너도 나만큼이나 이 시가 아름답다고 생각할까? 내 책에 있는 주(註)를 보면 도말르 양이 부르는 이 송가를 듣자, 맹트농 부인은 감격해서 눈물을 흘리고 그 일부를 다시 한 번 되풀이시켰대. 나도 이젠 이걸 외었는데 아무리 읊어도 싫증이 나지 않아. 그저 한 가지 섭섭한 일은 네가 이 송가를 읽는 걸 듣지 못했다는 것뿐이야.

신혼 여행중인 부부에게선 계속 반가운 소식뿐이야. 찌는 듯한 더위에도 줄리에트가 바이욘과 비아리츠에서 얼마나 즐거운 시간을 보냈는지 너도 이미 알고 있지. 다음에 그들은 퐁타라비에를 거쳐 부르고스에 머물렀다가 피레네 산맥을 두 번이나 넘었대. 지금 몽세라에서 줄리에트의 감격에 찬 편지가 왔어. 아직 열흘간은 바르셀로나에 머물렀다가 에투아르의 포도 수확 일로 9월 전에 님으로 돌아올 작정이래. 일주일 전부터 아버지와 나는 퐁퀘즈마르에 있어. 내일은 미스 아슈뷔르통이, 4일 뒤에는 로베르도 오기로 돼 있어. 가엾게도 그 애가 시험에 떨어졌다는 것은 너도 알고 있겠지. 어려웠다기보다는 시험관이 워낙 얄궂은 문제들을 내는 바람에 그만 어리둥절했던 모양이야. 네가 편지한 것도 있고 해서 나는 그 애의 시험준비가 부족했다고는 생각지 않아. 단지 그 시험관은 학생들을 그처럼 골탕먹이는 데 재미를 느끼는 것 같아. 너의 성공에 대해서는 내가 새삼스럽게 축하할 필요도 없을 정도로 네겐 당연한 거야. 그만큼 나는 너를 믿고 있는 거야. 제롬! 네 생각만 하면 내 가슴은 희망으로 부풀어올라. 전에 이야기하던 그 연구를 지금 당장 시작할 수 있어?

……여기 정원에는 아무것도 변한 게 없어. 하지만 집 안은 텅 빈 것 같아. 올해는 오지 말라고 당부한 이유를 이해할 수 있을 거야. 그렇게 하는 편이 좋을 것 같아서 말이야. 날마다 마음속으로 이 말을 되풀이하고 있어. 그처럼 오랫동안 너를 못 보고 지내는 것이 얼마나 괴로운지 가끔 나도 모르게 너를 찾을 때가 있어. 책을 읽다가도 문득 고개를 돌리곤 해……. 거기에 네가 서 있을 것만 같아서.

다시 편지를 계속해. 밤이야, 모두가 잠들었어. 열린 창 앞에서 밤늦도록 네게 편지를 쓰고 있어. 정원은 향기로 가득 차 있고 바람도 따스해. 우리가 어렸을 때 매우 아름다운 것을 보거나 들었을 때 바로 '하느님. 이런 것을 만들어 주셔서 감사합니다'라고 했던 것 생각나? 오늘 밤 나는 진정으로 '하느님, 이처럼 아름다운 밤을 만들어 주셔서 감사합니다!'라고 생각했어. 그러자 갑자기 나는 네가 내 곁에 있었으면 했고, 네가 내 곁에 있다는 것을 느꼈어. 너무도 사무치게 느껴서 아마 너도 느꼈을 거야.

그래 편지에서 흔히 '고귀한 영혼을 가진 자에게는'이라는 감탄은 감사와 혼동된다고 너는 말했지. 아직도 쓸 것이 얼마나 많은지 몰라! ……지금 나는 줄리에트가 써보낸 그 빛나는 나라를 생각하고 있어. 나는 좀더 넓고 좀더 빛나고 좀더 쓸쓸한 나라를 생각하고 있어. 어느 날 왜 그런지는 모르지만 알지 못하는 신비로운 나라를 우리가 보게 되리라는 이상한 신념이 내 가슴속에 깃들어 있어……

내가 얼마나 기쁨의 소용돌이 속에서 사랑에 흐느끼면서 이 편지를 읽었는지는 쉽사리 짐작이 갈 것이다. 뒤이어 딴 편지들도 왔다. 물론 알리사는 퐁그즈마르에 내가 가지 않은 것을 고마워했고, 그해에도 그녀를 만나러 오지 말아 달라고 간청했다. 그러면서도 그녀는 나를 보지 못해 섭섭해했고 이제는 내가 곁에 있기를 바라고 있는 것이었다. 그렇듯 편지마다 나를 부르는 그녀의 목소리가 들려왔다. 이것을 견뎌낼 힘을 나는 어디서 얻었을까? 틀림없이 아벨의 충고와 갑자기 나의 기쁨을 헛되게 하지나 않을까 하는 두려움과 또 마음이 이끌리지는 않을까 하는 자연적인 긴장감에서였을 것이다.

그 뒤에 온 편지들 중에서 그 이야기와 연관이 있는 것을 전부 옮겨 쓰겠다.

그리운 제롬
네 편지를 읽노라면 온몸이 기쁨으로 녹아내리는 것 같아. 오르비에토에서 부친 편지에 답장하려던 차에 페루주와 아시시에서 쓴 편지를 동시에 받았어. 내 마음은 여행 중이고 몸만 이곳에 있는 것 같아. 나는 정말 너와 함께 움부리아의 하얀 길을 걷고 있어. 아침이면 함께 길을 떠나고 아주 새로운 눈으로 동트는 걸 바라보고…… 정말 코르통의 언덕 위에서 내 이름을 불렀니? 그래, 나도 들었어…… 아시시 위의 산에서는 몹시 목이 말랐어! 그때 프란체스코회 수도사가 준 한 컵의 물이 얼마나 달았는지! 제롬! 나는 너를 통해서 모든 것을 보고 있어. 성(聖)프란체스코에 대해서 네가 써보내 준 이야기는 얼마나 좋았는지 몰라! 그래, 우리가 구해야 할 것은 마음의 해방이 아니라, 마음의 고양(高揚)이야. 마음의 해방이란 언제나 그 가증스러운 오만이 뒤따르게 마련이니까. 야심은 반항하기 위해서가 아니라, 봉사하기 위해 사용해야 될 거야.

  님에서 온 소식은 너무 좋아서, 이제는 나도 즐거움에 몸을 맡겨도 좋다고 하느님이 허락해 주신 것 같아. 올 여름의 단 한 가지 근심거리는 아버지 일이야. 내가 여러 가지로 마음을 쓰지만 아버지께선 늘 쓸쓸한 표정이야. 아니, 내가 아버지 곁을 떠나 혼자 계시게 되면 당장에 쓸쓸해하시고 마음을 돌려 드리기가 점점 더 힘들어져. 우리를 둘러싸고 있는 자연의 모든 즐거운 속삭임도 아버지에게는 아무 상관이 없게 되었어. 이제는 거기에 귀를 기울이려고 하시지 않아. 미스 아슈뷔르통은 안녕하셔. 네 편지를 늘 두 분께 읽어 드리고 있어. 네 편지가 올 때마다 사흘간은 그 이야기로 보내. 그러다 보면 또 다음 편지가 오고.
  ……로베르는 그저께 이곳을 떠났어. 나머지 방학을 R이라는 친구 집에서 보낼 생각인데 그 아버지가 모범 농장을 경영하신대. 확실히 이곳 생활은 그 아이에게도 유쾌하지 못해. 그 애가 떠나겠다고 말했을 때 나도 그의 계획에 찬성할 수밖에 없었어.
  ……할 말이 태산 같아서. 끝없이 이야기하고 싶어! 때로는 말이나 분명한 생각이 떠오르지 않을 때도 있어. 오늘 저녁은 꿈꾸는 듯한 기분으로 쓰고 있어. 어떤 무한한 부(富)를 주고받고 있는 듯한 숨막히는 느낌만을 품은 채 말이야. 어떻게 우리는 그처럼 긴 시간을 서로 침묵하고 지낼 수 있었을까? 우리는 동면을 했던 모양이지? 오! 그 무서운 침묵의 겨울이 영원히 끝나기를! 너를 다시 찾고부터는 생활도 생각도 마음도 모두가 한없이 아름답고 사랑스럽고 풍성하게 보여.

9월 12일

피사에서 보낸 편지는 잘 받았어. 여기도 아주 찬란한 날씨야. 노르망디가 이처럼 아름다운 것은 처음인 것 같아. 그제는 혼자서 목표도 없이 아무 데나 발길 닿는 대로 한참 동안 벌판을 거닐었지. 태양과 기쁨에 흠뻑 취했기 때문인지 돌아왔을 때도 피곤하기보다는 흥분한 상태였어. 타는 듯한 태양 아래 짚더미들이 얼마나 아름다운지!

굳이 이탈리아에 있다고 생각지 않아도 온갖 것이 아름다워 보였어.

그래, 네가 말하듯이 대자연의 '은은한 찬가' 속에서 내가 듣고 깨달은 것은 환희에로의 권유야. 그것은 새들의 노래마다 들려왔고 송이송이 꽃향기 속에서도 맡았어. 지금 나는 기도의 유일한 형식으로 찬양밖에는 다른 것은 이해할 수 없게 되었고, 성 프란체스코와 함께 주여! 주여! 하며 그것만을 형언할 수 없이 사랑에 가득 찬 마음으로 되풀이하고 있어. 그렇다고 내가 무식해질까 걱정하지는 마. 요즈음 책을 많이 읽었어. 며칠간 비가 내린 덕분에 나는 찬양을 마치 책 속에 접어 넣은 것 같아.

말브랑슈를 읽고 나서 곧 라이프니츠의 《클라르크에의 편지》를 읽기 시작했어. 그리고 좀 쉴 생각으로 셸리의 《첸치 일가》를 별다른 감흥도 없이 그냥 읽었어. 《미모사》도 읽고, 네가 화를 낼지도 모르지만 지난 여름 함께 읽었던 키츠의 오드 네 편과 바꾼다면 셸리와 바이런 전부를 주어도 아깝지 않을 것 같아. 마찬가지로 보들레르의 소네트 몇 편과 위고 전부를 바꿀 수도 있을 것 같아. 위대한 시인이란 칭호는 아무런 의미도 없어. 가장 중요한 것은 순수한 시인이라고 생각해. 아, 모든 걸 내게 알려주고 이해하고, 사랑하도록 해준 데 대해서 네게 감사해.

……아니, 서로 만나는 며칠 동안의 즐거움 때문에 여행을 단축시키지는 마. 아직은 만나지 않는 편이 좋을 것 같아. 나를 믿어 줘. 네가 내 곁에 있다 하더라도 이 이상으로 너를 생각할 순 없을 거야. 널 괴롭히고 싶지는 않지만 네가 내 곁에 있기를 바라지 않게 되었어. 솔직히 말해서 네가 오늘 저녁에 온다는 걸 알면 나는 달아나 버릴 거야.

이 마지막 편지를 받고 얼마 지나지 않아, 이탈리아에서 돌아오자마자 나는 병역 복무를 위해 낭시로 이송되었다.

그곳에는 아는 사람이 하나도 없었으나 오히려 나는 혼자 있게 된 것이 기뺐다. 그것은, 그녀에게 사랑받고 있다는 내 긍지나 알리사에게 있어 그렇듯 그녀의 편지만이 나의 유일한 안식처이기 때문이다. 또 그녀에 대한 추억만이 롱사르의 말처럼 '나의 유일한 마음'이라는 사실을 한층 뚜렷이 알게 되었기 때문이다.

사실 나는 군대의 엄격한 규율도 쉽게 견디어 냈다. 나는 모든 일에 마음을 단단히 가졌다. 알리사에게 보내는 편지에도 함께 있지 못함을 섭섭하게 여긴다는 말밖에 쓰지 않았다. 그리하여 우리는 그렇게 오래 헤어져 있는 중에도 우리의 용기에 어울리는 시련을 찾아내기까지 하였던 것이다. '결코 불행하지 않은 너', 혹은 '낙담한다는 것을 상상할 수 없는 너'라고 알리사는 써 보냈다. 이러한 그녀의 말에 보답하기 위해 무엇인들 내가 견디지 못하였으랴?

우리가 헤어진 지 거의 1년이 지났다. 그러나 그녀는 그런 것을 생각하지도 않는 것 같았고, 단지 이제부터 기다리기 시작한다는 듯한 태도였다. 나는 그것을 책망했다. 그녀의 답장에는 이렇게 쓰여 있었다.

이탈리아에서도 함께 있었지 않았어? 나는 하루도 네 곁을 떠나지 않았는데 그것도 모르다니! 지금 잠시 너를 따라가지 못하는 것을 이해해 줘! 단지 이것만이 내가 '떨어져 있다'고 부르는 거야. 정말이지 나는 군인이 된 너를 상상해 보려고 애써. 하지만 도무지 그렇게 안 돼. 그저 저녁이면 강베타 거리 조그만 방에서 글을 쓰고 있거나 책을 읽고 있는 너를 상상해 볼 따름이야. 한데 그것마저도 까마득해. 1년 뒤 퐁궤즈마르나 르아브르에서 널 다시 볼 것 같아.

1년! 이미 가버린 날들을 세는 건 아냐. 내 희망은 서서히 다가오고 있는 미래의 그날을 주시하고 있어. 정원 안쪽의 낮은 흙담, 그 밑에 국화가 바람을 피해 피어 있고, 우리는 그 위로 모든 위험을 무릅쓰고 돌아다녔지. 줄리에트와 넌 곧장 천국으로 걸어가는 회교도처럼 겁도 없이 걸어다녔지? 그런데 난 몇 걸음 내딛기만 하면 현기증이 났고 그때마다 네가 밑에서 소리쳤지. "발밑을 보지 말래두! 앞을 봐! 그대로 걸어! 목표를 정하고!" 마침내—소리치는 것보다 그 편이 더 좋았어—넌 담 저쪽 끝에서 올라와 나를 기다려 주었지. 그러면 난 떨리지가 않았어. 현기증도 사라져 버리고! 오직 너만을 바라보고 너의 벌린 두 팔 속으로 달려들곤 했지……

너를 믿는 마음이 없었다면 제롬, 나는 어떻게 됐을까? 네가 강하다는 것을 나는 늘 느껴야 돼. 그래서 네게 의지해야 돼. 제발 약해지지 마.

어떤 도전적인 기분에서, 우리의 기다림을 짐짓 연장하면서, 또한 불완전한 다시 만남에 대한 두려움도 있고 해서 설날까지 며칠간의 휴가를 내어 우리는 파리의 미스 아슈뷔르통 곁에서 보내기로 합의했다.

앞서 말한 바와 같이, 이러한 편지들을 모두 옮겨 쓰고 있는 건 아니다. 다음 편지는 2월 중순쯤 받은 것이다.

그저께 파리 거리를 걷다가 M서점 진열대에서, 전에 네가 알려 주긴 했지만 그 사실에 대해서 전혀 믿을 수가 없었던, 그 아벨의 책이 공공연히 진열되어 있는 것을 보고 놀랐어. 도저히 참을 수가 없었어. 나는 서점으로 들어갔지. 그렇지만 제목이 너무나도 이상해서 점원에게 감히 말할 수가 없어 주저했어. 아무 다른 책이나 사들고 서점을 나와 버릴까하고 생각할 정도였으니까. 다행히 카운터 옆에 '서로 다정하게' 책 더미가 손님을 기다리고 있어, 한 권을 손에 쥐고는 말 한 마디 못하고 값을 치르고 나와 버렸어.

나는 아벨이 그 책을 내게 보내 주지 않은 데 대해 감사해. 얼굴을 붉히지 않고서는 책장을 넘길 수가 없었어. 그 책 때문이 아니라—결국 그 책에서 나는 야비함보다도 우둔함을 더 많이 발견했어—아벨이, 너의 친구 아벨 보티에가 이 책을 썼다는 사실이 낯뜨거워졌어. 〈르 땅〉지의 평론가가 말한 그 '위대한 소질'을 찾아보느라 한 장 한 장 넘겨 보았지만 헛수고였어. 아벨의 이름이 곧잘 화제에 오르는 이곳 작은 르아브르에서는 이 책에 대한 평판이 퍽 좋다는 것을 알았어. 고칠 길 없는 이 경박함을, 정묘하다느니 우아하다느니 서평을……. 물론 나는 조심하고 있지. 이 독후감도 네게만 이야기하는 거야. 처음에는 무척 슬퍼하던 보티에 목사님도 이제는 그 책 속에 무슨 자랑거리라도 있지 않나 생각하기 시작했어. 그리고 주위 사람들도 누구나 목사님께 그것을 믿게 하려 애쓰고 있어. 어제만 해도 플랑티에 고모 댁에서…… 고모님이 갑자기 "아드님이 그렇게 성공을 하셨으니 기쁘시겠습니다, 목사님" 하니까 목사님은 좀 당황한 모습으로 이렇게 대답하셨어. "뭘요, 아직 그렇게까지는 생각지 않고 있습니다." 그러자 고모님이 말씀하셨지. "하지만 꼭 그렇게 생각되실걸요." 물론 그 말에 악의는 없었지만 워낙 북돋아주는 듯한 말투라, 모두 웃기 시작했고 목사님도 웃으셨어.

불바르 어느 극장에서 상연하려고 그가 준비하고 있다는 말도 들리는데 벌써부터 신문에서도 언급하고 있는 듯한 '신 아벨라르'가 상연되면 무슨 꼴이 될까! 불쌍한 아벨! 그가 원하고 만족할 성공이란 바로 이런 것일까!

어제 '마음의 위안'에서 이런 구절을 읽었어. '참되고 영원한 영광을 진실로 바라는 자는 일시적인 영광에 마음을 두지 않느니라. 이를 마음속으로 경멸하지 않는 자는 스스로 성스러운 영광을 바라지 않는 자이니라.' 그걸 읽고 나자 나는 이렇게 생각했어. '감사합니다. 하느님. 어떠한 지상의 영광과도 비길 수 없는 이 성스러운 영광을 위해 제롬을 선택해 주셔서.'

몇 주, 몇 달이 단조로운 군대 생활 속에서 흘러갔다. 그러나 늘 추억이나 희망에만 마음을 썼기 때문에 세월이 느리다는 것, 시간이 길다는 것을 별로 느끼지 못했다.

삼촌과 알리사는 6월에 해산할 줄리에트를 보러 님으로 갈 예정이었다. 그런데 좀 좋지 않은 소식이 그들의 출발을 서두르게 했다.

르아브르로 보낸 네 마지막 편지는(알리사는 답장을 보내왔다) 우리가 그곳을 막 떠난 뒤에 도착했어. 일주일이 지나서야 이곳에서 받았다는 걸 어떻게 설명해야 좋을지. 한 주 내내 나는 뭔가 허전하고 무섭고 불안하고 위축된 분위기 속에서 지냈어. 오오! 제롬, 네가 있어야 난 참된 나 자신이고, 또 그 이상일 수 있어. 줄리에트는 다시 건강해졌어. 아무런 걱정 없이 해산을 기다리는 중이야. 오늘 아침엔 네게 편지 쓴다는 걸 그 애도 알고 있어. 우리가 애그비브에 도착한 다음 날, "제롬은 어떻게 됐어, 여전히 편지해?" 그 애가 묻기에 속일 수 없고 해서 말을 해줬더니 잠시 망설이다가 부드럽게 미소를 지으면서 말했어. "이번에 편지할 땐 이렇게 말해 줘……. 이젠 다 나았다고 말야."

언제나 쾌활한 그 애의 편지를 보면서 나는 혹시 그 애가 행복을 가장하고 있는 것은 아닐까, 또 자기 자신도 그러한 기분에 잠기든 것은 아닌가 걱정했어. 그런데 오늘에 와서 그 애가 행복이라 생각하고 있는 것은 그 애가 꿈꾸던 것, 그 애의 행복을 좌우한다고 생각하던 것과는 너무나 달랐어. 아! 사람들이 행복이라 부르는 것은 어쩌면 이렇게도 영혼과 밀접한 것일까! 행복을 외적으로 형성하는 것들은 어쩌면 그다지도 부질없는 것일까?

벌판을 혼자 거닐면서 생각한 숱한 일들을 네게 알리고 싶지는 않아. 단지 내가 그곳을 거닐며 놀란 것은, 이제는 내가 즐거움을 느끼지 못한다는 사실이야. 줄리에트가 행복한 것만으로 만족해야 할 텐데…… 어째서 내 마음은 억제할 수 없는 알지 못할 우울함에 사로잡혀 있는 것일까? 내가 느끼는, 적어도 내가 두 눈으로 바라보는 이 고장의 아름다운 풍경도 그저 내겐 알 수 없는 슬픔을 더해 줄 따름이야. 네가 이탈리아에서 내게 편지해 주던 무렵에는 너를 통해 나는 모든 것을 볼 수 있었어. 그런데 지금은 너와 함께 보지 않는 온갖 것은 모두 네게서 훔치고 있는 것만 같은 생각이 들어. 내가 퐁궤즈마르나 르아브르에 있을 때는 울적한 나날에 대비하느라고, 견디어 내는 힘을 기르고 있었어. 그런데 이곳에 와서는 그것이 아무 소용도 없어졌어. 그리고 아무 쓸모가 없게 됐다고 느끼게 되니까 계속 불안한 상태야. 여기 사람들이나 이 고장의 즐거움에도 기분이 상해. 내가 외롭다고 부르는 것은 다른 사람처럼 떠들썩할 수 없다는 것에 지나지 않는지도 몰라. 아무래도 내 기쁨 속에는 어떤 오만함이 깃들어 있었나 봐. 왜냐하면 이 낯선 지방의 즐거운 분위기 속에 싸여서 내가 느끼는 것은 일종의 굴욕감이니까.

이곳에 온 뒤로는 기도드리는 것으로도 만족을 느끼지 못하겠어. 무언가, 이제 하느님께선 옛날 그 자리엔 계시지 않으시리라는 어린애 같은 느낌이 들어. 잘 있어. 더 쓰고 싶지만 이젠 펜을 놓아야겠어. 이런 모독적인 말, 나의 연약함과, 슬픔을 고백한다는 것이, 그리고 만일 우체부가 오늘 저녁에 가져가지 않는다면 찢어 버릴 것 같은 이런 이야기를 써 보낸다는 것을 부끄럽다고 생각하고 있어.

그 뒤에 온 편지는 그녀가 대모(代母)가 될 조카딸의 출생, 줄리에트와 삼촌의 기쁨에 대해서 이야기했을 뿐, 자신의 기쁨에 대해서 아무런 말도 없었다.
얼마 지나지 않아 퐁궤즈마르에서 부친 편지가 왔다. 7월이 되자 줄리에트도 그곳에 왔다고 했다.

에투아르 씨와 줄리에트는 오늘 아침에 떠났어. 무엇보다도 그 갓난아이가 떠나서 서운해. 여섯 달 뒤 다시 만날 때는 그 몸집도 몰라보게 달라지겠지. 지금까진 그 애의 동작을 하나도 빠짐없이 봐 왔어. 생성이란 언제나 신비롭고 놀라운 거야. 우리가 평소에 주의만 하면 놀라운 일을 더 많이 보게 될 거야. 희망에 가득 찬 그 잠든 아이의 모습을 바라보면서 나는 얼마나 많은 시간을 보냈는지 몰라. 발전이란 그 무슨 이기심, 자기 만족, 선에 대한 갈망의 결핍 때문에 그처럼 빨리 정지되고, 또 모든 생물이 그리도 하느님에게서 멀리 떨어진 곳에 머물게 되는 것일까? 오오! 만일 우리가 좀더 하느님께 가까이 갈 수만 있다면, 좀더 가까이 가기를 원한다면 얼마나 마음의 격려를 받을 것인가!
줄리에트는 매우 행복해 보였어. 나는 그 애가 피아노와 독서를 그만둔 것을 보고 처음에는 슬펐어. 하지만 에투아르 씨는 음악이나 독서에는 별로 취미가 없어. 확실히 남편이 따라오지 못하는 즐거움을 찾지 않는 것은 줄리에트의 현명한 생각 같아. 반대로 줄리에트는 남편이 하는 일에 흥미를 갖고 또 그도 자기가 하는 모든 사업을 그 애에게 가르쳐 주고 있어. 이번 해엔 그 사업도 꽤 번창하고 있어. 에투아르 씨는 그것을 결혼으로 인해 르아브르에 많은 고객이 생긴 덕택이라고 농담하지. 이번에 그가 사업 관계로 여행을 하게 되었을 때 로베르도 따라갔어. 에투아르는 여러 가지로 그 애를 돌보아 줄 뿐 아니라 그 애의 성격도 잘 알고 있다고 하면서, 그 애가 그런 일에 정말 취미를 갖게 될 거라고 생각하고 있어.

아버지는 훨씬 좋아지셨어. 딸이 행복해진 걸 보니 젊어지시는 모양이야. 농장 일, 정원 일에 다시 흥미를 느끼게 되셨고 또 미스 아슈뷔르통과 셋이서 전에 시작했다가 테시에르 씨 가족이 와서 중단했던, 소리 높여 책 읽던 것을 다시 하자고 때때로 말씀하셔. 두 분에게 휴브너 남작의 여행기를 읽어 드리고 있는데 나도 퍽 재미를 느끼고 있어.

나도 이제는 독서할 시간을 더 많이 가질 거야. 너의 지도를 기다릴게. 오늘 아침에도 책 몇 권을 하나하나 들춰 보았지만 마음에 드는 것은 한 권도 없었어.

이 무렵부터 알리사의 편지는 차츰 혼란스럽고 절박해졌다. 여름이 끝날 즈음 다음과 같은 편지가 왔다.

네가 걱정할까 두렵지만, 내가 얼마나 널 기다리고 있는지 말해야겠어. 너를 다시 만날 때까지의 하루하루가 짐이 되어 무겁게 나를 누르고 있어. 아직도 두 달! 지금까지 너와 떨어져 지내온 기간보다도 더 긴 것 같아! 이 기다리는 마음을 좀 잊어보려는 모든 노력이 우스꽝스러운 일시적인 것으로만 여겨져서, 나는 이제 무엇에도 노력을 기울일 수가 없게 되었어. 책에서도 이제는 어떤 힘이나 매력도 느끼지 못하게 되었고 산책도 재미가 없어.

대자연 전체가 그 위력을 잃은 채 정원도 퇴색되고 향기를 잃은 것 같아. 오히려 너의 그 고된 임무, 의무적이고 강제적인 그 훈련, 언제나 너로부터 너 자신을 빼앗아 피곤하게 하고 하루하루를 빨리 지나가게 하며 저녁이 되면 피곤에 지친 너를 잠들게 하는 그 고역이 난 부러워. 훈련에 관해서 써보낸 감동적인 네 편지가 날 사로잡고 있어. 잠이 잘 오지 않는 요 며칠 밤은 몇 번이나 기상 나팔 소리에 벌떡 일어나 뛰어나가곤 했어. 분명 그 소리가 들리는 것 같았어. 네가 이야기하는 그 가벼운 도취, 아침에 깨어나 느끼는 기쁨, 반쯤 황홀한 경지, 이 모든 것을 나는 아주 손쉽게 상상할 수 있어. 새벽 얼어붙은 눈부신 광명 속에서 말제빌의 고지는 얼마나 아름다웠을까······

얼마 전부터 몸이 좀 불편한 것 같아. 하지만 대수로운 건 아니야. 단지 너를 좀 지나치게 기다리는 탓일 거야.

그리고 6주 뒤에 한 통의 편지가 왔다.

 이것이 마지막 편지야. 제롬, 네가 돌아올 날짜가 아직 확정되지 않았다 해도 그리 늦어지지는 않겠지. 나는 퐁궤즈마르에서 너를 만나고 싶었지만 기후가 나빠지고 추워져서 아버지는 자꾸 시내로 돌아가자고 해서. 지금은 줄리에트도 로베르도 없으니 얼마든지 집에 와서 머무를 수 있지만 너는 역시 팔리시에 고모 댁에 머무르는 편이 좋을 것 같아. 팔리시에 고모도 그렇게 하는 걸 기뻐하시리라 생각되고.
 다시 만날 날이 다가올수록 점점 불안해. 거의 두려움에 가까운 기분이야. 네가 돌아오기를 그처럼 기다렸는데 막상 네가 돌아온다니 두려워지는 것 같아. 더 이상 거기에 대해서 생각지 않으려고 애쓰고 있어. 네가 누르는 초인종 소리, 계단을 올라오는 네 발소리를 상상하기만 해도 숨이 끊어지는 것 같고 가슴이 꽉 막히는 것 같아. 무엇보다도 내게서 어떤 말이 나오기를 기대해서는 안 돼. 내 과거가 거기서 끝나버리는 것 같아. 그 너머 저쪽에는 아무것도 보이지 않아, 내 삶이 정지된 듯……

그로부터 나흘 뒤, 다시 말하면 내가 전역하기 일주일 전에 극히 짧은 편지 한 통을 받았다.

 제롬, 너무 오랫동안 르아브르에 머물러 우리의 첫 재회를 길게 끌지 않으려는 생각에는 절대 찬성이야. 지금까지 서로 편지에 쓴 것 말고 또 무슨 할 말이 있어? 학교 등록 때문에 28일까지 파리에 가야 한다면 조금도 주저하지 말고 가.
 이틀밖에 함께 있지 못한다고 섭섭하게 생각하지도 말고. 우리 앞에는 한평생이 있잖아.

6

 우리는 플랑티에 이모 댁에서 오랜만에 만났다. 나는 군 복무를 끝내고 온

탓인지 갑자기 둔하고 어색해진 것 같았다. 그리고 그녀도 내가 변했다는 것을 알아차린 것 같다는 생각이 들었다.

하지만 그런 헛된 인상이 우리 둘 사이에 무슨 상관이 있으랴? 나는 그녀의 옛 모습을 이제는 완전히 찾아볼 수 없지나 않을까 두려워서, 처음에는 그녀를 똑바로 바라보지도 못했다. 우리를 어색하게 만든 것은 오히려 모든 사람들이 우리에게 강요하려는 약혼자에 대한 어리석은 배려, 우리 둘만 있게 해 주려고 우리 앞에서 물러나는 그 친절이었다.

"이모님, 정말 아무 상관없어요. 남이 들어서 어색할 이야기는 아무것도 없어요."

알리사는 이모가 물러가려고 수선 피우는 것을 보고 소리쳤다.

"아니다! 그래도 그렇지 않은 거다! 난 잘 알고 있어. 오랫동안 떨어져 있으면 자질구레하게 할 말이 많은 법이야."

"정말이에요, 이모님, 나가시면 오히려 저희가 쑥스러워져요." 그 목소리에는 노여움이 서려 거의 알리사 목소리 같지가 않았다.

"이모님, 나가시면 저희는 한 마디도 이야기하지 않겠어요."

나는 웃으면서, 그러나 단둘이 남게 되면 어떡하나 하는 두려움에 사로잡혀 말했다.

그리하여 우리 세 사람은 짐짓 쾌활한 척하는, 평범한, 그리고 이면에는 제각기 근심을 숨기며 표면으로는 생기가 넘치는 듯 이야기를 주고받곤 했다. 다음 날 삼촌이 점심을 청했기 때문에 우리는 다시 만나기로 되어 있었다. 그래서 우리는 그 첫날 오후 그런 희극을 끝마칠 수 있음을 다행으로 생각하면서 아무렇지도 않게 헤어지고 말았다.

나는 다음 날 약속 장소에 식사 시간보다 훨씬 전에 나갔으나 알리사는 자기 친구 하나와 이야기를 하고 있었다. 알리사도 그 친구에게 돌아가 달라고 말하지 못하는 것 같았고 그 친구도 도무지 돌아갈 생각을 하지 않는 것 같았다. 이윽고 그 친구가 나가고 단둘이 있게 되자, 나는 왜 그 친구와 점심을 같이하자고 붙들지 않았냐며 짐짓 놀라는 척했다. 전날 밤 잠을 못 자서 피곤했던 우리는 도무지 마음이 안정되지 않았다. 삼촌이 들어오자, 삼촌도 이제 많이 늙었구나 하고 내가 생각하고 있음을 알리사는 눈치챘다. 삼촌은 귀가 어두워 내 이야기를 잘 듣지 못했다. 그래서 나는 목소리를 높여야 했고 따라서 내 이야기는 어설프게 되었다.

　점심 식사가 끝나자 약속했던 대로 플랑티에 이모가 마차로 우리를 데리러 왔다. 이모는 알리사와 내가 돌아오는 도중 가장 아름다운 경로를 걸어서 오도록 오르쉐까지 태워다 주셨다.

　계절에 비해 날씨는 더운 편이었다. 우리가 걷게 된 언덕은 햇빛만 내리쬐고 아무런 운치도 없었다. 나무들은 잎이 다 떨어져서 앉아 쉴 그늘도 없었다. 이모가 우리를 기다리고 있는 마차로 빨리 가야 한다는 생각에 우리는 걸음을 재촉했다. 머리는 두통 때문에 아무런 생각도 떠오르질 않았다. 태연한 체하기 위해, 혹은 그렇게 함으로써 이야기를 하지 않아도 되었기 때문에 나는 걸으면서 알리사가 내게 맡긴 손을 꼭 잡고 있었다. 흥분한 데다가 빨리 걸어 숨이 가빠지고 침묵으로 어색해져서 우리는 얼굴이 달아올랐다.

　내 귀에는 관자놀이가 불끈불끈 뛰는 소리가 들렸다. 알리사의 얼굴도 민망할 정도로 붉어져 있었다. 이윽고 우리는 땀에 젖은 손을 계속 잡고 있다는 것에 어색함을 느껴 슬그머니 놓아 버리고 말았다.

　우리는 너무 서둘러 걸었기 때문에 우리에게 이야기할 시간을 주려고 다른 길로 천천히 몰고 온 이모의 마차보다 훨씬 먼저 네거리에 도착했다. 알리사와 나는 언덕 비탈에 앉았다. 갑자기 불기 시작한 찬바람에 몸이 오싹해졌다. 온몸이 땀에 젖어 있었던 것이다. 우리는 이모의 마차를 마중가려고 일어섰다. 그러나 이모의 성가신 친절은 더 견디기 힘든 것이었다. 그녀는 우리 두 사람이 실컷 이야기를 했으리라 믿고 약혼에 대해 꼬치꼬치 캐물었다. 알리사는 견디다 못해 눈물까지 글썽거리며 급기야 심한 두통이 난다고 했다.

　돌아오는 길엔 모두들 조용했다.

　이튿날 잠이 깨자 몸이 무겁고 감기가 들어 몸이 아팠기 때문에 오후가 되어서야 뷔콜랭 씨 댁에 가 볼 생각이 났다. 공교롭게도 알리사는 혼자 있지 않았다. 팔리시에 이모 손녀인 마들렌 플랑티에가 거기 있었다. 나는 알리사가 그 애와 이야기하기를 좋아한다는 것을 알고 있었다. 그 애는 며칠동안 자기 할머니 집에서 묵고 있었는데 내가 들어서는 것을 보며 말했다. "돌아갈 때 언덕으로 해서 가시거든 같이 올라가요."

　나는 무심코 승낙했다. 그래서 나는 알리사와 단둘이 걸을 수가 없었다.

그러나 이 귀여운 어린애가 어떤 면에서는 도움이 되기도 했다. 전날의 그 어색한 기분은 느끼지 않게 된 것이다. 이야기는 우리 셋 사이에서 술술 벌어졌고 내가 처음 염려했던 것처럼 쑥스러운 것은 아니었다. 내가 "잘 있어." 인사를 하자 알리사는 이상한 미소를 지었다. 그녀는 그때까지 내가 다음 날 떠난다는 사실을 모르고 있는 것 같았다.

더구나 얼마 안 있으면 또 만나리라는 희망이 있었기 때문에, '잘 있어'라는 이별의 말이 그다지 서글프게 느껴지지도 않았다.

그러나 저녁 식사 뒤 나는 막연한 불안감에 사로잡혀 시내로 내려가서 거의 한 시간을 헤매다가 뷔콜랭 댁에 찾아가 벨을 눌렀다. 나를 맞으러 나온 것은 삼촌이었다. 알리사는 몸이 좋지 않아서 벌써 자기 방으로 올라가 곧 잠이 든 모양이었다. 나는 잠시 삼촌과 이야기를 하고 다시 나왔다.

모든 일이 이처럼 빗나가서 화가 나기도 했지만 그렇다고 불평을 한들 또 무슨 소용이 있겠는가. 설령 만사가 우리에게 유리하게 진행되었다 하더라도 우리는 역시 그런 어색한 분위기를 꾸며냈을지도 모른다. 그러나 알리사도 그것을 느꼈다는 것이 무엇보다 슬펐다. 파리에 돌아와 나는 곧 다음과 같은 편지를 받았다.

제롬, 얼마나 슬픈 재회였어! 넌 그 잘못을 다른 사람에게 돌리는 것 같았지만 너 자신도 그 점을 확신하지는 못했어. 그리고 앞으로도 늘 그러리라는 생각이 들어. 나는 잘 알고 있어. 아아! 이제는 두 번 다시 만나지 않기로 해.

서로 할 이야기가 태산같이 많은데 왜 그런 거북한 감정, 어색한 느낌, 고집, 침묵 같은 것이 우리를 엄습했을까? 네가 돌아온 첫날은 그 침묵마저도 즐거웠어. 왜냐하면 침묵은 곧 사라지고 네가 굉장한 이야기를 들려줄 것이라 믿었기 때문이야. 그 전에 네가 떠나가 버리지는 않을 거라고 생각했어.

그러나 오르쉐에서 우리의 침울한 산책이 침묵 속에 끝나는 것을 보고, 더구나 우리의 손이 서로 떨어져 아무런 희망도 없이 내려뜨려졌을 때, 내 마음은 한탄과 괴로움으로 무너지는 것 같았어. 그리고 무엇보다 슬펐던 것은 네 손이 나의 손을 놓아 버렸다는 사실이 아니라, 만일 네 손이 그렇게 하지 않았더라면 아마 네 손이 그렇게 하였으리라는 거야. 왜냐하면 네 손은 이미 너의 손 안에서 괴로워하고 있었으니까.

그 다음 날, 어제였지. 아침결에 나는 미친 듯이 너를 기다렸어. 집 안에 있으려니 너무나 마음이 뒤숭숭해서 네가 오면 내가 있는 곳을 알 수 있도록 방파제 쪽으로 오라고 쪽지를 적어 두고 집을 나와 버렸어. 오랫동안 파도가 거친 바다를 바라보았지만 너 없이 혼자 바라보기엔 너무도 가슴이 아팠어. 문득 네가 내 방에서 나를 기다리고 있을지도 모른다는 생각에 다시 집으로 돌아와 버렸어. 오후에는 혼자 있지 못하리라는 것을 나도 알고 있었어. 왜냐하면 마들렌이 오겠다고 그 전날 말하길래 너와는 아침에 만날 생각으로 와도 좋다고 했지. 하지만 생각해 보면 그 애가 함께 있었기 때문에 그만큼이라도 좋은 시간을 이번 만남에서 가질 수 있었던 것 같아. 잠깐 나도 그처럼 힘들지 않은 우리의 대화가 오래오래 계속될 것만 같은 이상한 환상에 빠졌어. 그래서 내가 그 애와 함께 앉아 있던 소파 가까이로 네가 다가와서 나를 향해 몸을 굽히며 "잘 있어." 말했을 때 난 대답조차 할 수 없었어. 모든 것이 끝나 버리는 것 같았거든. 갑자기 네가 떠난다는 사실을 깨달았기 때문이야.

네가 마들렌과 함께 나가 버리자마자 그것은 도저히 있을 수도, 참을 수 없는 일로 생각되었어. 그래서 내가 다시 뛰쳐나갔다는 것을, 너는 짐작도 못했을 거야! 난 너와 좀더 이야기하고 싶었고 아직 내가 하지 않은 많은 이야기를 네게 들려주고 싶었어. 그때 나는 벌써 팔리시에 고모 댁을 향해 달리고 있었어. 하지만 너무 늦었어. 시간도 없고, 용기도 없었지. 그래서 나는 맥없이 돌아왔어. 네게 편지를 쓰려고…… 다시는 편지를 쓰고 싶지 않았는데…… 이별의 편지를 쓰기로 했어. 왜냐하면 결국 우리가 편지를 주고받는 건 단지 커다란 환상에 지나지 않으며, 서로가 자기 자신에 대하여 편지를 쓰고 있음에 불과하다는 생각이 들었기 때문이야. 그리고 제롬! 제롬! 아! 우리는 언제나 떨어져 있었다는 생각! 나는 사실 이 편지를 찢었어. 하지만 지금 다시 쓰고 있어. 처음 편지와 다르지 않아. 오오, 내가 전보다 너를 덜 사랑하는 건 아니야! 오히려 반대로 네가 내 곁에 오던 순간 나는 마음이 혼란스럽고 어색해졌지만, 그때처럼 사무치도록 너를 사랑하고 있다고 느껴 본 적은 없었어. 하지만 거기에는 절망감이 깃들어 있었어. 왜냐하면 솔직히 말해서 나는 너와 멀리 떨어져 있을 때 더욱 널 사랑했기 때문이야. 벌써부터 그렇게 되지나 않을까 걱정하고 있었어. 아아! 그렇게도 보고 싶던 너를 다시 만나자 이런 걱정이 옳았다는 것을 깨달았어. 너도 그것을 인정해야 돼. 잘 있어, 이토록 사랑하는 제롬, 하느님이 너를 지켜 주시고 인도해 주시기를. 안심하고 우리가 다가갈 수 있는 것은 하느님뿐이야.

그리고 마치 이 편지만으로는 아직 나를 충분히 괴롭히지 못했다는 듯 다음 날 그 편지에 다음과 같은 추신을 덧붙였다.

이 편지를 부치기 전에 우리 두 사람에 대해 좀더 신중한 태도를 지녀 달라는 부탁을 하고 싶었어. 너와 나만이 알고 있어야 할 일을 줄리에트나 아벨에게 들려주어서 내 마음을 아프게 한 것이 몇 번인지 몰라. 바로 이런 점에서도 네가 눈치채기 훨씬 전부터 나는 네 사랑이 무엇보다도 머릿속의 사랑, 애정과 신뢰에 대한 아름답고 지적인 집착에 불과하다는 생각을 하게 됐어.

알리사는 내가 이 편지를 아벨에게 보여 주지나 않을까 하는 염려 때문에 이 몇 줄을 덧붙였음에 틀림없었다. 어떤 날카로운 예감에서 그녀는 그렇게 신중하게 되었을까? 전에 내가 한 이야기 중에서 아벨의 조언을 눈치챈 것일까? 그로부터 나는 나와 아벨 사이에 커다란 거리가 있음을 느꼈다! 우리는 서로 다른 두 갈래길을 걷고 있었던 것이다. 내 슬픔의 쓰라린 짐을 나 혼자 짊어지게 하기 위한 것이라면 그러한 조언은 아무런 소용도 없는 것이었다.

그 뒤 사흘간을 나는 고통 속에서 지냈다. 나는 알리사에게 답장을 하고 싶었다. 그렇지만 너무 지나친 논쟁이나 심한 항의를 하다가 한 마디라도 실수를 하여 우리의 상처를 되돌릴 수 없을 정도로 깊게 만들지는 않을까 두려웠다. 나는 내 사랑이 몸부림치는 편지를 몇 번이나 썼다 지우고, 썼다 지우고 했다. 결국은 부치기로 결심했던 그 편지의 사본(寫本), 눈물에 씻긴 이 종이를 나는 오늘에 와서도 눈물 없이는 다시 읽을 수가 없다.

알리사! 나를 불쌍히 여겨 줘, 아니 우리 두 사람을! 네 편지는 너무도 고통스러운 것이었어. 네 걱정을 그저 웃어 버릴 수 있다면 얼마나 좋을까! 그래, 네가 써보낸 모든 것을 나도 느끼고 있었어. 하지만 그렇게 생각하기가 두려웠어. 단지 가상에 지나지 않는 것을 어째서 너는 무서운 사실로 생각하는지! 그리고 어째서 그것을 너와 나 사이에 깊어지게 하는지! 만일 네가 그전처럼 나를 사랑하지 않는다고 느낀다면…… 아아! 그런 괴로운 상상은 멀리 날려 버리고 싶어! 하지만 일시적인 네 두려움이 무슨 상관이야? 알리사, 이론을 캐려고 하니 말이 얼어붙어. 단지 내 가슴에 울부짖는 소리만 들릴 뿐이야. 나는 기교를 부리기에는 너무나 널 사랑하고 있고 또 널 사랑하면 할수록 무슨 말을 해야 할지 모르겠어.

'머릿속의 사랑'…… 거기에 대해 나는 무어라 대답해야 할까. 나는 온 영혼을 기울여 너를 사랑하고 있는데, 어떻게 하면 너는 나의 지성과 애정을 구별할 수 있을까? 그러나 우리의 편지 왕래가 네 가혹한 비난의 원인이기 때문에, 그리고 그러한 편지 때문에 그동안 고무되었던 우리에게 찾아온 현실에의 전락이 그토록 쓰라린 상처를 줬기 때문에, 이제는 네가 편지를 한다 하더라도 단지 너 자신에게 편지할 뿐이라고 생각할 것이기 때문에, 또한 지난 편지와 비슷한 또 다른 편지를 견디 내기에는 내가 너무나 기력이 없기 때문에 당분간은 편지 왕래를 끊기로 해.

그리고 이어서 그녀의 판단에 항의하면서 생각을 돌이켜 주도록 호소하고 다시 한 번 만날 약속을 해달라고 부탁했다. 지난번에 만났을 때는 모든 것이 어긋나 있었다. 무대장치나 단역배우는 물론 계절도 그렇고 열이 올라 있던 우리의 편지 주고받음도 우리가 다시 만남에 대해서 별다른 준비를 하지 못했던 것이다. 이번에는 다시 만날 때까지 침묵을 지키리라. 나는 돌아오는 봄 퐁궤즈마르에서 우리의 재회를 하고 싶었다.

거기서라면 지난 날의 추억도 내게 유리하게 작용할 것이고 삼촌도 반갑게 맞아 주실 것이기 때문이었다. 그리하여 부활절 방학을 이용해 며칠이고 알리사가 좋다고 하는 날까지 퐁궤즈마르에 머무르고 싶었다.

내 결심은 확고했다. 알리사에게 편지를 부치자, 나는 곧 학업에 열중할 수가 있었다.

그해가 끝날 무렵 나는 알리사를 다시 보게 되었다. 몇 달 전부터 건강이 나빠지고 있었던 미스 아슈뷔르통이 크리스마스를 나흘 앞두고 세상을 떠났기 때문이다. 전역을 하고 나는 다시 그녀와 함께 살았고 거의 함께 있었기 때문에 임종할 때에도 그녀 곁을 지킬 수가 있었다.

알리사에게서 온 엽서를 받아 보고 나는 그녀가 이번에 겪은 내 슬픔보다도 우리의 침묵의 맹세를 더욱 중요시하고 있음을 알았다. 그 엽서에는 참석하지 못하는 삼촌을 대신해서 자기가 매장에만 잠시 참례하러 오겠다고 쓰여 있었다.

장례식에서도, 그리고 관을 따라갈 때도 거의 그녀와 나 둘뿐이었다. 나란히 걸으며 우리는 별로 말을 하지 않았다. 그러나 교회에서 그녀가 내 옆에 앉아 있을 때 나는 몇 번이고 그녀의 다정한 눈길이 내게로 향하는 것을 느꼈다.

"그럼 알았지." 헤어질 무렵 그녀는 말했다. "부활절 전에는 아무것도……."

"그래, 부활절에는……."

"기다리고 있을게."

우리는 묘지 입구에 있었다. 나는 역까지 바래다 주겠다고 말했다. 그러나 그녀는 지나가는 마차를 세우더니 내게 잘 있으란 말 한 마디 없이 나를 두고 가버렸다.

7

"알리사가 정원에서 너를 기다리고 있다." 내가 4월 끝무렵 퐁궤즈마르에 도착하자 삼촌은 아버지처럼 내게 키스를 하며 말했다. 나는 그녀가 선뜻 뛰어나와 나를 맞아 주지 않아 처음에는 서운했지만, 곧 그녀가 다시 만나게 된 첫 순간의 인사치레를 서로 생략할 수 있게 해준 것이 고마웠다.

그녀는 정원 안쪽에 있었다. 때마침 제철을 만나 활짝 핀 라일락, 마가목, 금잔화, 베즐리아 등의 꽃덩굴로 빽빽이 둘러싸인 둥그런 갈림길로 나는 천천히 걸어 들어갔다. 너무 멀리서부터 그녀를 보지 않도록, 아니 내가 오는 것을 그녀가 보지 못하도록 나는 정원 한쪽 나뭇가지 밑으로 공기 서늘한 그늘진 오솔길을 따라갔다. 나는 천천히 걸었다. 하늘도 나의 기쁨처럼 따뜻하고 밝게 빛났다. 아마도 그녀는 내가 다른 쪽 길로 올 것으로 생각하고 기다렸던 모양이다. 나는 그녀 등 뒤로 가까이 다가갔다. 그녀는 모르고 있었다. 나는 걸음을 멈추었다. 시간마저 나와 함께 멈춘 것 같았다. 이 순간이야말로 행복 그 자체보다 앞서고, 또 행복 그 자체도 도저히 미칠 수 없는 가장 아름다운 순간이라고 나는 생각했다.

나는 그녀 앞에 무릎을 꿇고 싶었다. 나는 한 걸음 더 다가섰다. 그러자 그녀도 내 발소리를 들었다. 그녀는 갑자기 일어서더니 놓고 있던 그 수(繡)가 땅에 떨어지는 것도 잊어버린 채, 내게 두 팔을 내밀어 내 어깨 위에 얹었다. 얼마 동안을 우리는 그렇게 서 있었다. 그녀는 두 팔을 내민 채 미소지으며 고개를 갸웃하고 말없이 다정한 눈길로 나를 바라보았다. 그녀는 흰옷 차림이었다. 나는 지나리만큼 경건한 그녀의 얼굴에서 앳된 그 미소를 다시 보았다……

"이것 봐, 알리사." 나는 갑자기 소리쳤다. "나는 앞으로 12일 동안 방학이야. 하지만 네가 싫다면 단 하루도 더 머무르지 않을 테야. 그러니 내일은 퐁궤즈마르를 떠나야 되리라는 걸 표시해 줄 무슨 신호를 결정하기로 해. 그러면 다음 날 나는 아무런 비난이나 불평도 없이 떠날 테야. 알았지?"

미리 준비한 말이 아니어서 한결 수월하게 이야기할 수가 있었다. 그녀는 잠시 생각에 잠기더니 말했다. "저녁 먹으러 내려갈 때 네가 좋아하는 그 자색 수정 십자가를 내가 달고 있지 않은 저녁, 알겠니?"

"그것이 나의 마지막 저녁이란 말이지?"

"하지만 눈물도 한숨도 없이 떠나야 해."

"작별 인사도 없이 떠나겠어. 그 마지막 저녁에도 그 전날 저녁과 다름없이 아무렇지도 않게 헤어질 거야. 아직 알아차리질 못했나 네가 생각할 정도로 말야. 다음 날 네가 찾을 때 난 이미 없을 거야."

그녀는 내게 손을 내밀었다. 나는 그 손을 입술에 대며 이렇게 덧붙여 말했다.

"지금부터 그 마지막 밤까지는 어떤 눈치도 보이지 않기로 해."

이제는 이 만남의 엄숙한 분위기 때문에 자칫하면 우리 두 사람 사이에 일어날지도 모르는 어색한 느낌을 없애버릴 차례였다. 나는 말을 계속했다. "정말이지 네 곁에서 지낼 앞으로의 며칠이 우리의 지난날과 똑같았으면 좋겠어…… 말하자면 우리도 이 며칠이 예외적인 것이라고 느끼지 않았으면 좋겠다는 거지. 그리고 처음에는 너무 이야기하려고 애쓰지 않았으면…….” 그녀는 웃기 시작했다. 나는 덧붙였다. “우리 둘이서 함께 해볼 만한 일은 없을까?”

전부터 우리는 정원을 가꾸는 데 흥미가 있었다. 아직 익숙지 못한 정원사가 전에 있던 정원사의 뒤를 이어 들어온 지 얼마 되지 않아, 두 달 동안이나 방치해 둔 정원에는 할 일이 많았고, 장미나무도 손질을 하지 않아 그중 성싱하게 자라나는 것들에는 시든 가지가 잔뜩 뒤얽혀 있었다. 새끼친 가지들이 다른 가지를 시들게 한 것이다. 이 장미나무는 대부분 우리가 접붙여 놓은 것들이었다. 우리가 손질한 그 장미들을 우리는 잘 알아볼 수 있었다. 그것을 돌보느라 처음 사흘 동안은 진지한 이야기를 하지 않고도 서로 이야기할 수 있었고, 이야기를 주고받지 않을 때에도 그 침묵이 힘겹게 느껴지지 않았다.

이리하여 우리는 차츰 다시 서로에게 익숙해졌다. 나는 어떤 설명보다도 이렇게 서로 익숙해져 가는 것에 더욱 기대를 걸었다. 헤어져 있었다는 기억마저 이미 우리 사이에서 사라졌고 내가 그녀에게 느끼던 두려움도, 또 그녀가 내게서 느끼던 두려운 마음의 긴장도 차츰 흐려져 가고 있었다. 쓸쓸했던 나의 지난가을 방문 때보다 한층 앳된 듯한 알리사는 그 어느 때보다 아름다워 보였다.

나는 아직 그녀와 키스해 본 적이 없었다. 나는 저녁마다 그녀 웃옷 위에서 조그마한 자수정 십자가가 가느다란 금줄에 매달려 반짝이는 것을 보았다. 내 가슴속에는 또다시 희망이 싹트기 시작했다. 희망이라고? 아니, 그것은 차라리 확신이었다. 그리고 이것은 알리사 또한 느끼고 있으리라 나는 짐작했다. 왜냐하면 나는 나 자신을 의심할 수 없었기 때문에 그녀 또한 의심할 수가 없었던 것이다. 차츰 우리의 대화는 대담해져 갔다.

“알리사.” 아름다운 대기가 웃음을 머금고 우리의 가슴이 꽃봉오리처럼 피어나던 어느 날 아침, 나는 말했다. “이제는 줄리에트도 행복하게 되었으니 우리도…….”

나는 천천히 그녀를 바라보며 말했다. 이 말을 듣자 갑자기 그녀의 안색이 너무나 창백해져서 나는 말끝을 맺지 못했다.

"제롬." 그녀는 나를 돌아보지도 않은 채 말을 시작했다. "나는 지금 네 곁에서 더할 수 없는 행복을 느끼고 있어……. 하지만 내 말을 들어 봐, 우리는 행복하려고 태어난 건 아냐."

"그렇다면 영혼이 행복 말고 무엇을 바란단 말이야?" 나는 성급히 소리쳤다. 그녀는 이렇게 중얼거렸다.

"성스러운 것을……." 너무나 낮은 목소리로 말했기 때문에 나는 이 말을 들었다기보다는 그러한 말일 거라고 짐작했다.

내 모든 행복은 날개를 펴고 나를 버린 채 텅 빈 하늘로 날아가려 하고 있었다.

"네가 없다면 나는 그렇게 될 수가 없어." 나는 그녀의 두 무릎에 이마를 파묻고 어린애처럼 울면서 말을 이었다. "너 없이는 안 돼, 너 없이는 안 돼!"

그날도 다른 날과 마찬가지로 흘러갔다. 그러나 그 저녁, 알리사는 그 조그만 자수정 십자가를 달지 않고 나타났다. 나는 충실히 약속을 지켜 이튿날 새벽녘에 그곳을 떠났다.

그 다음 날, 나는 다음과 같은 편지를 받았다. 거기에는 셰익스피어의 시 몇 줄이 인용구로 적혀 있었다.

    그 곡을 다시 한 번, 꺼질 듯 스러지는 곡이더라.
    오오, 제비꽃 핀 언덕 위를 스쳐
    꽃향기를 불어 주는 향긋한 남풍처럼
    내 귀엔 들려왔다―됐어 그만,
    이젠 아까처럼 감미롭지 못해.

그래! 아침 내내 나도 모르게 너를 찾았어. 제롬, 아무리 생각해도 네가 떠났다는 것을 나는 믿을 수가 없었어.

네가 약속을 잘 지켜 준 것이 너무 원망스러웠어. 나는 이것이 장난이려니 생각했어. 그래서 수풀 덩굴 속에서 네가 나타날까 하고 보러 갔어. 하지만 너는 정말 떠나 버렸더구나. 고마워.

그 뒤, 나는 온종일 네게 알려 주고 싶은 몇 가지 생각에 사로잡혀 있었어. 그리고 만일 그 생각들을 네게 알려 주지 않는다면 네게 해주어야 할 일을 소홀히 했다는 느낌과, 앞으로 네게 꾸중을 듣게 될 것이라는 생각으로 이상하고도 뚜렷한 두려움에 사로잡혔어.

네가 퐁궤즈마르에 머문 처음 얼마 동안 네 곁에서 느낀 내 온몸으로 느낀 그 야릇한 충족감에 놀랐고, 그것은 곧 불안해졌어. '더 이상 아무것도 바랄 것이 없을 정도의 충족감!'이라고 넌 내게 말했어. 그런데 내가 불안해하는 것이 바로 그거야…… 내 마음을 오해할까 두려워. 제롬, 가장 강렬한 내 감정의 표현을 하나의 까다로운 이론의 전개(오오! 얼마나 어설픈 이론일까)로 생각하지 않을까 두려워.

'충족시키지 못한다면 그것은 행복이라고 말할 수 없다'고 네가 한 말 생각나? 그때 난 어떻게 대답해야 할지 몰랐어. 하지만, 제롬, 그건 우리를 충족시켜 주지 않아. 지난가을 우린 이러한 충족감 뒤에 어떤 슬픔이 깃들어 있는지 깨닫지 않니?

오오! 하느님, 그런 충족감이 진실된 것이 아니도록 해 주시옵소서! 우리는 또 다른 행복을 위해서 태어났어.

예전에 우리가 주고받은 편지가 가을의 만남을 슬프게 했듯 이제 네가 여기 있었다는 추억이 오늘 내가 쓰는 이 편지의 기쁨을 앗아가 버렸어. 언제나 네 곁에서 지낼 때마다 느꼈던 그 황홀함이 지금은 다 어디로 간 걸까? 편지를 주고받고 서로 만나고 했기 때문에 우리의 사랑이 가질 수 있는 그 순수한 기쁨을 우리는 남김없이 고갈시켜 버렸어. 그래서 이제 나도 모르게 《십이야(十二夜)》에 나오는 오시노처럼 부르짖고 있어. '됐어 그만, 이젠 아까처럼 감미롭지 못해.'

잘있어, 제롬. '이로부터 하느님의 사랑이 시작되노라.' 아아! 내가 얼마나 너를 사랑하고 있는지 너도 알까?

영원한 너의 알리사

덕(德)이라 하는 함정 앞에 나는 속수무책이었다. 온갖 영웅적 기분이 나를 현혹하면서 나를 자꾸 이끌어가는 것이었다. 왜냐하면 나는 그러한 기분을 사랑과 구별해서 생각하지 않았기 때문이다. 알리사의 편지는 나를 가장 무모한 열정에 도취시켰다. 나는 오로지 알리사를 위해서 더 많은 덕을 쌓으려 했다. 어떤 길도 위로 올라가는 길이라면 그것은 나를 알리사가 있는 곳으로 데려다 줄 것 같았다.

아아! 대지가 제아무리 갑작스럽게 좁아진다 하더라도 거기에 우리 둘만 있을 수 있다면 오히려 넓다고 생각될 것이었다. 아아! 나는 아직도 그녀의 미묘한 가장(假裝)을 알아채지 못했으며, 이번에도 겨우 올라간 정상에서 그녀가 나를 두고 다시 도망치리라고는 상상도 하지 못했던 것이다.

나는 긴 답장을 썼다. 나는 그중에서도 어느 정도 상황을 짐작케 할 수 있는 단 한 구절을 기억하고 있을 뿐이다.

나의 사랑은 내가 지니고 있는 것 중에서 가장 훌륭한 것이라고 생각해. 내 모든 덕행이 거기에 달려 있고, 사랑이야말로 나를 나 이상의 위치로 끌어올려 주는 것 같아. 만일 사랑이 없다면 난 대부분 평범한 인간들이 차지하는 보통의 높이로 다시 떨어질 수밖에 없을 것 같아. 너와 다시 만날 수 있다는 희망 때문에 가장 험준한 길도 내겐 언제나 즐겁게 생각돼.

이 편지에 나는 또 무슨 말을 덧붙였는지 그녀는 다음과 같은 답장을 보냈다.

하지만 제롬, 성스럽게 된다는 것은 선택이 아니라 의무야(편지에는 이 의무란 단어 밑에 세 줄이나 그어져 있었다). 만일 네가, 내가 생각하고 있는 것과 다르지 않은 사람이라면 너 역시 이것을 피하지는 못할 거야.

이것뿐이었다. 우리의 편지 왕래는 이것으로 끝났고, 아무리 교묘한 충고나 굳건한 의지로도 어찌할 도리가 없으리라는 것을 나는 깨달았다. 아니, 그보단 오히려 예감했다.

하지만 나는 또다시 애정에 넘치는 긴 편지를 썼다. 세 번째 편지를 부친 뒤 나는 다음과 같은 편지를 받았다.

제롬
내가 네게 편지를 쓰지 않기로 결심했다고 생각지는 마. 다만 마음이 내키지 않을 뿐이야. 네 편지는 여전히 나를 즐겁게 해주고 있지만 이렇게까지 네가 나를 걱정하도록 만든 데 대해 나는 점점 더 나 자신을 꾸짖고 있어. 이젠 여름도 머지 않았어. 당분간은 편지를 쓰지 않기로 하고, 9월 끝무렵 두 주일을 퐁궤즈마르에 와서 나와 함께 보내줘. 승낙한다면 답장은 필요없어, 그것을 승낙의 표시로 알 테니까. 회답이 없기를 바라.

나는 답장을 쓰지 않았다. 이 침묵이야말로 그녀가 나에게 준 마지막 시련이었음에 틀림없다. 몇 달 동안의 공부와 몇 주일의 여행을 마치고 퐁궤즈마르에 왔을 때 내 마음은 지극히 안정되어 있었다.

이 간단한 이야기만으로 처음에는 나 자신도 이해 못했던 일을 어떻게 독자들에게 이해시킬 수 있을 것인가? 그 뒤에 나를 여지없이 절망 속으로 밀어넣은 그 슬픈 사건 말고 내가 무엇을 적을 수 있을 것인가? 지금에 와서 그 가장 부자연스러워 보이던 가면 밑에 아직도 사랑이 용솟음치고 있음을 알아채지 못한 것을 통탄하고 있지만, 처음에는 그 가면밖에 보이지 않아 옛날 모습을 찾아볼 수 없을 만큼 변한 그녀를 보고 비난했던 것이다…… 아니, 그때도 나는 너를 비난하지는 않았어, 알리사. 오로지 지난날의 네 모습을 찾을 길이 없어 절망에 울었을 뿐이야. 너의 애정이 지니고 있던 침묵의 술책이나 잔인한 기교 등에 의하여 네가 품었던 사랑의 힘을 잴 수 있게 된 지금에 와서 나는 너로부터 잔인하게 설움을 받으면서도 그로 인해 너를 더욱 사랑해야 할 것인가?

 경멸? 냉정?…… 아니, 이겨내야 할 것은 아무것도 없었고 마주해 싸울 그 어떤 대상도 없었다. 그리하여 나는 가끔 주저했고 내 불행도 내가 꾸며낸 것이 아닐까 의심해 보기도 했다. 그처럼 내 불행의 원인은 애매했고 그리고 알리사도 모르는 척했던 것이다. 도대체 나는 무엇을 한탄하고 있었던 것인가. 그 어느 때보다 그녀는 상냥하게 나를 대해 주었다. 그녀가 그토록 친절하고 세심해 보이기는 처음이었다.
 그래서 나는 거의 속아 넘어갔다. 전과 달리 납작하게 졸라맨 머리 매무새로 인해 표정까지 달라질 정도로 그녀의 얼굴이 딱딱해 보였다는 것이 무슨 상관이었으랴! 거친 촉감을 주는 검은색의 어울리지 않는 웃옷 때문에 그 아름다운 몸의 곡선이 망가졌기로 그것이 무슨 상관이었으랴. 그것쯤은 얼마든지 고칠 수 있는 일이었다. 나는 어리석게도 바로 내일이라도 자기 스스로 혹은 내가 부탁한다면 그녀가 고치리라고 생각했다. 나는 그녀의 친절하고 상냥한 마음씨가 슬펐다. 그러한 일은 우리 사이에 거의 없었기 때문에 나는 거기에서 충동보다는 오히려 결심을, 또 말하기 거북하지만 사랑보다는 오히려 예의를 발견하지는 않을까 두려웠다.

저녁때 응접실에 들어서자 나는 언제나 그 자리에 있던 피아노가 없어진 것을 보고 깜짝 놀랐다.

내가 실망한 소리로 외치자 그 소리를 들은 알리사가 태연한 목소리로 대답했다.

"수선하러 보냈어."

"글쎄 몇 번이나 내가 말하지 않았니?" 삼촌은 거의 엄하다고 할 만큼 꾸지람조로 말했다. "지금까지 그대로 참아 왔으니 제롬이 떠난 뒤에 고치러 보냈더라면 좋지 않겠니. 네가 서둘렀기 때문에 커다란 즐거움 하나를 잃었잖아······."

"하지만 아버지." 알리사는 붉어진 얼굴을 옆으로 돌리며 말했다. "요새는 상태가 좋지 않아 제롬 역시 아무 곡도 치지 못했을 거예요."

"네가 치는 것을 들었을 땐 그렇게 심하게 고장난 것 같지는 않았는데." 삼촌이 말했다.

그녀는 얼마 동안 그늘진 쪽으로 몸을 굽힌 채 안락의자의 덮개 치수를 재는 데 몰두하는 듯 말이 없다가, 이윽고 방에서 나가더니 한참만에 삼촌이 저녁마다 드시는 탕약을 쟁반에 받쳐들고 돌아왔다.

그녀는 다음 날도 그 머리 모양이나 옷차림을 바꾸지 않았다. 집 앞에 내놓은 벤치에 앉아 전날 저녁부터 손에서 떼지 않던, 바느질이라기보다는 꿰매는 일을 계속하고 있었다. 자기 옆 벤치나 혹은 탁자 위에 낡은 양말이 가득 든 바구니를 놓고 그 속에서 줄곧 일거리를 꺼내는 것이었다.

며칠 뒤에는 냅킨과 홑이불을 만지고 있었다······. 이러한 일에 그녀는 완전히 몰두해 있는 것 같았고, 이로 인해 입술은 표정을 잃고 눈에는 광채가 없었다.
"알리사!" 어느 날 저녁 나는 그녀의 얼굴이 너무나 볼품없게 변한 것을 보고 놀라서 소리쳤다. 그녀의 본디 모습을 찾아보기 힘들 정도로 변해 버렸고, 내가 조금 전부터 뚫어지게 그녀를 바라보았으나 내 눈길을 느끼지 못하는 것 같았다.
"왜 그래?" 그녀는 머리를 들며 말했다.
"내 말이 들리는지 알아 보고 싶었어. 네가 지금 하고 있는 생각이 내게서 멀리 떠나가 있는 것 같아서."
"아니야, 난 여기 있어. 이 수선 일은 여간 조심하지 않고는 꿰맬 수가 없어서."
"바느질하는 동안 책을 읽어 줄까?"
"잘 들을 수 있을 것 같지가 않아."
"왜 그렇게 신경쓰이는 일을 하지?"
"어차피 누군가 해야 할 일이니까."
"이런 일로 하루하루 벌어 사는 여자들도 있잖아. 설마 절약하려고 이런 보람 없는 일을 하는 건 아니겠지?"
그녀는 대뜸 그 일이 어떤 일보다 더 재미 있으며 벌써 오래전부터 다른 일은 하지 않아 다른 일에는 서툴다고 단언하는 것이었다. 말을 하면서도 그녀는 줄곧 미소를 띠고 있었다. 그녀의 목소리가 그 순간보다 더 부드러웠던 적은 없었지만, 나는 한없이 서글퍼졌다. 그녀의 표정은 '당연한 이야기를 하고 있는데 왜 그렇게 슬퍼하지?'라고 말하는 것 같았다.
그리하여 내 마음속 모든 항의는 말로 나오기도 전에 목에서 막혀 버렸다.
그로부터 이틀 뒤, 둘이서 장미꽃을 꺾고 나자 그녀는 나에게 그해에 아직 한 번도 들어가 보지 못했던 자기 방으로 꺾은 꽃들을 옮겨 달라고 말했다. 나는 얼마나 희망에 부풀었던가! 이 말을 들은 나는 슬퍼해서는 안 된다고 다시 한 번 마음먹었다. 그녀의 말 한 마디면 내 마음은 싹 나을 것이다.
그 방에 들어설 때마다 나는 감격에 사로잡히곤 했다. 그곳에는 뭔지 모르게 아늑한 고요함이 감돌아 알리사의 모습을 떠오르게 하는 것이었다. 창과 침대 둘레에 친 커튼의 푸른 그늘, 반들반들한 마호가니 가구들, 정돈되고 간소하면서도 조용한 방 안 분위기가 그녀의 티없는 청순함과 사색적인 아름다움을 이야기해 주는 것이었다.
  그런데 그날 아침, 그녀의 침대 곁 벽에 내가 전에 이탈리아에서 가져온 두 개의 커다란 마사치오의 그림이 걸려 있지 않은 것을 보고 놀랐다. 어떻게 됐느냐고 물으려던 그 순간 내 시선은 바로 그 옆, 그녀가 애독하는 책들을 놓은 선반 위로 향했다. 이 조그마한 책들은 절반은 내가 준 것이고 절반은 우리가 같이 암기한 책으로 오랜 기간을 두고 꾸며졌던 것이다. 나는 그 책들이 모두 없어지고 대신 그녀가 경멸해 주었으면 했던 저속한 신앙에 관한 너저분한 작은 책들만이 꽂혀 있는 것을 보았다. 눈을 드니 알리사는 웃고 있었다. 그렇다, 알리사는 나를 바라보며 웃고 있었다.
  "용서해 줘." 그녀는 곧 말했다. "네 표정을 보고 웃었어. 내 책들을 보며 갑자기 찌푸리길래……."
  나는 농담할 기분이 내키지 않았다.
  "아니, 알리사, 정말로 요즘 저런 책을 읽고 있어?"
  "응, 놀랐어?"
  "자양이 많은 양식에 익숙해 온 지성은 이런 무미건조한 것을 맛보면 구역질이 날 것이라 생각했는데."
  "그게 무슨 말이야. 이건 모두 경건한 사람들이 자신의 생각을 열심히 설명하고 솔직히 이야기해 주는 거야. 그리고 나는 이런 사람들과 함께 있는 것이 좋아. 처음부터 이 사람들은 미사여구의 함정에도 빠지지 않았고, 나 또한 이 사람들이 쓴 것을 읽으면서 세속적인 찬양은 하지 않을 것이라는 것을 알고 있어."
  "그럼 이제 이런 것밖에는 읽지 않아?"
  "그렇다고 할 수 있지. 5, 6개월 전부터. 게다가 이제는 독서할 시간도 별로 없어. 사실은 아주 최근에 전에 네가 감탄할 만하다고 가르쳐 주던 그 위대한 작가들 중 어떤 이의 책을 다시 읽으려고 해보았어. 그렇지만 성경에 나오는, 제 키를 한 자 늘여 보려고 애를 쓴 사나이와 같은 결과가 되어 버렸어."
  "네게 그런 이상한 생각을 일으키게 한 그 '위대한 작가'란 누구야?"
  "그 작가가 내게 그런 생각을 일으키게 한 건 아니야. 단지 그의 작품을 읽으면서 그렇게 생각했을 따름이지, 파스칼이야. 아마 별로 좋지 않은 구절을 읽었던 모양이네…….”

 나는 초조한 몸짓을 했다. 그녀는 아직 손질하지 않은 꽃다발에서 눈을 들지도 않은 채 마치 교과서를 암송하듯 맑고 단조로운 목소리로 이야기하고 있었다. 내 몸짓에 잠시 말을 끊더니 같은 어조로 계속했다.

 “그런 호언장담이나 열성에 놀랐어. 하지만 그걸 증명하는 것은 거의 없어. 파스칼의 그 비장한 어조가 신앙에서라기보다는 오히려 회의로부터 나온 결과가 아닌가 나는 가끔 생각했어. 완전한 신앙이란 그처럼 눈물을 흘린다거나 목소리를 떠는 법은 없으니까.”

 “파스칼의 음성이 아름다운 것은 바로 그 떨림, 그 눈물에 있는 거야.” 나는 이렇게 반박하려 했으나 용기가 없었다. 왜냐하면 그러한 알리사의 말 속에는 내가 그녀에게서 귀히 여기던 것을 아무것도 찾을 수 없었기 때문이었다. 나는 그때의 대화를 고치거나 논리적인 것으로 다듬지 않고 여기에 그대로 옮긴다.

 “만일 그가 현세의 생활에서 먼저 즐거움을 제거해 버리지 않았더라면” 그러면서 그녀는 말을 이었다. “현세의 생활을 저울에 달아 본다면, 아마도…….”

 “어떻단 말이야?”

 나는 그녀의 이상한 이야기에 놀라서 물었다.

 “그가 풀이하는 막연한 행복보다 더 무서울지 몰라.”

 “그렇다면 넌 파스칼이 말하는 행복을 믿지 않아?” 나는 소리쳤다.

 “그건 아무래도 좋아.” 그녀는 말을 계속했다. “거래같은 이해타산이 있는 의심을 피하기 위해서 그 행복은 차라리 막연한 편이 좋겠어. 하느님을 사모하는 마음이 덕행에 몸을 바치는 것은 무슨 대가를 바라서가 아니라 타고난 고귀한 마음씨 때문이 아닐까?”

 “바로 거기에서 파스칼과 같은 고귀한 마음의 피난처인 그 비밀의 회의주의가 나온 거야.”

 “회의주의가 아니지, 장세니즘(Jansenisme ; 얀세니즘이라고도 함. 아우구스티누스 신학의 부흥을 주장하는 종교운동)이야.” 그녀는 미소지으며 말했다. “하지만 그게 나와 무슨 상관이 있어? 여기 이 불쌍한 사람들은—그녀는 자기 책을 돌아보았다—자기들이 장세니스트인지 또는 다른 그 무엇인지 대답하라고 하면 퍽 당황해할 거야. 이들은 마치 바람에 불리는 풀잎처럼 악한 마음도 괴로움도 없어. 또 이렇다 할 아름다움도 없이 그저 하느님 앞에 고개를 숙이고 있는 거야. 자기들이 보잘것없는 존재라 생각하면서, 단지 자기들에게 어떤 가치가 있다면 그것은 하느님 앞에서 자기 자신의 모습을 지워 버림으로써 그럴 수 있다는 것을 알고 있어."

"알리사." 나는 소리쳤다. "너는 왜 네 날개를 떼어 버리려는 거야?"

그녀의 음성이 너무나 잔잔하고 자연스러웠기 때문에 그만큼 내 고함 소리는 우스울 정도로 과장된 것처럼 생각되었다. 그녀는 고개를 저으면서 미소지었다.

"이번에 파스칼을 읽고 얻은 것은……."

"뭐야?"

그녀가 말을 중단하는 것을 보고 내가 물었다.

"이건 예수님의 말씀이야. '자기 목숨을 얻는 자는 잃을 것이요.' 그 나머지 것은……."

그녀는 한결 더 환한 미소를 지으며 나를 똑바로 바라보고 말을 이었다.

"사실은 잘 모르겠어. 이 검소한 사람들과 얼마 동안 살다가 신분이 높은 사람들의 숭고한 정신에 접하게 되면 당장 숨이 가빠져서."

당황해 버린 나는 그것에 대해 대답할 말을 전혀 찾아내지 못했다.

"만일 오늘이라도 너와 함께 이 설교집과 명상록을 읽어야 한다면……."

"아니야, 네게 이런 걸 읽게 할 수는 없어!" 그녀는 내 말을 가로막았다. "나는 네가 이런 것보다 훨씬 훌륭한 것을 위해 태어났다고 생각해."

그녀는 간결한 어조로, 이처럼 자기와 내 삶을 분리시키는 그런 말이 나를 얼마나 슬프게 할 것인가는 염두에도 없다는 듯 이야기하고 있었다. 내 머리는 활활 달아올랐다. 나는 좀더 말하고 싶었다. 그리고 울고 싶었다. 만일 그녀가 내 눈물을 보았더라면 굴복했을지 모른다. 그러나 나는 벽난로 위에 팔꿈치를 짚고 얼굴을 두 손으로 감싼 채 아무 말도 하지 않고 있었다. 그녀는 내 괴로움을 보지 못했는지 혹은 보고도 못본 체하는지 계속해서 꽃만 매만지고 있었다. 이때 식사를 알리는 종소리가 들렸다.

"이러다간 점심 시간에 늦겠는걸. 어서 가줘." 그러더니 무슨 장난 이야기라도 하듯 다시 말했다. "다음 이야기는 나중에 해."

그러나 그 이야기는 다시 계속되지 않았다.

나와 알리사는 늘 엇갈리게 되었다. 그것은 그녀가 나를 피해서가 아니라 뜻하지 않았던 일이 훨씬 더 급박하고도 중요하게 닥쳐왔기 때문이다. 나는 차례가 돌아오길 기다렸다. 그러나 나의 이 차례라고 하는 것은 그 끊임없이 생각나는 집안일이라든가 꼭 해야 될 창고 일의 감독이라든가, 소작인들이나 또는 그때 그녀가 점점 열중하게 된 가난한 사람들을 방문하는 일이라든가, 그런 따위의 일이 다 끝난 뒤에야 돌아오는 것이었다.

내게는 그 나머지 시간, 극히 짧은 시간밖에는 주어지지 않았다. 나는 언제나 분주한 그녀를 바라볼 뿐이었다. 그러나 그녀가 이런 자질구레한 일을 하는 것을 보고, 나 스스로 그녀 뒤를 따라다니는 것을 단념했기 때문에 그녀가 나를 얼마나 소홀히 하고 있는가 하는 느낌은 그다지 들지 않았다. 잠시 이야기를 해보아도 그러한 느낌은 더욱 절실해졌다. 알리사와 잠시나마 이야기를 하게 될 경우에도 그것은 어설픈 대화에 지나지 않았으며 마치 어린애를 상대하는 것 같았다.

그녀는 건성으로 미소를 지으며 내 곁을 재빨리 지나가는 것이었다. 그럴 때면 어느 때보다도 내게서 멀리 떠나 가 버리는 듯한 기분이 들었다. 뿐만 아니라 그녀의 미소에는 가끔 멸시에 가까운 표정, 어딘가 비꼬는 듯한 표정이 섞여 있는 것 같았고, 또 그렇게 내 희망을 피하는 데 재미를 느끼고 있는 것처럼 보이기도 했다. 이렇게 생각하니 나 스스로 비방받을 행동은 하고 싶지 않았고 또 나 자신이 그녀에게 무엇을 기대하고 있는지도 모르게 될 뿐 아니라 무엇을 비난해야 할지도 몰라, 마침내 나는 모든 불만을 나에게로 돌려 버렸다.

그처럼 크나큰 행복을 기대했던 며칠이 그렇게 흘러가 버렸다. 나는 이렇게 하루하루 흘러가는 것을 그저 멍하니 바라볼 뿐 날짜를 늘이거나 시간의 흐름을 늦추고 싶지도 않았다. 그토록 나의 고통은 나날이 깊어만 갔다.

그러나 내가 떠나기 이틀 전 알리사와 함께 폐광이 된 이회암 채굴터 근처에 있는 그 벤치에 함께 갔을 때, 안개가 끼지 않아 지평선 끝까지 모든 것 하나하나가 파랗게 물들어 있는 것이 보였고, 지나간 날의 가장 어렴풋한 추억마저 뚜렷이 생각나는 어느 맑은 가을날 저녁이었다. 나는 어떤 행복을 잃은 슬픔에 그만 참지 못하고, 지금 왜 이다지도 불행하게 되었나 하는 것을 말해 보았다.

"하지만 내가 어떻게 할 수 있겠어?" 그녀는 곧 대답했다. "너는 지금 어떤 환영에 대한 사랑에 빠져 있는 거야."

"아니야, 환영이 아니야, 알리사."

"마음에 그리는 어떤 모습과……."

"아아! 난 그런 걸 만들어 내고 있는 게 아니야. 알리사는 내 연인이었어. 나는 지금 옛날의 그 알리사를 부르고 있어. 알리사! 알리사! 너는 내가 사랑하던 여자였어. 그때의 너는 지금 어떻게 되어버렸지? 대체 어떻게 해버린 거야?"

그녀는 잠깐 말없이 꽃 한 송이를 꺾으면서 고개를 숙이고 있었다.

"제롬, 왜 그전만큼 나를 사랑하지 않는다고 솔직하게 말하지 못하는 거야?"

"왜냐고? 그건 사실이 아니기 때문이야." 나는 분노에 차서 소리쳤다. "왜냐하면 이보다 더 널 사랑해 본 적이 없기 때문이야."

"지금의 나를 사랑하고…… 그러면서도 옛날의 나를 그리워하고!"

그녀는 애써 미소 지으면서 또 어깨를 약간 으쓱해 보이며 말했다.

"나는 내 사랑을 과거의 것으로 놔둘 수는 없어."

나는 땅이 발밑에서 꺼지는 듯싶었다. 그래서 무엇에고 잡히는 대로 매달렸다.

"사랑도 다른 것들과 함께 과거로 흘러가 버리는 거야."

"그래도 내 사랑은 죽을 때까지 너와 함께 할 거야."

"그것도 차츰 기울어 갈 거야. 네가 여전히 사랑하고 있다는 알리사도 이젠 단지 네 추억 속에 남아 있을 뿐이야. 그녀를 사랑한 적도 있었지, 정도밖에 떠오르지 않는 추억에 잠길 날이 올 거야."

"네 말을 듣고 있으면, 마치 무언가가 내 마음속에서 너에 대치될 수 있거나 내 마음이 이제 너를 사랑해서는 안 된다는 것 같잖아. 네가 나를 사랑했다는 것도 다 잊었어? 그렇지 않고서야 어떻게 나를 괴롭히는 것이 이리도 즐거워 보일 수가 있어?"

나는 파랗게 질린 그녀의 입술이 파르르 떨리는 것을 보았다. 거의 알아들을 수 없는 목소리로 그녀는 이렇게 중얼거렸다.

"아냐, 아냐. 내 마음은 변하지 않았어."

"그렇다면 아무것도 변한 게 없잖아?"

나는 그녀의 팔을 잡으며 말했다.

그녀는 더욱 자신 있게 말을 이었다.

"한 마디로 말할 수 있는데, 너는 왜 그렇게 하지 않지?"

"무슨 말을?"

"나는 나이가 많아."

"쓸데없는 소리."

나는 당장, 나 또한 그녀만큼 나이를 더 먹었으며 두 사람의 나이 차는 언제나 다름이 없다고 항의했다. 그러나 그녀는 다시 정신을 가다듬었다. 유일한 기회는 이렇게 해서 지나가 버렸다. 나는 말다툼 때문에 모든 유리한 점을 포기한 꼴이 됐다. 나는 어찌할 바를 몰랐다.

나는 그녀와 나 자신에 대한 불만을 품고 그때까지 내가 '덕'이라고 부르던 것에 대한 막연한 혐오감과, 내 마음을 떠나지 않는 그 집념에 대한 울화에 가득 찬 채 퐁궤즈마르를 떠났다. 이 마지막 대화에서 내 사랑을 너무 과장했던 나머지 나는 모든 열정을 소비해 버린 것 같았다. 알리사의 말 한 마디 한 마디가 처음 내 항변이 끝난 뒤에도 여전히 생생하고 의기양양하게 내 마음속에 남아 있었다. 그래! 그녀의 말이 맞아. 난 이제까지 겉모습만을 사랑하고 있었던 거야. 내가 사랑했고 지금도 사랑하고 있는 알리사는 이미 존재하지 않는 거야…… 그래! 우리는 나이가 든 거야! 내 마음을 얼어붙게 한 그녀의 멋없는 변모도 결국 자연스러운 일에 지나지 않는 거야. 내가 그녀를 조금씩 높여 갔고 내가 좋아하는 것으로 그녀를 장식하면서 그녀를 나를 위해 우상화했다고 한들 그러한 내 노력에서 피로 외에 무엇이 남아 있는가? 혼자 있게 되자마자 알리사는 자기의 수준, 그 평범한 수준으로 다시 내려가 버린 것이다. 나 또한 그러한 수준으로 내려가 있었다. 그러나 나는 사랑할 기분이 내키지 않게 되었다. 아아! 나 혼자만의 노력으로 그녀를 올려놓았던 그 높은 곳에서 다시 그녀와 함께 있으려던 덕행에 대한 헌신적인 노력도 이제는 얼마나 어리석고 터무니없는 것으로 생각되는 것인가! 조금만 자존심을 낮췄더라면 우리의 사랑은 순탄했을 것이다. 하지만 대상이 없는 사랑에 집착한들 무슨 의미가 있을까? 그것은 고집일뿐, 충실한 것이 아니다. 충실하다면 그것은 과오에 대한 충실일 뿐이다. 지금까지 잘못 생각하고 있었다고 스스로 인정하는 것이 가장 현명한 일이 아닐까?

그러던 즈음에 아테네 학원의 추천을 받아 나는 별다른 야망도 흥미도 없이 다만 떠난다는 생각에서, 달아나 버리기라도 하는 것처럼 즐거워서 곧 입학을 하기로 했다.

8

그런데 나는 다시 한 번 알리사를 만나게 되었다. 그것은 3년 뒤 여름이 끝날 무렵이었다. 열 달 전 나는 그녀의 편지로 삼촌이 돌아가셨다는 것을 알고 있었다. 그때 나는 여행을 하고 있었던 팔레스티나에서 꽤 긴 답장을 보냈지만 끝내 답장이 없었다.

르아브르에 있던 내가 어떤 핑계로 자연스럽게 퐁궤즈마르에까지 가게 되었는지 지금은 기억이 나지 않는다. 나는 알리사가 그곳에 있으리라는 것을 알고 있었지만 그녀가 홀로 있지 않으면 어쩌나 걱정이 되었다. 나는 그곳에 간다는 예고도 하지 않았다. 여느 때 방문하는 것처럼 찾아가는 것이 싫어 나는 이렇다 할 생각없이 걸어갔다. 들어가 볼 것인가? 또는 그녀를 보지 말고 또 보려고도 하지 말고 그냥 돌아와 버릴 것인가? 그래, 그렇게 하자. 나는 홀로 그 가로수길을 거닐다가 혹시 지금도 가끔 그녀가 와서 앉을지도 모를 벤치 위에 앉아 보자…… 그리고 나는 내가 돌아간 뒤에 내가 다녀갔다는 것을 그녀에게 알리려면 어떤 표지를 남겨야 할 것인가 하는 것까지 궁리했다. 그런 생각을 하며 나는 천천히 걸었다. 그녀를 만나지 않기로 결심을 하니 내 마음을 졸라매고 있던 쓰라린 슬픔은 거의 감미로운 감정으로 바뀌었다. 나는 벌써 가로수가 있는 길에까지 이르렀다. 들키지나 않을까 염려되어 농가의 안마당을 구분하고 있는 둑길을 따라 걸었다. 나는 이 둑길 한 지점에서 정원을 내려다볼 수 있다는 것을 알고 있었다. 나는 그곳으로 올라갔다. 낯선 정원사가 오솔길에서 제초 작업을 하고 있다가 어디론가 사라져 버렸다.

새로 세워진 울타리가 안쪽을 둘러싸고 있었다. 내가 지나가는 발소리를 듣고 개가 짖었다. 좀더 나아가 가로수길 끝나는 곳에서 흙담이 있는 오른편으로 돌았다. 그러고는 이제 막 걸어온 길과 병행되는 너도밤나무 숲이 있는 곳을 향해 채소밭 그 비밀문 앞을 지나갔다. 그때 문득 이 문을 통해 정원으로 들어가 보고 싶은 생각이 나를 사로잡았다.

문은 닫혀 있었다. 그러나 안쪽 빗장이 매우 약해서 나는 어깨로 밀어 부술까 생각했다. 바로 이때 발소리가 들려왔다.

나는 담이 움푹 들어간 곳에 몸을 숨겼다.

정원에서 나오는 것이 누구인지 나는 볼 수가 없었다. 그러나 나는 그 발소리를 듣고, 그것이 알리사라는 걸 알았다.

그녀는 몇 걸음 앞으로 나오더니 가냘픈 목소리로 부르는 것이었다.

"제롬이야? ……."

심하게 고동치던 내 심장이 딱 멈추었다. 그러고는 목이 막혀 단 한 마디 말도 못하는 동안, 그녀는 조금 전보다 더 힘주어 되풀이해 불렀다.

"제롬, 너지?"

그녀가 내 이름을 부르는 소리를 듣자, 나는 너무도 벅찬 감동에 못 이겨 무릎을 꿇고 앉았다. 여전히 내가 대답을 못하자 알리사는 몇 걸음 앞으로 나와 담을 돌았다. 그러자 나는 내 몸에 닿은 알리사를 느꼈다. 그녀를 당장에 보기가 두려워 나는 두 팔로 얼굴을 가리고 있었다. 그녀는 조금 있다가 내게 다가와 몸을 굽혔다. 나는 그녀의 가냘픈 두 손에 마구 입술을 갖다댔다.

"왜 숨어 있지?" 그녀는 헤어져 있던 3년을 불과 며칠 동안에 지나지 않는 것처럼 담담한 얼굴로 말했다.

"어떻게 난 줄 알았어?"

"기다리고 있었어."

"기다리고 있었다고?"

나는 너무 놀라서 그녀의 말을 믿을 수 없다는 듯이 되풀이할 뿐이었다. 내가 여전히 무릎을 꿇고 있자 그녀가 말했다. "벤치로 가자. 그래, 나는 다시 한 번 만나게 되리라는 것을 알고 있었어. 사흘 전부터 나는 저녁마다 이곳에 와서 오늘처럼 너를 불렀어. 왜 대답하지 않았지?"

"네게 들키지 않았다면 난 널 보지 않고 떠났을 거야." 나는 기절할 뻔했던 감동을 억누르며 간신히 말했다. "마침 르아브르를 지나던 길이라 저 가로수길을 좀 거닐어 보고 정원 주변도 돌아보고, 요즘도 네가 와서 앉을 듯싶은 이회암 채굴터에 있는 그 벤치에서 잠시 쉬어 볼까 했을 따름이야. 그러고는……."

"사흘 전부터 이곳에 와서 내가 무엇을 읽었나 좀 봐."

그녀는 내 말을 막으면서 한다발의 편지를 내밀었다. 내가 이탈리아에서 그녀에게 보낸 편지들이었다. 이때 나는 그녀를 바라보았다. 알리사는 놀라울 정도로 변해 있었다. 야위고 파리해진 그녀의 모습이 내 가슴을 아프게 했다. 그녀는 내 팔에 기대 의지해 있으면서도 춥거나 혹은 겁에 질린 듯 내게 바짝 붙어 있었다. 그녀는 아직도 상복을 입고 있었다. 모자 대신 머리에 쓰고 있는 검은 베일이 그녀의 얼굴을 더욱 창백하게 보이게 했다. 그녀는 미소를 짓고 있었지만 금세 기절할 것 같았다. 나는 그녀가 요즘 퐁궤즈마르에 혼자 있는지 궁금해 물어 보았다.

그녀 혼자는 아니었다. 로베르가 함께 있다는 것이었다. 8월에 줄리에트와 에투아르, 그리고 그들의 세 아이가 와서 한 달 동안 함께 지내고 갔다고 했다. 우리는 벤치에 와서 앉았다. 그러나 얼마 동안 우리의 대화는 여전히 진부한 소식을 묻는 정도였다. 그녀는 내가 무슨 일을 하고 있는지 물었다. 나는 별로 내키지 않는 기분으로 말했다. 이제는 내가 일에 대한 흥미를 상실했다는 것을 그녀가 알아주었으면 싶었다. 그녀가 전에 나를 실망시켰던 것과 마찬가지로 나도 그녀를 실망시키고 싶었다. 그렇게 보였는지는 몰라도 그녀는 전혀 그런 내색을 하지 않았다. 나는 원한과 사랑으로 마음이 가득 차 있었기 때문에 될 수 있는 대로 쌀쌀하게 이야기하려고 애썼다. 그러나 때때로 용솟음쳐 올라오는 감동에 목소리가 떨려 나 스스로가 원망스러웠다.

조금 전까지 한 조각 구름에 가리어 있던 석양이 우리 두 사람 맞은편 지평선에 닿을락 말락 다시 모습을 드러냈다. 그러고는 텅 빈 들판을 떨리는 반짝임으로 가득 채우고 우리 발밑에 펼쳐진 좁은 골짜기를 느닷없이 붉은 빛으로 뒤덮더니 이내 사라져 버렸다. 나는 그 광경에 마음을 빼앗겨 말없이 앉아 있었다. 그 빛나는 풍경이 다시 한 번 나를 휘감고 내 뼛속까지 스며드는 것을 느끼자 원망의 마음은 사라지고 마음속에는 사랑의 속삭임만이 들려오는 것이었다. 몸을 굽혀 내게 기대고 있던 알리사가 일어섰다. 그녀가 웃옷 속에서 보드라운 종이에 싼 조그마한 물건을 꺼내어 내게 내밀려다가 망설이듯 멈추어 버리는 것을 내가 의아해서 바라보자 그녀는 말을 꺼냈다.

"저기 제롬, 이건 내 자수정 십자가야. 오래전부터 네게 주고 싶었어. 사흘 전부터 저녁마다 이렇게 가지고 나왔어."

"그걸 나더러 어떻게 하라는 거지?"

나는 아주 퉁명스럽게 말했다.

"나에 대한 추억으로 이걸 간직했다가 네 딸에게 줘."

"딸이라니?" 무슨 말인지 깨닫지를 못한 나는 알리사를 쳐다보며 소리쳤다.

"조용히 내 말을 잘 들어 줘. 아니, 나를 그렇게 쳐다보지 마. 그렇지 않아도 말하기 힘들어. 하지만 이것만은 꼭 이야기하고 싶어. 이것 봐, 제롬, 너도 언젠가는 결혼할 것 아냐? 아니, 대답하지 마. 말을 막지 말아 줘, 부탁이야. 나는 오로지 내가 널 누구보다 사랑했다는 것을 네가 잊지 않기를 바랄 뿐이야. 그리고…… 벌써 오래전부터, 3년 전부터…… 네가 좋아하던 이 조그만 십자가를, 어느 날 네 딸이 누가 준 것인지도 모르면서 나의 기념으로 달아 줄 날이 올 것을 생각해 보았어…… 그리고 어쩌면 그 애에게……내 이름을 붙여 줄 수도 있으리라고……."

그녀는 목이 메어 말을 끊었다. 나는 적의에 찬 어조로 소리쳤다.

"왜 네가 직접 주지 않고?"

그녀는 말을 하려고 안간힘을 썼다. 그녀의 입술은 마치 흐느껴 우는 어린애의 입술처럼 파르르 떨리고 있었다. 하지만 울지는 않았다. 이상하게 반짝이는 알리사의 눈길은 그녀의 얼굴을 초인간적 천사와 같은 아름다움으로 가득 채우고 있었다.

"알리사! 내가 누구와 결혼을 하겠어? 내가 너 말고는 사랑할 수 없다는 것을 잘 알잖아……." 그렇게 말하고 나는 갑자기 미친 듯이 난폭하게 그녀를 껴안고 마구 키스를 했다. 얼마 동안 나는 거의 뒤로 몸을 젖힌 채, 온몸을 내맡긴 듯한 그녀를 꼭 껴안고 있었다. 나는 그녀의 눈길이 흐려지는 것을 보았다. 그러자 그녀는 눈시울이 닫히며 비길 데 없을 만큼 뚜렷하고 아름다운 목소리로 말했다.

"우리 서로를 불쌍히 여겨 줘, 제롬. 우리의 사랑에 상처 주지 마."

아마 그때도 그녀는 말했을 것이다. "비겁한 짓은 하지 마." 혹은 이것은 나 자신이 스스로 한 말인지도 모른다. 그러나 나는 갑자기 그녀 앞에 무릎을 꿇고 경건한 마음으로 그녀를 두 팔로 감싸면서 말했다.

"그렇게도 나를 사랑했다면 어째서 항상 나를 밀어냈어? 이것 봐! 처음에 나는 줄리에트의 결혼을 기다렸어. 너 또한 그녀가 행복해지기를 기다리고 있다는 것을 알았어. 그녀는 이제 행복해. 이건 너 자신이 내게 한 이야기야. 나는 오랫동안 네가 아버지를 모시고 계속 그 곁에서 지내길 바란다고 생각했어. 하지만 이제는 우리 단둘뿐 아냐?"

"오오! 지난 일엔 마음을 쓰지 않기로 해." 그녀는 중얼거렸다. "이미 페이지를 넘기고 난 뒤야."

"아직 늦지 않았어, 알리사!"

"아니야, 이제는 너무 늦었어. 사랑을 통해 우리가 사랑보다 더 훌륭한 것을 바라보게 되었을 때부터 때는 이미 늦었던 거야. 네 덕분에 내 꿈은 그처럼 높아졌고, 이제는 세상의 어떤 충족감도 그것을 손상시키진 못할 거야. 나는 종종 둘이서 같이 산다면 우리의 삶은 어떠한 것일까 하고 생각해 봤어. 우리의 사랑이 완전치 못한 순간부터 나는 우리의 사랑을 지탱해 낼 수가 없을 것 같았어."

"넌 서로가 떨어져 살 때 우리의 삶이 어떠한 것일까 생각해 봤어?"

"아니! 전혀."

"이젠 알겠지! 나는 3년 전부터 네가 없어 쓰라린 마음으로 헤매고 다녔어……."

밤이 다가오고 있었다.

"추워." 그녀는 일어서더니 내가 팔을 다시 잡을 수도 없을 정도로 숄을 바짝 잡아당겨 몸을 감싸며 말했다.

"우리를 불안하게 만들고 또 우리가 잘못 이해하지나 않았나 걱정하던 이 성경 구절이 생각날 거야. '하느님이 우리를 위하여 더 좋은 것을 예비하셨으니, 우리가 아니면 저희로 온전함을 이루지 못하게 하려 하심이니라……'"

"그 말을 항상 믿고 있어?"

"믿어야 해."

우리는 잠시 말없이 걸었다. 그녀가 다시 말을 걸었다. "더 좋은 것, 그걸 생각해 본 적 있어, 제롬?"

그녀는 눈에서 갑자기 눈물이 쏟아지는데도 여전히 '그 더욱 좋은 것!'을 되풀이하고 있었다.
　우리는 조금 전 그녀가 나왔던 채소밭 비밀문 앞에 이르렀다. 그녀는 나를 돌아보며 말했다.
　"안녕. 더 이상 오지 마. 안녕, 사랑하는 나의 벗, 이제부터 더 좋은 것이 시작되는 거야."
　그녀는 팔을 뻗쳐 내 어깨 위에 두 손을 얹고 형언할 수 없는 사랑에 가득 찬 눈으로 붙드는 듯 혹은 가라는 듯 한동안 나를 물끄러미 바라보았다.

　문이 닫히고 그 뒤로 빗장 지르는 소리가 들리자 나는 참을 수 없이 복받치는 절망에 사로잡혀 그 문에 기댄 채 쓰러지고 말았다. 그러고는 캄캄한 어둠 속에서 오랫동안 흐느껴 울었다.
　그러나 그때 그녀를 붙잡았더라면, 그 문을 밀치고 들어갔더라면, 어떻게든지 해서 집 안으로 들어갔더라면. 하지만 아니다. 지금에 와서 이 모든 과거를 돌이켜보아도…… 아니다.
　그것은 도저히 내게는 불가능한 일이었다.
　지금 나의 심정을 모르는 사람은 그때의 내 심정도 몰랐을 것이다.
　나는 걷잡을 수 없는 불안에 사로잡혀 며칠 뒤 줄리에트에게 편지를 썼다. 내가 퐁궤즈마르에 갔었다는 것, 알리사의 창백하고 여윈 모습에 놀랐다는 것을 썼다. 알리사의 건강에 주의해 달라는 부탁과 그녀에게는 이제 편지를 기대할 수 없게 되었으니, 그녀 대신 가끔 소식이나 전해 달라고 부탁했다. 그 뒤 한 달도 채 되지 않아서 다음과 같은 편지를 받았다.

　제롬
　너무나도 슬픈 소식을 전해 드립니다.
　우리의 가엾은 알리사는 이미 이 세상에 없습니다. 아아! 오빠가 편지 속에서 걱정한 것도 다 근거가 있는 일이었군요. 몇 달 전부터 언니는 확실한 병 증세도 없이 점점 쇠약해졌어요. 그래서 언니는 내 부탁에 못 이겨 르아브르에 있는 A의사의 진찰을 받기도 했어요. 그 뒤 의사 선생님으로부터 편지가 왔는데 별로 걱정할 게 없다는 내용이었어요. 그러나 오빠가 다녀가신 뒤 사흘 만에 언니는 갑자기 퐁궤즈마르를 떠났습니다. 그것도 로베르의 편지를 받고서야 알았습니다. 언니가 편지를 보내는 일은 아주 드물어서 로베르가 아니었다면 그런 줄은 까맣게 모르고 있었을 거예요. 언니한테서 소식이 없다고 걱정하지도 않았을 테니까요. 언니를 그대로 떠나도록 내버려 둔 것과 또 파리까지 따라가지 않은 데 대해 나는 로베르를 호되게 나무랐습니다.

그 뒤에는 언니의 주소조차 모르게 되었답니다. 언니를 볼 수도 편지를 보낼 수도 없으니 얼마나 내 마음이 아팠겠습니까?

며칠 뒤 로베르가 파리에 갔지만 아무것도 알아내지 못했습니다. 그는 어찌나 게으른지 그의 성의를 의심할 지경이었습니다.

결국 경찰에 알리는 수밖에 없었습니다. 언제까지나 그런 불안 속에서 견딜 수는 없었으니까요. 에투아르가 가서 언니가 숨어 있던 작은 요양원을 찾아냈어요. 아아! 그러나 이미 늦었어요. 언니의 죽음을 알리는 원장의 편지와 언니를 다시 보지도 못한 에투아르의 전보를 동시에 받았습니다. 마지막 날 언니는 우리가 통지를 받을 수 있도록 한 장의 봉투 위에 우리의 주소를 적어 놓았습니다. 다른 한 장의 봉투에는 르아브르의 우리 공증인에게 보낸 유언장 사본이 들어 있었습니다. 그 편지의 한 부분은 오빠에 관한 것이라 생각됩니다.

머잖아 알려 드리겠어요. 그저께 치른 장례식에는 에투아르와 로베르가 참석했습니다. 관을 따라간 것은 그 둘뿐만이 아니었습니다. 요양원 환자 몇 사람이 자진하여 식에 참석했고 묘까지 관을 따라갔습니다.

나는 다섯째 아이의 출산이 오늘내일 해서 안타깝게도 집을 나서지 못했습니다.

오빠, 언니의 죽음이 오빠를 얼마나 슬프게 할지 잘 알고 있어요. 이 편지를 쓰는 내 마음은 찢어지는 듯해요. 이틀 전부터는 자리에서 일어나지도 못해 지금 이 편지를 쓰는 데도 퍽 힘이 드는군요. 하지만 나 아닌 다른 사람에게, 에투아르나 로베르에게 우리 둘만이 이해할 수 있는 알리사에 관한 이야기를 맡기고 싶지는 않았어요. 저는 이제 나이먹은 가정주부이고 쌓이고 쌓인 잿더미가 뜨겁게 불타오르던 과거를 뒤덮어 버린 지 오래되었으니, 오빠를 한번 만나고 싶어해도 되겠지요. 어느 날이고 볼일이 있거나 혹은 마음이 내키시셔 님에 오시게 되거든 애그비브에 들러 주세요. 에투아르도 오빠를 만나게 되면 기뻐할 거고, 우리 둘이서 알리사 언니 이야기도 할 수 있겠죠. 그럼 안녕히 계세요, 오빠. 서글픈 마음으로 키스를 보냅니다.

며칠 뒤 나는 알리사가 퐁궤즈마르 집을 로베르에게 남겨 주었으나, 자기 방에 있던 모든 물건과 몇 개의 가구만은 줄리에트에게 보내도록 부탁했다는 것을 알았다. 나는 알리사가 내 이름을 적어 봉인한 봉투 속의 서류를 곧 받게 되어 있었다. 그리고 내가 마지막으로 그녀를 방문했을 때 내가 받기를 거절했던 그 조그만 자수정 십자가를 알리사가 자기 목에 달아달라고 부탁했다는 것을 알았다. 또 그렇게 했다는 것도 나는 에투아르를 통해 알았다.

공중인이 내게 발송해 온 봉투에는 알리사의 일기가 들어 있었다. 그중 여러 부분을 나는 이곳에 옮겨 보겠다. 아무런 설명도 보태지 않은 채 그대로 옮길 생각이다. 이 일기를 읽으면서 내가 여러 가지로 반성해 본 점, 그리고 말로는 도저히 표현할 수 없는 나의 심적 혼란을 여러분은 충분히 짐작해 주시리라 믿는다.

알리사의 일기

애그비브에서

그저께 르아브르 출발, 어제 님에 도착, 나의 첫 여행! 집안일에서 벗어나 홀가분한 무료함 속에서 오늘 188X년 5월 23일, 스물다섯 생일을 맞이해 나는 일기를 쓰기 시작한다. 이렇다 할 즐거움 없이 그저 벗삼아 읽어보려는 생각에서이다. 왜냐하면 난생처음 나는 혼자라고 느끼기 때문이다. 낯선, 거의 타향이라고도 할 수 있는, 그리고 아직 아무런 인연도 맺지 못한 고장에서. 이곳이 내게 속삭여 주는 것은 노르망디나 퐁궤즈마르에서 늘 듣던 것에 불과하지만—왜냐하면 하느님은 어디서나 다름이 없으시니까—이 남쪽 나라는 내가 아직 들어 보지 못한 언어를 쓰고 있다.

5월 24일

줄리에트는 내 옆 소파에서 졸고 있다. 이곳은 정원으로 통하는 모래 깔린 안마당과 같은 높이의, 이탈리아 식으로 지어진 이 집에 매력을 드러내고 있는 활짝 열린 갤러리 안이다. 줄리에트는 소파에 앉은 채 여러 가지 색깔의 집오리들이 뛰놀고, 백조 두 마리가 헤엄치고 있는 연못까지 펼쳐진 잔디밭을 바라보고 있다. 여름에도 마르지 않는다는 한 줄기 시냇물이 연못에 물을 채우고 차츰 야생의 숲으로 변해 가는 정원을 가로질러 메마른 벌판과 포도밭 사이를 굽이치다가 완전히 사라져 버리고 있다.

……어제, 에투아르 테시에르는 내가 줄리에트와 같이 있는 동안에 아버지를 정원, 농장, 지하실, 창고, 그리고 포도밭으로 안내했다. 그래서 나는 오늘 아침 일찍부터 처음으로 혼자서 공원의 이것저것을 살펴보며 산책할 수 있었다.

그 이름을 알 수 없는 수많은 초목들, 나는 점심때 그 이름을 알아보려고 하나하나 잔가지들을 꺾어 모았다. 그중에는 제롬이 보르게즈나 도리아 팜필리 궁전에서 찬미했다던 푸른 떡갈나무가 끼어 있다는 것도 알았다. 우리가 사는 북부 지방의 초목과 같은 종류이긴 하지만 그 모습은 전혀 다르다. 공원이 거의 끝나는 곳에서 이 초목들은 좁고도 신비로운 빈터를 둘러싼 채 감촉이 보드라운 잔디 위에 늘어져 요정들의 합창을 권유하고 있다.

퐁귀즈마르에서의 자연에 대한 나의 감정이 그처럼 기독교적이었던 데 반해, 이곳에서는 나도 모르게 신화적인 것으로 변해가는 것이 놀랍고 두려웠다. 하지만 점점 나를 압박하던 그 두려움 역시 종교적인 것이었다. 여기 있는 것은 성스러운 숲이라고 나는 중얼거렸다. 공기는 수정처럼 맑고 이상한 침묵이 감돌았다. 나는 오르페우스와 아르미드에 대해서 생각하고 있었다. 이때 갑자기 새의 노랫소리가 들려왔다. 그 소리는 바로 내 곁에서 들려왔는데 너무나 감동적이고 맑아서 문득 자연 전체가 그 노래를 기다리고 있었던 것 같은 생각이 들었다. 가슴이 심하게 뛰었다. 나는 잠시 나무에 기대어 있다가 아직 아무도 일어나기 전에 다시 돌아왔다.

5월 26일

제롬에게서는 여전히 편지가 없다. 르아브르로 편지를 했으면 이리로 다시 발송되었을 텐데…… 내 불안한 마음을 단지 이 일기에 고백할 수 있을 따름이다. 어제는 보까지 산책을 하고 사흘 전부터는 기도를 드리고 있지만 이 불안은 사라지지 않는다. 오늘은 다른 것을 쓰지 못하겠다. 애그비브에 온 뒤로 내가 느끼고 있는 이 이상한 우울은 무슨 까닭이 있는 것은 아닐 것이다. 하지만 이 우울한 감정을 너무도 가슴 깊이 느끼고 있기 때문에 이미 오래전부터 그곳에 뿌리박고 있었던 것 같고, 그동안 자랑스럽게 여겨 왔던 기쁨마저도 실은 이 우울을 감싸고 있었던 것에 지나지 않는다는 생각이 든다.

5월 27일

자신을 속일 필요가 어디 있을까? 내가 줄리에트의 행복을 기뻐하는 것은 다분히 이론적인 것이다. 내가 그처럼 바라던 그 애의 행복, 내 행복까지도 희생하려 했던 그 행복이 힘 안 들이고 얻어졌다는 것, 그 애와 내가 상상했던 행복과는 너무나 다르다는 것, 나는 그것 때문에 괴로워하고 있다. 얼마나 복잡한가! 그래…… 그 애가 내 희생을 필요로 하지 않고 행복을 찾았다는 것, 내 희생 없이도 그 애는 행복해질 수 있었다는 데 대해 내 마음속에 되돌아온 무서운 이기주의가 분개하고 있다는 것을 나는 잘 알고 있다.

제롬의 침묵이 나를 얼마나 불안하게 하고 있는가를 생각할 때, 나의 희생이 정말 내 마음속에서 이루어졌던 것일까? 나는 물어본다. 나는 하느님께서 내게 그러한 희생을 요구하시지 않는 것에 대해 부끄러움을 느낀다. 나에겐 그러한 능력이 없는 것일까?

5월 28일

이렇게 내 슬픔을 분석하는 것이 얼마나 위험한 일인가! 나는 벌써 이 일기장에 집착하고 있다. 지금까지 내 마음속에 눌려 있던 간사한 마음이 여기서 다시 나래를 펴는 것일까? 그렇다. 이 일기는 내 영혼이 그 앞에서 단장을 하는, 만족을 주는 거울이 되어서는 안 된다! 내가 이 일기를 쓰는 것은 처음 생각했던 것처럼 심심풀이로서가 아니라 슬픔 때문인 것이다. 슬픔이란 내가 오랫동안 모르고 지내온, 이제는 증오하며 영혼으로부터 떨쳐 버리고 싶은 죄의 상태이다. 이 일기는 내 마음속에 다시 행복이 깃들도록 나를 도와주어야만 한다.

슬픔으로 마음이 착잡하다. 나는 한 번도 나의 행복을 분석해 보려고 하지 않았다.

퐁궤즈마르에서도 나는 혼자였다. 여기서보다 더 혼자였다. 그런데 어째서 그것을 느끼지 못했을까? 제롬이 이탈리아에서 보낸 편지를 받았을 때, 나 없이 모든 것을 바라본다는 것, 그가 나 없이 산다는 것을 나는 아무렇지도 않게 받아들였고, 마음으로 그를 따랐고, 그의 즐거움이 나의 즐거움이라 생각하였다. 그런데 지금 나는 나도 모르게 그 사람을 부르고 있다. 내가 보는 모든 새로운 것도 그가 없이는 마음을 괴롭힐 뿐이다.

6월 10일
시작한 지 얼마 되지도 않아서 이 일기는 오랫동안 중단됐다. 귀여운 리즈의 탄생, 줄리에트를 간호하면서 지새운 기나긴 밤들, 제롬에게 쓰게 될 모든 것을 여기에 적을 마음이 도무지 생기질 않는다. 나는 허다한 여성들에게 공통적인 '너무 쓴다'라는 견딜 수 없는 결점을 피하고 싶다. 이 일기를 자기 완성을 위한 하나의 도구로 삼고 싶다.

그 뒤에는 책을 읽다가 적어 둔 메모라든가 책에서 베낀 구절 등이 쓰여 있었다. 그러고는 또다시 퐁궤즈마르에서의 나날로 계속됐다.

7월 16일
줄리에트는 행복하다. 그 애도 그렇게 말하고 있고 또 그렇게 보인다. 나는 그것을 의심할 권리도 이유도 없다. 그런데 지금 그 애 곁에서 내가 느끼는 이 불만과 불쾌한 감정은 왜 생기는 것일까? …… 아마도 그것은 이 행복이 너무나 실제적이기도 하고 너무나 쉽사리 얻었고 또 너무나 빈틈없이 '들어맞는' 그러한 것이기 때문에 영혼을 죄고 질식시킨다는 느낌에서 오는 게 아닐까…… 그리고 나는 지금 내가 바라는 것이 행복 그 자체인지 혹은 행복에 이르기까지의 과정인지 묻고 있다. 오오, 주여! 제가 너무 쉽게 도달할 수 없는 행복은 제게서 멀리 해주소서! 제가 당신에게 이를 때까지 제 행복을 미루고 연기할 수 있도록 가르쳐 주시옵소서.

이 다음 부분은 여러 장이 뜯겨져 나갔다. 아마 르아브르에서 우리의 쓰라린 재회에 관한 대목이었을 것이다. 일기는 그 다음해에 다시 시작되었다. 날

짜는 적혀 있지 않지만 내가 퐁궤즈마르에 머물러 있을 때 쓴 것이 틀림없다.

때때로 그의 이야기를 듣고 있노라면 나 자신의 생각을 보고 있다는 느낌이 든다. 그는 나에게 나 자신을 설명해 주고 또 밝혀 준다. 그 없이 내가 존재할 수 있을까? 그가 있기 때문에 나는 존재하는 것이다.

나는 가끔 그에 대해 내가 느끼는 것이 과연 사랑인지 망설여진다. 사람들이 흔히 말하는 사랑과 내가 그리는 사랑과는 너무나 다르다. 나는 아무 말 없이 나 자신이 그것을 깨닫지 못한 채 그를 사랑하고 싶다.

그 없이 살아가야 한다면 내게 기쁨을 줄 것은 아무것도 없다. 내가 덕을 행하는 것도 모두 그의 마음에 들기 위해서이다. 그런데도 그의 곁에 있으면 그것이 흔들리는 걸 느낀다.

나는 피아노 연습하기를 좋아했다. 하루하루 진보하는 것 같았기 때문이었다. 그것은 또한 내가 외국어로 된 책을 읽을 때 맛보는 즐거움을 설명해 주는 것이기도 하다. 그렇다고 외국어가 더 좋다든가 내가 존경하는 국내 몇몇 작가들이 외국 작가들만 못하다는 것은 아니다. 오직 그 뜻과 감정을 이해하기가 좀 어렵다는 것과, 그 어려움을 극복해 나가며 차츰차츰 잘 극복해 나갈 수 있다는 데서 느끼는 무의식적 자만심이, 지적 쾌락에 알지 못할 영혼의 만족감을 더해 주기 때문이다. 그런데 나는 이 영혼의 만족 없이는 살아가지 못할 것만 같다.

아무리 행복해도 나는 진보가 없는 상태는 바랄 수가 없다. 신성한 기쁨이란 하느님 안에서의 융합이 아니라 언제까지나 끊임없이 하느님에게로 가까이 가는 것이라고 생각한다. 만일 언어의 희롱을 꺼리지 않는다면 나는 진보적이 아닌 기쁨을 경멸한다고 말할 것이다.

오늘 아침 우리 두 사람은 가로수가 있는 길가 벤치에 앉아 있었다. 우리는 아무 말도 하지 않았고 또 말할 필요도 느끼지 못했다…… 갑자기 그는 나에게 내세(來世)를 믿느냐고 물었다.

"물론이야 제롬." 나는 소리쳤다. "내게 그건 희망 이상의 것이야, 확신이야."

그러나 갑자기 내가 외친 이 말 속으로 나의 모든 신앙이 쏟아져 들어간 것처럼 생각되었다.

"그런데" 잠시 말을 중단하더니 그는 덧붙여 말했다. "신앙이 없었다면 네 행동은 지금과 달랐을까?"

"그야 모르지." 나는 이렇게 대답하고 말을 다시 이었다. "너 또한 너 자신의 생각이야 어떻든 한 번 열렬한 신앙에 잠긴 이상 달리 행동할 수 없는 거야. 그리고 만일 달라진다면 난 널 사랑하지 않을 거야."

아니야, 제롬. 아니야, 우리가 덕을 행하는 것은 미래의 보상을 위해서가 아니야. 우리의 사랑이 바라는 것은 보상이 아니야. 스스로의 고행에 대한 보상을 생각한다는 것은 고귀하게 태어난 영혼에게 모욕적인 말이야. 그건 이런 영혼이 지니는 아름다움의 형상이야.

아버지의 건강이 다시 나빠졌다. 그리 큰 병은 아니지만 사흘 전부터 우유로만 연명을 하고 계신다.

어제 저녁 제롬이 자기 방으로 올라간 뒤에 나와 함께 늦도록 앉아 계시던 아버지가 잠시 방을 나가셨다. 나는 소파에 앉아 있었다기보다는 오히려 거의—그런 일이 없었는데 어째서 그랬는지—누워 있었다. 등갓이 내 눈과 내 몸 윗부분에 불빛을 가려 주고 있었다. 나는 옷에서 비죽 나와 불빛에 드러나 있는 두 발끝을 기계적으로 바라보고 있었다.

아버지가 들어오시더니 잠시 문 앞에 서신 채로 미소짓는 듯 이상한 표정으로 나를 뚫어지게 바라보셨다. 나는 당황해서 몸을 일으켰다. 그러자 아버지는 손짓을 하시며 말씀하시는 것이었다. "이리 와 내 옆에 앉아라." 밤이 퍽 깊었는데도 가려 하시지 않고 헤어지신 이래 처음으로 나에게 어머니에 관한 이야기를 하시기 시작했다. 어떻게 어머니와 결혼하시게 되었는지, 얼마나 어머니를 사랑하셨는지, 또 어머니가 아버지에게 얼마나 귀중한 존재였던가에 대해 들려 주셨다.

"아버지, 왜 오늘 저녁에 그런 이야기를 하세요? 하필 오늘 저녁에……."

"그건 방금 응접실로 들어서면서 소파 위에 누워 있는 너를 보았을 때, 잠깐 동안이지만 네 어미를 보는 것 같은 생각이 들었기 때문이야."

내가 그렇게 고집해서 물어본 이유는, 그날 저녁 제롬이 내가 앉은 안락의자에 기대어 서서 몸을 굽혀 내 어깨너머로 함께 책을 읽었던 일이 생각났기 때문이다. 나는 그의 모습을 볼 수는 없었지만 그 숨결을 느낄 수가 있었고 그의 체온과 떨림도 느껴지는 것 같았다. 나는 여전히 책을 읽는 척하고 있었지만 이미 아무것도 머리에 들어오지 않았다.

한 줄조차 읽을 수 없을 지경이었다. 너무도 이상하게 가슴이 두근거려 아직 그럴 기력이 있을 때 서둘러 일어섰다.

다행히 그가 눈치채지 못하는 사이 나는 잠시 밖으로 나올 수가 있었다. 하지만 잠시 뒤 응접실에서 홀로 그 소파에 누워 있었을 때, 나는 정말 어머니의 생각을 하고 있었다.

불안하고 답답하고 나 자신이 비참하게 여겨졌을 뿐 아니라 마음속에 솟아오르는 지난날의 추억에 쫓겨, 그날 밤 나는 거의 잠을 이룰 수가 없었다.

주여, 악의 모습을 띤 모든 것이 얼마나 무서운 것인가를 가르쳐 주시옵소서.

가엾은 제롬! 만약 그가 약간의 몸짓을 하기만 하면 되리라는 것, 그리고 때로는 내가 그것을 기다리고 있다는 것을 알기만 한다면······

나는 어릴 때부터 그가 있기 때문에 아름다워지고 싶었다. 지금에 와서 생각해 보면 내가 '완전'을 지향했던 것도 그를 위해서였다. 그런데 이 완전한 덕을 이루기 위해서는 반드시 그가 없어야 된다니, 오오, 주여! 바로 이것이 당신의 모든 가르침 중에서 무엇보다 제 영혼을 당황케 하는 것입니다.

덕과 사랑이 융합된 영혼을 지닐 수 있다면 그것은 얼마나 행복한 것인가! 사랑한다는 것, 힘껏 사랑하는 것 말고 다른 미덕이라는 것이 있을 수 있을까? 나는 때때로 의심해 본다. 하지만 아아! 어떤 날에는 덕이란 사랑에 대한 저항으로밖에 생각되지 않는다. 그럴 수가 있을까? 내 마음의 가장 자연스러운 경향을 감히 덕이라 부를 수 있을까? 오오, 매혹적인 거짓 논리! 허울 좋은 유혹! 속을 알 수 없는 행복의 환영이여!

오늘 아침, 라 브뤼예르(17세기의 작가,《성격론》의 저자)가 쓴 책을 읽다가 다음과 같은 구절을 발견했다.

'인생을 살다 보면 때로는 금지되어 있기는 하지만 너무도 친밀하게 느껴지는 쾌락과 기분좋은 유혹이 있어 그것이 허용되었으면 하고 바라는 것이 자연스러울 때가 있다. 이처럼 큰 매력은 덕행으로 그것을 단념할 수 있다는 그 매력이 아니면 도저히 물리칠 수가 없는 것이다.'

어째서 나는 지금 이 구절에서 변명을 찾아냈던가! 사랑의 매력보다 더욱 강하고 더욱 감미로운 매력이 은근히 나를 이끌고 있기 때문일까? 오오! 사랑의 힘으로 우리 두 사람의 마음을 사랑을 넘어선 저 건너까지 이끌어갈 수만 있다면! 아아! 이제는 너무나 잘 깨닫고 있다. 하느님과 그 사람 사이에는 단지 나라는 장애물이 있을 뿐이라는 것을. 그가 말한 것처럼, 처음에는 나에 대한 사랑으로 인해 그의 마음이 하느님께로 향했다. 하지만 이제는 이 사랑이 그를 방해하고 있는 것이다.

나는 그가 덕을 향해 앞으로 나가는 것을 가로막는 우상이 되었다. 우리 둘 중 한 사람만이라도 거기에 도달해야 한다. 주여, 비열한 저의 마음은 도저히 이 사랑을 극복할 수 없게 되었으니, 제발 그가 저를 사랑하지 않도록 만들 힘을 제게 주시옵소서. 그러면 저의 공덕보다 무한히 훌륭한 그의 공덕을 당신에게 바칠 것이오니…… 그리고 지금 그를 잃은 제 영혼은 흐느끼고 있으나, 그것은 장차 당신의 품에 다시 그를 찾으려 함이 아니오니까? …… 주여, 말씀해 주소서. 어느 영혼이 그의 영혼보다 더 합당하겠습니까? 그는 저를 사랑한다는 일보다 훌륭한 것을 위하여 태어난 것이 아니오니까? 그러니 혹시 그 사람이 나 때문에 걸음을 멈추게 된다면, 저는 그만큼 더 그를 사랑하게 되는 것이옵니까? 영웅적일 수 있는 모든 것이 행복 속에서는 얼마나 위축되고 있습니까! ……

일요일

'이는 하느님이 우리를 위하여 더 좋은 것을 예비하셨은즉'(히브리서 11장 40절 참조)

5월 3일 월요일

행복이 바로 곁에 있어 손짓을 해준다면…… 손을 내밀기만 하면 잡을 수 있을 텐데…… 오늘 아침 그와 이야기하면서 나는 희생을 완수했다.

월요일 저녁

그는 내일 떠난다……

그리운 제롬, 나는 언제나 끝없는 애정으로 널 사랑하고 있어. 하지만 내 입으로 그런 말은 결코 못하게 될 거야. 내가 내 눈과 입술과 영혼에 가하는 속박이 너무도 견디기 힘들어서 너와 헤어진다는 것은 내게 해방이기도 하고 쓰디쓴 만족이기도 하다.

나는 이성적으로 행동하려고 노력하지만 막상 행동을 하게 되면, 나를 움직이게 하던 이성은 나를 저버리거나 혹은 그것이 어수룩해 보인다. 나는 이미 그것을 믿지 않게 되는 것이다.

나로 하여금 그를 피하게 하는 이유? 나는 이미 그런 걸 믿지 않는다. 하지만 나는 그 이유도 모르는 채 서글프게도 그를 피하고 있다.

주여! 제롬과 제가 서로 의지하면서 당신에게로 나아가게 하여 주시옵소서. 한평생을 통해 마치 두 사람의 순례자처럼 때때로 둘 중 한 사람이 "피곤하면 내게 기대"라고 말하면, 다른 한 사람이 "네가 곁에 있는 것을 느끼는 것만으로 충분하다"고 대답하면서 당신을 향해 나아가도록 도와주시옵소서.

아닙니다, 주여! 당신이 우리에게 가르쳐 주시는 길은 좁은 길입니다. 둘이서 나란히 걸어가기에는 너무도 좁은 길입니다.

7월 4일

6주 이상이나 일기를 펼치지 않았다. 지난 달 일기를 몇 장 다시 읽어 보면서 나는 애써 좋은 문장을 쓰려고 노력했던 어리석고 그릇된 나의 속마음을 글 속에서 발견했다. 이것은 순전히 그의 탓이다.

'그' 없이 살아 나갈 수 있기 위한 도움이나 될까 하고 쓰기 시작한 일기 속에서도 나는 결국 '그'에게 편지를 쓰고 있는 것이다.

'나는 문장이 잘되어 있다'고 생각되는 부분은 모두 찢어 버렸다. (그 의미를 나는 잘 알고 있다) 그에 관한 부분은 전부 찢어 버렸어야 했는데.

그런 부분은 한 장도 남김없이 모두 뜯어냈어야만 했다. 하지만 그럴 수가 없었다. 그리고 나는 벌써 몇 장을 찢어 버렸다는 데 대해 어느 정도 자부심을 느꼈다. 내 마음이 이토록 병들지 않았다면 웃어넘겼을 오만한 태도였다.

정말로 나는 뜻있는 일을 한 것 같고, 그 뜯어 버린 몇 장 속에 무슨 중요한 것이라도 들어 있었던 것처럼 느껴졌다.

7월 6일
나는 책장에서 그의 책들을 추방해 버려야만 했다.
책에서 책으로 나는 그를 피하지만, 어디서나 그를 만난다. 나 혼자 펴보는 책 속에서도 그 구절을 읽어 주던 그의 목소리가 다시금 들려온다. 그가 흥미를 느끼는 것이 아니면 나도 별로 흥미가 없었다. 나는 사고방식마저 그의 것을 따랐기 때문에 우리 둘의 생각이 같은 것이라고 느끼면서 기뻐하던 때와 마찬가지로, 지금도 그와 나의 생각을 구별할 수가 없다. 때로는 그의 문체에서 벗어나기 위해 악문을 쓰려고 노력한다. 그러나 그에게 대항한다는 것은 역시 그에게 전념하는 것이다. 얼마 동안은 성경만 읽고(아마 '예수를 본받아'도 함께) 이 일기장에는 읽은 것 중에서 가장 중요한 구절을 매일 하나씩 적을 작정이다.

이 뒤에는 '매일의 양식'이 적혀 있고 여기에 7월 1일부터 시작되는 하루 하루의 날짜마다 문구가 하나씩 덧붙여 있었다. 여기에도 주석이 붙은 부분만을 옮겨 쓴다.

7월 20일
'네게 있는 모든 것을 팔아 가난한 자에게 나누어 주라'(누가복음 18장 22절 참조) 나는 제롬만을 위해 준비된 나의 마음을 가난한 사람들에게 주어야겠다고 생각한다. 그리고 그렇게 하는 것은 제롬에게도 그렇게 하도록 가르쳐 주는 것이 아닐까? 주여, 제게 그러한 용기를 주시옵소서.

7월 24일
나는 '마음의 위안'을 읽다가 중단했다.
그 옛글은 퍽 재미있었지만 내 마음을 산만하게 했고 거기서 흥미를 느끼게 된 거의 이단적인 즐거움은 내가 구하려던 교훈과는 전혀 방향이 다른 것이다.

나는 '예수를 본받아'를 읽기 시작했다.

이것 역시 아무래도 이해가 안 되는 라틴어 원본으로는 읽지 않기로 했다. 내가 택한 번역본에 서명이 없는 것이 마음에 든다. 신교파의 번역이 틀림없는데, 표제에는 '모든 기독교 단체에 적합함'이라고 쓰여 있다.

'그대가 덕을 향해 나갈 때 어떤 평안을 얻을 것이며 오오! 어떤 기쁨을 주게 될 것인지 안다면 그대는 더욱 정성 들여 거기에 매진할 것이다.'

8월 10일

주여, 제가 당신을 향하여 어린 신앙심의 감격과 초인간적인 천사들의 목소리로 외칠 때, 이것은 모두 제롬에게 받은 것이 아니라 당신에게서 받은 것임을 알고 있습니다. 그런데 어찌하여 당신과 저 사이에 그의 모습을 어디에나 나타내시나이까.

8월 14일

이 일을 끝내기 위해서 남은 기간은 앞으로 두 달뿐…… 주여! 저를 도와주시옵소서.

8월 20일

아직도 내 마음속에서 희생이 이루어지지 않았다는 것을 나는 느끼고 있다.

내 슬픔으로 미루어 그렇다는 것을 느끼는 중이다. 주여, 이 기쁨, 지금까지는 오직 그만이 내게 가르쳐 주던 이 기쁨을 이제는 당신만이 제게 주시옵소서.

8월 28일

나는 얼마나 속되고 딱한 덕에 이르렀나! 나 자신에 대해 지나친 요구를 하고 있는 것일까? 더 이상 그러한 일로 고민하고 싶지 않다.

언제나 하느님께 힘을 구하는 것은 얼마나 비겁한 일인가! 내 기도는 온통 하소연뿐이다.

8월 29일

'들에 핀 백합을 보라……'(〈누가복음〉 12장 27절)

이 간단한 말씀이, 오늘 아침 나를 풀 길 없는 슬픔에 잠기게 했다. 나는 들로 나왔는데, 나도 모르게 되풀이한 이 말이 내 마음과 눈을 눈물로 가득 채웠다. 나는 농부가 몸을 굽혀 쟁기질하고 있는 끝없는 들판을 바라보고 있었다.

'들에 핀 백합을……' 하지만 주여, 그 백합은 어디에 있사옵니까?

9월 16일 밤 10시

다시 그를 만났다. 그가 나와 같은 지붕 밑에 있다. 그의 창에서 흘러나오는 불빛이 잔디밭을 비추고 있다. 내가 이 몇 줄을 적고 있는 이 순간 그도 깨어있는 것이다. 어쩌면 나를 생각하고 있는지도 모른다. 그는 변하지 않았다. 그도 그렇게 말하고 나도 그렇게 느낀다. 그의 사랑이 나를 용납하지 않도록 내가 결심한 그대로의 나를 그에게 보일 수 있을까?

9월 24일

오오! 속마음은 무너질 듯하면서도 끝내 무관심과 냉담을 가장한 잔인한 대화……. 오늘까지는 그를 피한다는 것만으로 만족하고 있었다. 오늘 아침에도 나는 하느님께서 내게 이겨낼 힘을 주시리라 생각했고, 싸움을 피하는 것은 비겁한 것이라고도 생각했다. 과연 나는 승리했던가? 제롬은 전보다 나를 사랑하지 않게 되었는가? 아아! 이것은 내가 바라면서도 동시에 두려워하는 것이다.

지금만큼 그를 사랑해 본 적은 없다. 그리고 주여, 제게서 그를 구하기 위해 제가 없어져야 한다면 그렇게 하시옵소서! '제 마음과 영혼 안에 들어오셔서 저의 고난을 짊어지시고 당신의 수난에서 아직 남아 있는 고통을 제 속에서 견디어 주옵소서.' 우리는 파스칼에 대해 이야기했다. 나는 그에게 대체 무엇이라 말할 수 있었던가? 그 무슨 부끄럽고 터무니없는 이야기를 했던가! 그런 말을 하면서도 괴로웠지만 오늘밤은 그런 말이 하느님에 대한 모독인 것처럼 뉘우치고 있다. 묵직한 《팡세》를 다시 뽑아들었다. 저절로 펴진 곳이 로안네즈 양(로안네즈 공작의 누이 / 로 파스칼의 애인)에게 보내는 편지를 적은 곳이다.

'자진해서 남을 따라갈 때는 속박을 느끼지 않는다. 그러나 저항하기 시작하고 홀로 떨어져 걷기 시작하면 고통을 당하게 되는 것이다.'

이 말이 너무나 내 가슴을 찔렀기 때문에 더 읽어 나갈 기력이 없어졌다.

그러나 이 책의 다른 곳을 펼치자 아직까지 읽어 보진 못한 훌륭한 구절을 발견했다. 그래서 나는 그것을 적어 두었다.

일기의 첫 부분은 여기에서 끝난다. 그다음 부분은 아마 찢어 버린 모양이다. 왜냐하면 알리사가 남긴 서류에는 그로부터 3년 뒤 다시 퐁궤즈마르에서—9월—즉 우리가 마지막으로 만나기 조금 전부터, 이 일기가 다시 시작되기 때문이다.

이 마지막 일기는 다음과 같은 구절로 시작된다.

9월 17일
주여, 제가 당신을 사랑하기 위해서는 그가 필요하다는 것을 당신은 잘 아시옵니다.

9월 20일
주여, 당신께 이 마음을 바치겠사오니 제발 그를 제게 주옵소서. 주여, 한 번만 더 그를 만나게 하여 주시옵소서.

주여, 당신에게 이 마음을 드리기로 약속하옵니다. 그러하오니 사랑의 마음으로 청하는 저의 소원을 들어 주시옵소서. 저의 남은 목숨 당신에게 바치겠나이다.

주여, 이런 기도만 드리는 저를 용서하여 주시옵소서. 그러나 저는 제 입술에서 그의 이름을 멀리하지도 못하겠고, 제 마음의 고통도 잊지 못하겠나이다.

주여, 당신께 외치옵니다. 슬픔에 잠겨 있는 저를 버리지 마시옵소서.

9월 21일
'너희가 나의 이름으로 나의 아버지께 구하는 모든 것은'(〈요한복음〉 14장 13절 참조) 주여, 당신의 이름으로 제가 어떻게 감히……

그러하오나 제가 비록 기도를 드리지 않는다 하더라도 당신은 이 마음에서 타오르는 소원을 알아주실 것을 아옵니다.

9월 27일
오늘 아침부터는 마음이 퍽 안정적이다. 어젯밤은 거의 묵상과 기도로 지새웠다. 그런데 문득 어린 시절 성령에 대해서 그려 보던 상상과 비슷한 광채가, 찬란한 마음의 평안이 나를 둘러싸고 나에게 내려오는 것처럼 생각되었다. 나는 이 기쁨이 신경의 흥분에서 온 게 아닐까 두려워 얼른 잠자리에 들어갔다. 그리고 이 크나큰 행복이 사라지기 전에 곧 잠이 들었다. 오늘 아침에도 이 행복한 기분은 여전히 남아 있다.
나는 지금 그가 올 것이라는 확신을 갖고 있다.

9월 30일
제롬! 나의 벗, 아직 동생이라고 부르지만 동생보다 한없이 더 사랑하는 너…… 그 너도밤나무 숲에서 내가 몇 번이나 너의 이름을 소리쳐 불렀는지…… 매일 해가 질 무렵이면 나는 채소밭 작은 문을 나가서 이미 어둠이 깃든 가로수길로 내려갔어. 갑자기 네 대답 소리가 들리고 내가 재빨리 훑어본 돌이 많은 언덕 위에서 네 모습이 나타난다거나, 벤치 위에서 나를 기다리고 있는 네 그림자가 멀리서 보인다 할지라도 나는 놀라지 않을 거야. 오히려 네 모습이 보이지 않는 데 놀랄 거야.

10월 1일
아직 아무 소식이 없다. 태양은 비할 데 없이 맑은 하늘에서 지고 있었다. 나는 기다리고 있다. 나는 곧 이 벤치에 그와 함께 나란히 앉게 되리라는 것을 알고 있다. 벌써 그의 음성이 들린다. 그가 내 이름을 부르는 것이 듣기 좋다. 그는 바로 이곳으로 올 것이다. 나는 그의 손 안에 내 손을 맡기리라. 그리고 나의 이마를 그의 어깨 위에 얹으리라. 나는 그의 곁에서 숨을 쉬게 될 것이다. 어제도 다시 읽어 보려고 그가 보낸 편지를 몇 장 가지고 나왔었다. 그러나 내 마음은 그의 생각으로 가득 차 있어서 편지를 읽을 수가 없었다. 그리고 그가 좋아하던 그 자수정 십자가, 지난 어느 여름, 그가 떠나지 않기를 바라는 동안 저녁마다 내가 목에 걸었던 그 십자가도 몸에 지니고 나왔었다.

그 십자가를 그에게 주고 싶다. 나는 이미 오래전부터 이런 것을 꿈꾸고 있었다. 그가 결혼을 하면 나는 그의 첫딸인 작은 알리사의 대모(代母)가 되어 그 보석을 주고…… 나는 왜 이런 말을 하지 못했을까?

10월 2일

하늘에 둥지를 친 작은 새처럼 오늘 내 영혼은 가볍고 즐겁다. 결국 그는 어제 오지 않았다. 오늘은 틀림없이 올 것이다. 나는 그것을 느끼고 또 알고 있다. 모든 사람들에게 그것을 외치고 싶다. 여기에도 그것을 적어야겠다. 내 기쁨을 숨기고 싶지 않다. 평소에는 그처럼 내게 무관심한 로베르조차 나의 기쁨을 알아챘다. 나는 그가 묻는 말에 당황했고, 또 무어라 대답해야 좋을지 몰랐다. 저녁까지 어떻게 기다릴까?

알 수 없는 투명한 띠가 어느 곳을 보아도 그의 모습을 크게 확대시켜 내 눈에 비추어 주었다. 그리고 사랑의 모든 빛을 내 마음 단 하나의 초점 위에 집중시키고 있다.

오오! 기다림이란 이토록 나를 지치게 하는 것일까!

주여, 행복의 큰 문을 잠시 동안만이라도 제게 보여 주시옵소서!

10월 3일

모든 것이 사라져 버렸다. 아아! 그는 마치 그림자처럼 나의 두 팔에서 빠져나갔다. 그는 바로 저기에 있었다. 아직도 나는 그를 느끼고 있다. 나는 그를 부르고 있다.

내 손, 내 입술이 어둠 속에서 그를 찾고 있다. 헛되이……

기도할 수도 잠들 수도 없다. 나는 또다시 어두운 정원으로 나갔다. 내 방에 있으나 집 안 어디서나 그저 무섭다. 슬픈 마음에 그를 뒤에 남기고 돌아와 버린 문까지 다시 갔다. 어리석은 희망을 품고 그 문을 열어 보았다. 그가 돌아와 있었으면! 나는 불러 보았다. 어둠 속을 더듬었다. 그리고 그에게 편지를 쓰려고 집으로 돌아왔다. 나에겐 이 슬픔을 지탱할 길이 없다.

무슨 일이 있었던가? 그에게 무엇이라 이야기했던가? 내가 무슨 짓을 했던가? 무엇 때문에 나는 그의 앞에서 언제나 내 '덕행'을 과장하는 것일까? 나의 온 마음이 부정하는 '덕행'이 무슨 가치가 있는 것일까? 하느님이 내 입술에서 나오게 하신 말씀을 나는 몰래 배반하고 있었다. 내 마음속에 가득 차 있던 것을 무엇 하나 이야기하지 않았다. 제롬, 제롬! 곁에 있으면 이 가슴이 터질 것 같고, 떨어져 있으면 죽을 것 같은 나의 애처로운 벗, 내가 이야기한 것 중에서 내가 사랑하는 마음으로 네게 들려주었던 것 말고는 다 잊어 줘.

썼던 편지를 찢어 버렸다. 그리고 다시 썼다. 벌써 새벽이다. 내 마음처럼 슬프고 눈물에 젖은 잿빛 새벽…… 농장에서 일을 시작하는 소리가 들리고 잠들었던 모든 것이 다시 활기를 띠기 시작한다. '이제는 일어나라. 때가 왔느니라……'
편지는 부치지 않겠다.

10월 5일
저를 앗아가 버리신 질투심 많은 하느님, 이제 저의 마음을 독점하시옵소서. 이제는 어떠한 열정도 이 마음을 저버릴 것이오며, 아무것도 이 마음을 움직이지 못할 것입니다. 제발 아직 제 마음에 남아 있는 슬픔의 찌꺼기를 이겨내도록 도와주시옵소서. 이 집, 이 정원이 세차게 제 사랑을 북돋우고 있습니다. 저는 다만 당신만을 볼 수 있는 곳으로 달아나고 싶습니다.

제가 가진 것을 가난한 사람을 위해 처분하도록 도와주시옵소서. 제가 쉽사리 팔 수 없는 퐁궤즈마르의 이 집만은 로베르에게 주는 것을 허락하여 주시옵소서. 유언장은 썼지만 필요한 절차는 거의 아무것도 모른다. 그리고 어제 공증인을 만났을 때도, 그가 내 결심을 눈치채고 줄리에트나 로베르에게 알릴까 두려워 충분히 이야기하지 못했다. ……파리에 가서 유언장에 대한 일을 끝낼 생각이다.

10월 10일
이곳에 도착하자 너무도 피곤해서 처음 이틀간은 꼼짝 못하고 누워 지냈다.

내가 싫다는데도 불러 온 의사는 꼭 수술을 해야 한다고 말했다. 하지만 반대한다고 해서 무슨 소용이 있으랴? 그러나 나는 수술하기가 무섭다는 것과 기운이 좀 회복될 때까지 기다리는 것이 좋을 것 같다는 것을 쉽사리 의사에게 납득시킬 수 있었다.

이름과 주소도 숨길 수 있었다. 나를 이곳에 받아들이고 또 하느님께서 필요하다고 생각하시는 동안은 아무런 문제가 없도록 나는 이곳 사무실에 충분한 돈을 맡겨 놓았다.

방도 마음에 든다. 깨끗하다는 것만으로도 충분히 벽의 장식이 된다. 나 스스로 기쁨마저 느끼는 데 놀랐다. 삶에 대한 아무런 애착이 없기 때문이다.

이제는 하느님만으로 만족해야 하고, 또한 하느님의 사랑이 우리의 마음을 완전히 차지하실 때라야 비로소 기쁨을 주기 때문이다.

성경 말고는 아무 책도 가져오지 않았다. 하지만 오늘은 그 안에 적혀 있는 말씀보다 파스칼의 그 이성을 잃은 흐느낌소리가 더 강하게 내 마음속에서 메아리치고 있다.

'하느님이 아니면 나의 기대를 채워 줄 수 없다.'

오오, 경솔한 내 마음이 바랐던 것은 너무나도 인간적인 기쁨이었다. 주여! 이 외치는 소리를 듣기 위해 당신은 나를 절망 속에 빠뜨렸나이까?

10월 12일

당신의 통치가 군림하옵기를! 제 마음속에 군림하옵기를. 그리하여 주님만이 나를 다스려 주소서. 이제는 아낌없이 이 마음을 송두리째 당신께 바치겠나이다.

노쇠한 것처럼 피곤하면서도 내 영혼은 이상한 동심을 간직하고 있다.

방 안의 모든 것이 잘 정돈되고 머리맡에 벗어 둔 옷이 잘 개여 있지 않으면 잠들 수 없었던 소녀 시절 그대로의 마음이다.

나는 죽을 준비도 그렇게 하고 싶다.

10월 13일

찢기 전에 다시 한 번 일기를 읽었다. '자기가 느끼는 괴로움을 털어놓는 것은 훌륭한 마음을 지닌 사람으로서는 할 수 없는 일이다.' 이 아름다운 말은 클로틸드 드보(실증주의 사상가 오귀스트 콩트의 애인인 젊은 미망인)가 한 것이라고 생각한다.

　이 일기를 불 속에 던지려는 순간 어떤 경고와 같은 것이 나를 제지했다. 이 일기는 이미 내것이 아닌 것처럼 생각되었다. 그것을 제롬에게서 빼앗을 권리가 내게 없다는 것, 그리고 그것은 오로지 그를 위해서 썼다는 생각이 들었다. 내가 품었던 걱정이나 근심도 이제와서는 너무 어리석게만 생각되어 거기에 아무런 중요성도 없게 되었고, 제롬도 그로 인해 고민하리라고는 생각지 않는다.

　주여, 저 자신은 도달할 수 없어 이미 단념해 버린 덕의 절정에 제롬만이라도 밀어올리려고 미칠 듯 바랐던 이 마음의 어설픈 표현을, 이 일기장 속에서 그가 찾아볼 수 있도록 하여 주옵소서.

　'주는 나의 반석과 산성이시니 그러므로 주의 이름을 생각하셔서 나를 인도하시고 지도하소서.'(시편 31편 3절)

10월 15일
　'기쁨, 기쁨, 기쁨, 기쁨의 눈물……'(파스칼이 결정적인 개종을 한 뒤 옷 속에 꿰매어 넣고 다녔다는 기도문)
　인간적인 기쁨과 모든 고통을 초월한 곳에서, 그렇다! 나는 이 찬란한 기쁨을 예감한다. 내가 다다르지 못한 그 반석의 이름이 '행복'이라는 것을 나는 알고 있다. 나는 행복에 도달하기 위한 것이 아니라면 내 삶은 헛된 것이라는 사실을 잘 알고 있다. 아아! 그러나 주여! 당신께서는 욕심 없는 깨끗한 영혼에게 그것을 약속하셨습니다. 당신의 성스러운 말씀은 '주 안에서 죽는 자는 행복하리라'고 말씀하셨습니다. 나는 죽을 때까지 기다려야 하는가? 여기에서 나의 신앙은 동요된 것이다. 주여, 당신께 힘껏 외치옵니다. 저는 어둠 속에 있사옵니다. 새벽을 기다리고 있사옵니다. 목숨이 다하도록 당신께 외치고 있나이다. 제 마음의 갈증을 풀어 주시옵소서. 저는 바로 이 행복에 대한 갈증을 느끼고 있사옵니다. 아니면 이미 행복을 얻은 것처럼 생각해도 되겠나이까? 새벽이 되기 전에, 날이 밝아 오는 것을 알린다기보다는 애타게 그것을 부르고 있는 새처럼 밤이 새기를 기다리지 않고 노래를 불러도 되겠나이까?

10월 16일

제롬, 나는 너에게 완전한 기쁨을 가르쳐 주고 싶어.

오늘 아침 심한 구토로 온몸이 부서지는 것 같았다. 그 뒤에 몸과 마음이 너무도 약해지는 것 같아서 잠시 동안은 죽고 싶은 생각이 들었다. 아니, 그런 것이 아니라 처음엔 온몸에 아주 조용한 평온이 깃들었다. 그러고는 심한 고통, 육체와 영혼의 전율이 나를 사로잡았다.

그것은 내 삶의 급격하고도 분명한 계시와도 같은 것이었다. 이 방의 벽이 보기 흉하게 노출되어 있는 것을 처음으로 보는 것 같다는 생각이 들었다. 두려워졌다. 지금 이렇게 쓰고 있는 것도 마음을 안정시키고 가라앉히기 위해서이다.

오오, 주여! 당신을 모독하는 말을 하지 않고 마지막에 이르도록 하여 주시옵소서!

아직 일어날 수 있었다. 어린애처럼 무릎을 꿇었다.

나는 이대로, 자신이 다시 홀로라는 것을 깨닫기 전에 빨리 죽고 싶다.

지난해 나는 다시 줄리에트를 만났다. 알리사의 죽음을 알린 그녀의 마지막 편지를 받은 뒤 10년 이상이 지났다. 나는 프로방스 지방에 여행을 갔다가 잠시 님에 들렀다. 소란한 도시 중심지인 프쉐르 거리에 위치한 테시에르 댁은 매우 훌륭해 보였다. 이미 알리기는 했지만 막상 문턱을 넘을 때 내 마음은 적잖게 설레었다.

하녀의 안내로 응접실에 올라가 있자니 잠시 뒤에 줄리에트가 들어왔다. 그녀를 보니, 마치 플랑티에 이모를 보는 듯했다. 걸음걸이, 몸맵시하며 반가워 어쩔 줄 모르는 모습이 판에 박힌 듯 이모와 똑같았다. 곧 내게 여러 가지를 물어 댔다. 나의 대답은 기다리지도 않고 그간 어떻게 지냈느냐, 파리의 거처는 어떠냐, 무슨 일을 하느냐, 대인 관계는 어떠냐, 남프랑스에는 무슨 일로 왔느냐, 왜 애그비브까지 가지 않느냐, 그곳에 가면 에투아르도 퍽 반가워할 텐데 등. 그러고는 자기 남편, 어린애들, 자기 동생, 추수 이야기, 그리고 불경기 등 여러 가지 소식을 들려주었다. 로베르는 퐁궤즈마르 집을 팔고 애그비브에 와서 산다는 것, 지금은 에투아르와 동업을 하고 있어

에투아르는 여행도 하고 자기 사업상의 판매고를 더욱 확장하는 데 전념할 수도 있다는 것, 한편 로베르는 밭에 남아 여러 계획을 확장 개선하고 있다는 것 등을 나는 알게 되었다.

그러는 동안 나는 불안한 마음으로 과거를 회상시켜 줄 것이 없나 찾아보았다. 그러던 중 응접실 새 가구 중에 퐁궤즈마르에 있던 가구 몇 개가 끼어 있는 것을 분명히 알아보았다. 그러나 내 마음속에서 떨고 있는 이 과거를 줄리에트는 모르거나 또는 일부러 생각지 않으려고 애쓰고 있는 것 같았다.

열세네 살짜리 사내아이 둘이 계단에서 놀고 있었다. 그녀는 그들을 불러 내게 인사를 시켰다. 맏딸인 리즈는 제 아버지를 따라 애그비브에 가고 없었다. 산책 나간 열 살짜리 사내아이도 곧 돌아올 거라고 했다.

알리사의 죽음을 알린 편지에서 곧 낳게 되리라던 아이가 바로 이 아이였던 것이다. 이 마지막 출산은 난산이었으며 그로 인해 줄리에트는 오랫동안 고생을 했다는 것이었다.

그리고 지난해, 마음을 돌이킨 듯 그녀는 또 딸을 낳았는데, 말하는 걸 들어 보니 다른 아이보다 이 아이를 특히 더 귀여워하고 있는 모양이었다.

"그 애가 자고 있는 방이 바로 내 옆방이에요." 그녀는 말했다. "가보지 않겠어요?" 그래서 내가 따라가자, "오빠, 편지로는 부탁할 용기가 나질 않았는데…… 이 애의 대부(代父)가 돼주시겠어요?"

"네가 원한다면야 그렇게 하지." 나는 약간 놀라 요람을 들여다보며 말했다. "이름은 뭐지?"

"알리사……." 줄리에트는 나지막한 소리로 대답했다. "좀 닮은 것 같지 않아요?"

나는 대답 없이 줄리에트의 손을 꼭 쥐었다. 그 작은 알리사는 어머니가 안아 일으키자 눈을 반짝 떴다. 나는 어린애를 받아 안았다.

"오빠는 정말 훌륭한 아빠가 될 거예요."

줄리에트는 애써 웃으면서 말했다.

"언제까지 결혼하지 않을 작정이세요?"

"여러 가지 일을 잊을 때까지."

나는 그녀의 얼굴이 붉어지는 것을 보았다.

"빨리 잊고 싶으세요?"

"언제까지나 잊고 싶지 않아."

"이리로 오세요." 그녀는 불쑥 인사를 하고는 좀더 작고 벌써 어둠이 깃든 방으로 앞장서 들어갔다. 그 방에는 두 개의 문이 있어 하나는 줄리에트의 방으로 통해 있고 다른 하나는 응접실로 통했다.

"잠시라도 틈이 있으면 이 방에서 쉬곤 해요. 이 집에서 제일 조용한 방이에요. 여기에 있으면 어쩐지 생활의 피난처 같은 느낌이 들어요."

이 작은 방의 창은 다른 방들처럼 마을의 소음이 들리는 곳으로 나 있지 않고, 나무가 있는 안뜰을 향하고 있었다.

"앉으세요." 그녀는 안락의자에 힘없이 앉으면서 말했다. "내 생각이 틀리지 않는다면, 오빠는 언제까지나 알리사와의 추억을 잊지 않으실 거죠?"

나는 잠시 대답 없이 앉아 있었다.

"그보다 알리사가 나를 생각해 주던 것에 관해서겠지…… 아니, 내가 무슨 칭찬받을 일이나 한 것처럼 생각지는 마. 그렇게 할 수밖엔 없어. 다른 여자와 결혼을 한다 할지라도 나는 단지 그 여자를 사랑하는 체할 수밖엔 없을 테니까."

"어머!" 그녀는 짐짓 무관심한 체했다. 그러고는 내게서 얼굴을 돌리더니 무슨 잃어버린 물건이라도 찾아내려는 것처럼 마룻바닥을 내려다보고 있었다.

"그렇다면 아무런 희망도 없는 사랑이 그처럼 오래도록 마음속에 간직될 수 있다고 생각하세요?"

"그렇게 생각해, 줄리에트."

"그리고 하루하루의 생활이 그 위로 불고 지나가도 그 사랑이 영원히 꺼지지 않으리라고 생각하세요?"

땅거미가 잿빛 밀물처럼 몰려와 물건들을 하나하나 어둠 속에 잠기게 하자, 이런 물건들은 어둠 속에서 되살아나 제각기 지난날의 추억을 속삭이는 것 같았다. 나는 알리사의 방을 다시 보는 듯했다. 줄리에트가 이 방에 그 모든 가구를 옮겨다 놓은 것이었다. 이제 줄리에트는 다시 내게로 얼굴을 돌렸다. 이미 얼굴의 윤곽을 구별할 수 없어, 그녀가 눈을 감고 있었는지 알 수가 없었다. 그녀는 몹시 아름다워 보였다. 그리고 우리 두 사람은 아무 말 없이 앉아 있었다.

"자! 이젠 잠을 깨야죠……."

마침내 그녀가 입을 열었다.

나는 그녀가 일어서는 것을 보았다. 그러고는 한 걸음 내딛더니 맥이 빠진 듯 곁에 있는 의자에 다시 털썩 주저앉는 것이었다. 그녀는 두 손을 얼굴로 가져갔다. 울고 있는 것 같았다.

램프를 들고 하녀가 들어왔다.

La Symphonie pastorale
전원교향악

내면 일기 Ⅰ

189*년 2월 10일.

사흘 전부터 계속 내린 눈으로 길이 막혀버렸다. 매달 두 번씩 15년 전부터 쭉 예배를 보아온 R마을에도 가지 못했다. 오늘 오전 라브레빈 교회에는 30명의 신자밖에 오지 않았다.

나는 어쩔 수 없이 얻게 된 한가한 시간을 이용하여 과거를 돌아보며 내가 어떻게 제르트뤼드를 돌보게 되었는지 이야기해 보려 한다.

오직 하느님에 대한 경배와 사랑으로 내가 어둠 속에서 구해낸 그 경건한 영혼의 형식과 발전의 흔적을 나는 일기에 기록해 두어야겠다고 생각해 왔다. 내가 저 영혼을 어둠 속에서 구해낸 것은 하느님을 향한 찬양과 사랑 때문이다. 이 일을 제게 맡기신 주님, 찬양받으소서.

지금부터 2년 반 전, 쇼드퐁에서 막 돌아오자마자 전혀 알지 못하는 한 여자아이가 부랴부랴 찾아와 7킬로미터 정도 떨어진 곳에 불쌍한 노파가 죽어가고 있으니 같이 가달라고 했다. 아직 마차에서 말을 풀지 않은 데다 어두워지기 전에 돌아오지 못할 거라는 생각에 손전등을 준비하여 그 애와 함께 바로 마차에 올랐다.

나는 마을 근처는 모르는 곳이 없을 정도로 잘 알고 있다고 생각했다. 그런데 소드레 농장을 지나자 그 애는 내가 그때까지 한 번도 가보지 않은 길로 나를 인도했다. 그곳에서 2킬로미터쯤 떨어진 곳에 이르자 길 왼쪽으로 낯익은 작은 호수가 있었다. 그곳은 젊은 시절 스케이트를 타러 가끔 왔던 곳이었다. 그렇지만 목사가 되고부터는 그쪽으로 갈 일이 전혀 없었기 때문에 나는 15년 동안이나 그 호수를 보지 못했다. 설령 남에게 들었다 하더라도 그 호수가 어디에 있던 것인지 기억해내지 못했을 것이다. 그 정도로 그 호수에 대해 완전히 잊고 있던 터라, 나는 장밋빛과 황금빛이 도는 황홀한 저녁 무렵 별안간 그 호수를 보았을 때, 처음에는 내가 꿈을 꾸고 있는 것이 아닌가 하는 생각이 들었다.

　길은 호수에서 흘러나오는 시냇물을 따라가 숲 끝자락을 가로질러 다시 이탄층(泥炭層)의 가장자리를 따라 뻗어 있었다. 이곳은 분명 처음 보는 곳이었다.

　날은 저물어가고, 이미 얼마 전부터 어두워진 길을 지나자, 이윽고 내 어린 안내자는 나지막한 언덕 중턱에 보이는 초가집 한 채를 손가락으로 가리켰다. 엷은 어둠 속에서 파랗게 피어올라 이윽고 하늘을 황금빛으로 물들이는 한 줄기 가느다란 연기가 없었더라면, 그 초가집에 사람이 살 거라는 생각은 들지 않았을 것이다. 근처 사과나무에 말을 매어두고 아이를 따라 어두컴컴한 방으로 들어간 것은, 노파가 막 숨을 거둔 뒤였다.

　주위 풍경의 장중함과 그 시각의 고요함과 엄숙함이 내 뼛속까지 스며드는 것 같아 나는 오싹함을 느꼈다. 아직 젊은 한 여인이 침대 곁에 무릎을 꿇고 앉아 있었다. 고인의 손녀라 생각했지만 심부름하는 아이에 불과했던 나의 안내자는, 그을음을 풍기는 초에 불을 붙여 놓고는 침대 다리 밑에서 더 이상 움직이지 않았다. 그곳까지 가는 꽤 긴 시간 동안 나는 그 애와 말을 해보려고 애썼지만 서너 마디밖에 할 수 없었다.

　무릎을 꿇고 앉아 있던 여인이 일어섰다. 내가 처음에 생각했던 것처럼 그 여인은 노파의 친척이 아니라 그 집 주인이 죽어가는 것을 보고 심부름하는 아이가 데리고 온 이웃으로 그때까지 그 시신을 지키고 있었던 것이다. 그녀는 노파가 고통 없이 숨을 거두었다고 말했다. 우리는 매장과 장례에 필요한 절차에 대해 함께 의논했다. 이제까지 흔히 그래 온 것처럼 이런 외딴곳에서는 모든 것을 내가 해결해야 했다. 그리고 나로서는 겉보기에 아무리 가난한 집 같아도 그 집을 이웃집 여인과 심부름하는 아이에게만 맡겨 버린다는 게 좀 불안했다. 물론 그렇다고 그 초라한 집 깊숙한 구석에 어떤 보물이 숨겨져 있을 것처럼 보이지는 않았다……. 그렇다면 그 문제를 해결하기 위해 내가 무엇을 할 수 있었겠는가? 그녀에게 나는 죽은 노파에게 상속자가 없는지 물어보았다.

　그러자 이웃집 여인은 촛불을 들고 벽난로가 있는 구석진 곳으로 걸어갔는데, 난로 아궁이에 쭈그리고 앉아 잠을 자고 있는 것 같은 사람의 형체를 어렴풋이 알아볼 수 있었다. 그러나 치렁치렁한 탐스러운 머리카락 때문에 얼굴은 거의 보이지 않았다.

"이 아이는 장님이에요. 심부름하는 아이 말에 의하면 조카딸이라고 하던데, 가족이라고는 고작 이 아이 하나뿐인 것 같아요. 양육원에 데려다 주어야 될 거예요. 안 그러면 저 애는 어떻게 될지 모르니까요."

나는 그 충격적인 말이 아이에게 줄 슬픔을 걱정하며, 그렇게 당사자 앞에서 한 아이의 운명을 결정해 버리는 말에 기분이 상했다.

"깨우지 마세요."

나는 하다못해 그 목소리만이라도 낮추게 하려고 이웃집 여인에게 아주 나지막이 말했다.

"아니요! 자고 있는 것 같지는 않아요. 그런데 참, 이 애는 바보예요. 말도 못하고 말귀도 못 알아들어요. 제가 아침부터 이 방에 있었는데 꼼짝도 하지 않았어요. 처음에는 귀머거리인가 생각했지요. 그런데 심부름하는 아이가 아니라고 하더군요. 사실은 저 죽은 노파가 귀머거리라서 오래전부터 먹고 마실 때가 아니면 이 애에게는 물론, 아무에게도 입을 열지 않았다고 하더라구요."

"몇 살이지요?"

"열대여섯은 되어 보여요. 이 애에 대해서는 저도 목사님 정도밖에 아는 게 없답니다."

버려진 그 불쌍한 아이를 돌보아 주어야겠다는 생각이 처음부터 머리에 떠올랐던 것은 아니다. 기도를 마치고 난 뒤, 아니 더 정확히 말하면 침대맡에 무릎을 꿇고 앉은 그 이웃집 여인과 심부름하는 소녀와 함께 기도를 드리고 있는 동안 갑자기 하느님께서 내 삶의 길에 어떤 의무를 내려주셨고, 내가 비굴한 인간이 아닌 이상 그 의무를 피해서는 안 된다는 생각이 들었던 것이다. 그리하여 자리에서 일어났을 때는 당장 그날 밤 안으로 그 애를 데리고 가야겠다는 결심이 이미 내 마음속에 서 있었다. 물론 그렇다고 해서 그 애를 데리고 가서 그 뒤에는 어떻게 할지, 누구에게 맡길지에 대해 자세히 생각해 보지 못한 상태였다. 나는 그대로 잠시 노파의 잠자는 듯한 얼굴을 바라보았다. 우묵하게 들어간 주름진 입매는 단 한 푼도 흘리지 않으려고 끈으로 단단히 졸라맨 구두쇠의 지갑 같았다. 나는 다시 눈먼 아이 쪽을 바라보며 이웃집 여인에게 내 결심을 말해 주었다.

"그야 내일 관이 나갈 때는 저 애가 여기 없는 편이 나을 거예요."

그녀는 그렇게 말했다. 그것으로 이야기는 끝이 났다.

만일 사람들이 근거 없는 반론을 즐겨 말하는 버릇이 없다면 우리는 많은 일들을 쉽게 해낼 수 있을 것이다. 어린시절부터 우리는 단지 주위 사람들이 우리에게 "저 애는 이 일을 해내지 못할 거야"라고 반복해서 말하는 것을 듣기 때문에 우리가 하고 싶은 이런저런 일들을 해내지 못한 경우가 아주 많이 있다.

눈먼 아이는 아무 의지 없는 짐 꾸러미처럼 끌려왔다. 이목구비는 반듯하고 꽤 예뻤지만 무표정한 얼굴이었다. 나는 방 한 구석의 다락방으로 올라가는 계단 밑에서 그 애가 평상시 누워 있던 짚을 넣은 매트 위에 놓인 이불을 하나 들고 나왔다.

아주 밝은 밤이었지만 날씨가 차가웠기 때문에, 이웃집 여인은 내가 그 애의 몸을 덮어주는 걸 친절하고 정성스럽게 도와주었다. 마차 안에 불을 켠 뒤 나는 내게 바싹 기댄 그 애의 몸에서 느껴지는 흐릿한 온기가 아니었다면 살아 있다고 믿기 힘든 이 영혼 없는 살덩어리와 함께 다시 출발했다. 돌아오는 내내 나는 생각했다. 이 아이는 자고 있는 걸까? 만일 그렇다면 얼마나 캄캄한 잠을 잘까? ……그리고 이 아이에게 잠을 자는 것과 깨어 있는 것은 무엇이 다를까? 주여, 이 어둠 속에 갇혀 있는 캄캄한 육체의 영혼은, 당신의 은혜의 빛이 내려와 어루만져 주기를 기다리고 있습니다! 당신은 제 사랑의 힘으로 이 영혼으로부터 캄캄한 암흑을 쫓아버리도록 허락해 주시겠지요?

무엇보다도 나는 진실에 대한 집착이 너무 강해서, 내가 집에 돌아왔을 때 받아야 했던 유감스러운 대접에 대해 이야기하지 않을 수가 없다. 내 아내 아멜리는 미덕의 정원 같은 사람이다. 우리가 때로 헤치고 나아가야 했던 힘든 순간에도 난 아내의 뛰어난 품성을 의심한 적이 없다. 하지만 타고난 그녀의 자비심도 마음의 준비가 안 된 상태에서 갑작스럽게 생기는 일은 좋아하지 않았다. 아내는 자기가 해야 할 의무 이상을 하는 것도, 그렇다고 의무를 다하지 않는 것도 좋아하지 않는 꼼꼼한 사람이다. 마치 사랑이 언젠가 다 써버릴 보물이나 되는 것처럼 그녀의 자비심에는 한계가 있었다. 바로 그것이 우리의 의견이 서로 맞지 않는 유일한 점이었다.

그날 저녁 그 눈먼 아이를 데리고 돌아오는 나를 보고 아내가 처음 했던 생각이 다음과 같은 그녀의 말에 드러났다.

"당신 또 무슨 짐을 짊어지고 오신 거예요?"

아내와 나 사이에 어떤 해명이 필요할 때마다 그랬던 것처럼, 나는 매우 의아해하며 놀란 듯 입을 다물지 못하고 서 있는 아이들을 일단 밖으로 내보내는 일부터 시작했다. 아, 이런 아내의 그런 대접은 내가 원했던 것과는 얼마나 거리가 먼 것인가. 사랑하는 나의 어린 샤를로트만이 처음 보는 살아 있는 어떤 것이 마차에서 나오려는 것을 보고 껑충껑충 뛰며 손뼉을 치기 시작했다. 그렇지만 어머니의 훈련을 잘 받은 다른 아이들이 얼른 샤를로트의 들뜬 마음을 가라앉혀서 데리고 나갔다.

그러고 나서 잠깐 큰 소동이 있었다. 아내도 아이들도 눈앞에 보이는 그 아이가 장님이라는 것을 아직 몰랐기 때문에, 내가 왜 그렇게 조심조심 그 아이의 걸음을 인도하는지 이해하지 못했다. 걷는 것을 도와주는 동안 쭉 잡고 있던 손을 내가 놓자마자 그 불쌍한 아이는 이상한 신음 소리를 내기 시작했고, 그 소리에 나까지 몹시 당황하고 말았다. 사람이 내는 소리라기보다는 마치 강아지가 애처롭게 낑낑대는 소리 같았다. 자신의 세계 전체를 이루고 있던 평소의 감각 범위를 벗어나자 그 애의 무릎은 몸의 무게에 눌려 휘청거렸다. 내가 의자를 권해도 그 애는 마치 앉을 줄도 모르는 사람처럼 쓰러지듯 방바닥에 주저앉아 버렸다. 그래서 나는 그 애를 벽난로 옆으로 데리고 갔다. 노파의 집 난로 아궁이에서 내가 처음 보았을 때의 그 자세로 벽난로 맨틀피스에 기대어 쭈그리고 앉을 수 있게 되고 나자 비로소 그 애는 안정을 좀 되찾는 것 같았다. 오는 동안 마차 안에서도 그 애는 의자 아래로 미끄러져 내 발 밑에 몸을 웅크리고 있었다. 아내가 나를 도와주었다. 사람은 언제나 자연스럽게 마음 가는 대로 움직일 때가 가장 아름답다. 하지만 이성은 끊임없이 마음과 맞붙어 싸워 자주 그 마음을 눌러버린다.

"당신은 이걸 어떻게 할 생각이세요?"

그 아이가 자리를 잡고 앉자 아내가 다시 말했다.

'이것'이라는 표현에 내 영혼은 전율했으며, 솟아오르는 분노를 억누르기가 힘들었다. 그렇지만 나는 다시 조용히 명상에 잠김으로써 그 분노를 꾹 눌렀다. 그러고 나서 빙 둘러 서 있는 가족들을 돌아보고 눈먼 아이의 이마에 한 손을 얹은 채, 내가 할 수 있는 한 가장 엄숙한 목소리로 말했다.
"길 잃은 양을 데리고 온 거요."
그러나 아내는 적어도 도리에 어긋나거나 그것을 초월하는 것이 복음서의 가르침에는 있을 리 없다고 생각해버리고 마는 여자이다. 나는 아내가 곧 항의할 거라는 것을 알고 자크와 사라에게 눈짓했다. 그러자 그 애들은 두 동생들을 데리고 방에서 나갔다. 큰 아이 둘은 우리 부부의 사소한 말다툼에 익숙해 있지만 그 내용에 대해서는 거의 관심이 없다(내 눈에는 관심이 부족하다는 생각이 들 정도다). 그런 뒤에도 여전히 그 불청객을 아내가 어이 없어하기에, 아니 화가 좀 많이 나 있는 것 같아서 내가 덧붙여 말했다.
"이 아이 앞에서는 말해도 상관없어요. 불쌍하게도 아무것도 못 알아들으니까."
그러자 아내는 자기로서는 아무 할 말이 없으며—하지만 그 말은 아주 긴 언쟁의 시작을 알리는 통상적인 서막이었다—그동안 늘 그래 왔듯 내가 생각해 낼 수 있는 것들 중에서 가장 엉뚱하고, 가장 관습과 상식에 어긋나는 것에 대해서도 자기는 복종할 수밖에 없는 것 아니냐며 항의하기 시작했다. 앞에서도 말했지만, 나는 이 아이에 대해 어떻게 하겠다고 결정한 바가 아무것도 없었다. 더군다나 우리집에 데리고 있을 가능성에 대해서는 미리 생각하지 못했으며, 했다 한들 아주 막연한 정도였다. 그렇기에 나는 그 가능성에 대한 생각을 내게 먼저 암시한 것이 다름 아닌 아멜리라고까지 말할 수 있다. '이 집에는 우리 가족만으로도 이미 충분하지 않느냐'고 아내가 내게 물어왔기 때문이다. 그녀는 내가 가족들의 불만은 안중에도 없이 항상 나 혼자서만 앞서 가며, 자기로서는 다섯 아이면 충분하다고 생각하는 데다 클로드(바로 그때, 마치 제 이름을 부르는 것을 듣기나 한 것처럼 클로드가 요람에서 울기 시작했다)가 태어난 뒤로는 그 갓난아이 때문에 '톡톡히 혼이 나고 있으며', 이제는 한계에 달한 느낌이 든다고 말했다.
아내가 그처럼 내게 쏟아붙이기 시작하자 그리스도의 말씀이 입까지 올라왔지만 내 행동에 대해 성경의 권위를 방패 삼는 것은 부적절한 일이라고 항상 생각해 왔으므로 나는 꾹 눌러 참았다. 내 경솔한 열성으로 일어나는 결과들이 여러 번 아내의 어깨를 무겁게 해왔다는 사실을 알기 때문에, 나는 아내가 자신의 고생을 이야기하자 어찌해야 할 바를 알지 못했다. 그렇지만 그 항변은 내게 나의 의무를 깨우쳐 주었다. 그래서 나는 아멜리에게 만일 그녀가 내 처지라면 나처럼 행동하지 않을지, 의지할 사람 하나 없는 인간을 그토록 비참한 상태로 내버려 둘 수 있겠는지 생각해 보라고 아주 부드럽게 애원했다. 그러면서 나는 장애가 있는 손님을 돌보는 일이 힘든 가사의 피곤함에 더하게 될 또 다른 피곤한 골칫거리임을 모르는 것도 아니며, 더 자주 집안일을 돕지 못한 것을 후회한다는 말도 덧붙였다. 마지막으로 나는 그 죄 없는 아이에게 아무 이유 없이 고통을 주지 말아달라고 간청하면서 최선을 다해 아내를 달랬다. 그리고 사라도 이제 그녀를 더 많이 도와줄 만한 나이가 되었으며, 자크 역시 제 어머니의 도움 없이도 잘해 나갈 것이라고 그녀에게 깨닫게 해주었다. 요컨대, 아내의 의지와 상관없이 내 마음대로 불쑥 저지른 일이 있을 때, 나는 아내에게 스스로 생각해 볼 시간을 준다면 아내가 그 일을 기꺼이 맡아줄 것이라고 확신한다. 그리고 하느님은 그 일을 아내가 받아들일 수 있도록 납득시키는 데 필요한 말들을 내게 내려주신다.

나는 그 언쟁에서 그만하면 이제 내가 이기지 않았나 하는 생각이 들었다. 벌써 내 사랑하는 아내 아멜리는 정감어린 표정으로 제르트뤼드에게 다가가고 있었다. 그러나 아내는 그 아이를 좀더 살펴보기 위해 등불을 비춰보더니 말로 다 표현할 수 없을 정도로 더러운 아이의 모습에 갑자기 화가 다시 치밀어 오른 듯 큰 소리로 외쳤다.

"어쩜, 고약한 냄새. 머리 좀 빗어, 얼른. 안 돼, 여기서 말고. 밖으로 나가서 머리를 털어. 정말! 이럴 수가! 애들한테까지 옮기겠어. 난 세상에서 이나 벼룩이 제일 싫어."

과연 그 말을 듣고 보니 그 불쌍한 아이에게는 이와 벼룩이 우글우글했다. 그런 상태로 마차 안에서 오랫동안 그 아이가 내게 꼭 붙어 있었다는 생각을 하니 나 또한 불쾌감을 금할 수가 없었다.

나는 할 수 있는 한 최선을 다해 몸을 털고 몇 분 뒤에 돌아와 보니 아내는 안락의자에 쓰러져 머리를 감싸쥐고 흐느껴 울고 있었다. 나는 아내에게 다정하게 말했다.

"당신의 성의를 이런 시련에 부딪치게 할 생각은 없었소. 어쨌든 오늘 밤은 늦어서 잘 안 보이는군. 난로가 꺼지지 않게 내가 이 아이 옆에서 지키겠

소. 내일 머리도 잘라주고 목욕도 시키도록 합시다. 이 애를 쳐다봐도 혐오감이 들지 않을 때부터 돌봐주어도 좋아."

그렇게 말하고 나서 나는 아이들에게는 아직 말하지 말라고 아내에게 부탁했다.

저녁 식사 시간이었다. 로잘리 아주머니는 우리의 식사 시중을 열심히 들면서도 계속 내가 데리고 온 아이를 힐끔힐끔 바라보았는데, 그 적대적인 시선에도 불구하고 그 아이는 내가 내미는 수프를 게걸스럽게 먹어치웠다. 식사는 침묵 속에 이루어졌다. 나는 이 뜻밖의 사건에 대해 아이들에게 이야기해주고 그토록 완전한 궁핍의 끔찍함을 이해시키고 감동시킴으로써, 아이들로 하여금 하느님이 우리에게 받아들이도록 하신 이 아이에 대한 연민과 동정심을 느끼게 하고 싶었다. 하지만 아멜리의 화를 다시 돋우게 되지나 않을까 두려워 그만두었다. 우리 중 누구도 생각을 다른 곳으로 돌리지 못했지만, 마치 누군가로부터 그 사건에 대한 것은 무시하고 잊어버리라는 명령이 떨어진 것 같았다.

모두가 잠자리에 들고, 아멜리도 그 방에 나를 혼자 두고 나간 뒤 한 시간 정도가 지났을 무렵, 뜻밖에 나를 감동하게 한 일이 일어났다. 샤를로트가 잠옷 바람에 맨발로 살그머니 문을 열고 조용히 다가와 내 목을 덥석 껴안으며 속삭였다.

"나, 아빠에게 잘 자라는 말을 못했어."

나는 내 귀여운 딸 샤를로트를 보고 매우 감동했다. 샤를로트는 잠자리에 들기 전에 그 애를 다시 보고 싶어했고, 순진무구하게 자고 있는 그 눈먼 아이를 귀여운 집게손가락 끝으로 가리키면서 아주 작은 소리로 말했다.

"저 애한테 키스해 주면 안 돼?"

"내일 키스해 주렴. 지금은 그냥 놔둬. 자고 있으니까."

나는 문까지 딸을 데려다주며 말했다.

그러고 나서 나는 다시 돌아와 책을 읽거나 다음번 설교를 준비하며 아침까지 일을 했다. 나는 확실히 샤를로트가 그날 제 언니 오빠들보다 훨씬 더 다정한 모습을 보여주었다고 생각했다(그렇게 기억한다). 하지만 그 애들 중 누구도 샤를로트만 할 때는 내게 기쁨을 주지 않았던가. 지금 저렇게 내게서 거리를 유지하고 조심스러워하는 내 큰아들 자크까지도. 사람들은 저 애들을 얌전하다고 생각하지만, 사실은 아첨꾼에다 어리광쟁이들인 것이다.

2월 27일.

어젯밤 사이에 또 눈이 많이 내렸다. 아이들은 눈이 조금만 더 오면 창문을 통해 밖으로 나가야 할 것이라며 아주 즐거워했다. 사실 오늘 아침에는 눈 때문에 문을 열 수가 없어 세탁장을 통해서야 겨우 밖으로 나갈 수 있었다. 어제 나는 우리가 한동안 세상과 격리되어 살아야 할 것이 분명함을 깨닫고 먹을 것이 마을에 충분히 남아 있는지 확인해 보았다. 눈 때문에 꼼짝 못하게 된 것은 이번 겨울이 처음은 아니다. 그렇지만 이렇게 길이 꽉 막힐 정도로 눈이 내렸던 적은 없다. 나는 이 꽉 막힌 상황을 이용해 최근 시작한 이야기를 계속하려 한다.

이미 말했듯 내가 그 눈먼 아이를 데리고 왔을 때 그 아이가 우리집에서 어떤 자리를 차지하게 될지에 대해서는 그리 깊이 생각해 보지 않았다. 아내의 반대가 좀 있으리라는 건 잘 알고 있었고, 집이 좁다는 것도 생활비가 한정되어 있다는 것도 잘 알고 있었다. 나는 내 충동 때문에 들어가게 될 비용에 대해서는 전혀 따져보려고 하지 않았다(그런 것을 따지는 행동은 언제나 내게 반(反)복음적으로 보였다). 그런데 하느님께 무조건 의지하거나 타인에게 일을 떠넘긴다면 문제가 달라진다. 나는 곧 내가 아멜리의 어깨에 무거운 짐을 맡겨 둔 것 같다는 생각이 들었다. 그 짐이 너무나 무거워 나도 처음에는 그것을 어찌해야 될 줄을 몰랐다.

나는 아내가 그 아이의 머리를 잘라줄 때 될 수 있는 한 도와주었다. 마지못해 그 일을 하고 있는 아내의 얼굴에는 싫은 기색이 역력했다. 하지만 몸을 씻기고 닦아주어야 할 때는 어쨌든 아내에게 맡기지 않을 수 없었다. 그제야 나는 가장 힘들고 불쾌한 보살핌에는 내 손길이 닿을 수 없다는 것을 깨달았다.

그럼에도 아멜리는 더 이상 불평하지 않았다. 전날 밤을 보내면서 그 새로운 일을 떠맡기로 결심한 것처럼 보였다. 아내는 그 일에 얼마간의 즐거움까지 느끼는 것처럼 보였고, 제르트뤼드의 단장을 다 마치고 난 뒤에는 미소까지 지어 보였다. 짧게 자른 머리에 내가 포마드를 발라주자 아내가 챙 없는 흰 모자를 씌워주었다. 이어 아내는 사라가 입던 몇 가지 옷과 깨끗한 속옷을 가져와 아이의 옷을 갈아입혔고, 그 애가 입고 있던 더러운 누더기들은 불 속으로 던져버렸다.

제르트뤼드라는 이름은 샤를로트가 붙여 준 것으로 우리 가족 모두가 그 애를 그렇게 부르기로 했다. 그 아이는 진짜 자기 이름을 몰랐고, 나 또한 그걸 알아낼 방법이 없었기 때문이다. 그 애는 사라보다는 좀 어린지, 사라에게 작아서 한 해 전부터 입지 못한 옷들이 잘 맞았다.

나는 여기서 내가 처음 그 아이를 맡았던 때에 맛본 깊은 환멸감을 고백하지 않을 수 없다. 분명히 나는 제르트뤼드의 교육에 대해 한 편의 소설을 만들어내고 있었다. 하지만 현실은 너무나도 가혹했다. 그 애의 무관심하고 둔한 표정, 아니 더 정확히 말하면 그 애의 완전한 무표정은 내 열의를 송두리째 얼어붙게 만들어 버렸다. 그 애는 하루 종일 방어의 자세로 난로 옆에만 머물러 있었다. 그러면서 우리 목소리가 들리거나 특히 누군가가 그 애에게 다가가기라도 하면 이내 그 애의 얼굴 표정은 굳어져 버렸다. 그 아이 얼굴의 무표정함은 적의를 드러낼 때만 사라졌다. 우리가 조금이라도 주의를 끌어 보려고 하면 그 애는 동물처럼 신음 소리를 내거나 으르렁거리는 소리를 냈다. 그 애의 그런 불만스러운 태도는 식사 때만 사라졌는데, 내가 직접 퍼 주는 음식에 짐승처럼 탐욕스럽게 달려드는 모습은 보기 민망할 정도였다. 사랑이 사랑에 보답하는 것과는 반대로 나는 그 영혼의 완강한 거절 앞에 차츰 혐오감이 몰려오는 것을 느꼈다. 정말 나는 처음 열흘 동안은 절망했으며, 그 초기의 내 열성을 후회하면서 차라리 데리고 오지 말았어야 했다고 생각할 정도로 그 애에게 무관심해지기까지 했다. 그런데 흥미로운 일이 하나 발생했다. 내가 잘 숨기지 못했던 그런 감정들을 보며 우쭐거리던 아멜리가, 내가 제르트뤼드를 부담스럽게 느끼고 함께 사는 것이 나의 자존심을 상하게 하고 있다는 것을 눈치채고 나서는 그 애를 더 정성껏 보살펴 주기 시작한 것이다.

내가 이러한 상태에 처해 있을 때, 발 트라베르에 사는 친구이자 의사인 마르탱이 방문했다. 그는 왕진을 왔다가 들렀던 것이다. 마르탱은 내가 말해 주는 제르트뤼드의 상태에 큰 관심을 보이며, 그냥 눈이 먼 것에 불과한데도 그렇게까지 지능의 발달이 더딘 것에 크게 놀라워했다. 그래서 나는 그 아이의 장애는 그때까지 혼자 그 애를 키우면서 거의 말을 하지 않았던 노파로 인해 그 애의 청각 장애가 더해졌으며, 그래서 결과적으로 그 불쌍한 아이가 완전히 버려진 상태로 살았다는 것을 친구에게 설명해 주었다. 그러자 친구는 그런 경우라면 내가 절망할 필요는 없다며, 지금 내가 하고 있는 방법이 잘못된 거라고 열성적으로 나를 설득했다. 그는 내게 이렇게 말했다.

"자네는 터가 견고한지 확인도 하지 않고 건물을 지으려 하는군. 보게나, 이 영혼 속은 모든 게 혼돈되어 있으며 최초의 윤곽조차 아직 안 그려진 상태라고 생각하면 되네. 그러니 먼저 몇 개의 촉각과 미각을 다발로 묶어 그 각각의 것들에 소리 하나, 단어 하나씩 꼬리표를 달듯 달아준 뒤 싫증이 날 때까지 계속해서 말해주게. 그러고 나서 그 애가 그것을 반복해서 말하도록 해봐. 무엇보다 진도를 너무 빨리 나가려고 하지 말게. 시간을 정해 규칙적으로 하되 절대로 너무 오래 해서는 안 돼."

마르탱은 그 방법을 내게 자세히 설명해 준 뒤 이렇게 덧붙였다.

"게다가 이 방법은 그다지 어렵지도 않네. 내가 생각해 낸 것이 아니고 다른 사람들이 이미 사용하고 있는 거야. 자네 기억 안 나나? 우리가 함께 철학 공부를 할 때 교수들이 콩디야크(프랑스의 철학자)의 '생기를 불어넣은 흙인형'에 대해 강의하면서, 이와 유사한 경우에 대해 말해 주었던 것 말일세."

친구는 자기 말을 고쳐가며 계속 말을 이었다.

"아니, 어쩌면 나중에 어떤 심리학 잡지에서 읽었는지도 모르겠네. 그게 중요한 건 아니야. 어쨌든 나는 그 이야기에 큰 감명을 받아서 18세기 중엽 영국의 어떤 백작인지는 잘 기억나지 않지만, 그 백작의 주치의가 치료해 준 불쌍한 아이의 이름까지 기억하고 있다네. 그런데 그 애는 눈이 먼 데다가 귀머거리이고 벙어리이기까지 해서 제르트뤼드보다 훨씬 더 장애가 심했어. 로라 브리지먼이라는 이름의 여자아이였지.

그 의사는, 자네도 그래야겠지만 그 아이의 발전에 대해, 아니 적어도 처음에는 그 애를 가르치기 위해 쏟은 자신의 노력들을 일기에 써두었다네. 며칠이고 몇 주일이고 그는 집요하게 아이에게 두 개의 작은 물건, 그러니까 핀과 펜을 번갈아 만지고 더듬어보게 한 뒤 맹인들을 위해 점자로 인쇄된 종이 위에서 돌출 활자로 된 그 두 단어를 더듬어보게 했지. 하지만 몇 주가 지나도록 그 애는 아무런 반응이 없었어. 아이의 육체에는 영혼이 없는 것 같았지만, 그래도 그는 신념을 잃지 않았어. 그는 이렇게 말했지. '나는 깊고 캄캄한 우물가에 기대어 당장에라도 어떤 손 하나가 자신을 붙잡아 주리라는 희망 하나로 동아줄을 필사적으로 흔들어대는 사람 같았다.' 실제로 그는 누군가가 그곳에, 그 깊은 곳에 있어서 결국 언젠가는 그 끈을 잡게 되리라는 것을 단 한순간도 의심하지 않았네. 그러던 어느 날 그는 로라의 무표정했던 얼굴이 미소로 환해지는 것을 보았네. 그 순간 그의 눈에서 감사와 사랑의 눈물이 샘솟았고, 그가 무릎을 꿇고 주님께 감사 드렸으리라고 나는 생각하네. 로라는 갑자기 그 의사가 자신에게 무엇을 원하는지 깨달았던 거야. 영혼이 구원을 받게 된 거지! 그날부터 그 애는 모든 것에 주의를 기울이기 시작했어. 진전이 빨랐지. 얼마 지나지 않아 그 애는 혼자 공부할 수 있게 되었고, 뒷날 맹인학교의 교장이 되었어. 아마 그 애에 대한 이야기가 맞을 걸세……. 또 다른 예가 근래에 몇 건 있어서 말이야. 좀 어리석다는 생각이 들지만, 잡지와 신문들은 그런 인간들도 행복해질 수 있다는 것에 놀라워하며 앞다투어 계속 떠들어댔지. 장애아들은 모두 행복하다는 게 사실이었던 거야. 그래서 자신들의 마음을 표현할 수 있게 되자 그들은 '행복'을 이야기하게 되었어. 당연히 기자들은 그들의 말에 경탄하며, 오감을 '향유' 하면서도 뻔뻔하게 불평만 일삼는 사람들에게 일침을 가하고 그런 예들에서 교훈을 끌어내 보여 주었지."

여기에서 마르탱과 나 사이에 논쟁이 시작되었다. 나는 친구의 비관론에 반대하며 오관은 결국 우리를 괴롭히는 데 이용될 뿐이라는 것을 받아들이지 않았다(마르탱은 그 점을 받아들이는 것 같았다). 그러자 그는 이렇게 반박했다.

"내 말뜻은 그런 게 아니네. 인간의 영혼이 어디를 가나 이 세상을 손상시키고 더럽히고 타락시키며 고통을 주는 무질서와 죄악보다는, 아름다움과 안락한 생활과 조화를 더 곧잘 그리고 더 즐겨 상상한다고 생각하네. 다만, 우리의 오감은 그 무질서와 죄악을 우리에게 가르쳐주기도 하고 우리를 도와 그것에 협력한다는 말을 하고 싶은 거네. 그래서 나는 베르길리우스의 '참으로 행복하도다.' 앞에 '만일 그들(농부들)이 자신의 행복을 안다면'보다는 누군가 우리에게 '만일 인간이 불행을 모를 수 있다면 얼마나 행복할까!' 라고 깨우쳐 주었듯 '만일 인간이 불행을 모른다면(si sua mala nescient)'이란 문구를 기꺼이 붙일 걸세."

그러고 나서 그는 디킨스의 어떤 소설 이야기를 해주었다. 그것은 로라 브리지먼의 예에서 영감을 얻은 것이라며 내게 곧 보내주겠다고 약속했다. 나는 정말 나흘 뒤에 그로부터 《벽난로의 귀뚜라미》를 받아 아주 즐겁게 읽었다. 그것은 한 눈먼 여자아이에 대한 좀 길지만 감동적인 이야기였다. 그 눈먼 아이의 아버지는 가난한 장난감 제조업자로 자기 아이에게 안락함과 부유함, 그리고 행복에 대한 환상을 버리지 않게 하기 위해 애를 쓴다. 디킨스의 글솜씨가 그 거짓말을 경건하게 보이게 하긴 했지만, 다행히 나는 제르트뤼드에게 그런 거짓말은 하지 않아도 될 것이다.

마르탱이 다녀간 다음 날부터 나는 그가 말해준 방법을 실천에 옮기기 시작했고 최선을 다해 그 일에 전념했다. 지금에 와서야 나는 마르탱이 내게 조언한 대로 처음 나 자신조차 시행착오를 겪었던, 제르트뤼드의 그 어스름한 영혼 속에 생겨난 변화의 첫걸음에 관해 기록해 놓지 않은 것을 후회한다.

처음 몇 주 동안은 초기 교육에 필요한 시간 때문이 아니라, 그 교육에서 비롯된 비난 때문에 상상도 못할 만큼 많은 인내심이 필요했다. 그리고 그 비난이 다름 아닌 아멜리에게서 나왔다는 것을 말해야 하니 더 괴롭다. 그렇지만 내가 지금 이 말을 할 수 있는 것은 그것에 대해 내가 그녀에게 어떤 적의나 앙심도 품고 있지 않기 때문이다. 혹시라도 나중에 아내가 이 일기를 읽게 될 경우에 대비해, 나는 그 점에 대해 엄숙히 맹세한다(이웃의 죄를 용서하라는 것은 그리스도께서 길 잃은 양에 대한 비유를 하신 뒤 곧바로 우리에게 가르쳐주신 것이 아니던가?). 뿐만 아니라 나는 아내의 비난으로 가장 고통스러웠던 때조차 제르트뤼드에게만 매달려 있다고 못마땅해하는 그녀를 원망하지 않았다. 오히려 아내가 원망스러웠을 때는 내 보살핌이 그 아이에게 과연 어느 정도의 성공적인 변화를 가져올 수 있을지에 대해 아내가 전혀 믿어주지 않았을 때였다. 그렇다. 나를 괴롭혔던 것은 그 같은 신뢰의 상실이었다. 물론 그렇다고 용기가 꺾였던 것은 아니다. "아직 가망이 있다고 생각한다면……." 나는 아내가 되풀이하는 이 말을 얼마나 자주 들어야 했던가. 그러면서 아내는 어리석게도 나의 노력에 아무 보람이 없을 것이라 확신하고 있었다. 그런 아내에게는 당연히 내가 그 일에 시간과 노력을 쏟아붓는 것이 바람직하지 않게 보였을 것이고, 그래서 그녀는 그 시간을 다른 데 쓰는 게 더 나을 것이라고 계속 주장했다. 내가 제르트뤼드에게 신경을 쓸 때마다 아내는 다른 누군가나 다른 무언가가 나를 필요로 하며, 내가 그것들에 쏟아야 할 중요한 시간을 온통 그 아이에게 바치고 있다는 것을 내게 일깨워 주려 했다. 그렇지만 그것은 모성애에서 비롯된 질투가 아내를 충동질한 탓이다. 왜냐하면 나는 여러 번 아내가 이런 말을 하는 것을 들었기 때문이다. "당신은 지금까지 당신 자식들에게도 그만큼 신경을 쓴 적이 없어요." 그건 사실이었다. 나는 내 아이들을 매우 사랑하긴 하지만, 그 아이들에게 그렇게 크게 신경을 쓸 필요가 있다고는 한 번도 생각해 본 적이 없었기 때문이다.

그 길 잃은 양의 비유는 스스로 자신을 독실한 기독교인이라고 생각하는 사람들조차 좀처럼 받아들이기 힘들어하는 비유 중의 하나임을 나는 종종 목격했다. 무리로부터 떨어진 한 마리 양이 목자의 눈에는 함께 떼를 이루고 있는 나머지 수많은 양들보다 더 소중할 수 있다는 바로 그 점을 그 영혼들은 이해하지 못했던 것이다. 그리고 "백 마리의 양을 가지고 있는 어떤 사람이 그중 한 마리를 잃는다면 나머지 아흔아홉 마리를 들에 두고 가서 길 잃은 양을 찾지 않겠느냐?"라는 자비에 빛나는 이 말씀에 대해 기탄없이 말하라고 한다면, 불공평한 말씀이 아니냐고 반박할 것이 틀림없다.

제르트뤼드가 드디어 보이기 시작한 첫 미소는 모든 어려움을 위로해 주었고 그동안의 내 보살핌을 백배로 갚아주었다. '진실로 너희에게 이르노니 만일 그 목자가 길 잃은 양을 찾으면, 길을 잃지 아니한 아흔아홉 마리보다 그 한 마리로 인해 더 기뻐하게 마련'이기 때문이다. 진심으로 말하건대, 내 아이들 중 어느 누구의 미소도 그 조각 같던 얼굴에 나타나기 시작한 그 미소만큼 내 가슴을 고결한 환희로 가득 채워준 적은 없었다.

3월 5일. 나는 그 날짜를 누구의 생일이나 되는 것처럼 가슴에 새겨 놓았다. 그것은 미소라기보다는 광채를 발하는 변신에 가까웠다. 별안간 그 애의 얼굴이 '빛났다.' 그것은 마치 알프스의 높은 산들에 새벽이 오며 어둠 속을 뚫고 나와 눈 덮인 산봉우리를 떨리듯 비추는 자홍색 빛처럼 갑작스럽게 비치는 서광과 같았고 신비로운 빛깔과도 같았다. 나는 또한 천사가 하늘에서 내려와 고요한 물을 깨운다는 그 베데스다의 연못을 생각하기도 했다. 내 눈에는 그 순간 그 애를 찾아온 것이 지성이라기보다는 사랑인 것처럼 보였고, 제르트뤼드의 얼굴에 갑자기 나타난 그 천사 같은 표정 앞에서 나는 일종의 황홀감을 느꼈다. 나는 감사의 마음이 솟구쳐 올라 그 순간 나도 모르게 아이의 아름다운 이마에 살며시 해주었던 그 키스가 마치 하느님께 바친 것처럼 느꼈다.

첫 성과를 얻기가 어려웠던 만큼 그에 뒤이은 발전은 아주 빨랐다. 오늘 나는 우리가 어떤 경로를 따라 걸어왔는지 기억해 보고자 한다. 때로 제르트뤼드는 마치 내 방법을 비웃기라도 하듯 한달음에 달려가는 것 같았다. 나는 물체의 다양한 종류보다는 더움, 차가움, 미지근함, 단맛, 쓴맛, 뻣뻣함, 유연함, 가벼움 등 물체의 성질에 대해 가르쳤다. 이어서 떼어 놓다, 가까이 놓다, 들어 올리다, 엇갈려 놓다, 누이다, 매다, 흐트러뜨리다, 한데 모으다 등 물체의 움직임에 대해 세심하게 주의를 기울여 가르쳤던 것으로 기억한다. 그런 다음 곧 그 방법들은 다 집어치우고, 그 애의 지능이 내 말을 다 이해하는지에 대해서는 크게 걱정하지 않은 채 함께 이야기를 나누어보기로 했다. 물론 그 애가 내게 마음껏 질문하도록 천천히 유도하고 부추기는 일에 신경을 썼다. 그 애는 혼자 있는 사이에도 머릿속에서 어떤 작용이 일어나고 있는 것이 분명했다. 왜냐하면 나는 매번 그 아이를 볼 때마다 새로운 놀라움을 맛보았고, 그 애와 나 사이를 가로막고 있는 어떤 어둠의 장벽이 점점 더 엷어지는 것을 느꼈기 때문이다. 나는 따스한 공기와 봄기운이 조금씩 겨울을 밀어내는 것도 바로 그런 것이 아닐까 생각했다. 나는 얼마나 자주 눈이 녹아가는 것을 보면서 감탄했던가. 그것은 마치 안쪽이 다 닳아 떨어진 외투가 겉에서 보면 멀쩡해 보이는 것과도 같다. 겨울마다 아멜리는 그 겉모양에 속아 내게 말하곤 했다. "눈이 아직도 안 녹았네요." 사람들은 이미 눈이 녹아 전혀 예기치 못한 순간에도 군데군데에서 다시 생명이 피어나고 있는데 여전히 두껍게 쌓여 있는 것으로 착각한다.

언제나 늙은이처럼 난롯가에만 앉아 있다가는 쇠약해지지 않을까 걱정되어 나는 그 애를 산책시키기 시작했다. 하지만 그 애는 내 팔짱을 껴야지만 산책하는 데 동의했다. 그 애는 집 밖으로 나가자마자 당혹해하고 두려워했다. 아직 말을 할 줄은 몰랐지만, 나는 그 애가 지금까지 단 한 번도 위험을 무릅쓰고 밖에 나가 본 적이 없다는 것을 깨달았다. 내가 제르트뤼드를 처음 발견했던 그 초가집에서는 그 애에게 겨우 먹을 것을 주고 죽지 않도록('살

내면 일기 Ⅰ 147

도록'이라고는 차마 못하겠다) 도와주는 것 말고는 아무도 그 아이를 돌보아 주지 않았다. 그 애의 캄캄한 세계는 바로 그 방의 벽으로 막혀 있어 그곳을 한 번도 떠나본 적이 없었다. 여름철이 되어 밝고 넓은 바깥세상을 향해 문이 열려 있어도 그 애는 문지방까지도 나가지 못했다. 새들의 노랫소리를 들을 때면 그것을 자기의 뺨과 손등을 어루만지는 따스한 열기와 같은 빛의 효과라 상상했으며, 깊이 생각해 보지도 않고 물이 불 가까이에 있으면 끓기 시작하는 것처럼 따뜻한 공기가 노래하는 것도 너무나 당연하게 생각했다고 나중에 내게 말해 주었다. 사실 그 애는 내가 보살펴 주기 전까지는 그런 것들을 전혀 신경 쓰지 않았고, 그 어떤 것에도 주의를 기울이지 않은 채 깊은 동면에 빠져 살았다. 나는 그 귀여운 노랫소리가 자연에 흩어져 살며 기쁨을 느끼고 표현하는 것이 유일한 기능인 것처럼 보이는 살아 있는 생명체들의 소리임을 말해 주었을 때, 그 애가 보여주던 한없는 기쁨을 기억한다("저는 새처럼 즐거운걸요"라 말하는 습관이 생긴 것은 바로 그날부터였다). 그렇지만 그 노래들이 자신은 전혀 볼 수 없는 어떤 화려한 풍경을 이야기하고 있다는 생각이 그 애를 우울하게 만들었다. 그 애는 이렇게 말했다.

"이 세상은 정말로 새들이 이야기하는 것처럼 그렇게 아름다운가요? 왜 사람들은 그 이야기를 해주지 않나요? 왜 목사님은 제게 그 이야기를 해주지 않으세요? 제가 보지 못한다는 것을 염려해서 혹시 제가 슬퍼할까 봐 걱정돼서 그러세요? 그렇다면 목사님이 잘못 생각하시는 거예요. 저는 새들의 노랫소리에 담긴 이야기들을 모두 알아들을 것만 같거든요."

"눈이 보이는 사람들은 너만큼 새들의 소리를 잘 듣지 못한단다, 제르트뤼드야." 나는 그 애가 위안으로 삼기를 바라며 말했다.

"왜 다른 동물들은 노래하지 않지요?"

그 애가 다시 물었다.

때로는 그 애의 질문들이 너무 놀라워 나는 한동안 난감해지곤 했다. 그때까지 별생각 없이 받아들였던 것들에 대해 다시 생각해보게 되었기 때문이다. 나는 처음으로 땅 가까이 달라붙어 사는 동물일수록 더 활기가 없고 침울하다는 생각을 하게 되었다. 나는 그 점을 그 애에게 이해시키려고 애쓰며 다람쥐와 그것이 가진 쳇바퀴 돌리는 재주에 대해 말해 주었다.

그러자 그 애는 날아다니는 동물은 새밖에 없는지 내게 물었다. 나는 이렇게 말해 주었다.

"나비도 있지."

"그것들도 노래해요?"

"나비들은 다른 방식으로 기쁨을 얘기한단다. 그 기쁨은 나비의 날개에 그림물감으로 그려져 있지."

그러고 나서 나는 나비들의 얼룩덜룩한 무늬에 대해 설명해 주었다.

2월 28일.

어제는 그만 이야기에 끌려간 것 같아, 예전에 하던 이야기로 다시 돌아가야겠다.

제르트뤼드를 가르치기 위해서는 나 자신이 먼저 눈먼 사람들의 점자 알파벳을 배워야만 했다. 하지만 얼마 안 가서 그 애는 그 글자를 나보다 훨씬 더 잘 읽게 되었다. 사실 내게는 그 글자들을 식별하는 일이 꽤 힘들었다. 손으로 더듬기보다는 자꾸 눈으로 먼저 읽게 되었던 것이다. 게다가 그때는 그 애를 가르치는 사람이 나 혼자가 아니었다. 물론 처음에는 도움을 받는 것이 기뻤다. 왜냐하면 집들이 너무 띄엄띄엄 떨어져 있어 가난한 사람들이나 환자들을 찾아가려면 꽤 먼 거리를 마차로 이동해야 했기 때문이다.

크리스마스 휴가로 집에 와 있던 자크가 스케이트를 타다가 팔이 부러지고 말았다. 그는 고등학교를 마친 뒤 로잔에서 신학대학을 다니고 있었다. 골절은 상태가 그렇게 심각하지 않아서 내가 부르자마자 달려온 마르탱의 치료로 외과의사의 도움 없이 빨리 회복되었다. 하지만 조심해야 했기 때문에 한동안은 집에 붙어 있어야 했다. 자크는 그때까지만 해도 전혀 거들떠보지도 않던 제르트뤼드에게 갑자기 관심을 보이기 시작하더니 나를 도와 열심히 읽기를 가르쳤다.

자크의 도움은 회복 기간 동안인 3주 정도밖에 지속되지 않았지만 그 시기 동안 제르트뤼드는 놀랄 만한 발전을 보였다. 이제 그녀 안에 있는 어떤 놀라운 열망이 그 애를 분발시키고 있었다. 바로 얼마 전까지만 해도 동면하고 있던 그 지능은, 몇 발자국 떼자마자 걷기를 익히기도 전에 뛰기 시작하는 것 같았다. 나는 그 애가 별 어려움 없이 자기 생각을 표현할 수 있게 된 것이 놀라웠다. 또한 우리가 그 애에게 이해하도록 가르쳐준 것이나(우리는 그 애가 이해하지 못하는 것을 설명해 주기 위해 거리 측량기처럼 항상 만질 수 있고 냄새를 맡을 수 있는 것들을 이용했다), 그 애를 직접 이해시키지 못할 때마다 말해주고 묘사해 준 것들에 대한 관념을, 그 애가 그토록 빨리 아주 엉뚱하고도 재미있게 스스로 이미지화해서 전혀 유치하지 않게, 아니 오히려 더 정확하게 자기 생각으로 표현할 수 있게 된 것은 지금 생각해도 놀랍다.

그러나 나는 제르트뤼드가 받은 교육 과정을 모두 여기에 적어놓을 필요는 없다고 생각한다. 하지만 색채 문제에 관해서라면 모든 교사가 나처럼 곤경에 빠질 수밖에 없었을 것이라고 생각한다(그리고 나는 복음서 어디에도 색에 대한 언급이 없다는 것을 알게 되었다). 어쨌든 다른 사람들은 이 문제를 어떻게 다루었는지 모르겠지만 나는 무지개 빛깔 순으로 프리즘의 색상들을 그 애에게 열거하는 것에서부터 시작했다. 그러나 제르트뤼드의 머릿속에서 곧 색과 빛에 대해 혼동이 생기기 시작했다. 그리하여 나는 그 애의 상상력이 색조의 차이와 화가들이 말하는 '색가(色價 : 색채의 시각적인 강도)'를 전혀 구분하지 못한다는 것을 알게 되었다. 그 애는 무엇보다 각각의 색이 더 짙을 수도, 옅을 수도 있다는 것과 색들이 서로 무한히 섞일 수 있다는 것을 이해하기 힘들어했다. 그 애에게는 그 문제만큼 궁금한 것이 없는 듯 끊임없이 그 문제로 되돌아오곤 했다.

그러는 동안 제르트뤼드를 뇌샤텔에 데리고 가서 음악회 연주를 들려줄 기회가 생겼다. 그리고 교향악에서 각 악기들이 맡은 역할을 설명하면서 자연스레 색 문제에 대해 다시 이야기할 수 있었다. 나는 제르트뤼드에게 금관악기와 현악기, 목관악기의 서로 다른 음색과, 그것들 각각이 자기 스타일에 따라 더 강하게 혹은 더 약하게 가장 낮은 음에서부터 가장 높은 음에 이르기까지 모든 음계를 나타낼 수 있다는 것을 가르쳐주었다. 나는 또한 자연의 붉은색과 오렌지색은 호른과 트롬본의 음색과 유사한 것으로, 노란색과 초록색은 바이올린과 첼로, 콘트라베이스의 음색과 유사한 것으로, 그리고 보라색과 하늘색은 플루트와 클라리넷과 오보에를 연상시키는 것으로 상상해 보라고 했다. 그때부터 그 애의 내부에서 생겨난 어떤 황홀감이 모든 의혹의 자리를 채워 나갔다.

"그것은 얼마나 아름다울까!"

제르트뤼드가 여러 번 반복해서 말했다. 그러더니 갑자기 이렇게 말했다.

"그러면 흰색은요? 흰색은 어떤 것과 닮았는지 도무지 모르겠어요."

그러자 내 비유가 얼마나 불명확했는지 분명히 드러났다. 하지만 나는 그 애에게 이렇게 말했다.

"흰색은 모든 음이 융합되는 최고음이라 할 수 있어. 그러면 반대로 검은색은 최저음이라고 말할 수 있겠지."

그렇지만 그 설명은 그 애에게뿐 아니라 나 자신에게도 만족스럽지 못했다. 그 애는 즉각 목관악기와 금관악기, 그리고 바이올린은 최저음뿐 아니라 최고음에서도 서로 구분된다는 것을 알아차렸던 것이다. 나는 그때처럼 그 뒤로도 얼마나 자주 처음에 어떤 비유를 들어야 할지 몰라 입을 다문 채 당혹스러운 순간들을 거쳐야 했는지 모른다. 어쨌든 나는 그때 그 애에게 이렇게 말했다.

"그럼 말이야! 흰색은 아주 순수한 것, 아무 색이 없고 단지 빛만 있는 것으로 상상해 보렴. 반대로 검은색은 색들이 잔뜩 겹쳐져서 완전히 어두워진 것으로 상상해보고."

지금 이 대화의 한 토막을 다시 돌이켜 보는 것은 내가 그토록 자주 부딪혔던 수많은 난관들 중 한 예만을 보여주기 위함이다. 제르트뤼드는 불명확하거나 그릇된 자료들로 자신의 머릿속을 채우고 나서 오류 가득한 추론을 하는 사람들의 흔한 습관과는 달리, 자신이 이해하지 못한 것을 알아들은 체 하지 않는 장점을 가지고 있었다. 각 개념들이 명확하게 인식되지 않는 한 그 개념들은 그 애에게 끊임없는 불안과 답답함을 가져다주었다.

처음 그 애의 머릿속에 빛과 열의 개념이 밀접하게 연결되어 있어서 그 둘을 분리하는 데 대단히 어려움을 겪었던 것처럼, 내가 방금 말한 색 문제에 대한 어려움도 그렇게 커져 갔다.

그렇게 해서 나는 눈에 보이는 세계와 음의 세계가 얼마나 다른지, 그중 하나를 위해 다른 것을 이용하는 모든 비유들이 얼마나 불완전한 것인지를 그 애를 통해 마음속 깊이 경험했다.

29일.

비유하는 것에 정신이 팔려 제르트뤼드가 그 뇌샤텔 연주회에서 느낀 무한한 즐거움에 대해서 아직 말하지 못한 것 같다. 그날 연주된 것은 마침 〈전원교향악〉이었다. 내가 '마침'이라고 말한 이유는 쉽게 이해하겠지만 내가 그 작품보다 더 그 애에게 들려주고 싶었던 곡은 없었기 때문이다. 연주회장을 나온 뒤에도 제르트뤼드는 오랫동안 아무 말 없이 황홀경에 빠져 있는 것 같았다. 그 애는 이윽고 이렇게 물었다.

"목사님께 보이는 것들은 정말 그것만큼 아름다운가요?"

"무엇만큼 아름답다는 말이니? 얘야."

"그 〈시냇가의 풍경〉만큼 말이에요."

나는 말로 표현할 수 없는 그 교향곡의 화음들이 현실 그대로의 세계가 아니라, 있을 수도 있었을, 만일 죄와 악이 없었더라면 가능할 수도 있었을 세계를 그리고 있다는 생각에 말해줄 용기가 나질 않았다. 게다가 나는 아직 제르트뤼드에게 감히 악과 죄와 죽음에 대해 말해주지 못한 상태였다. 이윽고 나는 이렇게 말했다.

"눈이 보이는 사람들은 자기가 누리는 행복을 모른단다."

"그렇지만 볼 수 없는 저도 듣는 행복은 알아요."

그 애가 곧바로 큰 소리로 말했다.

그 애는 줄곧 내게 바짝 달라붙어 걸었으며, 어린아이처럼 내 팔에 매달렸다.

"목사님, 제가 얼마나 행복한지 아세요? 목사님을 기쁘게 해드리려고 이런 말씀을 드리는 게 아니에요, 정말이에요. 제 얼굴을 보세요. 거짓말을 하면 얼굴에 다 나타나잖아요? 저는 목소리에서 많은 것을 알 수 있어요. 목사님은 아주머니(그 애는 내 아내를 그렇게 불렀다)로부터 그분에게는 아무것도 해주지 않는다는 비난을 들은 뒤 제게 눈물을 흘리고 있지 않다고 말했던 날을 기억하세요? '목사님은 거짓말을 하고 계세요!'라고 제가 말했었잖아요. 그래요! 저는 목사님의 목소리를 듣고 당장 알 수 있었어요. 목사님이 진실을 말하고 있지 않다는 것을 말이에요. 눈물을 흘리고 계시다는 것을 알기 위해 목사님의 뺨을 만져볼 필요는 없었어요." 그러고는 다시 큰 소리로 말했다. "그래요, 목사님의 뺨을 만져볼 필요도 없었다고요." 나는 그 말에 얼굴이 붉어졌다. 우리는 아직 집 밖에 있었으며 지나가는 몇몇 사람이 고개를 돌려 바라보았기 때문이었다. 그런데도 그 애는 말을 계속했다.

"저한테 거짓말하시면 안 돼요. 눈먼 사람을 속이는 것은 세상에서 가장 비겁한 일이라는 걸 목사님도 아시잖아요." 그 애는 웃으면서 이렇게 덧붙였다. "게다가 전 속아 넘어가지도 않는답니다. 말해 보세요, 목사님. 목사님은 불행하지 않으시죠, 그렇죠?"

내 행복의 어느 정도는 그 애에게서 온다는 것을 굳이 고백하지 않고도 그 애가 느낄 수 있도록 해주고 싶은 마음에, 그 애의 손을 내 입술에 갖다대며 대답했다.

"그래, 제르트뤼드야, 난 불행하지 않아. 어떻게 내가 불행할 수 있겠니?"

"그런데 왜 가끔 우시나요?"

"그야 가끔 울기도 하지."

"제가 그 말을 한 뒤로는 안 우셨지요?"

"그래, 그 뒤로는 다시 울지 않았어."

"더 이상 울고 싶은 마음도 없으셨지요?"

"그렇단다, 제르트뤼드야."

"그럼…… 그 뒤로 제게 거짓말을 하려고 한 적도 없으셨어요?"

"없었단다, 사랑하는 아이야."

"목사님은 절대로 저를 속이지 않겠다고 약속하실 수 있으세요?"

"그래, 약속하지."

"좋아요! 그렇다면 지금 당장 말씀해 주세요. 제 얼굴이 예쁜가요?"

갑작스러운 그 물음은 그때까지 내가 제르트뤼드의 부정할 수 없는 아름다움에 신경 쓰지 않으려 애썼던 만큼, 나를 더 당황하게 했다. 게다가 나는 그 애가 그 사실을 안다고 한들 아무 소용이 없는 일이라 생각하고 있었던 것이다. 그래서 나는 곧바로 그 애에게 말했다.

"그걸 알아서 뭘하려고 그러니?"

"몹시 궁금해서요." 그 애는 말을 이어갔다.

"혹시 제가…… 뭐랄까? 그 교향곡 가운데서 어떤 불협화음들과도 같이 생긴 것은 아닌지 알고 싶어요. 제가 누구에게 그걸 물을 수 있겠어요, 목사님?"

"목사는 얼굴의 아름다움에 대해서는 신경 쓰지 않는단다."

나는 내가 할 수 있는 최대로 나 자신을 변호하며 대답했다.

"왜요?"
"영혼의 아름다움만으로도 충분하기 때문이야."
그러자 그 애는 귀엽게 입을 삐죽거리며 말했다.
"제 얼굴이 밉상으로 생긴 여자라고 생각하도록 내버려둘 작정이시군요?"
그러자 나는 더 이상 버티지 못하고 큰 소리로 말했다.
"제르트뤼드야, 너도 네가 예쁘다는 걸 잘 알고 있지 않니?"
그 애는 더 이상 아무 말도 하지 않았는데, 얼굴에 떠오른 아주 무거운 표정은 집에 돌아올 때까지 펴지지 않았다.

돌아오자마자 곧 아멜리는 내가 하루를 그렇게 보낸 것에 대해 못마땅한 심경을 내비쳤다. 내가 떠나기 전에 말을 할 수도 있었겠지만 아내는 무슨 일이든 처음엔 그냥 놔두었다가 나중에 비난할 권리를 저축해 두는 습관에 따라, 한마디 말도 없이 제르트뤼드와 내가 외출하도록 놔두었던 것이다. 게다가 아내는 나를 조금도 비난하지 않았다. 하지만 침묵 그 자체가 비난의 표현이었다. 내가 제르트뤼드를 연주회에 데리고 갔다는 사실을 알고 있으니, 우리가 무슨 음악을 들었는지 물어보는 것이 당연한 일 아니겠는가? 자신의 즐거움에 누가 조금이라도 관심을 가져준다면 그 아이의 기쁨은 더 커졌을 텐데 말이다. 그렇다고 아멜리가 아무 말도 없이 가만히 있었다는 것은 아니다. 아내는 아주 사소한 것들에 대해서만 말함으로써 아니꼬워하는 듯한 태도를 보였다. 밤이 되어 아이들이 다 자러 간 뒤에야 나는 아내를 따로 불러 말했다.
"당신 내가 제르트뤼드를 연주회에 데리고 간 것에 화났소?"
그러자 이런 대답이 내게 돌아왔다.
"당신은 당신 아이들 중 그 누구에게도 하지 않았을 일을 그 애를 위해서 하고 있어요."
아내의 불만은 여전히 똑같았다. 그리고 앞서 말한 양 떼의 비유처럼 집에 남아 있는 아이들에게가 아니라, 집을 나갔다 다시 돌아온 아이에게 잔치를 열어주는 비유에 대한 이해를 여전히 거부하고 있는 것이었다. 게다가 고작해야 연주회에 데리고 가는 것 같은 잔치 말고는, 다른 어떤 것도 기대할 수 없는 제르트뤼드의 장애에 대해 아내가 전혀 배려해 주지 않는 모습을 보는 것도 괴로운 일이었다. 뿐만 아니라 평소에는 너무 바쁜 내가 그날따라 하늘의 도우심인지 시간이 난 데다, 우리 아이들은 해야 할 공부나 다른 일 때문에 집에 있어야 했고, 평소 음악에는 눈곱만큼도 관심이 없어서 시간이 남아돌거나 바로 우리집 문 앞에서 연주회가 열린다 해도 갈 생각을 하지 않았을 아멜리였기에 그 비난은 더욱 부당한 것이었다.

나를 더 슬프게 한 것은 아멜리가 제르트뤼드 앞에서 그 말을 서슴없이 했다는 사실이다. 왜냐하면 아내는 내가 조용히 따로 불러냈음에도 제르트뤼드에게 들으라는 듯 큰 소리로 말했기 때문이다. 나는 슬프다기보다 분노를 느꼈다. 그래서 조금 뒤 아멜리가 우리를 남겨 두고 나가자 제르트뤼드에게 다가가 그 애의 가냘픈 손을 잡아 내 얼굴에 가져다 대며 말했다.

"보렴! 이번에는 안 울었지."

"네. 이번에는 제가 울 차례예요."

그 애는 억지로 미소를 지으며 말했다. 하지만 언뜻 보니 나를 올려다보고 있는 그 애의 아름다운 얼굴은 온통 눈물범벅이 되어 있었다.

3월 8일.

내가 아멜리에게 줄 수 있는 유일한 즐거움은 그녀가 싫어하는 일을 하지 않도록 조심하는 것이다. 그녀가 내게 허락하는 사랑 표현이라고는 그와 같이 아주 소극적인 것이 전부다. 그러나 아내는 자신이 이미 내 삶을 얼마나 위축시켰는지 알지 못한다. 아, 정말! 아내가 차라리 내게 어떤 어려운 행동을 요구하면 좋으련만! 아내를 위해서라면 그 어떤 무모한 일이나 위험한 행동도 즐겁게 해냈을 텐데! 하지만 아내는 익숙하고 일상적인 일 말고는 그 무엇이건 배척하는 여자다. 따라서 아내의 삶은 비슷비슷한 나날의 연장일 뿐 다른 발전이란 없다. 아내는 나에게서 새로운 덕이 생성되는 것은 물론이고 그동안 해온 덕이 성장하는 것조차 바라거나 받아들이지 않는다. 아내는 본능적으로 익숙해진 것 외에 그리스도교에서 추구하는 영혼의 온갖 노력들에 대해 비록 심한 비난을 하지는 않지만 항상 불안의 눈길로 바라본다.

나는 뇌샤텔에 갔을 때 단골 수예 가게에 들러 그동안 산 것에 대해 정산을 해주고 실 한 상자를 더 사다 달라는 아내의 부탁을 깜박했다. 하지만 아내보다도 내가 나 자신에게 훨씬 더 화가 났다. '작은 것에 충실한 사람은 큰 것에도 충실하다'는 걸 익히 알고 있었고, 또 내가 혹시라도 잊어버리면 아내가 내게 어떻게 행동할 것인지 알기에 절대 잊지 않겠다고 단단히 결심했던 만큼 나 자신에게 더 화가 난 것이다. 나는 그 망각에 대해 분명 비난받아야 마땅하다고 생각했기 때문에 아내가 어떤 비난이라도 퍼부어주길 바랐다. 하지만 항상 그렇듯 그때도 비난하는 말을 입 밖에 내지 않았다. 아아! 우리의 마음속에서 만들어낸 요구나 환상 따위에는 귀 기울이지 않고 현실의 악(惡)만으로 만족할 수 있다면 우리 인생은 얼마나 아름답고 우리의 불행은 얼마나 참기 쉬운 것이 되랴……. 하지만 나는 지금 차라리 하나의 설교 주제로 그것을 여기에 그냥 적어두는 것으로 만족하겠다(〈누가복음〉 12장 29절. '근심하지 말라.'). 내가 이 수첩에 적으려는 것은 제르트뤼드의 지적, 정신적 발달에 관한 이야기 때문이었던 만큼 다시 그 이야기로 돌아가겠다.

  나는 그녀의 발달 과정에 대해 하나하나 차근차근 기록할 수 있었으면 했다. 그래서 그것에 대해 세세하게 이야기하기 시작한 것이다. 하지만 그 모든 과정을 세밀히 기록할 시간이 없었을 뿐 아니라, 지금은 그 과정의 앞뒤를 정확히 기억하기도 매우 어렵다. 내 이야기에 빠져서 나는 제르트뤼드의 깊은 생각들과 그보다 더 최근에 가졌던 그 애와의 대화를 먼저 말했다. 그래서 우연히 누가 이 이야기를 읽는다면 분명 그 애가 그토록 빠르고 정확하게 자신의 생각을 표현하게 된 것과, 그토록 분별 있게 따져 묻는 것을 보고 놀랄 것이다. 물론 그 애의 발전이 엄청나게 빨랐던 건 사실이다. 나는 그 애의 두뇌가 내가 그 애 근처에 가져다준 지적 양식뿐 아니라, 스스로 붙잡을 수 있는 모든 것들을 어찌나 신속하게 낚아채 꾸준한 동화작용(同化作用)과 숙성작용을 거쳐 자기 것으로 만드는지 감탄을 금할 수 없었다. 제르트뤼드는 끊임없이 내 기대를 앞지르고 뛰어넘어 나를 놀라게 했으며 다른 사람과 대화를 나눌 때마다 과연 이 아이가 내가 가르친 아이인가 의심할 정도로 발전해 있는 것을 발견하곤 했다.

  몇 달 지나지 않아 그 애의 지능은 그토록 오랜 세월 잠자고 있었다는 생각이 더 이상 들지 않을 정도로 발달했다. 심지어 그 애는 대부분의 소녀들이 바깥세상에 대한 쓸데없는 관심사들로 인해 별로 주의를 기울이지 못하는 것들에 대해 훨씬 더 많은 지혜를 보여주었다. 뿐만 아니라 그 애의 나이는 처음 생각했던 것보다 더 많은 것이 분명했다. 그 애는 자신의 보이지 않는 눈을 유익하게 활용해야겠다고 생각하는 것 같았다. 그리하여 나는 그 장애가 오히려 그 애에게 이득이 되는 것은 아닌가 하고 생각하기에 이르렀다. 본의 아니게 나는 그 애와 내 딸 샤를로트를 비교해 보곤 했다. 종종 샤를로트가 공부 중에 날아다니는 아주 작은 파리에 온통 정신이 팔려 산만해지는 것을 보면서, '만일 이 애가 눈만 보이지 않았다면 얼마나 더 내 말을 잘 들었을까!' 하는 생각에 젖곤 했던 것이다.

제르트뤼드가 책을 몹시 좋아했다는 것은 말할 필요도 없다. 그러나 나는 최대한 그 애의 생각의 동무가 되어주어야겠다고 마음먹고 있었기에 그 애가 적어도 내 지도 없이 지나치게 많이 읽지는 않았으면 했다. 특히 《성경》에 대해서는 더 그랬는데, 개신교도들에게는 이 말이 아주 이상하게 들릴 수 있을 것이다. 그 점에 대해 설명하겠지만 나는 그토록 중요한 문제에 접근하기 전에 음악과 관련한 작은 사건에 대해 먼저 이야기하고자 한다. 내 기억에 의하면, 그 사건은 뇌샤텔의 연주회에 다녀온 뒤 얼마 안 돼서 일어난 것임에 틀림없다.

그렇다, 그 연주회가 있었던 것은 자크가 우리 곁으로 돌아왔던 여름방학이 시작되기 3주 전이었다. 그동안 나는 평소에 제르트뤼드를 여러 번 루이즈 드 라 M양이 관리하고 있는 우리 교회의 작은 오르간 앞에 앉히곤 했었다. 지금 제르트뤼드는 이 M양 집에 살고 있다. 루이즈 양은 그때까지는 아직 그 애에게 음악 교육을 시작하지 않은 상태였다. 나는 음악을 좋아하지만 아는 것은 별로 없었다. 그래서 그 애와 함께 건반 앞에 앉아도 가르쳐줄 만한 것이 없었다. 그 애는 처음 건반을 더듬기 시작할 때부터 내게 이렇게 말했다.

"됐어요, 그냥 놔두세요. 저 혼자 해보겠어요."

예배당이라는 곳은 단둘이만 있기에 적합하지 않은 장소라고 생각했기 때문에 나는 기꺼이 그 애 곁을 떠났다. 그것은 성스러운 곳에 대한 경건한 마음에서이기도 했고, 평소에는 그런 것에 별로 신경 쓰지 않으려 애써 왔지만 그래도 세상 사람들의 부질없는 소문을 염려했기 때문이다. 게다가 그런 소문은 나만의 문제가 아니라 그 애까지 관계되는 일이므로 더 신경이 쓰였다. 나는 교회 쪽으로 순회 방문을 나갈 때면 자주 제르트뤼드를 데리고 가서 몇 시간 동안 그곳에 그 애를 혼자 남겨 두었다가 돌아올 때 데리고 오곤 했다. 그 애는 끈기 있게 화음을 이해하는 일에 몰두해 있었다. 그리고 저녁 무렵이면 나는 어떤 어울림음에 귀 기울이며 오랫동안 황홀경에 빠져 있는 그 애를 발견하곤 했다.

그로부터 고작 반년 정도가 지난 8월 초순의 어느 날, 한 불쌍한 미망인을 위로하러 갔다가 집이 비어 있는 바람에 그냥 돌아오는 길에 나는 교회로 제르트뤼드를 데리러 갔다. 그 애는 내가 그렇게 빨리 돌아오리라고는 전혀 예상하지 못한 듯했다. 게다가 그 애 곁에 자크가 있는 것을 발견하고 나는 깜짝 놀랐다. 내가 들어올 때 소리를 거의 내지 않은 데다 그 소리조차 오르간 소리에 묻혀 버렸기 때문에 두 사람은 내 인기척을 알아채지 못했다. 엿듣는다는 것은 내 성격과 전혀 맞지 않았지만 제르트뤼드에 관한 일이라면 무엇이든 내게는 매우 중요했기 때문에 발소리를 죽여 연단으로 이어지는 계단 몇 개를 살그머니 올라갔다. 관찰하기에 더할 나위 없이 훌륭한 장소였다. 그곳에서 지켜보고 있는 동안 나는 두 아이 모두 내가 듣기에 거북한 말은 한마디도 하지 않았다는 것을 말해 두어야겠다. 그러나 나는 제르트뤼드 곁에 앉아 있는 자크가 여러 번 그 애의 손을 잡아 손가락을 건반 위로 가져다 놓아주는 것을 보았다. 전에 내게는 혼자 해보겠다고 하더니 이제 와서 자크의 주의와 지도를 허락하는 것은 이상한 일이 아닌가? 나는 순간 당혹스럽기도 하고 마음이 아파 그 현실을 인정하고 싶지 않았다. 그래서 어느새 그 애들 사이로 끼어들 결심을 하고 있는데 갑자기 자크가 회중시계를 꺼내는 것이 보였다.

"이제 갈 시간이 되었어. 아버지가 곧 돌아오실 거야."

이어 자크는 제르트뤼드가 내맡긴 손을 입술에 갖다대며 키스를 한 뒤 그곳을 떠났다. 잠시 뒤 소리를 죽이며 계단을 내려온 나는 제르트뤼드가 내가 방금 들어오는 것처럼 믿도록 교회 문을 열었다.

"자, 제르트뤼드야! 돌아가도 되겠니? 오르간 연습은 잘돼가니?"

"네, 아주 잘돼요."

그 애는 아무 일도 없었던 것처럼 아주 자연스러운 목소리로 말했다.

"오늘은 정말 많이 좋아졌어요."

커다란 슬픔이 내 마음을 가득 채웠다. 하지만 우리는 둘 다 방금 이야기한 것에 대해서는 전혀 내색하지 않았다.

그날 밤 나는 자크와 단둘이 있는 시간을 기다렸다. 아내와 제르트뤼드, 그리고 아이들은 보통 저녁 식사가 끝나면 꽤 일찍 각자의 방으로 돌아갔기 때문에 우리 둘은 함께 남아 밤늦게까지 공부를 하곤 했다. 나는 그 시간을 기다렸다. 하지만 막상 이야기를 하려고 하자 감정이 너무 혼란스러워져서 터질 듯 내 마음을 괴롭히는 그 문제를 꺼낼 수 없었다. 아니 어쩌면 감히 꺼내지 못한 것일 수도 있다.

그런데 갑자기 자크가 우리 사이를 감돌던 침묵을 깨며 방학 내내 우리 곁에서 지낼 작정이라고 말했다. 바로 며칠 전만 해도 그는 오트잘프로 여행을 가겠다고 해서 아내와 내가 대환영을 했었다. 나는 T라는 친구가 자크와 함께 여행을 가기 위해 기다리고 있다는 것을 알고 있었다. 그랬던 만큼 이 뜻밖의 선언이 내가 낮에 엉겁결에 보게 된 그 장면과 관계가 없지만은 않을 것이라는 생각이 들었다. 처음에는 화가 치밀어 올랐지만, 혹시 그것을 그대로 표출하면 아들이 내게 완전히 마음의 문을 닫아버릴까 두려웠고, 또 너무 흥분한 상태로 말을 하고 난 다음 나 자신이 후회하지 않을까 두려워 나는 애써 자신을 억누르고 최대한 자연스러운 어조로 말했다.

"T군이 널 기다리고 있는 줄 알았는데."

그러자 그 애가 대답했다.

"아니에요! 꼭 그렇지만은 않아요. 게다가 그 애는 어렵지 않게 저 대신 다른 애를 찾을 거예요. 저는 오베를랑에서 있는 것 못지않게 여기서도 잘 쉬고 있는걸요. 산을 쏘다니는 것보다 제 시간을 더 잘 활용할 수 있다고 생각해요."

"말하자면 여기서 네 할 일을 찾았다 이 말이지?"

그 애는 내 말투에서 어떤 빈정거림을 알아차리고는 나를 빤히 쳐다보았다. 하지만 아직 그 이유를 제대로 알아채지 못했기 때문에 거리낌 없는 태도로 말을 이어갔다.

"아버지도 아시잖아요. 제가 등산지팡이보다는 책을 더 좋아한다는 걸요."

"그랬지."

이번에는 내가 그 애를 똑바로 바라보면서 말했다.

"그런데 혹시 책 읽는 것보다 오르간 치는 법을 가르치는 일에 더 끌리고 있는 것은 아니냐?"

마치 전등 빛을 피하려는 듯 손으로 이마를 가렸던 것을 보면 자크는 부끄러움을 느꼈던 것이 분명하다. 그러나 그 애는 곧 냉정을 되찾으며 또렷한 목소리로 내게 말했다. 그리고 나는 그 목소리가 좀 덜 확신에 차 있었으면 하고 바랐던 것 같다.

"아버지, 너무 나무라지 마세요, 아버지께 숨길 생각은 전혀 없었어요. 말씀드리려 했는데 아버지께서 먼저 말씀하신 것뿐이에요."

자크는 마치 책이라도 읽는 것처럼 또박또박 말했고, 마치 자기 일이 아닌 것처럼 너무도 침착하게 말을 마쳤다. 그 애가 보인 놀라운 자제력 때문에 마침내 나는 몹시 화를 내고 말았다. 내가 말을 가로막으려는 것을 알아채고 자크는 마치 '잠깐 기다리세요. 먼저 제 말을 다 들어보세요. 그때 말씀하셔도 늦지 않아요'라고 내게 말하려는 듯 손을 들어 보였다. 하지만 나는 그 애의 팔을 잡아 흔들며 맹렬히 소리쳤다.

"시끄럽다! 네가 제르트뤼드의 깨끗한 영혼을 어지럽히는 것을 볼 바에야 차라리 두 번 다시 너를 보지 않겠다! 네 고백 같은 건 들을 필요도 없어! 장애와 순진함을 악용하는 것은 가증스럽고 비열한 짓이야. 네가 그런 짓을 할 수 있으리라고는 난 생각해 본 적이 없다. 네가 그렇게 가증스러울 정도로 태연하게 그런 말을 할 수 있을 거라고는 상상도 못했어! 내 말 잘 들어라. 내겐 제르트뤼드에 대한 책임이 있다. 그러니 네가 그 애에게 말을 하거나 그 애를 만지거나 하는 것을 절대로 용납할 수 없어."

그러자 그 애는 나를 격분시킨 예의 그 침착한 어조로 말을 이었다.

"그렇지만 아버지, 저도 아버지만큼 제르트뤼드를 소중히 생각하고 있어요. 정말 저를 믿어주세요. 만일 아버지께서 무엇이든 제게 비난받아 마땅한 것이 있다고 생각하신다면 크게 오해하고 계시는 거예요. 저는 제르트뤼드를 사랑해요. 그리고 존경하고 있어요. 그 애에게 혼란을 주거나 그 애의 순진함과 장님이라는 것을 악용하는 것은, 아버지와 마찬가지로 저도 가증스러운 일이라고 생각해요."

이어 자크는 자기는 제르트뤼드에게 의지가 되는 사람이나 친구, 또는 남편이 되어주고 싶었고, 제르트뤼드와 결혼할 결심이 서기 전까지는 내게 그런 말을 해야 할 의무가 있다고 생각하지 않았으며, 제르트뤼드도 아직 자신의 결심을 모르고 있고 그 애보다 내게 먼저 그 사실을 말하고 싶었다고 주장했다.

"이게 제가 아버지께 고백하려 했던 거예요. 더 이상 다른 것은 없어요. 믿어주세요."

자크의 고백은 나를 어리둥절하게 만들었다. 그 말을 듣는 내내 관자놀이가 심하게 떨리는 소리가 들렸다. 나는 계속 나무랄 생각만 하고 있었는데, 그 애가 내게서 화를 낼 수 있는 모든 원인을 제거해 버리고 나니 어떻게 해야 할 바를 몰랐다. 그리하여 그 애의 말이 다 끝났을 때 나는 더 이상 할 말이 남아 있지 않았다.

"자, 이제 그만 가서 자자."

꽤 긴 침묵이 흐른 뒤 내가 입을 열었다. 나는 일어나 그 애의 어깨에 손을 얹었다.

"내일 이 모든 것에 대한 내 생각을 말해 주마."

"최소한 제게 화를 내지 않겠다는 말씀만이라도 해주세요."

"오늘 밤에 깊이 생각해 보마."

다음 날 자크와 얼굴을 마주했을 때 나는 마치 그 애를 처음 보는 것 같은 느낌이 들었다. 내 아들이 이제 더 이상 어린애가 아니라 어른이구나 하는 생각이 스쳐 갔다. 그 애를 어린애로 생각하는 한 내가 발견한 그 애의 사랑은 이상하게 보일 수 있었다. 하지만 나는 전날 밤을 보내고 난 뒤라 그 사랑이 지극히 자연스럽고 정상적이라는 사실을 깨닫게 되었다. 그럼에도 내 불만은 더 강렬해질 뿐이니, 그 이유가 도대체 무엇이란 말인가? 그 문제는 시간이 좀더 지나야 밝혀지게 될 것이다. 어쨌든 나는 자크에게 내 결심을 분명히 말해주어야 했다. 양심의 직관만큼이나 믿을 만한 어떤 직관이 무슨 일이 있어도 그 결혼만은 막아야 한다고 내게 주의를 주었다. 나는 자크를 마당 안쪽으로 데리고 가서 먼저 이렇게 물어보았다.

"너 제르트뤼드에게 네 생각을 말했니?"

"안 했어요. 어쩌면 그 애는 이미 제 사랑을 알고 있을지도 몰라요. 하지만 아직 고백하지 않았어요."

"그렇구나! 그럼 당분간 그 아이에게 말하지 않겠다고 약속해 줄 수 있겠지?"

"아버지, 저는 이미 아버지 말씀을 따르겠다고 약속드렸어요. 그런데 그렇게 말씀하시는 이유가 뭐예요?"

나는 그 순간 머릿속에 떠오른 것이 가장 중요한 이유인지 확신이 서지 않았기 때문에 처음에는 그 애에게 대답하기를 망설였다. 사실 그때 내 행동을 결정한 것은 이성보다는 양심이었다.

"제르트뤼드는 아직 너무 어리단다. 그 애가 아직 첫 성찬식도 받지 않았다는 것을 생각해야 해. 너도 알지, 그 애는 여느 애들과는 달라. 유감스러운 일이지만 정신 발육이 아주 느렸지! 그 애는 순진해서 네가 그 애를 사랑한다는 말을 들으면 분명 충격이 클 게다. 그러니 그 애에게 그 말은 하지 않는 것이 좋아. 자신을 방어하지 못하는 사람을 공격하는 것은 비열한 짓이거든. 나는 네가 비열하지 않다는 것을 안다. 네 말처럼 너의 감정은 조금도 비난받을 만한 것이 아니야. 하지만 나는 그 감정이 죄를 짓는 일이라고 말하고 싶구나. 제르트뤼드에겐 아직 상황을 판단할 힘이 없으니까, 우리가 대신 분별을 해 주어야지. 그건 양심의 문제다."

자크에게는 "난 네 양심에 호소한다"라는 한마디 말만으로도 충분히 만류할 수 있을 정도로 선한 면이 있다. 나는 그 애가 어린아이였을 때 그 말을 자주 사용했다. 그렇게 말하고 나는 그 애를 바라보면서 만일 제르트뤼드가 눈으로 볼 수 있다면, 자크의 곧은 자세와 유연하고도 날씬하고 당당한 신체, 주름살 하나 없는 아름다운 이마며 순수한 눈빛, 아직 어린애 티를 못 벗었지만 순간순간 신중함을 드리우는 그 얼굴에 감탄하지 않고는 못 배길 것이라는 생각이 들었다. 그 무렵 자크는 모자를 쓰지 않았는데, 꽤 길게 늘어진 잿빛 곱슬머리가 관자놀이에서 귀를 반쯤 덮고 있었다. 앉아 있던 벤치에서 일어나며 나는 말을 이었다.

"이 점을 다시 네게 묻고 싶구나. 모레 여행을 떠날 생각이라고 말했었지. 부탁이니 출발을 미루지 마라. 기간을 한 달로 생각했었으니까 거기서 단 하루도 단축시키지 말아야 해. 알겠지?"

"알겠어요, 아버지 말씀에 따를게요."

입술의 붉은빛까지 바래버린 듯 그 애의 얼굴은 아주 창백해 보였다. 하지만 나는 자크가 그렇게 빨리 순종하는 것을 보면서 그 애의 사랑이 아주 깊지는 않다는 생각에 말로 표현할 수 없는 안도의 숨을 내쉬었다. 뿐만 아니라 나는 자크의 고분고분함에도 감동했다.

"내가 사랑했던 아이를 다시 찾은 것 같구나."

나는 아들에게 조용히 말하며 그 애를 끌어당겨 이마에 키스해 주었다. 그 애는 약간 뒤로 물러났지만 나는 그것을 신경쓰고 싶지 않았다.

3월 10일.

우리집은 너무 좁아서 조금은 서로 엉켜서 살지 않을 수 없다. 그래서 2층에 나만을 위한 조그만 방을 하나 마련하여 혼자 시간을 보내거나 손님을 맞기도 하지만, 여전히 가끔씩은 일을 하는 데 불편을 느낀다. 평소에는 못 들어가게 하기 때문에 아이들이 농담 삼아 '신성한 장소'라고 부르는 그 방에서, 보통 그런 장소에서 풍기게 마련인 너무 엄숙한 분위기 없이 내 가족 중 한 사람과 이야기를 나누고 싶을 때는 특히 더 그렇다. 어쨌든 그날 아침 자크는 여행용 구두를 사러 뇌샤텔로 떠났다. 그리고 날씨가 매우 좋아 아이들은 아침을 먹은 뒤 제르트뤼드와 함께 밖으로 나갔다. 아이들은 그 애를 안내하는가 하면 어떤 때는 안내를 받기도 했다(샤를로트가 특히 그 애에게 친절했다는 것을 여기에 기쁜 마음으로 밝혀 둔다). 그리하여 나는 항상 우리가 차 마시는 시간이면 그랬던 것처럼 아주 자연스럽게 아멜리와 단둘이 있게 되었다. 그것은 내가 매우 원하던 바였다. 아내에게 이야기할 시간을 기다려왔기 때문이다. 그동안 아내와 단둘이 마주 앉을 기회가 너무 없어서인지 어쩐지 서먹서먹했다. 게다가 아내에게 해야 할 말이 중요한 것이었던 만큼, 나는 마치 그게 자크의 고백이 아닌 나 자신의 고백에 관련된 것이라도 되는 듯 마음의 동요를 느꼈다. 말을 꺼내기 전에 나는 또 한 번, 같은 삶을 살며 서로 사랑하는 두 존재가 얼마나 서로에게 이해할 수 없는 존재로, 또 얼마나 격리된 존재로 남을 수 있는지(또는 되어버릴 수 있는지) 느껴야 했다. 그런 경우 상대방에게서 듣거나 하는 말들은 마치 지질검사에서 사용하는 추가 움직이는 소리처럼 슬프게 울려, 서로를 갈라놓거나 더 두꺼워질 우려가 있는 벽의 저항을 알려주는 것이다.

아내가 차를 따를 때 나는 이런 말로 입을 열었다.

"자크가 어젯밤과 오늘 아침, 나에게 마음속에 담아두었던 말을 했소."

내 목소리는 어제 자크의 자신 있는 목소리와는 정반대로 떨리고 있었다.

"제르트뤼드를 사랑한다고 하더군."

아내는 마치 내가 아주 당연한 이야기를 하고 있다는 듯, 아니 더 정확히 말하면 내가 자기에게 알려주는 것이 아무것도 아니라는 듯 나를 보지도 않고 차를 계속 따르며 말했다.

"그 애가 용케도 그런 얘기를 당신에게 말했군요."

"제르트뤼드와 결혼하고 싶다고 하더군. 그 애의 결심은……."

"그런 건 진작부터 눈치채고 있었어요."

아내는 어깨를 가볍게 으쓱하면서 중얼거렸다.

"그렇다면 당신은 짐작했었단 말이오?"

나는 좀 신경질적으로 말했다.

"진작부터 알고 있었죠. 하지만 남자들은 원래 그런 일은 잘 알아차리지 못하잖아요."

반박해 봤자 소용없는 일이었을 뿐더러, 아내의 말이 다 틀린 것도 아니었던지라 나는 이런 말밖에 할 말이 없었다.

"그러면 내게 말을 좀 해주지 그랬소."

아내는 입가에 좀 어색한 미소를 지었다. 그녀는 이따금 그 미소로 하고 싶지 않은 말을 대신하곤 했다. 아내는 머리를 좌우로 저으며 말했다.

"당신이 깨닫지 못하는 것을 일일이 제가 다 알려 드려야 하는 건 아니잖아요!"

이 암시는 무슨 의미란 말인가? 그 당시 나는 그것을 알지 못했고, 굳이 알려고 애쓰고 싶지도 않아서 그 말을 무시한 채 말했다.

"어쨌든 나는 자크의 문제에 대한 당신의 생각을 듣고 싶었소."

아내는 한숨을 쉬면서 말했다.

"아시다시피 난 그 애를 우리집에 두는 일에 처음부터 찬성하지 않았어요."

그녀가 새삼스럽게 과거 일을 다시 언급하는 것을 보고 나는 치미는 화를 참기가 어려웠다.

"제르트뤼드가 이 집에 함께 살고 안 살고의 문제가 아니오."

내가 말을 계속하려 했지만 이미 아멜리의 입에서는 이런 말이 흘러나오고 있었다.

"저는 이 집에 그 애가 있으면 좋지 않은 일밖에 생길 게 없다고 항상 생각해 왔어요."

나는 그녀와 빨리 화해하고 싶은 마음에 그 말을 붙잡고 늘어졌다.

"그럼 당신은 이 결혼을 탐탁지 않게 생각한다는 말이군. 아, 다행이오! 난 당신에게 바로 그런 말을 듣고 싶었소. 우리의 생각이 같아서 정말 다행이오."

나는 그 말 뒤에 자크가 내 말에 순순히 복종했으니 더 이상 걱정할 게 없으며, 다음 날 한 달 일정의 여행을 떠나기로 했다고 덧붙여 말했다. 잠시 뒤 내가 다시 말을 꺼냈다.

"자크가 돌아오면 제르트뤼드와 다시 만나게 되는 것을 나 역시 당신처럼 원하지 않으니까 제르트뤼드를 루이즈 양에게 맡기는 게 가장 좋은 것 같소. 물론 나에겐 그 애에 대한 책임이 있으니 그 집이라면 그 애를 보러 가는 일도 계속할 수 있을 것 같고. 얼마 전에 루이즈 양의 생각을 떠봤는데 우리를 도와줄 용의가 있다고 했어요. 그렇게 되면 당신도 힘든 존재로부터 벗어날 수 있겠지. 루이즈 양이 제르트뤼드를 돌봐줄 거요. 아주 기뻐하며 준비하고 있더군. 벌써부터 그 애에게 오르간을 가르치겠다며 즐거워하고 있소."

아멜리가 아무 말도 하지 않기로 마음먹은 것 같아서 나는 말을 계속했다.

"자크가 우리 몰래 거기로 제르트뤼드를 만나러 가지 못하게 하려면 루이즈 양에게 사정을 말해 두는 게 좋을 것 같은데, 당신 생각은 어떻소?"

나는 그렇게 질문하면서 아멜리가 한마디라도 하게 하려고 애썼다. 하지만 아내는 아무 말도 하지 않겠다고 맹세라도 한 것처럼 입을 꼭 다물고 있었다. 그래서 나는 더 하고 싶은 말이 있었던 것은 아니지만 아내의 침묵을 견딜 수 없어서 다시 말을 이었다.

"하지만 자크가 여행에서 돌아올 때쯤엔 어쩌면 그 사랑이 이미 식어버렸을지도 모르는 일이지. 그 나이 땐 자기가 진짜 원하는 게 뭔지조차 모르는 법이니까."

그러자 아내는 내게 이상한 말을 남겼다.

"글쎄요! 나이를 더 먹었다고 항상 아는 것도 아닌 것 같은데요."

아내의 이 의미심장하고 수수께끼 같은 말에 나는 화가 났다. 나는 너무 솔직한 성격이어서 그런 수수께끼 같은 말을 쉽게 받아들이지 못한다. 그래서 나는 아내를 바라보며 무슨 뜻으로 그런 말을 한 건지 설명해 달라고 부탁했다. 그러자 아내는 슬픈 어조로 말했다.
"아무것도 아니에요. 아까 당신이, 알아차리지 못하는 것들을 말해주면 좋겠다고 한 말 때문이에요."
"그래서?"
"하지만 그런 것을 일일이 알려 드리는 게 쉬운 일만은 아니라고 생각한 거예요."
앞에서도 말했듯 나는 수수께끼 같은 말을 혐오한다. 그래서 당연히 암시적인 말도 용납하지 않는다.
"내가 당신 말을 이해하기를 바란다면 좀더 분명하게 말하는 게 좋지 않을까."
좀 거칠게 말을 한 것 같아서 곧 후회가 되었다. 잠시 아내의 입술이 부르르 떨리는 것을 보았기 때문이다. 아내는 얼굴을 돌리더니 일어서서 비틀거리듯 주저하며 몇 걸음을 떼었다.
"왜 그래, 아멜리!" 나는 소리쳤다. "이제 모든 것이 해결되었는데, 왜 그렇게 괴로워하는 거요?"
나는 내 눈빛이 아내를 불안하게 하는 것 같은 느낌이 들어서 등을 돌리고는 탁자에 한쪽 팔꿈치를 괴고 손으로 머리를 감싸며 아내에게 말했다.
"방금 내 말이 좀 심했던 것 같소. 용서해 줘요."
그때 아내가 내게로 다가오는 소리가 들리더니 곧 그녀의 손이 내 이마를 부드럽게 감싸는 것이 느껴졌다. 눈물을 머금은 듯한 아내의 다정한 목소리가 들려왔다.
"가엾은 사람!"
그렇게 말하고서 아내는 곧 방을 나갔다.
그때는 수수께끼처럼 들렸던 아멜리의 이 말은 좀더 시간이 흐른 뒤에야 이해가 되었다. 나는 이 말을 처음 들었던 그대로 적어놓았다. 어쨌든 그날 내가 이해한 것이라고는 이제 제르트뤼드가 우리집을 떠날 때가 되었다는 것뿐이었다.

3월 12일.

나는 매일 얼마간의 시간을 제르트뤼드에게 할애하는 것을 의무로 하고 있었다. 그날그날 일에 따라 몇 시간이 되기도 하고 아주 잠깐이 되기도 했다. 아멜리와 그 대화를 나눈 바로 다음 날 나는 시간이 많이 남아서 한가로웠고 날씨도 좋고 해서 제르트뤼드를 데리고 숲을 지나 쥐라산맥의 기슭까지 나갔다. 그곳에 가면 빽빽한 나뭇가지들 사이로 내려다보이는 광대한 지대 저편으로 날씨가 좋을 때면 눈 덮인 알프스의 경탄할 만한 아름다움까지 눈에 들어온다. 우리가 앉아 있곤 하던 곳에 이르렀을 때는 이미 해가 왼쪽으로 기울고 있었다. 풀이 나지막하면서도 무성하게 깔려 있는 초원이 발 아래로 급경사를 이루며 뻗어 있었다. 저 멀리에는 소 몇 마리가 한가로이 풀을 뜯고 있었는데, 산에서 기르는 소들 목에는 저마다 방울이 달려 있었다.

"저 소리를 들으니까 풍경이 그려져요."

제르트뤼드는 소들의 방울 소리에 귀 기울이며 말했다.

그 애는 산책을 갈 때마다 그랬던 것처럼, 우리가 있는 곳의 경치를 설명해 달라고 부탁했다.

"여긴 네가 이미 알고 있는 곳이야. 알프스가 바라다보이는 기슭 말이야."

"오늘도 알프스가 잘 보여요?"

"장엄한 모습이 잘 보이는구나."

"날마다 조금씩 다른 모습이라고 목사님이 말씀하셨잖아요."

"오늘은 무엇에 한번 비유해 볼까? 한여름 대낮의 갈증에 비유해 보면 어떨까 싶구나. 어두워지기 전에 저 산은 하늘 속으로 사라져버리고 말 거야."

"우리 앞에 있는 대초원에 백합이 있는지 말씀해 주실래요?"

"없단다. 백합은 이런 높은 지대에서는 자라지 않아. 종류에 따라선 어쩌다가 생기는 수도 있지만 말이야."

"들백합이라는 것은 없나요?"

"들에는 백합이 없단다."

"뇌샤텔 근처의 들에도요?"

"들백합이라는 꽃은 본디 없대도."

"그러면 왜 주님은 '들에 핀 백합을 보라'고 하신 거죠?"

"주님이 말씀하신 것을 보면 그때는 틀림없이 있었을 거야. 그런데 인간이 재배하게 되면서 들에서 사라져버린 거겠지."

"목사님이 제게 자주 해주셨던 말씀이 기억나요. 이 땅에서 가장 필요한 건 믿음과 사랑이라는 말씀 말이에요. 조금만 더 믿음을 가지면 사람들도 그 꽃을 다시 볼 수 있게 되지 않을까요? 저는 그 말씀에 귀 기울이고 있으면 그 꽃이 보이거든요. 어떻게 생긴 꽃인지 말해 드릴까요? 불길 같은 종 모양이에요. 사랑의 향기가 가득한 푸른빛의 큰 종 모양이죠. 밤 바람에 흔들리는 종 말이에요. 저기 앞에 분명히 보이는데, 어떻게 목사님은 그 꽃이 없다고 말씀하시는 거지요? 저는 그 꽃의 향기도 맡을 수 있어요! 초원에 가득 피어 있는 것이 보이는걸요."

"그것들은 네게 보이는 것보다 더 아름답지 않단다."

"덜 아름답지도 않겠지요."

"그래, 네게 보이는 만큼만 아름답지."

"'그러나 내가 너희에게 진실로 말하노니 온갖 영화를 누린 솔로몬일지라도 그의 몸치장은 이 꽃 한 송이만도 못하였느니라.'"

그 애는 그리스도의 말을 인용했는데, 그 목소리가 너무 감미로워서 마치 처음 듣는 말씀 같았다.

"온갖 영화를 누린."

그 애는 생각에 잠긴 듯 되뇌었다. 그러고는 한동안 말이 없기에 내가 말을 이었다.

"내가 이 말도 해주었지, 제르트뤼드야. 오히려 눈이 보이는 자는 잘 볼 줄 모른다고 말이야."

그러자 내 마음 깊숙한 곳에서 이런 기도가 솟구쳐 오르는 소리가 들렸. '오 하느님, 지혜롭고 영리한 자들에게는 감추시고 겸손한 자들에게는 보여 주시니 감사드립니다.'

"목사님이 아신다면."

그 애는 흥분한 듯 쾌활한 목소리로 소리쳤다.

"이 모든 것들이 제게 얼마나 쉽게 상상되는지 목사님이 아신다면! 보세요, 목사님! 제가 이곳 경치를 묘사해 드릴까요? 우리 뒤와 위, 그리고 우리 주변은 큰 전나무들이 둘러싸고 있어요. 검붉은색 줄기에 송진 냄새 풍기는 전나무들의 거무튀튀한 가지들이 길게 수평으로 늘어져서 바람에 휘청거릴 때마다 신음 소리를 내죠. 발 아래로는 산을 책상 삼아 비스듬히 펼쳐진 책처럼, 구름에 해가 가리면 새파래지고 해가 뜨면 다시 금빛이 도는 알록달

록한 꽃무늬의 푸른 초원이 펼쳐져 있고요. 거기에 또렷하게 새겨진 단어들은 용담, 아네모네, 미나리아재비, 그리고 솔로몬의 백합 같은 꽃들이에요. 목사님이 말씀하신 것처럼 사람의 눈은 감겨 있어서 암소들이 방울 소리를 내며 다가와 하나씩 더듬더듬 그 글자들을 읽고 있어요. 천사들도 내려와 읽고 있네요. 책 아래로는 신비로움 가득한 심연의 안개가 피어오르는 우윳빛 큰 강이 보여요. 너무도 큰 강이어서 저 멀리 눈부시게 아름다운 알프스산이 강둑을 이루고 있는 것처럼 보여요. 자크가 가는 곳이 바로 저곳이죠. 내일 자크가 떠난다는 게 사실이에요?"

"그래, 내일 떠난단다. 그 애가 네게 말해 주던?"

"아뇨. 말해 주지 않았어요. 하지만 저는 알고 있었어요. 오래 떠나 있나요?"

"한 달 동안이란다……. 제르트뤼드야, 네게 묻고 싶은 것이 하나 있었단다. 자크가 교회로 너를 보러 온다는 걸 왜 내게 말해 주지 않았니?"

"두 번 왔었어요. 정말이에요! 목사님께 숨기려는 생각은 조금도 없었어요. 그렇지만 걱정을 끼쳐드리고 싶진 않았어요."

"말을 해주지 않으면 오히려 더 근심하게 돼."

그 애의 손이 내 손을 더듬으며 찾았다.

"자크는 떠나는 게 슬퍼 보였어요."

"아 참, 제르트뤼드야…… 그 애가 네게 사랑한다고 말했니?"

"아니요, 말하지 않았어요. 하지만 말을 안 해도 저는 잘 알아요. 자크는 목사님만큼 저를 사랑하지 않아요."

"그럼, 너는 그 애가 떠나는 게 괴롭니?"

"떠나는 게 더 잘된 일이라고 생각해요. 저는 자크에게 아무것도 보답할 수 없는걸요."

"아니, 내 말은 그 애가 떠나는 게 괴로운지를 묻고 있는 거야."

"목사님, 제가 사랑하는 사람은 목사님이라는 걸 잘 아시잖아요. 어머! 왜 손을 빼시는 거예요? 목사님이 결혼하지 않으신 분이었다면 저는 이런 말은 하지 않았을 거예요. 사람들은 앞 못 보는 여자와는 결혼하지 않아요. 그런데 왜 우리는 서로 사랑할 수 없는 거죠? 말씀해 주세요, 목사님, 그게 나쁜 건가요?"

"사랑에 나쁜 것이란 없단다."

"제 마음에는 좋은 것만 느껴지는걸요. 저는 자크에게 고통을 주고 싶지 않아요. 아니, 그 누구에게도 고통을 주고 싶지 않아요. 오로지 행복만 주고 싶어요."

"자크는 너에게 결혼해 달라고 말할 생각이었단다."

"자크가 떠나기 전에 한 번 만나면 안 될까요? 저에 대한 사랑을 단념하라고 말해주고 싶어서요. 목사님은 잘 아시잖아요, 저는 누구하고도 결혼할 수 없다는 걸 말이에요. 자크를 만나도 괜찮겠지요, 네?"

"그럼, 오늘 밤에 만나보렴."

"아뇨, 내일 만나겠어요. 출발하기 직전에요."

태양이 붉게 타오르며 지고 있었다. 공기는 따뜻했다. 우리는 일어나서 이야기를 나누며 어두컴컴한 길을 따라 집으로 돌아왔다.

내면 일기 Ⅱ

4월 25일.

한동안 이 일기를 쓰지 못했다.

마침내 눈이 녹고 길이 다시 트이자마자 나는 마을이 눈으로 막혀 있어 꼼짝 못하고 갇혀 있었던 오랜 시간 동안 미뤄두었던 많은 의무를 이행해야 했다. 그래서 어제가 되어서야 겨우 한가로운 시간을 좀 되찾을 수 있게 되었다.

어젯밤에 나는 그동안 써놓았던 것을 모두 다시 읽어보았다…….

내가 그토록 오랫동안 마음속에 숨겨 두었던 감정을 감히 제 이름으로 부르는 오늘, 어떻게 지금까지 그 감정을 알아채지 못했는지, 어떻게 내가 앞서 적어놓은 아멜리의 그 몇몇 말들이 수수께끼처럼 들릴 수 있었는지, 그리고 어째서 제르트뤼드가 순진하게 고백한 뒤에도 내가 정말로 그 애를 사랑하는지 계속 의심했었는지 납득이 잘 되지 않는다. 그것은 내가 그때까지 배우자가 아닌 다른 사람과의 사랑을 인정하지 않았기 때문이며, 또한 제르트뤼드에게 이끌렸던 감정 가운데 조금도 이상한 점이 있음을 인정하지 않았기 때문이다.

그 애의 순진한 고백과 솔직함이 나를 안심시켰다. 나는 '저 애는 아직 어리구나. 진정한 사랑에는 항상 당황스럽고 부끄러운 순간들이 따르기 마련'이라고 생각했었다. 그리고 나 또한 그 아이에 대한 내 사랑을, 사람들이 장애아를 사랑하는 마음과 별로 다르지 않은 것이라고 애써 생각하려 했다. 나는 환자를 돌보는 것처럼 그 애를 보살펴 주고 있었다. 그 애를 교육시키는 것을 도덕적인 책임이자 의무로 삼았다. 그렇다, 정말이다. 내가 앞에 적은 것처럼 그 애가 말했던 그날 저녁에도 나는 마음이 너무 편안하고 기뻐서 그 말을 그대로 옮겨 적으면서도 여전히 그 감정을 알아보지 못했다. 나는 사랑을 비난받아 마땅한 것으로 믿고 있었고, 비난받아 마땅한 모든 것들은 당연히 영혼을 억누른다고 생각했기 때문에 내 영혼을 짓누르는 무게를 조금도 느끼지 못했던 그 감정이 사랑일 것이라고는 생각하지 못했다. 나는 우리가 나눈 대화들을 그때 그대로뿐 아니라 그때와 똑같은 기분으로 적어놓았다. 사실 어젯밤에 그것들을 다시 읽으면서야 마침내 나는 깨닫게 되었던 것이다…….

자크가 여행을 떠나자 우리의 생활은 또다시 아주 평온해졌다. 덧붙여 말하면 나는 제르트뤼드가 자크에게 하고 싶어했던 말을 하게 내버려두었고, 방학을 며칠 남기지 않고 돌아온 자크는 제르트뤼드를 피하거나 아니면 내 앞에 있을 때에만 그 애에게 이야기하는 척했다. 계획대로 제르트뤼드는 루이즈 양의 집으로 갔고, 나는 매일 그 애를 보러 갔다. 그렇지만 여전히 사랑에 대한 두려움 때문에 나는 우리의 마음을 흔들 수 있는 이야기는 더 이상 그 애와 나누지 않았다. 나는 오로지 목사로서만 이야기했고 대개의 경우 루이즈 양이 옆에 있었으며, 그 아이의 신앙 교육과 부활절에 있을 성찬을 준비하는 데만 전념했다. 제르트뤼드는 오는 부활절에 성찬을 받게 되어 있었다.
부활절에는 나도 영성체를 받았다.
그로부터 보름이 지났다. 뜻밖의 일은 한 주 동안의 방학을 우리 곁에서 보내기 위해 와 있던 자크가 놀랍게도 나와 함께하는 성찬례에 참여하지 않은 것이다. 그건 아주 유감스럽게도 아멜리도 마찬가지였다. 우리가 결혼하고 처음 있는 일이었다. 모자가 공모하여 그 엄숙한 의식에 불참함으로써 나의 기쁨에 먹구름을 드리우려고 작정한 것 같았다. 그때도 나는 제르트뤼드가 보지 못하는 게 다행이라 생각했다. 나 혼자서만 그 먹구름의 무게를 견뎌내면 된다고 생각했기 때문이었다. 나는 아멜리에 대해 너무 잘 알고 있어서 그녀의 행동이 보여주는 모든 우회적인 비난을 눈치채지 않을 수가 없었다. 아내는 결코 나를 대놓고 비난하는 일은 없었지만 일종의 고립을 통해 비난의 마음을 표현했다.
나는 고작 그런 불만 때문에 (그런 것은 생각조차 하기 싫다) 아멜리의 영혼이 그 숭고한 성사(聖事)로부터 등을 돌렸다는 것이 몹시 가슴 아팠다. 그래서 나는 집에 돌아와 아내를 위해 진심으로 기도했다.

자크가 오지 않은 것은 아내와는 전혀 다른 이유 때문이었다. 그 일은 얼마가 지난 뒤 그 애와 대화를 하면서 밝혀지게 되었다.

5월 3일.

제르트뤼드에게 신앙 교육을 하면서 나는 복음서를 새로운 시각으로 읽게 되었다. 날이 갈수록 나는 기독교 신앙을 이루는 많은 개념이 그리스도의 말씀이 아닌 성 바울의 해석에 의한 것이라고 생각하게 되었다.

나는 바로 그 문제에 대해 자크와 토론했다. 좀 고지식한 기질이 있는 그 애의 사상은 그다지 유연하지 못했다. 그래서인지 그 애는 점점 전통만을 고수하는 교리주의자가 되어가고 있었다. 그 애는 내가 기독교 교리에서 '내 마음에 드는 것'만 고른다고 비난했다. 하지만 나는 그리스도의 말씀 중에서 그런 식으로 말씀을 고른 게 아니었다. 오로지 그리스도와 성 바울 중 그리스도를 택한 것뿐이었다. 자크는 두 사람을 대립시켜야 하는 것이 두려운 나머지 그 둘을 분리하는 것도, 또 두 사람 사이에서 계시의 차이를 느끼는 것도 인정하려 하지 않았다. 그리고 내가 한쪽에서는 신의 말씀을 듣고 다른 한쪽에서는 인간의 말을 듣는다면서 반박했다. 그 애가 반론을 제시하면 할수록 나는 '이 애는 그리스도의 말씀은 아무리 작은 말씀이라도 그 안에 비길 데 없는 신성이 담겨 있다는 걸 전혀 느끼지 못한다'고 확신하게 되었다.

나는 복음서의 어느 구절에서도 계명이니 위협이니 금지니 하는 것들을 발견하지 못했다. 그런 것은 모두가 성 바울로부터 나온 것이다. 그런데 자크를 괴롭히고 있는 것은 그리스도의 말씀 속에서 그런 것들을 발견하지 못한다는 점이었다. 그 애와 같은 영혼의 소유자들은 주위에 보호자나 난간 또는 울타리 같은 것들이 없다고 느끼자마자 모든 것이 끝장났다고 생각한다. 게다가 그들은 자신이 포기한 자유를 타인이 가지는 것을 참기 힘들어하며, 사람들이 그들에게 사랑의 마음으로 주려고 하는 것을 모두 강제로 얻으려 한다.

"그렇지만 아버지, 저도 사람들이 행복하기를 원해요."

그 애가 내게 말했다.

"아냐, 너는 그들의 복종을 원하고 있어."

"행복은 바로 그 복종 속에 있는 거예요."

나는 트집을 잡는 것이 싫어서 그 마지막 말에 아무 대꾸도 하지 않았다. 그러나 행복의 결과에 지나지 않는 것을 통해 그 행복을 얻으려 애씀으로써 오히려 그 행복 자체가 위태로워질 수 있다는 것을 잘 알고 있다. 뿐만 아니라 아무리 사랑스러운 영혼이 자신의 자발적인 복종을 즐거워한다 해도 사랑이 없는 복종만큼 행복으로부터 멀어지게 하는 것도 없다는 것도 잘 알고 있다.

그럼에도 자크의 이론은 훌륭하다. 그래서 만일 내가 그처럼 어린 정신 속에 그토록 뻣뻣해져 버린 교리주의를 보는 것만 괴로워하지 않았다면, 그 이론의 훌륭함과 일관성에 대해 감탄하지 않을 수 없었을 것이다. 나는 내 쪽이 그 애보다 더 어리다 느끼며, 어제보다 오늘 내가 더 젊어졌구나 하는 생각을 자주 하게 된다. 그럴 때면 나는 이 말씀을 마음속에서 되뇐다. "만약 너희가 돌이켜 어린아이들과 같이 되지 아니하면 결단코 천국에 들어가지 못하리라."

복음서에서 '가장 복된 삶에 이르는 방법'을 찾으려 하는 것이 과연 그리스도를 배신하고 복음서를 깎아내리고 모독하는 일인가? 기쁨은 우리의 의심과 우리 마음의 냉혹함의 방해를 받긴 하지만, 기독교인에게는 의무적인 것이다. 인간은 저마다 크든 작든 기쁨을 맛볼 수 있다. 인간은 저마다 기쁨을 추구해야 한다. 제르트뤼드는 그 점에 대해 미소 하나만으로 내 교육이 그 애에게 가르쳐준 것보다 더 많은 것을 내게 가르쳐준다.

그러자 그리스도의 이 말씀이 내 눈앞에 빛을 발하며 솟아오르는 것 같았다. "만일 너희가 눈이 멀었더라면 죄가 없으리라." 죄는 영혼을 어둡게 하며, 영혼의 기쁨을 가로막는다. 온몸에 넘쳐흐르는 제르트뤼드의 온전한 행복은 그 애가 죄를 알지 못한다는 데서 온다. 그 애에게는 빛과 사랑만이 있을 뿐이다.

나는 그 애의 조심스러운 손에 사대복음서와 시편, 요한 계시록, 그리고 요한서신을 쥐여 주었다. 바로 그 요한서신에서 그 애는 이미 "나는 세상의 빛이니 나를 따르는 자는 어둠에 다니지 아니하리"라는 주님의 말씀을 들을 수 있었던 것처럼, "하느님은 빛이시라, 그에게는 어두움이 조금도 없으시다"는 구절을 읽을 수 있을 것이다. 그러나 나는 바울의 사대서신은 그 애에게 주지 않았다. 설령 죄를 전혀 모르는 눈먼 아이라고 해도 "계명으로 말미암아 죄로 심히 죄되게 하려 함이니라"(〈로마서〉 7장 13절)라는 구절과, 비록 아무리 감탄할 만한 것일지언정, 그 구절에 뒤따르는 모든 변증법을 그 애가 읽게 함으로써 불안을 주는 것은 아무 소용이 없는 일이었기 때문이다.

5월 8일.
마르탱 의사가 어제 쇼드퐁에서 왔다. 그는 검안경으로 제르트뤼드의 눈을 오랫동안 관찰했다. 로잔에 있는 전문가 루 박사에게 제르트뤼드에 관해 이야기했으며 박사에게 그 관찰 결과를 알려주기로 했다는 것이었다. 그 두 사람은 제르트뤼드의 눈이 수술로 고쳐질 가능성이 있는 상태라고 생각하고 있었다. 그렇지만 우리는 그 문제에 대해 더 확신이 서기 전까진 그 애에게 아무 말도 하지 않기로 했다. 마르탱은 협의 결과를 내게 알려주기로 했다. 그 애에게 물거품처럼 사라질 수도 있을 희망을 일깨우는 게 무슨 소용이 있겠는가? 더구나 그 애는 지금 이 상태로도 행복하지 않은가?

5월 10일.
부활절이 되자 자크와 제르트뤼드는 내가 보는 앞에서 다시 만났다. 자크가 제르트뤼드를 먼저 찾아와 이야기를 했으나 뜻깊은 말은 전혀 없었다. 자크는 내가 걱정할 만큼의 흥분된 모습은 보이지 않았다. 지난해 떠나기 전에 제르트뤼드가 그의 사랑에는 희망이 없다고 말했지만, 정말로 열렬했더라면 그렇게 쉽게 식지는 않았을 것이다. 게다가 지금은 그 애가 제르트뤼드에게 '당신'이라고 부르고 있는 것도 알았다. 그것은 확실히 잘된 일이다. 내가 그렇게 하라고 요구한 적은 없지만 기쁘게도 그 애 스스로 깨닫게 된 것이다. 자크에게는 확실히 좋은 점이 많이 있다.

그렇지만 나는 자크의 그 복종에는 틀림없이 심적 갈등과 싸움이 있었을 것이라 짐작한다. 유감스러운 것은 그 애가 자기 마음에 강요한 구속이 지금은 그 자체로 좋은 것처럼 보인다는 점이다. 그래서 그 애는 아마 그 구속이 모두에게 강요되는 것을 보고 싶어할 것이다. 나는 그러한 점을, 앞서 옮겨 적은 것처럼 얼마 전 그 애와 가진 그 토론에서 느꼈다. '정신은 자주 감정에 속는다'고 말한 것은 라로슈푸코가 아니었던가? 나는 자크의 기질을 잘 알고 있었고, 토론을 할 때는 자기 견해만을 고집하는 것을 알고 있었기 때문에 곧바로 그런 점을 그에게 지적해 주진 않았다. 하지만 그날 저녁 나는 바로 성 바울(나는 그 무기가 아니고서는 그 애를 이길 수 없었다)에게서 그 애에게 대응할 말을 찾아냈다. 나는 그 애가 읽을 수 있도록 "먹지 않는 자는 먹는 자를 비판하지 말라. 이는 하느님이 그(먹는 자)를 받으셨음이라"⟨로마서⟩라는 말씀을 쪽지에 적어 조심스럽게 그 애의 방에 갖다 놓았다.
14장 3절

그리고 계속해서 다음 구절도 베껴놓을 수 있었다. "내가 주 예수 안에서 알고 확신하노니, 무엇이든지 스스로 속된 것이 없되 다만 속되게 여기는 그 사람에게는 속되니라." 하지만 내가 제르트뤼드에 대해 어떤 부정한 마음을 품고 있다고 자크가 그릇된 상상을 하게 될까 봐(그런 것은 그 애가 상상조차 해서는 안 되는 것이다) 감히 이 구절은 적어놓지 못했다. 물론 이것은 먹을 것에 관한 말씀이다. 하지만 《성경》의 얼마나 많은 구절들에서 우리는 두 가지, 세 가지 의미를 부여하도록 요구받고 있는가? ("만일 너희가 눈이 …… 빵이 불어난 이야기, 가나 혼인잔치에서의 기적 등) 여기서 쓸데없는 이론을 늘어놓으려는 것은 아니다. 이 구절의 의미는 넓고도 깊다. 구속은 율법이 아닌 사랑에 의해 규정되어야 한다. 그래서 성 바울은 "만일 음식으로 말미암아 네 형제가 근심하게 되면 이는 네가 사랑으로 행하지 아니함이라"고 부르짖고 있다. 우리에게 사랑이 없으면 악마가 달려드는 것이다. 주여! 저의 마음에서 사랑에 속하지 않는 것은 모두 제거해 주소서……. 결국 내가 자크를 부추긴 것이 잘못이었다. 그 다음 날 나는 내가 베껴서 갖다놓은 바로 그 쪽지를 내 책상 위에서 발견했다. 그 뒷면에 자크는 같은 장에 있는 이 구절을 옮겨 적어놓았다. "그리스도께서 대신하여 죽으신 형제를 네 음식으로 망하게 하지 말라."⟨로마서⟩
14장 15절

나는 다시 한 번 그 장을 다 읽어보았다. 그것은 끝없는 논쟁의 출발점이었다. 그러니 제르트뤼드의 밝은 하늘을 그런 난처한 일로 뒤흔들고 그런 검은 구름으로 흐리게 할 까닭이 무엇이란 말인가? 남의 행복을 해치거나 우리 자신의 행복을 위태롭게 하는 것만이 유일한 죄임을 제르트뤼드에게 가르치고 믿게 할 때 내가 그리스도에 더 가까이 다가갈 수 있고, 그 애 역시 그렇게 할 수 있게 해주는 일이 아닐까?

유감스럽게도 어떤 영혼들은 유난히 행복에 반항한다. 그들은 무능력하고 서투르다……. 나는 나의 불쌍한 아멜리가 그렇다고 생각한다. 나는 아내를 끊임없이 행복으로 이끌기도 하고 뒤에서 밀고 가기도 했다. 정말 억지로라도 아내를 그곳으로 이끌고 싶다. 그렇다, 정말 모든 사람을 하느님 곁으로 끌어올리고 싶다. 하지만 아내는 끊임없이 피하며 아무리 태양이 꽃피우려 해도 피지 않는 꽃처럼 움츠러들고 만다. 아내에게는 눈에 보이는 모든 것이 그녀를 불안하게 하고 괴롭히는 존재들이다.
언젠가 아내는 내게 이렇게 말했다.
"어쩔 수가 없네요, 난 장님으로 태어나질 못했으니."
아아! 아내의 그 빈정거림은 얼마나 나를 고통스럽게 하는지. 그 말에 동요하지 않기 위해서 내게는 또 얼마나 큰 덕이 필요한지! 그렇지만 아내는 제르트뤼드의 장애를 비꼬는 행위가 내 마음을 가장 상하게 하는 것이라는 걸 깨달을 날이 있으리라고 생각한다. 뿐만 아니라 아내는 내가 제르트뤼드에게서 가장 감탄하는 것이 바로 그 애의 무한한 온순함이라는 사실을 깨닫게 해주었다. 사실 나는 그 애가 다른 사람에게 단 한마디도 불평하는 걸 들어보지 못했다. 물론 내가 그 애의 마음을 상하게 할 수 있는 여지를 조금도 남겨 두지 않은 것도 사실이다.
행복한 영혼이 사랑을 발산함으로써 주위에 행복을 퍼뜨리는 것과는 정반대로 아멜리 주위의 모든 것은 침울하고 우울해지기만 한다. 아미엘(스위스의 철학자, 문학자, 1821~1881)은 아마도 내 아내의 영혼이 검은빛을 뿜는다고 썼을 것이다. 때때로 가난한 사람들과 아픈 사람들, 그리고 애통해하는 사람들을 방문하는 하루 동안의 일과를 마치고 몹시 피곤한 상태가 되어 휴식과 애정과 온정을 간절히 갈망하는 마음으로 집에 돌아오면, 내가 보통 마주하는 것이라고는 걱정과 불평과 갈등밖에 없다. 그런 가정으로 들어가는 것보다 차라리 춥고 바람 불며 비오는 밖이 내게는 더 나을 것이다. 나는 우리의 늙은 로잘리 할머니가 제 고집대로 하려는 것을 잘 안다. 하지만 그분이 언제나 틀린 것도 아니고, 무엇보다 아내가 그분을 굴복시키려 할 때 언제나 아내가 옳은 것도 아니다. 나는 샤를로트와 가스파르가 매우 소란스러운 아이들이라는 것을 잘 안다. 하지만 아멜리가 아이들에게 소리를 좀 덜 지르면 덜 지를수록 더 나은 효과를 얻을 수 있지 않을까? 너무 잦은 당부와 질책과 꾸짖음은 바닷가의 조약돌처럼 날카로운 날을 모두 잃어, 아이들은 그 소리에 나보다도 더 까딱하지 않는다. 나는 어린 클로드가 이가 나고 있다는 것을 잘 안다(그 녀석이 아우성치기 시작할 때마다 적어도 제 어미는 그렇게 주장한다). 하지만 곧장 아내나 사라가 달려들어 계속 달래주는 것은 오히려 그 녀석이 더 울도록 부추기는 것이 아닐까? 내가 집에 없을 때 몇 번이든 실컷 울라고 내버려두면 그 녀석이 조금 덜 울 것이라고 나는 확신한다. 하지만 모녀는 무엇보다 꼭 그때 아이의 비위를 맞추려 든다는 것을 나는 잘 알고 있다.

사라는 제 어머니를 닮았다. 아마도 그래서 나는 그 애를 기숙사에 보내려고 한 것이다. 정말 유감스러운 일이지만 그 애는 나와 약혼했을 무렵의 제 엄마를 닮은 게 아니라, 살아오면서 물질적인 걱정에 의해 변해버린 지금의 엄마 모습을 닮았다. 나는 아내가 생활에 대한 걱정을 마음속에서 키운다고 말하고 싶다(확실히 아멜리는 마음속에 걱정을 키우고 있기 때문에). 지금 내 아내에게서는, 전에 내 마음에 고귀한 열정이 솟구칠 때마다 미소를 지어 보여 희미하게나마 내가 내 인생의 동반자로 삼기를 꿈꾸었던, 나를 앞서 가며 빛으로 인도해 주던 그 천사 같은 모습을 찾을 수 없다. 그렇다면 그 시절에 나는 사랑에 눈이 어두워졌던 것일까? ……

사실 나는 사라에게서 쓸데없는 걱정들밖에 다른 것은 아무것도 발견하지 못한다. 그 애는 제 어머니를 닮아 하찮은 걱정거리들 때문에 허둥댄다. 마음속 뜨거운 열정도 보이지 않는 그 애의 얼굴은 침울하고 굳어져 있다. 시나 독서에 대한 취미도 전혀 없다. 모녀가 대화하는 장면이 내게 불시에 발견되기도 하지만 나는 그 대화에 끼고 싶은 마음이 조금도 들지 않는다. 그래서인지 나는 내 방에 혼자 틀어박혀 있을 때보다 그들 곁에 있을 때 훨씬 더 가혹한 고독감을 느낀다. 그래서 나는 차츰 내 방에 들어앉아 있는 버릇이 생겼다.

나는 지난 가을부터 해가 빨리 지는 덕분에 나의 순회 방문 일정이 허락할 때마다, 다시 말해 꽤 일찍 집으로 돌아올 수 있을 때마다 루이즈 양의 집으로 차를 마시러 가는 습관이 생겼다. 아직 말을 하지 못했는데, 지난 11월부터 루이즈 양은 마르탱의 제안으로 제르트뤼드 외에도 다른 세 명의 맹인 여자아이들을 돌보며 함께 살고 있었다. 이번에는 제르트뤼드가 그 세 아이들에게 글 읽기를 비롯해 여러 자질구레한 일들을 가르치고 있는데, 이미 그 애들은 꽤 익숙하게 잘한다.

'라 그랑즈(꽃같은집)'의 따뜻한 분위기 속으로 돌아갈 때마다 나는 얼마나 큰 평안과 안락을 느끼는지. 그러다 가끔씩 이삼 일 동안이나 그곳에 들르지 못할 때에는 얼마나 허전함을 느끼게 되는지 모른다. 루이즈 양이 제르트뤼드와 그 세 아이를 돌보는 걸 어려워하거나 힘들어하지 않는다는 사실에 대해서는 말할 필요도 없다. 세 명의 하녀가 헌신적으로 도와주어 그녀는 조금도 피로를 느끼지 않았다. 재산과 여가 활동이 그보다 더 가치 있게 활용된 적이 있었던가? 오래전부터 루이즈 양은 줄곧 가난한 자들을 보살펴 왔다. 그녀는 신앙심이 아주 깊은 여성으로, 세상에 유익한 일만 하며 사랑을 위해서만 사는 것 같다. 나는 레이스 모자 밑으로 보이는 이미 희끗희끗해진 머리에도 불구하고 그녀의 미소만큼 어린애 같은 미소를 보지 못했고, 그녀의 몸짓만큼 아름답고, 그녀의 목소리만큼 음악적인 것은 듣지 못했다.

  제르트뤼드는 태도와 말투, 목소리의 어조뿐 아니라 사고와 인격 전체가 지니고 있는 억양마저도 어느새 그녀를 닮아갔다. 둘이 너무 닮았다고 내가 농담을 하면 둘은 하나같이 자기들은 잘 모르겠다고 말한다. 제르트뤼드가 루이즈 양의 어깨에 이마를 기대거나 손 하나를 맡기고 둘이 나란히 앉아 내가 읽어주는 라마르틴이나 위고의 시에 귀 기울이는 것을 보면서, 오랜 시간 그들 곁에 머물며 그들의 밝고 순수한 영혼 속에 그 시정신(詩精神)이 반사되는 것을 바라보는 일은 내게 얼마나 감미로움을 주는지!

  세 어린 학생들조차 그 분위기에 무감하지 않았다. 그 아이들은 그처럼 평화롭고 사랑이 가득한 분위기 속에서 놀랄 정도로 빠른 발전과 향상을 보였다. 루이즈 양이 즐거움과 건강을 위해 춤추는 법을 그 애들에게 가르친다고 내게 처음 말했을 때 나는 웃었다. 하지만 지금 나는 그 애들 자신이 그것을 감상하지 못하는 것이 안타까울 뿐, 그들이 마침내 이루어낸 동작의 우아함에 감탄해 마지않는다. 루이즈 양의 말에 의하면, 그 애들은 비록 볼 수는 없지만 근육의 움직임을 통해 자신이 만들어내는 동작의 균형을 감지할 수 있다고 한다. 제르트뤼드는 아주 매력적이고 우아하게 그 춤에 참여함으로써 경쾌한 여흥을 더해 주거나, 루이즈 양이 아이들과 함께 춤을 출 때면 피아노를 쳐주었다. 제르트뤼드는 그동안 음악 공부에 놀랄 만한 발전을 보였다. 그래서 지금은 그 애가 주일미사에 오르간 연주를 맡고 있으며, 신도들이 찬송가를 부를 때는 짧게 즉흥연주로 전주곡을 연주하기도 한다.

내면 일기 II 179

주일마다 그 애는 우리집에 와서 아침을 먹는다. 내 아이들은 갈수록 그 아이와 취미가 달라져가고 있음에도 즐겁게 그 애를 맞이한다. 아멜리도 별로 신경질적인 모습을 보이지 않아서 식사는 별 지장 없이 끝난다. 그러고 나면 우리 가족들은 모두 함께 제르트뤼드를 '라 그랑즈'까지 데려다주고 그곳에서 간식을 대접받는다. 루이즈 양이 애들의 응석을 받아주고 사탕 과자를 듬뿍 주기 때문에 내 아이들에게는 축제가 따로 없다. 아멜리조차 그런 친절한 대접에는 마침내 미소를 짓게 되어 아주 젊어 보였다. 아내도 이제는 자신의 그런 지루하고 지겨운 생활에 그와 같은 휴식 없이는 살아가기가 쉽지 않을 것이라 생각한다.

5월 18일.
날씨가 다시 좋아져서 나는 제르트뤼드와 다시 산책을 할 수 있게 되었다. 나는 오랫동안 그 애와 산책을 못했으며(최근에 몇 차례 눈이 또 내려서 요며칠 전까지 도로 사정이 매우 나빴다), 그 애와 단둘이 있는 일도 거의 없었다.

우리는 빨리 걸었다. 강한 바람에 그 애의 두 뺨은 홍조를 띠었고, 금빛 머리카락이 쉬지 않고 그 애의 얼굴에 나부꼈다. 우리가 이탄(泥炭)을 따라 걷고 있을 때 나는 꽃이 핀 골풀 줄기 몇 개를 꺾어 그 애의 모자 밑으로 밀어넣어 머리카락이 흩날리지 않게 모자와 함께 묶어주었다.

우리는 둘이 함께 있다는 것에 크게 흥분하여 여전히 말을 거의 하지 못하고 있는데, 제르트뤼드가 내게로 보이지 않는 눈을 돌려 불쑥 이렇게 물었다.

"목사님은 자크가 아직도 저를 사랑한다고 생각하세요?"

"그 애는 너를 단념하기로 결심했단다."

내가 곧 대답했다.

"그러면 목사님이 저를 사랑한다는 것을 자크가 안다고 생각하세요?"

앞에서 말한 대로 지난여름의 그 대화 이후로 우리 사이에 사랑이라는 말이 한 번도 거론되지 않은 채 반년여가 흘렀다(나는 그 점에 대해 놀라지 않는다). 내가 말한 것처럼, 우리는 절대로 단둘이 있지 않았고 그러는 편이 더 나았다⋯⋯. 제르트뤼드의 질문이 내 마음을 너무도 설레게 해서 나는 걷는 속도를 좀 늦춰야 했다.

"이런, 제르트뤼드야, 내가 너를 사랑한다는 것은 누구나 아는 사실이야."
나는 큰 소리로 말했다. 하지만 그 애는 속지 않았다.
"그게 아니에요. 목사님은 제 질문에는 대답하지 않으셨어요."
잠시 침묵이 흐른 뒤, 그 애는 머리를 숙인 채 말을 계속 이어갔다.
"아멜리 아주머니는 알고 계세요. 그 때문에 슬퍼하시는 것도 저는 알고 있어요."
"그 사람은 그게 아니어도 항상 우울한 사람이야." 나는 자신 없는 목소리로 반박했다. "워낙 천성이 그렇단다."
"아이! 목사님은 언제나 저를 안심시키려고만 하시는군요." 제르트뤼드가 좀 화난 듯 말했다. "하지만 저는 목사님이 그러시는 걸 원치 않아요. 저를 불안하게 하거나 괴롭게 할까 봐 제게 알려주시지 않는 게 많다는 건 저도 알아요. 저는 많은 것을 모르고 있어요. 그래서 때로는……."
그 애의 목소리가 점점 낮아졌다. 그러더니 마침내 숨이 가쁜 듯 말을 중단했다. 나는 그 애의 마지막 말을 받아 이렇게 물었다.
"때로는 어떻단 말이지?"
"그래서 때로는," 그 애는 슬픈 듯이 말을 이었다. "목사님께 받은 저의 모든 행복이 제 그 무지함 덕분인 것 같다는 생각이 들어요."
"그렇지만 제르트뤼드야……."
"목사님, 제 말씀을 더 들어보세요. 저는 이런 행복은 원치 않아요. 목사님도 아셔야 돼요. 저는 그렇게 행복에 집착하지 않는다는 것을 말이에요. 차라리 저는 아는 쪽을 택하겠어요. 목사님께 제가 그것들을 모르게 할 권리는 없어요. 저는 이 겨울 몇 달 동안 오래도록 깊이 생각해 보았어요. 목사님도 아시듯 저는 이 세상이 목사님이 제게 믿게 해주신 것만큼 아름답지 않을까 봐, 아니 그보다 훨씬 못할까 봐 겁이 나요."
"사람들이 이 세상을 자주 더럽혀 온 것은 사실이지."
나는 그 애의 생각이 너무 비약할까 두려워 조심스레 그 애의 말을 결론짓고는, 그 아이의 생각을 다른 데로 돌리려 애썼다. 하지만 성공하리라는 희망은 전혀 없었다. 사슬을 완성하는 마지막 고리라도 낚아채듯 즉시 그 말을 가로채며 이렇게 소리친 것을 보면 제르트뤼드는 그 몇 마디의 말을 기다리기라도 한 것 같았다.

"맞아요. 그리고 저는 분명 악을 보태고 싶진 않아요."

우리는 오랫동안 말없이 아주 빨리 걸었다. 말을 할 수도 있었겠지만 그 애의 생각과 부딪칠 것이라는 생각에 나는 입을 다물었다. 우리 둘의 운명이 걸려 있는 말이 그 애에게서 나올까 봐 두려웠다. 게다가 어쩌면 그 애가 시력을 되찾을 수도 있을 것이라고 한 마르탱의 말을 생각하니 커다란 고통이 가슴을 옥죄는 듯했다. 이윽고 그 애가 말문을 열었다.

"목사님께 한 가지 여쭤보고 싶은 게 있어요. 그런데 어떻게 말을 해야 할지 모르겠네요……."

그 애는 분명 그 질문을 하기 위해 모든 용기를 다 동원하고 있었다. 내가 그 애의 질문에 귀 기울이기 위해 그랬던 것처럼 말이다. 하지만 그 애를 그토록 고통스럽게 하던 그 질문을 내가 어떻게 예상할 수 있었겠는가?

"눈이 먼 사람의 아이는 당연히 장님으로 태어나나요?"

나는 그 대화로 우리 둘 중 누구의 숨이 더 막혔는지는 모르겠다. 그렇지만 그때 우리는 어쨌든 대화를 계속해야만 했다. 나는 그 애에게 이렇게 말했다.

"그렇지는 않아, 제르트뤼드야. 아주 특별한 경우가 아닌 이상 그 애들이 그렇게 태어나야 할 이유는 없단다."

그 애는 아주 안심하는 것 같아 보였다. 이번에는 어째서 그런 질문을 하느냐고 내 쪽에서 그 애에게 되묻고 싶었다. 그렇지만 나는 용기를 내지 못하고 어설프게 다른 말만 계속했다.

"하지만 제르트뤼드야, 아이를 가지려면 먼저 결혼을 해야 하는데."

"그런 말씀 하지 마세요, 목사님. 그런 게 사실이 아니라는 것쯤은 저도 알고 있어요."

"나는 네게 바른말을 했는데." 나는 반박했다. "그렇지만 실제로 자연의 법칙은 인간과 하느님의 법칙이 금하는 것을 허락하기도 하지."

"목사님은 제게 하느님의 법칙이 바로 사랑의 법칙, 그 자체라고 자주 말씀하셨잖아요."

"여기서 말하는 사랑은 사람들이 흔히 자비라 부르는 그런 사랑은 아니란다."

"목사님은 그 자비로 저를 사랑하시는 거예요?"

"그렇지 않다는 걸 너도 잘 알고 있지 않니."

"그렇다면 목사님은 우리 사랑이 하느님의 법칙에 어긋난다는 것을 인정하세요?"

"그게 무슨 말이니?"

"어머, 목사님도 잘 아시잖아요. 그러니 그건 제가 말씀드리지 않아도 될 것 같아요."

나는 얼버무리려고 애썼지만 소용이 없었다. 내 가슴은 혼란에 빠진 내 설득 수단의 퇴각을 알리는 북이 울리듯 끝없이 두근거렸다. 나는 정신없이 소리쳤다.

"제르트뤼드야, 너는 네 사랑이 죄라고 생각하니?"

그 애는 내 말을 바로잡으며 말했다.

"'우리의' 사랑이에요. 저는 마땅히 그래야 한다고 생각해요."

"그래서?"

나는 내 목소리에서 애원 같은 것을 읽었지만, 그 애는 숨도 돌리지 않고 자신의 말을 끝마쳤다.

"하지만 저는 목사님을 사랑하는 것을 그만둘 수는 없다고 생각해요."

이 모든 것은 어제 일어난 일이다. 나는 처음에는 이것을 여기에 쓰는 걸 망설였다……. 산책이 어떻게 끝났는지도 모르겠다. 우리는 마치 도망치듯 급한 발걸음으로 걸었다. 나는 그 애의 팔을 꼭 껴안고 있었다. 내 영혼은 내 몸을 떠나 있어서 길에 아주 작은 돌멩이 하나만 있었어도 우리 두 사람은 모두 땅바닥에 나뒹굴어 넘어지고 말았을 것이다.

5월 19일.

오늘 아침에 마르탱이 찾아왔다. 제르트뤼드의 눈은 수술이 가능하다고 했다. 루 박사는 그것을 분명히 밝히며 그 애를 한동안 자기에게 맡기라고 했다. 나는 반대할 수 없었다. 그러면서도 비겁하게 생각해 보겠다고 말했다. 그 애가 천천히 마음의 준비를 할 수 있도록 시간을 달라고 요구했다. 기쁨으로 크게 두근거려야 할 내 가슴은 오히려 말로 표현할 수 없는 큰 불안감에 휩싸여 무겁기만 했다. 제르트뤼드에게 시력을 되찾을 수 있다는 것을 알려주어야 한다는 생각만 해도 말이다. 나는 용기가 부족했다.

5월 19일 밤.

제르트뤼드를 다시 만났지만 나는 아무 말도 하지 못했다. 오늘 밤 '라 그랑즈'에 있을 때 거실에 아무도 없기에 그 애의 방까지 올라갔다. 우리 둘뿐이었다.

나는 그 애를 오랫동안 꼭 껴안아 주었다. 그 애는 가만히 있었다. 그리고 그 애가 나를 향해 이마를 들었을 때 우리의 입술이 서로 맞닿았다.

5월 21일.

주여, 당신은 우리를 위해 이토록 깊고 아름다운 밤을 만드셨습니까? 아니면 저를 위해 만드셨습니까? 포근한 바람이 불어오고, 열린 창 사이로는 달빛이 비쳐 듭니다. 저는 하늘의 무한한 침묵에 귀 기울입니다. 제 마음은 황홀하여 그 안에 녹아들 뿐입니다. 이제 저는 열렬히 기도하는 것 말고는 아무것도 할 수가 없습니다. 하느님, 만일 사랑에 어떤 구속이 있다면 그 구속은 당신의 것이 아니라 인간의 것입니다. 오! 저의 사랑이 비록 인간의 눈에는 죄짓는 일처럼 보일지라도, 당신에게는 경건하게 보인다고 말씀해 주세요.

저는 죄라는 생각을 떨치기 위해 노력합니다. 그렇지만 제게 죄는 견딜 수 없는 것 같습니다. 그리고 저는 그리스도를 저버리고 싶지 않습니다. 아니요, 저는 제르트뤼드를 사랑함으로써 죄를 범하고 싶은 마음은 없습니다. 제 심장을 뽑아 버리지 않는 한, 이 사랑을 제 마음에서 없앨 수 없습니다. 어째서 그럴까요? 제가 만일 이제 와 그 애를 사랑하지 않는다 해도 저는 동정심에서라도 그 애를 사랑해야 합니다. 그 애를 더 이상 사랑하지 않는다는 것은 그 애를 배신하는 일이기 때문입니다. 그 애는 저의 사랑을 필요로 합니다.

주여, 저는 이제 아무것도 모르겠습니다. ……저는 당신밖에 모릅니다. 저를 인도해 주소서. 때때로 저는 어둠 속으로 빠져든 것 같은 생각이 듭니다. 그 애는 시력을 되찾게 되었는데, 저는 눈이 멀고 있는 것 같습니다. 그 애가 되찾게 될 그 시력이 마치 제게서 빼앗아 간 것 같다는 생각이 듭니다.

제르트뤼드는 어제 로잔에 있는 병원에 입원했다. 20일이 지난 뒤에야 퇴원할 것이다. 그 애가 돌아오기를 기다리는 나의 마음은 너무나 초조하다. 마르탱이 우리에게 그 애를 데려다주기로 했다. 제르트뤼드는 내게 그때까지 자기를 보러 오지 말아달라고 부탁했다.

5월 22일.
마르탱의 편지에 수술이 성공했다고 했다. 하느님께 영광을!

5월 24일.
지금까지 내가 어떻게 생겼는지도 모르고 나를 사랑한 그 애에게 이제 내 모습을 보여주어야 한다고 생각하니, 몸도 마음도 견디기 힘들 정도로 부담스러웠다. 그 애가 나를 알아볼까? 생전 처음으로 나는 불안한 마음으로 거울을 들여다보았다. 만일 그 애의 눈길이 그 마음보다 덜 관대하고 덜 사랑스럽게 느껴진다면 나는 어떻게 해야 할까? 주여, 저는 때때로 당신을 사랑하기 위해서라도 그 애의 사랑이 필요하다고 생각하는 겁니다.

5월 27일.
일이 갑자기 많아져서, 나는 요 며칠 동안 그렇게 초조하지 않게 지낼 수 있었다. 나를 정신없게 해줄 수 있는 일이라면 어떤 일이든 환영이다. 그렇지만 무슨 일에 매달리든 온종일 그 애의 모습이 내게서 떠나질 않는다.
내일 드디어 그 애가 돌아온다. 이번 주 내내 아주 기분 좋은 모습만 보이며 내가 그 애를 잊게 하려고 애쓰는 것 같았던 아멜리는, 아이들과 함께 제르트뤼드의 퇴원을 축하할 준비를 하고 있다.

5월 28일.
가스파르와 샤를로트가 숲과 초원에서 꽃을 꺾어 왔다. 사라는 늙은 로잘리 할머니가 만든 축하 케이크에 뭔지는 모르지만 하여간 금박지로 뭔가를 장식하고 있다. 우리는 정오쯤 도착할 그 애를 기다리고 있는 것이다.
기다리면서 시간을 보내기 위해 이 글을 쓰고 있다. 지금은 11시다. 자꾸만 나는 머리를 들어 마르탱의 마차가 다가올 길 쪽을 바라본다. 나는 마중 나가는 것을 자제하고 있다. 아멜리를 생각하여 나 혼자서만 따로 환영하는 일은 하지 않는 것이 더 나을 것이기 때문이다. 가슴이 뛴다. 아아! 드디어 왔다.

28일 저녁.
얼마나 끔찍한 어둠 속으로 나는 빠져들고 있는가!
자비를 베풀어주소서, 주여, 불쌍히 여겨주소서! 그 애를 사랑하는 것을 단념하겠습니다. 하지만 주여, 그 애가 죽는 것만은 허락하지 마소서!

역시 내가 불안해하던 일이 들어맞은 것이다! 그 애가 어떻게 했다는 말인가? 무엇을 하려 했다는 건가? 아멜리와 사라의 말로는 그 애를 '라 그랑즈'의 대문까지 데려다 주자, 그곳에 루이즈 양이 기다리고 있었다고 한다. 따라서 그 애는 다시 집 밖으로 나간 것이다. 이게 도대체 어떻게 된 것인가?
내 생각을 좀 정리해 봐야 할 것 같다.
주위 사람들이 내게 해준 이야기는 이해가 되지 않거나 모순투성이다. 그래서 내 머릿속은 모든 것이 뒤죽박죽이다. 루이즈 양의 정원사가 의식을 잃은 그 애를 아까 낮에 '라 그랑즈'로 업어다 놓았다. 그는 그 애가 시냇가를 따라 걷다가 정원의 다리를 건넌 뒤 시냇물 쪽으로 몸을 굽히는 것까지 보았다고 했다. 그런 뒤 그 애가 갑자기 사라져버렸는데 물속에 빠진 줄 알았더라면 당연히 달려가야 했겠지만, 처음에는 그런 줄 몰랐기에 달려가지 않았다고 한다. 정원사는 물살에 떠내려간 그 애를 작은 수문 근처에서 발견했다고 말했다.
그 뒤 얼마 안 되어 내가 달려갔을 때, 그 애는 아직 의식을 되찾지 못하고 있었다. 어쩌면 의식을 다시 잃었는지도 모른다. 왜냐하면 곧바로 응급처치를 했기 때문에 잠시 의식을 되찾았을 뿐이다. 다행히 마르탱이 아직 떠나기 전이었지만 그는 제르트뤼드의 혼수상태와 무감각 상태는 도무지 납득이 가지 않는다고 했다. 마르탱이 그 애에게 질문을 해보았지만 소용이 없었다. 그 애는 아무것도 들리지 않거나 그게 아니면 아예 입을 다물기로 작정을 한 것 같았다. 그 애가 심한 호흡곤란 증세를 보이자 마르탱은 폐충혈(肺充血)을 걱정했다. 그는 겨자껍질 연고와 흡각을 붙여 준 뒤 내일 다시 오겠다며 돌아갔다. 환자의 의식을 되찾게 하려는 데만 정신이 팔린 나머지 너무 오랫동안 젖은 옷을 갈아입히지 않은 것이 잘못이었다. 시냇물이 얼음처럼 차가웠던 것이다. 유일하게 그 애의 입을 열게 하여 몇 마디를 들을 수 있었던 루이즈 양의 주장에 의하면, 그 애는 시냇가에 수북이 자라 있던 물망초 꽃을 꺾으려다 아직 거리 측정이 서툴러서인지 아니면 평평하게 수면을 덮고 있는 꽃무리를 단단한 땅으로 잘못 알아서인지 얼떨결에 발을 헛디뎠다고 했다.

아아, 그 말을 믿을 수 있다면 얼마나 좋을까! 그것이 단순한 사고에 지나지 않는다고 믿을 수 있다면 내 영혼을 덮치는 끔찍하고 무거운 짐이 얼마나 가벼워질 것인가! 그렇지만 아주 명랑한 분위기에서 진행된 식사 시간 내내 그 애에게서 떠나지 않은 그 이상한 미소가 나를 불안하게 했다. 그것은 일부러 꾸민 듯한 부자연스러운 미소로 내가 그 애에게서 그동안 한 번도 보지 못했던 것이었다. 나는 그 애가 세상을 처음 보게 된 때문이라고 생각하려 애썼다. 그리고 또 그 미소는 눈물처럼 두 눈에서 얼굴로 흘러내리는 미소이기도 했다. 그런 미소에 다른 사람들이 속되게 기뻐하는 것을 나는 불쾌하게 생각했다. 그 애는 식사 시간의 즐거운 분위기에 어울리지 못했다. 어떤 비밀을 발견한 것 같았고, 내가 그 애와 단둘이 있게 되면 당연히 그 비밀을 내게 털어놓을 것만 같았다. 그 애는 거의 한마디도 하지 않았다. 하지만 그 애의 그런 태도에 아무도 놀라지 않았다. 왜냐하면 다른 사람들이 있으면, 더구나 앞에 있는 그들이 들떠서 얘기하면 할수록 그 애가 말이 없어지는 건 흔한 일이었기 때문이다.

주여, 간청하오니 제가 그 애에게 말을 할 수 있도록 허락하여 주소서. 저는 알 필요가 있습니다. 그렇지 않으면 제가 어떻게 삶을 지속할 수 있겠습니까? ……혹시 그 애가 스스로 목숨을 끊으려고 한 것이라면, 그것은 틀림없이 '알아버렸기' 때문일까? 그렇다면 무엇을 안 것일까? 사랑스러운 제르트뤼드, 너는 도대체 어떤 끔찍한 것을 보았단 말이냐? 네가 그렇게 갑자기 발견할 수 있는 그 어떤 치명적인 것을 내가 감추어왔단 말이니?

나는 그 애의 머리맡에서 2시간 이상을 보냈다. 그 애의 이마와 창백한 뺨과 말로 표현할 수 없는 슬픔을 담은 채 감고 있는 눈 위의 우아한 눈썹, 그리고 아직도 마르지 않고 해초처럼 베개 주위로 늘어져 있는 머리카락에서 눈을 떼지 않고, 빨라졌다 느려졌다 하는 괴로워 보이는 그 숨소리에 귀 기울이면서.

5월 29일.

오늘 아침 그 집으로 가려 하고 있었는데 마침 루이즈 양이 나를 부르러 사람을 보냈다. 하룻밤을 별문제 없이 편안히 보낸 제르트뤼드는 얼마 뒤 혼수상태에서 깨어났다는 것이다. 그 애는 내가 방으로 들어가자 미소를 지으며 자기 머리맡에 와서 앉으라는 눈짓을 해 보였다. 나는 감히 그 애에게 묻지 못했다. 그리고 그 애도 내가 물어볼까 겁을 내고 있었던 게 분명하다. 왜냐하면 내가 마음을 털어놓으려는 것을 막기라도 하려는 듯 곧바로 내게 이렇게 말했기 때문이다.

"제가 시냇가에서 꺾으려 했던 작고 파란 꽃 이름이 뭐지요? 그 하늘색 꽃 말이에요. 목사님이 저보다 더 잘하실 테니 그 꽃으로 꽃다발 하나만 만들어주시겠어요? 여기 제 침대 옆에 놓아두게요……."

억지로 명랑한 체하는 목소리가 나를 더욱 고통스럽게 했다. 그리고 이렇게 진지하게 말을 덧붙인 것으로 보아 그 애도 내 고통을 알아챈 것을 알 수 있었다.

"오늘 아침엔 목사님께 말씀드리기가 힘드네요. 너무 피곤해요. 저를 위해 꽃을 꺾으러 가주시겠어요? 조금 뒤에 다시 돌아와주세요."

그리고 한 시간 뒤 그 애에게 줄 물망초 꽃다발을 가지고 다시 왔지만, 루이즈 양은 제르트뤼드가 다시 잠들어 있으니 저녁까지는 만나지 않는 편이 좋을 것 같다고 말했다.

저녁이 되어 나는 제르트뤼드를 다시 만났다. 그 애는 침대 위에 여러 개 겹쳐 놓은 쿠션에 기대고 있어서인지 마치 앉아 있는 것처럼 보였다. 가지런히 모아서 이마 위로 땋은 머리카락 사이사이에 내가 꺾어다 준 물망초 꽃들이 꽂혀 있었다.

그 애는 분명히 열이 있었고 숨 쉬는 것도 많이 힘들어 보였다. 내가 손을 내밀자 그 애는 타는 듯한 두 손으로 내 손을 잡고서 한동안 놓지를 않았다. 그 애 곁에 나는 그렇게 서 있었다.

"목사님, 목사님께 한 가지 꼭 고백해야 할 게 있어요. 오늘이라도 죽게 될까 봐 겁이 나서 그래요."

그 애가 말했다.

"오늘 아침에 전 목사님께 거짓말을 했어요. 꽃을 꺾으려던 것이 아니었어요······. 자살할 작정이었다고 말씀드려도 목사님은 절 용서해 주시겠지요?"

나는 그 애의 가냘픈 손을 꼭 쥐면서 침대 곁에 무릎을 꿇고 앉았다. 그러자 그 애는 내게서 손을 빼더니 나의 이마를 어루만지기 시작했는데, 나는 흐르는 눈물을 감추려고 침대시트에 얼굴을 파묻었다. 제르트뤼드는 내게 다시 다정하게 말했다.

"제가 한 일이 아주 나쁜 일이라고 생각하세요?"

내가 아무 대답도 하지 않자 그 애는 다시 말을 이어갔다.

"목사님, 목사님의 마음과 삶에 제가 너무 큰 자리를 차지하고 있다는 걸 목사님은 잘 알고 계세요. 목사님 곁으로 돌아오자마자 저는 그 점을 깨닫게 되었어요. 그리고 제가 차지하고 있던 그 자리가 저 때문에 슬퍼하는 다른 분의 자리였다는 것도요. 저의 죄는 바로 그 점을 좀더 빨리 깨닫지 못했다는 거예요. 저에 대한 목사님의 사랑을 이미 잘 알고 있었으면서도 목사님이 저를 사랑하도록 그냥 내버려 두었다는 것부터 잘못된 일이었어요. 이제서야 제 눈으로 직접 초췌한 그분의 수심 가득한 얼굴을 볼 수 있게 되자, 저는 그 슬픔이 저 때문이라는 생각에 더 이상 견딜 수가 없었어요······. 그렇지만 목사님은 자책하지 마세요. 그냥 이대로 헤어지게 해 주세요. 다시 그분에게 기쁨을 돌려드리세요."

그 애는 내 이마를 어루만지던 손을 거두었다. 나는 그 애의 손을 움켜잡고 눈물을 흘리며 키스를 퍼부었다. 그러나 그 애는 초조해하며 손을 빼냈다. 또 다른 괴로움이 그 애를 동요시키기 시작했던 것이다.

"제가 말하고 싶었던 건 그게 아니에요. 정말 제가 하고 싶었던 말은 그게 아니었다고요."

그 애는 반복해서 말했다. 그 애의 이마가 땀에 젖어 있는 것이 보였다. 제르트뤼드는 눈꺼풀을 내리깔고 자신의 생각을 정리하는 듯, 아니면 보이지 않던 예전 상태로 되돌아가기라도 하려는 듯 잠시 눈을 감은 채 가만히 있었다. 잠시 뒤 그 애는 처음에는 기운 없고 슬픈 목소리로 시작하는 듯하더니 눈을 뜨자, 목소리를 높였고 곧이어 격하게 흥분한 목소리로 말했다.

"목사님 덕분에 제가 눈을 뜨게 되었을 때 저의 눈은 상상했던 것보다 훨씬 더 아름다운 세상을 보았어요. 정말로 태양이 이토록 밝고 대기가 이토록 반짝이며, 하늘이 이렇게 넓으리라고는 꿈에도 생각지 못했어요. 그렇지만 사람들의 얼굴이 이토록 걱정으로 가득 찬 모습이리라는 것 역시 상상하지 못했지요. 제가 목사님의 집에 들어갔을 때 맨 처음 제게 보인 게 뭔지 목사님은 아세요……? 아아! 아무래도 목사님께 말씀드리지 않을 수가 없어요. 제가 처음 본 것은 우리의 잘못, 우리의 죄였어요. 아니라고 하지 마세요. '만일 너희가 눈먼 사람이라면 죄가 없으리라'라는 말씀으로 저를 안심시키려 하지 마세요. 저는 이제 보이는걸요……. 일어나세요, 목사님. 여기 제 곁에 앉아보세요. 아무 말씀 마시고 제 말을 들어주세요. 병원에 있는 동안 저는 목사님이 제게 읽어주지 않으셔서 제가 모르고 있던 《성경》 구절들을 읽었어요. 아니 더 정확히 말하면 읽어달라고 했어요. 온종일 되뇌었던 성 바울의 이 구절이 기억나요. '전에 법을 깨닫지 못할 때에는 내가 살았더니, 계명이 이르매 죄는 살아나고 나는 죽었도다.'"

그 애는 극도의 흥분 상태에서 아주 큰 소리로 말하더니 마지막 몇 마디는 거의 고함을 지르다시피 했다. 나는 밖에까지 그 애의 말이 들릴까 봐 불안했다. 조금 뒤 그 애는 다시 눈을 감더니 자기 자신에게 말하듯 마지막 몇 마디를 되뇌었다.

"죄는 살아나고 나는 죽었도다."

나는 두려움으로 가슴이 얼어붙는 듯하여 부르르 몸을 떨었다. 나는 그 애의 생각을 다른 데로 돌리고 싶었다.

"누가 그 구절을 네게 읽어주었니?"

내가 물었다.

"자크가요."

그 애는 눈을 다시 뜨더니 나를 뚫어지게 바라보며 말했다.

"자크가 개종한 걸 목사님도 아셨나요?"

더 이상은 참을 수가 없어서 제발 그만해 달라고 그 애에게 간청하려 했지만 그 애는 벌써 말을 이어가고 있었다.

"목사님, 제 말이 고통스러우실 거예요. 하지만 우리 사이에는 어떤 거짓

말도 남아 있어서는 안 돼요. 자크를 보게 된 순간, 저는 제가 사랑하는 사람이 목사님이 아니라 바로 자크였다는 사실을 깨닫게 되었어요. 자크는 목사님의 얼굴이었던 거예요. 제가 상상하던 목사님의 얼굴 말이에요…… 아아! 목사님은 왜 제가 자크를 밀어내게 하셨어요? 나는 그와 결혼할 수도 있었을 텐데…….''

"그건, 제르트뤼드야, 이제라도 그 애와 결혼할 수 있단다."

나는 안간힘을 다해 소리쳤다.

"자크는 수도사가 되겠대요."

그 애가 격하게 말했다.

"아아! 저는 자크에게 고백하고 싶어요……."

그러고는 몸을 들썩이며 신음하듯 말했다.

"이제 전 죽을 수밖에 없다는 걸 목사님은 잘 아시겠지요. 목이 말라요. 누굴 좀 불러주세요. 숨이 막혀요. 혼자 있게 해 주세요. 아아! 목사님께 말씀드리고 나면 마음이 가벼워질 거라고 생각했는데. 떠나주세요. 우리 헤어져요. 저는 더 이상 목사님을 보고 싶지 않아요."

나는 그 애를 두고 나왔다. 그리고 루이즈 양을 불러 내 대신 그 애 곁에 있게 했다. 그 애가 몹시 흥분하고 있는 것이 불안했지만 내가 옆에 있는 것이 오히려 상태를 더 악화시킬 뿐이라고 자신을 타이르는 수밖에 없었다. 나는 루이즈 양에게 만일 상태가 더 악화되면 곧바로 알려달라고 부탁했다.

5월 30일.

아아, 나는 이제 그 애가 잠들어 있는 모습밖에 다시 보지 못했다. 저녁 내내 헛소리와 허탈증으로 헤매다가 오늘 아침 동틀 무렵 그 애는 세상을 떠났다. 제르트뤼드의 마지막 부탁으로 루이즈 양이 서둘러 자크에게 알렸지만 그는 그 애가 죽고 난 뒤 몇 시간이 더 지나서야 도착했다. 자크는 아직 시간이 있었는데도 사제를 부르지 않았다며 나를 사정없이 비난했다. 그렇지만 제르트뤼드가 로잔에 있을 때 (분명 자크의 재촉 때문이었겠지만) 개종했다는 사실을 모르고 있던 내가 어떻게 그럴 수 있었겠는가? 자크는 그제야 비로소 그와 제르트뤼드가 개종했다는 사실을 내게 알려주었다. 이렇게 두 아이는 한꺼번에 내 곁을 떠났다. 살아 있는 동안 나 때문에 함께하지 못했던 그 애들은, 나를 피해 달아나 하느님의 품속에서 하나로 맺어질 계획을 세웠던 것 같다. 그렇지만 자크의 개종은 사랑보다는 이론이 기인했다고 확신하게 되었다. 그 애는 내게 이렇게 말했다.

"아버지, 저에겐 아버지를 비난할 자격이 없습니다. 하지만 저는 아버지의 과실을 본보기 삼아 이 길을 택한 겁니다."

자크가 떠난 뒤 나는 아멜리 곁에 무릎을 꿇고 나를 위해 기도해 달라고 부탁했다. 아내는 그저 "하늘에 계신 우리 아버지……" 하며 주기도문을 암송할 뿐이었지만, 구절과 구절 사이의 긴 침묵 속에 우리의 애원을 가득 담아주었다.

나는 울고 싶었다. 하지만 나는 내 가슴은 사막보다도 더 메말라 있음을 느꼈다.

Les Nourritures terrestres
지상의 양식

내가 이 책에 붙이기로 한 엉뚱한 제목을, 나타나엘이여, 오해하지 마라. '메날크'라고 할 수도 있었을 테지만, 메날크는 그대 자신과 마찬가지로 지금까지 세상에 존재한 적이 없는 인물이다. 이 책에 붙일 수 있는 유일한 사람 이름은 나의 이름뿐이다. 하지만 그렇게 된다면 어떻게 내가 이 책에 내 이름으로 서명할 수 있었겠는가?

나는 허식도 수치심도 없이 이 책을 썼다. 그리고 때로는 본 적도 없는 도시들, 맡아보지도 않은 향기들, 하지도 않은 행동들에 관한 이야기를—보지 못한 그대 나타나엘에 관한 이야기를—하고 있지만 그것은 허위로 한 일이 아니다. 그러한 것들도, 내가 쓰는 이 책을 읽게 될 나타나엘이여, 장차 그대가 가지게 될 이름이 어떤 것인지 몰라 내가 그대에게 주는 이 이름과 마찬가지로 거짓은 아닌 것이다.

나의 이야기를 읽고 난 다음에는 이 책을 던져버려라—그리고 밖으로 나가라. 나는 이 책이 그대가 밖으로 나가고 싶은 욕망을 일으키게 되기를 바란다—어디서든지 그대의 도시로부터, 그대의 가정으로부터, 그대의 방으로부터, 그대의 사상으로부터 탈출하라. 만약 내가 메날크라면, 그대를 인도하기 위해서 나는 그대의 오른손을 잡았을 것이다. 그러나 그대의 왼손은 그것을 알지 못했을 것이고, 거리에서 멀어지면 나는 되도록 빨리 잡았던 손을 놓고 말했을 것이다—"나를 잊어버려라" 하고.

이 책이 그대로 하여금 이 책 자체보다도 그대 자신에게, 그리고 그대보다도 다른 모든 것에 흥미를 갖게 해주기를 바란다.

1장
LIVRE PREMIER

오랫동안 잠들어 있던 나의 게으른 행복이 이제 눈을 뜨도다.
하피즈

1

나타나엘이여. 도처(到處)가 아닌 곳에서 신(神)을 찾기를 바라지 마라.

피조물은 신을 가리키고 있기는 하지만, 그 어느 것도 신을 드러내 보이지는 않는다.

우리들의 시선이 자기 위에 머무르게 되면 어느 피조물이건 우리로 하여금 신에게 등을 돌려대게 하는 것이다.

다른 사람들이 작품을 발표하거나 일을 하고 있는 동안, 나는 오히려 머리로 배운 모든 것을 잊어버리려고 3년 간 여행을 하며 지냈다. 배운 것을 털어버리는 그러한 작업은 느리고도 어려운 일이었다. 그러나 그것은 사람들에게 강요당했던 모든 지식보다 나에게는 더 유익하였으며, 진실로 교육의 시초가 되었다.

우리들이 삶에 흥미를 갖기 위해 얼마나 노력해야 했는지 그대는 알지 못하리라. 그러나 삶이 우리의 흥미를 끌게 된 이제는 세상만사가 다 그렇듯이 우리를 열광케 하고야 말 것이다.

잘못이나 허물에서보다 그것을 벌주는 데서 더 많은 쾌감을 느끼며 나는 즐거이 내 육체를 벌하였다—그저 단순히 죄를 범하지 않는다는 자부심에 그토록 도취하였던 것이다.

'보상(報償)'이라는 생각 따위는 아예 마음속에서 없애버릴 것, 그것이 정신의 커다란 장애이다.

……우리의 길이 확실치 않음이 일생 동안 우리를 괴롭혔다. 그대에게 뭐라고 해야 좋을까? '선택'이란 어떤 것이든지 생각해보면 무서운 것이다. 의무가 길을 인도해주지 않는 자유란 무서운 것이다. 그것은 어디를 둘러보나 낯선 고장에서 택해야 하는 한 갈래 길과도 같아 사람은 저마다 거기서 '자기' 발견을 하게 되는 것이다. 그 발견이란 다만 자기 자신을 위해서 할 따름이라는 것을 명심해야 한다. 그러므로 가장 알려지지 않은 아프리카의 땅에서 더듬는 가장 희미한 발자취일지라도 그보다는 불안하지 않다. 그늘진 수풀들이 우리를 이끌며, 아직 마르지 않은 샘터의 신기루들…… 그러나 차라리 샘물들은 우리가 흐르길 원하는 곳에서 솟을 것이다. 왜냐하면 한 지방은 우리가 다가감으로써 만들어지고 존재하게 되는 것이며, 주위의 풍경들은 차츰차츰 우리의 걸음 앞에 전개되는 것이니까. 그리고 우리는 지평선 끝을 보지 못한다. 우리들 곁에 있는 것일지라도 그것은 항시 변형되는 외관에 지나지 않는다.

그러나 이처럼 중대한 문제를 비유를 통해 말할 필요가 어디 있겠는가? 우리들은 모두 신(神)을 발견해야 한다고 생각하고 있다. 그러나 유감스럽게도 신을 기다리는 동안 우리들은 어디를 향해 기도를 드려야 할지 모른다. 그러다가 마침내 마음속으로 이렇게 말하게 된다. 신은 가는 곳마다 있으며, 눈에 띄지 않는 그분은 어느 곳에나 안 계신 곳이 없다고. 그래서 아무 데서나 무턱대고 무릎을 꿇는 것이다.

나타나엘이여, 그대도 제 손에 든 등불을 따라 길을 더듬어 가는 사람이나 다름없이 될 것이다.

어디를 가든지 그대는 신밖에 만날 수 없을 것이다. '신이란 우리들 눈앞에 있는 것'이라고 메날크는 말하였다.

나타나엘이여, 그대는 모든 것을 지나치는 길에 바라보아야 한다. 어느 곳에서도 멈추지 말고, 오직 신만이 덧없지 않다는 것을 분명히 명심해두어라.

'중요성'은 그대의 시선 속에 있어야지 사물 속에 있어서는 안 될 것이다.

그대가 '확실한' 지식으로서 그대의 머릿속에 간직하고 있는 모든 것은 이 세상의 종말에 이르도록 그대와는 확연히 따로 남게 될 것이다. 무엇 때문에 그런 것에 그토록 많은 가치를 부여하는가?

  욕망에는 이득이 있고 욕망의 만족에도 이득이 있는 법이다. 왜냐하면 그럼으로써 욕망은 커지기 때문이다. 진실로 그대에게 말하거니 나타나엘이여, 욕망의 대상을 갖는 그 허망한 소유보다도 어떤 욕망이든지 욕망 그 자체가 나를 더욱 풍부하게 해주었느니라.

  수많은 감미로운 것들에 대한 사랑으로, 나타나엘이여, 나는 나 자신을 소모했다. 그것들의 찬란한 빛은, 내가 끊임없이 태우던 사랑의 불길이었다. 나는 지칠 줄을 몰랐었다. 모든 열정이 나에게는 사랑의 소모, 감미로운 소모였던 것이다.

  이단자들 중에서도 가장 이단자이던 나는 동떨어진 의견들, 사상의 극단적인 우회(迂廻)나 엇갈리는 색다른 사고들에 항상 마음이 끌렸다. 어떤 사람이든지 내가 흥미를 느끼는 것은 그가 남들과 다른 점뿐이었다. 그리하여 나는 내 마음속으로부터 공감이라는 것을 내버렸다. 거기서는 다만 공통적인 감동의 인식밖에는 보이지 않기 때문이다.

  나타나엘이여, 공감이 아니고 사랑이어야 한다.

  행동의 선악을 '판단'하지 말고 행동할 것. 선인가 악인가 따지지 말고 사랑할 것.

  나타나엘이여, 내가 그대에게 열정을 가르쳐주마.

  나타나엘이여, 평화로운 나날보다는 차라리 비장한 삶을 택하라. 나는 죽어 잠드는 휴식 말고는 다른 휴식을 바라지 않는다. 내가 생전에 만족시키지 못한 모든 욕망, 모든 정열이 사후까지 살아남아서 나를 괴롭히게 되지 않을까 두렵다. 내 속에서 대기하고 있던 모든 것을 이 땅 위에 털어놓고 나서 더 바랄 것 없는 완전한 '절망' 속에 죽기를 나는 '희망'한다.

  공감이 아니고, 나타나엘이여, 사랑이어야 한다. 그대도 알 테지만 그것은 같은 것이 아니다. 이따금 슬픔이나 근심, 괴로움에 내가 동정을 기울였던 것은 사랑을 잃어버리게 되지나 않을까 두려웠기 때문이다. 그렇지 않다면 나는 그런 것들을 좀처럼 견디지 못했을 것이다. 인생의 근심은 각자에게 맡겨두라.

(헛간에서 탈곡기가 돌고 있어서 오늘은 쓸 수가 없다. 어제 보았는데 배추씨를 두들겨 털고 있었다. 깍지가 날고 씨앗이 땅에 굴러 떨어지곤 했다. 먼지로 숨이 막힐 지경이었다. 어떤 여자가 기계를 돌리고 있었다. 예쁘장한 두 사내아이가 맨발로 씨앗을 줍고 있었다.
 더 이상 아무 말도 할 것이 없어 나는 눈물이 난다.
 할말이 별로 없을 때는 글을 쓰는 게 아니라는 것을 나도 알고 있다. 그렇지만 나는 썼다. 그리고 같은 주제로 다른 이야기들을 또 쓰게 될 것이다.)

*

 나타나엘이여, 다른 사람이 아무도 그대에게 준 적이 없는 기쁨을 나는 그대에게 주고 싶다. 그것을 어떻게 그대에게 주어야 할지 모르겠다. 그러나 나는 확실히 이 기쁨을 가지고 있다. 다른 사람보다도 더 친밀하게 나는 그대에게 이야기하고 싶다. 그대가 책 속에서 지금까지 받은 그 어떤 계시보다도 더 많은 것을 찾으려 여러 책들을 펼쳤다가 다시 접고 그래도 만족스럽지 않아 뭔가를 기다리고 있을 무렵, 밤에 허전한 마음을 어쩌지 못하여 그대의 열정이 슬픔으로 변하려 하는 그런 시각에 나는 그대 곁으로 가고 싶다. 나는 오직 그대를 위하여 이 글을 쓰며, 오직 그런 시각을 위해서 그대에게 이 글을 쓰는 것이다. 내가 쓰고 싶은 책은 어떠한 개인적 사상도 감동도 보이지 않는, 다만 그대 열정의 투사(投射)만을 그대가 그 안에서 보게 될 그러한 책이다. 나는 그대 곁으로 다가가고 싶다. 그리고 그대가 나를 사랑하게 되기를 바란다.

 수심(愁心)이란 식어버린 열정일 뿐 아무것도 아니다.
 누구든지 벌거숭이가 될 수 있고 어떤 감동이든지 충만해질 수 있다.
 내 감동들은 종교와도 같이 활짝 개방되었다. 그대여, 알겠는가. 모든 감각은 무한한 '현존'이라는 것을.

나타나엘이여, 그대에게 열정을 가르쳐주리라.

빛이 유황에 연결되어 있듯이 우리의 행동은 우리에게 연결되어 있다. 그것이 우리를 태워버리는 것은 사실이지만, 또한 우리의 광휘를 이루는 것이기도 하다. 그리고 우리의 넋이 어떤 가치가 있다면, 그것은 다른 사람들의 넋보다 더 치열하게 탔기 때문이다.

나는 너희들을 보았다. 동트는 무렵 흰 빛 속에 잠긴 너른 벌판들이여. 푸른 호수들이여, 나는 너희들의 물결 속에 몸을 내맡겼다—산들바람이 어루만져줄 때마다 나로 하여금 미소를 짓게 하였다는 사실, 이것이야말로 나타나엘이여, 내가 그대에게 지칠 줄 모르고 거듭 이야기하고 싶은 것이다. 그대에게 열정을 가르쳐주리라.

만약 내가 그보다 더 아름다운 것들을 알았다면, 나는 그것을 그대에게 이야기했을 것이다. 틀림없이 다른 것은 말하지 않았을 것이다.

메날크여, 그대가 나에게 가르쳐준 것은 예지가 아니라 사랑이었다.

*

나타나엘이여, 나는 메날크에게 우정 이상의 것을 느꼈다. 그것은 거의 사랑과도 같은 것이었다. 나는 또한 그를 형제처럼 사랑하였다.

메날크는 위험한 인물이다. 그를 두려워하라. 그는 현자들에게는 스스로 배척당하도록 하지만 아이들에게는 자기를 두려워하지 않도록 하는 인물이다. 그는 아이들에게 가정을 사랑하지 말고 가정을 떠나라고 가르칠 뿐만 아니라, 야생의 새큼한 열매에 대한 욕망을 일으켜 그들의 마음을 병들게 하고, 야릇한 사랑으로 번민하게 한다. 아아, 메날크여, 나는 그대와 더불어 또 다른 길들을 달리고 싶었거늘. 그러나 그대는 약한 마음을 미워하였고 나에게 그대를 떠나라고 가르쳐주었다.

누구에게나 신비로운 가능성이 있는 것이다. 만약 과거가 현재에 이미 하나의 역사를 투영하고 있지 않다면, 현재는 모든 미래로 충만할 것이다. 그러나 유감스럽게도 유일한 과거가 유일한 미래를 제시할 뿐—공간 위에 놓인 무한히 긴 다리처럼 우리들 앞에 단 하나의 미래를 내던지는 것이다.

자기가 이해할 수 없는 것, 아무리 애써도 그것만은 하지 못할 것을 할 수 있다고 스스로 느끼는 것이다. **인간성의 최대한을 짊어질 것**, 이것이야말로 좋은 공식이다.

여러 가지 삶의 형태. 너희들은 모두 나에게 아름답게 보였다(내가 그대에게 말하는 것, 그것은 메날크가 나에게 하던 말이다).

모든 정열과 모든 악덕을 다 알게 되기를 나는 희망한다. 적어도 나는 그것들을 부추겼다. 나의 온 존재는 모든 형태의 믿음 쪽으로 내달렸다. 어떤 밤에는 너무 열중한 나머지 거의 나의 영혼의 존재를 믿게끔 되었다. 그토록 영혼이 내 육체로부터 거의 빠져 나갈 것 같은 생각이 들었던 것이다—메날크는 이런 말을 하기도 했다.

그리고 우리의 삶은 마치 우리들 앞에 놓인 찬물이 가득 찬 유리잔 같을 것이다. 열병 환자가 손에 들고 마시고 싶어하는 그 젖은 유리잔 말이다. 그는 단숨에 마셔버린다. 기다려야 한다는 것을 뻔히 알면서도 그 감미로운 유리잔을 입에서 떼어낼 수가 없는 것이다. 그토록 물은 시원하고 열은 안타깝게 목을 태운다.

2

아아, 나는 얼마나 밤의 차가운 공기를 들이마셨던가. 아아, 창(窓)이여! 그토록 창백한 빛이 달에서 흘러내리고 있었다. 안개가 드리워 마치 샘물인 것처럼—나는 그것을 입으로 마시고 있는 것 같았다.

아아 창이여! 얼마나 여러 번 내 이마가 너희의 서늘한 유리에 기대어 열을 잃었으며, 얼마나 여러 번 열로 인하여 타는 듯한 침대에서 발코니로 뛰어나가 넓디넓은 고요한 하늘을 우러를 때 내 욕망들이 안개처럼 사라져 버렸던가.

지난날의 열들이여, 너희들은 내 육체를 탕진하고 말았다. 그러나 영혼을 신(神)으로부터 떼어놓아 주는 것이 아무것도 없을 때, 영혼은 얼마나 고갈되고 말 것인가! 외곬으로 달리는 신에 대한 내 찬양은 무서운 것이었다. 나는 그 때문에 송두리째 넋이 빠져 버렸다.

그대는 앞으로도 오랫동안 불가능한 영혼의 행복을 추구할 것이라고 메날크는 내게 말했다.

　종잡을 수 없는 황홀의 첫 나날이 지난 뒤에는—아직도 메날크를 만나기 전의 일이었지만—늪을 건너는 것 같은 불안한 기대의 시기가 닥쳐왔다. 무거운 졸음에 빠져 아무리 잠을 자도 정신을 차릴 수가 없었다. 식사를 마치면 누워버렸다. 잠을 자고 나면 더 피로를 느끼며 눈을 뜨곤 했다. 어떤 변모를 앞둔 것처럼 정신은 마비된 채.
　생명체의 은밀한 작업, 내면의 움직임, 미지의 생명 창조, 난산(難產). 몽롱한 의식, 기대. 번데기처럼, 님프처럼 나는 잤다. 내 속에서 새로운 존재가 형성되어가는 대로 나는 맡겨두고 있었다. 내가 앞으로 될 그 존재는 이미 나와는 다른 것이었다. 모든 빛이 초록빛 물속을 거쳐 오듯이 나무 잎사귀와 가지를 통하여 내게로 스며오고 있었다. 술에 취하거나 심한 현기증을 느끼는 것과도 흡사한, 몽롱하고 무기력한 지각. 아아, 어서 급격한 발작이건 질병이건 격심한 고통이라도 어서 와주렴 하고 나는 애원했다. 그리고 나의 머릿속은 무겁게 구름이 얽혀 드리운 뇌우의 하늘과도 같았다. 숨도 쉬기 어려운 그런 하늘 밑에서는, 모든 것이 울적하게 창공을 뒤덮어 가리고 있는 그 침침한 가죽 물자루를 찢기 위해서 번갯불을 기다리는 것이다.
　기다림이여, 너희는 얼마나 계속되려는가? 그리고 너희가 물러간 뒤에 우리에게 과연 살아갈 만한 기력이 남게 될 것인가—기다림! 그 무엇의 기다림이란 말인가? 이렇게 나는 외쳤다. 우리 자신으로부터 생겨나지 않는 무엇이 일어날 수 있겠는가? 그리고 우리가 이미 알고 있지 않은 그 무엇이 우리에게 가능할 것이냐?
　아벨의 출생, 나의 약혼, 에리크의 죽음, 내 생활의 혼란, 그런 일들도 그 무감각 상태를 끝내주기는커녕 더욱더 그 속으로 나를 몰아넣는 것 같았다. 그처럼 마비 상태는 내 복잡한 상념과 결단성 없는 의지로부터 오는 듯하였다. 나는 축축한 땅에서 식물처럼 언제까지나 자고 싶었다. 이따금 쾌락이 고통을 물리쳐주려니 생각하고, 나는 육체의 탕진 속에서 정신의 해방을 찾았다. 그러고는 다시 긴 시간을 잠자며 지내는 것이었다. 마치 번거로운 집 안에서 한낮 더위에 졸다가 눕혀진 잠든 어린아이처럼. 그러다가 한참 지나서야 나는 깨어나곤 하였다. 그럴 때마다 몸에 땀이 흐르고, 심장은 두근거리며 머리는 흐리멍덩했다.

 닫힌 덧문 틈으로 스며들어 잔디밭의 푸른 반사광을 흰 천장에 던져주는 빛, 그 황혼만이 나에게는 다사로웠다. 그것은 나뭇잎들과 물 사이로 흘러들어 부드럽고 아늑하게 느껴지는 빛, 오랫동안 어둠 속에 묻혀 있던 끝에 동굴 어귀에서 어른거리는 그런 빛과도 같았다.

 집 안의 소음이 어렴풋이 들려오고 있었다. 나는 이때부터 서서히 소생하였다. 미지근한 물로 몸을 씻고 권태를 견딜 수 없어 들로 나가곤 했다. 그리고 정원 벤치에 앉아서 아무것도 하는 일 없이 저녁이 다가오는 것을 기다렸다. 말하기도, 이야기를 듣기도, 글을 쓰기도 싫고 줄곧 피곤하기만 했다. 나는 다음과 같은 시를 읽었다.

>……앞에 보이는
>황량한 길
>목욕하는 바닷새들
>날개를 펼치고……
>나 살아야 할 곳은 바로 여기로다……
>……내가 붙들려 있는 곳은
>숲 속의 나무 잎새 그늘
>떡갈나무 밑 땅 밑의 동굴
>이 토굴집은 싸늘하여라.
>나는 아주 지쳐버렸다.
>골짜기들 어둡고
>언덕은 높아
>나뭇가지들의 슬픈 울타리
>가시덤불에 덮이고―
>즐거움 없는 거처로다.

〈유적의 노래(The Exile's Song)〉 중에서

 가능하기만 할 뿐 아직 가져보지 못한 생명의 충일감이 이따금 엿보이더니 다시 여러 번 눈앞에 나타나 점차로 머리를 떠나지 않게 되었다. 아아!

어서 햇빛의 문이 열렸으면 하고 나는 외쳤다. 끊임없는 이 보복의 도가니 속에서 활짝 열려주었으면!

　나의 온 존재가 새로운 것 속에 잠겨야 할 것만 같았다. 나는 제2의 청춘기를 기다리고 있었다. 아아! 내 눈이 새로운 시각을 갖도록 할 것. 내 눈에서 책으로부터 받은 티를 씻어버리고, 지금 우러러보는 저 창공처럼—비가 내리더니 하늘은 다시 맑게 개었다—내 눈을 더욱 청명하게 만들 것……

　나는 병이 들었다. 여행을 하고 메날크를 만났다.

　나의 신기로운 회복은 그야말로 나에게는 재생이었다. 나는 새 하늘 밑에 완전히 온갖 것이 새로워진 가운데 새로운 존재로서 재생하였던 것이다.

3

　나타나엘이여, 그대에게 기다림을 이야기해 주마. 나는 보았다. 여름에 벌판이 기다리는 것을. 비가 조금이라도 내리기를 기다리는 것을. 길 위의 먼지들은 너무 가벼워져서 바람이 일 때마다 휘날렸다. 그것은 욕망이라기보다는 차라리 조바심이었다. 땅은 물을 더 많이 받아들이려는 듯이 말라 터지고 있었다. 광야의 꽃향기는 거의 견디기 어려울 지경이었다. 태양 밑에서 모든 것이 넋을 잃고 있었다. 우리는 매일 오후에 테라스 밑으로 가서 눈부신 햇빛을 간신히 피하면서 쉬었다. 바야흐로 꽃가루를 지닌 송백과 식물들이 번식 작용을 멀리 퍼뜨리려고 가지를 너울너울 흔들고 있는 때였다. 하늘에는 비구름이 뒤엉키고, 온 자연이 기다리고 있었다. 모든 새들마저 소리를 죽이고 있는 숨막힐 듯 엄숙한 순간이었다. 땅으로부터 불 같은 바람이 일어 모든 것을 쓰러뜨리고 말려는 듯하였다. 송백의 꽃가루들이 황금 연기처럼 가지에서 쏟아졌다—이윽고 비가 내렸다.

　나는 하늘이 새벽을 기다리며 떨고 있는 것을 보았다. 별들이 하나씩 꺼져 가고 있었다. 목장은 이슬로 뒤덮였고 공기는 싸늘한 애무의 촉감만을 남겨주었다. 얼마동안 어리숭한 삶이 졸음에 못 이겨 눈을 뜰 생각이 없는 듯 아직도 피로가 가시지 않은 나의 머릿속은 혼수상태가 계속되고 있었다. 나는 숲 기슭까지 올라가 앉았다. 온갖 짐승들은 날이 새고 있다는 확신 속에서 다시 움직이며 즐거움을 되찾았다. 그리고 삶의 신비가 나뭇잎들 사이로 퍼져 나오기 시작했다—그러더니 날이 밝았다.

나는 또 다른 새벽들을 보고, 또 밤의 기다림을 보았다.

나타나엘이여, 그대의 마음속에서 기다림은 욕망이기보다는 다만 무엇이든지 받아들이기 위한 마음의 준비여야 할 것이다. 그대에게로 오는 모든 것을 기다려라. 그러나 그대에게로 오는 것만을 원해야 한다. 그대가 가진 것만을 원해야 할 것이다. 하루의 어느 순간에라도 그대는 신을 온전하게 가질 수 있음을 알라. 그대의 욕망은 사랑이어야 하며, 그대의 소유는 사랑에 넘치는 것이라야 할 것이다. 왜냐하면 충족 없는 욕망이 무슨 소용이 있겠는가?

무슨 일이냐! 나타나엘이여, 그대는 신을 소유하고 있으면서도 그것을 알아차리지 못하다니! 신을 소유한다는 것은 신을 보는 것이다. 그러나 사람들은 신을 보려고 하지 않는다. 어느 산 길 모퉁이에서, 발람이여, 그대는 그대의 나귀가 멎어선 곳에서 눈앞의 신을 보지 않았던가? 그것은 그대가 신을 남다르게 생각하고 있었던 까닭이다.
 나타나엘이여, 기다리지 않아도 되는 것은 신뿐이다. 신을 기다린다는 것은, 나타나엘이여, 그대가 이미 신을 소유하고 있다는 사실을 깨닫지 못하기 때문이다. 신을 행복과 구별하지 마라. 그리고 그대의 온 행복을 순간 속에서 찾으라.

마치 동양의 창백한 여자들이 그녀들의 모든 재물을 몸에 지니고 다니듯이, 나는 나의 재산을 모두 내 속에 지녔다. 내 생애의 어떤 사소한 순간에도 나는 내 속에 내 재산의 총체를 고스란히 느낄 수 있었다. 나의 재산은 여러 가지 별다른 물건들을 합쳐서 된 것이 아니라 나의 한결같은 열애로 이루어진 것이었다. 나는 언제나 내 재산 모두를 전적으로 내 힘으로 행사할 수 있도록 간직했던 것이다.

마치 하루가 거기에 죽어가기라도 하듯이 저녁을 바라보라. 그리고 만물이 거기서 태어나기라도 하듯이 아침을 바라보라.
 '그대의 눈에 비치는 것이 순간마다 새롭기를.'
 현자란 모든 것에 경탄하는 사람이다.

오오, 나타나엘, 머리가 피로한 것은 모두 잡다한 그대 재산 때문이다. 그 '모든 것' 중의 어느 것을 좋아하는지조차 그대는 모른다. 삶만이 유일한 재산이라는 것을 그대는 깨닫지 못하고 있는 것이다. 삶의 가장 짧은 순간일지라도 죽음보다 강하며, 죽음은 모든 것이 끊임없이 새로워지도록 하기 위하여 다른 삶들을 허용하는 것에 불과하다—삶의 어떤 형태라도 자기를 표현하기에 필요한 시간보다 더 오래 '그것'을 붙잡아두지 않게 하기 위하여. 그대의 말이 지상에 울리는 순간은 행복할진저. 그 밖의 시간에는 귀를 기울여 들으라. 그러나 그대가 입을 열 때는 귀를 기울이지 마라.

나타나엘이여, 그대 속에 들어 있는 모든 책들을 불태워버려야 한다.

롱드 RONDE
내가 불질러버린 것들을 찬양하기 위하여

학교 교실 책상 앞 조그만 걸상에 앉아 읽는 책들이 있다.

>거닐며 읽는 책들도 있고
>(책의 크기 때문이기도 하지만)
>어떤 것은 숲에서, 또 어떤 것은 다른 들판에서 읽는 것
>그리하여 키케로는 말했으니—
>'그들은 우리와 더불어 전원에 있으니.'
>마차 속에서 읽는 책도 있고
>헛간 속 건초더미 속에 누워서 읽는 책도 있다.
>사람에게 영혼이 있다고 믿게 하기 위한 책도 있고
>영혼을 절망케 하는 책도 있다
>신의 존재를 증명하는 것이 있는가 하면
>신에게 다다를 수 없게 하는 책들도 있다.
>
>개인 서고가 아니면 꽂아둘 수 없는 책들도 있고
>권위 있는 비평가들에게 찬사를 받은 책들도 있다.

양봉(養蜂)에 관한 이야기만 쓰여 있어
어떤 이들에겐 너무 전문적이라고 여겨지는 책도 있고
자연에 관한 이야기가 어찌나 많은지
읽고 나면 산책할 필요가 없어지는 책도 있다.

점잖은 어른들에게는 멸시를 받지만
어린아이들은 흥미진진해 하는 책들도 있다.

문집(文集)이라고 불리는 것으로서
무엇에 관해서나 훌륭한 말을 모조리 수록한 것도 있다.
그대들이 인생을 사랑하게 해주려는 책들이 있는가 하면
쓰고 난 뒤에 저자가 자살하였다는 책도 있다.
증오의 씨를 뿌리고
뿌린 것을 스스로 거두는 책들도 있다.
희열이 넘치고 그지없이 감미로워
읽으면 찬란하게 빛나는 듯한 책도 있다.
우리보다 순결하며 우리보다 훌륭하게 살아간 형제들처럼
우리가 아끼게 되는 책들이 있다.

이상한 글씨로 쓰여 있어서
많이 연구해봐도 통 이해할 수 없는 책들도 있다.

나타나엘이여, 이 모든 책들을 언제 우리는 다 불태워버리게 될 것인가!

서 푼짜리도 못 되는 책들이 있는가 하면
엄청나게 값진 책들도 있다.

왕과 왕후의 이야기를 하는 책들이 있는가 하면
가난한 사람들의 이야기를 하는 책들도 있다.

정오의 팔랑거리는 나뭇잎 소리보다도
더 부드러운 말로 된 책들도 있다.
파트모스 섬에서 요한이
쥐처럼 뜯어먹은 것은 한 권의 책이지만
나는 차라리 나무딸기가 더 좋다.
그가 먹은 책 때문에 그의 오장육부는
쓰디쓴 맛으로 가득히 차서
그 뒤 그는 온갖 환상을 보았다.

나타나엘! 그 모든 책들을 우리는 언제 불살라버리게 될 것이냐!

바닷가의 모래가 부드럽다는 것을 책에서 읽는 것만으로는 만족할 수 없다. 나의 맨발로 그것을 느끼고 싶은 것이다. 먼저 감각이 앞서지 않은 지식은 그 어느 것도 나에게는 소용이 없다.

이 세상에서 아늑하게 아름다운 것치고 나의 애정이 그것을 어루만져보고 싶어하지 않았던 것을 나는 본 적이 없다. 정답고 아름다운 대지여, 그대의 꽃핀 표면은 희한하구나! 오, 나의 욕망이 들어박힌 풍경! 나의 탐색이 거닐고 다니는 활짝 열린 고장, 물 위에 늘어진 파피루스나무, 줄지은 길, 강 위에 휘어진 갈대들, 숲 속에 트인 빈 터, 나뭇가지 사이로 나타나는 벌판, 무한한 약속. 나는 복도처럼 바위들 또는 초목들 속으로 뚫린 길을 거닐었다. 눈앞에 전개되는 봄의 풍경을 나는 보았다.

현상계의 속삭임

그날부터 내 삶의 모든 순간은 이루 말할 수 없는 선물처럼 새로운 맛을 지니게 되었다. 그리하여 나는 거의 끊일 줄 모르는 열정적인 감탄 속에 살았다. 어느덧 도취경에 이르러 나는 일종의 황홀감 속에서 거닐기를 즐겨 하였다.

그렇다. 입술 위에 떠오르는 모든 웃음에 부딪칠 때마다 입맞추고 싶었다. 뺨 위에 번지는 홍조를 볼 때마다, 눈 속에 고이는 눈물을 볼 때마다 나는 그것을 마시고 싶었다. 나뭇가지가 나에게로 기울여 주는 과일은 모조리 그 과육을 깨물어 먹고 싶었다. 주막에 다다를 때마다 굶주림이 나를 맞이해 주었다. 어느 샘물 앞에서나 갈증이 나를 기다리고 있었다—다른 샘물 앞에 설 적마다 다른 갈증들이—나의 갖가지 다른 갈망들을 표현하기 위하여 또 다른 말들이 있었으면 했다.

    걷고 싶은 욕망, 거기엔 길이 열리고
    쉬고 싶은 욕망, 거기에선 응달이 부르며
    깊은 물가에서는 헤엄치고 싶은 욕망,
    침대 옆에 설 때마다 사랑하거나 또는 자고 싶은 욕망.

나는 대담하게 모든 것에 손을 내밀고, 내 욕망의 모든 대상에 대하여 나에게는 권리가 있다고 스스로 믿었다(하지만 나타나엘. 우리가 바라는 것. 그것은 소유라기보다는 사랑인 것이다). 내 앞에서 모든 것이 무지개처럼 찬연하고 모든 아름다움이 나의 사랑의 옷을 입고 아롱져 빛나기를.

2장
LIVRE DEUXIÈME

양식들이여!

나는 너희들을 기다리고 있다, 양식들이여!
나의 굶주림은 중도에 끝나지 않으리라.
충족되지 않으면 침묵하지 않으리라.
도덕으로도 결판나지 않으리라.
금욕으로 내가 기를 수 있었던 것은 오직 영혼뿐이었다.

만족이여! 나는 너희들을 찾고 있다.
너희들은 여름 새벽처럼 아름다워라.

저녁에는 한결 더 삼삼하고 낮에는 감미로운 샘물들. 싸늘한 새벽의 물. 바닷가의 산들바람. 돛대들 가득 모인 항만. 율동하는 바닷가의 미지근한 공기……
 오! 벌판으로 가는 길이 또 있다면. 한낮의 무더움, 들에서 마시는 물, 밤에는 낟가리로 움푹 팬 푸근한 잠자리.
 동방으로 가는 길들이 있다면. 정든 바다 위를 달리는 배로 갈라지는 물결, 모술의 동산들, 투구르에서 볼 수 있는 춤들, 엘베치아 목인(牧人)의 노래들.
 북방으로 가는 길들이 있다면. 니주니의 장터, 눈보라 휘날리는 썰매들, 얼어붙은 호수들. 나타나엘, 우리의 욕망은 지칠 줄을 모르리라.
 배들이 이름 모를 해안으로부터 무르익은 과실들을 싣고 항구에 들어왔다. 어서 빨리 짐을 풀어라, 우리가 맛볼 수 있도록.

양식들이여!
나는 너희들을 기대하고 있다, 양식들이여!
만족이여, 나는 너희들을 찾고 있다.
너희는 여름의 웃음처럼 아름답다.
나는 안다, 이미 대답이 준비되어 있지 않은 욕망은
가지고 있지 않음을.
내 굶주림들은 저마다 보답을 기다리고 있다.
양식들이여!
나는 너희들을 기대하고 있다, 양식들이여.
온 공간을 헤매며 나는 너희를 찾고 있다.
나의 모든 욕망의 만족을.

*

지상에서 내가 알고 있는 가장 아름다운 것은
아아! 나타나엘, 그것은 나의 굶주림이다.
그것을 기다리는 모든 것에
굶주림은 항상 충실하였다.
꾀꼬리는 술에 취하는 것일까?
독수리는 젖에? 지빠귀는 즈니에브르 술로 취하지 않는 것일까?

독수리는 제 비상에 취하고 꾀꼬리는 여름 밤에 취한다. 벌판은 더위에 떤다. 나타나엘이여, 모든 감동이 그대에게 도취되도록. 그대가 먹는 것에 취하지 않는다면, 그것은 그대가 충분히 굶주리지 않은 탓이다.

완전한 행위는 모두가 쾌락을 동반하기 마련이다. 그것으로 그대는 완전한 행위를 해야만 한다는 것을 알 수 있다. 힘들게 일한 것을 자랑으로 여기는 사람들을 나는 좋아하지 않는다. 힘들었다면 다른 일을 하는 편이 더 나았을 것이기 때문이다. 일에서 발견하는 기쁨은 곧 그 일이 자신에게 맞는 일이라는 표적이다. 내 쾌락의 성실성이, 나타나엘이여, 그것이 내게 가장 중요한 길잡이다.

내 육체가 매일 갈망할 수 있는 쾌락과 내 머리가 감당할 수 있는 쾌락이 무엇인지 나는 알고 있다. 그 뒤에 나의 잠은 시작될 것이다. 땅도 하늘도 나에게는 그 이상의 아무런 가치를 갖지 못한다.

*

자기가 갖지 못한 것을 바라는 터무니없는 병들이 있다.
그들은 말한다.
"우리들도 우리 영혼의 한심한 권태를 알게 될 것이다."
아둘람의 동굴에서, 다윗, 그대는 저수지의 물을 그리워했다. 그대는 말했다. "오오, 베들레헴 성벽 밑에서 솟아오르는 시원한 물을 누가 나에게 갖다 줄 것인가. 어렸을 적에 나는 그 물로 목을 축였다. 그러나 지금 그 물은, 나의 열이 갈망하는 그 물은 적의 수중에 들어 있다."
나타나엘이여, 과거의 물을 다시 맛보려고 애쓰지 마라.
나타나엘이여, 미래 속에서 과거를 다시 찾으려 하지 마라. 각 순간에서 새로움을 붙들어야 한다. 그리고 그대의 기쁨을 미리부터 준비하지 마라. 차라리 준비되어 있던 곳에서 '다른' 기쁨이 그대 앞에 나타나게 되리라는 것을 알라.

모든 행복은 우연히 마주치는 것이어서, 마치 네가 노상에서 만나는 거지처럼 순간마다 그대 앞에 나타난다는 것을 어찌하여 깨닫지 못했단 말인가. 그대가 꿈꾸던 행복은 그런 것이 아니었다. 그 이유로 그대의 행복이 사라져 버렸다고 생각한다면, 그리고 오직 그대의 원칙과 소망에 일치하는 행복만을 인정한다면 그대에게 불행이 있으리라.

내일의 꿈은 하나의 기쁨이다. 그러나 내일의 기쁨은 또 다른 하나의 기쁨인 것이다. 그리고 다행히도 자기가 품었던 꿈과 비슷한 것은 아무것도 없는 것이다. 왜냐하면 사물마다 제각기 '다른' 가치가 있는 것이니까.

"오너라, 나는 이러저러한 기쁨을 준비해 놓았다." 너희가 이렇게 말하는 것을 나는 좋아하지 않는다. 나는 우연히 마주치는 기쁨, 그리고 내 목소리가 바위에서 솟게 하는 기쁨만 좋아한다. 그 기쁨들은 압착기에서 넘치는 새 포도주처럼 우리들을 위해 새롭고 힘차게 흐를 것이다.

나의 기쁨이 꾸며지는 것을 나는 좋아하지 않으며, 술람미가 여러 방을 거치는 것도 나는 좋아하지 않는다. 나는 입 맞추기 위해서 포도송이가 남긴 입가의 얼룩을 씻지 않았다. 입을 맞추고 나서 나는 입술이 식을 사이도 없이 달콤한 포도주를 마셨다. 그러고는 벌집의 꿀을 밀랍과 함께 먹었다.
나타나엘이여, 어떠한 기쁨도 미리 준비하지 마라.

*

'다행이로군.' 이렇게 말할 수 없는 경우에는 '할 수 없지'라고 말하라. 거기에 행복의 커다란 약속이 있다.
행복의 순간을 신이 내려주신 것으로 생각하는 사람들이 있다—그럼 다른 순간들은 신이 아닌 누가 주었다는 말인가.
나타나엘이여, 신과 그대의 행복을 구별하지 마라.

만약에 내가 이 세상에 태어나지 않았더라면 내가 존재하지 않는다고 신을 원망할 수도 없는 것처럼, 나를 만들어주셨다고 신에게 감사할 수도 없는 일이다.
나타나엘이여, 신에 관한 이야기는 오직 자연스럽게 해야만 한다.

일단 존재가 인정된 다음에는, 대지의 존재, 인간의, 그리고 나 자신의 존재가 자연스럽게 보여지기를 나는 바란다. 그러나 그런 것을 깨닫고 새삼스레 놀라게 되니 나의 지성도 무색할 지경이다.
사실 나도 송가(頌歌)를 불렀으며 다음과 같은 것을 쓰기도 하였다.

롱드 RONDE
신의 존재의 아름다운 근거

나타나엘이여, 가장 아름다운 시적 흥취는 신의 존재에 대한 수많은 증거에 관한 감동이라는 것을 그대에게 가르쳐주마. 그대도 알겠지, 그런 것들은 여기에서 다시 이야기할 필요가 없으리라는 것을. 더구나 그것들을 그저 단순히 되풀이할 필요는 없을 것이다—그런데 신의 존재만을 증명하는 사람들이 있다—우리에게 필요한 것은 신의 영겁성이다.
물론 나도 잘 안다. 성(聖) 안셀무스의 논증이 있다는 것을. 그리고 완전한 지복(祉福)의 섬들의 우화가 있다는 것을.

그러나, 오호라! 나타나엘이여, 누구나 다 그곳에서 살 수 있는 것은 아니다.

대다수 사람들의 일치된 의견이 있다는 것을 나도 안다.

그러나 그대는 선택된 소수의 사람이 있음을 믿고 있다.

2×2는 4라는 식의 증명법이 있다.

그러나 나타나엘이여, 누구나 다 정확한 셈을 할 줄 아는 것은 아니다.

최초의 원동력을 내세우는 증명이 있다.

그러나 그보다 먼저 존재한 원동력도 있는 것이다.

나타나엘, 우리가 그때 거기에 있지 못했다는 것이 한스럽구나.

남자와 여자가 창조되는 광경을 볼 수가 있었을 것을.

그들이 어린아이로 태어나지 않은 것에 놀랐을 것을.

엘브루스의 서양삼나무들은 벌써 빗물로 패인 산 위에서

이미 수백 년의 고목(古木)으로 태어나 지친 모습이었을 터이고,

나타나엘! 세상의 여명을 그때 눈앞에 볼 수 있었더라면! 그 무슨 게으름으로 우리는 아직도 일어나지 않았더란 말인가? 그대는 오래 살기를 원하고 있지 않았던가? 아아, 나는 확실히 살기를 원하였다…… 그러나 그때 신의 영(靈)은 시간 밖에서 자다가 물 위에서 겨우 눈을 떴을 뿐이었다. 만약 내가 그때 거기 있었더라면, 나타나엘, 나는 신에게 모든 것을 좀더 광대하게 만들도록 요청했을 것이다. 그러나 그대여, 그때에는 아무것도 알아볼 수 없었을 것이라고 대답하진 마라. *

궁극적 원인에 의한 증명이 있다.

그러나 누구든지 목적이 수단을 정당화한다고 믿지는 않는다.

신에 대하여 느끼는 사랑에 의해서 신을 증명하는 사람들이 있다. 그렇기 때문에, 나타나엘이여, 나는 내가 사랑하는 모든 것을 신이라 불렀고 모든

---

* "둘에 둘을 합해도 넷이 되지 않는 다른 세계를 나는 뚜렷이 상상할 수 있다"고 알 시드가 말했다. "허허, 못 믿을 애긴걸" 하고 메날크는 대답했다.

것을 사랑하고자 하였던 것이다. 그것들을 일일이 열거하지는 않을 것이니 걱정하지 마라. 하물며 그대를 먼저 꼽지도 않을 것이다. 나는 인간들보다는 많은 사물을 더 좋아하였고, 내가 지상에서 무엇보다도 사랑한 것은 인간들이 아니다. 왜냐하면, 오해하지 말라, 나타나엘이여. 내가 지니고 있는 것으로서 가장 강한 것, 그것은 확실히 선함이 아니다. 또한 그것이 가장 좋은 것도 아니라고 생각한다. 인간들에게 있어서 특히 내가 존중하는 것도 선한 마음이 아니다. 나타나엘이여, 인간보다 그대의 신을 더 사랑하라. 나 역시도 신을 찬양할 줄 알았다. 신을 위하여 나는 송가를 불렀다—그러는 중에는 가끔 지나치게 찬양했다고까지 생각된다."

"체계를 세우는 것이 자넨 그렇게도 재미 있는가?" 그가 말했다. 내가 대답했다.
"나에겐 윤리처럼 재미있는 것이 없어. 정신의 만족을 거기서 얻을 수 있거든. 윤리를 정신에 결부시키지 않고는 나는 아무런 기쁨도 맛볼 수가 없어."
"그러면 기쁨이 커지는가?"
"그렇지는 않지만 내 기쁨이 정당해지거든."

확실히 어떤 주의라든가 어떤 논리정연한 사상의 완전한 체계가 나 자신에게 내 행동을 정당화시키는 것을 흔히 나는 좋아하였다. 그러나 때로는 그것이 나의 관능의 도피처로밖에 생각되지 않기도 한다.

*

모든 일은 제때에 오게 마련이다, 나타나엘이여. 사물 모두 제 요구에서 태어나는 것이어서, 말하자면 외부로 나타난 하나의 요구에 불과하다.
"나에게는 폐(肺)가 필요하다"고 나무는 말했다. "그리하여 나의 수액은 잎이 되어 호흡할 수 있게 되었다. 그리고 내가 호흡하고 난 다음에 내 잎은 떨어졌으나 그래도 나는 죽지 않았다. 내 열매는 생명에 관한 나의 온 세상을 간직하고 있다."
나타나엘이여, 내가 이와 같은 우화의 형식을 남용한다고 걱정하지 마라. 나도 그런 것을 그다지 찬성하는 것은 아니니까. 나는 그대에게 생명 이외의 다른 예지를 가르쳐주고 싶지 않다. 생각한다는 것은 크나큰 시름이기 때문이다. 나는 젊었을 때 내 행동의 결과를 멀리서 더듬어 보느라고 지치기도 했다. 그리하여 행동을 포기하지 않고서는 죄를 짓지 않으리라는 확신을 가질 수 없게 되었던 것이다.

그러고 나서 나는 이렇게 썼다. "오직 내 영혼을 회복할 수 없게 독을 먹임으로써만 나는 내 육체의 구원을 얻을 수 있었다"고. 그러고 보니 도대체 무슨 소리를 하려는 것인지 전혀 알 수가 없었다.

나타나엘이여, 나는 이미 죄악이라는 것을 믿지 않는다.

그러나 그대는 많은 기쁨을 맛보아야만 사색의 권리를 조금 얻을 수 있다는 것을 알게 될 것이다. 스스로 행복하다고 생각하며 사색하는 사람, 그런 사람이야말로 진정한 강자라고 할 수 있을 것이다.

나타나엘이여, 우리의 불행은 항상 저마다 자기 나름대로 바라보며, 자기가 보는 것을 자기에게 종속시키는 데에서 오는 것이다. 하나하나의 사물들이 중요한 것은 우리를 위해서가 아니라 그 사물 자체를 위해서다. 그대의 눈은 그대가 보는 사물 바로 그것이어야 할 것이다.

나타나엘! 나는 그대의 아름다운 이름을 부르지 않고서는 단 한 줄의 시도 쓸 수 없다.

나타나엘이여, 나는 그대를 생명으로 태어나게 해주고 싶다.

나타나엘, 그대는 내 말의 비장한 뜻을 충분히 이해하는가? 나는 그대에게 가까이 가고 싶다.

마치 엘리사가 술람미의 아들을 소생시키기 위하여 그의 위에—입에 입을, 눈에 눈을, 손에 손을 대고 누웠듯이—빛나는 나의 심장을 아직도 어둠에 잠긴 그대의 심혼에 붙이고, 내 입을 그대의 입에, 내 이마를 그대의 이마에 얹고, 그대의 싸늘한 손을 내 타는 듯한 손에 쥐고, 가슴을 두근거리며 그대의 몸 위에 내 몸을 겹쳐 눕고 싶다……

('그리하여 어린아이의 몸에는 훈훈하게 온기가 돌았더라'고 쓰여 있다……) 그대가 쾌락 속에서 눈을 뜨고—'나를 버린 다음'—약동하고 분방한 생(生)으로 출발할 수 있도록.

나타나엘이여, 내 영혼의 화끈한 열이 여기 있다—그것을 가지고 가거라.

나타나엘, 내가 그대에게 열정을 가르쳐주마.
 나타나엘이여, 그대를 닮은 것 옆에 머물지 마라. 결코 '머물지 마라.' 나타나엘이여, 주위가 그대와 비슷하게 되면, 또는 그대가 주위를 닮게 되면 거기에는 이미 그대에게 이로울 만한 것이 없다. 그곳을 떠나야만 한다. '너의' 가족, '너의' 방, '너의' 과거보다 더 위험한 것은 없다. 무엇이건 그것이 그대에게 줄 수 있는 교육만을 받아라. 그리고 거기서 철철 흘러나오는 쾌락이 그것을 고갈시키도록 해라.

 나타나엘이여, 내가 그대에게 '순간들'을 이야기해주마. 그 순간의 '현존(現存)'이 얼마나 힘찬 것인지 그대는 아는가? 그대가 그대 삶의 가장 짧은 순간에까지 충분한 가치를 부여하지 못한 것은 죽음에 대하여 충분히 꾸준한 생각을 지속하지 못했기 때문이다. 매순간이, 말하자면 몹시 캄캄한 죽음의 배경 위에 떠올라 있는 것이 아니라면, 그처럼 영롱한 빛을 발하지 못하리라는 것을 그대는 모르는가?
 모든 일을 할 시간이 나에게 얼마든지 있다고 예고되고 증명되어 있다면, 나는 아무것도 하려고 하지 않을 것이다. 다른 모든 일도 할 시간이 있으므로, 어떤 일을 시작하려다가 그만두고 나는 쉬고 볼 것이다. 만약 이 삶의 형태에도 종말이 있다는 사실을 내가 모른다면—그리고 이 삶을 살고 나면 내가 밤마다 기다리는 잠보다 좀더 깊고 좀더 망각이 짙은 잠 속에 쉬리라는 것을 모른다면, 내가 하는 일이란 이래도 좋고 저래도 좋은 일밖에 되지 못할 것이다.

*

 그리하여 나는 하나하나가 고립된 온전한 하나의 기쁨이 될 수 있도록 매 순간을 내 생애로부터 '분리시키는' 습관을 붙였다. 거기에 특수한 행복의 형태를 고스란히 집중시킬 수 있도록 하기 위해서. 그렇기 때문에 나는 가장 최근의 추억에서도 현재의 나 자신을 찾아보기 어렵게 되었던 것이다.

*

 나타나엘이여, 그저 다음과 같이 긍정하기만 해도 거기에는 커다란 즐거움이 있느니라. 야자나무의 열매는 야자라고 하는데, 참으로 맛이 좋다.
 야자나무의 술은 라그미라고 불리는데, 수액을 발효시켜 만든 것이다. 아라비아인들은 그것에 취하지만 나는 별로 좋아하지 않는다. 우아르디의 아름다운 정원에서 카빌의 목동이 나에게 준 것은 한 잔의 라그미였다.

*

 오늘 아침 '샘터'로 가는 길가에서 산책을 하다가 이상한 버섯을 발견했다.
 흰 막으로 둘러싸였고, 마치 황갈색 목련 열매처럼 회색 빛깔의 정연한 무늬가 있었다. 그 무늬들은 속으로부터 나온 포자분(胞子粉)으로 되어 있다. 막을 터뜨려보았더니 걸쭉한 것이 가득히 고여 있고 가운데는 말간 젤리처럼 되어 있었는데, 메스꺼운 냄새가 풍겼다.
 그 둘레에 더 벌어진 버섯들이 많이 있었다. 그것들은 고목 밑동에 돋아 있는 것을 흔히 볼 수 있는 편편한 해면질의 혹과 같았다.
 (나는 이 글을 튀니스로 떠나기 전에 썼다. 무엇이든지 주의하여 보게 되면, 그것이 나에게 얼마나 중대한 존재가 되었던가. 나는 그것을 그대에게 보여주기 위해서 여기에 베껴놓는다).

옹폴뢰르(거리에서)

 이따금 오로지 내 마음속에 개인적 생명감을 증대시켜주기 위해서만 다른 사람들이 내 주위에서 복작거리고 있는 것처럼 느껴지곤 했다.
  어제도 이곳에 있었고 오늘도 여기에 있다.
  이 모든 사람들이 도대체 나에게 무슨 상관이란 말인가.
  그들은 말하고, 말하고, 또 말한다.
  어제도 이곳에 있었고 오늘도 여기에 있다고······

 2×2는 여전히 4라고 스스로 되풀이하는 것이 '어떤' 지복(至福)으로 나를 가득히 채워주던 날들이 있었음을 나는 안다―그리고 탁자 위에 놓인 '나의' 주먹을 보기만 해도······
 그리고 그런 것이 나에게 조금도 대수로운 것이 아닌 날들도 있었음을 나는 또 알고 있다.

3장
LIVRE TROISIÈME

빌라 보르게세에서

그 수반(水盤) 속에서는……(그늘져 어스름한데)……모든 물방울, 모든 존재가 쾌락 속에 죽어가고 있었다.

쾌락! 나는 이 말이 '행복(안락·평안)'의 동의어이거나 차라리 존재한다고만 말하는 것으로 충분했으면 좋겠다.

아아, 신은 단순히 그것만을 위해서 이 세상을 만든 것이 아니라는 것, 그것은 이러이러하게 이론을 붙여 생각하지 않고서는 도저히 이해할 수 없는 일이다.

그곳은 말할 수 없이 시원한 곳으로, 거기서는 자기만 해도 즐거워 마치 나는 지금까지 자는 것의 즐거움을 모르고 지냈던 것 같다.

또 거기에는 감미로운 양식들이 우리가 시장해지기를 기다리고 있었다.

아드리아 해에서(새벽 3시)

밧줄을 다루는 수부들의 노랫소리가 귀에 거슬린다.

오오, 그렇게도 늙었건만 젊디젊은 대지여, 인간의 짧은 삶의 이 쓰면서도 달콤한 맛의 감미로움을 네가 안다면, 정말로 네가 안다면!

덧없는 외형이라는 집요한 생각이여, 임박한 죽음의 기다림으로 인하여 순간이 얼마나 가치를 갖게 되는가를 네가 안다면!

오오, 봄이여! 한 해밖에 살지 못하는 초목들은 그들의 가냘픈 꽃을 더욱 서둘러 피우고 있구나. 인간에게 봄은 일생 동안 한 번밖에 없다. 그리고 기쁨의 추억이 새로 찾아오는 행복일 수는 없는 것이다.

피에솔레의 언덕에서

아름다운 플로렌스. 근엄한 학업과 영화와 꽃의 도시. 무엇보다도 진지한 도시. 미르타의 열매, 그리고 날씬한 '월계수 화관'.

빈칠리아타의 언덕, 거기서 나는 처음으로 창공 속으로 구름들이 녹아드는 것을 보았다. 그처럼 구름이 하늘 속으로 흡수될 수 있는 것이리라고는 생각하지 못했던 탓에 나는 몹시 놀랄 뿐이었다. 구름이란 비가 되어 떨어지기까지 그대로 뭉기어 짙어지기만 하는 것이라고 생각했던 것이다. 그러나 그게 아니었다—모든 구름송이들이 하나씩 하나씩 사라지는 것을 나는 바라보고 있었다—그리하여 남는 것은 다만 창공뿐이었다. 그야말로 신기한 죽음이었다. 창공에서의 소멸이었다.

로마, 몬테 핀치오에서

그날 나를 기쁘게 해준 것은 사랑과 비슷한 그 무엇이었다—그러나 사랑은 아니었다—적어도 사람들이 이야기하고 찾는 것과 같은 그러한 사랑은 아니었다—미적(美的) 감정도 아니었다. 그것은 여자로부터 오는 것도 아니었고, 나의 상념으로부터 오는 것도 아니었다. 그저 빛의 발산일 뿐이었다고 내가 말한다면, 그대는 내 글을 이해해 주겠는가?

나는 그 정원에 앉아 있었다. 태양은 보이지 않았다. 그러나 마치 하늘의 푸른빛이 액체가 되어 흘러내리기나 하듯이 대기가 희미한 빛으로 반짝이고 있었다. 그렇다, 진정으로 빛은 물결치며 소용돌이치고 있었다. 이끼 위에는 물방울 같은 불꽃이 보였다. 그렇다, 진정으로 그 널따란 길 위에 빛이 흐르고 있는 것 같았다. 그리고 그 빛의 흐름 속에서 황금색 거품들이 나뭇가지들 끝에 맺혀 있었다.

*

나폴리, 바다와 태양을 향한 조그만 이발소. 뜨거운 둑길. 들어서며 쳐들어올리는 발. 그러고는 몸을 맡겨버리듯이 주저앉는다. 이런 상태가 오래 계속되려는가? 평온. 이마에 흐르는 땀. 뺨 위에서 싸늘하게 식어가는 비누 거품. 이발사는 수염을 깎고 나서 다시 더욱 능란한 솜씨로 면도질을 하더니, 이번에는 피부를 부드럽게 하기 위하여 더운물에 적신 조그만 해면으로 얼굴을 어루만지며 입술을 쳐든다. 그러고는 향기롭고 산뜻한 물로 얼얼한 피부를 씻는다. 그 다음에는 또 향유로 가라앉힌다. 아직도 움직이기 싫어서 나는 머리를 깎게 한다.

아말피에서(밤에)

알지 못할 그 어떤 사랑을
기다리는 밤들이 있다.
바다를 굽어보는 조그만 방, 너무나 밝은 달빛이 나의 잠을 깨웠다. 바다 위에 비치는 달빛이.
창문 가까이 갔을 때, 이제 새벽이 되어 태양이 떠오르는 것을 보게 되려니 하였다—그러나 아니었다—(그것은 이미 충만하게 이루어진 광경)— '달'—《파우스트》제2부에서 헬렌을 맞이할 때처럼 부드럽고 부드러운 달이었다. 황량한 바다. 죽음에 묻힌 마을. 어둠 속에서 개 짖는 소리…… 창문에는 자물쇠가 달려 있고……
인간이 쉴 곳이라곤 조금도 없다. 그 모든 것들이 어떻게 깨어나게 되는지 알 수 없다. 개의 비통한 울음소리. 낮은 다시 오지 않을 것 같다. 잠을 잘 수가 없다. 그대라면 하겠는가—(이것을 혹은 저것을)—
고요한 정원으로 나가겠는가?
바닷가로 내려가서 목욕을 하겠는가?
달 아래서 회색으로 보이는 오렌지를 따러 가겠는가?
개를 쓰다듬어 달래주겠는가!
(나는 얼마나 여러 번이나 자연이 내게 어떤 몸짓을 요구하는가를 느꼈는지 모른다. 그러나 어떤 몸짓을 해주어야 옳을지 몰랐다.)
좀체 오지 않는 잠을 기다리는 수밖에 없다.

아이 하나가 계단을 스치도록 늘어진 나뭇가지에 매달리면서 담장에 둘러싸인 정원까지 나를 따라왔다. 계단은 정원에 잇달린 테라스로 나가게 되어 있었다. 거기에는 들어갈 수 없는 듯했다.
오! 나뭇잎 밑에서 어루만진 조그만 얼굴! 아무리 짙은 그늘일지라도 너의 얼굴빛을 흐리게 하지는 못하리라. 네 이마 위에 늘어진 머리털의 그늘이 더욱 짙어 보인다.

덩굴과 나뭇가지를 더듬으며 나는 그 정원으로 내려가리라. 그리하여 새들의 보금자리보다도 더 노랫소리 가득 찬 그 숲 속에서 애정에 사무쳐 흐느껴 울리라—황혼이 내릴 때까지. 분수의 신비로운 물을 금빛으로 물들였다가 이윽고 깊은 어둠 속으로 잠겨버리게 될 밤이 될 때까지.

나뭇가지 밑에서 끌어안은 섬세한 육체,
내 섬세한 손가락으로 진주빛 살결을 매만졌다.
소리 없이 모래 위에 내려놓는 그의 섬세한 발을 나는 보고 있었다.

시라쿠사에서

바닥이 평평한 배. 낮게 드리운 하늘은 이따금 훈훈한 비가 되어 내리고, 물속에서 자라는 풀들의 흙탕 머금은 냄새, 얼크러진 줄기, 솟아오르는 이 푸른 샘도 깊은 물 때문에 자취를 볼 수 없다. 아무 소리도 들리지 않는다. 이 황량한 평원 속에서, 이 천연의 번듯한 수반 속에서, 물이 파피루스나무들 사이로 피어오른 꽃처럼 넘실거린다.

튀니스에서

푸르디푸른 하늘 속에 흰 것이라곤 다만 한 폭의 돛, 초록이라고는 물 위에 어리는 돛의 그림자뿐.

밤, 어둠 속에 반짝이는 반지들.
달빛이 흐르는데 사람들 거닌다. 낮과는 판이한 상념들.
사막에 비치는 불길한 달빛. 묘지를 서성거리는 마귀들. 푸른 돌바닥을 디디는 맨발들.

몰타에서

매우 환하게 밝으면서도 그늘이 사라졌을 때, 광장 위에 내리는 여름철의 황혼이 빚어내는 야릇한 도취감. 아주 특이한 흥분.

나타나엘이여, 내가 본 그지없이 아름다운 정원들의 이야기를 해주마.

플로렌스에서는 장미꽃을 팔고 있었다. 어떤 날은 시 전체가 향기를 뿜는 듯했다. 저녁이면 나는 카시나를 산책하곤 했다. 그리고 일요일에는 꽃 없는 보볼리 동산을 거닐었다.

세비야에는 지랄다 근처에 회교사원의 낡은 마당이 있다. 오렌지나무들이 여기저기 균형을 이루며 자리잡고 서 있다. 그 나머지 빈 터에는 돌이 깔려 있다. 뙤약볕이 내리쬐는 날엔 아주 조그만 그림자밖에 볼 수 없다. 담장으로 둘러싸인 네모진 마당으로, 굉장히 아름다운 곳이다. 그러나 왜 그렇게 아름다운지 그대에게 설명할 수는 없다. 시외에는 철책을 둘러친 커다란 정원 속에서 열대식물들이 무수히 자라고 있다. 들어가진 않고 철책 너머로 들여다보았다. 뿔닭들이 뛰어다니는 것을 보고 길들인 짐승이 많이 있을 것이라고 생각했다.

알카사르에 관해서는 그대에게 무슨 말을 하면 좋을까? 페르시아처럼 꿈결 같은 동산. 그대에게 말하고 있노라니 다른 어느 정원들보다도 그곳이 좋아진다. 하피즈를 다시 읽으면서 나는 그곳을 생각한다.

술을 갖다 다오.
옷에 얼룩칠을 해보고 싶구나.
나는 사랑에 취하여 비틀거리건만
사람들은 나를 불러 현자라 하기에.

길에는 분수들이 설치되어 있다. 길은 대리석으로 포장되고, 도금양이며 삼목들이 늘어서 있다. 좌우에는 대리석 연못이 있다—옛날 왕의 애인들이 목욕하던 곳이다. 거기에 보이는 꽃은 장미와 수선과 월계꽃뿐이다. 정원 깊숙이 거대한 나무가 한 그루 서 있는데, 불불(페르시아어로 나이팅게일이라는 뜻) 한 마리가 앉아 있음직했다. 궁전 곁에 있는 저속한 취미의 연못들은 조개로 만들어진 상(像)들이 늘어서 있는 뮌헨 왕궁의 마당을 연상케 한다.

어느 해 봄, 뮌헨의 궁원(宮苑)에서 그칠 줄 모르는 군악대의 연주를 들으며 5월의 향초(香草)를 넣은 아이스크림을 먹은 적이 있었다. 우아하지는 않아도 음악에 열중하는 청중. 나이팅게일의 애절한 울음소리에 황홀감이 느껴지는 저녁. 독일의 시처럼 그 노래는 내 가슴을 녹였던 것이다. 황홀감이 너무 강렬해지면 가슴이 벅차올라서 눈물 없이 견디기가 어렵다. 그 정원에서 받은 황홀감은 그 시각에 내가 다른 곳에 있을 수도 있었으리라는 생각을 하면 거의 고통스러울 지경이었다. '기온'이라는 것을 특히 즐길 줄 알게 된 것은 그 해 여름의 일이다. 그러한 쾌감을 느끼기에는 눈꺼풀이 제일 적합하다. 언젠가 기차 안에서 창문을 열어놓고 서늘한 바람의 촉감을 맛보면서 하룻밤을 지낸 일이 생각난다. 눈을 감고 있었는데 잠자기 위해서가 아니라 '그것' 때문이었다. 하루 종일 더위는 숨막힐 지경이었고, 저녁이 되어도 공기는 뜨뜻했지만 그래도 나의 타는 듯한 눈꺼풀에는 서늘하게 물이 흐르는 것 같았다.

그라나다에서는 제네랄리프 궁(宮) 테라스에 우거진 협죽도에는 꽃이 피어 있지 않았다. 피사의 캄포 산토에도 꽃은 없었고, 장미꽃이 만발했으면 좋겠다고 생각한 성(聖) 마르코스의 작은 수도원에도 꽃은 피어 있지 않았다. 그러나 로마에서는 몬테 핀치오를 가장 좋은 계절에 볼 수 있었다. 무더운 오후가 되면 사람들이 서늘한 맛을 찾아 그곳으로 모여드는 것이었다. 그 근처에 숙소를 정하고 있던 나는 매일 그곳을 산책했다. 병든 몸이어서 아무것도 생각할 수 없었다. 자연이 내 육체 속에 배어드는 것 같았다. 신경장애 탓도 있었겠지만 이따금 내 육체의 한계를 느낄 수 없게 되곤 했다. 육체는 멀리까지 퍼져가곤 했다. 어떤 때는 쾌락 속에 잠겨 설탕 덩어리처럼 잔 구멍이 송송 생기는 것 같았다. 그리하여 나는 녹아버리는 것이었다. 내가 앉아 있는 돌의자에서는 내게 피로감을 주던 로마의 시가지가 보이지 않았다. 다만 보르게스의 동산이 내려다보여 멀리 우람한 소나무들이 밑에서 하늘로 뻗쳐 내 발과 같은 높이까지 다다라 있었다. 오오, 테라스여, 거기서 공간이 뻗어 나가고 있는 테라스여! 오! 공중의 항해……

밤에 나는 파르네스의 동산을 거닐고 싶었다. 그러나 그곳에 들어가는 것은 금지되어 있었다. 그 숨겨진 폐허 위에 피어난 희한한 식물!

나폴리에는 둑처럼 바다에 잇달린 나지막한 공원들이 있고 거기에는 햇빛이 들어오고 있다.

님에는 운하들 속에 맑은 물이 넘칠 듯이 흐르는 라 퐁텐 공원이 있다.

몽펠리에에는 식물원. 어느 날 저녁 앙브루아즈와 함께 마치 아카데모스의 동산 속에서처럼 삼목으로 둘러싸인 낡은 무덤 위에 앉았던 일이 생각난다. 그리하여 우리는 장미 꽃잎을 씹으면서 천천히 이야기를 했던 것이다.

어느 날 밤 우리는 페루 공원 기슭에서, 멀리 달 아래 은빛으로 반짝이는 바다를 보았다. 우리 곁에서는 저수지에서 떨어지는 폭포 소리가 들려왔고 흰 술로 몸을 두른 듯한 검은 백조들이 잔잔한 연못 위에서 헤엄치고 있었다.

몰타에서는 거류민 구역의 공원으로 책을 읽으러 갔다. 치타 베키아에는 아주 조그만 레몬나무 숲이 하나 있었다. '일 보스케토'라고 불리는, 우리가 좋아하던 곳이다. 우리는 그곳에서 무르익은 레몬을 깨물어 먹었다. 처음에는 시어서 견딜 수 없을 지경이었지만 차츰 시원한 향기가 입 속에 남는 것이었다. 시라쿠사에서도 고대의 유물인 갱옥(坑獄) 속에서 우리는 레몬을 깨물어 먹었다. 헤이그의 공원에는 낯설어하는 것 같지도 않은 사슴들이 뛰놀고 있었다.

아브랑슈의 공원에서는 몽생미셸이 보이고, 저녁에는 멀리 있는 모래터가 불붙는 어떤 물질처럼 보인다. 매우 작은 도시지만 아름다운 공원들을 가진 도시들이 있다. 그러나 도시도 그 이름도 잊히고 만다. 그 공원을 다시 한 번 보고 싶건만 다시 찾아갈 길이 없다.

나는 모술의 공원들을 꿈꾼다. 거기에는 장미꽃이 만발해 있다고 한다. 나샤푸르의 정원은 오마르가 노래하였고, 하피즈는 쉬라즈의 정원을 노래하였다. 우리는 나샤푸르의 정원을 다시는 보지 못하리라.

그러나 비스크라에 있는 우아르디 정원을 나는 안다. 목동들이 염소를 지키는 곳이다. 튀니스에 있는 정원은 묘지뿐이다. 알제리의 에세 식물원에서는(온갖 종류의 야자나무들이 있다) 전에는 본 적도 없었던 과실을 먹었다. 그리고 블리다에 관해서는, 나타나엘이여, 그대에게 무엇을 이야기하면 좋을까?

아아! 사헬의 풀은 참으로 부드럽다. 그리고 오렌지나무의 꽃이며 그 그늘! 향기 그윽한 동산! 블리다여! 가련한 한 떨기 장미꽃! 이른 겨울에 나는 너를 잘못 보았다. 너의 신성한 숲에는 봄이 되어도 변함없는 나뭇잎들만 있었다. 그리고 네 등나무도 덩굴나무도 불태우기 알맞은 장작 가지 같았다. 산에서 내려오는 눈이 네게로 가까이 날아왔다. 방 안에서도 몸을 녹일 수 없었고 너의 비 내리는 동산에서는 더욱 그랬다. 피히테의 《과학설(科學說)》을 읽으면서 나는 다시금 종교적 감정에 사로잡히는 것 같았다. 나는 온

순해졌다. 사람이란 자기의 슬픔에 참고 따를 수밖에 없는 것이라고 생각하며, 그러한 모든 것을 미덕으로 삼아보려고 했다. 이제 나는 신발의 먼지를 털어버렸다. 바람이 그 먼지를 어디로 싣고 갔는지 누가 알 수 있으랴? 내가 예언자처럼 방황하였던 사막의 먼지. 너무나 말라서 산산이 부서지던 돌멩이. 내 발밑에서 돌은 타는 듯 뜨거웠다(태양이 그것을 엄청나게 달구었기 때문이다). 사헬의 풀밭에서 이제 나의 발이여 쉬라. 우리들의 모든 말이 사랑의 말이 되기를! 블리다여!

블리다여! 가련한 한 떨기 장미꽃! 나뭇잎과 꽃으로 가득 찬 따뜻하고 향기로운 너를 나는 보았다. 겨울의 눈은 이미 사라졌다. 네 신성한 정원에서는 흰 사원(寺院)이 신비롭게 빛나고, 덩굴나무는 꽃 밑에서 휘어지고 있었다. 등나무가 엮어놓은 화환 밑에 올리브 나무가 모습을 감추고 있었다. 달콤한 공기가 오렌지꽃에서 풍기는 향기를 몰아오고 가냘픈 귤나무들조차 향기로웠다. 추위로부터 해방된 유칼립투스나무들은 높이 솟은 가지에서 낡은 껍질을 떨어뜨리고 있었다. 태양 때문에 낡아빠지도록 나무를 감싸고 있던 껍질이 소용없게 된 옷처럼 흘러내리는 것이었다. 겨울이 아니면 쓸모없는 나의 낡은 도덕과 마찬가지로.

블리다에서

회향(茴香)의 커다란 줄기들(황금빛 일광 밑에, 또는 육중한 유칼립투스 나무의 쪽빛 잎사귀 밑에 녹금색(綠金色) 꽃들이 찬연히 피어 있다). 그 초여름날 아침 사헬을 향하여 거닐던 길가에 회향들은 비길 데 없이 화려하였다.

그리고 놀란 듯한 또는 태연한 듯한 유칼립투스나무들.

자연에 참여하지 않은 것이 없다. 거기서 벗어날 수는 없는 것이다. 모든 것을 총괄하는 물리의 법칙. 어둠 속을 달리는 열차, 아침이 되면 열차는 이슬로 뒤덮인다.

갑판에서

밤마다 얼마나, 아아! 선실의 둥근 유리창, 닫힌 현창(舷窓)이여—밤마다 얼마나 잠자리에서 너를 바라보며 생각하였던 것이랴—'저 현창이 밝아지면 새벽이 될 것이다. 그러면 일어나서 멀미를 떨쳐버리리라. 새벽은 바다를 씻어줄 것이다. 그리고 우리는 미지의 땅에 도달하게 되리라.' 새벽은 왔으나 바다는 가라앉지 않았으며, 육지는 아직도 멀어 동요하는 해면 위에 나의 상념은 비틀거렸다. 온몸에서 가시지 않는 파도의 멀미, 저 넘실거리는 장루(檣樓)에 무슨 상념을 얽매어볼까, 나는 생각했다. 파도여, 저녁 바람에 휘날리는 물밖에는 볼 수 없다는 말인가? 나는 내 사랑을 파도 위에 뿌린다. 나의 상념을 불모의 만경창파 위에 뿌린다. 나의 사랑은 연속되는 한결 같은 파도 속으로 잠겨버린다. 파도들은 지나가고 눈은 그것들을 분간할 수도 없다—형체도 없이 동요하는 바다, 인간 세계에서 멀리 떨어져 너희들은 말이 없구나. 그 유동성을 가로막는 것은 아무것도 없다. 그러나 아무도 그 침묵을 들어볼 수 없다. 지극히 연약한 배에 이미 파도는 부딪쳐 그 소리는 풍랑의 요란함을 알려준다. 커다란 파도들이 밀려와서는 소리도 없이 서로 뒤를 이어간다. 파도는 파도의 뒤를 이어 어느 파도나 똑같이 같은 물을, 자리를 거의 옮기지도 않고 밀어올린다. 다만 형태만이 움직일 뿐. 물은 휩쓸렸다가 떨어질 뿐으로 뒤쫓지는 않는다.

모든 형태는 지극히 짧은 순간 같은 존재로 나타날 뿐이다. 모든 것을 통하여 형태는 그대로 계속되다가는 이어 그 존재를 포기한다. 나의 영혼이여! 어떠한 사상에도 얽매이지 마라. 어떠한 사상이든 그것을 휩쓸어가는 바닷바람에 던져버려라. 천국에까지 사상을 가지고 갈 수는 없을 것이다.

파도의 움직임! 나의 사상을 그처럼 넘실거리게 만들어준 것은 너희들이다! 파도 위에 너는 아무것도 쌓을 수 없으리라. 어떠한 무게라도 파도는 피하여 달아나고 만다. 이 어이없는 표류 끝에, 이 정처 없는 방황 끝에 따사로운 항구는 올 것인가? 그리하여 회전등대 가까이 튼튼한 제방 위에서 마침내 안식을 얻은 나의 영혼이 바다를 바라볼 수 있을 것인가?

4장
LIVRE QUATRIÈME

1

어느 정원에서
—플로렌스의 언덕 위(피에솔레 맞은편이 그 언덕)
—그날 저녁 우리는 거기에 모여 있었다.

 그러나 너희는 모를 것이다, 알 리가 없다. 앙게르, 이디에, 티티르여, 나의 청춘을 불사른 열정을 하고 메날크는 말하였다(나타나엘이여, 이제 나는 그대에게 그것을 내 이름으로 거듭 말하는 바이다). 나에게는 시간이 달아나버리는 것이 너무나 안타까웠다. 선택해야만 한다는 것이 나에게는 언제나 견딜 수 없는 일이었다. 선택은 선택하는 것이라기보다는 선택하지 않은 것을 물리치는 것이라고 나는 생각했다. 시간의 자리가 매우 좁다는 것과 시간이 하나의 차원밖에 갖고 있지 않다는 사실을 깨달았던 것이다. 폭이 넓은 것이었으면 하고 바랐지만 그것은 한낱 선(線)에 지나지 않았고, 나의 욕망들은 그 선 위를 달리면서 서로 짓밟지 않으면 안 되었다. 나는 이것 아니면 저것 밖에 할 수 없었다. 만약에 이것을 하면 곧 저것이 아쉬워져서 번번이 애타는 마음으로 나는 두 팔을 벌린 채 아무것도 할 엄두를 내지 못했다. 잡으려고 팔을 웅크리면 무엇이든 '하나'밖에 잡히지 않을 것 같아서 겁이 났던 것이다. 그때부터 다른 많은 공부를 단념할 결심이 서질 않아서 무슨 공부든지 오래 계속하지 못했던 것이 내 일생의 과오가 되고 말았다. 무엇이든지 그런 대가를 치러야만 살 수 있다는 것은 너무 값비싸게 생각되었고, 이론으로 내 고민은 해결될 수 없었다. 휘황찬란한 것들이 가득 찬 시장에 들어섰지만 쓸 수 있는 돈이라고는(누구 덕분인가?) 너무 적은 액수에 지나지 않는다는 것! 쓸 수 있는 돈! 선택한다는 것은 영원히, 언제까지나 다른 모든 것을 포기해버리는 것이었으며, 수많은 그 '다른 것들'이 어떤 하나보다도 더 좋아 보였다.

지상에서의 모든 '소유'에 대한 나의 반감은 그 때문이기도 하였다. 그것 밖에 소유할 수 없게 된다는 사실이 내게는 두려운 것이다.

상품들이여! 저장품들이여! 수많은 물품들이여! 왜 너희는 순순히 몸을 내맡겨주지 아니하는가? 지상의 재물들은 탕진되어버리고 만다는 것을 나는 안다(무진장 대치되는 것들이 있기는 하지만). 그리고 또 나는 내가 잔을 비웠고, 나의 형제여, 그대의 잔도 비어 있다는 것을 알고 있다(샘터가 가까이 있기는 해도). 그러나 너희, 형상 없는 상념들이여! 자유로운 생의 형태들, 지식과 신의 인식이며, 진리의 잔, 마르지 않는 잔들이여, 왜 우리의 입술에 흘러드는 일에 그리 인색한가? 우리의 갈증이 아무리 심해도 너희를 말라버리게 할 수는 없을 것이며, 너희의 물은 연달아 새로 내미는 입술을 위해 항상 신선하게 넘쳐흐를 것이거늘—

이제 나는 알게 되었다, 이 광대한 영천(靈泉)의 모든 물방울들이 한결같이 가치를 지니고 있다는 것을. 가장 작은 물방울일지라도 우리를 도취시키기에 족하며, 우리에게 신의 전체와 총체를 계시하여 준다는 것을. 그러나 그 당시 미칠 듯하던 내가 무엇인들 바라지 않았으랴! 나는 생의 모든 형태를 부러워하였다. 다른 사람이 하는 것을 보면 무엇이든 나는 그것이 '하고' 싶었다. 그것을 완성하고 싶었던 것이 아니라, 그것을 해보고 싶었던 것이다—내 말을 제대로 알아들어 다오—왜냐하면 나는 피로나 고통을 두려워하는 일이 거의 없었다. 오히려 그것을 생의 수행이라 믿었던 것이다. 파르메니드가 터키 말을 배우고 있던 까닭에 나는 그를 3주일 동안 질투했다. 그 뒤 두 달이 지나서는 천문학을 알게 되었던 테오도즈를 질투했다. 그리하여 나는 내 모습을 제한하지 않으려고 애쓴 나머지 나에 관하여 가장 막연하고 가장 모호한 모습밖에 그려볼 수 없게 되었던 것이다.

—너의 생애를 이야기하라, 하고 알시드가 말했다—그러자 메날크는 대답하였다. 18세에 초등 학업을 마치자, 정신은 공부에 지치고, 마음은 텅 비어 맥이 풀리고, 육체는 구속으로 견딜 수 없게 되자 내 속의 방랑기가 되살아나 정처없이 길을 떠났다. 너희도 아는 모든 것을 나는 알았다—봄, 대지의 냄새, 들판에 피는 풀, 강 위에 서리는 아침 안개, 그리고 목장 위에 번

지는 저녁의 습기. 나는 여러 도시를 지났으나 어디에도 발길을 멈추려 하지 않았다. 나는 생각하였다, 지상에서 아무것에도 집착하지 않고 부단히 변모하는 것들 사이로 영원한 열정을 몰아가는 자는 행복하다고. 나는 미워하였다, 가정을, 가족을, 사람들이 휴식을 얻을 수 있다고 생각하는 모든 장소를. 그리고 변함없는 애정이며, 사랑의 성실이며, 사상에 대한 집착이며—빗나가게 될 위험성이 있는 모든 것들을. 나는 말했다, 새로운 것이 나타나면 언제든지 받아들일 수 있어야 한다고.

책들은 나에게, 모든 자유란 일시적인 것이어서 자기 속박이나 자기 헌신을 선택하는 것은 마치 엉겅퀴 씨가 뿌리를 내릴 기름진 땅을 찾아 날면서 헤매는 것과 같으며—자유는 한곳에 자리잡고 있어야 비로소 꽃피는 것이라고 가르쳐 주었다. 그러나 이론이 사람들을 인도할 수는 없는 것이며, 어느 이론이나 그와는 다른 반대 이론이 성립할 수 있고 그것을 발견하기만 하면 된다는 사실을 또한 학교 교실에서 배워 알고 있었기에, 나는 먼 길을 걸으며 그 반대 이론을 찾아보기도 하였다.

나는 무엇이든 미래에 대하여 끊임없는 기다림 속에서 살았다. 마치 기다리는 대답 앞에 제출되는 질문처럼, 쾌락 앞에는 그 쾌락을 누리고 싶은 갈증이 향락보다 우선이라는 것을 나는 알게 되었다. 나의 행복은, 모든 샘이 내게 갈증을 일으키고, 또 갈증을 채울 수 없는 물 없는 사막에서는 내리쪼이는 뙤약볕 밑에서 나 자신의 끓는 듯한 열기를 더욱 흡족하게 여겼다는 사실로부터 오고 있었다. 저녁이면 하루 종일 고대하였던 만큼 더 시원하고 황홀한 오아시스가 있었다. 태양 밑에 짓눌린 광막한 모래 위에서 마치 무한히 큰 졸음처럼—더위는 그렇게 심하였다—대기의 진동 속에서 나는 또한 생의 약동을 느꼈다. 잠들지 못하고 지평선 위에서 쓰러질듯 떨리는, 또 내 발 밑에서 사랑으로 부풀어오르고 있던 생명의 약동들.

날마다 내가 찾아 헤매던 것은 다만 갈수록 거침없는 자연의 침투였다. 나 자신에게 속박되지 않는다는 귀한 소질을 나는 갖고 있었다. 과거의 추억은 내 생에 단일성을 줄 정도의 역할밖에는 하지 못했다—테세우스를 과거의 사랑에 연결하면서도 가장 새로운 풍경을 바라보며 걷는 데는 아무 방해도 되지 않던 그 신비로운 끈 같은 것이었다. 그 끈도 급기야는 끊어지지 않을 수 없었지만…… 황홀한 재생(再生)! 나는 흔히 아침 길을 걸으며 새로운

4장 LIVRE QUATRIÈME 231

생명감, 나의 갓난아이 같은 감각을 맛보는 것이었다—'시인의 천분, 너는 끊임없는 해후(邂逅)의 천분이어라' 하고 나는 외쳤다—그리하여 나는 모든 방향으로부터 무엇이건 다 맞아들였다. 나의 영혼은 네 갈래 길 위에 문을 열어 놓은 주막과도 같았다. 들어오고 싶어하는 것은 무엇이나 들어올 수 있었다. 나는 유순하고 상냥하게 내 모든 감각을 가지고 마음을 열어놓아, 개인적인 생각을 갖지 않는 주의 깊은 청취자, 지나가는 모든 감동의 포착자가 되었으며, 무엇에든 저항하기보다는 차라리 아무것도 나쁘게 여기지 않는 근소한 반동만을 지녔다. 게다가 추(醜)한 것에 대한 크지 않은 혐오감이 미(美)에 대한 내 사랑을 받들어주고 있음을 나는 이윽고 깨닫게 되었던 것이다. 나는 피로감을 미워했다. 피로는 권태로부터 생긴다는 것을 알고 있었기 때문이다. 그러므로 나는 사물의 다양성에 의지해야 하리라 생각하고 있었다.

나는 아무데서나 쉬었다. 밭에서 잤다. 벌판에서 자기도 했다. 커다란 밀이삭들 사이에서 여명(黎明)을 보며 전율을 느꼈다. 그리고 밤나무 숲에서 까마귀들이 잠에서 깨는 것을 보았다. 아침이 되면 나는 풀밭에서 세수하였으며 떠오르는 태양이 나의 젖은 옷을 말려주었다. 노랫소리가 울려 퍼지는데 소들이 짐수레에 한가득 수확물을 싣고 집으로 돌아가는 것을 보았던 그 날보다 전원이 더 아름다웠던 때가 있었다고 누가 말할 수 있으랴? 나의 기쁨이 너무 커서 그것을 남에게 전달하고 싶고, 내 마음속에 기쁨을 살아 숨쉬게 하는 것이 무엇인가를 누구에게든지 가르쳐주고 싶을 때가 있었다.

저녁때면 낯선 마을에서 낮에 흩어졌던 사람들이 다시 모여드는 것을 보았다. 일하러 갔던 아버지는 피로하여 돌아오고, 어린아이들은 학교에서 돌아오고 있었다. 집의 출입문이 빛과 온기와 웃음으로 맞아들이기 위하여 잠시 열렸다가 다시 닫히면 밤은 깊어갔다. 방랑하는 것들은 무엇이든 거기에는 일체 들어갈 수 없다—가족, 나는 너를 미워한다! 밀봉된 가정, 굳게 닫힌 문, 행복의 인색한 점유(占有)—어떤 때는 어둠에 묻혀 유리 창문에 몸을 기울이고 오랫동안 어느 집안의 가풍을 엿보기도 하였다. 아버지는 등잔 가까이 앉아 있고, 어머니는 바느질을 하고 있었다. 할아버지의 자리는 비었다. 어린아이 하나가 아버지 곁에서 공부를 하고 있었다—그리고 내 마음은 어린아이를 나와 함께 길 위로 데려가고 싶은 욕망으로 부풀어 올랐다.

다음날 나는 학교에서 돌아오는 그를 보았다. 또 그 다음날에는 그에게 말을 붙였다. 나흘 뒤에 그는 모든 것을 버리고 나를 따랐다. 나는 화려한 벌판 앞에 그의 눈을 열어주었다. 벌판이 그를 위해서 트여 있다는 것을 그는 깨달았다. 그리하여 나는 그의 영혼이 더욱 방랑기를 띠어 급기야 즐거워지도록 가르쳐주었다―이윽고 내게서도 떠나서 자기 고독을 알도록.

나는 홀로 자부심의 벅찬 기쁨을 맛보았다. 새벽이 되기도 전에 일어나는 것을 즐겼다. 밀밭 위로 태양을 부르는 종달새의 노래는 내 환상곡이었으며 이슬은 새벽에 끼얹는 화장수였다. 지나치다 할 만큼 검소한 식사에 만족했고, 먹는 것이 매우 적었기 때문에 머리는 가벼워지고 모든 감각이 나에게는 일종의 도취였다.

그 뒤 나는 많은 포도주를 마셨건만 그 단식으로 인한 현기증, 태양이 떠오른 다음 낟가리 속에 파묻혀 잠들기 전에 훤하게 밝은 아침 속에서 볼 수 있던 그 넓은 들판이 넘실거리며 흔들리는 듯한 느낌을 주지는 않았다. 길을 떠나기 위해서 몸에 지닌 빵을 거의 실신 상태에 이르기까지 그대로 가지고 있기도 했다. 그럴 때면 자연이 덜 낯설게 느껴지는 듯하며, 더욱더 나의 몸 속으로 스며드는 듯하였다. 그것은 흘러드는 외계의 세찬 물줄기였다. 개방된 내 모든 감각을 통하여 나는 외계의 현존(現存)을 맞아들였다. 모든 것이 나의 내부로 받아들여지고 있었던 것이다. 내 영혼 속은 마침내 시정(詩情)이 가득히 차올랐지만, 그것은 고독으로 날카로워지고 저녁녘이 되면 피로감을 느끼게 하였다. 자부심으로 나 자신을 부축하였지만, 그럴 때면 사나워지려고 하는 내 기질을 부드럽게 만들어주던 힐레르가 그리워지는 것이었다. 그와 더불어 저녁 무렵에 나는 이야기하곤 하였다. 그도 또한 시인이었다. 모든 조화(調和)들을 그는 이해할 수 있었다. 자연의 모든 결과는 그 속에서 원인을 읽을 수 있는 자명한 언어처럼 보이는 것이었다. 우리는 날아다니는 모습을 보고 곤충을, 노래를 듣고 새를, 모래 위에 남겨진 발자취를 보고 여자의 아름다움을 분별할 수 있었다.

모험의 갈망이 또한 그의 마음을 파고들었다. 힘이 그를 대담하게 만들고 있었다. 어떤 영광일지라도 너희에 필적할 만한 것은 결코 없으리라, 우리 마음의 젊음이여! 즐거이 모든 것을 갈망하던 우리는 아무리 욕망을 지치게 하려고 해도 소용이 없었다. 우리의 생각 하나하나가 모두 열정이었다. 감각은 우리에게 그지없이 격렬한 맛을 지닌 것이었다. 우리는 아름다운 미래를 기다리며 황홀한 청춘을 소모하였다. 미래로 가는 길이 끝없이 긴 것으로 보이지는 않았으며, 그 길 위를 우리는 꿀맛과 감미롭고 씁쓸한 맛을 입 속에 남겨주는 생나무 울타리의 꽃을 깨물면서 성큼성큼 걸어가는 것이었다.

때로는 파리를 지나치는 길에 나는 며칠 또는 몇 시간 동안 나의 근면한 소년 시절이 흘러간 아파트에 다시 들어가보기도 했다. 거기서는 모든 것이 고요하였다. 보이지 않는 여인의 손길이 가구들 위에 헝겊을 씌워놓았다. 손에 등잔을 들고, 몇 년 동안 닫혀 있는 덧문을 열지도 않고 또 장뇌유 냄새가 풍기는 커튼을 걷어올리지도 않고 이 방 저 방을 돌아보는 것이었다. 집 안의 공기는 무겁고 냄새가 가득 배어 있었다. 내 방만이 거처하던 대로 놓여 있었다. 가장 침침하고 가장 적적한 방인 서재 속에서는, 서가며 탁자 위의 책들이 내가 놓아두었던 그대로 질서를 지키고 있었다. 그중 한 권을 펼쳐 보는 일도 있었다. 그리고는 낮임에도 켜놓은 등잔불 앞에서 나는 시간을 잊어버리고 행복감에 잠겼다. 또 때로는 큰 피아노를 열고 기억 속 옛날 곡조의 선율을 더듬기도 하였다. 그러나 기억은 불완전하여 그것을 슬퍼하기보다는 차라리 치던 손을 멈춰버리곤 하였다. 이튿날 다시금 나는 파리를 멀리 떠나버리는 것이었다. 본디 사랑하는 감정을 타고난, 마치 유동체 같은 나의 마음은 모든 방향으로 퍼지고 있었다. 어떤 기쁨일지라도 나 자신만의 것으로는 생각되지 않았다.

나는 만나는 사람마다 기쁨으로 이끌었다. 그리고 혼자서 즐길 수밖에 없을 때는 굳게 자부심을 가다듬어야만 했다. 어떤 이들은 나의 에고이즘을 비난하였다. 나는 그들의 어리석음을 힐난하였다. 남자이건 여자이건 어느 한 사람을 사랑하는 것이 아니라, 나는 우정, 애정, 연정을 사랑하는 것이라고 생각하고 있었다. 한 사람에게 줌으로써 다른 사람으로부터 빼앗는 결과가 될까 봐 나는 나 자신을 빌려줄 뿐이었다. 어느 한 사람의 육체나 마음을 독점하고 싶지는 않았다. 자연에 대하여 그랬던 것처럼 여기서도 유랑을 계속하여 나는 아무 데도 멈추지 않았다. 내가 생각해 볼 때 모든 편애는 옳지 못한 것으로 보였다. 나는 모든 사람에게 머물러 있고 싶었기에 아무에게도 나 자신을 주지 않았던 것이다.

모든 도시의 추억에는 방탕의 추억이 따르게 하였다. 베니스에서는 가장

무도회에 섞였다. 비올라와 플루트가 반주를 하는 배 속에서 나는 사랑을 맛보았다. 다른 배들이 젊은 남녀를 가득히 싣고 뒤따르고 있었다. 우리는 새벽을 기다리기 위하여 리도로 갔으나 태양이 떠올랐을 때는 피곤하여 잠이 들어버렸다. 음악도 그치고 말았기 때문이다. 그러나 나는 덧없는 즐거움이 남겨주는 그 피로감까지 사랑하였으며, 즐거움이 말라버리고 말았다는 느낌을 일으키는 깨어날 찰나의 그 현기증까지도 사랑하였다—다른 항구에서는 큰 기선의 선원들과 함께 나다니기도 하였다. 불빛 희미한 골목길에 내려가 보기도 하였다. 그러나 나는 우리의 한결같은 유혹, 경험의 욕망을 마음속으로 눌러버렸다. 그리하여 선원들을 허름한 집 근처에 남겨두고 고요한 항구로 돌아가는 것이었다. 그러나 거기서도 밤의 말 없는 충고는 야릇하고 감상적인 소음을 황홀하게 흘려보내는 그 골목길의 추억으로 해석되었다. 그보다는 들판의 보물을 나는 더 좋아했다.

그러나 스물다섯 살 때 여행에 지친 것은 아니었으나 그 유랑 생활이 길러준 크나큰 자부심에 못 이겨, 나는 마침내 새로운 모습을 가질 수 있을 만큼 충분히 성숙했다고 깨닫기에 이르렀다. 아니, 스스로 그렇다고 믿었던 것이다.

왜, 어째서? 나는 그들에게 말했다. 왜 너희는 나더러 또다시 길 위로 나서라는 것이냐? 모든 길가에 새로운 꽃들이 피어 있다는 것을 나는 안다. 그러나 이제 그것들은 너희를 기다리고 있는 것이다. 꿀벌들이 꿀을 찾아다니는 것은 한철뿐이다. 그러고는 보물지기가 되는 것이다—나는 버려두었던 아파트로 돌아왔다. 가구 위에 씌운 포장을 걷어치우고 창문들을 열었다. 그리고 방랑자이면서도 어쩔 수 없이 해야만 했던 저금을 이용하여 사들일 수 있었던 모든 값진 물건들, 알뜰한 것들, 꽃병이며 진귀한 서적들, 특히 미술에 대한 나의 지식 덕분에 헐값으로 사들일 수 있었던 그림들로 주변을 장식하였다.

15년 동안 나는 수전노처럼 저축하였다. 있는 힘을 다하여 부(富)를 쌓았다. 그리고 지식을 닦았다. 여러 가지 악기도 다룰 수 있게 되었다. 매일 매 시간이 어떤 유익한 연구에 바쳐졌다. 특히 역사와 생물학에 몰두하였다. 여러 문학을 알 수 있게 되기도 하였다. 나의 너그러운 마음과 내 어엿한 가문 덕택으로 정당하게 가질 수 있었던 우정을 쌓았다. 이 우정이야말로 다른 무엇보다도 귀중한 것이었건만, 그러나 그것에도 나는 얽히지 않았다.

오십 살이 되어 때가 왔기에 나는 모든 것을 팔았다. 나의 안목과 나의 지식으로 말미암아 내가 가지고 있던 물건들은 값이 오르지 않은 것이 없었으므로, 나는 이틀 동안 막대한 재산을 이룩하였다. 나는 이 재산을 영원히 누릴 수 있도록 고스란히 투자했다. 지상에서 '사사로운' 것이라곤 아무것도 간직하고 싶지 않아서 모조리 팔아버렸다. 지난날의 추억은 조금도 남기지 않았다.

나는 벌판으로 나를 따라온 미르틸에게 말했다. "이 아름다운 아침, 이 안개, 이 빛, 이 맑은 공기, 네 생명의 맥박, 네가 이런 것에 송두리째 몸을 바칠 줄 안다면, 그 감동은 너에게 얼마나 더 큰 것이겠니. 너는 그렇다고 생각하지만, 사실은 네 가장 귀한 부분이 갇혀 있는 것이다. 네 아내, 네 서적들, 네 학문이 그 귀한 부분을 사로잡고 있어 신과의 접촉을 방해하고 있다."

"바로 이 순간에, 생의 벅차고 온전하고 직접적인 감동을 그 밖의 것을 잊어버리지 않은 채 맛볼 수 있을 거라고 생각하는가? 너는 사고의 습관에 얽매여 있다. 너는 과거에 살고 미래에 살며, 아무것도 있는 그대로 보고 느끼지 못한다. 우리는 순식간에 찍히는 사진과 같은 생을 타고날 뿐, 그 밖에 아무것도 아니다. 모든 과거는 앞으로 올 것이 생겨나기도 전에 죽어버리는 것이다. 순간들! 미르틸, 너는 알게 될 것이다. 순간의 현존이 얼마나 중대한 것인가를. 왜냐하면 우리 생의 각 순간은 본질적으로 다른 것과 바뀌질 수 없는 것이기 때문이다. 이따금 오직 그것에만 온 마음을 기울일 줄 알아야 한다. 미르틸, 네가 바라기만 한다면, 네가 만약 알기만 한다면, 이 순간 너는 아내도 자식도 잊어버리고 지상에서 홀로 신 앞에 서 있을 수 있을 것이다. 그러나 너는 그들을 생각하고, 너의 모든 과거, 사랑, 지상의 모든 일을 잃어버릴까 봐 겁이 난다는 듯이 짊어지고 다니는 것이다. 나로 말하면, 내 모든 사랑은 순간마다 새로운 경이를 준비하여 너를 기다린다. 나는 언제나 그 사랑을 알고 있지만 볼 때마다 새로운 사랑이다. 미르틸, 신이 갖추는 모든 형태를 너는 생각도 못 하고 있다. 그중 한 형태만을 너무 바라보고 그것에 심취한 나머지 장님이 되어버리고 만다. 너의 숭배가 고정되어 있다는 사실이 나의 마음을 괴롭힌다. 네 숭배가 좀더 사방으로 퍼진 것이었으면 한다. 닫혀 있는 모든 문 뒤에 신은 있다. 신의 모든 형상은 사랑할 만한 것이며, 그리고 모든 것이 신의 형상인 것이다."

……내가 이룩한 재산으로 먼저 나는 배 한 척을 빌려 친구 세 명과 선원들, 소년 수부 네 명을 데리고 항해를 떠났다. 어린 수부들 가운데 제일 못난 소년을 나는 사랑하였으나, 그의 다정한 애무보다도 나는 커다란 파도를 바라보는 것이 더 좋았다. 저녁에 꿈나라 같은 항구로 들어가 때로는 밤새도록 사랑을 찾아 헤매고 나서 동이 트기 전에 그곳을 떠나곤 하였다. 베니스에서 나는 지극히 아름다운 창녀를 만났다. 사흘 밤 동안 나는 그녀를 사랑하였다. 그녀 곁에서는 내 다른 사랑의 즐거움을 모조리 잊어버릴 지경이었기 때문이다. 그녀는 그토록 아름다웠던 것이다. 나는 그 창녀에게 배를 팔아버렸다. 아니, 그녀에게 주어버렸는지도 모르겠다.

여러 달 동안 나는 코모 호숫가의 어느 궁에서 살았다. 그 누구와도 비길 데 없이 온화한 악사들이 그곳에 모였다. 거기에 나는 얌전하고 화술이 능란한 아름다운 여자들도 모아놓았다. 저녁이면 악사들이 황홀감을 자아내는 가운데 우리는 이야기를 주고받았다. 그러고는 밑의 계단이 물속에 잠겨 있는 대리석 층계를 내려가서 떠도는 배에 몸을 싣고 노 젓는 소리에 맞추어 우리의 사랑을 잠재우곤 하였다. 잠이 깨지 않은 채 돌아오는 일도 있었다. 배가 호숫가에 닿으면 놀라서 눈을 뜨곤 하였다. 그리고 이두안은 내 팔에 매달려 말없이 층계를 올라가는 것이었다.

그 이듬해에 나는 바닷가에서 멀지 않은 방데의 광대한 동산에 있었다. 세 사람의 시인이, 내가 그들을 나의 거처로 맞아들여 환대한 것을 노래하였다. 그들은 또한 물고기와 초목이 있는 연못이며 포플러나무가 늘어선 길, 동떨어져 솟은 떡갈나무며 물푸레나무의 숲이며 동산의 아름답게 꾸며진 정연한 모습을 이야기하였다. 가을이 되었을 때 나는 큰 나무들을 베어내게 하여 내 거처를 황폐하게 보이도록 했다. 풀이 자라는 대로 버려두었던 길을 거닐며 많은 사람들이 무리 지어 산책하던 그 동산의 모습을 이제 무엇으로 말해줄 수 있으랴.

줄나무 길에서는 어디서나 나무꾼들의 도끼 소리가 울리고 있었다. 길가의 어수선한 나뭇가지에 옷깃이 걸렸다. 쓰러진 나무들 위에 내리비치는 가

4장 LIVRE QUATRIÈME

을빛은 황홀하였다. 그 광경이야말로 말할 수 없이 아름다워 때가 훨씬 지나서도 나는 다른 것은 생각할 수 없었다. 그리하여 나는 나의 늙음을 거기에서 보았던 것이다.

그 뒤 나는 알프스 산속의 어느 별장에서 살았다. 오렌지처럼 새콤달콤한 맛의 시트론을 볼 수 있는 치타 베키아의 향기로운 숲 가까이. 몰타의 어느 천궁에서도 살았다. 달마티아에서는 사륜마차로 방랑하였다. 그리고 지금은 플로렌스 언덕의 이 동산. 피에졸 언덕을 마주 바라보는 이곳에 살면서 오늘 저녁 그대들을 모아놓은 것이다.

내가 행복을 얻을 수 있었던 것이 내 신변에 일어난 사건들의 덕택이라고 말하지 마라. 사건들이 나에게 유리하긴 했지만, 나는 그것들을 이용하지는 않았다. 나의 행복이 무력으로 이루어진 것이라고 믿지도 마라. 지상에 아무런 집착도 갖지 않는 내 마음은 항상 가난하였다. 그러므로 죽기도 수월할 것이다. 나의 행복은 열정으로 이룩된 것이다. 차별 없이 모든 것을 통하여 나는 열렬하게 사랑하였다.

2

우리가 모여 있던 테라스는 (나선 계단을 따라 올라오게 된 곳인데) 전 시가를 굽어보았으며, 우거진 녹음 위에서 닻을 내린 거대한 배와 같았다. 때로는 그 배가 시가를 향하여 내달리는 듯했다. 올해 여름에, 거리의 소음을 떠나서 나는 이따금 이 가공의 배 갑판 위로 올라가 저녁의 흐뭇한 명상에 잠겨 보곤 하였다. 모든 소음은 떠오르면서 사라지는 것이었다. 마치 물결처럼 이곳으로 밀려오다 마는 듯하였다. 이따금 물결들은 그래도 휩쓸려와 도도한 파도를 이루어 올라와서는 담벼락에 부딪쳐 부서지곤 하였다. 나는 파도가 미치지 못하는 데로 더욱 높이 올라갔다. 맨 끝 테라스 위에서는 나뭇잎들의 살랑거리는 소리와 밤의 애끓는 부름밖에는 아무것도 들리지 않았다.

규모 있게 줄나무 길을 이루며 심어진 푸른 떡갈나무와 월계수들이 하늘가에 이르러 끝나고 있었으며 테라스도 거기까지였다. 그러나 거기서 이따금 둥근 난간들이 앞으로 뻗어 나와서 창공에 걸린 발코니 모양을 이루고 있었다. 그곳에 앉아 나는 스스로의 상념에 도취하였다. 시가지 저편에 솟은 어스름한 언덕 위로 하늘은 황금빛을 띠고 있었다. 날씬한 나뭇가지들이 나의 테라스로부터 휘황한 석양을 향하여 휘어지기도 하고, 어둠 속으로 거의 잎도 없이 솟구쳐 뻗어 오르고 있었다. 시가지로부터는 연기 같은 것이 피어 오르고 있었다.

그것은 빛을 받은 먼지가 돌며, 더 많은 불빛으로 밝혀진 광장 위로 살그머니 떠오르는 것이었다. 그리고 이따금 그 무더운 밤의 황홀 속에서 저절로 튀어나오듯, 어디서 쏟아지는 것인지 불꽃이 솟아올라 날며, 마치 부르짖는 소리처럼 허공을 건너고, 떨고, 회전하다가 마침내는 신비로운 개화(開化)의 음향과 더불어 스러져내리는 것이었다. 나는 특히 천천히 떨어지며 슬며시 흩어지는 연한 황금빛 불꽃을 좋아했다. 불꽃들이 사라지면 별들—그렇게도 별들은 황홀하다—은 이 뜻하지 않은 환상극에서 튀어 나온 듯 불꽃들이 사라진 다음에도 여전히 반짝이는데, 이 별들을 볼 때면 놀라움을 금할 수 없다…… 그러고는 천천히 하나씩 별들의 이름을 그 고정된 성좌로 알아보게 되는 것이다—그렇게 황홀감은 계속되었다.

"나를 휘두르게 된 사건들은 나로선 찬성할 수 없는 것들이었네." 조제프가 말했다.

"할 수 없지! 일어나지 않은 일은 일어날 수 없었던 일이라고 나는 생각하고 싶네." 메날크가 대답했다.

3

그날 밤 그들이 노래한 것은 나무 열매들이었다. 메날크 앞에 알시드와 그 밖의 몇몇이 모인 자리에서 힐라스가 노래 불렀다.

석류의 롱드RONDE
석류 열매 세 알만으로도 프로제르핀은 그것을 회상할 수 있었다.

너희는 앞으로도 오랫동안 찾을 것이다,
불가능한 영혼의 행복을.
육체의 즐거움, 감각의 즐거움이여
누가 너희를 비난하고 싶어하면
육체와 감각의 짜릿한 즐거움이여

너희를 비난하도록 하라—나는 그러지 못하지만.

—물론, 디디에여, 열렬한 철학자여
 만약에 사상에 대한 그대의 신념이 그대로 하여금 정신의 즐거움보다 나은 것은 아무것도 없다고 믿게 한다면 나도 그대를 숭배하리.
 그러나 누구의 정신 속에나 그러한 사랑이 깃들 수는 없는 것이다.

그리고 물론 나 역시 너희를 사랑하지,
사멸해야만 하는 영혼의 전율—
마음의 즐거움, 정신들의 즐거움들이여—
그러나 내가 노래하는 것은 쾌락이여, 너희이다.

육체의 즐거움이여, 풀처럼 연하고
생나무 울타리의 꽃들처럼 귀여워라.
목장의 개자리보다도, 건드리면 보슬보슬 잎을 떨구는 서글픈 조팝나무보다도
더 빨리 시들어 영혼에 베이는 너희.

시각(視覺)—감각 중에서 가장 애달픈 것……
우리가 만질 수 없는 모든 것은 우리를 슬프게 한다.
우리의 눈이 탐내는 것을 손이 붙들기보다
정신은 생각을 더 쉽게 붙든다.
오! 그대가 바라는 것은 그대가 만질 수 있는 것이기를.
나타나엘이여, 보다 더 완전한 소유를 찾지 마라.
내 감각의 가장 감미로운 환희는
목마를 때 물을 마시는 것이었다.

진실로, 광야에 떠오르는 태양빛을 받은 아침 안개야말로 상쾌한 것이다.
태양 또한 상쾌하며
젖은 땅을 맨발로 걷는 것과

바닷물이 적신 모래 위를 걷는 것도 감미롭고
샘물은 목욕하기에 상쾌하였으며
나의 입술이 어둠 속에서 만난 알지 못하는 입술도 감미로웠다……
그러나 과일들—과일들에 관해서는—나타나엘이여, 뭐라고 말하면 좋을까?

오! 그대가 그것들을 알지 못하였다니,
나타나엘이여, 그것이야말로 내가 안타깝게 여기는 것이다.
보드라운 과육에서 즙이 뚝뚝 흘러
피가 마르지 않는 살처럼 감미롭고
상처에서 솟는 피처럼 붉었다.
그 과일들은, 나타나엘이여, 어떤 유별난 갈증도 요구하지 않았다.
그것들은 황금 바구니에 담겨 있었다.
그 맛은 처음에는 비길 데 없이 시큼하여 구역질이 날 지경이었다.
그것은 우리네 고장에서 나는 어떠한 과일의 열매와도 같지 않았다.
지나치게 익은 번석류(蕃石榴)의 맛을 연상케 하고
과육에서는 맛이 빠져버린 것 같았다.
먹고 나면 입 속에 떫은 맛만 남았다.
다시 새로운 과일을 먹지 않고서는 그 맛이 사라지지 않았다.
이윽고 과즙을 맛보는 순간
그 쾌락의 순간은 너무나도 짧았다.
그리고 먹고 난 다음의 씁쓸한 뒷맛이 메스꺼우면 메스꺼울수록 더욱더 즐겁게 여겨졌다.
바구니는 순식간에 비고
마지막 한 개는 나눠 먹기보다 차라리
그대로 남겼다.

아아, 나타나엘이여, 그 다음 우리 입술에 남은 얼얼한 맛이 어떤 것이었는지 누가 말할 수 있을까?
어떠한 물로도 그것을 씻어내지 못하였다.

그 열매를 바라는 욕망은 우리의 영혼 속까지 괴롭혔다.
사흘 동안 장터들을 헤매며 우리는 그것을 찾아다녔다.
그 과일 철은 이미 지났다.
나타나엘이여, 우리의 여로(旅路) 그 어디쯤에
다른 욕망들을 우리에게 불러일으켜줄 수 있는 새로운 열매들이 있을 것인가?

*

바다를 바라보고 석양을 바라보며
우리의 발코니에는
먹는 열매들이 있다.
리큐어를 조금 섞고 설탕을 타서
얼음에 담근 것들도 있다.

남들의 손을 피해 울타리를 둘러친 정원의 나무 위에서 따다가
여름철 그늘에서 먹는 것들도 있다.
조그만 식탁을 마련하리라.

가지를 흔들면
우리 둘레에 열매가 수북이 떨어지고
가지 위에서는 어리둥절한
파리들이 잠을 깰 것이다.
떨어진 열매들은 쟁반에 담기고
그러면 그 향기만으로도 우리는 도취하리라.

껍질이 입술에 자국을 남기므로, 목이 몹시 마를 때가 아니면 먹지 않는 것들도 있다.
그런 것을 우리는 모래길 위에서 발견하였다.

가시 돋은 잎들 저 속에 반짝이고 있어

그걸 따려던 손에 가시가 박혔고
먹어도 갈증은 그다지 가시지 않았다.

햇볕에 놔두기만 해도
잼으로 되는 것들이 있는가 하면
겨울이 될 때까지 단단한 채로 있는 것들도 있어
그것을 깨물면 이가 시리다.

여름일지라도 과육이 언제나 차가운 듯한 것도 있다.
그런 것은 조그만 선술집 안에서
돗자리 위에 웅크리고 먹는 것이다.

다시 구할 수 없게 되면
생각만 해도 목마름을 느끼게 되는 것도 있다.

*

나타나엘이여, 그대에게 석류 이야기를 해줄까?
동양의 장터에서 잔돈 몇 푼에 파는 것이었는데
갈대로 엮은 발 위에 놓여 무르녹고 있었다.
먼지 속을 구르고 있는 것들도 있어
어린아이들이 줍고 있었다.
그 즙은 설익은 나무딸기처럼 새콤하다.
그 꽃은 밀랍으로 만들어진 것 같은데
빛깔이 열매와 같다.
고이고이 간직한 보물, 벌집 같은 칸막이
풍성한 맛
오각형의 건축.
껍질이 터지고 알이 쏟아진다.
쪽빛 잔 속에 담기는 피처럼 붉은 알들.
또는 유약을 바른 구리 접시 속에 담겨지는 황금빛 방울들.

시미안이여, 이제 무화과를 노래하라.
그 사랑은 은밀한 것이니.

나는 무화과를 노래하리라, 그녀는 말했다.
그 아름다운 사랑 은밀하여
꽃은 덮인 채 피더라.
혼인이 거행되는 밀봉된 방.
밖으로는 아무런 향기도 날리지 않더라.
아무것도 발산되지 않으니
향기는 모두 즙과 맛이 되더라.
아름다움을 모르는 꽃, 환락의 열매.
꽃이 익어 열매가 되었을 뿐.

나는 무화과를 노래하였다, 그녀는 말했다.
이제는 모든 꽃을 노래하라고.
―그러나 우리는 모든 열매를 노래하지 않았다 하고 힐라스가 말을 이었다.
시인의 재능이란 자두를 보고도 감동할 줄 아는 것이다.
(나에게 꽃은 열매의 약속이라는 가치뿐이다.)
너는 자두 이야기를 하지 않았다.

차가운 눈이 달콤하게 만드는
생울타리의 새콤한 매자 열매.
물크러져야만 먹을 수 있는 아가위 열매.
불 곁에 묻어서 터뜨리는 가랑잎 빛깔의 밤.

―어느 몹시 춥던 날 눈 속에서 주웠던 산 월귤들을 나는 기억하고 있다.
―나는 눈을 좋아하지 않는다, 로테르가 말했다. 그것은 너무 신비로워서 땅 위에 내려서도 땅에 어울리지 못하는 물질이야. 풍경을 덮어버리는 그 유달리 흰빛이 밉살스럽다. 게다가 차가워서 생명을 거부한다. 눈이 생명을 품

어 보호해준다는 것은 나도 알지만, 그러나 생명은 눈을 녹이고서야만 살아날 수 있는 것이다. 그래서 나는 눈이 잿빛으로 더러워지고, 초목에게 절반쯤 녹아서 거의 물과 다름없게 되었으면 한다.

―눈을 그렇게 평하지 마라. 눈도 아름다울 수 있는 것이니까, 울리크는 말했다. 지나친 사랑 때문에 녹아버리는 데서만 눈은 슬프고 괴로운 것이다. 사랑을 좋아하는 자네는 절반쯤 녹은 눈을 좋아하지만, 눈이 승리할 수 있는 데서는 그것도 아름답지.

―그런 데라면 우리는 가지 않을 것이다, 힐라스가 말했다. 그리고 내가 "다행이로군" 하고 말하는 데서 자네가 "유감이로군" 하고 말할 필요는 없어.

*

그리하여 그날 밤 우리는 모두 한 사람씩 발라드 형식으로 노래를 하였다. 다음은 묄리베가 부른 노래이다.

지극히 이름 높은 애인들을 노래하는 발라드 BALLADE

슐레이카여! 나는 그대를 위하여, 작부가 부어주던 술을 그만 마셨다.

보아브딜이여, 그라나다에서 그대를 위하여 나는 제네랄리페 궁(宮)의 협죽도에 물을 주었다.

발키스여, 그대가 남쪽 나라로부터 와서 수수께끼를 내놓을 때, 나는 솔로몬이었다.

다말이여, 나는 그대를 차지하지 못하여 죽어가던 그대의 형 암논이었다.

밧세바여, 내 궁전의 가장 높은 테라스까지 황금 비둘기를 쫓아가서, 그대가 목욕하려고 벌거벗은 몸으로 내려오는 것을 보았을 때, 나는 나를 위하여 그대의 남편을 죽게 한 다윗이었다.

술람미여, 그대를 위하여 나는 거의 종교적이라고까지 믿어질 만한 노래를 불렀다.

포르나리나여, 나는 그대의 품에 안겨 애욕에 못 이겨 부르짖던 사나이다.

조베이드여, 나는 아침에 광장으로 가는 길에서 그대가 만난 노예이다. 빈

바구니를 머리 위에 이고 내가 그대의 뒤를 따르는 동안, 그대는 시트론이며 레몬이며 오이로 바구니를 채우게 하였다. 나는 그대의 마음에 들었고 또 피곤함을 하소연하자 그대는 나를, 그대의 두 자매와 칼랑다르의 세 왕자들 곁에서 하룻밤을 재워주려 하였다. 그리하여 우리는 제각기 자기의 내력을 말하고 번갈아 다른 사람들의 이야기를 듣기로 하였던 것이다.

내 차례가 되었을 때, 나는 말했다—조베이드, 당신을 만나기 전 나의 생애에는 이렇다 할 이야기가 없었습니다. 그러니 지금 무슨 이야기가 있을 수 있겠습니까? 당신은 내 생의 전부가 아닙니까? —그렇게 말하면서 짐을 날라준 노예는 과일을 탐스럽게 먹는 것이었다(아주 어렸을 적에 《천일야화》에 자주 나오는 과일 당과(糖果)를 꿈에 보았던 일이 생각난다. 그 뒤 나는 장미 향료를 넣은 것을 먹어본 적이 있는데, 어느 친구의 이야기에 의하면 여주 열매로 만든 것도 있다고 한다).

아리안이여, 나는 편력을 계속하려고 그대를 바쿠스에게 넘기고 떠나버린 테세우스이다.

나의 아리따운 에우리디케여, 그대에게 나는 귀찮게 따라오는 그대를 한 눈길로 지옥에 떨어뜨린 오르페우스이다.

그 다음에는 모프슈스가 노래하였다.

움직이지 않는 재산의 발라드 BALLADE

  강물이 높아지기 시작하자
  산 위로 피난한 사람들이 있었다.
  또 어떤 사람들은 생각하였다, 진흙이 쌓이면 우리 밭의 거름 구실을 해줄 것이라고.
  또 어떤 사람들은 이제는 파멸이라고 생각하였다.
  또 아무 생각도 하지 않은 사람들도 있었다.

  강물이 범람하여 물 높이가 높아졌을 때도

아직 나무들이 보이는 곳이 있었다.
다른 곳에는 집 지붕들이, 종각들이, 담벼락들이, 그리고
더 먼 곳에는 언덕들이 보였다.
또 아무것도 보이지 않는 곳도 있었다.

언덕 위로 가축들을 몰아 올린 농부도 있었다.
어린아이들을 배로 태워 실어간 사람들도 있었다.
패물, 식량, 서류 등
물 위에 뜰 수 있는 것 중에 돈이 될 만한 것을
모두 실어간 사람들도 있었다.
아무것도 가지고 가지 않은 사람들도 있었다.

물결에 휩쓸린 배를 타고 달아난 사람들은
한 번도 본 적이 없는 낯선 고장에서 눈을 떴다.
아메리카에서 눈을 뜬 사람들도 있었다.
어떤 사람들은 중국에서 또 어떤 사람들은 페루 기슭에서 잠을 깼다.
잠에서 깨지 않은 사람들도 있었다.

그 다음에 구스만이 노래하였다.

질병의 롱드RONDE

여기에는 그 끝 대목만을 소개하겠다.

……다미에트에서 나는 열이 났다.
싱가포르에서는 온몸에 흰빛, 보랏빛 발진이 생기는 것을 보았다.
마젤란 군도에서는 이가 전부 빠져버렸다.
콩고에서는 악어에게 한쪽 발을 뜯어 먹혔다.
인도에서는 전신 쇠약병에 걸려
내 피부가 파랗게 되어 마치 투명하게 비치는 것 같았다.

나의 눈은 감상적인 양 커다랗게 되었다.

나는 휘황찬란한 도시에 살고 있었다. 밤마다 거기에서는 모든 범죄가 일어났지만 항구에서 멀지 않은 곳에는 여전히 갤리선이 떠 있는데 인원을 채울 수 없었다. 어느 날 아침 시장(市長)이 노 젓는 사람 50명을 붙여주어서, 그중 한 척에 올라타고 길을 떠났다. 나흘 낮 사흘 밤을 새워가며 우리는 바닷길을 항해했다. 선원들은 나를 위해 그들의 놀라운 힘을 소모하였다. 단조로운 피로가 그들의 왕성한 정력을 잠재워버리고 말았다. 끝없는 물결 속에 노를 젓자니 지칠 수밖에 없었다.

그들의 표정은 아름답게 몽상하는 빛을 띠게 되고 그들의 과거의 추억이 광막한 바다 위로 퍼져가는 것이었다.

그리하여 우리는 해질 무렵 줄기줄기 흐르는 어느 도시로 들어갔다. 황금빛, 또는 잿빛의 도시. 갈색이냐 또는 금색이냐에 따라서 암스테르담이라고도 베니스라고도 하던 도시였다.

4

저녁 무렵 피렌체와 피에솔레 중간인 피에솔레 언덕 기슭에 자리잡은 동산에 보카치오가 살아 있던 옛날, 팡필과 피아메타가 노래하던 그 동산에—너무 눈부시게 밝던 날이 저물어—어둡지 않은 밤에 시미안, 티티르, 메날크, 나타나엘, 엘렌, 알시드, 그 밖의 몇몇이 모여 있었다.

날씨가 몹시 더웠기 때문에 테라스에서 다과로 간단한 식사를 마치고 우리는 길로 내려갔다. 음악도 그친 뒤, 이제 우리는 푸른 떡갈나무 숲 기슭 샘가에서 풀밭 위에 누워 낮의 피로를 푸근히 풀며 쉴 수 있을 때를 기다리면서, 월계수며 떡갈나무 아래를 거닐고 있었다.

나는 이쪽 패에서 저쪽 패로 왔다 갔다 했는데, 모두들 사랑 이야기를 하고 있었으나 내 귀엔 종잡을 수 없는 말밖에 들려오지 않았다.

—모든 쾌락은 좋은 것이고, 맛볼 필요가 있는 것이지, 엘리파스가 말하였다.

—그렇지만 모든 쾌락을 모든 사람이 맛봐야 하진 않겠지, 선택이 필요할 걸세, 티뷸이 말했다.

거기서 좀 떨어진 곳에서는 페드르와 바시르에게 테랑스가 이야기를 하고 있었다.

―나는 피부가 검고 체격이 좋은데다가 갓 성숙한 카빌 부족의 계집아이를 사랑했지. 그 아이는 몹시 앳되면서도 벌써부터 흠씬 젖어든 쾌락 속에 엄청난 심각함을 지니고 있었지. 그 아이는 나에게 낮의 권태이자 밤의 환락이었어.

그리고 시미안은 힐라스에게 말했다.
―그건 자주 먹어야 하는 조그만 열매지.

힐라스는 노래를 불렀다.
―우리에게는 길가의 밭에서 훔쳐 먹는 과일처럼 새콤하여, 좀더 단맛이 있었으면 싶었던 조그만 쾌락들도 있었다.

우리는 이윽고 샘물가 풀밭 위에 앉았다.
……내 옆에서 우는 밤새의 노랫소리가 잠깐 그들의 말보다도 더 나의 마음을 차지했다. 다시 귀를 기울이기 시작하였을 때는 힐라스가 이야기하고 있었다.

……내 감각들은 저마다 욕망들을 가졌다. 내가 나 자신 속으로 다시 되돌아가려 했을 때, 하인들과 하녀들이 내 식탁에 앉아 있는 것을 보았다. 내가 앉을 자리는 남아 있지 않았다. 주석(主席)은 '갈증'이 차지하고 있었다. 또 다른 갈증들은 상석(上席)을 다투고 있었다. 식탁 전체가 싸움판이 되어 소란스러웠다. 그러나 그들은 모두 한패가 되어 나에게 대항하였다. 내가 식탁 가까이 가려 하자, 벌써 만취해버린 그들은 모두 나를 향해 일어섰다. 그리고 나를 쫓아냈다. 나는 밖으로 끌려나와 다시 포도송이를 따러 가야만 했다.

욕망! 아름다운 욕망들이여! 나는 너희에게 짓눌려 터진 포도송이를 갖다주리라. 너희의 잔을 다시금 가득히 채워주리라. 그러니 나를 내 집에 들어가게 해 다오―너희가 취하여 잠들게 될 때, 금란(金襴)과 담쟁이덩굴로 머리를 두르게 해 다오―담쟁이덩굴 관(冠)으로 이마에 어리는 수심을 덮어

가리고 싶구나.

　취기가 나를 사로잡아 나는 이야기를 분명히 들을 수가 없었다. 이따금 새의 울음소리가 그칠 때면, 밤이 고요해지며 마치 나 홀로 밤을 바라보고 있는 듯하였다. 또 어떤 때는 사방에서 목소리들이 솟아나와 그 자리에 모인 많은 사람들의 목소리에 섞이는 것 같기도 했다.

　　우리도, 우리도, 그 목소리들은 말하고 있었다.
　　우리 영혼의 그 처량한 권태를 느꼈다.
　　욕망들은 우리가 조용하게 일하도록 버려두지 않는다.

　……올해 여름 내 모든 욕망이 갈증을 느꼈다. 마치 사막을 건너가는 것 같았다.
　그러나 나는 그들에게 마실 것을 주려고 하지 않았다.
　그들이 마셔서 병들었다는 것을 나는 알고 있었기 때문이다.

　(망각이 속에서 잠자고 있는 포도송이들이 있었다.
　꿀벌들이 먹고 있는 것들도 있었고, 태양이 거기에 머뭇거리고 있는 듯한 것들도 있었다.)
　욕망 하나가 밤마다 내 머리맡에 앉았다.
　새벽마다 그 욕망이 거기에 있는 것을 나는 본다.
　그것은 밤새도록 나를 지켜본 것이다.
　나는 걸었다, 나는 내 욕망을 지치게 하려 하였다.
　지친 것은 내 육체뿐이었다.

　이제는, 클레오달리즈여, 그대가 노래하라.

내 모든 욕망의 롱드 RONDE

　간밤에 무슨 꿈을 꾸었는지 모르겠다.

잠에서 깨어나서 내 모든 욕망은 목말라한다.
자면서 사막을 건너기라도 한 것 같았다.

욕망과 권태 사이에서
우리의 불안은 망설인다.

욕망이여! 너희는 지칠 줄 모르는가?
오오! 오오! 오오! 지나가버리는 이 조그만 쾌락! —이윽고 지나가버린 것이 되고 말 이 쾌락!
오호라! 오호라! 어떻게 하면 괴로움을 길게 할 수 있을지 나는 알건만, 즐거움을 어떻게 길들여야 할지는 모른다.

욕망과 권태 사이에서 우리의 불안은 망설인다.

그리고 인류 전체가 내게는 잠을 이루려고 뒤치락거리는 병자처럼 보였다 —안식을 찾건만 잠도 들지 못하는 병자의 신세.

우리의 욕망은 이미 수많은 세계를 편력하였다.
그러나 절대로 채워질 수 없는 욕망이었다.
그리고 자연 전체가
휴식과 쾌락의 갈망 사이에서 고민하고 있다.
우리는 쓸쓸한 아파트에서 서러움에 못 이겨 부르짖었다.

우리는 탑 위로 올라갔건만
보이는 것은 어둠뿐이었다.

암캐들처럼, 메마른 강 언덕에서
괴로움에 못 이겨 울부짖었다.
암사자들처럼, 우리는 오레스 산중에서 으르렁거렸다.
함호(鹹湖)의 해초를, 암낙타들처럼 씹어 먹었으며 속 없는 줄기의 진을 빨았다. 사막에는 물이 흔하지 않기 때문이다.

　　우리는 제비들처럼 식량도 없이 넓은 바다를 건넜다.
　　먹기 위하여 메뚜기처럼 모조리 휩쓸었다.
　　소나기가 우리를 해초처럼 뒤흔들었고
　　바람이 우리를 눈송이처럼 휘몰아쳤다.

　오! 광막한 휴식으로서 나는 흐뭇한 죽음을 바란다. 그리고 마침내 쇠진한 나의 욕망이 새로운 전생(轉生)을 위하여 아무것도 줄 것이 없어지기를. 욕망이여, 나는 너를 길 위로 이끌고 다녔다. 벌판에서 애타게 했으며, 대도시에서는 너를 취하게 했다. 그러나 취하게만 하였을 뿐, 너의 갈증을 꺼버리진 못했다— 달빛 어리는 밤 속에 너를 잠그기도 하였고 어디에나 너를 이끌고 다녔다. 물결 위에 너를 잠재우려고도 하였다…… 욕망이여! 욕망이여! 어떻게 해달라는 것인가? 무엇을 바라는가? 너는 지칠 줄 모른단 말인가?

　달이 떡갈나무들 사이에 나타났다. 단조롭지만 여느 때와 다름없이 아름다운 달. 그들은 지금 떼를 지어 이야기하고 있었으나 나에게는 두서없는 말들만 어렴풋이 들려올 뿐이었다. 모두가 저마다 사랑을 이야기하고 있었지만 들어주는 사람이 있는지 어떤지 생각조차 하지 않는 모양이다. 이윽고 주고받던 이야기는 그쳤다.
　때마침 달이 떡갈나무의 울창하게 우거진 가지 뒤로 사라졌으므로, 그들은 늘어진 잎사귀들 속으로 서로 몸을 붙이고 누워서, 그래도 이야기를 계속하는 남녀들의 말을 이제는 무슨 소린지 알아들을 수도 없어 귓등으로만 흘려보내는 것이었다. 그러나 그 목소리마저 이윽고 이끼 위에 흐르는 시냇물의 속삭임에 섞이어 아련하게 들려올 뿐이었다.

　그러자 시미안이 일어서서 담쟁이덩굴로 관을 만들었다. 구겨진 나뭇잎 냄새가 풍겼다. 엘렌은 머리칼을 풀어 옷 위로 늘어 뜨리고 라셀은 축축한 이끼를 뜯어 왔다. 그것으로 눈을 적셔 잠들려고 하는 것이었다.

달빛도 이제는 사라졌다. 나는 매혹에 눌리고 슬프도록 도취하여 누워 있었다. 나는 사랑을 이야기하지 않았다. 다시 여행을 떠나 닥치는 대로 길을 헤매고 싶어 아침이 되기를 기다리고 있었다. 벌써 오래전부터 지친 내 머리는 졸고 있었다. 몇 시간 동안 잠을 잤다—새벽이 되자 나는 그곳을 떠났다.

5장
LIVRE CINQUIÈME

1
비 많이 내리는 노르망디의 경작된 들판……

 너는 말했다, 봄이 되면 사랑을 속삭이자고. 내가 잘 아는 그 나뭇가지 밑, 아늑하게 이끼로 덮인 그곳에서, 바로 그 시각에. 공기도 그렇게 부드러울 것이며, 작년에 울던 새도 노래를 할 것이라고—그러나 금년에는 봄이 늦게야 찾아왔다. 선선한 공기는 다른 즐거움을 주었다.
 여름은 노곤하고 훈훈하였다—그러나 너는 오지 않는 여인을 기다렸다. 그리고 너는 말했다. 그래도 가을이 되면 이 실망을 갚아주고 내 서글픔을 씻어주겠지, 하고. 여인은 아마도 오지 않으리라. 그래도 커다란 나무숲들은 붉어질 것이다. 화창한 어떤 날에는 지난해에 그렇게도 나뭇잎이 많이 떨어지던 그 연못에 가서 나는 앉을 것이다. 거기서 저녁이 가까워지기를 기다릴 것이다…… 또 어떤 날 저녁에는 저물어가는 햇빛 드리운 숲 기슭으로 내려갈 것이다. 그러나 올해 가을에는 줄곧 비가 내렸다. 축축한 숲들은 별로 물들지도 않았고 너는 넘치는 연못가에 가서 앉지도 못했다.

*

 올해에 나는 줄곧 땅에 얽매여 있었다. 곡식 거두기와 밭갈이를 돌보기도 했다. 가을이 짙어가는 것을 볼 수 있었다. 계절은 비길 데 없이 훈훈했지만 비가 내리기 일쑤였다. 9월 말쯤 무시무시한 돌풍이 12시간이나 그치지 않고 불어대더니 나무의 한쪽만 바싹 말렸다. 바람을 맞지 않고 남아 있던 잎들이 얼마 뒤에 누렇게 물들었다. 나는 사람들과는 멀리 떨어져 살고 있었으므로, 그것도 다른 어느 사건이나 마찬가지로 중요한 이야깃거리가 될 수 있을 듯이 보였다.

*

 나날이 있고 또 다른 날들이 있다. 수많은 아침과 저녁이 있다.
 제대로 의식을 차리지 못한 채, 새벽이 되기도 전에 일어나는 아침이 있다. 오! 잿빛 가을 아침! 영혼은 쉬지도 못하고 지칠 대로 지쳐 잠에서 깨면 불타듯 몸이 달아 더 잠자고 싶어하며 죽음의 맛을 헤아려본다―내일 나는 추위에 떠는 이 들판을 떠나리라. 풀에는 서리가 자욱하게 내렸다. 굶주림에 대비하여 땅 속에 빵이며 뼈다귀를 저장해둔 개처럼, 어디에 가면 묻어둔 쾌락을 찾을 수 있는지 나는 알고 있다. 오목한 시내 모퉁이에 따뜻한 공기가 약간 감돌고 있음을 나는 안다. 수풀 어귀 울타리 위에는 아직도 잎이 떨어지지 않은 보리수 한 그루. 학교에 가는 중인 대장간 소년에게 주는 미소와 애무. 좀더 가면 수북이 떨어진 낙엽 냄새. 웃음을 지어 보일 수 있는 어떤 여인. 오막살이 곁에서 그의 어린 아기에게 입을 맞추고. 가을에는 멀리멀리 울리는 대장간의 망치 소리―그것뿐인가? ―아아! 잠들자! ―하찮은 것들이다―그리고 나는 너무나 지쳐 기대하지도 않는다.

*

 새벽도 되기 전에 어슴푸레한 밤의 어둠을 더듬으며 떠나는 몸서리쳐지는 출발. 영혼과 육체의 전율. 어지러움. 가지고 갈 것이 또 무엇인가 생각해본다―메날크, 출발할 때 가장 좋은 것은 무엇인가? 그는 대답한다―죽음의 전주곡 같은 맛이라고. 그렇다.
 무슨 다른 것을 보기 위해서라기보다 그저 필요 불가결한 것이 아닌 모든 것과 이별을 하자는 것뿐이다. 아아! 나타나엘이여, 그 밖에도 많은 것들을 우리는 떨쳐버릴 수 있지 않겠는가? 마침내 사랑으로―사랑과 기대와 희망(이것들이야말로 우리의 진정한 소유이거늘)―그득히 찰 수 있을 만큼 충분히 헐벗지 못하는 영혼이여.
 아아! 살려고 하면 충분히 살 수도 있었을 그 모든 고장들! 풍성한 행복의 고장. 일이 고된 농장들. 이루 헤아릴 수 없는 밭일들. 피로. 수면의 무한한 정일(靜逸)……

떠나자! 그리고 아무 곳에서나 닥치는 대로 발길을 멈추자.

2
승합 마차 여행

나는 너무 점잔 떨게 만드는 도시의 복장을 벗어버렸다.

*

그는 나에게 기대어 있었다. 그의 심장의 고동으로 나는 그가 살아 있는 육체임을 느낄 수 있었고, 그의 조그만 몸의 체온이 나를 불타게 했다. 그는 나의 어깨에 기대어 자고 있었다. 그의 숨소리가 들렸다. 훈훈한 그의 숨결이 거북스러웠지만 그를 깨우지 않으려고 나는 움직이지 않았다. 그의 귀여운 머리는 빽빽하게 들어찬 마차가 흔들릴 때마다 건들거리고 있었다. 다른 사람들도 얼마 남지 않은 밤시간을 아끼듯이 잠자고 있었다.

그렇다. 나는 사랑을 알았다. 사랑과 그 밖의 또 많은 것들을. 그러나 그때의 그 애정에 관하여 나는 아무 말도 할 수 없을 것인가?

그렇다, 나는 사랑을 알았다.

나는 방랑하는 모든 것의 옆을 스쳐가기 위하여 스스로 방랑자가 되었다. 어디서 몸을 녹여야 할지 모르는 모든 사람들에게 애틋한 정을 느끼고 유랑하는 모든 것을 열렬하게 사랑하였다.

*

4년 전의 일이지만, 지금 내가 지나고 있는 이 조그만 도시에서 어느 날 저녁 한때를 지냈던 일을 기억하고 있다. 계절은 지금처럼 가을이었다. 그때도 일요일은 아니었고 해가 기운 시각이었다.

지금처럼 거리를 거닐고 있으려니 시가지 변두리에 아름다운 경치가 내려다보이는 공원이 나타났다.

나는 같은 길을 지금 걷고 있으며 모든 것을 다 알아볼 수 있다.

지난날의 발자취를 따라가는 나에게 어느덧 감동이…… 돌로 된 벤치가 있어서 나는 거기에 앉았다―바로 여기다―여기서 책을 읽고 있었는데 무슨 책이었을까? ―아아! 베르길리우스였다―그리고 빨래하는 여인들의 방망이 소리가 들렸다―지금도 들린다―바람은 잔잔했다―바로 오늘처럼.

어린아이들이 학교에서 돌아온다―그때도 그랬다. 행인들이 지나간다―그때 지나가던 것처럼. 해는 저물어가고 있었다. 지금 저녁이 되었다. 낮의 노래들은 이제 그치게 될 것이다……

더 이상 할말은 없다.

하지만, 그것으론 시가 될 수 없겠어요…… 앙젤이 말하였다.

그러면 그만두죠, 하고 나는 그만두었다.

*

우리는 새벽이 되기 전에 서둘러 일어나기도 했다.

몰이꾼이 마당에서 말을 탄다.

물통에서 쏟아지는 물이 포석(鋪石)을 닦는다, 덜그럭거리는 펌프 소리.

생각에 잠겨 잠을 자지 못한 사람의 얼떨떨한 머리. 떠나야만 하는 곳. 조그만 방. 여기에 잠깐 나는 머리를 기대고 있었다. 느끼고 생각하며 밤을 새웠다.

죽으면 그만이지! 그리고 어디서든지(살기를 그치게 되면 어느 '곳'이든 아무 '데'도 아닌 것이다) 살았기에 나는 여기에 있었다. 두고 떠나는 방! 슬픈 것이기를 나로서는 한 번도 원하지 않은 출발의 쾌감. 눈앞에 있는 이것에 대한 현재의 소유가 언제나 나를 열광케 하였다.

그러므로 한순간 이 창문에 기대어 내다보자…… 떠나야 하는 순간이 오고야 만다. 지금 이 순간이 출발 순간 직전의 순간이기를 나는 바란다…… 거의 끝나가는 이 밤, 행복의 무한한 가능성을 향하여 몸을 기울일 수 있도록.

즐거운 순간이여, 광대한 창공에 여명이 물결치게 하라.

승합 마차의 채비가 되었다. 떠나자! 내 머릿속에 떠올랐던 모든 것이 나처럼 어리둥절한 도주(逃走) 속에 사라져버리기를.

숲의 오솔길. 향기로운 지대. 가장 훈훈한 곳에서는 땅 냄새가, 또 가장 싸늘한 곳에서는 물에 젖은 나뭇잎 냄새가 풍긴다. 나는 눈을 감고 있었다.

그리고 다시 눈을 떴다. 그렇다, 거기에는 나뭇잎들이, 여기에는 파헤쳐놓은 농토가 보인다.

스트라스부르

오! '어마어마한 성당'
너의 그 하늘을 찌를 듯한 탑! 너의 탑 꼭대기에서 내려다보면, 마치 흔들리는 곤돌라에서 지붕들 위에 있는
기다란 다리를 가진
교조적이고 딱딱한 모습의
황새들을 보는 듯하였다.
황새들은 그 긴 다리를 천천히 놀리고 있다. 그것을 움직이는 것조차 매우 어렵기 때문이리라.

주막

밤에 나는 헛간에 가서 잤다.
마부가 건초 속에 쳐박혀 있는 나를 찾으러 왔다.

주막

......키르슈 주(酒) 석 잔째에, 더운 피가 내 두개골 밑을 돌기 시작했다.
넉 잔째에는 가벼운 취기를 느껴 모든 물건들이 가까워지고 팔만 벌리면 잡힐 듯하였다.
다섯 잔째에는 내가 앉아 있던 그 방 안, 즉 세계가 마침내 숭고한 균형을 이루고 거기서 나의 숭고한 정신이 더 자유로이 움직일 수 있는 듯했다.
여섯 잔째에는 조금 피로감을 느껴 잠들어버렸다.
(우리의 모든 감각의 즐거움은 거짓말처럼 불완전했다.)

주막

나는 주막의 텁텁한 포도주를 맛보았다. 오랑캐꽃 같은 맛이 되살아나서 깊은 낮잠이 들게 하는 술이다. 나는 밤의 취기도 알았다. 그대의 힘찬 사상에 억눌려 지구 전체가 흔들리는 것 같은 그러한 때.

나타나엘이여, 내가 그대에게 도취를 말해주리라.
　나타나엘이여, 흔히 그저 목 마를 때 물 마신다는 것 그것만으로도 나는 도취되었다. 미리부터 욕망에 취하여 있었던 까닭이다. 그리고 첫 번째로 내가 길 위에서 찾던 것은 주막이었다기보다는 나의 허기증이었다.

　도취―이른 아침부터 걸었기 때문에 굶주림이 식욕이 아니라 일종의 어지러움일 때, 굶주림의 도취감. 저녁이 되기까지 걸었을 때, 목마름의 도취감. 그럴 때면 아무리 변변치 않은 식사일지라도 나에게는 폭음과 포식인 양 과분한 것이 되어 강력한 생명감을 서정(抒情)이 넘치도록 맛보는 것이었다. 그리하여 나의 감각이 자아내는 쾌락은, 감각으로 어루만질 수 있는 모든 것을 촉감할 수 있다는 행복을 느끼는 것이었다.
　나는 생각의 형태를 약간 변모시키는 도취감도 알았다. 어느 날 생각들이 망원경의 통처럼 술술 늘어나던 것이 생각난다. 마지막으로부터 두 번째 생각이 그만하면 가장 오묘한 것 같았다. 그러다가는 거기서 더욱 교묘한 생각이 나오곤 하였다. 어느 날에는 생각들이 아주 동그랗게 되어 정말 구르는 대로 내버려둘 수밖에 별 도리가 없었던 것을 나는 기억하고 있다. 어떤 날에는 생각들이 너무 신축성을 띠게 되어 어느 것이나 다른 모든 것의 형태를 띠게 되고 서로 형태가 바뀌던 것을 기억하고 있다. 또 어떤 때는 두 개의 생각이 평행선을 이루면서 그렇게 영원토록 커가려는 것 같기도 했다.
　자기 자신이 더 선량하고 더 위대하고 더 존경할 만하고 더 덕망이 있고 더 풍부하다고 믿게 하는 그런 도취감도 나는 알게 되었다.

가을

　벌판에는 커다란 경작지들이 있었다. 황혼이 깃들면 밭고랑에서는 김이 피어올랐다. 지친 말들은 더욱 느린 걸음으로 움직이고 있었다. 마치 처음으로 땅 냄새를 맡아보는 것처럼 황혼은 매일 나를 도취시켰다. 그럴 때면 나는 가랑잎에 뒤덮인 숲 기슭에 앉기를 즐겼다. 경작지에서 들려오는 노랫소리에 귀를 기울이고 힘 잃은 태양이 지평선 저 멀리 잠들어가는 것을 바라보면서.

　축축한 계절. 비 많이 내리는 땅, 노르망디 땅……

산책—광야. 그러나 거칠지는 않다.

절벽—숲—싸늘한 시내. 그늘 속의 휴식. 이야기.

—불그레한 고사리 잎들.

—아아, 목장이여, 왜 너를 여행 중에 만나지 못했던가, 말을 타고 건너갔으면 좋았으련만, 하고 우리는 생각하는 것이었다(목장은 완전히 숲으로 둘러싸여 있었다).

저녁의 산책.

밤의 산책.

산책

'존재한다는 것'이 나에게는 굉장히 쾌락적인 것이 되었다. 생의 모든 형태를 나는 맛보고 싶었다. 물고기의 생에서부터 식물의 생에 이르기까지. 모든 감각의 즐거움 중에서도 나는 촉감의 즐거움이 제일 탐났다.

가을 벌판에 소나기를 맞으며 외로이 서 있는 나무. 검붉게 물든 잎이 떨어지고 있었다. 깊이 젖어든 땅 속에서 물이 오랫동안 그 뿌리를 적셔줄 것이라고 나는 생각했다.

그 당시 나의 맨발은 젖은 땅, 웅덩이의 살랑거리는 물결, 서늘하거나 미지근한 진흙의 촉감을 즐겼다. 내가 왜 그렇게 물이나 특히 물에 젖은 것을 좋아했는지 나는 알고 있다. 물은 공기보다도 더 뚜렷하게 가지각색으로 변화하는 온도의 차이를 즉각적으로 느끼게 해주기 때문이다. 나는 가을의 축축한 바람을 좋아했…… 비 많이 내리는 노르망디의 땅.

라 로크

짐수레들이 향기로운 수확물을 싣고 돌아왔다.

헛간은 건초로 가득 찼다.

언덕에 부딪치고 수레 자국에 따라 흔들리는 무거운 짐수레들. 얼마나 여러 번이나 너희는 풀 말리는 씩씩한 소년들에 섞여 건초 더미 위에 누운 나를 벌판에서 싣고 돌아왔던가?

아아, 언제 나는 다시 짚가리 위에서 황혼이 내리는 것을 기다리게 될 수 있을까? ……저녁이 가까이 오고 있었다. 우리는 헛간에 도착했다.
석양빛이 드리우고 있는 농장 마당으로.

3
농장

농부여!

농부여! 너의 농장을 노래하라.
나는 잠시 거기서 쉬고 싶다―그리고 네 헛간 곁에서 마른 풀 향기가 회상시켜주는 여름을 꿈꾸고 싶다.
네 열쇠들을 손에 들라, 하나씩 하나씩. 문을 차례차례 열어 다오.
첫 번째 문은 헛간의 문이다……

아아! 세월이 변하지 않는다면! ……아아! 헛간 곁의 따뜻한 마른 풀 속에서 쉴 수 있었으련만! ……방랑하며 정열을 뿌려 사막의 메마름을 극복하려 하기보다! ……나는 추수하는 농부들의 노랫소리를 들으련만. 그리고 고요히 마음을 가라앉혀 수확이, 헤아릴 수 없이 풍성한 저장품들이, 수레 위에 산더미처럼 쌓여 집으로 돌아오는 것을 보련만―내 욕망의 질문에 대하여 기다리고 있는 대답들처럼. 욕망을 채워줄 것을 찾아 나는 벌판으로 가지 않아도 될 것이요, 여기서 한가로이 나의 욕망을 만족시킬 수 있으련만.
웃어야 할 때가 있고―웃고 난 다음이 있는 것이다.
그렇다, 웃어야 할 때가 있다. 그리고 웃은 것을 회상하는 때가 있다.
진정으로, 나타나엘이여, 이 풀들이 넘실거리는 것을 보았던 것은 나였다, 다른 어느 누구도 아닌 나였던 것이다―베어 넘겨진, 모든 것과 마찬가지로 지금은 시들어 건초 냄새를 풍기고 있지만―이 풀들이 생생하게 살아 있어 푸르렀다가 황금빛으로 물들고 저녁 바람에 흔들리는 것을―아아! 잔디밭에 누워서―우거진 풀들이 우리의 사랑을 맞아주던 그 시절로 돌아갈 수 있다면.
들짐승들이 나무 밑을 기어다니고 있었다. 길마다 나무들이 늘어서 있었다. 그리고 허리를 땅 위로 가까이 굽히고 잎에서 잎으로 꽃에서 꽃으로 따라가며 보노라면 수많은 곤충들이 눈에 띄었다.

  초록의 윤기와 꽃들의 모습으로, 나는 땅의 습도를 알아볼 수 있었다. 어떤 풀밭에는 들국화가 별자리처럼 피어 있었다. 그러나 우리가 좋아하고 우리의 사랑이 깃들던 잔디밭에는 하얗게 산형화들이, 어떤 것은 가볍게 커다란 베르스꽃같이, 다른 것들은 불투명하게 벌어져 가득히 피어 있었다. 저녁에는 더욱 깊어진 풀 속에서 마치 반짝거리는 해파리들처럼 자유로이 줄기에서 떨어져 피어오르는 안개 위에 떠올라 나부끼고 있는 것 같았다.

*

  두 번째 문은 곡창의 문이다.

  산더미처럼 쌓인 낟알이여, 나는 너희를 찬양하리라. 오곡이여, 갈색 밀이여, 기다림 속에 묻혀 있는 보고(寶庫)여, 헤아릴 수 없는 저장물이여.
  우리의 빵이 다 없어진들 어떠리! 곡창이여! 나는 네 열쇠를 가지고 있다. 산더미 같은 낟알이여, 너희가 거기에 있다. 내 굶주림이 지쳐버리기 전에 너희를 다 먹을 수 있을 것인가? 밭에는 하늘의 새들, 헛간에는 쥐들, 그리고 가난한 모든 사람들은 우리 식탁에…… 나의 굶주림이 다하기까지 너희가 남아 있게 될 것인가?
  낟알이여, 나는 너를 한 줌 간직한다. 그것을 나의 기름진 밭에 뿌린다. 좋은 계절에 나는 그것을 뿌린다. 한 알이 백 알을 낳고, 또 한 알이 천 알을……
  낟알이여, 나의 굶주림이 충만한 곳에 너희는 풍성하리라!
  처음에는 조그만 푸른 풀처럼 싹트는 밀이여, 말하라. 어떤 황금 같은 이삭을 너희의 고개 숙인 줄기가 늘이게 될 것인가를!
  황금빛의 밀짚, 단마다 볏이 달리고—내가 뿌린 한 줌의 낟알……

*

  세 번째 문은 낙농장이다.

  휴식. 침묵. 치즈가 압축되고 있는 발받침에서 끝없이 떨어지는 물방울. 금속관 속에 압착되는 버터 덩어리. 7월의 몹시 더운 날씨에는 굳어진 우유 냄새가 한결 더 산뜻하고 심심한듯…… 아니, 심심한 것이 아니라 짭짤한 맛이 연하고 은근해서 콧속에서만 느낄 수 있어 냄새라기보다는 벌써 맛이나 다름이 없다.

아주 깨끗하게 다루어지는 교유기(攪乳器). 배춧잎 위에 놓인 버터 덩어리. 부녀자의 붉은 손. 언제나 열려 있지만 고양이며 파리들을 막으려고 철사를 둘러친 창문.

크림이 다 떠오르기까지 노란빛을 띠어가는 우유가 가득 찬 통들이 가지런히 놓여 있다. 크림이 천천히 떠올라 부풀어 주름이 잡히고 유청이 생긴다. 크림이 모두 빠지고 나면 유청을 걷어낸다(그러나 나타나엘이여, 그런 것들을 모두 그대에게 이야기할 수는 없다. 나에게는 농업에 종사하는 한 친구가 있는데, 그는 그런 것들을 훌륭하게 이야기한다. 무엇이나 제각기 쓸모가 있다고 그는 설명하고 어떻게 유청을 버리지 않고 사용하는가를 가르쳐준다)…… (노르망디에서는 그것을 돼지에게 주지만 그보다 더 요긴히 쓰일 수도 있는 모양이다.)

*

네 번째 문은 외양간으로 들어가는 문이다.

외양간은 참기 힘들 정도로 무덥지만 소들은 좋은 냄새를 풍긴다. 아아! 땀 배인 몸에서 구수한 냄새를 풍기는 농가의 어린아이들과 함께 소의 다리들 사이를 뛰놀던 그 시절로 돌아갈 수 있다면!

우리는 풀 말리는 시렁 구석에서 달걀을 찾곤 하였다. 여러 시간 동안 소들을 바라보기도 하였다. 쇠똥이 떨어져서 터지는 것을 바라보았다. 어느 소가 제일 먼저 똥을 눌 것인가 내기하기도 했다. 그리고 어느 날 나는 암소 한 마리가 갑자기 송아지를 낳을 것 같아서 겁을 집어 먹고 달아났다.

*

다섯 번째 문은 과일 저장실의 문이었다.

햇볕을 듬뿍 받고 있는 창문 앞에 포도송이들이 줄에 매달려 있다. 한 알한 알마다 명상에 잠긴 듯 익으면서 슬며시 빛을 새김질한다. 향기로운 단맛을 빚고 있는 것이다.

배. 수북이 쌓인 사과들. 과일이여! 나는 너희의 즙이 뚝뚝 흐르는 과육을 먹었다. 나는 씨를 땅 위에 던졌다. 싹터라, 씨들이여! 다시 한 번 우리에게 즐거움을 주기 위하여.

미묘한 맛을 내는 아몬드. 경이의 약속. 핵(核). 기다리며 잠들어 있는 이른 봄. 두 여름 사이의 씨. 여름을 맞고 보낸 씨앗.

나타나엘이여, 싹틀 때의 괴로움은 뒤에 생각하기로 하자(씨를 뚫고 나오기 위한 풀의 노력이란 여간한 것이 아니다).

그리고 지금은 어떠한 번식이든지 쾌락이 따른다. 열매는 단맛으로 둘러싸인다. 그리고 생에 대한 모든 줄기찬 끈기는 즐거움으로 둘러싸이는 것이다.

과일의 과육, 맛을 지닌 사랑의 증거.

*

여섯 번째 문은 압착실의 문이다.

아아! 나는 왜 지금 더위도 스러지는—헛간 밑에서—사과들 틈에 끼어, 압착되는 새콤한 사과들 사이에서 그대 곁에 있지 못하는가? 아아! 술람미여, 우리의 육체의 쾌락이 축축한 사과들 위에서는—그 달콤한 냄새에 실려—좀 서서히 말라버리는 것인지, 사과들 위에선 좀더 오래 계속되는 것인지 알아보려 했건만……

맷돌 소리가 나의 추억을 흔들어준다.

*

일곱 번째 문은 증류실로 통한다.

어스레한 빛. 불타는 아궁이. 컴컴한 기계. 구리 대야들이 어둠 속에서 떠오른다.

증류기. 귀중하게 받아 모아지는 신비로운 진(나는 또한 송진을, 고무진을, 탄력 있는 무화과나무의 젖을, 머리를 자른 야자수의 술을 받아 모으는 것을 보았다). 주둥이가 좁다란 유리병. 도취가 물결을 이뤄 네 안으로 모여

출렁거린다. 열매 중에서 가장 감미롭고 싱싱하던 것, 꽃 중에서 가장 달콤하고 향기롭던 것을 지닌 에센스.

증류기. 아아! 스며들어 맺히는 황금 방울(모아서 졸인 앵두 즙보다도 더 맛이 진한 것들이 있다. 목장처럼 향기로운 것들도 있다). 나타나엘이여! 그야말로 황홀한 광경이다. 온 봄이 이곳에 모여 있는 듯하다…… 아아! 나의 도취는 이제 연극처럼 펼쳐진다. 이 컴컴하고 나의 눈에 보이지도 않게 될 방 안에 들어앉아 나는 마시고 싶다—나의 육체에게—그리고 나의 정신을 해방시키기 위하여—내가 바라는 저 모든 다른 곳의 환영을 줄 수 있을 만한 것을 마셔보고 싶다……

*

여덟 번째 문은 차고의 문이다.

아아! 나는 황금의 잔을 부숴버렸다—나는 깨어난다. 도취란 다만 행복의 대용품에 지나지 않는다. 마차여! 모든 도망이 가능하다. 썰매여, 얼음에 싸인 나라여, 나는 너희에게 나의 욕망을 매단다.

나타나엘이여, 우리는 온갖 사물들을 향하여 갈 것이다. 차례차례 우리는 모든 것에 도달할 것이다. 나는 안장 주머니에 금화를 가지고 있다. 상자 속에는 추위가 그리워질 것만 같은 모피가 있다. 바퀴여, 달리는 너의 회전을 누가 셀 수 있을 것인가? 마차들이여, 가벼운 집들이여, 날을 듯 떠오르는 우리의 환희를 위하여 우리의 마음이 제멋대로 너희를 몰아가기를! 가래들이여, 우리의 밭 위로 소들이 너희를 휘두르기를. 헛간 속에 버려둔 보습들이 녹슬고 있다. 그리고 온갖 도구들이…… 너희, 우리 존재의 하염없는 모든 가능성들이여, 너희는 괴로움 속에서 기다리고 있다—더없이 아름다운 고장을 갈망하는 자를 위하여 너희에게 하나의 욕망이 매달리기를 너희는 기다리고 있다.

우리의 쏜살같은 속도로 인하여 일어나는 눈보라가 우리 뒤를 따르게 되기를! 썰매여, 나는 내 모든 욕망을 너에게 매단다.

마지막 문은 벌판을 향해 열려 있었다.

6장
LIVRE SIXIÈME
린세우스 LYNCÉUS

온갖 것을 보러 태어났건만, 온갖 것을 보아서는 안 된다 하더라.
괴테 《파우스트》 제2부

계명(誡命)들이여, 너희는 나의 넋을 괴롭혔다.
계명들이여, 너희는 열이던가 스물이던가?
어디까지 너희의 한계를 좁히려는가?
항상 더 많은 금단의 사물이 있다고 너희는 가르치려는가?
지상에서 아름답다고 생각되는 모든 것에 대한 갈망에는 또 새로운 벌이 약속되어 있다고 가르치려는가?
계명들이여, 너희는 내 영혼을 병들게 하였다.
너희는 내가 마실 수 있는 유일한 물 주위를 벽으로 둘러쌌다.

……그러나, 나타나엘이여, 이제 나는 측은한 마음 금할 길 없다. 인간들의 미묘한 과오에 대하여.

*

나타나엘이여, 모든 것은 신성하고 자연스럽다는 것을 그대에게 가르쳐주리라.
나타나엘이여, 그대에게 모든 것을 다 이야기해주리라.

어린 목자여, 나는 그대에게 쇠붙이를 씌우지 않은 지팡이를 주리라. 그리고 우리는 언덕과 골짜기를 넘어서 아직 어떤 주인의 뒤도 따른 적이 없는 양들을 너에게 인도해줄 것이다.

목자여, 나는 지상에 있는 아름다운 모든 것으로 그대의 욕망을 인도하리라.

나타나엘이여, 나는 그대의 입술을 새로운 갈증으로 불타게 하리라. 그리고 더없이 시원한 잔들을 가까이 가져가리라. 나는 마셨다. 입술의 갈증을 풀 수 있는 곳을 나는 알고 있다.
나타나엘이여, 내 너에게 샘물의 이야기를 해주마.

바위에서 솟는 샘들이 있다.
빙산 밑에서 솟는 샘들도 있다.
너무 푸르러서 한없이 깊어 보이는 것들도 있다.
(시라쿠사의 시아네 샘은 그래서 희한하다.
쪽빛 샘. 아늑한 수반. 파피루스 숲 속에 솟아나는 물. 우리는 쪽배에서 몸을 굽혔다. 청옥(靑玉) 같은 조약돌 위로 남빛 물고기들이 헤엄치고 있었다.
자구앙의 님프 샘에서는 옛날 카르타고 사람들이 마시던 물이 솟고 있다.
보클뤼즈에서는 물이 땅에서 솟는데 오래전부터 흐르고 있는 듯이 풍성하다. 그것은 벌써 강이라고도 할 만하여 땅 밑으로 그 강을 거슬러 올라갈 수도 있다.
물은 동굴들을 지나 어둠에 잠긴다. 횃불이 나붓거리며 꺼져 버릴 듯하다. 그러고는 너무나 어두운 곳에 다다르게 되어 이렇게 중얼거리게 된다(도저히 더 이상 거슬러 올라갈 수 없겠군.)
바위들을 화려하게 물들이는 철분을 지닌 샘들이 있다.
유황을 지닌 샘들도 있어 초록빛 더운물이 처음에는 독을 풀어놓은 것 같다.
그러나 나타나엘이여, 그 물로 목욕을 하면 살결이 기막히게 부드러워져서 손으로 만지면 한결 더 감미로운 촉감을 느끼게 해주는 것이다.
저녁이면 안개가 피어오르는 샘들도 있다. 밤에 그곳 둘레를 휘감았다가 아침이 되면 사라져버리는 안개.

이끼와 골풀 속에서 창백하게 보이는 지극히 순박한 샘들. 여인들이 빨래하러 오기도 하며 또 방아를 돌리는 샘들.

마르지 않는 수원(水源). 물의 용솟음. 바위 밑의 풍부한 물. 숨겨진 웅덩이. 벌어진 그릇. 굳은 바위라도 터질 것이다. 산은 키 작은 나무들로 뒤덮이리라.

메마른 고장들도 기쁨을 누릴 것이며, 사막의 모든 쓰라림도 꽃을 피우게 될 것이다.

우리의 갈증으로는 다 마실 수 없을 만큼 무수한 샘들이 땅에서 솟아오르고 있다.

끊임없이 새로 나오는 물. 하늘에서 떨어지는 수증기.

벌판에 물이 없으면 벌판이여 산으로 물 마시러 가라!

그렇지 않으면 땅 밑 수로들이 산의 물을 벌판으로 흐르게 하라―그라나다의 그 놀라운 관개(灌漑)―수원지. 님프들 사는 곳―그렇다, 샘 속에는 대단한 미녀들이 있다. 수영장, 수영장이여! 너희 속에서 우리는 깨끗한 몸이 되어 나오게 되리라.

> 태양은 여명 속에 씻기고
> 달은 밤 이슬에 씻기듯
> 너희의 흐르는 물 속에
> 우리는 피로한 팔다리를 씻으리라.

샘물에는 비상한 아름다움이 있다. 그리고 땅 밑을 스며 흐르는 물. 그 물은 마치 수정 속을 지나온 것처럼 한없이 맑게 보인다. 그 물을 마시는 비상한 즐거움. 그것은 공기처럼 파랗고, 마치 없는 것처럼 투명하고 맛도 없다. 지극히 시원한 감촉으로만 느껴진다. 그것이야말로 물의 숨겨진 미덕이다.

나타나엘이여, 물 마시고 싶어지는 심정을 알겠는가?

내 감각의 가장 큰 기쁨은 목마를 때 물 마시는 것이었다.

이제 그대에게 말해주리라, 나타나엘이여.

물로 축인 목마름의 롱드 RONDE

넘치는 잔으로 가까이 내민 입술
사랑의 키스를 향하는 것보다 더 애태웠으니
가득 찼던 잔도 순식간에 비워졌더라.

내 감각의 가장 큰 기쁨은
물을 마셔 축이는 갈증이었다.

*

오렌지를 짜서 즙을 내어 만드는
음료들이 있다.
시트론과 레몬 따위—
새콤하고도 달콤하기에
목을 시원하게 해주는 것들.

이가 닿기도 전에
입술에 눌려 부서질 것만 같은 얇은 잔으로 마시기도 했다.
그 속에서는 음료가 더욱 맛있어 보인다.
입술과 그것 사이에 놓인 것이 아무것도 없기 때문이다.
두 손으로 움켜잡아
술을 입술까지 들어올리는
고무로 된 잔으로 마시기도 했다.

주막의 투박스런 유리잔으로 걸쭉한 시럽을 마시기도 했다.
태양 밑 아래서 온종일 걷고 난 저녁
물통 속의 차디찬 물을 마시고 나면
저녁의 어둠을 한결 더 가까이 느꼈다.
기름 먹인 염소 가죽 냄새가 풍기는
부대 속에 간직했던 물도 마셨다.

거의 엎어질 듯이 기슭에 엎드려서
목욕하고 싶어질 정도로 맑은 시내의 물도 마셨다.
벌거숭이 팔뚝을 그 물 속 깊숙이
하얀 조약돌 팔랑거리는 밑바닥까지 잠그니……
시원한 맛 어깨로도 스며들더라.

목동들은 손으로 물을 떠 먹고 있었다.
나는 그들에게 밀짚으로 빨아 먹는 법을 가르쳐주었다.
어떤 날에는 뜨거운 태양 밑을
여름철 한창 무더운 때에
심한 갈증을 축일 수 있는 곳을 찾아 걷기도 했다.

기억하는가, 벗이여. 그 고되던 여로(旅路)의 어느 날 밤, 땀에 흠뻑 젖어서 벌떡 일어나 흙 옹기에 담긴 차가운 물을 마시던 일을?

웅덩이, 여인들이 내려가는 숨겨진 우물. 햇빛을 본 적이 없는 물. 그늘의 맛. 공기가 감도는 물.
이상스러울 만큼 투명한 물, 더 싸늘하게 보이도록 쪽빛이거나 차라리 초록빛이었으면—그리고 회향(茴香) 맛을 풍겨주었으면 하던 물.

내 감각의 가장 큰 기쁨은
물로 축여진 갈증이었다.

아니다! 하늘에 있는 모든 별, 바다에 있는 모든 진주, 물굽이 언저리에 있는 모든 백조들, 나는 아직도 그것들을 모두 세지 못하였다.
나뭇잎들의 모든 속삭임도, 여명의 모든 미소도, 그리고 여름의 모든 웃음도. 이제 무어라 말할 수 있으랴? 내 입이 말하지 않는다고 내 마음이 쉬고 있는 줄 아는가?
                오! 창공에 잠긴 벌판!

오! 꿀에 젖은 벌판!

 꿀벌들은 올 것이다. 밀랍을 무겁도록 지니고……
 활대와 돛이 문살처럼 어른거리는 뒤에 새벽이 숨어 있는 컴컴한 항구들을 나는 보았다. 아침에 커다란 기선들의 선복(船腹) 사이로 슬며시 떠나가는 쪽배의 출발. 늘어진 닻줄 밑을 지날 때면 허리를 굽혀야만 했다.
 나는 밤에 수많은 범선들이 어둠 속으로 잠기며 낮을 향하여 자취를 감추고 떠나가는 것을 보았다.

*

 그것들은 진주처럼 반짝이지는 않는다. 물처럼 번들거리지도 않는다. 하지만 길가의 조약돌들도 빛을 던진다. 걸어가는 그늘진 길 속에서 나를 맞아주던 빛의 정다운 접대.
 그러나 야광(夜光)에 관해서는, 나타나엘이여. 아아! 그대에게 무엇이라 말하면 좋을까? 물질은 정신에 대하여 무한히 스며들 수 있는 잔구멍을 열어 유순하게 모든 법칙을 받아들이는 것, 어디까지나 투명한 것이다. 그 회교도의 도시 성벽들이 저녁에 붉게 물들고 밤에 어렴풋이 빛을 머금는 모습을 그대는 보지 못했나. 낮이면 쏟아지는 빛을 받던 성벽들. 한낮에는 금속처럼 흰 성벽들(거기에 빛이 쌓인다). 밤에 너희는 그 빛을 이야기하며 그것을 소곤소곤 말해주는 것 같았다—도시들이여, 너희는 마치 투명한 것 같았다—멀리 언덕에서 바라다보면, 사방을 둘러싸는 어둠 속에서 너희는 빛나고 있었다. 마치 신앙심 깊은 마음의 상징과도 같은 하얀 빈 등잔에, 기공으로 스며들듯 빛이 가득히 들어차 그 광채가 우유처럼 둘레로 흘러내리는 것같이.
 응달진 길가의 흰 조약돌들. 빛의 보금자리. 광야의 황혼 속에 희게 드러나는 히스. 회교사원의 대리석 바닥. 바다의 동굴 속에 피는 꽃, 아네모네…… 흰 것이란 모두 보류된 광채이다.

 나는 모든 존재를 빛을 받아들이는 능력에 따라 판단할 줄 알게 되었다. 낮에 햇빛을 맞아들일 수 있었던 어떤 것들은 밤이 되면 빛의 세포인 듯 보

6장 LIVRE SIXIÈME

였다.

한낮에 벌판을 흐르는 물이 멀리 불투명한 바위 밑으로 흘러들어 수북하게 쌓인 금색 보물 같은 빛이 넘쳐나는 것을 나는 보았다. 그러나 나타나엘이여, 여기서 나는 '사물'들에 관해서만 그대에게 말하고자 한다.

눈에 보이지 않는 현실에 관해서는 말할 수가 없다—왜냐하면…… 저 신기한 물풀처럼 그것을 물에서 꺼내면 금세 빛을 잃어버리고 마는 것이기 때문에……

그러므로…… 등등.

풍경의 무한한 변화는 우리가 아직도 행복의 모든 형식들, 즉 그것들이 지닐 수 있는 명상이며 슬픔의 온갖 형태를 알지 못하고 있다는 사실을 보여준다. 어렸을 적 브르타뉴의 광야에서 가끔 슬픔에 잠기곤 하던 어떤 날에는, 갑자기 내 슬픔이 내게서 빠져나가던 것을 나는 알고 있다. 슬픔은 풍경 속에 깃들어 그 속에 흡수된다고 느껴지기 때문이었다—그리하여 나는 눈앞의 내 슬픔을 흐뭇하게 바라볼 수 있었던 것이다.

사라지지 않고 쉼없이 되풀이되는 새로움.

그는 매우 간단한 일을 한다. 그리고 이렇게 말한다—나는 그것이 여태껏 만들어진 적도, 생각된 적도, 말해진 적도 없다는 것을 알았다고—그러자 갑자기 모든 것이 내게는 완전한 처녀성을 띠고 있는 것으로 보여졌다(세계의 모든 과거는 현재의 순간 속에 완전히 흡수되었다).

*

7월 10일 오전 2시

기상(起床)—신(神)은 될 수 있는 대로 기다리게 하지 말아야 한다, 나는 세수를 하면서 외쳤다. 아무리 일찍 일어나도 언제나 생명이 순환하고 있음을 볼 수 있다. 더 일찍 자리에 누웠던 덕분에 생명을 덜 기다리게 했던 것이다.

새벽이여, 너희는 우리의
가장 큰 즐거움이었다.
봄, 그리고 여름의 새벽이여!
나날의 봄, 새벽이여!
무지개가 떴을 때
우리는 아직도 일어나지 않았다……
……이른 아침에 일어나지도 못했고
그렇다고 달을 볼 수 있을 만큼
밤 늦도록 자지 않은 것도 아니었다……

낮잠

여름철의 낮잠을 나는 맛보았다―한낮의 잠―너무나 이른 아침부터 시작한 일을 끝마치고 쓰러져 자는 잠.

2시―잠든 어린아이들. 숨막힐 듯한 정적. 피아노를 칠 수 있지만 치지는 않고. 사라사 커튼 냄새. 히아신스와 튤립. 널려 있는 빨래.

5시―땀에 젖어 눈을 뜨면, 두근거리는 심장. 몸서리. 가벼운 두뇌. 후련한 육체. 기공(氣孔)이 수없이 열려 있어 모든 것들이 시원스럽게 밀려드는 것 같은 느낌. 기울어가는 태양. 노란 잔디밭. 해 저무는 무렵에 뜨인 눈. 오오, 저녁 사색의 그윽한 술맛! 눈앞에 전개되는 저녁의 꽃들 미지근한 물로 세수를 하고, 외출…… 과수 울타리. 둘러친 울타리 속에서 햇볕을 받고 있는 정원. 길. 목장에서 돌아오는 가축들. 볼 필요도 없는 낙조―찬탄은 이미 충분하다.

귀가. 등잔불 옆에서 다시 일을 시작한다.

*

나타나엘이여, 잠자리에 관해서는 그대에게 무엇을 말할까? 나는 짚가리 위에서 잤다. 밀밭 고랑에서 자기도 했다. 밤에는 건초 헛간에서 잤다. 나뭇가지에 해먹을 달아매기도 했다. 물결에 흔들리며 자기도 했다. 또 배의 갑판 위에 누워서 자기도 하고, 선창(船窓)의 얼빠진 눈을 마주 보며 선실의 비좁은 침대에 누워 자기도 했다. 청년들이 나를 기다리던 잠자리도 있었다.

내가 어린 소년을 기다리던 잠자리도 있었다. 아주 부드러운 천이 드리워져 있어 그것들이 내 육체와 더불어 사랑을 꾸미는 것 같은 잠자리도 있었다. 나는 들에서, 나무 바닥 위에서 나를 내버린 듯이 잠을 자기도 했다. 달리는 기차 속에서 잠시도 움직임의 감각을 버리지 않은 채 자기도 했다.

　나타나엘이여, 잠을 훌륭하게 준비할 수도 있다. 상쾌하게 잠을 깰 수도 있다. 그러나 훌륭한 잠은 없는 것이다. 그러기에 꿈도 현실이라고 여겨지지 않으면 나는 흥미가 없다. 왜냐하면 아무리 아름다운 잠일지라도 깨어나는 순간만은 못한 것이기 때문이다.

　나는 활짝 열어놓은 창가에서 마치 하늘 바로 밑에 누운 것 같은 기분으로 잠자는 습관을 붙였다. 7월의 무더운 밤에는 달 아래에서 벌거숭이가 되어 자기도 했다. 새벽이 되면 참새들의 노랫소리가 잠을 깨워주었다. 나는 찬물에 뛰어들어 목욕을 하고 하루 일을 일찍이 시작하는 것을 자랑으로 여겼다. 쥐라 산맥에서 보면, 내 창문은 골짜기를 향해 열려 있었다. 이윽고 그 골짜기도 눈으로 덮여버렸다. 내 침대에서는 숲 기슭이 보였다. 까마귀며 까치 떼들이 날고 있었다. 아침 일찍 가축들의 소리가 잠을 깨워주었다. 집 근처에는 샘터가 있어서 목동들이 소를 몰고 물을 먹이러 그곳에 왔다. 그 모든 것을 나는 기억하고 있다.

　브르타뉴 주막의 거친 피륙과 좋은 냄새를 풍겨주는 세탁한 이부자리 천들의 촉감을 나는 좋아했다. 벨일에서는 선원들의 노랫소리가 잠을 깨워주었다. 나는 창가로 달려가서 멀어져가는 배들을 바라보았다. 그러고는 바닷가로 내려가는 것이었다.

　훌륭한 집들이 있다. 그러나 어느 집에서도 나는 오래 머무르려고 하지 않았다. 닫히는 문, 함정이 두려운 것이다. 정신을 가둔 채 닫히는 밀실, 유랑생활은 목자들의 생활이다(나타나엘이여, 그대에게 내 지팡이를 주마. 이제는 그대가 나의 양들을 지켜달라. 나는 피로하다. 자, 이제 그대는 출발하라. 산천들은 널따랗게 열려 있고 만족할 줄 모르는 양 떼는 언제나 새로운 풀을 찾아 울고 있다).

　나타나엘이여, 이따금 신기한 거처들이 나를 붙들려 하기도 했다. 어떤 것은 숲 속에 있기도 하고 또 어떤 것들은 물가에 있기도 했다. 꽤 넓은 것들도 있었다. 그러나 습관에 젖어 그것들이 대수롭지 않게 되면, 또 창문이 약속해주는 것들에 끌려 그것들에 경탄하기를 그치고 다시 생각을 하기 시작하면, 나는 곧 그곳들을 떠나는 것이었다.

(나타나엘이여, 이 새로움을 찾는 극성스러운 욕망을 그대에게 설명할 수는 없다. 무엇이든 내가 건드리고 나면 시들어버리는 것이라고 생각되는 것은 아니었다. 다만 나의 급격한 감각은 처음부터 너무 강렬한 것이어서 그다음에는 아무리 되풀이해도 커질 수가 없었던 것이다. 그러므로 내가 같은 도시, 같은 곳을 다시 찾아간 것은, 잘 아는 윤곽 속에서 더 잘 느껴지는 세월의 또는 계절의 변화를 그곳에서 느끼기 위해서였다. 그리고 내가 알제리에 살면서 매일 저녁을 같은 무어인의 카페에서 보낸 것은 저녁마다 달라지는 온갖 것들의 미묘한 변화를 감지하기 위해서였고, 또 같은 조그만 공간을 시간이 서서히 변형하는 모습을 바라보기 위해서였던 것이다)

로마에서는, 핀치오 언덕 기슭에서 길가로 열려 있는 감옥 창문처럼 창살이 달린 내 방문으로 꽃 파는 여인들이 나에게 장미꽃을 사라고 권했다. 플로렌스에서는, 탁자 위에서 일어나지 않고서도 노란빛 도는 아르노 강이 넘쳐흐르는 것을 볼 수 있었다. 비스크라의 테라스에서는 메리엠이 밤의 깊은 정적 속에 달빛을 받으면서 찾아왔다. 그녀는 유리문 안으로 들어서면서 웃음을 띠며 몸을 감싸고 있던 큼직한 흰빛의 찢어진 하이크를 슬쩍 떨어뜨렸다. 방 안에는 맛있는 과자들이 그녀를 기다리고 있었다. 그라나다에서는 내 방 벽로 위에 촛대 대신 수박 두 개가 놓여 있었다. 세비야에는 '파치오'들이 있었다. 그늘과 시원한 물이 가득히 차 있고 하얀 대리석이 깔려 있는 마당들이다. 흘러내리는 물은 마당 한가운데 있는 수반 속에서 잔물결을 일으키며 찰랑거린다.

북풍을 막고 남쪽의 빛을 흡수하는 두꺼운 벽. 방랑의 길을 계속 떠돌며 남방의 혜택을 거침없이 받아들이는 집…… 나타나엘이여, 우리에게 방이란 무엇이겠는가?

어느 풍경 속에서 비바람을 막아주는 것 말고는 아무것도 아니다.

*

그대에게 또 창에 관한 이야기를 해주마. 나폴리에서 발코니 위에 앉아서 주고받던 이야기, 밤에 여자들의 밝은 옷자락 곁에서 잠기던 몽상, 반쯤 늘어진 커튼이 우리를 소란한 무도장 안의 사람들과 격리시켜 주었다. 마음이 지칠 지경으로 섬세하게 신경을 쓰며 이야기를 주고받으며 얼마동안은 말없이 앉아 있었다. 그러자 뜰로부터 강렬한 오렌지꽃 냄새와 여름밤의 새소리가 떠오르는 것이었다. 그러다가 이따금 그 새소리마저 그쳤다. 그러면 희미하게 물결 소리가 들려왔다.

발코니. 등나무와 장미꽃 바구니. 저녁 휴식. 훈훈한 기온.
(오늘 저녁에는 한심스러운 돌풍이 흐느끼며 유리창에 비를 뿌린다. 나는 그것을 다른 어떤 것보다도 사랑하려고 애를 쓴다.)

*

나타나엘이여, 그대에게 도시들의 이야기를 해주마.
나는 스미르나가 자리에 누운 어린 처녀처럼 잠자는 것을 보았다. 음란한 욕녀(浴女) 같은 나폴리를, 그리고 새벽이 가까워지면 뺨을 붉히는 카빌리아의 목동 같은 자구앙을. 알제는 태양 밑에서 연정에 떨고 밤에는 사랑에 넋을 잃는다.

북쪽 지방에서 나는 달빛 속에 잠들어 있는 마을들을 보았다. 푸른빛과 노란빛의 벽들이 한 집씩 건너 교차되고 있었다. 사방에는 벌판이 펼쳐져 있었다. 밭에는 커다란 짚가리가 여기저기 보였다. 쓸쓸한 전원으로 나갔다가 잠들어 있는 마을로 돌아오게 되는 것이다.

수많은 도시들이 있다. 때로는 어떻게 그 도시들이 세워지게 되었는지 알 수가 없다. 오오, 동양, 남방의 도시들. 밤이면 변덕스런 여인들이 와서 몽상에 잠기는 흰 테라스로 꾸며진 편편한 지붕의 도시들. 환락. 사랑의 향연. 근방의 언덕에서 내려다보면 어둠 속에 인광(燐光)처럼 빛나는 광장의 등불들.

동방의 도시들. 불타는 향연. 그곳에서는 성가(聖街)라고 불리는 거리. 카페에는 창녀들이 가득 차 있고 지나치게 날카로운 음악이 그녀들을 춤추게 하고 있다. 흰옷을 입은 아라비아인들이 오가며, 또 서성거리는 아이들도 있다—아직 사랑을 알기에는 너무 어려 보였는데 과연 그런가? (어미 품에

안긴 새끼 새보다도 더 따뜻한 입술을 가진 아이들도 있었다.)

 북쪽의 도시들. 선창. 공장. 연기가 하늘을 뒤덮는 도시들. 기념비. 넘실거리는 탑. 거만스러운 개선문. 큰 거리를 달리는 기마 행렬. 복잡한 군중. 비 그친 뒤의 번들거리는 아스팔트. 마로니에나무들이 시들어가는 길. 언제나 기다리는 여인들. 나른하기 이를 데 없는 밤들이 있어 그럴 때면 그저 부르는 소리만 들어도 넋을 잃을 것 같았다.

 11시─폐점 시각, 철문이 닫히는 날카로운 소리. 밤에 쓸쓸한 거리를 지나노라면 쥐들이 재빨리 하수도를 찾아 들어갔다. 지하실의 환기창으로 반쯤 벌거벗은 남자들이 빵을 만들고 있는 것이 보였다.

*

 오오, 카페! 우리의 광란이 밤늦게까지 계속되던 곳. 취기와 이야기가 마침내 졸음을 쫓아버렸다. 카페! 그림과 거울이 가득 들어차 있고 으리으리하여 그야말로 멋진 사람들만 보이는 카페가 있다. 익살맞은 구절을 노래하며 여자들이 치마를 높이 추켜올리며 춤을 추는 조그만 카페들도 있다.

 이탈리아에서는 여름철 저녁이면 광장에 자리를 잡고 맛있는 시트론 아이스크림을 먹을 수 있는 카페가 있었다. 알제리에는 대마초(大麻草)를 피우는 카페가 있었는데 거기서 나는 하마터면 맞아 죽을 뻔하였다. 수상한 사람들만 모여든다 하여 이듬해에 경찰이 폐쇄한 카페였다.

 또 다른 카페들…… 오오! 무어인의 카페! ─때로는 수다스러운 시인이 장황하게 옛날이야기를 늘어놓는다. 나는 무슨 소린지 알아듣지도 못하면서 그의 이야기를 여러 번 들었다…… 그러나 그 모든 것보다도 참으로 나는 네가 좋더라. 침묵과 황혼이 깃드는 곳. 흙으로 지은 밥 엘 데르브의 조그만 카페, 그것은 오아시스 기슭에 있었다. 조금 더 가면 광막한 사막이 시작되니까─거기서 나는 유난히 숨막히는 하루 낮이 끝난 뒤에 한결 더 평온한 밤이 내리는 것을 보았다. 곁에는 단조로운 피리 소리가 황홀하게 울려오고 있었다─또 나는 너를 생각한다. 시라즈의 작은 카페여, 하피즈가 찬양하던 카페. 작부가 따라주는 술과 사랑에 취하여 장미꽃 향기 그윽하게 풍겨오는 테라스에서 묵상에 잠기고 있는 하피즈, 잠든 작부 곁에서 기다리는 시를 지으면서 밤새도록 날이 밝기를 기다리는 하피즈.

 (노래할 것도 없이 그저 모든 것들을 열거하기만 하면 그것으로 노래가 되는 그런 때에, 나는 시인으로 태어났으면 한다. 내 찬탄은 차례로 사물들 하나하나에 내리어 찬송이 나의 찬탄을 증거했을 것이다. 또 그것이면 충분한 이유가 될 수 있었을 것을.)

*

 나타나엘이여, 우리는 아직도 함께 나뭇잎들을 바라본 적이 없지, 나뭇잎의 모든 곡선들을······
 나무의 잎새들. 사방으로 출입구가 뚫린 녹색 동굴. 산들바람에도 자리를 바꾸는 밑바탕. 종속(從屬). 형상의 소용돌이. 갈가리 찢어진 벽면. 가지들의 탄력적인 틀. 둥그스름한 기복. 미세한 엽층(葉層)과 작은 구멍들.

 제멋대로 흔들리는 가지들······ 잔가지들의 제각기 다른 탄력성이 바람에 대한 다른 저항력을 일으키고, 그것은 또 바람이 가지들에게 일으키는 반발을 가지각색으로 만들기 때문이다······ 등등—화제를 바꾸자—무슨 이야기를 할까?—애당초 아무런 구성의 의도가 없는 것이니까 선택도 여기서는 필요 없을 것이다. 무엇에나 얽매이지 않아야 한다! 나타나엘이여, 얽매이지 말아야 하느니라!
 ······그리하여, 모든 감각을 느닷없이 '동시'에 긴장시켜(이야기하기는 어렵지만) 생명감 자체를 외계와 완전히 접촉한 집중된 감각으로 만들 것······ (또는 그 반대도 무방하다) 나는 거기 있다. 거기서 그 구멍을 차지하고 있다. 그리고 쑥 들어간다.
 내 귀에—끊임없는 물소리. 소나무들 사이로 지나가는 바람의 커졌다 잔잔해졌다 하는 소리, 끊겼다 들려오곤 하는 메뚜기 소리 등등.
 내 눈에—시냇물 속에 반사하는 햇빛. 소나무들의 너울거림······ (저것봐, 다람쥐 한 마리······) 이끼 속에 구멍을 파고 있는 내 발······
 내 살에—이 축축한 '느낌', 이끼의 부드러움. (아아! 어느 나뭇가지가 나를 찌르는가······) 내 손에 집힌 내 이마, 내 이마 위 내 손의 감촉······

내 코에—⋯⋯(쉬! 다람쥐가 다가온다) 등등.

그리하여 그 모든 것이 '함께' 한데 뭉쳐서⋯⋯ 다 하나의 작은 꾸러미가 되어

그것이 생(生)이다—그것뿐일까? —아니다! 언제나 '또 다른' 것들이 있다.

그래, 그대는 내가 감각의 집합소에 지나지 않는다고 생각하는가? —나의 생은 언제나 그것 더하기 나 자신이다—'나 자신'에 관한 이야기도 이 다음에 기회 있는 대로 한번 해주마. 오늘은 그대에게 이야기하지 않으련다.

정신의 여러 가지 형태의
롱드도

또

가장 좋은 벗들의
롱드도

그리고

모든 해후의
발라드도

그런데 이 발라드에는 이런 구절이 있었다.

코모에도, 레코에도 포도가 무르익고 있었다. 나는 고성(古城)들이 쓰러져가고 있는 높다란 언덕으로 올라갔다.

거기서는 포도가 너무나 달콤한 냄새를 풍겨서 귀찮을 지경이었다. 그 냄새는 맛처럼 콧구멍 깊숙이 스며들어 그 뒤에는 먹어봐도 이렇다 할 새로운 맛이 나질 않았다. 그러나 나는 무척 굶주리고 목말랐기에 몇 송이만으로도 충분히 도취할 수 있었다.

⋯⋯그러나 그 발라드에서 나는 특히 남자들과 여자들의 이야기를 하였다. 지금 그것을 그대에게 말하려 하지 않는 까닭은, 이 책에는 인물을 등장시키고 싶지 않기 때문이다. 그대도 알아차렸겠지만 이 책에는 '아무도' 등장하지 않으니까. 나 자신도 이 책에서는 환영에 지나지 않는다. 나타나엘이여,

나는 저 탑지기 린세우스와도 같다.

  너무나 오랫동안 밤은 계속되었다. 탑 위에서, 새벽들이여, 나는 그토록 너희를 불렀다. 아무리 밝아도 눈부시도록 지나치게 밝지는 않은 새벽들이여!

  나는 밤이 끝나기까지 빛의 새로움에 희망을 품고 있다. 어느 쪽에서 동이 틀 것인가 나는 알고 있다.

  그렇다. 많은 사람들이 채비를 하고 있다. 탑 꼭대기까지 거리의 소음이 들려온다. 해는 떠오를 것이다. 환호 속에 들끓는 군중이 벌써 태양을 향하여 전진하고 있다.

  밤은 어떻게 되었는가? 밤은 어떻게 되었는가, 파수꾼이여?

  한 세대가 올라오고, 한 세대가 내려가는 것이 보인다. 무장을 하고, 생의 환호로 든든히 무장을 하고 올라오고 있는 거대한 세대를 나는 본다.

  탑 위에서 무엇이 보이는가, 무엇이 보이는가, 나의 형제 린세우스여?

  오호라! 오호라! 다른 예언자는 우는 대로 내버려두라. 밤이 오지만 낮 또한 오는 것.

  그들의 밤이 오고 또한 우리의 낮이 온다. 자고 싶은 자는 자라. 린세우스여! 이제는 탑에서 내려오려무나. 태양이 떠오른다. 벌판으로 내려오라. 모든 것들을 가까이 보라. 린세우스여, 오라, 가까이 오라. 이제 날이 밝았다. 우리는 낮을 믿는다.

7장
LIVRE SEPTIÈME

아민타스, 살색이야 검은들 어떠리.
베르길리우스

항해(1895년 2월)

마르세유 출범.
사납고 거센 바람. 쾌청. 철 이른 따뜻한 기운. 남실거리는 돛대들.
흰 새털처럼 물거품 이는 호방한 기상의 바다. 물결에 희롱당하는 배. 무엇보다 영광스런 인상. 과거의 모든 출발의 회상.

항해

새벽을 기다린 것이 몇 번이었던가……
절망의 해상에서……
그리고 새벽이 찾아오는 것을 나는 보았건만, 바다는 그래도 잔잔해지지 않았다. 관자놀이에 흐르는 땀. 무기력. 자포자기.

해상에서의 밤

걷잡을 수 없는 풍랑. 갑판 위로 끼얹어지는 물결. 추진기의 구르는 듯한 진동……
오! 흐르는 진땀!
터질 듯한 머리 밑의 베개……
오늘 저녁 갑판에 비친 달은 눈부시게 밝은 만월이었다—그런데 나는 갑판에 있지 않아서 그것을 볼 수 없었다.
파도를 기다리고 있노라면—집채 같은 물이 갑자기 부딪쳐 부서지는 소리. 숨막힘. 떠올랐다가 다시 떨어지고—나의 무력함. 여기 있는 나는 무엇인가? 병마개—파도 위에 떠 있는 하잘것없는 병마개일 뿐.
　파도의 망각 속에 몸을 내맡기다. 체념의 쾌감. 한 물체처럼 존재하는 것.

밤이 끝날 무렵

　아직도 너무 싸늘한 새벽, 물통으로 퍼올리는 물로 갑판을 닦는다—내 선실까지 판자를 긁는 거친 솔질 소리가 들려온다. 엄청난 충격—나는 선실의 창문을 열어보려 했다. 이마와 땀에 젖은 관자놀이에 들이치는 너무나 강한 바닷바람. 나는 다시 창문을 닫으려 했다. 침대. 거기에 쓰러져버린다. 아아! 항구에 도착하기 전의 이 모든 지긋지긋한 곤두박질. 흰 선실 벽에 어른거리는 빛의 난무. 비좁음.

　보는 것에 지쳐버린 나의 눈……

　밀짚대로 나는 이 싸늘한 레모네이드를 빤다……

　그러다가 새로운 땅 위에서 마치 회복기의 병자처럼 잠을 깨는 것이다—꿈에도 보지 못했던 것들.

*

　아침에 바닷가에서 잠을 깬다,
　밤새도록 파도에 흔들리고 나서.

알제리

　언덕들이 와서 쉬고 있는 고원지대.
　날마다 낮이 스며들어가는 석양.
　배들이 밀려드는 바닷가.
　우리의 사랑이 잠자러 오는 밤……
　밤은 넓은 항만처럼 우리에게로 오리라.
　낮의 지친 상념도, 광선도, 우울한 새들도,
　거기에 와서 낮의 광채를 벗어버리고 쉬리라.

모든 그늘이 고요해지는 잡목이 우거진 속……
목장의 잔잔한 물. 풀 우거진 샘.

……그리고 기나긴 여행에서 돌아오는 길.
잔잔한 바닷가—항내(港內)의 배들.
우리는 보리라, 가라앉은 물결 위에
방랑하던 닻을 내린 매인 배가 잠들어 있는 것을.
우리에게로 온 밤이
침묵과 우정의 넓은 항만을 펼쳐놓는 것을.
바야흐로 모든 것이 잠드는 시각이다.

1895년 3월

블리다여! 사헬의 꽃이여! 겨울에는 멋없고 시들은 너였지만, 봄에 보는 너는 아름다웠다. 비 내리는 어느 날 아침이었다. 무관심하며, 부드럽고도 서글픈 하늘. 그리고 너의 꽃핀 나무들의 향기가 기다란 길 위에 감돌고 있었다. 고요한 너의 수반 위에 솟는 분수. 멀리서 들리는 병영의 나팔 소리.

여기 또 다른 정원이 하나 있다. 감람나무들 밑에 흰 회교사원이 희미하게 빛나고 있는 버림받은 숲—성스러운 숲! 오늘 아침 한없이 피로한 나의 상념과 사랑의 불안으로 맥이 빠진 내 육체가 이곳으로 쉬러 온다. 덩굴나무들이여, 지난해에 너희를 보았던 나는 너희가 이렇게 황홀하게 꽃피울 줄은 생각도 못했다. 가지들 사이에 너울거리는 등나무꽃, 기울어진 향로 같은 포도송이, 길에 깔린 금빛 모래 위로 떨어지는 꽃잎들, 물소리, 축축한 소리, 수반 위에 찰랑대는 잔물결, 거대한 감람나무, 하얀 조팝나무, 라일락 우거진 숲, 가시덤불, 장미 숲. 이곳에 홀로 와서 겨울을 회상하고 있노라면, 너무 노곤하게 느껴져서 봄도 놀랍지 않게 여겨진다. 그리고 좀더 근엄한 그 무엇을 바라는 마음까지 일어난다. 왜냐하면, 아! 그토록 아늑한 아름다움이 고독한 자를 부르고 미소 지으며 욕망들을 인기척 없는 길 위로 지나가는 교태의 행렬처럼 벌려놓기 때문이다. 그리고 이 너무나도 고요한 수반 속에 살랑거리는 물소리 끊이지 않아도, 사방의 주의 깊은 정적은 이 자리에 없는 것들을 알려주고 있다.

*

나는 내 눈꺼풀을 시원하게 적시러 갈 샘터를 알고 있다.
성스러운 숲, 나는 그 길을 알고 있다.
그곳 나뭇잎들을. 그 숲 속의 서늘함을.
나는 가리라. 저녁녘에, 모든 것들이 거기서 침묵할 때
그리고 벌써 미풍의 애무가
우리를 사랑보다도 잠으로 이끌어줄 때.
밤이 포근히 내려 덮일 싸늘한 샘.
이윽고 아침이 훤하게 떨며 거기 비치게 될 얼음 같은 물. 순결의 샘.
새벽빛 나타날 무렵에 내 뜨거운 눈꺼풀을 씻으러 가서
아직도 놀란 눈으로
광명과 사물을 보던 그때의 맛을
나는 여명 속에 다시 찾게 될 것이 아니겠는가?

나타나엘에게 보내는 편지

이처럼 빛을 마음껏 마시는 것, 그리고 이 끊임없는 더위가 일으키는 육감적 황홀감이 나중에는 어떻게 될 것인지, 나타나엘이여, 그대는 상상도 못 하리라. 하늘로 뻗은 감람나무 가지 한줄기. 언덕들 위에 드리운 하늘. 어느 카페 문으로 흘러나오는 피리 소리…… 알제리가 너무나 덥고 향연으로 가득 차 있어서 나는 사흘쯤 그곳을 떠나려 했다. 그러나 몸을 피해 간 블리다에서도 내가 본 것은 꽃이 만발한 오렌지나무들이었다.

나는 아침부터 밖으로 나가서 산책을 한다. 애써 들여다보지 않아도 안 보이는 것이 없다. 신기로운 심포니가 형성되어 내 마음속에는 들어보지 못한 감각들이 엮어진다. 시간이 지나간다. 태양이 중천에서 수직으로 내리쬐지 않을 때에는 걸음이 느리게 되는 것처럼, 나의 감동도 느려진다. 이윽고 나는 사람이건 사물이건 내가 열중할 수 있는 것을 선택한다―그러나 되도록 움직이는 것으로 정한다. 왜냐하면 내 감동은 고정되어버리면 곧 생기를 잃어버리기 때문이다. 그럴 때면 나는 새로운 순간마다 아직

아무것도 보지도 못하고 맛보지도 못한 것 같다는 생각이 든다. 나는 걷잡을 수 없는 것들을 마구 쫓아다니느라고 열중한다.

어제 나는 태양을 좀더 보기 위해서 블리다가 내려다보이는 언덕 위로 달려갔다. 태양이 지는 것이며 타는 듯한 구름이 흰 테라스들을 물들이는 것을 보고 싶었던 것이다. 나는 또한 나무들 밑의 그림자와 정적을 포착하기도 하고 달빛을 받으며 거닐기도 한다.

흔히 나는 헤엄을 치고 있는 것 같이 느껴진다. 그토록 휘황하고 훈훈한 대기가 나를 둘러싸서 슬며시 쳐들어 올리는 것만 같다.

……내가 걷고 있는 길이 '나의' 길이며 나는 그것을 옳게 걷고 있다고 생각한다. 나는 드넓은 자신의 습관을 간직하고 있다. 그것이 선서된 것이라면 아마 신앙이라고 부를 수도 있을 것이다.

비스크라

여자들이 문 뒤에서 기다리고 있었다. 그녀들 뒤로 곧은 계단이 뻗어올라가 있었다. 여자들은 우상처럼 분칠을 하고, 금화를 꿰어서 만든 관을 쓰고, 거기 문간에 점잖게 앉아 있는 것이다. 밤이면 그 거리는 활기를 띠었다. 계단 위에는 등불이 켜져 있었다. 여자들은 제각기 계단을 따라 내리비치는 빛의 쪽방 속에 앉아 있었다. 얼굴들은 금빛으로 번쩍거리는 관 밑에서 어둠에 잠겨 있다. 어느 여자나 모두 나를, 특히 나를 기다리고 있는 듯했다. 계단을 올라가려면 그 관에 금화 하나를 덧붙여야 한다. 지나치면서 창녀는 등잔불을 끈다. 그러고는 그녀의 좁은 방으로 들어가게 된다. 조그만 잔으로 커피를 마시고 나서 나지막한 소파 위에서 간음죄를 범하게 마련이었다.

*

비스크라의 정원들

아트망이여, 너는 나에게 편지를 써 보냈다.

당신을 기다리는 야자수 밑에서 나는 양 떼를 지키고 있었습니다. 다시 와주세요! 봄이 나뭇가지들 사이에 와 있을 것입니다. 같이 산책을 합시다.

그러면 모든 시름을 잊어버리게 될 것입니다……

아트망이여, 이제 야자수 밑에 가서 양 떼를 지키며 나를 기다리고 봄이 오지 않는가 살펴볼 필요는 없다. 나는 왔다. 봄은 나뭇가지들 사이에 나타났다. 우리는 같이 산책하고 있으며 시름도 다 잊어버렸다.

비스크라의 정원들

오늘은 회색 하늘. 미모사가 향기를 풍기고…… 축축한 온기. 두툼하고 큼직하기도 한 공중에 떠돌며 맺히는 것 같은 빗방울…… 나뭇잎에 머물러 지그시 내리누르다가 갑자기 떨어지는 것이다.

……어느 여름철에 내리던 비가 생각난다—그러나 그것도 비였을까? 종려나무 우거져 초록빛, 장밋빛으로 아롱진 그 정원 위에 그렇게 큼직하고 무겁게 떨어지던 미지근한 물방울. 너무도 무겁게 쏟아져서 잎이며 꽃이며 가지들이 마치 사랑의 선물로 바쳐진 화환이 풀어져 물 위에 수북이 흩어지거나 하듯, 사방으로 휘날리며 떨어졌다. 먼 곳으로 번식시키기 위하여 시냇물들이 꽃가루를 실어갔다. 그 물은 노랗게 흐려져 있었다. 연못 속 물고기들은 가슴이 벅찬 듯 허덕이고, 잉어들이 수면으로 떠올라 입을 열고 뻐끔거리는 소리가 들렸다.

비 내리기 전, 숨막히는 듯 헐떡거리던 남풍이 땅 속 깊이 뜨거운 김을 불어넣더니 이제 길에는 나뭇가지 밑으로 수증기가 가득히 피어오르고 있었다. 그것은 향락의 정원이었다.

미모사들은 잔치가 벌어지고 있는 벤치를 가려주듯이 가지를 늘어뜨리고 있었다.

모직물을 입은 남자들, 줄무늬 하이크를 입은 여자들이 습기가 몸에 배어들기를 기다리고 있었다. 그들은 여전히 벤치에 앉아 있었으나 모든 목소리는 잠잠해지고, 누구나 소나기 소리에 귀를 기울이면서 한여름에 지나가는 빗물이 옷을 무겁게 적셔주고 육체를 씻어주는 대로 내맡기고 있었다.

공기 속의 축축한 습기와 나뭇잎이 무성한 것이 너무 흐뭇하여, 나도 사랑을 거역하지 못하고 벤치 위 그들 곁에 앉아 있었다.

그리고 비가 그친 뒤에 가지들만이 번들거릴 때, 사람들은 저마다 구두며 샌들을 벗고 젖은 땅을 맨발로 밟으며 그 부드러운 촉감을 음미하는 것이었다.

*

아무도 산책하지 않는 정원으로 들어간다. 흰 모직 옷을 입은 두 소년이 안내를 해준다. 그곳은 매우 기다란 정원으로, 끝까지 들어가면 문이 열려 있다. 더욱 큰 나무들. 더욱 낮은 하늘이 나무들 위에 걸려 있다—담장—마을들이 모두 비를 맞고 있다—그리고 저 멀리 보이는 산들. 시내를 이뤄 흐르는 물. 나무들의 자양. 엄숙하고도 압도적인 번식과 떠도는 향기.

뒤덮인 시내. 운하(잎이며 꽃들이 뒤섞여 있다). 물이 느리게 흐르기 때문에 '세기아스'라고 불리는 운하이다.

위험한 매력을 지닌 가프사의 연못—'Nocet cantantibus umbra(밤은 연인들에게는 위험한 것)'—밤은 지금 구름도 없이 깊고 안개조차 없다.

(아라비아인의 풍습대로 흰 모직 옷을 입고 있던 매우 어여쁜 소년의 이름은 그리운 님이란 뜻의 '아주스'라 하고, 또 다른 소년의 이름은 '우아르디'라고 하는데, 그것은 장미의 계절에 태어났다는 뜻이다)

그리고 우리의 입술을 적신 공기처럼 따뜻한 물……

달이 떠올라 은빛으로 반짝이게 하기까지는—어둠 속에 잠겨 구별조차 할 수 없던 컴컴한 물. 그것은 나뭇잎들 사이에서 생겨나는 듯하였고, 밤 짐승들이 그곳에서 움찔거리고 있었다.

*

비스크라(아침에)

새벽부터 밖으로 나가자—솟구치다—전혀 새로워진 공기 속으로. 협죽도의 가지가 몸서리치는 아침 속에 떨고 있으리라.

비스크라(저녁에)

그 나무에는 노래하는 새들이 있었다. 아아! 새들이 그렇게 노래할 수 있으리라고는 생각도 할 수 없으리만큼 크게 노래하고 있었다. 마치 나무 자체가 소리를 지르는 것 같았다—나뭇잎 전부를 울려 소리를 지르는 것 같았다—왜냐하면 새들은 보이지 않았기 때문이다.

나는 이렇게 생각했다. 저 새들이 저러다간 죽고 말 것이다. 너무나 극성스러운 열정이다. 도대체 오늘 저녁에는 무슨 일이 있는 것일까? 밤이 지나가면 새로운 아침이 태어난다는 것을 저 새들은 모른단 말인가? 영원히 잠들어버리게 될까 봐 겁난단 말인가? 하루 저녁에 기력을 다해서 사랑을 즐기자는 것인가?

마치 앞으로는 끝없는 밤 속에서 살아야 된다는 것처럼.

늦은 봄의 짧은 밤! 아아! 여름철의 새벽이 그들을 깨워줄 때의 그 즐거움. 그리고 너무 즐거워 다시 저녁이 되었을 때, 잠 속으로 죽어간다는 것에 겁이 좀 덜 나는 것 말고는 수면의 기억이 그들에겐 남지 않게 될 것이다.

비스크라 (밤에)

고요한 덤불숲, 그러나 주위의 사막은 메뚜기들이 부르는 사랑의 노래로 떨고 있었다.

셰트마

낮이 길어진다. 거기에 눕는다. 무화과나무의 잎들이 더욱 커졌다. 손으로 비비면 손이 향기로워진다. 줄기에서는 우유 같은 진액이 흐른다.

더위가 다시 심해진다. 아! 저기 나의 염소 떼가 몰려온다. 귀여운 목동의 피리 소리가 들린다. 내게로 오려는가? 그렇지 않으면 내가 가까이 갈까?

시간의 느린 걸음. 작년에 말라버린 석류 열매가 아직도 가지에 매달려 있다. 완전히 터져서 굳어버렸다. 바로 같은 그 가지에 벌써 새로운 꽃망울이 부풀어오르고 있다. 산비둘기가 종려나무 사이로 지나간다. 꿀벌들이 목장에서 분주히 날아다니고 있다.

(랑피다 근방에 아름다운 여자들이 내려가던 우물이 있었던 것을 나는 기억하고 있다. 거기서 얼마 멀지 않은 곳에 회색과 장미색으로 얼룩진 커

다란 바위가 있다. 그 꼭대기에는 꿀벌들이 찾아온다고 하더니 정말 무수한 꿀벌들이 윙윙거리며 날아다니고 있었다. 벌집들은 바위 속에 있다. 여름이 되면 더위로 터져버린 밀랍으로부터 꿀이 새어 바위를 따라 흘러내린다. 랑피다 사람들이 그것을 받아 온다) 목동이여, 오라! (나는 무화과 나무 잎을 씹고 있다)

여름! 녹아내리는 황금, 풍만, 더욱 짙어진 찬란한 빛, 드넓은 사랑의 범람! 꿀을 맛보려는 자 누구인가? 밀랍 벌집이 녹아내리고 있다.

그리고 그날 내가 본 것 가운데 가장 아름다웠던 것은, 우리가 데리고 돌아가던 양 떼였다. 양들의 작은 발들이 종종걸음치는 소리가 마치 소나기가 쏟아지는 소리 같았다. 태양이 사막에 떨어져 가고 양들은 먼지를 일으키며 달려갔다.

오아시스! 그것들은 사막 위에 섬들처럼 떠 있었다. 멀리서부터 푸른 야자수가 틀림없이 그 뿌리가 물을 빨아들이는 샘이 있을 것을 약속해주고 있었다. 때로는 샘물이 풍부하여 협죽도들이 우거져 있었다.

그날 10시쯤 우리가 거기에 도착하였을 때, 난 처음에는 더 멀리 가기를 원하지 않았다. 그 동산의 꽃들이 너무 아름다워 그곳에서 떠나고 싶지 않았던 것이다. 오아시스! (아메트는 다음의 오아시스가 더 아름답다고 나에게 말하였다)

*

오아시스. 다음 것은 훨씬 더 아름다웠다. 더 많은 꽃들이 있고, 살랑거리는 나뭇잎 소리가 더 많이 들렸다. 더 큰 나무들이 더 풍부한 물 위에 늘어져 있었다. 정오였다. 우리는 목욕을 하였다.

그러고는 다시 그곳도 떠나야 했다.

*

오아시스! 또 그 다음 것에 관해서는 무어라고 말할까? 그것은 더한층 아름다웠고, 우리는 거기서 저녁을 기다렸다.

동산이여! 나는 그래도 되풀이하여 말하리라. 저녁이 되기 전 너희의 그 아늑한 정밀(靜謐)이 어떠한 것이었던가를. 동산! 거기에 있으면 몸이 씻겨지는 것처럼 생각되는 동산들이 있었다. 살구가 익어가고 있는 단조로운 과수원에 지나지 않는 것 같은 동산들도 있었다. 또 어떤 것들에는 꽃과 꿀벌들이 가득히 차 있고, 그곳에 감돌고 있는 향기가 너무 강하여 마치 무슨 음식을 먹는 것 같았으며 리큐어처럼 우리를 만취하게 하는 것이었다.

이튿날이 되자 나는 벌써 오직 사막만을 사랑하게 되었다.

우마크

그 오아시스는 바위와 모래로 둘러싸여 있었다. 정오에 그곳에 들어갔건만 너무 뜨거운 불볕더위에 지쳐빠진 마을은 우리를 기다리고 있는 것 같지도 않았다. 종려나무들은 흔들리는 기색도 없었다. 노인들이 문간에서 이야기를 하고 있었다. 남자들은 꾸벅꾸벅 졸고 어린아이들은 학교에서 재잘거리고 있었다. 여자들은 보이지 않았다.

흙으로 된 그 마을의 거리들, 낮에는 장밋빛, 저녁에는 보랏빛. 대낮에는 인기척이 없어도 저녁이 되면 활기를 띠게 되리라. 그러면 카페에는 사람들이 모여들고, 어린아이들은 학교에서 돌아오고, 노인들은 또 문간에서 이야기를 하고, 햇볕은 누그러지고, 베일을 벗고 꽃처럼 테라스 위에 나타난 여인들은 장황하게 서로의 시름을 이야기할 것이다.

정오가 되면 그 알제리의 거리에는 회향주(茴香酒)와 압생트 냄새가 풍긴다. 무어인이 경영하는 비스크라의 카페에서는 손님들이 커피나 레모네이드, 또는 차만 마신다. 아라비아 차. 후추 양념을 넣은 단맛. 생강. 더욱 과격하고 더 극단의 동양을 연상시키는 음료—맛이 없다. 잔 밑바닥까지 들이켜기란 도저히 불가능하다.

투구르트의 광장에는 향료 상인들이 있었다. 우리는 그들에게서 여러 가지 나무 진을 샀다. 어떤 것은 냄새를 맡았고, 또 어떤 것은 씹어 먹었다. 또 어떤 것들은 태우는 것이다. 태우는 것들은 모양이 환약 같은 것들이었다. 불을 댕기면 매운 연기를 자욱이 퍼뜨리는 것인데, 거기에는 지극히 미묘한 향기가 섞여 있었다. 그 연기는 종교적 황홀감을 자아내는 데 도움이 되는 것으로, 회교사원에서 예식 때 피우는 것이 바로 그것이다. 씹어서 맛을 보려 하자 곧 입 속에 쓴맛을 가득 채우고 불쾌하게 이빨에 달라붙었다. 뱉어버리고 나서 퍽 오랜 시간이 지난 뒤에도 그 맛이 사라지지 않았다. 냄새를 맡는 향료는 단지 냄새만을 풍길 뿐이었다.

테마신의 회교도 은자(隱者)의 집에서 식사가 끝난 뒤에 향료가 든 과자를 대접받았다. 금빛의, 잿빛의, 또는 장밋빛의 나뭇잎으로 장식된 그 과자는 빵 부스러기를 반죽하여 만든 것 같았다. 입 속에서 모래처럼 부스러졌다. 그러나 늘 맛이 없는 것도 아니었다. 장미 냄새가 나는 것도 있고 석류 냄새가 나는 것도 있고, 또 아주 김이 빠져버린 것 같은 것도 있었다.

그런 식사를 할 때는 담배라도 자꾸 피우지 않고서는 도취감을 맛볼 수가 없었다. 엄청나게 가짓수가 많은 요리들이 접시에 담겨 돌아가는 것이었는데, 접시가 바뀔 때마다 화제도 달라졌다.

그것이 끝나면 흑인 하나가 병을 기울여 손가락에 향수를 부어주었다.

향수는 대야 속으로 떨어졌다. 그리고 그곳에서는 사랑의 교섭이 끝난 뒤에 여자들이 역시 그렇게 남자를 씻어주는 것이다.

투구르트

광장에 야숙하고 있는 아라비아인들. 화톳불. 저녁 하늘에 거의 보이지 않는 연기.

대상(隊商)들! 저녁에 도착한 대상들. 아침에 출발한 대상들. 지긋지긋하게 피로하고 신기루에 취하여 이제 절망을 맛보는 대상들— 대상들이여, 왜 나는 너희와 함께 떠날 수 없는가!

백단(白檀)과 진주, 바그다드의 꿀 과자, 상아와 자수(刺繡)를 찾아 동방으로 향하여 떠나가는 대상들이 있었다.

호박(琥珀)과 사향(麝香), 금가루, 타조의 깃을 찾아 남방으로 떠나가는 대상들도 있었다.

서방을 향해 저녁에 출발하여 뉘엿뉘엿 넘어가는 석양 속으로 자취를 감춘 대상들도 있었다.

나는 대상들이 기진맥진하여 돌아오는 것을 보았다. 낙타들이 광장 위에 웅크리는 것이었다. 그제야 짐이 내려졌다. 두꺼운 헝겊으로 만든 고리짝들이었는데 속에는 무엇이 들어 있는지 알 수 없었다. 어떤 낙타들은 가마같이 생긴 것 속에 몸을 감춘 여자들을 싣고 있었다. 또 다른 낙타들은 천막 재료를 운반하고 있었다. 밤에 대비하여 그것들이 펼쳐졌다—오오, 끝없는 사막 속의 호화롭고 거창한 피로여! —저녁식사를 위하여 광장 위에 불을 피우고 있었다.

*

아아, 얼마나 여러 번 이른 새벽부터 일어나, 영광보다도 더 찬란한 빛이 가득히 퍼져 붉게 물든 동방을 향하여—얼마나 여러 번 오아시스 끝에서 생명이 이제는 사막을 이겨내지 못하여 마지막 야자수들도 기운을 잃고 있는 오아시스 끝에서—벌써 너무나 찬란하여 눈으로 바라볼 수 없는 그 빛의 근원으로 몸을 기울이듯 하며 빛에 넘쳐흐르는 벌판이여, 타는 듯한 열기에 휩쓸린 벌판이여, 나는 너에게로 내 욕망들을 떠밀었던가? ……사막의 열화(熱火)도 능히 이겨낼 만한 그 열광적인 황홀감, 얼마나 억세고 얼마나 뜨거운 사랑이었던가!

지독한 땅, 호의도 온정도 없는 땅, 열정과 열광의 땅, 예언자들의 사랑을 받은 땅—아아! 고된 사막, 영광의 사막이여, 나는 너를 열렬히 사랑하였다.

나는 신기루가 어른거리는 함호(鹹湖) 위에 흰 소금밭이 깔려 수면같이 보이는 것을 보았다—거기에 쪽빛 하늘이 반영된다는 것은 알 수 있는 일이지만—바다처럼 푸른 함호—그러나 우거진 골풀, 그리고 좀더 가면 무너져가는 편암석의 절벽은 무엇이며—둥실거리는 배들의 모습, 그리고 멀리 궁전의 모습을 보이는 것은 무엇이란 말인가? —일그러진 모양으로 그 가공의 깊은 물 위에 걸려 있는 그 모든 것들(함호 기슭에 풍기는 냄새는 구역질이 날 지경이었다. 그것은 소금이 섞여 타는 듯이 지긋지긋한 진흙탕이었다).

나는 보았다. 비스듬한 아침 햇살을 받아 아마르 카두의 산들이 장밋빛을 띠고 있어 마치 타고 있는 무슨 물질 같아지는 것을.

 나는 보았다. 바람이 저 멀리 지평선 끝에서 모래를 불러일으켜 오아시스를 헐떡이게 하는 것을. 오아시스는 폭풍우에 휩쓸린 배 같았다. 폭풍으로 쓰러질 듯했다. 그리고 작은 마을의 거리거리에서는 마르고 핏기없는 벌거벗은 남자들이 열병의 지독한 갈증에 못 이겨 몸을 뒤틀고 있었다.

 나는 보았다. 황폐한 길가에 너저분한 낙타의 해골들이 하얗게 바래는 것을. 너무나 지친 나머지 더 걸을 수 없어 대상이 버리고 간 낙타, 처음에는 파리 떼에 뒤덮이고 지긋지긋한 악취를 퍼뜨리며 썩고 있던 낙타들을.

 나는 보았다. 노래라고는 곤충들의 날카로운 울음소리밖에 들려주지 않는 밤들을.

—좀더 사막 이야기를 하고 싶다.

 알파가 무성하고 구렁이 득실거리는 사막. 바람에 물결치는 푸른 벌판.

 돌멩이의 사막. 불모. 편암들이 반짝인다. 길잡이가 난다. 골풀들이 마르고 있다. 모든 것이 햇볕에 달아 톡톡 튀고 있다.

 진흙의 사막. 약간의 물이 흐르기만 한다면 여기서는 모든 것이 살 수 있으리라. 비가 오면 곧 모든 것이 푸르러진다. 너무나 말라버린 땅이 웃음을 잊어버린 듯하지만, 거기서는 풀이 다른 곳보다 더 부드럽고 더 향기로워 보인다. 씨를 맺기 전에 태양이 시들어버리게 하지나 않을까 두려워하여 이곳의 풀은 서둘러 꽃을 피우고 향기를 뿌린다. 너무 황급한 사랑일 수밖에 없다. 태양이 다시 나오면 땅은 터지고 부스러져 사방으로 물이 빠져나간다. 무참하게 갈라진 땅. 큰비가 내릴 때면 물은 모두 계곡으로 달아나버린다. 조롱당하고 간직할 힘을 갖지 못한 땅. 절망적으로 고갈에 시달리는 땅.

 모래의 사막—바다의 물결처럼 굽이치는 모래. 끊임없이 자리를 바꾸는 모래 언덕. 피라미드 같은 모래 언덕들이 이곳저곳에 흩어져 있어 대상들을 인도해준다. 어느 한 언덕 위에 올라가서 바라보면 지평선 끝에 다른 언덕 꼭대기가 나타난다.
 바람이 불면 대상은 행진을 멈춘다. 낙타 몰이꾼은 낙타 밑으로 기어든다.

*

 모래 사막. 거부된 생명. 거기에는 꿈틀거리는 바람과 더위밖에 없다. 모래는 그늘 속에서 벨벳처럼 보드라워지고, 저녁에는 불에 타오르고 아침에는 재와 같아진다. 언덕과 언덕 사이에는 하얀 골짜기가 있다. 우리는 그곳을 말을 타고 건넜다. 모래가 우리의 발자취를 덮어버렸다. 피로가 심해 새로이 언덕이 나타날 때마다 넘을 수 없을 것만 같은 생각이 들었다.
 나는 너를 열렬히 사랑하였으리라, 모래 사막이여. 아아! 너의 가장 작은 모래알일지라도 그저 그곳에서 우주의 전체를 이야기해 주기를! —모래여, 무슨 생애를 추억하는가? —무슨 사랑에서 부스러졌는가? —모래도 찬양받기를 원한다.

 내 영혼이여, 모래 위에서 너는 무엇을 보았던가?
 백골이 되어버린 뼈들—빈 조가비들……
 어느 날 아침, 태양을 가려줄 수 있을 만큼 높직한 언덕 기슭에 당도하였다. 우리는 그곳에 앉았다. 그늘은 거의 서늘한 정도였고, 골풀들이 아주 가느다랗게 자라고 있었다.

 그러나 밤, 밤에 관해서는 뭐라고 말할 수 있을까?
 그것은 느린 배를 타고 가는 항해와도 같다.
 바다의 물결은 사막보다 푸르지 못하다.
 사막은 하늘보다도 더 빛나고 밝았다.
 —별 하나하나가 모두 유난히 아름답게 보이던 그런 밤을 나는 알고 있다.

 사막으로 나귀들을 찾으러 갔던 사울이여—그대는 그대가 찾던 나귀들을 보지 못했다—그러나 그대는 그대가 찾지 않던 왕국을 발견하였다.

자기 몸에 이를 기르는 즐거움.

우리에게 생(生)은

야성적이며 급격한 맛이었다.

그리고 나는 바란다,
여기서는 행복이 죽음 위에 피는 꽃과 같기를.

8장
LIVRE HUITIÈME

빛을 발광체에서 뗄 수 없듯이
우리의 행위는 우리와 연결되어 있다.
그 행위가 우리에게 찬연한 빛을 주는 것은 사실이지만,
그것은 오직 우리를 태움으로써만 이룰 수 있는 것이다.

나의 정신이여, 꿈 같은 산책 중에 너는 특히 흥분하였다.
오! 나의 마음이여, 나는 너를 흡족하게 적셨다.
나의 육체여, 나는 너를 사랑으로 도취하게 하였다.

지금 휴식에 잠겨 나는 내 재산을 헤아려보고자 하건만 헛된 노릇이다. 나에게는 재산이 없다.

이따금 나는 과거 속에 추억 한 묶음을 찾아 그것으로 이야기를 꾸며보려고 하지만, 거기 나타나는 나는 이미 내가 아니며 내 삶은 거기서 넘쳐 새어나간다. 나는 끊임없이 새로운 순간 속에서만 곧장 살게 마련인 것 같이 느껴진다. 그러므로 마음을 가다듬어 명상에 잠긴다는 것은 나에게는 불가능한 구속이다. 나는 이미 '고독'이란 말의 의미를 알 수 없게 되었다. 내 마음속에 홀로 잠겨 있다는 것은 이미 내가 아무도 아닌 것이 된다는 뜻이다. 나의 내면은 수많은 분신으로 갈려 있다. 게다가 나는 도처(到處)에서가 아니면 내 집에 있는 것 같지가 않다. 그런데 언제나 욕망이 나를 거기서 몰아낸다. 가장 아름다운 추억일지라도 나에게는 행복의 잔해에 지나지 않아 보인다. 아주 조그만 물방울이라도, 그것이 눈물 한 방울일지라도, 내 손을 적셔주면 나에게는 더 귀중한 현실이 되는 것이다.

*

메날크여! 나는 너를 생각한다.
말해 다오, 파도 거품으로 얼룩진 네 배는 어느 바다로 향하여 달리려는

가?

 메날크여, 이제 너는 자랑스럽게 보물을 싣고, 나의 욕망이 다시금 목말라하는 것을 기뻐하며 내게로 돌아오지 않을 것인가? 이제는 내가 쉬는 일이 있다 하더라도 그것은 네 풍성함 속에서가 아니리라…… 아니다—너는 나에게 결코 휴식하지 말라고 말했다—너는 아직도 그 지긋지긋한 방랑 생활에 지쳐버리지 않았는가? 나는 이따금 고통에 못 이겨 부르짖은 적도 있지만 무엇에도 지쳐버리지는 않았다—그리고 내 육체가 지쳤을 때는 나 자신의 약한 마음을 책망한다. 나의 욕망은 내가 좀더 용감하기를 바란다—그렇다, 오늘날 내가 무엇이든 후회한다면 그것은 많은 과일들을, 네가 나에게 내밀어준 과일들, 우리에게 자양을 주는 사랑의 신(神), 그것들을 내가 깨물어보지도 않고 상하게 하여 내게서 멀어져가는 대로 내버려두었다는 사실이다—복음서에서 사람들이 나에게 읽어주던 바에 의하면, 오늘날 갖지 않은 것은 장차 백 배로 불어난 것을 도로 찾게 된다고 했기 때문이었다…… 아아! 내 욕망이 끌어안을 수 있는 것보다 더 많은 재물이 나에게 무슨 소용이 있단 말인가? —왜냐하면 내가 이미 알게 된 쾌락만 하더라도, 조금만 더했더라면 맛볼 수 없었을 만큼 강렬한 것이었기 때문이다.

*

멀리서 들리는 소문에 의하면 내가 속죄하고 있단다.
그러나 내게 참회가 무슨 소용이 있단 말인가?
사디

그렇다! 나의 청춘은 참으로 암담한 것이었다.
나는 그것을 후회한다.
나는 맛보지 않았다, 땅의 소금도,
짠맛을 지닌 바다의 소금도.
나는 내가 땅의 소금이라 믿고 있었다.
그리하여 나의 맛을 잃을까 두려워했다.
바다의 소금은 그 맛을 잃지 않는다. 그러나 내 입술은 그 맛을 느끼기에는 너무나 늙어버렸다. 아아! 나의 넋이 그것을 갈망하던 때에 왜 나는 바닷바람을 마음껏 들이마시지 아니하였던가? 이제 그 어떤 포도주가 나를 취하게 할 수 있을 것인가?

나타나엘이여, 아아! 그대의 넋이 미소지을 때에 그대의 기쁨을 만족시켜라—그대의 입술이 입 맞추기 알맞게 아름다울 때, 그리고 그대의 포옹이 즐거울 때에 사랑의 욕망을 만족시켜라.

왜냐하면 그대는 다음과 같이 생각하고 말할 것이기 때문이다. 과일들은 거기에 있었다. 그 무게로 가지는 휘어지고 이미 지쳐버렸다. 내 입은 거기에 있었고 욕망으로 가득 찼다. 그러나 내 입은 닫힌 채였고, 내 손은 기도를 위해서 모아져 있었기에 내밀 수 없었다. 그리고 나의 영혼과 육신은 절망적으로 목말라 있었다. 시간은 이미 절망적으로 지나가버렸다.

(그것이 정말이란 말인가, 정말이란 말인가, 술람미여?
너는 나를 기다리고 있었건만 나는 그것을 알지 못했다!
너는 나를 찾았건만 나는 가까이 오는 네 발소리를 듣지 못했다)
아아! 청춘—사람들은 그것을 한때만 가질 뿐, 나머지 시간은 오로지 회상하기만 한다.
(쾌락이 나의 문을 두드리고 있었다. 나의 마음속에서는 욕망이 그것에 응답하고 있었다. 그러나 나는 문을 열지도 않고 무릎을 꿇고 있었다)
흘러 지나가는 물은 앞으로도 수많은 벌판들을 적셔줄 것이고 많은 입술들이 거기서 갈증을 달랬다. 그러나 그 물에 대해 내가 무엇을 알 수 있을 것인가? —내게 그것은 지나가버리는 서늘한 맛, 그리고 지나가버리고 나면 갈증만 더 타오를 뿐 서늘한 맛 외에 무엇이겠는가? —내 쾌락의 외형들, 너희는 물처럼 흘러갈 것이다. 만약에 다시 이곳에 물이 흐르게 된다면 영원히 변함없는 서늘한 맛을 가져다주기 위해서이기를. 강물의 끊임없는 서늘한 맛이여. 시냇물의 끝없는 용솟음이여, 너희는 예전에 내가 손을 담가 움켜쥐었던 그 약간의 물, 쓰고 나면 서늘한 맛이 없어져버리고 마는 그러한 물이 아니다. 내 손안에 움켜쥔 물, 너희는 인간의 예지와도 같다. 인간의 예지여, 너희는 강물처럼 끊임없는 서늘함을 갖지 못했다.

불면

　기다림, 기다림. 애타는 열정. 지나가버린 젊음의 시간들…… 너희가 죄악이라고 부르는 모든 것에 대한 불타는 갈증.

　개가 달을 향하여 처량하게 짖어대고 있었다.
　고양이는 울부짖는 어린아이 같았다.
　도시는 이튿날의 모든 새로운 희망을 되찾기를 기대하며 이제야 약간의 고요를 맛보려는 참이었다.
　나는 흘러가던 시간들을 회상한다. 돌 바닥을 디디던 맨발. 발코니의 젖은 쇠난간 위에 나는 내 이마를 기대었다. 달빛을 받아 나의 육체는 무르익어 곧 거두어 들여야 될 희한한 과일과도 같이 빛나고 있었다. 기다림! 너희는 우리를 시들게 하고야 말았다…… 지나치게 익어버린 과실들! 우리의 목마름이 너무 괴로워 타는 듯한 갈증을 더 참을 수 없게 되었을 때에야 비로소 우리는 너희는 깨물었다. 물크러진 과실들! 너희는 우리의 입을 무슨 독이나 든 것 같은 심심한 맛으로 채워주고 우리의 영혼을 깊이 어지럽혔다―젊었을 적에, 무화과여, 아직도 싱싱한 너희의 살을 깨물고, 사랑의 향기 풍기는 너희의 진을 더 기다리지 않고 빨아들이고…… 그러고 나서 길 위로, 우리가 괴로운 인생의 마지막 나날을 끝마치게 될 길 위로 뛰쳐나간 자들은 행복하여라.

　(확실히 나는 내 영혼의 혹독한 소모를 막기 위해 가능한 한 모든 일을 하였다. 그러나 나는 내 감각을 소모시켜야만 나의 넋을 신에게서 떼어놓을 수 있었다. 내 영혼은 밤낮을 가리지 않고 신만 생각하고 어려운 기도를 드리느라 갖은 애를 쓰며 열심히 자신을 소모하는 것이었다)
　오늘 아침 나는 무슨 무덤에서 빠져나온 것인가? (바닷새들이 날개를 펼치고 목욕하고 있다) 나에게 있어서 삶의 이미지란, 아아! 나타나엘이여, 욕망으로 가득 찬 입술 위에서 녹는 한없이 진미로운 과실인 것이다.

*

　잠을 이룰 수 없는 밤들이 있었다.

커다란 기대가 있었다―흔히 무엇을 기다리는 것인지도 모르는 기대들이―사지는 피로하고 마치 사랑으로 인하여 뒤틀린 듯 보람 없이 잠을 청하던 침대 위에서. 어떤 때는 육체의 쾌락을 넘어서 더욱 깊이 숨겨진 제2의 쾌락과 같은 그 무엇을 찾으려 하기도 하였다.

　……나의 갈증은 물을 마심에 따라 시시각각으로 더욱 커갔다. 나중에는 너무나 격렬해져서 욕망에 못 이겨 나는 울기라도 하고 싶을 지경이었다.

　……나의 감각은 투명하게 보일 만큼 다 닳아버렸다. 그리하여 아침에 거리로 내려갔을 때는 하늘의 쪽빛이 내 몸에 배어들었다.

　……입술 껍질을 벗기는 것처럼 못 견디게 아프던 이빨들―끝은 모조리 닳아버린 듯하였다. 안으로 빨려들어간 듯 쑥 들어간 관자놀이―꽃 핀 마늘밭의 냄새에도 공연히 구토가 날 지경이었다.

불면

　……울부짖으며 목메어 우는 목소리가 밤중에 들려왔다. 그 목소리는 울고 있었다.
　아아! 이것이 그 고약한 과실이지만 달콤한 것이로구나. 앞으로 나는 내 욕망의 막연한 시름을 길 위로 끌고 다닐 것이다. 사방을 둘러친 네 방 속에서는 숨이 막힌다. 그리고 네 침대에 이제 나는 만족할 수가 없다―너의 끝없는 방랑에 이제는 목표를 찾을 생각을 말라……
　우리의 목마름이 너무 격심해졌기 때문에, 나는 그 물을 살펴보기도 전에 한 잔 가득히 마셨던 것이다. 아! 그 물은 얼마나 구역질나는 것이었던가.
　……오! 술람미여! 나에게 너는 닫혀 있는 좁은 정원의 그늘 속에 익어 늘어져 있는 열매와도 같았다.

　나는 생각하였다. 아아! 온 인류가 수면의 갈망과 쾌락의 목마름 사이에서 애태우고 있는 것이라고. 그 견딜 수 없는 긴장과 집중된 열광에 뒤이어 육체의 허탈…… 그러고는 잠잘 것밖에 생각하지 않게 된다—수면! 아아! 만약 새로운 욕망의 몸부림이 생(生)을 향해 다시금 우리를 깨워주지 않는다고 한다면.

그리하여 온 인류는 조금이라도 고통을 덜기 위하여 잠자리 속에서 뒤척거리는 병자처럼 꿈틀거릴 뿐이다.

……그러다가 몇 주일 동안 일을 하고 나서는 영원한 휴식 상태로 들어가버린다.

……마치 죽어서도 옷을 입고 있을 수 있을 것처럼! (단순화이다) 그리고 우리는 죽게 마련이다—잠자기 위해서 모든 것을 벗어버리는 사람처럼.

메날크여! 메날크여! 나는 너를 생각한다.

그렇다, 나는 이렇게 말했던 것을 알고 있다. 여기든—거기든—무슨 상관이 있겠는가? —우리는 어디서든지 마찬가지로 좋을 것이라고.

……이 무렵 그곳에서는 해가 저물어가고 있었다……

……오! 시간이 거슬러 올라갈 수 있는 것이라면! 그리고 과거가 돌아올 수 있는 것이라면! 그러면 나타나엘이여, 나는 그대를 데리고 가고 싶다. 내 청춘 그 사랑의 시절, 생명이 꿀처럼 내 안으로 흘러들던 그 시절로. 그렇게도 많은 행복을 맛본 것으로 영혼이 달래질 수 있을 것인가? 왜냐하면 내가 거기, 그 정원에, 다른 사람 아닌 내가 그곳에 있었던 것이다. 나는 그 갈대들의 노래를 듣고 그 꽃들의 향기를 들이마셨다. 나는 그 아이들을 보고 쓰다듬었다—그리고 물론 그런 것들은 모두 새봄이 돌아올 적마다 벌어지는 놀이들이기는 하다—그러나 그때의 나, 그 타인, 다시 한 번 그 사람이 되어볼 수 있을 것인가? (지금 거리의 지붕들 위에는 비가 내리고 있다. 내 방 안은 쓸쓸하다) 그곳은 로시프의 양 떼가 돌아오던 바로 그 시각이다. 양들은 산에서 돌아오고 있었다. 사막에는 저녁놀의 금

빛이 가득 퍼져 있었다. 저녁의 정적…… 지금(이맘때다).

파리(6월의 밤)

아트망이여, 나는 너를 생각한다. 비스크라여, 나는 너의 종려나무들을 생각한다.

투구르트여, 너의 모래를…… 오아시스여, 사막의 메마른 바람이 아직도 살랑거리면서 너의 종려나무 가지들을 흔들고 있는가? 더위에 익어서 입 벌린 석류들이여, 너희는 새콤한 씨를 땅 위에 떨어뜨리고 있는가? 셰트마여, 너의 시원하게 흐르는 물과 곁에 가 서면 땀이 나던 네 더운 샘물을 나는 기억하고 있다. 황금의 다리, 엘 칸타라여, 나는 회상한다. 너의 요란한 아침이며 황홀한 저녁을. 자구앙이여, 내 눈에는 너의 무화과나무들, 협죽도들이 보인다. 케루앙이여, 너의 선인장들. 수스여, 네 감람나무들 폐허의 도시, 늪으로 둘러싸인 성벽. 우마크여, 나는 네 황량한 모습을 꿈꾼다. 그리고 독수리들이 날아다니는 처참한 마을, 거센 음성의 골짜기, 침울한 드로여, 네 황량한 모습을 꿈꾼다.

드높은 셰가여, 너는 여전히 사막을 굽어보고 있는가? 므레예여, 너는 지금도 함호 속에 너의 가냘픈 버들가지를 담그고 있는가? 메가린이여, 소금물이 여전히 너를 적셔주고 있는가? 테마신이여, 너는 여전히 태양 밑에서 허덕이고 있는가? 랑피다 가까이 메마른 바위가 있던 것을 나는 기억하고 있다. 봄이면 거기서 꿀이 흘러내렸다. 근처에 우물이 있어서 무척 아름다운 여인들이 거의 나체에 가까운 자태로 물을 길러 오는 곳이었다.

아트망의 조그만 집이여, 너는 여전히 그곳에 있는가. 지금은 달빛 아래서 절반쯤 쓰러진 모습으로, ─거기서 네 어머니는 피륙을 짜고, 아무르의 아내인 네 누이는 노래를 하거나 이야기를 하고 있었다. 그리고 산비둘기 새끼들이 어둠 속에서 나직이 지저귀고 있었다─검푸르고 조는 듯한 물가에서.

오! 욕망이여! 나는 얼마나 많은 밤을 불면으로 지새웠던가. 그토록 잠 대신에 몽상에 잠겼던 것이다! 오! 저녁 무렵, 안개가, 종려 밑의 피리 소리가, 오솔길 깊숙이 흰옷들이, 뜨거운 빛 부근에 부드러운 그늘이 있기만 하다면⋯⋯ 나는 그곳으로 가리라. 흙으로 만든 기름 등잔! 밤바람이 불길을 뒤흔든다. 창문도 사라지고 단순한 창틀 속에 나타나는 하늘. 지붕들 위에 고요한 밤. 월광.

 인기척 끊어진 길 안쪽으로부터 이따금 마차, 자동차가 한 대씩 굴러가는 소리, 그리고 저 멀리 도시를 버리고 기차가 기적을 울리면서 달아나는 소리가 들려온다. 대도시는 이제 사람들이 잠 깨기를 기다리고 있다⋯⋯ 방바닥 위에 드리운 발코니의 그림자, 책의 하얀 면 위에 어른거리는 불길, 숨소리, 달도 이제 자취를 감추었다. 내 앞의 정원은 녹음의 수반 같다⋯⋯ 흐느낌. 악다문 입술. 너무나 큰 확신. 상념의 고뇌. 무어라 말할까? '진실한 것들'—타인—'그의' 삶의 중대성. 그에게 이야기할 것⋯⋯

Dostoïevsky d'après sa correspondance
도스토옙스키

도스토옙스키

1

전쟁이 일어나기 얼마 전의 일이다. 나는 로맹 롤랑이 쓴 훌륭한 전기인 《베토벤전》이나 《미켈란젤로전》을 본뜬 《도스토옙스키의 생애》를 써서 샤를 르 페기가 주간하는 잡지 〈카이에 드 켕젠느〉에 발표해 볼 작정이었다. 그런데 전쟁이 시작되었다. 나는 이 연구를 위해 그동안 준비해 오던 메모들을 그대로 내던져 둘 수밖에는 없었다. 그 후로는 오랫동안 다른 여러 가지 일들에 시달려서 맨처음의 계획을 포기한 것이나 다름없게 되었다. 그러다가 최근 도스토옙스키의 백년제를 맞이하여, 비외 콜롱비에 극장에서 개최되는 기념 행사 때에 축하인사를 해 달라는 부탁을 자크 코포로부터 받았다. 나는 지난날의 메모들을 꺼내 보았다. 한참만에 다시 읽어 보니, 그 속에 적어 놓은 사상들이 우리의 주목을 끌 만한 가치가 있는 듯 여겨졌다. 그러나 전기를 쓴다면 연대순을 따라가야겠지만, 강연을 할 때는 그런 연대순을 지킨다는 것이 최상의 방법 같지는 않았다. 도스토옙스키는 그의 대작(大作) 하나하나에 마치 두툼한 머릿단처럼 자기의 여러 사상을 짜 놓았는데, 그 매듭을 풀기란 여간 어려운 일이 아니다. 그러나 우리는 이 책 저 책에서 그것을 다시 찾아볼 수가 있다. 내게 중요한 것은 바로 그런 사상들이다. 더구나 나는 그것을 내 자신의 사상으로 삼으려고 하기에 더욱 중요하다. 하지만 그의 작품을 하나하나 다뤄나가다가는, 같은 말을 되풀이하는 수밖에 없게 될 테니 방법을 달리하는 게 더 좋을 것 같다. 나는 여러 작품을 통해서 그의 사상을 뒤쫓으며 그것들을 들추어 내 보고자 한다. 그리고 나 자신도 그것을 꼭 잡고, 될 수 있는 대로 외견의 혼돈 상태를 정리해서 여러분에게 분명히 설명할 작정이다. 도스토옙스키는 다른 무엇보다도 우선 소설가이지만, 그의 속에는 심리학자, 사회학자, 인생 비평가로서의 여러 사상이 깃들어 있다. 이 강연의 주제가 되는 것은 바로 이런 사상들이다. 그러나 도스토옙스키의 작품에서는 사상이 그대로 드러나는 일은 결코 없고 그것을 밝히는 인물들을 통해서 나타난다(그의 사상이 마구 뒤섞여 있고 상대적인 이유는 바로 여기에 있다). 나 역시 추상적인 이야기를 피하고 그의 사상을 될 수 있는 한 두드러지게 그려 보이고자 한다. 그래서 우선 인간으로서의 도스토옙스키를 소개하고, 그의 생애 중에 드러난 몇몇 사건에 관해서 말하려고 한다. 그런 사건을 통해서 우리는 그의 성격을 알게 되고 그의 풍모를 그려 볼 수 있게 될 것이다.

나는 전쟁 전에 준비하던 전기에서, 첫머리에 한 머리말을 쓰고, 이 위인에 관하여 세인들이 일반적으로 품고 있는 생각을 살펴볼 예정이었다. 그리고 이 생각을 밝히기 위해서 도스토옙스키와 루소를 비교해 보려고 했다. 이 비교는 결코 근거가 없는 것이 아닐 것이다. 왜냐하면 이 두 사람의 성격이 사실 깊은 유사성을 보여 주고 있기 때문이며, 그러기에 루소의 《참회록》이 도스토옙스키에게 커다란 영향을 끼칠 수 있었던 것이다. 그러나 루소는 어렸을 때부터 벌써 플루타르코스의 해독(害毒)을 받았다고 말할 수 있다. 그는 플루타르코스를 통해서, '위인'의 모습이란 다소 과장되고 거창한 것이라고 생각하게 된 것이다. 루소는 머릿속에서 어떤 영웅상을 꾸며 놓고, 스스로 그와 비슷하게 되어 보려고 평생동안 애쓴 사람이었다. 그는 자기가 꾸며 보고 싶은 겉모양을 자기의 진실한 존재로 삼으려고 한 것이다. 물론 그가 그린 자화상이 성실한 것임은 나도 안다. 하지만 그는 자기의 자세를 생각했으며 그런 자세를 취하게 된 것은 그의 교만심 때문이었다. 라 부루이예르는 다음과 같은 훌륭한 말을 했다.

"거짓된 위인은 사나워 가까이 사귈 수 없다. 그런 사람은 자기의 약점을 느끼고 스스로를 감추려 하거나 적어도 정면으로 제 모습을 나타내지 않는다. 그는 남을 위압하기 위해서, 그리고 자기의 참된 모습, 즉 본래의 왜소성을 노출시키지 않기 위해서 필요한 만큼만 자기 전시를 하는 것이다."

나는 이 말이 바로 루소에게 들어맞는다고는 감히 주장하지 않는다. 그러나 라 부루이예르를 좀더 읽어 나가면 이번에는 도스토옙스키를 연상케 하는 다음과 같은 구절에 마주친다.

'진실한 위인이란 자유롭고 부드럽고 낯익고 대중적이다. 우리가 만지거나 주물러 대도 그는 가만히 있고, 우리가 가까이 들여다보아도 무엇 하나 읽을 것이 없다. 우리는 그를 깊이 알면 알수록 더욱 반하게 된다. 그런 위인은 자기보다 못난 사람에게도 공손히 허리를 굽힌다. 그러다가도 어느 틈에 자기의 본모습으로 되돌아간다. 때로는 제 몸을 아무렇게나 굴리고 스스로를 돌보지 않고 또 자기의 장점을 내던지기도 한다. 그러나 어느 때건 간에 그 장점을 되찾아오고 훌륭하게 보여 주는 힘을 갖추고 있는 것이다.'

과연 도스토옙스키에게는 어떤 자세도 허식도 없다. 그는 결코 자기를 초인이라고 생각하지 않는다. 그 사람만큼 겸허한 인간성을 지닌 사람은 없을 것이다. 거만한 인간은 결코 그를 완전히 이해할 수 없는 일이라고 나는 생각하기도 한다. 그의 '서한집'과 작품을 보면 '겸허'라는 말이 수없이 나온다.

'그이가 왜 내 청을 거절하겠습니까? 더구나 나는 강요하기는커녕 겸허하게 간청하는 것인데 말입니다'(1867년 11월 23일의 편지) '나는 요구하는 것이 아니라 겸허하게 부탁하는 것입니다'(1869년 12월 7일의 편지) '나는 가장 겸허한 부탁의 말씀을 드렸습니다'(1870년 2월 12일의 편지)

'나는 그를 보고 놀란 일이 많았다. 일종의 겸허심 때문이다.' 이것은 《미성년자》의 주인공이 자기의 아버지를 두고 하는 말이다. 그리고 양친간의 관계와 그 두 사람의 사랑의 본질을 알아보려고 애쓸 때, 그는 아버지의 이 말을 상기한다. '너의 어머니는 겸허한 마음 때문에 나와 결혼했단다.'
나는 최근에 앙리 보르도 씨의 기자 회견기를 읽다가 이런 구절을 읽고 좀 놀랐다. '우선 자기 자신을 알도록 노력해야 한다'고 그는 말했다. 기자는 이것이 무슨 말인지 잘 몰랐으리라—자기 자신을 찾아 보려고 애쓰는 문학자는 분명히 큰 위험에 봉착하는 것이다. 그것은 스스로를 발견한다는 위험이다. 문학자가 그런 경지에 도달하게 되면 열정이 없고 자기 동일적이고 응고된 작품밖에는 못쓰게 된다. 즉 자기 자신을 모방할 뿐이다. 자신의 윤곽과 범위를 알게 되면 이미 그것을 넘어설 수 없게 된다. 그런 작가에게는, 혹시 불성실하지 않을까 하는 두려움은 사라지고 다만 부조리에 대한 두려움만 남는다. 진실한 예술가가 작품을 만들 때는 언제나 자기 자신에 대해서 반 무의식 상태에 있는 법이다. 그는 자기가 무엇인지 정확히 모른다. 그는 오직 작품을 통해서, 작품에 의해서, 그리고 작품이 이루어진 뒤에야 스스로를 알게 되는 것이다……. 도스토옙스키는 결코 자기 자신을 알리고 하지 않고, 도리어 작품 속에 제 몸을 내던지려고 무던히 애써 왔다. 그러므로 그는 작품 중 인물의 한 사람 한 사람 속으로 묻혀 들어갔다. 그래서 우리는 각 인물을 통해서 도스토옙스키를 다시 발견하는 것이다. 그가 자신의 이름으로 이야기할 때는 얼마나 서투른가를 우리는 곧 알 수 있게 된다. 이와 반대로 자기가 생명을 불어 넣은 인물들을 통해서 자신의 사상을 표현하는 경우에는 기막힌 웅변가가 된다. 그가 자신을 발견하는 것은 오직 인물들을 살리는 방법을 통해서이며, 그는 한 사람 한 사람의 인물들 속에서 스스로 산다. 그리고 이와 같이 다양한 인물들에게 제 몸을 내맡김으로써 얻게 되는 첫째 효과는 자기 자신의 모순을 지켜 나갈 수 있다는 것이다.

나는 도스토옙스키만큼 많은 모순과 부조리를 지닌 작가를 알지 못한다. 니체의 표현을 빌리자면, 그는 '반대성'을 잔뜩 지닌 작가이다. 만일 소설가가 아니라 철학자가 되었다면 그는 반드시 자기의 사상을 정리하려고 애썼을 것이다. 하지만 그랬다면 우리는 그의 가장 훌륭한 점을 못보고 말았으리라.

도스토옙스키 생애 중의 사건은, 그것이 아무리 비통할망정 표면상의 사건에 불과하다. 언뜻 보아 그는 그 사건으로 격정에 휩쓸리고 깊은 충격을 받은 것같이 보이지만, 그 너머로는 어떤 사건도 또 격정조차도 미치지 못하는 영역이 항상 존재하는 것이다. 이런 점에서, 그가 남긴 한 토막의 말을 또 하나의 문장과 비교해 보면 훌륭한 시사를 얻을 수 있으리라. 도스토옙스키는 《사자(死者)의 집》에서 이렇게 적어 놓았다.

'어떤 사람이라도, 무슨 목적과 그 목적을 이룩하려는 노력 없이는 살지 못한다. 일단 목적과 희망이 사라져 버리면 인간은 고뇌로 말미암아 괴물이 된다……'

그러나 그 책을 쓸 동안에는 그는 이 목적을 잘못 알고 있었던 것 같다. 왜냐하면 바로 뒤이어 이런 말을 했기 때문이다.

'우리 모두의 목적은 자유를 얻는 것이었다. 감옥에서 나오는 것이었다.'

이 글이 씌어진 것은 1861년이었는데, 그 당시 도스토옙스키는 목적이라는 것을 이렇게 이해하고 있었다. 물론 그 끔찍한 감금 상태가 괴롭기는 했다(그는 4년간의 시베리아 유형을 겪었으며, 6년 동안 병역 의무를 치렀다). 그것은 매우 괴로운 일이었다. 그러나 다시 자유로운 몸이 되자마자 그는 진실한 목적이 무엇인지를 비로소 이해할 수 있게 되었다. 자기가 진정 바라던 자유는 보다 깊은 것이며, 그것은 감옥으로부터의 석방과는 아무런 관계도 없다는 것을 깨닫게 된 것이다. 그래서 1877년에는 이런 야릇한 말을 남겼는데, 내가 방금 소개한 말과 이 말을 서로 비교해 보면 재밌으리라.

'어떤 목적을 위해서라도 인생을 낭비해서는 안 된다.'

그러므로 도스토옙스키의 생각대로라면 우리는 저마다 어떤 드높고 남 모르는—때로는 자기 자신조차도 모르는—삶의 이유를 가지고 있다. 그것은 대다수의 사람들이 스스로 인생에 주는 표면적 목적과는 전혀 다른 것임에 틀림없는 것이다. 그러나 무엇보다도 표도르 미하일로비치 도스토옙스키의 모습을 먼저 그려 보기로 하자. 그의 친구인 리젠캄프는 1841년, 스무 살 때의 그를 이렇게 묘사하고 있다.

'둥글고 통통한 얼굴, 약간 들어 올려진 코, 짧게 깎은 밝은 갈색 머리, 넓은 이마, 그리고 엷은 눈썹 밑으로는 우묵 파진 회색의 작은 눈, 주근깨가 박힌 허연 뺨, 병자 같고 충충하기까지 한 안색, 그리고 몹시 두툼한 입술.'

그가 처음으로 간질 발작을 일으킨 것은 시베리아에 있었을 때라는 말을 가끔 듣는다. 그러나 사실은 유형의 선고를 받기 전에 벌써 이 병에 걸려 있었으며, 시베리아에 있는 동안 병세가 악화되었을 뿐이다. '병자와 같은 안색'이라는 말이 나온 것은, 언제나 그의 건강 상태가 나빴기 때문이다. 하지만 기운이 없고 허약한 그는 군대에 끌려 갔고, 그 반대로 튼튼한 형은 병역 면제의 혜택을 받았던 것이다.

1841년, 다시 말해서 스무 살 때, 그는 하사관으로 임명되었다. 그리고 1843년에는 고급 장교가 되어 보려고 시험 준비를 했다. 그의 봉급은 3천 루블이나 되었다. 더구나 부친이 세상을 떠나자 유산을 상속받았다. 그러나 매우 헤픈 생활을 했을 뿐더러 막내 동생의 뒤를 돌봐 주어야 했기 때문에 늘 빚에 몰렸다. 이러한 금전 문제는 그의 서한집의 어느 곳에서나 튀어 나오는데, 그것은 발작의 경우보다 더욱 절박한 것이었다. 그 문제는 만년에 이르기까지 그의 생애에서 극히 중요한 역할을 했으며, 진실로 이 곤경에서 벗어날 수 있었던 것은 겨우 최후의 몇 년 동안에 불과했다.

젊었을 때의 도스토옙스키는 낭비가 심했다. 극장이나 음악회나 발레 공연에 끊임없이 드나들었다. 그는 앞뒤를 가리지 않았다. 집주인의 얼굴이 마음에 든다는 이유만으로 그 아파트를 빌리는 일도 있었다. 하인이 도둑질을 해도, 그냥 내버려 두는 것을 오히려 재미있어 했다. 재수가 좋고 나쁘고에 따라서 기분이 벼락같이 달라졌다. 도저히 생계를 세워 나갈 위인이 못된다고 생각한 가족과 벗들은 그가 친구의 한 사람인 리젠캄프와 같이 살기를 바랐었다. '독일 사람답게 질서 정연한 생활을 하는 그이를 본보기로 삼으라'고 그들은 타일렀다. 도스토옙스키보다 네 살 위인 리젠캄프는 본직이 의사였는데, 1843년 페테르부르크에 와서 자리를 잡았다. 그 무렵 도스토옙스키는 무일푼이었다. 그는 우유와 빵만으로 살았다. 그것도 늘 외상이었다. '표도르와 같은 사람과 함께 살면 기분이 좋다. 그러나 그는 늘 군색한 상태에 빠져 있는 타입의 사람이다' 이것은 리젠캄프의 편지에 나오는 말이다. 이리하여 두 사람은 한지붕 밑에서 살았지만, 도스토옙스키는 이를 감당할 수 없는 친구였다. 리젠캄프가 환자들을 대기실에서 기다리게 하면, 그는 그 방으로 가서 대접을 한다. 혹시 어떤 환자가 딱해 보이면 그때마다 리젠캄프의 돈을 베풀어 주고 또 제 돈이 있으면 그것을 내준다. 어느 날 그는 모스크바로부터 1천 루블의 돈을 받은 일이 있었다. 그러자 곧 얼만큼의 빚을 갚고 나서는 나머지 돈으로 노름을 했다(당구장으로 달려갔다고 주장하는 사람도 있다). 그래서 이튿날부터는 친구로부터 다시 5루블을 꿀 수밖에 없었다. 이야기하는 것을 자칫 잊어버릴 뻔했지만, 마지막 50루블은 리젠캄프의 어떤 환자에게 도둑맞았다. 별안간 친근한 마음이 들어 제 방으로 끌고 들어온 바로 그 사람에게 도둑을 맞은 것이었다. 결국 도스토옙스키와 리젠캄프는

1844년 3월에 서로 헤어졌는데, 그는 자기의 행동을 별로 반성하는 기색도 없었다.

1846년에는 《가난한 사람들》이 나왔다. 이 책은 순식간에 큰 성공을 거두었다. 그런데 이 성공에 관해서 도스토옙스키가 하고 있는 말을 들어 보면 재미있다. 그는 당시의 한 편지에서 이렇게 쓰고 있다.

'나는 그냥 어리둥절하기만 합니다. 살고 있는 것 같지도 않고, 무슨 생각을 해볼 틈도 없습니다. 나는 수상한 명성을 얻었습니다. 언제까지나 이 지옥이 계속될는지요.'

나는 가장 중요한 사건만을 이야기하고, 비교적 가치가 적다고 생각되는 책의 출판에 관해서는 언급하지 않으려고 한다.

1849년, 도스토옙스키는 한 무리의 혐의자들과 함께 경찰에 체포되었다. 이른바 페트라세프스키 사건 때문이었다.

그 무렵 도스토옙스키가 정치 문제나 사회 문제에 관해서 어떤 의견을 가지고 있었는지는 단언하기가 매우 어렵다. 혐의를 받은 사람들과 왕래한 것은 아마도 지적 호기심이 강하고 또 일종의 관대한 마음을 가졌기 때문이며, 이런 관대성이 무분별하게 스스로를 곤경에 몰아넣은 것이리라. 그러나 도스토옙스키가 소위 아나키스트이며 국가 안전에 위험한 인물이라고 믿을 만한 근거는 전혀 없다.

그렇기는커녕 《서한집》과 《작가의 일기》를 읽으면, 그가 정반대의 생각을 가지고 있음을 보여 주는 수많은 구절에 마주치는데, 《악령(惡靈)》은 그 전체가 무정부 상태에 대한 고발이라고까지 해석할 수 있다. 아무튼 도스토옙스키는 페트라세프스키의 주위에 모인 다른 혐의자들과 함께 체포되었다. 이윽고 투옥되고 재판을 받고 사형 선고를 받았다. 그가 감형되어서 시베리아로 보내진 것은 사형 집행 직전의 일이었다. 이 일은 여러분이 모두 잘 알고 있는 것이다. 그래서 나는 이 강연을 통하여 여러분이 다른 곳에서는 알아보기 어려운 사실만을 이야기할 작정이지만, 아직도 잘 모르는 분들을 위해서 그의 처형과 유형 생활에 관한 편지의 몇 구절을 읽어 드리고자 한다. 나는 그 구절들이 시사해 주는 바가 매우 크다고 생각한다. 그의 고뇌의 묘사를 통해서, 전 생애에 걸쳐 그를 지탱해 준 낙관주의가 항상 다시 나타나는 것을 우리는 알 수 있다. 가령, 1849년 7월 18일 감옥에서 판결을 기다리며 쓴 편지에는 이런 말이 있다.

'인간의 몸 속에는 인내심과 생명력의 커다란 저수지가 있습니다. 사실 그것이 그토록 큰 것인지 미처 몰랐습니다. 나는 이제 경험을 통해서 그것을 알게 되었습니다.'

8월에는 병에 시달려 기진한 상태에서도 이렇게 썼다.

'기운을 잃는다는 것은 죄악입니다……. 사랑을 가지고 대하는 격렬한 노동에야말로 진실한 행복이 있는 것입니다.'

또한 1829년 9월 14일에는

'나는 더 나빠지리라고 예상하고 있었습니다. 그러나 지금에 와서는 내 속에 엄청난 생명력이 준비되어 있고, 그것을 탕진하기는 어렵다는 것을 알았습니다.'

나는 12월 22일의 짧은 편지를 거의 전부 읽어 드리고자 한다.

'오늘 12월 22일, 우리는 세묘노프스키 연병장으로 끌려 나갔습니다. 거기에서 우리 모두에 대한 사형 선고가 읽혔고 우리에게 십자가에 입을 맞추도록 했습니다. 머리 위로 칼을 거두는 소리가 들려왔고, 우리는 최후의 단장(흰 셔츠)을 받았습니다. 이윽고 세 사람이 먼저 형의 집행을 위해서 말뚝으로 끌려갔습니다. 나는 여섯 번째였습니다. 세 사람씩 불러 내니까 나는 제2조로 되어 있었습니다. 그러니까 몇 분밖에는 살 여유가 없는 겁니다. 형님, 나는 형님 생각을 했습니다. 그리고 형님의 가족을 생각했습니다. 마지막 순간이 되자, 내 머릿속에는 오직 형님밖에는 없었습니다. 그러자 내가 형님을 얼마나 사랑했는지 깨달았습니다. 나는 가까스로 곁에 있던 플레체에프와 두로프에게 키스하고 마지막 인사를 나눌 시간을 가졌을 뿐입니다. 그러다가 마침내 집행 중지의 종이 울렸습니다. 말뚝에 결박되었던 친구들이 풀려서 되돌아오고, 황제 폐하가 우리를 살려 준다는 내용의 글이 읽히는 소리를 들었습니다.'

도스토옙스키의 소설을 읽으면, 사형과 사형수의 최후의 순간에 관해서 직접, 간접으로 언급되어 있는 구절을 우리는 여러 번 보게 된다. 그러나 지금은 그 이야기를 하지 말고 넘어가도록 한다.

세미팔라틴스크로 떠나기에 앞서 그의 형과 작별의 정을 나눌 수 있도록 반 시간의 여유를 얻었다. 한 친구가 전하는 바에 의하면 두 사람 중에서 그가 한결 침착했는데, 형에게 이렇게 말했다고 한다.

"형님, 유형지에 있는 것도 짐승이 아니라 사람입니다. 아마 나보다 더 착하고 더 가치 있는 사람들일 거예요……. 그렇죠, 우리는 또 만날 수 있을 겁니다. 나는 그것을 바라고 의심하지 않습니다. 다만 편지를 자주 써주세요. 그리고 책도 보내 주시고요, 어떤 책이 좋을지는 곧 알려 드리겠습니다. 거기에 가면 틀림없이 책을 읽을 수 있을 거예요(이 말은 형을 위안하기 위한 갸륵한 거짓말이었다고 전기의 작자는 덧붙이고 있다). 거기에서 나오게 되면 쓰기 시작하겠습니다. 지난 몇 달만 해도 여러 가지 경험을 했습니다. 그러니 앞으로 얼마나 많은 것을 보고 느끼고 하겠습니까! 훗날 글을 쓸 재료가 모자라는 일은 없게 될 거예요."

그 후 4년간의 시베리아 생활을 하는 동안 도스토옙스키는 가족에게 편지 쓸 허가를 받지 못했다. 적어도 우리가 오늘날 볼 수 있는 《서한집》에는 그 시대의 편지가 한 장도 들어 있지 않으며, 1883년에 나온 오레스트 밀러의 《자료집》에서도 그것을 통 찾아볼 수가 없다. 그러나 이 《자료집》 출간 이래 도스토옙스키의 많은 편지가 세상에 알려졌다. 앞으로 또 다른 편지도 발견될 것이다.

밀러의 말에 따르면 도스토옙스키가 출옥한 것은 1854년 3월 2일이라고 한다. 그러나 공식 문서에는 1월 23일로 되어 있다.

《자료집》에는, 1854년 3월 16일부터 1856년 9월 11일에 걸친 도스토옙스키의 편지 19통에 관해서 언급되어 있다. 그것은 도스토옙스키가 형기를 마치고 세미팔라틴스크에서 병역 의무를 치르는 동안 형과 가족과 친구들에게 쓴 것이다. 빈스톡 씨의 번역에는 그중 12통밖에 소개되어 있지 않은데, 특히 1854년 2월 22일의 그 훌륭한 편지를 왜 수록하지 않았는지 모를 일이다. 그 번역본은 1866년에 이르러 〈보고〉지 제12, 13호에(오늘날에는 찾아볼 수 없다) 처음으로 실렸으며, 〈누벨 르뷔 프랑세즈〉 올해(1921년) 2월 1일호에 그것을 모두 다 실었다. 이 편지는 《서한집》에 들어 있지 않기 때문에, 여러분에게 긴 구절을 전부 읽어 드리려고 한다.

'1854년 2월 22일

나는 이제 더 자세히 더 분명하게 형님과 이야기할 수 있을 것 같습니다. 그러나 무엇보다도 먼저 왜 나에게 아직 단 한 줄의 편지도 써 보내시지 않았는지 묻고 싶습니다. 정말로 그러실 줄은 몰랐습니다! 저는 이 감방에서, 이 고독 속에서, 혹시 형님이 세상을 떠나시지는 않았나 하고 생각하면서 기막힌 절망에 빠진 일이 한두 번이 아니었습니다. 그리고 형님의 아이들을 생각하면서 뜬눈으로 밤을 새운 적도 여러 번 있었습니다. 나는 그애들을 돌보러 달려갈 수 없게 된 이 운명을 저주했습니다.'

그러니까 그가 가장 괴로웠던 것은, 자기가 버림받았다는 감정 때문이 아니라, 남에게 도움을 줄 수가 없었기 때문이었으리라.

'내 머릿속에 들어있는 그 모든 상념을 어떻게 설명해 드리면 좋을지 모르겠습니다. 나의 생활과 내가 얻게 된 신념과 그간의 내 집념을 형님에게 이해시키기는 것은 도저히 불가능한 일입니다. 나는 무슨 일을 흐지부지 끝내는 것은 싫어하는 성미입니다. 진실의 한 부분만을 이야기한다는 것은 아무 이야기도 안한 것과 같습니다. 나는 지금부터 적어도 이 진실의 요점만이라도 말씀드리려고 합니다. 형님이 파악하실 능력만 있다면, 그것을 샅샅이 알게 될 것입니다. 나는 이야기해 드릴 의무가 있으므로 흩어진 기억을 모아보기 시작하겠습니다.

나의 가장 훌륭한 친구이기도 한 형님, 형님은 우리가 서로 헤어질 때의 일을 기억하시겠죠. 형님이 저와 헤어지자……우리 세 사람, 즉 두로프와 야스트렘브스키와 저는 끌려가서 쇠사슬에 얽혔습니다. 이렇게 처음으로 쇠사슬에 묶이게 된 것은 바로 크리스마스 이브의 자정이었습니다. 쇠사슬은 10파운드나 되고 걷기가 매우 불편했습니다. 그리고 우리는 따로따로 헌병의 감시를 받으면서 덮개 없는 썰매에 태워졌습니다(중사가 혼자 썰매 하나를 독차지했기 때문에 썰매는 모두 네 대가 되었습니다). 우리는 마침내 페테르부르크를 떠났습니다. 나는 가슴이 답답했습니다. 갖가지 느낌이 떠올라 괴로웠답니다. 마치 회오리바람에 휩쓸린 듯했고, 침울한 절망만이 앞섰습니다. 그러나 서늘한 밤바람에 생기가 돌았습니다. 생활의 변화가 올 때마다 늘 그렇듯이, 내 인상이 강렬하다는 사실 자체가 다시 용기를 불러 일으켜 주었고, 그 결과 얼마 안 가서 다시 마음이 가라앉았습니다. 나는 우리가 지나가고 있는 페테르부르크의 거리를 유심히 바라보기 시작했습니다. 크리스마스 이브를 축하하는 등불이 집집마다 밝게 비쳤으며, 나는 그 집들 하나하나마다 작별 인사를 했습니다. 우리는 형님의 집 앞도 지나갔습니다. 크로레프스키의 집에는 불빛이 휘황찬란했습니다. 그때 나는 견딜 수 없는 슬픔에 사로잡혔습니다. 거기에는 크리스마스 트리가 있었고, 에밀리야테오도르프나가 아이들을 데리고 오리라는 것을 형님을 통해서 알고 있었기 때문입니다. 나는 그들에게도 작별 인사를 했습니다. 얼마나 그리웠는지! 그 뒤 몇 년이 지나서도 그들 생각을 할 때마다 눈에 눈물이 고이곤 했습니다. 우리는 야로슬라블로 갔습니다. 정거장을 서너 개 지난 다음 새벽녘에 이르러 슐리셀부르크에 도착해서 한 주막집에 들어갔습니다. 우리는 1주일이나 음식을 못 본 사람처럼 차를 들이켰습니다. 여덟 달 동안의 감옥살이와 60베르스트의 여정 때문에 식욕이 사뭇 났었는데 지금도 그 생각을 하면 즐겁습니다. 나는 쾌활해졌습니다. 두로프는 한시도 쉬지 않고 수다를 떨었지만, 야스트렘브스키는 미래를 매우 비관했습니다. 우리는 중사의 마음을 슬쩍 떠보았습니다. 그는 경험이 많고 착한 노인으로 공문서를 끼고 온 유럽을 뛰어다닌 사람이었습니다. 그가 우리를 대하는 태도는 상상할 수 없을 만큼 부드럽고 친절했습니다. 여행을 하는 동안 우리에게는 매우 소중한 인물이었습니다. 이름은 쿠스마 프로콜뤼비치입니다. 우리에게 여러 가지 친절을 베풀었습니다만 특히 덮개가 있는 썰매를 사주었습니다. 추위가 혹심해졌기 때문에 그것은 우리에게 큰 도움이 되었습니다. 이튿날은 크리스마스여서, 썰매를 타는 모든 사람들은 독일풍의 회색 나사 외투에 검붉은 허리띠를 매었습니다. 마을의 거리에는 사람의 그림자도 없었습니다. 기막히게 맑은 겨울날이었습니다. 우리는 페테르부르크, 노브고로드, 야로슬라블 등 여러 도시의 쓸쓸한 벌판을 지나갔습니다. 그 도중에는 이름도 없는 작은 마을들이 드문드문 흩어져 있을 뿐이었지만, 크리스마스 축제 덕분에 어디서나 먹고 마시고 할 수 있었습니다. 옷을 두껍게 입었는데도 추워서 견딜 수가 없었습니다. 썰매 속에서 꼼짝 않고 열 시간을 보낸다는 것, 그리고 하루에 다섯 개나 여섯 개의 역을 지나간다는 것이 얼마나 견디기 어려운 일인지 쉽사리 상상할 수 있으시겠죠. 심장까지 얼어붙는 듯했고 따뜻한 방에서도 몸이 잘 녹지 않을 정도였습니다. 페름 시에서는 영하 40도의 추운 밤을 보낸 일도 있습니다. 형님은 이런 경험을 해볼 생각은 아예 하지 마십시오. 이만저만 불쾌한 것이 아닙니다. 우랄 지방을 지나갈 때는 큰 변을 당했습니다. 눈보라가 마구 쳐서 말과 썰매가 눈 속에 묻혀 버렸습니다. 한밤중이었지만 우리는 내려서 썰매를 꺼낼 때까지 기다려야 했습니다. 주위에는 눈보라와 유럽의 국경이 있었습니다. 앞에서는 시베리아와 알 수 없는 미래가 우리를 기다리고, 뒤에는 우리의 모든 과거가 도사리고 있었습니다. 정말 슬펐습니다. 그래서 나는 울었습니다. 길을 가는 동안 어느 마을에서나 숱한 사람들이 우리를 보려고 모여들었고, 주막집에서는 우리가 쇠사슬에 얽혀 있는데도 세 배나 비싼 돈을 치르게 했습니다. 게다가 쿠스마 프로콜뤼비치가 우리의 비용을 반이나 내놓으라고 요구했습니다. 그래서 우리는 한 사람에 15루블 정도밖에는 쓰지 못했습니다. 1850년 1월 11일, 마침내 우리는 토볼리스크에 도착했습니다. 그곳에서 우리의 몸을 뒤져서 있는 돈을 모두 빼앗았습니다. 그러고는 나와 두로프와 야스트렘브스키를 따로 한방에 넣고, 스피슈네르와 그의 친구들을 또 다른 방에 넣었습니다. 우리는 서로 마주 대할 기회조차 없었습니다. 토볼리스크에서 보낸 엿새 동안의 일과 거기에서 얻은 인상을 자세히 이야기하고 싶습니다만 지금은 그럴 때가 못 됩니다. 다만 우리는 어찌나 많은 동정과 연민을 받았는지 행복하게 느껴지기조차 했다는 점만은 말씀드리겠습니다. 앞서 유형을 당한 사람들(그 사람들 자신이라기보다도 그 아내들)이 마치 그들의 가족을 만난 것처럼 우리를 대해 주었습니다.

  25년간이나 가지가지 불행을 겪으면서도 뒤틀리지 않은 이 훌륭한 사람들! 그러나 감시가 엄해서 우리는 그 부인들을 잠깐만 만나 볼 수 있었을 뿐입니다. 그들은 우리에게 음식과 옷을 보내 주고 또 우리를 위로하고 격려해 주었습니다. 아무것도 제대로 준비하지 못하고, 필요한 의복조차 갖추지 못하고 떠난 나는 긴 행로 중 그것을 몇 번이고 안타깝게 여겼습니다……. 그래서 그 부인들이 마련해 준 옷이 얼마나 반가웠는지 모릅니다. 드디어 우리는 다시 떠났습니다. 사흘 뒤에 도착한 곳을 옴스크였습니다. 토볼리스크에 있을 때 나는 벌써 우리의 직속 상관이 될 사람이 어떤 인물인지를 알았습니다. 사령관은 정직한 사람이었습니다. 그러나 크리브초프 위수대(衛戍隊) 부관은 흔하지 않은 왈패로서 상스럽고, 괴팍스러우며 사나운 주정뱅이였습니다. 한마디로 우리가 상상할 수 없는 가장 천한 인간이었습니다. 도착한 바로 그날부터 그는 두로프와 나의 처형 이유를 알고 우리 두 사람을 바보로 취급했으며, 조금이라도 규칙 위반을 하면 당장 육체적인 괴로움을 가하겠다고 위협했습니다. 그는 2년 전부터 위수대 부관 노릇을 했는데 공공연하게 극심한 만행을 저질렀습니다. 그래서 2년 뒤에는 군법 회의에 회부되었으니, 하느님께서 이 짐승 같은 인간의 손아귀에서 우리를 풀어 주신 것입니다! 그는 언제나 술에 취해 와서는(나는 그의 취하지 않은 모습을 한 번도 본 일이 없습니다) 죄수들에게 공연히 시비를 걸고, 자기가 고주망태가 돼 있는 것을 핑계 삼아 마구 때리는 것이었습니다. 때로는 야간 순찰 중에, 어느 죄수가 오른쪽으로 돌아누워 있다든가, 혹은 꿈꾸면서 헛소리를 한다든가 하는 따위의 별별 이유를 되는 대로 꾸며 대면서 또 매질을 했습니다. 그런 인간에게 노여움을 받지 않기 위해 애쓰며 함께 살아가야 한다니 기막힌 일이었습니다. 더구나 이 사람이 매달 우리에 관한 보고서를 만들어서 페테르부르크에 보낸다니 말입니다.

        …………………………

  나는 일터에 끌려 나갈 때를 제외하고는 지난 4년 동안을 줄곧 벽 안에 갇혀 살아 왔습니다. 노역은 매우 괴로운 것이었습니다. 날씨가 사나운 날, 진흙탕 속에서 비를 맞거나 견딜 수 없는 추위를 겪으면서 지칠 대로 지친 몸으로 일할 때도 있었습니다. 언젠가는 영하 40도가 되어 수은주도 얼어 버렸는데 추가 노동 때문에 그 추위에 밖에서 4시간이나 더 있었습니다. 마침내 한쪽 다리가 얼어버리고 말았습니다. 우리는 같은 건물 속에서 모두 한 무더기가 되어 살았습니다. 헐어빠진 낡은 목조 건물, 오래전부터 쓸모 없게 되고 이미 부숴 버려야 했을 그런 건물을 상상해 보십시오. 여름에는 숨이 막히고 겨울에는 온몸이 얼어붙는 것이었습니다. 마루는 썩고, 오물이 4센티나 덮여 있었습니다. 작은 유리창에는 때가 새카맣게 끼어 있어 낮에도 글을 읽기가 어려울 정도였습니다. 겨울이 되면 거기에 4센티나 되는 두꺼운 얼음이 덮였습니다. 천장에는 빗물이 스미고 벽은 갈라졌습니다. 우리는 마치 통 속에 담겨진 청어처럼 그 속에 처넣어졌습니다. 난로에 큰 장작개비를 여섯 개나 넣어도 훈기가 전혀 없고 방의 얼음조차 녹이지 못할 지경이었습니다. 그 대신 도저히 견딜 수 없는 연기만 피어올랐습니다. 이곳에서의 겨울 내내 이랬습니다.

죄수들은 방에서 제 손으로 세탁을 하기 때문에 곳곳에 물이 괴어 발을 옮겨 놓을 자리조차 없었습니다. 밤이 되면 그 이튿날 해가 뜨기까지 무슨 이유가 있든 밖에 나가지 못했습니다. 그래서 문턱에 큰 통이 놓여 있었는데 그 용도가 무엇인지 짐작이 가시겠죠. 밤이 지나갈 동안 내내 그 냄새로 숨이 막힐 정도였습니다. 그러나 죄수들은 이렇게 말했습니다. '우리도 생물이니까 더럽더라도 참을 수밖에 없지' 침대라고는 생나무 판때기가 두 짝이 있으며, 베개는 단 하나밖에 없었습니다. 그리고 짧은 외투가 이불 구실을 했는데, 발이 덮이지 않아 밤새도록 덜덜 떨 수밖에 없었습니다. 그 추위에도 빈대, 이, 딱정벌레 같은 것은 한 말이나 되었습니다. 겨울옷으로는 닳아빠진 털외투 두 벌이 지급되었는데 그것으로 몸을 덥힐 수는 없었습니다. 발에는 반장화를 신었는데, 이런 꼴로 한번 시베리아를 걸어 보십시오! 식사로서는 빵과 슈치(슈크루트로 만든 수프)가 나왔습니다. 규정상으로는 이 수프 속에 일인당 4분의 1파운드의 고기가 들어 있게 되어 있었으나 그 고기는 가루처럼 찢겨져서 통 찾아볼 수가 없었습니다. 축제일에는 버터 냄새라고는 거의 나지 않는 카샤(상품의 밀로 만든 빵)를 주었고 사순절에는 물에 담근 슈크루트 말고는 아무것도 먹지 못했습니다. 내 위장은 극도로 약해졌습니다. 그래서 여러 번 병이 났습니다. 이런 곳에서 돈이 없으면 어떻게 살 수 있을 것인지 상상해 보십시오. 만일 내가 무일푼이었더라면 어떻게 되었겠습니까? 보통의 죄수들도 우리와 마찬가지로 이런 식생활에서는 참을 수가 없습니다. 그러므로 그들은 모두 감방 속에서 자질구레한 장사를 하고 몇 코페이카씩 벌었습니다. 나도 차를 사 마시고 내게 마땅히 지급되어야 할 고기조각을 돈을 내고 얻었습니다. 그래서 겨우 목숨을 유지할 수 있었던 것입니다. 게다가 담배를 피우지 못했다면 이런 환경 속에서 질식하고 말았을 것입니다. 그러나 숨어서 피워야 했습니다. 나는 여러 날을 병원에서 보냈습니다. 간질 발작이 일어났기 때문입니다. 하기야 그런 일이 자주 일어난 것은 아닙니다만. 나는 아직도 류머티즘으로 발이 아픕니다. 그것을 제외하면 건강 상태는 좋은 편입니다. 이런 모든 불편 때문에 책을 볼 기회가 거의 없습니다. 어쩌다가 책 한 권을 얻는 일이 있어도, 같은 죄수들의 끊임없는 증오와 간수들의 횡포와 말다툼, 욕설, 외침 소리의 줄기찬 소란 속에서 남몰래 읽어야 합니다. 잠시도 혼자 있을 수가 없습니다. 이런 상태가 4년이나 계속된 것입니다. 4년 동안이나 말입니다. 정말이지 불행이라는 그 한마디 말만으로는 우리의 형편을 다 나타낼 수가 없습니다! 설상가상으로 무슨 규칙 위반이라도 하지 않을까 하는 두려움에 항상 시달려서 마음이 공연히 무거워집니다.

형님, 이만하면 내 생활의 진상을 아시겠죠. 이 4년 동안 내 영혼과 믿음과 정신과 심정에 어떤 일이 일어났는지는 지금은 말씀드리지 않겠습니다. 너무나 길어질 테니까요. 내가 처참한 현실을 피해서 늘 명상에 잠겨 있었던 것이 무익한 일은 아니리라고 생각합니다. 나는 지금 갑자기 예측할 수조차 없었던 욕망과 희망을 품고 있습니다. 그 이야기도 지금은 하지 않겠습니다. 다만 형님께서는 나를 잊지 마시고 도와주십시오. 책과 돈이 필요합니다. 제발 그것을 보내 주십시오. 옴스크는 나무가 거의 없는 작은 도시입니다. 여름에는 지독히 덥고 바람과 먼지가 심하며 겨울에는 얼음장 같은 바람이 붑니다. 들판은 본 일도 없습니다. 거리는 더럽고 군인 냄새가 나고 따라서 매우 음탕합니다(나는 이 도시의 사람들 이야기를 하는 것입니다). 만일 내 주위에 정다운 사람들이 없었다면 나는 절망에 빠졌을 겁니다. 콘스탄틴 이보니치 이바노프는 내게는 혈육과도 같은 사람입니다. 그는 할 수 있는 데까지 나를 돌보아 주었습니다. 돈을 꾸어 주기도 했습니다. 그 사람이 페테르부르크에 가는 날이 있으면 고맙다는 인사라도 해 주십시오. 그에게 25루블의 빚도 있습니다. 그러나 이 친절을, 나의 모든 소원을 들어 주려는 마음씨를, 그 모든 배려와 도움을 어떻게 갚겠습니까? ……그리고 이 사람뿐만이 아닙니다. 형님, 세상에는 드높은 영혼을 가진 사람들이 많습니다. 앞서 말씀드린 것처럼 저는 형님의 침묵이 무척 괴로웠습니다. 그렇지만 돈을 보내 주셔서 고맙습니다. 다음번에 보내 주실 편지에서는(공식적인 편지에서도 말입니다. 왜냐하면 다른 주소는 알려 드릴 수 있을지 아직 잘 모르기 때문입니다) 형님과 에밀리야 테오도르프나, 아이들, 일가 사람들, 친구들, 모스크바의 지인들의 소식을 전해 주십시오. 살아 있는 사람, 세상을 떠난 사람 할 것 없이. 그리고 형님의 장사에 관해서도 알려 주십시오. 무슨 밑천으로 사업을 하고 계신지요? 잘되어 갑니까? 얼마나 이익이라도 생겼습니까? 금전상으로 나를 도와주실 수 있습니까? 1년에 얼마나 보내 주실 수 있는지요? 다른 주소를 알려 드리지 못한다면, 공식적인 편지에는 돈을 넣지 마십시오. 아무튼 항상 미하일 페트로비치라는 이름을 사용하십시오. (아시겠죠?) 하지만 아직 몇 푼이 남아 있습니다. 그 대신 책이 없습니다. 가능하다면 금년에 발행된 잡지를 보내 주십시오. 이를테면 〈조국의 기록〉과 같은 것 말입니다. 무엇보다도 가장 중요한 부탁이 있습니다. 무슨 일이 있더라도 고대 역사가들의 책(프랑스말 번역)과 근대 역사가들의 책이 필요합니다. 그리고 몇몇 경제학자와 교부(敎父)들의 책도. 가장 싸고 촘촘히 인쇄한 것을 골라서 곧 보내 주십시오.

………………………………

나를 격려하려는 뜻에서 누가 이렇게 말할지도 모릅니다. '그들은 단순한 사람들이라'고. 그러나 단순한 사람은 복잡한 사람보다 더 무섭습니다. 더구나 사람이란 어디서나 다 같습니다. 도형장에서, 또 강도들 사이에서, 나는 마침내 인간을 발견했습니다. 진실하고 깊고 강하고 아름다운 인간들을 발견했습니다. 쓰레기더미 밑에 금이 깔려 있었던 것입니다. 그 성격의 어떤 면으로 보아, 자연히 존경하게 되는 사람이 있습니다. 또 어떤 사람은 절대적으로 아름답기만 합니다. 나는 강도질을 해서 이 유형지에 온 나이 어린 체르키에게 글 읽기를 가르쳐 주었습니다. 러시아말을 쓰는 것까지 가르쳤습니다. 그랬더니 그 애가 나에게 이루 말할 수 없이 고마워했습니다. 또 한 사람의 죄수는 나와 헤어지면서 울었습니다.

나는 그야말로 몇 푼 안 되는 돈을 주었는데 고마워서 어쩔 줄을 몰라했습니다. 나 자신의 성미는 나빠졌는데도 말입니다. 나는 그들을 대할 때 변덕스러웠고 멋대로 굴었습니다. 그런데도 그들은 내 정신 상태를 살펴주고 아무 불평 없이 내가 하는 짓을 모두 참고 견디었습니다. 나는 도형장에서 기막히게 훌륭한 사람들을 수없이 보았습니다. 그들의 삶은 내 삶의 양식이 되었고 그들을 잘 아는 것이 자랑스러웠습니다. 나는 숱한 사기꾼과 강도들의 이야기를 수집했습니다. 그것을 소재로 여러 권의 책을 꾸밀 수도 있을 것입니다. 그들은 참으로 야릇한 사람들입니다. 나는 시간을 헛되이 보내지 않았습니다. 비록 러시아라는 나라를 연구하지는 못했을망정 러시아 국민에 관해서는 샅샅이 알고 있습니다. 나만큼 그들에 대해 아는 사람은 거의 없을 것입니다……. 자랑해도 좋으리라고 생각합니다. 그래도 괜찮지 않겠습니까?

………………………

코란과 칸트(《순수 이성 비판》) 그리고 헤겔(특히 《철학사》)을 보내 주십시오. 내 장래는 이 모든 책에 달려 있습니다. 그러나 무엇보다도 내가 코카서스로 옮겨질 수 있도록 형님이 운동해 주십시오. 그리고 어디서 내 책을 출간해 줄 수 있는지, 어떤 수속을 밟아야 하는지 정통한 사람들에게 물어봐 주십시오. 2, 3년 내로 책을 낼 생각은 없습니다만, 그때까지는 형님이 생활을 도와주십시오. 간절히 부탁합니다. 얼마라도 돈이 없으면 일에 깔려 죽을 것만 같습니다. 형님만 믿겠습니다.

………………………

이제는 소설과 희곡을 써 보려고 합니다. 그러나 아직도 읽어야 할 것이 많습니다. 여간 많지가 않습니다. 제발 나를 잊지 마십시오. 다시 한 번 작별 인사를 합니다. TH. D'

그러나 이 편지에 대해서도 역시 다른 많은 편지와 마찬가지로 답장이 없었다. 도스토옙스키는 그의 감금 생활의 모든 기간에 걸쳐서 혹은 거의 대부분에 걸쳐서 가족의 소식을 받지 못한 것이 분명하다. 형이 신중했기 때문일까? 혹은 자기의 신상에 위험을 느꼈거나 무관심했기 때문일까? 나로서는 알 수 없다……. 그러나 전기를 쓴 호프만 부인은 무관심이라고 해석하고 있다. 도스토옙스키가 석방되고 시베리아 군단 제7보병대에 입대한 뒤 처음으로 보낸 편지로서 우리가 알고 있는 것은 1854년 3월 27일부로 되어 있다. 이 편지는 빈슈토크 씨의 번역에는 실려 있지 않지만 그 내용은 이렇다.

'내게 보내 주십시오……. 신문이 아니라 유럽 역사가와 경제학자와 교부들의 책을 말입니다. 될 수 있으면 헤로도토스, 투키디데스, 타키투스, 플리니우스, 플라비오 비온도, 플루타르코스, 디오도로스 등 고대 역사가의 저서를 프랑스말 번역본으로. 그리고 코란과 독일어 사전도. 물론 이 모든 책들을 한꺼번에 보내 달라는 것은 아닙니다. 그러나 구할 수 있는 데까지 구해 봐 주십시오. 또 피싸렌의 《물리학》과 어느 것이라도 좋으니 심리학 개론 한 권을, 러시아말로 쓴 것보다 프랑스말 쪽이 더 구하기 쉬우면 그것으로 해 주십시오. 제일 싼 판으로 말입니다. 한꺼번에 보내 달라는 것이 아닙니다. 한 권 한 권씩 천천히 부쳐 주십시오. 아무리 적게 보내 주셔도 고맙겠습니다. 내게는 이런 지적양식이 필요하다는 것을 이해해 주십시오…….'

도스토옙스키는 얼마 뒤에 또 이렇게 쓰고 있다.

'이제는 내가 주로 하는 일이 무엇인지 아실 겁니다. 사실을 말하자면, 군무 말고 다른 일은 없습니다. 외부적인 사건도, 생활상의 걱정거리도, 사고도 없습니다. 그러나 영혼과 마음과 정신 속에 일어난 일들, 그 속에서 자라고 익고 시들고 독백과 같이 버려진 일들을 한두 장의 종잇조각에 적어 낼 수는 없습니다. 나는 여기에서 고독하게 살고 있습니다. 여느 때처럼 남들의 눈을 피하고 있습니다. 더구나 5년 동안이나 남의 감시 아래서 지냈기 때문에, 이따금 혼자 있을 수 있게 되었다는 것은 나로서는 다시없는 기쁨입니다. 전체적으로 볼 때 유형 생활은 내 속에 있던 많은 것을 파괴하고 다른 것들을 싹트게 했습니다. 가령 전번에 말씀드린 것처럼 내 병이 그렇습니다. 간질과 비슷한 묘한 발작이 일어나는데, 그렇다고 간질은 아닙니다. 뒷날 자세한 이야기를 하겠습니다.'

이 병에 관해서는 나중에 다시 언급하려고 한다.
같은 해 11월 6일에는 쓴, 또 다른 편지를 읽어 보자.

'……새로운 생활을 시작한 지 곧 열 달이 됩니다. 그 4년 동안의 일을 생각하면 나는 생매장이 되어 관 속에 갇혀 있었던 것만 같습니다. 얼마나 끔찍한 시기였던지! 그 이야기를 할 용기조차 없습니다. 그것은 이루 형용할 수 없는 괴로움, 끝없는 괴로움의 연속이었습니다. 한 시간 한 시간이, 1분 1초가 내 영혼을 무겁게 짓눌렀습니다. 그 4년 동안 내가 유형지에 있다는 기억이 내 의식 속에서 한시도 떠난 일이 없었습니다.'

그러나 곧 그의 낙관주의가 얼마나 힘있게 다시 솟아나는지를 보라.

'여름 동안 나는 어찌나 바빴는지 잠잘 시간도 없을 지경이었습니다. 그러나 이제는 좀 습관이 붙었습니다. 건강 상태도 얼마큼 좋아졌습니다. 그리고 희망을 잃지 않고 제법 용감하게 미래를 내다봅니다.'

이 시기의 편지 세 통이 〈라 니바〉지의 1898년 4월호에 게재되었다. 그런데 빈슈토크 씨는 왜 처음의 편지만을 소개하고, 1855년 8월 21일의 편지는 싣지 않은 것일까? 도스토옙스키는 이 편지에서 전년 10월의 편지에 관해서 언급하고 있는데 이것은 아직도 발견되지 않았다.

'지난해 10월의 편지에서 내가 남들의 침묵을 두고 같은 불평을 했을 때, 당신은 그것을 읽고 매우 괴로웠다는 말을 적어 보냈습니다. 나의 사랑하는 미샤, 제발 나를 원망하지 마십시오. 나는 내버려진 돌조각처럼 외롭고 내 성격은 늘 우울하고 병적이고 감정적이었다는 것을 생각해 주십시오……. 나는 내가 옳지 않았다는 것을 누구보다도 먼저 스스로 인정합니다.'

도스토옙스키는 1859년 11월 29일 페테르부르크로 돌아왔다. 그는 이미 세미팔라틴스크에서 결혼했다. 한 죄수의 과부를 아내로 삼은 것이었다. 그녀에게는 이미 다 자란 아이가 하나 있었는데 여간해서 호감이 가지 않는 그 아이를 떠맡아 양자로 삼았다. 도스토옙스키는 스스로 무거운 짐을 걸머지는 괴벽스러운 사나이였다.

그의 친구인 밀리우코프는 "그는 별로 변하지 않았다"고 말하고는 이렇게 덧붙였다. "눈초리가 옛날보다 더 대담해졌으며 얼굴에는 정력적 표정이 조금도 가시지 않았다."

그는 1861년에 《학대받은 사람들》을, 1861, 1862년에는 《죽음의 집의 기록》을 발표하였다. 그의 걸작의 하나인 《죄와 벌》은 1866년에 이르러서야 나왔다.

1863, 1864, 1865년간에 그는 잡지 발행에 열중했다. 그간의 일에 관해서는 그의 한 편지에 뚜렷하게 기록돼 있으므로 나는 그 몇 구절을 또 읽어 드리지 않을 수 없다. 편지를 인용하는 것은 이것이 마지막이 될 것이다. 여기에는 1865년 3월 31일의 날짜가 붙어 있다.

'그간의 일을 말씀드리겠습니다. 물론 아주 자세하게 이야기할 수는 없습니다. 그것은 불가능한 일입니다. 편지에 적어 보았댔자 본질적인 것은 이야기할 수 없으니까요. 내게는 그냥 이야기만으로 끝낼 수 없는 것들이 있습니다. 그렇기 때문에 지난 1년 동안의 생활을 간단히 요약해서 말씀드릴 수밖에는 없습니다. 내 형이 4년 전에 잡지를 만든 일이 있던 것을 당신도 알고 계시겠죠. 만사가 잘되어 나갔습니다. 나의 《죽음의 집의 기록》이 상당한 성공을 거두어 문학적 명성이 다시 올라갔습니다. 잡지를 발간할 초기에는 형에게 빚이 많이 생겼습니다만 그 빚도 갚을 수 있는 전망이 보입니다. 그런데 1863년 5월에 별안간 잡지 발행 금지의 조치를 당했습니다. 격렬한 애국적인 한 논문 때문이었는데, 그것이 오해를 받아 정부의 처사와 여론에 대한 공격으로 간주되었던 것입니다. 이 타격 때문에 형은 재기 불능이 되었습니다. 빚에 빚이 쌓이고 그의 몸도 나빠지기 시작했습니다. 그 무렵 나는 형의 곁에 있지 않고 모스크바로 가서 죽어가는 아내의 머리맡에 있었습니다. 그렇습니다, 알렉산드르 에고로비치, 나의 사랑하는 친구여! 당신은 내게 편지를 주고, 나의 형이며 나의 천사였던 미하일의 죽음이라는 그 비통한 손실에 대해서 동정의 말을 해주었습니다. 그렇지만 당신은 운명이 내게 얼마나 끔찍한 타격을 주었는지 몰랐습니다. 나를 사랑하고 또 내가 무한히 사랑하던 또 한 사람, 내 아내가 1년 전부터 거처하던 모스크바에서 폐병으로 죽었으니 말입니다. 1864년 겨울 내내 나는 한시도 그녀의 머리맡을 떠나지 않았습니다.

....

 오오, 나의 친구여! 그녀는 나를 무한히 사랑하고 나 역시도 그랬습니다. 하지만 우리는 행복하게 같이 살지 못했습니다. 뒷날 우리가 만나면, 그 이야기를 자세히 하죠. 다만 이것만은 알아두십시오. 그녀의 야릇하고 우울하고 병적으로 변덕스러운 성격 때문에 우리는 매우 불행했지만 결코 서로 사랑하기를 멈춘 일은 없었다는 것을. 심지어 불행하면 할수록 우리는 서로에게 더욱 애착을 느끼기조차 했습니다. 아무리 이상하게 들려도 사실이 그랬습니다. 내 아내는 내가 평생 알아 온 모든 여자 중에서 가장 정직하고 가장 고귀하고 가장 너그러운 여자였습니다. 1년 내내 죽어가는 그녀의 곁에서 내가 느낀 그 괴로움도 모르는 듯 그녀가 마침내 숨을 거두었을 때, 나는 그녀와 함께 땅에 묻은 것이 무엇인지를 쓰라린 마음으로 따져 보고 느껴 보곤 했습니다. 그러나 내 인생이 얼마나 헛되고 괴로운 것인지는 미처 상상할 수가 없었습니다. 벌써 1년이 지났지만 이런 감수성이 내 심정을 자극하는 것은 지금도 마찬가지입니다. 나는 아내를 묻어 주고 나서 페테르부르크에 있는 형의 집으로 달려왔습니다. 내게는 오직 형만이 있을 뿐이었습니다. 그러나 그도 석 달 뒤에는 이 세상을 떠났습니다. 그는 단 한 달 동안 앓아누웠을 뿐입니다. 그것도 별로 대단한 병이 아닌 듯했습니다. 그래서 그를 앗아간 단 사흘 동안의 위독 상태는 전혀 예상조차 할 수 없었던 것이었습니다. 이리하여 나는 갑자기 외로운 몸이 되고 말았습니다. 무서웠습니다. 그리고 끔찍했습니다. 내 인생은 두 동강이가 난 것입니다. 한쪽으론 왜 살아 온지도 모르는 과거가 있고, 또 한쪽에는 내 곁을 떠난 두 사람을 대신해 줄 만한 사람도 없이 미지의 세계가 펼쳐져 있었습니다. 문자 그대로 내게는 이미 삶을 이어갈 이유가 없었습니다. 새로운 인연을 맺고 새로운 생활을 꾸민다니! 그런 생각을 하기만 해도 무서웠습니다. 나는 처음으로 그 무엇이든 죽은 두 사람을 대신할 수는 없다는 것을 느꼈습니다. 그리고 이 세상에서 나는 오직 그들만을 사랑했다는 것을. 또 새로운 사랑이란 있을 수도 없고 또 있어서도 안 된다는 것을.'

 이 편지는 4월까지 계속되었다. 그리고 우리가 지금 들은 이 절망의 외침이 있은 지 보름 뒤인 4월 14일에는 이렇게 쓰고 있다.

'내 영혼 속에 저장되었던 힘과 에너지 중에서 이제 남은 것이라고는 무엇인지는 모르지만 불안하고 막연한 것, 또 절망에 가까운 것밖에는 없습니다. 불안과 고뇌, 나로서는 가장 비정상적인 상태입니다……. 게다가 나는 외롭습니다! 40세의 친구란 이미 없습니다. 그렇지만 나는 끊임없이 살아나갈 준비를 하고 있습니다. 참으로 우스운 일이 아니겠습니까? 흡사 고양이와 같은 생명력이죠.'

이윽고 그는 이렇게 덧붙이고 있다.

'나는 당신에게 모든 것을 다 써서 보여 드렸습니다. 그러나 나의 도덕적 정신적 생활에 관해서는, 가장 중요한 것에 관해서는 아무런 이야기도 못했습니다. 어떤 관념조차도 드리지 못했습니다.'

나는 이 말을 《죄와 벌》의 한 비상한 구절과 비교해 보려고 한다. 도스토엡스키는 이 소설에서 죄를 짓고 시베리아로 쫓겨 간 라스콜리니코프의 이야기를 하고 있다. 그리고 마지막 부분에 가서 주인공을 사로잡는 야릇한 감정을 묘사한다. 라스콜리니코프는 이제야 처음으로 삶을 갖기 시작한 듯이 느끼는 것이다.

'그렇다. 과거의 그 모든 불행이란 도대체 무엇이란 말인가? 삶으로 다시 돌아왔다는 이 최초의 기쁨에 싸이게 되니, 자기가 저지른 죄도, 선고도 또 시베리아로의 유형도 모두 외적이며 상관 없는 사실처럼 여겨졌다. 그런 일이 자기에게 있었다는 것조차 의심스러울 정도였다.'

나는 처음에 언급한 이야기의 증거로서 이 구절을 읽어 드린 것이다.
그러나 외적 생활의 큰 사건들은 그것이 아무리 비극적일망정 도스토엡스키의 인생에 있어서는, 우리가 앞으로 보게 될 작은 사실에 비하면 하찮은 것이었다.
도스토엡스키는 시베리아에 있는 동안 한 여자를 만나, 그녀로부터 복음서를 받은 일이 있었다. 물론 유형지에서 공식적으로 허용된 책은 다만 복음서뿐이었다. 복음서를 읽고 생각에 잠겼다는 사실은 도스토옙스키에게 있어서 매우 중요한 일이었다. 그 뒤에 그가 쓴 모든 책에는 복음서의 교훈이 배어 있기 때문이다. 이 강연을 계속 해 나감에 따라서 나는 그때마다 도스토옙스키가 복음서에서 찾은 진리에 관해서 다시 이야기하게 될 것이다.

니체와 도스토옙스키는 어떤 면에서는 비슷한 점을 가지고 있는데, 그들이 복음서에 대해서는 서로 매우 다른 반응을 보였다는 사실은 극히 재미있는 관찰과 비교의 대상이 될 듯하다. 솔직히 말해서 니체의 경우에는 즉각적이며 심각한 반응이 질투로서 나타났다. 이런 질투의 감정을 도외시하면 니체의 작품을 충분히 이해할 수가 없을 것이다. 니체는 그리스도에 대해서 질투했다. 미칠 정도의 질투였다. 《차라투스트라》를 쓰면서 니체는 복음서를 조롱하려는 욕망에 시달렸다. 복음서와는 정반대의 것을 말하기 위해서 일부러 산상수훈(山上垂訓)의 형식을 이용하는 수도 흔히 있었다. 그는 《반(反)그리스도》를 썼고 마지막 작품 《이 사람을 보라》에서는 그리스도에 대한 자랑스러운 경쟁자의 자세를 취하고 그의 교훈과 대치되는 교훈을 베풀려는 야심을 가졌던 것이다.

그러나 도스토옙스키의 경우에는 그 반응이 전혀 다르다. 그는 복음서를 처음으로 대했을 때부터 그의 마음속에는 단지 자기 자신뿐 아니라 전 인류를 넘어서는 그 무엇, 말하자면 신적인 그 무엇이 있다는 것을 느꼈다…… 내가 처음에 말한 그 겸허심(이에 관해서는 앞으로도 자주 언급되겠지만)으로 말미암아, 그는 자기보다 훌륭하다고 생각되는 것 앞에서는 고개를 숙이는 것이었다. 그는 그리스도의 앞에서 경건하게 고개를 숙였다. 그리고 이런 복종과 자기 포기의 첫 번째 결과는 가장 중요한 결과였으니, 그것은 곧 앞서 말한 것처럼 자기 인격의 복잡성을 유지할 수 있었다는 것이다. 다음과 같은 복음서의 교훈을 도스토옙스키만큼 훌륭하게 실천한 예술가는 아무도 없다. '생명을 구하려는 자는 그것을 잃을 것이며, 생명을 주는 자(생명을 내던지는 자)는 진실한 생명을 얻으리라.'

도스토옙스키의 영혼에 있어서 가장 모순되는 여러 감정이 공존할 수 있었던 것은 자기 포기 즉, 자기 희생이었다. 이것이 도스토옙스키의 내심에서 서로 다투는 여러 적대자들의 야릇한 다양성을 간직하게 하고 구해 준 것이다.

우리들 서양 사람들에게는 가장 기묘하게 보일지도 모르는 도스토옙스키의 몇몇 특징은 사실 모든 러시아 사람에게는 공통된 것이 아닐까? 나는 이 문제를 다음번 강연에서 다루어 보려고 한다. 이런 점이 밝혀지면 우리는 도스토옙스키에게서 볼 수 있는 고유한 특성을 보다 잘 식별할 수 있을 것이다.

2

도스토옙스키의 작품을 통해서 우리가 찾아볼 수 있는 심리적, 도덕적 분야의 몇몇 진리는 가장 중요한 것으로서 지금 당장 그 문제를 다루고 싶기도 하다. 그러나 이런 진리는 너무 대담하고 새로운 것이기 때문에, 내가 대뜸 그 이야기로 시작을 하게 되면, 여러분의 귀에는 역설적으로 들릴지도 모른다. 그러므로 좀더 신중한 길을 취해 보려고 한다.

지난번 강연에서 나는 도스토옙스키의 풍모에 관해서 이야기했다. 이제는 이 풍모의 특징을 더욱 선명히 드러내기 위해서 그 주위의 분위기가 어떤지를 살펴볼 때가 왔다고 생각한다.

나는 몇몇 러시아 사람과 가깝게 지내기는 했지만 한 번도 러시아에 가 본 일은 없다. 그러므로 무슨 도움이 없으면 나의 일은 매우 힘들 것이다. 이런 의미에서 나는 우선 도스토옙스키에 관해서 어느 독일어 책에 나타나 있는 러시아 사람에 관한 약간의 고찰을 소개하려고 한다. 도스토옙스키의 훌륭한 전기 작가인 호프만 부인은 무엇보다도 만인에 대한, 또 각 개인에 대한 러시아 사람의 연대 감정과 동포애를 극히 강조하고 있다. 이런 감정과 사랑이 러시아 사회의 모든 계급을 통해서, 사회적 장애를 제거하려는 움직임으로 귀착되고 도스토옙스키의 소설에서 보는 바와 같은 인간 관계를 매우 자연스럽게 이루어나가는 것이다. 그리하여 상호신뢰를 바탕으로 하는 자기 소개, 갑작스러운 공감, 즉 한 주인공의 멋있는 표현을 빌자면 '우연의 가족'이 성립한다. 집은 흡사 야영지가 되고, 어제만 해도 생면 부지였던 사람을 맞이해 준다. 그들은 친구의 친구를 반가이 맞이하고는 곧 친밀한 관계를 이루어나간다.

호프만 부인이 러시아 사람에 관해서 지적하고 있는 것의 하나는, 그들은 엄격한 방법을 세우는 능력이 없으며 또 심지어는 정확성을 모른다는 점이다. 러시아 사람은 무질서한 상태를 별로 괴로워하지 않고 그런 상태에서 벗어나려는 노력도 하는 것 같지 않다. 그리고 내 강연 내용에 질서가 없다는 점에 대해서 변명을 한다면, 그것은 도스토옙스키의 사상 그 자체가 혼란되고 극도로 착잡하다는 말을 할 수 있으리라. 우리 서양 사람의 논리에 들어맞게 그의 사상을 정리하기란 지극히 어려운 일이다. 호프만 부인에 의하면 이런 부유성과 부정성의 한 이유는, 시간의 리듬을 넘어서는 끝없는 겨울밤과 끝없는 여름 낮이 가져오는 시간 관념의 약화에 있다고 한다. 나는 전에 비외 콜롱비에 극장에서의 한 짧은 강연에서 호프만 부인의 말을 소개한 일이 있었다. 행동이 느리다는 비난을 받은 한 러시아 사람이 이렇게 대답했다. "그렇습니다. 살아간다는 것은 어려운 기술입니다. 깔끔하게 살아야 할 순간이라는 것이 있지요. 약속 시간을 지킨다는 것보다는 그것이 한결 중요하답니다." 우리는 이 계시적인 한 마디 말을 통하여, 러시아 사람이 내적 생활에 대해서 가지고 있는 특수한 감정을 잘 알 수 있을 것이다. 그들에게는 그런 생활이 사회적 관계보다도 중요한 것이다.

또 호프만 부인이 지적하고 있는 《Leiden》과 《Mitleiden》, 괴로움과 동정의 경향에 주목하자. 이 동정심은 죄인에게까지도 해당된다. 러시아말에서는 불행한 사람과 죄 진 사람을 가리키기 위해서 동일한 단어가 사용되고, 일반범죄와 경범죄가 다같이 단 하나의 말로 표현된다. 이에 덧붙여 거의 종교적인 회오(悔悟)를 함께 상기해보면, 타인 특히 외국인과의 관계를 살펴보면 러시아 사람은 예외 없이 고질적인 경계심을 갖는다는 사실을 보다 잘 이해할 수 있을 것이다. 서양 사람들은 이런 경계심의 표현을 못마땅해 한다. 그러나 호프만 부인의 주장을 따르면 이 태도는 타인이 무가치하다는 감정에서라기보다도 자기 자신이 모자라고 죄를 저지르기 쉽다는 자각에서 유래한다는 것이다. 즉 그것은 겸허로부터 오는 경계심이다.

러시아 사람의 독특한 이 종교성은 비록 신앙을 잃은 뒤에도 가시지 않는 것인데, 《백치》의 주인공 미슈킨 공작의 〈네 차례의 만남〉에 관한 이야기만큼 이 종교성을 분명히 드러내고 있는 작품은 없으리라. 이제 나는 여러분에게 그 장면을 들려 드리고자 한다.

"그 신앙 이야기 말인데" 미슈킨은 웃으면서 말을 꺼냈다. "나는 지난 주일 이틀 동안 네 사람이나 만났다네. 하루 아침에는 기차로 오는 도중에 S라는 남자와 길동무가 되었는데 네 시간 동안이나 서로 이야기했지……. 이 친구에 관해서는 이미 여러 가지 소문을 들어 왔지. 무엇보다도 그가 무신론 자라는 것을 나는 알고 있었어. 매우 학식이 높은 사람이더군. 그래서 이런 훌륭한 학자와 이야기하게 되어서 무척 기뻤어. 더구나 완전 무결한 교육을 받고 자란 사람이라, 지식이나 교양면에서 내가 자기와 꼭 대등한 사람처럼 대해 주었어. 그 사람은 신을 안 믿어. 다만 한 가지 놀란 것은 그가 처음부터 끝까지 전혀 터무니없는 이야기를 하는 것 같았던 거야. 전에도 무신론자와 이야기하거나 그들의 책을 읽을 때면 으레 그와 비슷한 느낌을 받았어. 그런데 그런 사람들의 이론은 아무리 그럴 듯해 보여도 모두 허공에 떠 있는 거야. 그래서 나는 그런 의견을 숨기지 않고 S에게 전해 주었는데, 그는 내 말이 분명치 않았는지 잘 알아듣질 못하더군.

저녁때가 되어서 시골의 한 마을에 내려 어느 여관에 들어갔네. 그랬더니 모두 다 전날 밤에 그 집에서 일어났던 살인 사건 이야기를 하고 있더군. 오래전부터 서로 친하던 상당한 연배의 두 친구가 차를 마시고 나서 자러 갔다는 거야(두 사람이 방 하나만을 달라고 해서). 그런데 그중 한 사람은 자기 친구가 금시계를 가지고 있는 것을 이틀 전부터 알았대. 그 금시계는 유리알로 된 줄이 달린 것인데 전에는 보지 못했다는 이야기야. 그 사람은 도둑놈이기는커녕 정직하고 농부로서는 살림도 넉넉했지. 하지만 시계가 하도 좋아 보이고 탐이 나서 미칠 지경이라, 그는 그만 참질 못했어. 그래서 칼을 집어 들고, 친구가 돌아서자마자 살며시 다가가서 겨냥을 했지. 그러고는 천장을 쳐다보며 십자를 긋고는 이렇게 정성껏 기도했다는 거야. '주여, 예수의 공덕으로 저를 용서하소서' 마침내 그는 양새끼를 죽이듯 단번에 친구의 목을 찌르고 그 금시계를 빼앗았지."

로고진은 웃음을 터뜨렸다. 지금까지 그렇게 우울해하던 사람이 별안간 웃어 대는 것을 보니 야릇하게 보이기조차 했다.

"기막히군! 그런 기막힌 일이 있나!" 로고진은 거의 허덕이듯 토막토막 끊어지는 음성으로 외쳤다.

"한 사람은 신을 통 믿지 않고 또 한 사람은 하도 신심이 두터워서 살인하기 전에도 기도를 한다니! ……공작, 정말이지 그런 이야기는 꾸미려야 여간해서 꾸밀 수는 없는 거야! 하하하! 정말 그런 기막힌 일이 또 어디 있겠나…….."

"다음날 아침 나는 거리를 거닐다가 한 군인을 만났지. 그는 술이 취해서 나무를 깐 보도 위에서 휘청거리고 있었어. 그가 갑자기 내게 다가오더니 이렇게 말하더군. '선생, 이 은 십자가를 사주쇼. 20코페이카에 팔 테니까. 은 십자가란 말이오!' 그러고는 방금 목에서 풀었을 은 십자가를 내 손에 움켜 쥐어 주는 거야. 십자가에는 푸른 빛의 줄이 달려 있었지. 그렇지만 그것이 주석으로 만든 거라는 게 당장 눈에 띄더군. 뾰족한 끝이 여덟 개가 있고 비잔틴형을 그대로 흉내 낸 거야. 나는 호주머니에서 20코페이카짜리 동전을 하나 꺼내 주고 그 십자가를 내 목에 걸었지. 그러자 군인의 얼굴에는, 바보 같은 신사를 골려 먹어서 흐뭇하다는 표정이 완연했어. 틀림없이 당장에 술집으로 달려가서 생긴 돈을 써 버렸을 거야. 여보게, 그 당시에 나는 우리나라에서 받은 모든 인생이 가슴에 가득 차 있었을 때야. 전에는 러시아가 어떤 나라인지 통 몰랐지. 어린 시절에는 멍청하게 시간을 보냈고 그 뒤에는 5년 동안이나 외국에 나가 있어서, 고국에 대해서는 말하자면 환상적인 추억 밖에는 없었던 거야.

그런데 나는 산책을 계속하면서 혼자 이렇게 생각했네. '아니다, 나는 아직 이 유다를 비난하지 말고 좀더 기다려 보아야겠다. 주정꾼들의 나약한 가슴 속에 무엇이 있는지 하느님은 잘 아실 테니까.' 한 시간 뒤에 여관으로 돌아오다가 나는 갓난아이를 안고 있는 한 시골 여자를 만났네. 그녀는 아직도 젊었고 어린애는 낳은 지 한 달 반이나 되었을까. 그런데 그애가 에미를 보고 난생 처음으로 웃고 있는 거야. 그러자 여자가 갑자기 가슴에 십자를 긋더군. 경건하게, 아주 경건하게! '왜 그러는 거요, 아주머니?' 놀라서 나는 물었지(그 무렵에는 늘 질문을 했으니까). 그 여자의 대답은 이렇더군. '저 하늘 높이 계신 하느님은 죄인이 열렬한 기도를 바칠 때마다 기쁘게 여기셔요. 그래서 그처럼 갓난애가 웃는 것을 처음 본 저의 마음도 기쁩니다.' 한 시골 여자가 내게 이런 말을 했단 말일세. 말투도 내가 지금 전한 것과 별로 다름이 없었어. 그 말에는 그렇게도 깊고 섬세하고 진실로 종교적인 생각이 나타나 있고, 그 속에는 기독교의 핵심이 배어 있는 거야. 신을 우리의 아버지로 섬기고, 아이를 아버지처럼, 신이 인간을 보고 좋아한다고 생각하는 것, 이것이 바로 예수의 가장 중요한 사상이란 말일세! 그런데 이런 말을 한 사람이 소박한 시골 여자였어. 사실 그녀는 어머니였고……. 그리고 어쩌면 방금 이야기한 군인의 아내였는지 누가 아나? 파르퓌온 군, 아까 자네가 던진 질문에 대답하겠네. 종교적 감정은 본질적으로 어떤 이론이나 잘못이나, 범죄 또는 무신론 때문에 상처를 받지 않는다네. 종교적 감정에는 그런 모든 것이 미치지 못하는 그 무엇이 있고 또 영원히 있을 걸세. 무신론자들의 이론이 결코 해칠 수 없는 그 무엇이 있단 말이네. 그런데 중요한 것은, 러시아 사람의 가슴 속에서가 아니라면 이 세상 어디서도 이 사실을 알아볼 수 없다는 점이지. 이것이 내 결론이야! 이것이 내가 우리 러시아에서 받은 첫인상 가운데 하나야. 파르퓌온 군, 할 일이 있네. 이 세상에서 할 일이 있단 말이야. 나를 믿어 주게나."

이리하여 이 이야기의 마지막에 가면 우리는 또 하나의 특징이 드러나는 것을 보게 되는데, 그것은 바로 러시아 민족의 특수한 사명에 대한 믿음이다.
이 믿음을 우리는 많은 러시아 작가에게서 찾아볼 수 있다. 도스토옙스키의 경우에는 그것이 적극적이면서도 괴로운 확신으로 발전하며, 그가 투르게네프를 못마땅하게 생각한 것은 바로 투르게네프에게서 이런 민족적 감정을 발견할 수 없고, 그가 너무도 유럽화되었다고 느꼈기 때문이었다.
푸시킨에 관한 강연에서 도스토옙스키는 바이런이나 셰니에를 한참 모방하고 있던 바로 그 시기에 푸시킨이 별안간 새롭고 진지한 어조로, 도스토옙스키 자신의 표현을 따르자면 '러시아의 어조'를 찾았다고 말하고 있다. 그가 말하는 이른바 '저주스러운 문제', 즉 러시아 민족과 그 가치에 대해서 어떠한 믿음을 가질 수 있겠느냐는 문제에 대답하면서 푸시킨은 이렇게 외쳤다. '거만한 인간이여, 스스로를 낮추어라. 우선 그대의 거만을 물리쳐야 하느니라. 만인의 앞에서 스스로를 낮추어라. 조국의 땅을 향해서 몸을 굽혀라.'
인종의 차이를 알기 위해서는 명예라는 말이 어떻게 이해되고 있는가를 살펴보는 것이 가장 분명한 방법이리라. 내 생각으로는 문명인의 숨은 원동력은 라 로슈푸코가 지적한 듯이 자존심이라기보다도, 말하자면 '명예에 관한' 감각이다. 그런데 명예에 관한 이 감각의 압통점은 프랑스 사람, 영국 사람, 이탈리아 사람, 스페인 사람들에게 있어서 반드시 동일한 것은 아니다. 그러나 러시아 민족에 비교하면 모든 유럽 국민이 지닌 명예감은 거의 비슷하게 뒤섞여 있는 듯이 보인다. 러시아 사람의 명예감을 이해하면 유럽 사람의 명예감이 복음서의 교훈을 어기는 일이 얼마나 많은지를 알 수 있게 되리라. 아닌 게 아니라 러시아 사람의 명예감은 유럽 사람의 명예감과는 거리가 멀고 따라서 복음서에 가깝다. 말을 바꾸면 러시아 사람의 경우에는 기독교적 감정이 두드러지며 우리 유럽 사람이 알고 있는 그런 명예감을 물리치는 일이 많다고 해도 좋으리라.

복수를 할 것이냐, 아니면 잘못을 스스로 깨닫고 사과를 할 것이냐 하는 양자택일의 입장에 놓일 때, 유럽 사람이라면 이 후자의 해결 방법은 위신을 깎는 일이며 비겁자나 겁쟁이의 짓이라고 생각하는 것이 대부분일 것이다……. 유럽 사람은 용서하지 않고, 잊지 않고, 화해를 청하지 않는 것이 훌륭한 특성이라고 생각하는 경향이 있다. 그런 이유로 유럽 사람은 잘못을 저지르지 않으려고 애쓴다. 그러나 일단 잘못을 저지르고 난 다음에 가장 고통스러운 일은 그것을 스스로 인정하는 것이리라. 이와 반대로 러시아 사람은 항상 자기의 잘못을 고백하려고 한다. 심지어는 그들은 원수 앞에서도 늘 스스로를 낮추고 스스로를 책망하려고 한다.

대중 앞에서의 참회를 허용하고 또 시인하는 일조차 많은 그리스 정교가 이런 자연적 경향을 더욱 길러 준 것이리라. 신부의 귀에 대고 하는 고백이 아니라 그 누구라도 만인의 앞에서 하는 고백에 대한 생각은 마치 하나의 집념처럼 도스토옙스키의 모든 소설을 통하여 연거푸 나타난다. 《죄와 벌》에서 라스콜리니코프가 소냐에게 그의 죄를 고백했을 때, 소냐는 당장 그의 마음을 가라앉히는 유일한 방법으로서 네거리에 꿇어앉아 '나는 사람을 죽였습니다'라고 외치라고 권한다. 대부분 도스토옙스키의 인물들은 어떤 순간에 이르면 대개의 경우 전혀 터무니없는 방식으로 남에게 용서를 청하려는 욕구에 사로잡힌다. 그러나 듣는 사람 쪽에서는 무슨 영문인지 도무지 모르는 일이 많다. 이것은 상대방에 비해서 한결 낮은 자리에 스스로를 놓으려는 욕구인 것이다.

여러분들은 《백치》의 야릇한 한 장면, 즉 나스타샤 필리포브나의 집 야회에서 일어난 일을 기억하고 있을 것이다. 마치 수수께끼를 풀거나 종이쪽지 돌리기라도 하고 놀듯이, 참석자들이 심심풀이로 저마다 자신의 인생에서 가장 추했던 행동을 고백하자는 제안이 나온다. 그리고 기막힌 일로는 그 제안을 물리치는 사람이 없다는 것이다. 이래서 서로서로 고백하기 시작하는

데, 그 성실성에는 정도의 차이가 있지만 창피하게 여기는 사람은 별로 없었다.

나는 더욱 기묘한 사실을 알고 있다. 그것은 도스토옙스키의 생애에 관한 일화이다. 나는 그와 매우 가까운 관계에 있었던 한 러시아 사람에게서 그 이야기를 들었는데, 내가 주책없이 여러 사람에게 옮겨서 이미 그 일화는 이용되고 있다. 그러나 지금 세상에 퍼져 있는 이야기는 터무니없을 정도로 달라졌기 때문에, 여기서 다시 한 번 반복해 두고자 한다.

도스토옙스키의 생애에는 매우 애매한 사실이 몇 가지 있다.

특히 그중 하나는 이미 《죄와 벌》에 암시되어 있고 《악령》의 몇몇 장에서 주제가 되어 있는 듯도 하다. 그러나 그것은 책에는 나오지 않고 심지어는 러시아말로도 써 있지 않으며, 내가 알기로는 지금까지 다만 독일말로 나온 비매판(非賣版)에만 실려 있을 뿐이다.*

문제는 소녀 강간에 관한 것이다. 피해자인 소녀가 방에서 목을 매고 죽으려고 하는데, 옆방에 있는 스타브로긴은 그녀의 자살을 알고 있으면서도 생명이 끊어지기를 기다린다. 이 음울한 이야기에는 어느 정도의 현실성이 있는 것일까? 하지만 지금 여기에서는 그런 문제는 별로 중요하지가 않다. 아무튼 도스토옙스키는 이런 일을 저지르고 나서 뉘우치는 감정을 느꼈다.

그리고 이 뉘우침이 얼마 동안 그를 괴롭혔으며 소냐가 라스콜리니코프에게 한 말을 스스로에게 되풀이했을 것이다. 마침내 그는 고백해야겠다는 욕구에 사로잡혔다. 하나 그것은 신부 앞에서가 아니었다. 그는 이런 고백을 누구 앞에서 하면 가장 괴로울까 하고 생각해 보았는데, 그것은 물론 투르게네프였다. 도스토옙스키는 투르게네프와 만난 지 오래되었을 뿐 아니라, 사이가 매우 좋지 않았다. 투르게네프는 건실하고 돈 많고 혁혁한 명성을 지닌 사람이었다.

도스토옙스키는 용기를 낼 대로 냈다. 아니, 차라리 일종의 현기증이나 아니면 신비롭고 무서운 인력에 사로잡혔는지도 모른다. 투르게네프의 안락한 서재를 생각해 보자. 그는 책상 앞에 앉아 있다. 초인종 소리가 들린다. 하인이 나타나서 표도르 도스토옙스키의 방문을 알린다. 투르게네프는 무슨

---

* 이 장의 번역은 그 후 〈누벨 르뷰 프랑세즈〉 1922년 6, 7월호에 번역되었으며 《스타브로긴의 고백》 제목으로 플롱누리 출판사에서 나왔다.

일로 왔을까 생각하며 그를 맞아들인다. 도스토옙스키는 집안에 들어서자마자 당장에 자기의 이야기를 시작한다. 투르게네프는 어안이 벙벙하다. 도대체 어쩌자는 것일까? 결국 미쳤나 보군. 이야기가 끝나자 커다란 침묵이 깃든다. 도스토옙스키는 트루게네프가 한마디 하거나 무슨 몸짓이라도 하기를 기다리고 있다……. 아마도 자기의 소설에서처럼, 트루게네프가 그를 껴안고 울면서 입맞추고 화해하리라고 믿는 것인지도 모른다. 하지만 그런 일은 통 일어나지 않는다.

"투르게네프 씨, 나는 당신을 대단히 경멸한다고 말씀드릴 수밖에는 없습니다."

이렇게 말하고 나서도 그는 여전히 기다린다. 그러나 침묵만이 그대로 흐를 뿐이다. 이윽고 도스토옙스키는 참다 못해서 미친 듯이 다시 말을 잇는다.

"나는 당신을 더욱더 경멸합니다. 내 말은 그것뿐입니다."

그는 문을 탁 닫고 나와 버린다. 확실히 투르게네프는 도스토옙스키를 이해하기에는 너무도 서구화된 사람이었다.

우리는 여기에서 겸허심이 별안간 정반대의 감정으로 변하고 마는 것을 알 수가 있다. 겸허심으로 몸을 굽힌 사람이 이번에는 굴욕으로 격분하는 것이다. 겸허는 천국의 문을 열고 굴욕은 지옥의 문을 연다. 겸허심은 일종의 자발적인 복종을 가능케 하며 우리는 그것을 스스로 자유롭게 받아들이는 것이다. 그것은 '제 몸을 낮추는 자는 드높아지리라'는 복음서의 진리를 체험하는 것이다. 이와 반대로 굴욕은 영혼을 천하게 만들고 구부러뜨리고 뒤틀리게 하고 마르게 하고 노엽게 하고 시들게 한다. 그것은 힘들고 매우 어려운 정신적 상처를 가하는 것이다. 도스토옙스키의 많은 인물들이 그렇게도 불안하고 병적으로 기괴한 것은 성격상의 뒤틀림과 빗나감 때문인데, 이런 성격은 예외 없이 과거에 겪은 어떤 굴욕에서 비롯되는 것이다.

그의 초기 작품의 하나인 《학대받은 사람들》이라는 소설의 제목부터가 이미 그러하다. 그리고 그의 작품은 모두 굴욕은 우리를 저주하고, 겸허는 우리를 드높인다는 사상에 사로잡혀 있다. 알료샤 카라마조프가 꿈꾸고 우리에게 그려 보여 주고 있는 천국이란 바로 굴욕이나 모욕을 받은 사람이 없는 세계인 것이다.

그의 소설들 중에서 가장 야릇하고 가장 우리를 불안하게 하는 인물은 《악령》의 스타브로긴인데, 우리는 첫눈에 다른 모든 인물과 아주 다르게 보이는 그 악마적인 성격의 설명과 그 열쇠를 그 소설의 몇몇 구절에서 찾아볼 수 있다. 한 작중 인물은 이렇게 말하고 있다.

"니콜라이 프세볼로도비치 스타브로긴은 그 무렵 페테르부르크에서, 말하자면 '아이러니한 생활'을 하고 있었다. 나는 그의 생활의 특징을 그 외의 다른 말로는 표현할 수가 없다. 그는 아무것도 하지 않고 모든 것을 조롱하기만 했다."

이런 말을 들은 스타브로긴의 어머니는 몇 장 뒤에서 이렇게 외친다.

"아니오, 그 애의 생활에는 기발하다는 말만으로는 표현할 수 없는 그 무엇이 있답니다. 차라리 거룩한 점이 있다고 말씀드려야 하겠지요. 내 아들은 거만한 사람입니다. 그런데 아주 어렸을 때에 이 거만에 상처를 입었어요. 그래서 당신이 매우 정당하게 이름 붙이신 것과 같은 그런 아이러니한 생활을 하게 된 것이죠."

그리고 좀더 나가면 이렇게 이야기한다.

"만일 니콜라이가" 하고 바르바라 페트로브나는 마치 연설이라도 하는 듯한 어조로 말을 이었다. "만일 니콜라이가 침착하고, 당신의 멋있는 표현을 빌리자면 '위대한 겸허심을 가진' 호레이쇼와 같은 친구를 곁에 두었더라면, 스테판 트로피모비치는 아마도 벌써 오래전부터 그의 전 생애를 망친 아이러니의 악마를 떨쳐 버릴 수 있었을 거예요."

도스토옙스키의 어떤 인물들은 굴욕 때문에 극히 뒤틀린 성격을 가지고 있다. 그리고 그 굴욕이 수반하는 전략 속에서—그것이 아무리 끔찍할망정—일종의 희열과 만족을 찾는 수가 있는 것이다. 자존심에 심한 상처를 겪었을 바로 그때에 《미성년》의 주인공은 이렇게 말한다.

"나는 내가 겪은 망신에 대해서 진실로 원한을 품고 있는 것일까? 나는 그렇다고 단언할 수가 없다. 아주 어려서부터 혹독한 모욕을 당하면, 나는 그런 망신 속에 거만하게 버티고 서서 나를 모욕한 사람을 반겨 주려는 그런 물리칠 수 없는 욕망에 사로잡히곤 했다. '아아, 당신은 나를 모욕하시는군요. 좋습니다. 나는 당신에게 받는 모욕 이상으로 나 스스로에게 욕을 보이렵니다. 자, 보십시오, 감상해 보십시오.'"

겸허는 거만의 포기를 의미하지만, 이와 반대로 굴욕은 거만을 더욱 부추기는 것이다.
또한《지하실의 수기》주인공의 이야기를 들어 보자.

'어느 날 밤의 일이었다. 조그만 여관 곁을 지나가다가 나는 당구를 치고 있던 몇몇 사람들이 큐를 휘두르며 서로 싸우고 있는 것을 창 너머로 바라보았다. 그러다가 한 사람이 창문 밖으로 밀려서 떨어졌다. 다른 때 같으면 나는 눈살을 찌푸렸으리라. 그러나 그때의 기분으로서는 창문 밖으로 내던져진 그 사나이가 부러웠다. 너무 부러워서 여관에 들어가 당구대가 있는 방으로 갔다. 어쩌면 나도 창문으로 던져지게 되리라고 생각하면서. 나는 술에 취하지도 않았다. 그러나 권태라는 것은 엉뚱한 히스테리를 일으키게 하는 것을 어쩌랴! 하지만 아무 일도 일어나지 않았다. 사실 창문 밖으로 뛰어내릴 수는 없었고, 나는 다투지도 않고 그대로 나왔다. 몇 발자국 걸어 나서자 한 장교가 나를 제자리로 되돌아가게 했다. 나는 당구대 곁에 버티어 서 있었는데, 그 장교가 지나가는 길을 나도 모르게 가로막았다. 그러자 장교는 내 어깨를 잡아 아무런 경고나 설명도 없이 내 자리를 옮겨 놓고는 자기가 한 짓을 전혀 의식하지 못하는 시늉을 했다. 만일 내가 매를 맞았다면 그를 용서해 줄 수 있었겠지만, 그가 나를 통 거들떠 보지도 않고 내 자리를 바꾸어 놓은 일은 참을 수가 없었다. 아아! 빌어먹을! 진정한 싸움, 더 격식에 맞고 합당하고, 말하자면 더욱 문학적인 싸움을 할 수만 있었다면, 그 대가로 무엇을 안 주었겠으랴! 그러나 장교는 나를 마치 파리 새끼 대하듯 했다. 그는 키가 크고 나는 왜소하기는 했으나 싸움을 걸려면 얼마든지 걸 수 있는 입장에 있었다. 항의하기만 했더라도 그는 분명히 나를 창문 밖으로 집어던졌으리라. 그러나 나는 좀 생각해 보고는 분노를 품은 채 사라지는 쪽을 택했다.'

이 이야기를 좀더 읽어 나가면, 우리는 곧 극단적인 증오가 사실은 사랑이 뒤바뀐 모습이라는 것을 알게 될 것이다.

'……그 후, 나는 그 장교를 거리에서 자주 만났고, 그를 잘 알아볼 수 있었다. 그러나 그가 나를 알아보았는지는 모른다. 아마 그렇지는 않았으리라고 생각한다. 여러 가지 상황으로 살펴보아서. 그러나 나로서는 증오와 분노에 휩싸여 그를 쳐다보곤 했다. 이런 일이 몇 년간 계속되었다. 내 노여움은 해가 지나갈수록 짙어지고 커졌다. 나는 슬그머니 그 장교의 내력을 알아보았다. 하지만 아무도 아는 사람이 없어서 어려운 일이었다. 나는 마치 그에게 얽매여 끌려 다니듯이 그를 멀리서 따라가던 어느 날, 누가 그를 부르는 것을 듣고 그의 이름을 알게 되었다. 또 하루는 그가 거처하는 곳까지 따라가서 그 집의 문지기에게 10코페이카를 주고는, 그가 어느 방에 있는가, 몇 층인가, 혼자 사는 것인가 또는 남과 같이 있는 것인가 하는 따위의 것을 물어보았다. 요컨대 문지기에게서 알아볼 수 있는 모든 사실을 캐내고자 했던 것이다. 어느 날 아침에는, 여태껏 아무것도 써 본 일이 없던 내가 단편 소설 형식으로 그를 희화화해 보려고 했다. 나는 이 소설을 쓰면서 진정 기뻤다. 나는 글 속에서 비판을 하고 심지어 욕을 퍼붓기도 했다. 그리고 누구를 말한 것인지 당장에는 알아볼 수 없도록 주인공의 이름을 바꾸고는 곰곰이 생각한 뒤에 그것을 다듬어서 〈조국 기록〉지에 보냈다. 그러나 잡지사측에서는 일언반구도 없고 그 소설을 실어 주지도 않았다. 나는 여간 화가 난 것이 아니었다. 때로는 화가 치밀어서 숨이 막힐 지경이었다. 마침내 나는 나의 적에게 싸움을 걸기로 결심했다. 그리고 그의 마음을 끌 만한 매력적인 편지를 쓰고 내게 사과할 것을 요구했다. 만일 내 청을 거절하면, 결투에 호소하겠다는 뜻도 제법 분명히 암시했다. 만일 그 장교가 아름다운 것과 고상한 것이 무엇인지 다소라도 이해한다면 반드시 내게 달려와서 내 목을 껴안고 우정을 토로하지 않고는 못 배기도록 편지의 내용을 꾸몄다. 그렇다면 얼마나 좋을 것인가! 우리는 아주 의좋게 같이 살 수도 있었으리라!'

이와 같이 도스토옙스키에 있어서는 하나의 감정이 별안간 정반대의 감정으로 자주 변모하는 것이다. 이런 예는 얼마든지 들 수가 있다. 특히 《카라마조프의 형제들》에 나오는 불쌍한 어린애의 경우가 그러하다. 그는 알료샤가 손을 내밀자 원망스러운 듯이 그 손가락을 깨문다. 사실에 있어서는 어린애는 자기도 모르는 사이에 알료샤를 격렬하게 사랑하기 시작하면서도 그런 것이다. 그렇다면 이 어린애의 경우에 있어서, 이처럼 사랑이 뒤틀려 나타나는 이유는 무엇일까? 그는 알료샤의 형인 드미트리 카라마조프가 선술집에서 취해 나와서 자기 아버지를 때리고 불순하게 수염을 끌어당기는 것을 보았다. "아버지, 아버지, 그 사람이 아버지에게 얼마나 창피를 주었는지!" 그는 뒤에 이렇게 외치고 있다.

따라서 겸허와 같은 도덕적 평면 위에, 그러나 그와는 반대로 겸허의 맞은편에는 거만이 있는 것이다. 때로는 무섭게 굴욕을 과장시키고 또 왜곡시키는 거만이 자리잡고 있다.

분명히 도스토옙스키의 경우에는 심리적 진실이 현실 그대로의 모습을 띠고 개별적인 진실로서 나타난다. 소설가로서(왜냐하면 도스토옙스키는 이론가가 아니라 답사자이기 때문에) 그는 귀납을 피하고, 적어도 자기 자신에게 있어서는 일반적 법칙을 꾸미는 것이 무모한 짓임을 알고 있다.*

도스토옙스키는 여간해서는 볼 수 없을 정도로 풍부한 인생극을 꾸며 놓았다. 그러나 그의 인물들은 늘 동일한 평면, 즉 겸허와 거만이라는 평면 위에 펼쳐져 늘어서 있다. 처음에는 이 평면이 우리를 당혹케 하고 분명하게 눈에 띄지조차 않는다. 그것은 우리가 보통 사람과는 다른 각도에서 인간을 구분하고 또 그 등급을 설정하기 때문이다. 좀더 알기 쉽게 말해 보자. 가령 나는 디킨스의 훌륭한 소설이 거북하게 느껴질 때가 가끔 있다. 왜냐하면,

---

* 슈레체르 씨는 〈누벨 르뷔 프랑세즈〉 1922년 2월호에서 다음과 같이 말하고 있는데, 이것은 가장 중요한 사실의 하나이다. '러시아의 천재들은 아무리 대담하더라도 늘 구체적인 사실과 살아 있는 현실에 집착한다. 비록 뒤에 가서 가장 추상적이며 가장 대담한 사변에 잠긴다 해도 마침내는 이러한 사변으로 보다 큰 힘을 얻어 현실과 사실로 되돌아온다. 현실과 사실은 출발점인 동시에 종착점인 것이다.'
필요하다면 그런 법칙을 우리 자신이 만들어 보면 된다. 마치 수풀과 같은 그의 책을 통해서 길을 내듯이. 가령 이런 법칙이 있을 수 있을 것이다. '굴욕을 겪은 사람은 남에게 굴욕을 가하려고 한다'(예컨대 《백치》에 나오는 레베데프가 그러하다. 특히 레베데프가 이볼긴 장군을 괴롭히는 기막힌 장면을 보라)

그가 마련해 놓은 등급, 니체의 표현을 빌리자면 그의 가치 단계는 관습적이고 거의 유치하기 때문이다. 그의 소설을 읽으면 나는 안젤리코의 〈최후의 심판〉을 눈앞에 보고 있는 듯한 느낌이 든다. 즉, 선택된 사람이 있고 단죄된 사람이 있다. 천사와 악마가 서로 빼앗아가려는 회의적인 사람들이 매우 드물게 있다. 그 모든 사람들을 재는 저울은 이집트의 어떤 양각처럼 선의 정도만을 따질 뿐이다. 착한 사람에게는 천국이 있고 악한 자는 지옥에 간다는 식으로. 이 점에서 볼 때 디킨스는 그의 국민과 시대의 생각을 그대로 따르고 있다. 가끔 악한 자가 번창하고 착한 사람이 희생되는 수가 있는데, 이것은 바로 이 지상의 생활과 우리 사회의 수치라는 것이다. 디킨스의 모든 소설은 훌륭한 마음이 훌륭한 정신보다 우월하다는 것을 우리에게 보여 주고 우리가 느끼도록 하려는 데 그 의도가 있다. 내가 디킨스를 예로 든 것은, 우리가 아는 모든 위대한 소설가 중에서, 이런 분류가 가장 간단한 작가가 바로 디킨스라고 생각되기 때문이다. 그리고 디킨스가 그토록 인기 있는 이유도 바로 여기에 있다는 말을 덧붙여 두고자 한다.

그런데 최근에 도스토옙스키의 거의 모든 작품을 연달아 읽어 보니, 그에게도 이와 비슷한 분류가 있는 듯이 여겨졌다. 그 분류법은 눈에 띄기 힘들지만 디킨스와 같은 정도로 간단하기는 해도 나로서는 훨씬 더 뜻이 깊은 것으로 여겨졌다. 도스토옙스키의 경우 그의 인물 등급은(이 끔찍한 말을 사용하는 것을 용서해 주기 바란다), 선(善)의 정도나 마음의 가치에 달려 있는 것이 아니라 거만의 많고 적음에 달려 있는 것이다.

도스토옙스키는 한편으로는 겸허한 사람들을 보여 준다. 그 중에 그 겸허가 비굴로까지 연장되고 그 비굴 속에서 스스로 만족하는 인물도 있다. 그러나 또 한편으로는 거만한 사람들이 있어, 개중에는 거만이 범죄로 발전하는 경우도 있다. 후자는 주로 가장 지적인 인간들이다. 우리는 그들이 거만이라는 악마에 사로잡혀 고귀한 특성과 경쟁하는 것을 볼 수가 있다.

"당신들은 밤새도록 서로 맞붙어 앉아 떠들어 댔지. 그리고 누가 더 고상한가 하는 경쟁을 하려고 귀중한 시간을 버린 게 틀림없어."

이것은 《악령》에 나오는 것으로, 불륜을 저지른 표트르 스테파노비치가 스타브로긴에게 한 말이다. 또한 《미성년》의 한 구절을 읽어 보자.

'카테리나 니콜라이에프나는 베르실로프를 보면 무섭기도 했으나, 그의 고상한 원칙과 훌륭한 처신에 대해서는 늘 존경의 마음을 품었다……. 편지를 통해서 그는 별로 두려워할 것이 없다고 신사적으로 말했다. 그녀 역시 그에 못지않은 기사적인 감정을 나타내 보였다. 두 사람 사이에는 예의에 대한 경쟁이 있었던 것인지도 모른다.'

"당신의 자존심을 해칠 만한 것은 아무것도 없어요" 리자베타 니콜라이에프나는 스타브로긴에게 말했다. "어저께 내가 여러 사람 앞에서 당신에게 모욕적인 말을 했을 때 당신은 매우 기사적인 대답을 하셨죠. 그 뒤 나는 집으로 돌아와서 금방 깨달았습니다. 당신이 나를 피하시는 것은 당신이 결혼한 처지이기 때문이며 결코 나를 경멸하기 때문이 아니라는 것을요. 나는 사교계의 젊은 처녀로서, 멸시당하는 것이 무엇보다도 무서웠던 거예요."

그리고 그녀는 이렇게 말을 맺는다.

"적어도 자존심은 상처받지 않았어요."

도스토옙스키가 그린 여성들은 남성들보다도 더욱 거만에 의해서 늘 지배되고 움직인다(예를 들면 라스콜리니코프의 누이동생, 《백치》의 나스타샤 필리포브나와 아글라야 에판친, 《악령》의 리자베타 니콜라이에프나, 또한 《카라마조프의 형제들》의 카테리나 이바노브나의 경우를 보라).
그러나 어떤 역전(逆轉)에 의해서—나는 그것을 복음서적인 역전이라고 감히 부르고자 하는데—가장 비천한 사람이 가장 고귀한 사람보다도 신의 왕국에 더욱 가깝다. 그토록 도스토옙스키의 작품은 '가장 강한 자에게는 거부될 것이며 가장 천한 자에게는 주어지리라'라는 말이나, '나는 타락된 자를 구하러 왔느니라'라는 말과 같은 심오한 진리에 의해서 지배되고 있는 것이다.

우리는 한편으로 헌신과 자기 포기를 보고 또 다른 한편으로는 개성의 긍정과 '권력에의 의지'를 본다. 그러나 후자는 도스토옙스키 소설에 있어서는 항상 파산으로 끝나는 것이다.

수우데 씨는 전에 내가 도스토옙스키를 위해서 발자크를 무시하고 심지어는 그를 죽여서 제물로 바치고 있다고 비난한 일이 있었다. 나는 이 말을 반박해야 할 것인가? 내가 도스토옙스키에 대해서 가장 탄복하는 것은 사실이다. 그러나 그 탄복이 맹목적인 것은 아니며, 도스토옙스키의 인물에 비해 발자크의 인물이 한결 다양하다는 것은 나도 잘 알고 있다. 그의 '인간희극'은 보다 더 다채롭다. 도스토옙스키는 분명히 다른 어떤 소설가보다도 깊은 부분에까지 파 내려가고, 한결 중요한 지점에까지 이르고 있다. 하지만 그의 인물들은 모두 같은 천으로 만든 옷과 같다고 말할 수 있다. 거만과 겸허가 그들의 숨은 행동의 원동력이다. 물론 그 두 가지가 배합되는 정도에 따라 반응이 여러 가지로 나타나기도 한다.

발자크에 있어서는(서구의 모든 사회에 있어서와 마찬가지로, 특히 그가 우리에게 보여 주고 있는 프랑스의 사회와 마찬가지로) 두 가지의 요소가 작용하고 있는데, 그것은 도스토옙스키의 작품에서는 거의 아무런 역할도 하고 있지 않다. 이 두 가지 요소란 즉 이지(理智)와 의지이다.

그렇다고 해서 발자크의 소설에서는 의지가 항상 인간을 선으로 이끌고 의지가 굳은 그의 인물들이 반드시 덕이 높다는 것은 아니다. 그러나 적어도 많은 인물들이 의지의 힘으로 덕성을 기르고, 인내와 이지와 결단을 통해서 영광스러운 생활을 해 나가는 것을 우리는 볼 수가 있다. 가령 다비드 세샤르, 비앙송, 조세프 브리도, 다니엘 다르테와 같은 인물을 생각해 보라. 나는 이 외에도 스무 명이나 더 열거할 수 있다.

도스토옙스키의 모든 작품에서 우리는 단 한 사람의 '위인'도 찾아볼 수가 없다. 그러면 여러분은 《카라마조프의 형제들》에 나오는 그 훌륭한 조시마 장로가 있지 않느냐고 항의할지도 모른다……. 사실 이 사람은 도스토옙스키가 그린 인물 중에서 가장 고귀한 인물이다. 그는 매우 높은 위치에서 모든 사건을 내려다보고 있다. 그러나 조시마 장로는 세인이 생각하는 바와 같은 그런 위인은 아니다. 그는 다름 아닌 의지와 이지를 내던짐으로써 성스러운 경지에 이른 것이다.

복음서와 마찬가지로 도스토옙스키 작품의 경우에도 신의 왕국은 마음이 가난한 사람들의 것이다. 그는 사랑에 반대되는 것이 증오라기보다도 두뇌의 반추(反芻)라고 생각한다.

도스토옙스키가 보여 주는 과감한 인물들을 발자크와 비교해보면, 그들이 모두 무서운 존재라는 것을 불현듯 느끼게 된다. 이런 대조표에 맨 처음으로 실려야 할 인물로서 라스콜리니코프를 들 수 있다. 처음에는 하찮은 야심가에 지나지 않았던 그가 나폴레옹이 되기를 바랐고, 결과적으로는 전당포의 노파와 죄 없는 처녀를 죽이고 말았다. 또 스타브로긴, 표트르 스테파노비치, 이반 카라마조프 그리고 《미성년》의 주인공을 보라(도스토옙스키의 소설에 있어서 이 미성년의 주인공은 적어도 삶의 시초부터, 자기 자신을 알게 되었을 때부터 한 고정 관념을 지니고 살아 온 유일한 인물이다. 로스차일드와 같은 인간이 되겠다 생각하고 있었던 것이다. 그런데 우습게도 도스토옙스키의 모든 작품 중에서 그만큼 비굴하고 남에게 쉽게 넘어가는 인물은 따로 없다). 도스토옙스키가 그려낸 인물들의 의지, 그 인물들이 지니고 있는 모든 이지와 의지는 그들을 지옥에 떨어뜨리게만 할 뿐인 듯 보인다. 그리고 도스토옙스키의 소설에서 이지는 항상 악마적인 역할만 한다는 것을 알게 된다.

그의 가장 위험한 인물들은 가장 지적인 인물이기도 한 것이다.

물론 도스토옙스키 인물들의 의지와 이지가 오직 악만 추구한다는 말은 아니다. 그러나 비록 의지와 이지가 선으로 향할 때조차도 그런 것이 도달하는 덕은 거만의 파멸로 인도하는 것이다.

도스토옙스키의 주인공들은 오직 이지를 포기하고 자기 자신을 내버림으로써만 신의 왕국에 들어서게 된다.

물론 어떤 의미에서는 발자크 역시 기독교적인 작가라는 말을 할 수 있다. 그러나 도스토옙스키와 발자크의 윤리를 대조해 보면, 프랑스 소설가의 가톨릭 정신이 러시아 소설가의 순수한 복음서적 정신과 어느 정도로 먼 것인가를 이해할 수가 있다. 과격한 표현을 삼가자면, 발자크의 인간 희극은 복음서와 라틴 정신의 접촉에서 탄생했고, 도스토옙스키의 '러시아 희극'은 복음서와 불교, 즉 아시아 정신과의 접촉에서 태어난 것이라고 말해도 좋으리라.

지금까지의 고찰은 도스토옙스키의 작품 속에서 등장하는 야릇한 인물들의 영혼을 탐구하기 위한 준비 단계에 지나지 않는다. 나는 다음번 강연에서 본론에 들어서 그것을 탐구해 보고자 한다.

3

   지금까지 우리는 겨우 정지 작업을 한 것에 불과하다. 우선 도스토옙스키의 사상을 논하기에 앞서 여러분은 커다란 착오를 일으키지 않도록 하기 바란다. 도스토옙스키는 만년의 15년 동안 잡지 편집에 몰두했고, 이 잡지를 위해서 그가 쓴 글은 〈작가의 일기〉라는 이름으로 엮어져 있다. 도스토옙스키는 그 글 속에서 자기의 사상을 피력해 놓았다. 따라서 그 책에 대해서 언급하는 것이 매우 손쉽고 자연스러운 일로 여겨질지도 모른다. 그러나 미리 말하건대 이 책은 대단히 실망적이다. 그 속에서 우리는 사회에 관한 이론이 진술되어 있는 것을 볼 수 있는데, 그것들은 희미하고 가장 서투르게 표현되어 있다. 정치적인 예언도 있으나, 그 예언은 한 가지도 들어맞지 않았다. 도스토옙스키는 유럽의 장래를 내다보려고 했지만 늘 잘못 생각하기만 했다.
   수우데 씨는 전에 〈르땅〉지의 시평의 하나에서 도스토옙스키를 취급하고 그의 잘못을 의기양양하게 지적해 놓았다. 그는 도스토옙스키의 논설이 흔해빠진 저널리즘이라고 했는데 그 점에서는 나도 전적으로 동감이다. 하지만 그 논설들이 도스토옙스키의 사상을 희한하게 드러내 보여 준다는 견해에 대해서는 나는 찬성할 수가 없다. 사실, 도스토옙스키가 〈작가의 일기〉에서 취급하고 있는 문제는 그에게 가장 절실한 것이 아니다. 그의 경우, 정치적 문제는 사회적 문제보다 중요하지 않다는 것을 인정해야 한다. 또한 사회적 문제도 도덕적 및 개인적 문제에 비하면 중요하지 않다. 우리가 도스토옙스키에게서 바랄 수 있는 가장 심오한 진리는 심리적인 분야의 것이다. 하기야 이 분야에서 그가 드러내 보이는 사상은 대부분의 경우에 문제와 질문을 던진다는 상태에 머물러 있다. 그는 해결을 찾는다기보다는 진술을 하려는 것이다. 극히 복잡하고 서로 엇갈리게 되니까 거의 언제나 애매한 상태에 있는 그런 문제들을 진술하려는 것이다. 한 마디로 말하자면 도스토옙스키는 고유한 의미에 있어서의 사상가는 아니다. 그는 소설가이다. 그에게 있어서 가장 절실하고 미묘하고 참신한 사상을 찾아볼 수 있는 것은 작중 인물들의 말을 통해서이다. 그것도 반드시 제일면에 서 있는 그런 인물의 말뿐이 아니다.

때로는 가장 중요하고 대담한 사상이 부차적인 인물들의 입을 통해서 나오는 수가 있다. 도스토옙스키는 자기 자신의 이름으로 무슨 생각을 나타낼 때는 여간 서투르지가 않다. 그가 《미성년》에서 베르실로프의 입을 통해서 하고 있는 다음의 말을, 우리는 도스토옙스키 자신에게 적용할 수 있다.

"부연(敷衍)하다니! (독일어 번역으론 Begründen 으로 되어 있다) 아니, 나는 부연하지 않고 이야기하는 것이 더 좋습니다. 참 이상한 일이죠? 나는 내가 믿는 사상을 부연할 때마다, 서술이 미처 끝나기도 전에 신념이 약해지는 것을 느낀답니다."

도스토옙스키는 자기의 사상을 표현하자마자 그 사상에 스스로 반대하지 않는 일이 거의 없다고까지 말할 수 있다. 그에게 있어서 사상이란 조시마 장로의 시체에서 풍겨 나오는 냄새처럼 썩은 냄새를 풍기게 되는 것인지도 모른다. 사람들은 그 시체로부터 기적이 태어나기를 기다렸지만, 밤샘을 하던 그의 제자 알료샤 카라마조프는 그 악취를 참기 어려웠던 것이다.

이른바 '사상가'로서는 이런 일이 매우 유감스러울 것이다. 도스토옙스키의 사상은 거의 언제나 절대적인 경우가 없고 그것을 표명하는 인물에게 상대적인 것이다. 아니 우리는 그 이상의 말을 할 수 있다. 단지 인물에 대해서 뿐만 아니라 그 인물의 생애 중 어떤 한 순간에 대해서 상대적인 것이다. 그것은 말하자면 인물들의 독특하고 순간적인 상태를 통해서 '얻어지고', 또 언제나 상대적이다. 그런 사상이 필요로 하고 또 그런 사상을 필요로 하는 일정한 사실이나 행동과의 직접적인 관계와 그 기능으로서 나타나는 것이다. 도스토옙스키가 이론을 내세우면 우리는 환멸을 느끼고 만다. 심지어 거짓말에 관한 그의 논문 역시 그렇다. 그는 여러 전형적인 거짓말쟁이를 등장시킬 때는 비상한 재주를 보여 준다(코르네유가 그린 거짓말쟁이와는 엄청난 차이가 있다). 그리고 그들을 통해서 거짓말쟁이가 왜 거짓말을 하게 되는가를 우리에게 이해시켜 준다. 하지만 일단 그것을 설명하려 하고 자기가 든 실례를 이론화하려고 하면, 도스토옙스키는 진부하고 흥미 없게 되어 버리는 것이다.

도스토옙스키가 어느 정도로 소설가이냐 하는 점은 〈작가의 일기〉가 잘 보여 주고 있다. 왜냐하면 이론적이거나 비평적인 글에서는 별로 보잘것없는 반면에, 어떤 인물이 등장하면 당장에 훌륭해지기 때문이다. 〈농부 크로차이카〉라는 아름다운 이야기가 수록되어 있는 것도 바로 이 〈작가의 일기〉이다. 이것은 도스토옙스키의 가장 박력 있는 작품 중의 하나인데, 소설이라기보다도 긴 독백이라고 하는 편이 더 어울릴 것이다. 마치 거의 같은 무렵에 쓰고 있던 〈지하실의 수기〉와 마찬가지로.

그러나 보다 더 훌륭한 자료, 즉 보다 계시적인 자료가 있다. 〈작가의 일기〉에서 도스토옙스키는 그의 정신 속에서 거의 무의식적으로, 소설의 플롯이 형성되는 과정을 두 번이나 보여 주고 있다. 그는 거리를 거니는 사람을 쳐다보고 또 때로는 뒤쫓아 가는 것이 재미있다는 이야기를 하고 나서, 별안간 한 행인에게 끌리는 장면을 그려 보이고 있다.

'아내와 같이 팔을 끼지도 않고 지나가는 한 노동자가 눈에 띈다. 그는 한 어린애를 데리고 간다. 둘 다 고독한 사람들과 같이 쓸쓸한 표정을 하고 있다. 노동자는 서른 남짓 되어보이고 얼굴은 시들어서 병자와 같은 빛을 띠고 있다. 나들이 옷차림이다. 솔기가 다 닳아빠진 프록코트. 단추를 싸고 있는 천도 벗겨져 버렸다. 깃에는 기름이 졸졸 흐르고, 바지는 한결 깨끗하지만 아무래도 헌옷 가게에서 나온 것 같다. 실크해트도 닳아 빠졌다. 틀림없이 인쇄공인 성싶다. 표정은 침울하고 굳어 빠지고 짓궂게 보이기조차 한다. 그는 어린애의 손을 쥐고 있는데 어린애는 끌려가는 듯이 보인다. 그 애는 겨우 두 살가량 되어 보이는데 아주 창백하고 허약한 모습이다. 저고리를 입고 붉은 장화를 신었는데, 머리에는 공작의 깃이 예쁘게 달린 모자를 쓰고 있다. 그는 피곤하다. 아버지가 무슨 말을 한다. 다릿심이 없다고 놀리는 것인지도 모른다. 대답이 없다. 이윽고 몇 발자국 가더니 아버지가 허리를 굽히고 어린애를 들어 안는다. 어린애는 흐뭇한 듯이 아버지의 목에 팔을 두른다. 이렇게 올라앉아 그 애는 나를 알아보고 이상하다는 듯이 쳐다본다. 나는 고개를 까딱까딱해 보이지만 어린애는 눈살을 찌푸리고 더욱 사납게 아버지의 목에 매달린다. 두 사람은 분명히 아주 친한 친구인 모양이다.

나는 거리에서 행인을 바라보고, 그들의 낯선 얼굴을 살피는 것이 재미있다. 그들이 누구이며 어떻게 살며, 어느 점에서 생활의 흥미를 느끼는지 생각해 보는 것이 재미있다. 그날 나는 특히 그 아버지와 어린애에게 마음이

쏠렸다. 아내이며 어머니인 여성은 얼마 전에 세상을 떠나고 홀아비가 된 노동자는 한 주일 동안 공장에서 일하고, 한편 어린애는 어떤 노파가 맡아서 길러 주고 있다고 상상해 보았다. 그들은 어김없이 지하실에서 살리라. 지하실에서 분명 방 하나를, 혹은 단지 방 한 귀퉁이를 빌려서 살 것이다. 그리고 오늘은 일요일이라서 아버지가 어느 일가되는 여자, 아마도 죽은 아내의 동생 집에 어린애를 데려갔을 것이다. 자주 보러 갈 수도 없는 그 아이의 이모는 어느 하사관과 결혼해서 지하실의 큰 병사에 따로 방 하나를 얻어서 살고 있다고 생각해 두기로 한다. 그녀는 언니의 죽음을 슬퍼했지만 그 슬픔이 별로 오래가지는 않았다. 홀아비도 몹시 슬프다는 꼴을 보이지 않았다. 적어도 방문한 동안만은. 그러나 그는 걱정에 싸여 있었고 다만 용건에 관해서만 몇 마디 입을 열었을 뿐이다. 그리고 곧 입을 다물어 버리리라. 그러자 주인이 사모와르를 가져온다. 차를 마신다. 어린애는 한 귀퉁이에 놓인 의자에 앉아서 뚱한 얼굴을 하고 눈살을 찌푸리곤 하다가 잠이 들어 버린다. 이모와 이모부는 그에게 별로 관심을 갖지도 않는다. 어린애에게 한 조각의 빵과 한 잔의 우유를 준다. 처음에는 아무 말이 없었던 하사관이, 어느 순간에 가서 아버지의 꾸지람을 막 들은 꼬마에게 천한 농담을 한다. 어린애는 당장에 돌아가고 싶어한다. 그래서 아버지는 리티나이야에 있는 베볼그스카이야의 집으로 그를 데리고 돌아간다. 내일이면 아버지는 다시 공장에 가고 어린애는 노파와 같이 남게 되리라.'

같은 책의 또 한 곳을 보면 1백 살의 노파와 만나는 이야기가 나온다. 그는 거리를 지나가다가 노파가 걸상에 앉아 있는 것을 본 것이다. 도스토옙스키는 그 노파에게 한두 마디 말을 걸고는 그냥 지나가 버린다. 그러나 저녁에(일을 마치고 나서) 다시 노파의 생각을 한다. 그는 노파가 가족의 곁으로 다시 돌아왔다고 상상하고 가족들이 노파에게 하는 이야기를 꾸며 본다. 노파의 죽음까지 이야기를 끌고 나간다. '나는 이야기의 끝을 상상하는 것이 재미있다. 나는 소설가이다. 그러므로 이야기를 하는 것이 재미있다.'
그러나 도스토옙스키는 아무렇게나 되는대로 이야기를 꾸미는 것이 아니다. 〈작가의 일기〉 중의 한 편을 보면, 과부 코르닐로프의 재판에 관한 이야기가 있다. 물론 도스토옙스키는 제 나름으로 소설로 꾸며서 그 이야기를 하고 있다. 그러나 예심에서 범죄의 진상이 밝혀진 뒤 그는 이렇게 쓰고 있다. '나는 거의 모든 것을 예측했다.' 그러고는 덧붙여 말했다. '요행히 나는 코르닐로프를 보러 갈 기회가 있었다. 나는 내 추측이 완전히 사실과 일치된 것을 알고 나도 놀랐다. 구태여 말한다면 세세한 몇 가지 점에서는 틀리기도 했지만, 가령 코르닐로프는 농부인데도 유럽식 복장을 하고 있었다는 점.' 즉, 도스토옙스키의 결론은 이렇다. '결국 내 잘못은 별로 중요한 것이 아니었다. 내 추측의 근본은 사실과 다름없었다.'

관찰과 구상과 사실의 재구성을 위한 이 정도의 재능이 있고, 이에 덧붙여 예민한 감성이 있다면 고골이나 디킨스 같은 작가가 될 수는 있으리라(아마 여러분은 《골동품 가게》의 첫머리를 상기할지도 모른다. 디킨스 역시 행인의 뒤를 따라가서 그들을 관찰하고, 헤어진 뒤에도 그 생활을 계속해서 상상해 보니 말이다). 그러나 이런 재주가 아무리 비상하다 해도 발자크나 토머스 하디나 도스토옙스키가 되기에는 충분하지 못한 것이다. 또한 니체도 그런 재주만 들고 다음과 같은 말을 한 것은 분명히 아니다.

'도스토옙스키를 발견한 것은 내게 스탕달을 발견한 것보다 더욱 중요한 일이었다. 그야말로 그는 인간 심리에 관해서 내게 무엇을 가르쳐 준 유일한 사람이다.'

나는 벌써 오래전에 니체가 말한 이 구절을 베껴 두었는데, 그것을 좀더 자세히 읽어 드리겠다. 니체는 이 글을 쓰면서 위대한 도스토옙스키의 가장 독자적인 가치가 어디 있느냐는 점을 염두에 두고 있던 것이 아니었을까? 그는 도스토옙스키가 우리의 많은 근대 소설가와 비교되는 이유를 밝히려는 것이다. 가령 이 글에서 언급하고 있는 듯이 보이는 공쿠르 형제와 같은 작가와의 비교 말이다.

'심리 탐구가의 모럴, 그것은 행상인과 같은 심리 해부를 하는 것이 아니다! 결코 관찰을 위한 관찰을 하면 안 된다! 이런 짓을 하면 착각이 생기고 '사팔눈'이 생기고 과장되기가 일쑤인 억지가 생긴다. 어떤 생활의 체험을 얻으려는 욕심으로 그런 생활을 하는 것—이런 짓은 성공할 수가 없다. 사건이 일어나고 있는 동안 자기 자신을 바라볼 수 없기 때문이다. 이런 경우에는 모든 시선이 '흉안(凶眼)'으로 변모하고 만다. 천성적인 심리 탐구가는 있는 것을 그대로 보려는 태도를 본능적으로 경계한다. 천성적인 화가도 마찬가지다. 그는 결코 자연을 모방해서 일하는 것이 아니라, 자신의 영감과 '암실'에 의지해서 자연과 체험된 사상〔事〕을 거르고 표현하는 것이다……. 그는 오직 보편성과 결론과 종결식만을 의식할 따름이다. 특별한 경우를 마음대로 길게 서술하는 따위의 짓은 모른다. 만일 이렇게 해 나가지 않을 때는 어떤 결과를 얻게 될 것인가? 가령 파리의 소설가들처럼 행상인 식으로 심리 해부를 하면 어떻게 될 것인가? 그럴 때는 현실을 기웃대면서 매일 밤 진기한 것을 한줌씩 가져올 뿐이다. 그러나 그 결과가 어떤지 보라…….'

도스토옙스키는 결코 관찰하기 위해 관찰하는 것이 아니다. 그의 작품은 전혀 현실의 관찰에서 태어난 것은 아니다. 적어도 그것만으로 태어난 것이 아니다. 또한 미리 마련된 사상의 산물도 아니므로 이론적인 냄새가 전혀 나지 않고 현실 속에 깊이 잠겨 있는 것이다. 도스토옙스키의 작품은 사상과 사실의 만남, 그 두 가지의 혼합(영국 사람이면 《blending》이란 말을 쓸지도 모른다)에서 태어난다. 이 혼합이 너무나 완전해서 우리는 그중 어느 것이 보다 더 우세하다는 말을 할 수가 없다. 그래서 그의 소설에서는 가장 사실적인 장면이 심리적 도덕적 의미를 가장 짙게 지니고 있는 것이다. 좀더 정확히 말하자면 도스토옙스키의 모든 작품은 사상에 의한 사실의 수태로부터 태어난 것이다. '이 소설에 대한 생각은 벌써 3년 전부터 내 속에 깃들어 있었다'고 그는 1870년에 쓰고 있다(이 소설이란 그 뒤 9년째가 되어서야 비로소 쓴 《카라마조프의 형제들》을 가리키는 것이다). 그리고 또 다른 편지에서는 이렇게 말했다.

'이 책의 모든 부분에서 추구되어 있는 주된 문제는 바로 내가 의식적으로, 혹은 무의식적으로 괴로워해 온 문제입니다. 즉 신의 존재라는 문제입니다!'

그러나 이 사상이라는 것은, 그것을 수태시켜 주는 구체적 사건(가령 유명한 소송 사건, 형사재판 등)이 없다면 머릿속에서 공연히 떠돌 따름이다.

이런 사건을 만나야만 비로소 작품이 구상된다고 말할 수 있는 것이다. '내가 쓰고 있는 것에는 숨겨진 어떤 깊은 뜻이 들어 있습니다.' 그는 《카라마조프의 형제들》과 동일한 시기에 무르익어 가던 《악령》을 두고 같은 편지에서 이렇게 말하고 있다. 《카라마조프의 형제들》 역시 숨겨진 어떤 깊은 뜻을 내포하고 있는 작품이다. 분명히 도스토옙스키의 작품만큼 무상적(오늘날 사용되고 있는 의미에 있어서)이 아닌 것은 없다. 그의 소설은 모두가 일종의 논증이다. 차라리 변론이라고 할까. 아니 그보다도 설법이라는 말이 더욱 적합할 것이다. 그리고 이 위대한 예술가에게 감히 책망할 것이 있다면 아마도 그것은 지나치게 '증명'하려고 애썼다는 점일 것이다. 그러나 오해해서는 안 된다. 도스토옙스키는 결코 우리의 생각을 조종하려는 것이 아니라 그것을 밝히려는 것이다. 자기의 눈을 밝게 하고 가장 중요하게 여겨지는—그리고 우리에게도 곧 그렇게 여겨질—어떤 숨은 진실을 드러내려는 것이다. 아마도 인간의 정신이 파악할 수 있는 가장 중요한 것은 추상적인 진실이나 인간의 밖에 있는 진실이 아니라, 우리 마음속 깊숙이 깃들어 있는 숨은 진실일 것이다. 동시에—이 점이 바로 숨겨져 있는 깊은 뜻으로 말미암아 작품이 갖가지 기형적인 모습을 띠게 되는 위험을 막아 주는 것인데—도스토옙스키의 사상은 항상 사실의 지배를 받고 현실 속에 깊이 뿌리박고 있다. 그는 인간의 현실에 대해서 겸손하고 공손한 태도를 지닌다. 그는 결코 억지를 부리지 않는다. 자기에게 유리하도록 사건을 왜곡하지도 않는다. 그는 자기의 사상 그 자체에 대해 복음서의 교훈을 적용하고 있는 것 같다. '그것을 구하려는 자는 잃을 것이며 내버리는 자는 진실로 살리라.'

*

도스토옙스키의 작품을 통해서 그가 품고 있는 몇몇 사상을 살펴보기에 앞서, 나는 그가 일하는 방법에 관해서 한 마디 해 두고자 한다. 스트라호프의 말에 의하면 도스토옙스키는 거의 언제나 밤에만 집필했다고 한다. '자정쯤 돼서 만물이 쉬고 있을 때 도스토옙스키는 사모와르를 곁에 놓고 혼자 있었다. 그는 별로 진하지 않고 차가워진 차를 홀짝홀짝 마셔 가면서 새벽 5시나 6시까지 일을 계속했다. 그러고는 오후 두세 시에 일어나서 그날의 끝까지 손님과 만나거나 산책하거나 친구를 찾아가 보는 것이었다.' 하지만 도스토옙스키는 반드시 이 '별로 진하지 않은' 차로만 만족할 수는 없었다. 그래서 만년에 이르러서는 술을 많이 마셨다는 이야기다. 내가 들은 바로는 어느 날 그는 《악령》을 쓰고 있다가 서재에서 나왔는데, 그때 도스토옙스키는 다소 인공적으로 얻은 심한 지적 흥분 상태에 있었다고 한다. 그날은 부인이 손님을 맞이하는 날이었다. 도스토옙스키는 사나운 모습을 하고, 많은 부인들이 모여 있는 응접실로 불쑥 들어왔다. 그리고 한 여인이 찻잔을 손에 들고 정성껏 다가서자 그는 외쳤다. "그 따위 물 같은 것은 집어치우란 말이야!"

여러분은 상 레알 신부가 한 짤막한 말을 기억할 것이다. 만일 스탕달이 자신의 예술관을 옹호하기 위해서 슬쩍 이용하지 않았다면 그 말은 쑥스럽게 들렸을지도 모른다. '소설이란 거리로 갖고 다니는 거울이다.' 분명히 프랑스와 영국에는 이 공식에 들어맞는 소설이 많다. 가령 르 사즈, 볼테르, 필딩, 스몰레트……. 하지만 도스토옙스키의 소설은 이와는 전혀 다른 것이다. 그의 소설과 내가 방금 든 작가의 소설, 심지어는 톨스토이나 스탕달의 소설과의 사이에는 회화와 파노라마 사이의 차이가 그대로 존재한다. 도스토옙스키는 한 폭의 그림을 그린다. 그 그림에서 무엇보다도 가장 중요한 것은 광선의 배분이다. 광선이 단 하나의 중심으로 나오고 있는 것이다……. 이와는 달리 스탕달이나 톨스토이의 소설에서는 빛이 한결같이 고르고 사방에 흩어져 있다. 모든 대상이 동일한 조명을 받고, 어느 면에서 보더라도 똑같다. 거기에는 음영이 없다. 그런데 렘브란트의 그림의 경우와 마찬가지로 도스토옙스키의 소설에 있어서도 특히 중요한 것은 음영이다. 도스토옙스키는 인물과 사건을 한데 모으고 오직 한쪽에만 지향되도록 강렬한 빛을 던지는 것이다. 그 밖의 모든 인물은 그늘에 잠겨 있다. 또한 도스토옙스키에게 있어서는 소설의 모든 요소 사이에 되도록 많은 관계와 상호성을 모으고 응집시키고 집중시키고, 만들어 내려는 야릇한 욕구가 있다는 것을 우리는 안다. 스탕달이나 톨스토이의 경우와는 달리 사건들이 느리고 같은 과정을 따라서 전개되는 것이 아니라, 그것이 소용돌이 모양으로 뒤섞이고 연결되는 순간이 항상 있는 것이다. 말하자면 그것은 회오리바람이며 그 속에서 이야기의 도덕적, 심리적, 외적인 모든 요소가 서로 안 보이다가는 다시 만난다. 우리는 그의 작품에서 이야기의 윤곽을 단순화하거나 멋있게 꾸며 보려는 기미를 전혀 찾아볼 수가 없다. 그는 착잡한 것을 즐기고 그것을 지켜 나간다. 감정이나 상념이나 정열이 결코 순수한 상태로 나타나는 일은 없다. 도스토옙스키는 둘레에 빈터를 결코 만들지 않는다. 나는 이제 도스토옙스키의 구도, 즉 그가 인물의 성격을 그리는 방법에 관해서 말해도 좋은 관계가 되었다. 그러나 우선 이 문제에 관해서 자크 리비에르의 훌륭한 견해를 읽어 보기로 하자.

'소설가가 한 인물을 착상했을 때, 그것을 작품화하는 데는 두 가지의 매우 다른 방법이 있다. 즉 그 복잡성을 끝끝내 고집하느냐, 그렇지 않으면 맥락이 닿게 꾸미느냐는 것이다. 소설가가 탄생시키려는 그 영혼에 있어서 모든 애매성과 난해성을 그대로 재현시키느냐, 혹은 독자를 위해 묘사하면서 그런 것을 제거하느냐에도 두 가지 길이 있다. 다시 말하면 동굴을 그대로 놓아두느냐, 혹은 밝게 비쳐 내보이느냐는 것이다.'

여러분은 자크 리비에르가 무슨 말을 하려는지 알 것이다. 프랑스의 작가는 동굴을 탐색하지만 어떤 외국 작가, 특히 도스토옙스키는 동굴의 어둠을 존중하고 보존한다는 이야기다. 리비에르는 이렇게 말을 잇는다.

'아무튼 도스토옙스키는 무엇보다도 심연에 관심을 기울인다. 그리고 심연은 측정할 수 없는 것이라는 점을 암시하기 위해서 모든 노력을 바치는 것이다.
　………………………………
이와 반대로 우리는 영혼의 복잡성을 대할 때, 그것을 재현해 나감에 따라 본능적으로 조직화하는 것이다.'

이만해도 이미 문제는 크다. 그러나 리비에르는 한 걸음 더 나아가 이렇게 말한다.

'필요하다면 우리는 짓눌러 버리기도 한다. 우리는 잘 들어맞지 않는 어떤 사소한 특징을 없애 버리고, 심리적 통일성을 꾸미는 데 가장 유리한 방향으로 애매한 세부를 해석해 놓는다.

……………………………

심연의 완전한 폐쇄, 이것이 우리가 지양하는 상태이다.'

가령 나는 발자크와 같은 작가에게 어떤 '심연'이나 모순된 것이나 또는 설명할 수 없는 것이 전혀 없다고까지는 믿지 않는다. 또한 도스토옙스키의 심연도 얼핏 생각하듯이 그렇게 설명하기 어려운 것이라고는 생각하지 않는다. 발자크에 있어서의 심연의 실례를 하나 들어 보자. 나는 그것을 〈절대의 탐구〉에서 발견할 수 있다. 발타자르 클라에스는 화금석(化金石)을 찾고 있다. 표면상으로는 그는 유년 시절의 종교적인 소양을 완전히 잊고 있다. 그가 하는 탐구만이 오직 그를 사로잡고 있다. 그는 남편의 자유 사상을 두려워하는 경건한 아내 조제핀을 거들떠보지도 않는다. 하루는 그녀가 별안간 실험실로 뛰어 들어온다. 그때 문에서 일어난 바람이 폭발을 일으킨다. 클라에스 부인은 기절한다……. 그러자 발타자르의 입에서는 어떤 외침이 터져 나왔다. 그의 사상의 침식에도 불구하고 그 외침으로 갑자기 어릴 때의 신앙이 다시 살아난 것이다. '하느님 고맙습니다. 당신은 살았구려! 성자들이 당신을 죽지 않게 보호해 준 거요.' 이처럼 발자크는 강조하지 않는다. 분명히 이 책을 읽는 사람은 거의 틀림없이 이런 단층을 눈치채지 못하리라. 그것이 보여 주는 심연은 설명이 불가능하지는 않지만 설명되지 않은 채로 남아 있는 것이다. 사실 발자크는 이런 점에 관심을 가진 것이 아니다. 그에게 중요한 것은 자가당착에 빠지지 않는 인물을 만들어내는 것이었고, 이런 의미에서 그는 프랑스 국민의 감정과 일치한다. 왜냐하면 우리는 프랑스 국민의 감정과 일치하며 프랑스 사람이 가장 필요로 하는 것은 논리이기 때문이다.

사실, '인간 희극'의 인물들뿐 아니라 우리가 체험하는 현실적 희극의 인물들 역시 발자크의 이상에 따라 그려져 있다고 말할 수 있다. 다시 말하면, 우리가 존재하는 한 우리 모든 프랑스 사람들은 자기 자신을 발자크의 이상에 따라 그리는 것이다. 비록 우리에게 행동이나 말이 서로 맞지 않는 모순된 점이 있다 하더라도 그런 모순은 성가시고 우스운 것으로만 보일 따름이다. 우리는 그것을 부정한다. 그것을 되도록 생각하지 않고 없애 버리려 애쓴다. 우리는 모두 자신의 통일성과 지속성을 의식하고 있으며, 우리 속에 깃들어 있는 억압되고 무의식적인 것, 즉 우리가 본 바와 같이 클라에스에게 별안간 나타나는 감정과 같은 것에 관해서 말하자면, 우리는 그것을 짓눌러 버리거나 적어도 가볍게 보고 무시하려는 경향이 있다. 우리는 우리의 자화상을 미리 그려 놓고, 그 모습에 따라서 행동한다. 우리의 대부분의 행동은 기쁨에 따라서 이루어지는 것이 아니라 스스로를 닮고 미래 속에 과거를 투영시키려는 욕구에 따라 이루어진다. 우리는 진실, 즉 성실성을 직선과 같은 지속성과 순수성을 위해서 희생시키는 것이다.

　이에 비하여, 도스토옙스키는 우리에게 무엇을 보여 주고 있는 것일까? 그의 인물들은 조금도 꺼리지 않고 자기의 본성이 저지를 수 있는 모든 모순과 부정에 선뜻 몸을 내맡기고 만다. 도스토옙스키에게 가장 큰 흥미를 느끼게 한 것은 모순이라는 사실이다. 그는 모순을 감추기는커녕 늘 그것을 드러내고 밝혀냈던 것이다.

　도스토옙스키의 작품에는 아직도 설명되지 못한 것이 많다. 그러나 우리도 도스토옙스키의 생각처럼 인간의 내면에는 모순된 감정이 공존하고 있다는 것을 인정한다면, 설명하기에 불가능한 것이 많다고는 생각하지 않을 것이다. 도스토옙스키에 있어서는 인물들의 감정이 극단까지 발전되고 터무니없이 과장되어 있기 때문에 이러한 감정의 공존이 한층 더 역설적으로 보이는 것이다.

　나는 이 점을 강조해야겠다고 생각한다. 왜냐하면 여러분은 아마 이렇게 생각할지도 모르기 때문이다. "그런 것 정도는 우리도 알고 있다. 그것은 코르네유에서 보는 바와 같은 정열과 의무 사이의 갈등말고는 아무것도 아니다. 하지만 문제는 그런 점에 있는 것이 아니다. 코르네유가 보여 주는 프랑스적인 주인공은 어떤 이상형을 늘 염두에 둔다. 하기야 그 이상형이 자기 자신이기는 하다. 그러나 그것은 스스로 바라고 또 그렇게 되고자 하는 자기 자신이며, 결코 있는 그대로의 자기 자신, 즉 인간이 스스로에게 몸을 내맡기면 그렇게 되리라고 생각되는 자기 자신은 아니다. 코르네유가 그리고 있는 내적 갈등이란, 이상적이며 모범적인 존재와 주인공이 애써 부정하려는 자연적인 존재와의 사이의 갈등이다. 요컨대 그것은 줄 드 고티에 씨가 붙인, 말하자면 보바리즘과 그렇게 다른 것은 아니다. 이 명칭은 플로베르의 여주인공에서 따온 것인데, 어떤 인간이 자기의 생활을 상상적 생활로서 뒤덮고, 자기가 스스로 믿는 것, 되고자 하는 것이 되기 위해서 실제적 존재를 포기하는 경향을 가리키는 것이다.

되는 대로 살지 않고, 어떤 이상을 향하며, 이상과 합치하려고 애쓰는 모든 영웅, 모든 사람은 이중성, 즉 보바리즘을 보여 주는 것이다.

그러나 우리가 도스토옙스키의 소설에서 보게 되는 이중성의 실례는 이것과 매우 다르다. 그것은 꽤 자주 볼 수 있는 다음과 같은 병리적인 경우와는 전혀 관계가 없거나 거의 없다. 이런 경우에는 제2의 인격이 제1의 인격과 접합되어 번갈아 나타난다. 두 가지 계통의 감각과 기억의 연합체가 서로 모르는 사이에 형성된다. 이윽고 우리는 같은 몸 속에 서로 다른 두 개의 인격과 두 개의 주인을 갖게 된다. 그것들은 서로 자리를 양보하고 모르는 사이에 잇달아 온다(이 현상에 관해서는 스티븐슨 씨가 그의 기막힌 환상 소설 《지킬 박사와 하이드 씨》에서 비상한 실례를 보여 주고 있다).

하지만 도스토옙스키의 경우에는 이 모든 일이 한꺼번에 일어나고, 각 인물이 자기의 모순과 이중성을 스스로 의식하는 것이다. 이 점이 바로 우리를 어리둥절하게 만든다.

어떤 주인공은 가장 심한 흥분 상태에 빠져 있으면서도, 그것이 증오 때문인지 또는 사랑 때문인지 스스로 의심하는 경우도 있다. 그 두 가지의 대립되는 감정이 한 몸 속에 뒤섞여서 분간할 수 없게 되는 것이다.

'갑자기 라스콜리니코프는 자기가 소냐를 미워한다는 것을 스스로 깨달은 듯이 생각하였다. 그런 야릇한 발견에 놀라고 또 겁이 나기까지 해서, 그는 별안간 고개를 쳐들고 소녀의 얼굴을 유심히 살펴보았다. 이윽고 그의 마음으로부터 증오가 사라졌다. 그것이 아니었다. 그는 자기가 느끼고 있는 감정의 본체를 잘못 알았던 것이다.'

자기가 느끼는 감정을 스스로 오해하는 일, 우리는 그 예를 마리보나 라신에게서도 가끔 느끼게 된다. 때로는 그런 감정의 하나가 과장 그 자체를 통해서 말라 없어지기도 한다. 감정의 표현이 감정을 표현하는 인간 자체를 당황케 하는 것인지도 모른다. 이런 경우에는 감정의 이중성은 없다. 그러나 한결 특이한 예를 하나 보자. 《미성년》의 아버지 베르실로프는 다음과 같이 말한다.

"차라리 내가 무능한 인간이며 그 때문에 괴롭기라도 하다면…… 그러나 그런 것이 아니다. 나는 내가 이만저만 강하지 않다는 것을 잘 알고 있다. 그렇다면 내 힘은 무엇일까? 아마도 너는 그런 질문을 하겠지. 그것은 바로 모든 사람에게, 모든 것에 적응할 수 있는 비상한 힘이다. 내 세대의 총명한 러시아 사람들은 그런 힘을 아주 많이 가지고 있단다. 나를 없애 버리거나 오므라뜨리거나 놀랍게 할 수 있는 것이란 전혀 없다. 나는 집 지키는 개와 같은 끈질긴 생명력을 가지고 있다. 나는 상반되는 두 가지 감정을 동시에 내 속에 지니고 있다. 아주 편안하게. 일부러 그러려는 게 아니라 자연적으로 말이다."

'나는 이 어긋나는 감정의 공전을 설명하려는 것이 아니다'라고 《악령》의 서술자는 분명히 말하고 있다. 우리는 베르실로프의 말을 좀더 들어 보기로 한다.

"내 가슴에는 할 말이 산더미 같이 많지만 그것을 입에 올릴 수가 없군. 나는 내가 두 토막으로 갈라지는 것 같다."
그는 우리 모두를 살펴보았다. 매우 진중한 얼굴을 하고 우리 가슴속에 파고드는 성실한 기색을 내보이면서 "정말이지 두 토막이 나는 것 같고, 그것이 정녕 무섭단 말이다. 마치 여러분의 분신이 곁에 버티고 있는 듯이. 여러분 자신은 총명하고 이치를 아는데, 그 분신은 반드시 터무니없는 짓을 하고야 말겠다는 거지. 갑자기 여러분은 그런 짓을 저지르려는 것이 자기 자신인 것을 알게 된단 말이다. 바라지도 않고 또 온 힘을 다해서 저항을 해도 그러고 싶어서 못 견디는 거야. 나는 전에 한 의사를 알고 있었는데, 그 사람은 교회에서 부친의 장례식을 올리고 있는 중에 갑자기 휘파람을 불기 시작했지. 내가 오늘 장례식에 가지 않은 것도 같은 이유 때문이야. 뒷날 처량하게 인생을 마친 그 의사처럼 나도 분명히 휘파람을 불거나 껄껄거리고 말 거라고 생각했단 말이다."

또한 이런 구절도 있다. *¹

《악령》의 야릇한 주인공 스타브로긴은 이렇게 말한다.

"나는 과거에 늘 그랬던 것처럼 착한 행동을 하려는 욕망을 품을 수가 있다. 그래서 쾌감을 느끼기도 한다. 그러나 또 한편으로는 나쁜 행동을 하려는 욕망도 있다. 그럴 때도 역시 나는 만족감을 느낄 수 있다."*²
나는 윌리엄 블레이크의 몇몇 구절을 등불 삼아 이런 뚜렷한 모순, 특히 스타브로긴의 이 야릇한 선언을 밝혀 볼 생각이다. 그러나 잠시 이 설명을 보류해 두자.

4

지난번 강연에서 우리는 도스토옙스키의 대부분의 인물에 생명력을 불어넣는 동시에 그들을 찢어 놓고 있는 불안스러운 이중성을 살펴보았다. 그 이중성에 관련해서, 라스콜리니코프의 친구는 《죄와 벌》의 그 주인공을 두고 이렇게 말하고 있다.

"정말이지 그 사람 속에는 두 가지의 대립되는 성격이 있어서 그것이 번갈아 나타나는 것 같습니다."

---

*1 '베르실로프는 어떤 일정한 목적을 두고 지향하는 일이 없었다. 상반되는 감정이 광풍과 같이 휘몰아쳐서 그의 이성을 어지럽히는 것이었다. 그렇다고 해서 나는 베르실로프가 문자 그대로 미쳤다고는 생각하지 않는다. 더구나 오늘날 그는 전혀 미친 데가 없으니 말이다. 그러나 그의 '분신'이라는 점만을 인정한다. 그리고 한 전문가가 낸 최근의 책을 보니 나의 견해가 옳다는 것을 확인할 수가 있다……. '분신'은 매우 중대한 정신 장애의 초기적 현상이며, 마침내는 상당히 우려되는 결과를 빚어낸다.' 이렇게 되면, 우리가 앞서 언급한 병리적 경우와 같은 것이 되고 만다.
*2 보들레르의 《일기》를 보면 또한 이런 구절이 있다. "누구에게나 항상 두 가지의 소원이 동시에 존재한다. 하나는 신으로 향하는 것이며, 또 하나는 악마로 향하는 것이다."

만일 이런 성격이 다만 번갈아 나타나기만 할 뿐이라면 그나마 별 문제가 없으리라. 그러나 앞서 본 바와 같이 그것들이 동시에 나타나는 일이 있는 것이다. 이러한 모순되는 충동 하나하나가 그 표현과 출현 그 자체 때문에 힘을 잃고, 말하자면 전락하고 자신을 잃어 마침내는 정반대되는 충동에 제 자리를 물려주는 경우를 우리는 보았다. 그리하여 주인공은 그의 증오를 과장했을 순간 가장 사랑에 가까우며, 또 사랑을 과장했을 순간 가장 증오에 가까운 것이다.

우리는 모든 작중 인물들이, 특히 여성들이 자기의 모순을 걱정스럽게 예감하는 것을 발견할 수가 있다. 같은 기분과 같은 결심을 오랫동안 지켜 나갈 수 없으리라는 두려움이 그들로 하여금 느닷없이 엉뚱하고 돌변적인 행동으로 나서게 하는 것이다. 《악령》의 리자는 말한다.

"내 결심이 채 1분도 지속되지 못한다는 것을 오래전부터 알고 있어서 당장에 마음을 먹었답니다."

나는 오늘 이런 기묘한 이중성이 가져오는 몇몇 결과를 살펴보려고 한다. 그러나 우선 그 이중성이 실제로 있는 것인지 혹은 도스토옙스키가 상상한 것에 지나지 않는지를 여러분과 같이 생각해 보기로 하자. 도스토옙스키는 현실적으로 정녕 그런 예를 얻었던 것일까? 그런 면에서 자연을 관찰한 것일까, 혹은 사상의 세계에서 자기 만족에 빠졌던 것일까?
'자연은 예술이 제공하는 것을 모방한다.' 오스카 와일드는 《의향론집(意向論集)》에서 이렇게 말하고, 그럴듯한 약간의 암시를 통해서 이런 분명한 역설을 설명하면서 좋아하고 있다.
'최근 자연이 얼마나 코로이 풍경화와 비슷하게 되었는지를 여러분은 주목했으리라.' 와일드는 결국 이런 말을 하였다.
그가 한 말은 다음과 같은 의미를 내포하는 것이다. 즉, 우리는 보통 관습화된 방법으로 자연을 본다. 우리는 예술 작품이 보도록 가르쳐 준 것밖에는 자연에서 보지 못한다. 한 화가가 그의 작품에서 개인적인 비전을 표현하고 발표하면, 그가 우리에게 제공하는 자연의 새로운 모습은 처음에는 역설적이며 불성실하며 거의 기괴하게 보이기까지 한다. 그러나 이윽고 우리는 마치 이 새로운 예술 작품을 정당화 시켜 주려는 것처럼 자연을 바라보는 습관을 붙이고, 화가가 우리에게 보여 주는 것을 자연에서 인정하게 된다. 이런 곡절로 새롭고 다른 방법을 익히게 된 눈에는 자연이 예술 작품을 '모방'하는 듯이 보이는 것이다.

회화에 관해서 지금 말한 것은 소설과 심리라는 내면적 풍경에 관해서도 역시 들어맞는다. 우리는 일반적으로 인정된 여건 위에서 살고 있다. 그리고 있는 그대로의 모습에 따라서가 아니라 남이 어떠하다고 일러 준 모습에 따라서 이 세상을 보는 습관이 생기게 된다. 이것은 병이다, 라고 지적되지 않았다면 병이라고 생각되지 않을 일이 얼마나 많았겠는가! 하지만 도스토옙스키의 작품을 읽고 시야를 넓히게 되었으므로, 우리는 얼마나 많은 야릇하고 병리적이고 변태적인 상태를 우리의 주위와 마음속에서 인식하게 되었던 것일까! 그렇다, 분명코 도스토옙스키는 어떤 현상에 대해서 우리의 눈을 뜨게 한다. 그런 현상은 아마도 없지는 않았을 텐데, 우리는 다만 그것을 여태껏 인식할 능력이 없었던 것이다.

거의 모든 사람이 드러내는 복잡성 앞에서, 우리의 시선은 자연히 무의식적으로, 단순화로 향하는 것이다.

이것이 바로 프랑스 소설가의 본능적인 노력이다. 프랑스 소설가는 성격으로부터 주요한 재료 몇몇을 끌어내고, 한 모습 속에서 선명한 선을 식별하고 정연한 윤곽을 드러내 보이려고 애쓴다. 발자크든 다른 소설가든 가장 두드러진 것은 양식화를 위한 욕망과 필요이다……. 그러나 윤곽이 명확하고, 막연한 것이 없고 그림자가 결핍되었다는 바로 그 이유 때문에 프랑스 문학의 심리학을 무시하고 멸시한다면 그것은 큰 잘못일 것이다. 그리고 나는 수많은 외국인들이 이런 잘못을 저지르지나 않을까 두려워진다.

여기에서 니체를 떠올려 보자. 특이하고 날카로운 눈매를 가진 그는 도리어 프랑스 심리가들의 특출한 우수성을 인정하고 공언했다. 심지어는 그들을—소설가보다도 모럴리스트를—전유럽의 거장으로 간주할 정도였다. 사실 우리는 18세기와 16세기에 걸쳐서 유례없는 분석가들을 가졌었다(특히 우리의 모럴리스트를 두고 하는 말이다). 그런데 오늘날의 소설가들이 그들과 맞설 만하다고는 확신할 수 없다. 왜냐하면 프랑스에는 공식을 지키려는 유감스러운 경향이 있기 때문이다. 그 공식은 곧 수법이 되고, 우리는 거기에 의지하고 그것을 넘어서려고 하지 않는 것이다.

라 로슈푸코가 심리연구에 비상한 공헌을 했지만 나는 이미 다른 곳에서, 그의 격언들이 완전하다는 바로 그 이유 때문에 심리 연구의 발달을 어느 정도 가로막았다는 뜻의 말을 한 적이 있다. 외람된 일이지만, 나는 나 자신의 글을 인용해 보려고 한다. 내가 1910년에 쓴 것을 그 당시보다 더 훌륭하게 말하기는 어렵다는 생각이 들기 때문이다.

'라 로슈푸코는 인간 마음의 모든 움직임을 자존심의 충동으로 환원할 수 있다고 생각했다. 하지만 그럼으로써 라 로슈푸코가 독특한 통찰력을 발휘한 것인지 혹은 보다 적절한 탐구의 노력을 가로막은 것인지 판단하기가 어렵다. 일단 그 공식이 발견되자 사람들은 거기에 매달렸으며, 수세기를 지나서까지 그 설명을 믿고 살아 왔다. 가장 회의적인 심리 연구가 가장 고상하고 가장 힘든 행동에 관해서조차도 이기주의라는 숨은 원동력을 가장 잘 드러낼 줄 아는 심리 연구가가 제일 노련한 것처럼 생각되었다. 그 때문에 인간의 영혼에 깃들어 있는 모든 모순을 그는 간과하였다. 내가 로슈푸코를 비난하는 것은 그가 자존심을 들추어냈기 때문이 아니라 오직 자존심만을 끝끝내 내세우기 때문이다. 자존심을 들추어냄으로써 나는 모든 일을 다했다고 믿는 그런 태도가 못마땅한 것이다. 나는 특히 그를 뒤따른 사람들이 거기에만 머물러 있는 것을 책망하는 것이다.'

우리는 프랑스 문학 전체를 통해서, 형식화되지 않은 것에 대한 두려움이 있고, 이 두려움은 아직도 일정한 형태를 갖추지 못한 것에 대한 어떤 상황으로 발전하기까지 한다는 것을 알고 있다. 나는 프랑스 소설에서 어린아이들이 차지하는 위치가 영국 소설이나 러시아 소설에 비해서 매우 낮다는 사실을 이런 점에서 이해하는 것이다. 우리나라의 소설에서 어린애가 등장하는 일은 거의 없고 비록 그런 경우가 매우 드물게 있다 하더라도 그 어린애들은 판에 박은 듯하고 어색하고 싱거울 따름이다.

이와 반대로 도스토옙스키의 소설에서는 어린애들이 많이 나온다. 심지어 그들은 가장 중요한 작중 인물을 포함해서 대부분의 인물들이 아직도 젊고 완전히 형성되어 있지 않은 부류들이다. 도스토옙스키의 가장 큰 관심을 끄는 문제는 감정의 발생인 듯하다. 그는 아직도 의심스러운 상태로 남아 있는 감정, 말하자면 아직도 유충의 상태로 남아 있는 감정을 우리에게 그려 보일 때가 가장 많다.

도스토옙스키는 특히 기성의 도덕이나 심리학에 대해서 도전하는 경우, 매우 엉뚱한 경우에 정신을 쏟는다. 이와 같은 기성의 도덕이나 심리학 앞에서 그 자신이 거북하게 느끼는 것이 분명하다. 그러므로 그의 기질은 이미 확정되었다고 생각되는 어떤 규칙에 대해 괴로운 대립을 보인다. 그는 그런 규칙에 만족할 수 없는 것이다.

우리는 루소의 경우에서도 이와 동일한 거북함과 불만을 찾아볼 수가 있다. 도스토옙스키가 간질 환자였고, 루소는 미쳐 버린 것을 우리는 알고 있다. 그들의 사상을 형성함에 있어 그러한 병이 어떤 역할을 했느냐는 문제에 대해서는 차후에 자세히 말하려고 한다. 오늘은 다만 이런 변칙적인 생리가 군중의 심리학이나 도덕에 대해서 반항하는 한 계기를 마련해 준다는 사실만을 인정해두기로 하자.

인간의 내부에 설명하지 못할 것은 없을지 모르지만 아직도 설명되지 않은 것이 남아 있다. 그러나 앞서 말한 이중성을 일단 인정했기에, 도스토옙스키가 얼마나 기막힌 논리에 따라서 그 결과를 추구하고 있는지를 살펴 나가기로 하자. 그리고 우선 도스토옙스키의 인물들은 대부분 일부다처인 것에 주목하자. 다시 말하면, 그들 성격의 복잡성을 충족시키기 위해서 나처럼 거의 모든 인물이 동시에 여러 가지 사랑을 할 수 있는 것이다. 또한 이 전제로부터 나오는 필연적인 또 하나의 귀결은 질투라는 감정을 갖는 것이 거의 불가능하다는 점이다. 그들은 서로 질투할 줄도 모르고 할 수도 없는 것이다.

그러나 우선 도스토옙스키의 인물들이 보여주는 일부다처의 경우를 살펴보자. 미슈킨 공작은 아글라야 에판친과 나스타샤 필리포브나 사이에 끼어 있다.

"나는 진심으로 그 여자를 사랑하고 있습니다."
그는 나스타샤에 대해 이렇게 말한다.

"그런데 동시에 아글라야 이바노브나에게도 사랑을 맹세하였단 말입니까?"

"네, 그렇습니다, 맹세했습니다."

"공작, 당신이 하는 말을 좀 스스로 생각해 보십시오. 잘 따져 보세요……. 아무래도 당신은 어느 쪽 여자도 사랑한 일이 없는 것 같군요……. 한꺼번에 두 여자를 사랑하고 더구나 다른 방식으로 사랑한다니 그럴 수가 있습니까? 참 이상하군요……."

또한 두 사람의 여주인공 역시 두 갈래의 사랑에 빠져 있다. 이와 아울러 드미트리 카라마조프가 그루셍카와 나스타샤 이바노브의 사이에 끼어 있다는 사실을 상기해 보라. 또 베르실로프의 경우를 보라.

그 이외에도 얼마든지 다른 예를 들 수가 있다. 혹시 이 두 가지 사랑 중의 하나는 육욕적이고, 또 하나는 신비적이라고 생각하는 사람이 있을지도 모른다. 그러나 이 설명은 너무도 단순하다. 하기야 도스토옙스키 자신도 이 점에 관해서는 분명한 말을 하고 있지 않다. 그는 우리로 하여금 여러 가지 감정을 세울 수 있도록 할 뿐 우리를 도와주지는 않는다. 나 자신도 《백치》를 네 번째 읽었을 때에야 비로소 다음과 같은 점을 알게 되었는데, 이제 와서는 그것이 분명한 것으로 여겨진다. 즉, 미슈킨 공작에 대한 에팔친 장군 부인의 감정이 급하게 변한 것이나, 장군 부인의 딸이며 공작의 약혼자인 아글라야의 불안은, 두 여인이 모두 (물론 어머니 편이 더 그렇지만) 공작의 인품의 야릇한 점을 느끼고 그가 괜찮은 남편이 될 수 있을지 확신할 수 없는 데서 생겨나는 것이다. 도스토옙스키는 여러 차례에 걸쳐 미슈킨 공작의 순결을 강조하고 있는데, 미래의 장모인 장군 부인을 불안케 하는 것은 바로 이 순결 때문이다.

아무튼 한 가지 분명한 일은, 아글라야를 보러 가서 그녀와 이야기하고 그녀의 곁에 앉고 함께 산책을 할 수 있다는 사실만으로도 그는 행복의 절정에 오른 듯이 느꼈다는 사실이다. 심지어는 그 정도로 일생 동안 만족했을지도 모를 일이다. 에판친 장군 부인이 남몰래 불안해한 것도 결국은 이처럼 정열이 미지근했기 때문이리라. 그녀는 공작이 플라토닉한 애인이라고 짐작했다. 비록 자기의 두려움이 어디서 온 것인지 꼬집어서 말할 수는 없었지만, 그녀는 속으로 걱정할 일이 한두 가지가 아니었다.

또한 가장 육욕적이지 않은 사랑이 다른 소설에서도 흔히 그렇지만, 가장 강하다는 사실도 주목해 두자. 나는 이것이 매우 중요한 일이라고 생각한다.

나는 도스토옙스키의 사상을 내 멋대로 새기려는 것이 아니다. 나는 이 이중의 사랑과 질투심의 결핍이 언제나 필연적으로 자기 만족적인 배분의 사상에 이르는 것이라고 주장하려는 것은 아니다. 그것은 차라리 자기 포기이다. 이 경우에도 역시 도스토옙스키는 자기의 의견을 분명히 말해 놓고 있지 않다.

질투의 문제는 처음부터 내내 도스토옙스키의 머리에서 떠나지 않았다. 이미 그의 초기 작품(《타인의 아내》)에서 우리는 오델로가 질투자의 진실한 전형이라고 생각해서는 안 된다는 역설을 찾아볼 수 있다. 그리고 이 주장은 무엇보다도 관례적인 생각에 반대하려는 욕구에서 나온 것이라고 봐도 좋으리라.

도스토옙스키는 그 뒤 다시 이 문제를 꺼냈다. 그는 만년의 작품인 《미성년》에서 오델로에 대해 또 한번 언급한 것이다.

'베르실로프가 언젠가 이런 말을 합니다. 오델로가 데스데모나를 죽이고 자기도 죽은 것은 질투 때문이 아니라, 자기의 이상을 빼앗겼기 때문이라고.'

이것은 정녕 하나의 역설에 지나지 않는 것일까? 나는 최근 코울리지를 읽다가 이것과 매우 흡사한 글에 마주친 일이 있다. 너무나 비슷해서 도스토옙스키가 혹시 그것을 알고 있지나 않았을까 하는 의심이 생길 정도이다. 코울리지는 바로 오델로를 두고 이렇게 말하고 있다.

"나는 오델로를 괴롭힌 것이 질투의 감정이라고는 생각하지 않는다……. 그것은 차라리, 그의 눈에 천사처럼 보였고, 그의 마음의 우상이었고 그가 시종 사랑해 온 여인을 이제 더럽고 멸시할 계집으로 인정해야 하는 괴로움과 고뇌라고 보는 것이 마땅하리라. 그렇다, 그것은 이미 그녀를 사랑하지 않으려는 투쟁이며 노력이다. 정절의 파산을 앞에 둔 도덕적 분노와 절망이 그로 하여금 이렇게 외치게 하는 것이다. '하지만 유감스런 일이군, 아이고, 애석한 일이야! But yet the bity of it Iago, O Iago, the bity of it, Iago(이 외침을 프랑스 말로는 대략 이렇게밖에는 번역할 수 없다. Mais que cela est dommage, Iago, que cela est dommage!).'"

도스토옙스키의 인물들이 질투를 모른다니? 내 말이 지나쳤다면 어느 정도 수정해 두는 것이 필요할 것이다. 도스토옙스키의 인물들은 질투라는 감정을 통해서 고통밖에는 느끼지 않는다. 그것은 라이벌에 대한 증오를 동반하지 않는 괴로움이다(이 점이 중요하다). 뒤이어 언급하는 바와 같이, 비록 《영원한 남편》에서처럼 증오가 있다 하더라도, 이 증오는 라이벌에 대한 신비하고 야릇한 사랑에 의해서 균형화되고 억압되어 있는 것이다. 그러나 대부분의 경우에는 증오도 없고 또 고통조차도 없다. 우리는 이제 장 자크 루소를 다시 떠올리게 된다. 그는 바랑스 부인이 자기의 라이벌인 클로드 아네에게 호의를 베풀어도 불평하지 않고, 또 우드토 부인의 생각을 하면서는 《참회록》에 이렇게 썼다.

'결국 그녀에게 아무리 열렬한 사랑을 품었다 해도, 나는 그녀의 사랑의 대상이 되었을 때나 다른 남자에 대한 그녀의 사랑의 고백을 들었을 때나, 한결같이 즐거웠다. 나는 그녀의 애인을 내 라이벌이라고 생각해 본 일은 일찍이 없었으며 항상 친구로서 대했다(여기에서 그녀의 애인이란 상 랑베르를 가리키는 말이다). 혹시 그런 사랑이 어디 있느냐고 말할 사람이 있을지도 모른다. 하지만 그것은 사랑 이상의 것이었다.'

《악령》에는 이런 말이 있다.

'스타브로긴은 질투하기는커녕 자기의 라이벌에게 우정을 느꼈다.'

나는 이 문제를 더 깊이 살피기 위해서, 다시 말하면 도스토옙스키의 생각을 보다 잘 이해하기 위해서 여러 방향으로 생각해 보려고 한다. 최근 그의 작품 대부분을 다시 읽고 나니, 도스토옙스키가 어떤 과정을 밟아 한 책에서 다른 책으로 넘어갔느냐는 점을 알아보는 것이 특히 재미있는 일이리라는 생각이 들었다. 그가 《죽음의 집의 기록》을 마친 뒤에, 《죄와 벌》에서 라스콜리니코프의 이야기—그를 시베리아로 끌고 간 범죄의 이야기를 쓰게 된 것은 물론 자연스러운 일이다. 그런데 《죄와 벌》의 마지막 페이지가 어떻게 《백치》의 서론처럼 되어 있느냐는 점을 살피는 것은 한결 재미있는 문제가 된다. 여러분도 기억하다시피 《죄와 벌》은 라스콜리니코프가 시베리아에 가서 새로운 정신 세계로 들어선 이야기로 끝난다. 그는 자기의 생애에 일어난 모든 사건이 중요성을 잃었다고 말한다. 그의 죄도, 뉘우침도 또 심지어는 수난까지도 마치 남의 일처럼 여겨지는 것이다.

'생활이 이론과 자리를 바꾸었다. 그에게는 이미 감각밖에는 없었다.'

《백치》의 서두에서 미슈킨 공작은 정확히 이런 상태에 있다. 이 상태는 특히 기독교적 상태라고 말할 수가 있고, 또 도스토옙스키가 보기에는 분명히 그럴 것이다. 이 문제는 잠깐 뒤로 미루어 두자.
도스토옙스키는 인간의 영혼에 있어서 여러 개의 충돌—일종의 성층을 설정하는 것 같다. 설정한다느니보다도 단순히 인식한다고 말할 수 있으리라. 나는 그의 작품 속 인물을 통해서 세 개의 층, 세 개의 영역을 판별할 수가 있다. 첫째는 영혼과는 관계 없는 지적 영역인데 여기서부터 가장 나쁜 유혹이 생긴다. 도스토옙스키의 생각에 의하면 불성실한 요소, 악마적인 요소가 이곳에 자리를 차지하고 있다. 그러나 나는 우선 두 번째 층부터 살펴보고자 한다. 이것은 정열의 영역인데, 이 영역은 사나운 회오리바람 때문에 처참한 모습을 띠고 있다. 그러나 이런 폭풍우가 가져오는 사건들이 아무리 비극적일망정 작품 인물들의 영혼 그 자체에는 해독이 미치지 않는다. 정열이 해칠 수 없는 보다 깊은 영역이 있는 것이다. 부활, (톨스토이가 부여한 의미에 있어서) 예수가 말하는 이른바 《재생》이 라스콜리니코프와 더불어 우리를 이끌고 가는 곳이 바로 이 영역이기도 하다.
도스토옙스키가 어떻게 《백치》로부터 《영원한 남편》으로 옮아갔느냐? 이것은 더욱더 재미있는 문제이다. 여러분도 기억하겠지만 《백치》 마지막 부분에, 미슈킨공작은 그의 라이벌인 로고진이 막 죽인 나스타샤 필리포브나의 머리맡에 있게 한다. 그리고 두 라이벌이 곁에서 얼굴을 마주대고 있는 것이다. 그들은 서로 죽이려고 할 것인가? 천만의 말이다. 그들은 도리어 서로 껴안고 운다. 나스타샤의 발치에 둘이 나란히 누워서 밤을 새운다.

'무서운 열에 사로잡힌 로고진이 헛소리를 하고 악을 쓸 때마다 공작은 곧 불타는 듯한 손을 뻗어 그의 머리와 뺨을 어루만져 주면서 진정시키려고 하는 것이었다.'

여기에 벌써 《영원한 남편》의 주제가 거의 그대로 나온다. 《백치》는 1868년에, 《영원한 남편》은 1870년에 발표되었다. 어떤 문학자들은 《영원한 남편》이 도스토옙스키의 최대 걸작이라고 생각하고 있다(매우 총명한 마르셀 슈워브의 의견도 그랬다). 도스토옙스키의 최대 걸작이라는 말은 너무도 지나친 평가라고 말할 수 있다. 하나 그것이 걸작의 하나임은 분명하며 이 소설에 관해서 도스토옙스키 자신이 하고 있는 말을 들어 보면 재미있다. 그는 1869년 3월 18일 친구인 스트라코프에게 이렇게 썼다.

'내게는 이야깃거리가 하나 있습니다. 별로 대단한 것은 아니지만. 나는 벌써 3, 4년 전에 형이 세상을 떠났을 때 그 이야기를 쓰려고 했었습니다. 아폴론 그레고리에프가 나의 《지하실의 수기》를 칭찬하면서 '이런 것을 또 하나 써 보지'라고 말한 일이 있었기 때문입니다. 그러나 내가 하려는 이야기는 비록 본질은 같으나 형식은 전혀 다른 것입니다. 나의 영원한 본질……나는 그것을 아주 빨리 쓸 수가 있습니다. 왜냐하면 그 이야기에는 단 한 줄도, 한 마디의 말도 내게 분명치 않은 것이라고는 없기 때문입니다. 비록 한 자도 종이에 옮겨 놓지는 않았지만 내 머릿속에는 벌써 모든 것이 씌어져 있습니다.'

그리고 1869년 10월 27일의 편지에는 이런 말이 있다.

'이 중편의 3분의 2를 거의 완전히 쓰고 정서해 놓았습니다. 나는 이야기를 줄이려고 고심했지만 불가능한 일이었습니다. 그러나 문제는 분량에 있는 것이 아니라 질에 있습니다. 소설의 가치가 어떻다는 말을 나 자신은 전혀 할 수가 없습니다. 왜냐하면 나로서는 아무것도 모르고 또한 그것은 남들

이 판정해 주는 것이기 때문입니다.'

그러면 남들은 어떻게 판정해 주었던 것일까? 스트라코프의 말을 들어 보자.

"당신의 소설은 여기에서 매우 깊은 인상을 주었으며 내 생각으로는 성공이 틀림없습니다. 이 소설은 당신이 발표한 가장 세련된 작품 중의 하나이며, 주제로 보아도 당신이 지금까지 쓴 것 중에서 가장 흥미로운 것입니다. 나는 트루조츠키의 성격을 두고 하는 말입니다. 대부분의 사람들은 그것을 이해할 수 없겠죠. 그러나 모두 열심히 읽고 있고 앞으로도 읽을 것입니다."

《지하실의 수기》가 나온 것은 이보다 조금 전의 일이었다. 나는 《지하실의 수기》가 도스토옙스키 생애의 정점을 이루는 것이라고 생각한다. 나는 이 책이 그의 모든 작품을 푸는 열쇠라고 믿으며 그렇게 믿는 사람은 나 혼자만이 아니다. 하지만 이야기를 하면 지적 영역에 들어서게 되므로, 오늘은 언급하지 않으려고 한다. 지금으로서는 《영원한 남편》과 함께 정열의 영역에 머무르기로 하자. 이 얇은 책에는 남편과 애인이라는 두 사람의 인물밖에는 없다. 그러므로 그 이상의 압축은 불가능하리라. 이 소설 전체는 오늘날 우리가 '고전적'이라고 부르는 이상에 부응하고 있다. 행동 그 자체는—적어도 드라마를 야기하는 최초의 사건은—입센의 희곡에서처럼 이미 일어난 것으로 되어 있다.

벨차니노프는 지나간 사건들이 자기 자신의 눈에 다소 다른 모습을 띠기 시작하는 그런 인생의 한 시기에 놓여 있다.

'이제 40의 고개를 넘어설 순간에 이르니, 벌써 잔주름이 잡힌 그 눈에서는 밝음도, 착함도 거의 사라지고 말았다. 지금 그 두 눈이 보여 주는 것은 반대로 행실이 좋지 않고 쾌락에 지친 사람의 시니시즘(냉소주의)이었다. 혹은 전에는 볼 수 없었던 새로운 음영, 막연하고 대상이 없으나 깊디깊은 그런 슬픔의 음영이었다. 이 슬픔은 특히 혼자 있을 때 역력히 나타나 보였다.'

그런데 벨차니노프에게는 어떤 일이 있었을까? 그 나이에는, 그 인생의 고비에는 어떤 일이 있는 것일까? 지금까지는 재미있게 놀았고 그냥 살아 왔다. 그러나 우리는 갑자기 깨닫는다, 우리의 행동과 우리가 일으킨 사건들이 우리들에게서 떨어져 나가 마치 바다에 내던진 조각배처럼 이 세상에 내던져진다는 것을. 그렇게 되면 이 사건들은 우리와는 관계없이, 그리고 우리가 모르는 사이에 저 혼자 살기를 계속한다(조지 엘리어트는 《아담 비드》에서 이런 이야기를 기막히게 하고 있다). 사실, 벨차니노프는 자신의 인생에서 일어난 사건들을 이전과 똑같은 각도에서 볼 수가 없다. 다시 말하면 갑자기 자기의 책임을 의식하는 것이다. 그 무렵 그는 옛날에 알았던 한 사람을 만난다. 자기가 동침한 여자의 남편이다. 그런데 이 남편되는 사람이 그의 눈에는 퍽 환상적으로 보인다. 그가 벨차니노프를 피해 다니는 건지 혹은 추적하고 있는 건지 잘 알 수가 없다. 그는 길거리에서 별안간 솟아오르는 것 같다. 아주 야릇하게 돌아다니는 것이다. 그는 벨차니노프의 집 주위를 서성거리지만 처음에는 벨차니노프가 그를 알아보지 못한다.

나는 이 책의 줄거리를 모두 이야기하려는 것이 아니다. 또한 남편이 파벨 파블로비치 트루조츠키가 밤중에 찾아오고 나서 벨차니노프가 대신 그를 방문하게 된 곡절도 이야기하지 않겠다. 그들의 상호적인 관계는 처음에는 의심스러웠으나 차츰 분명해진다.

"파벨 파블로비치, 당신은 여기에 혼자 계신 것이 아니겠죠? 제가 들어왔을 때 같이 있던 소녀는 누구입니까?"

파벨 파블로비치는 놀랐다는 듯이 눈썹을 치올렸다. 그러고는 솔직하고 부드러운 시선을 보이고 웃음 지으며 대답했다.

"뭐라고 하셨죠? 그 소녀 말씀입니까? 그 애는 리자예요."

"리자라니요?"

벨차니노프가 중얼거렸다. 그러자 갑자기 가슴에 뭉클하는 것이 있었다. 너무나 돌발적인 감동이었다. 들어올 때 소녀를 보고 좀 놀라기도 했다. 그러나 아무런 예감도, 아무런 생각도 떠오르지 않았었다.

"리자예요. 우리 딸 리자란 말입니다."

파벨 파블로비치는 여전히 미소를 띠면서 거푸 말했다.

"아니, 따님이라구요? 그러면 나탈랴, 돌아간 나탈랴 바실리에브나에게 아이가 있었단 말입니까?"

벨차니노프가 물었다. 목이 멘 듯하고 둔중하지만 침착한 목소리였다.

"물론이죠……. 아참, 그렇지. 당신은 아실 리가 없겠군요. 내 머리가 돌았나 보군. 당신이 떠난 뒤에 하느님이 우리에게 복을 내려 주셨답니다……."

파벨 파블로비치는 다소 흥분된 듯이 의자 위에서 몸을 흔들었다. 그러나 여전히 상냥했다.

"저는 통 몰랐었습니다."

벨차니노프가 새파랗게 질린 얼굴로 말했다.

"물론이죠! 어떻게 아실 수 있었겠습니까?"

파벨 파블로비치는 감동 어린 음성으로 말을 이었다.

"죽은 아내와 저는 완전히 체념하고 있었습니다. 당신도 생각이 나시겠죠……. 그런데 갑자기 하느님께서 축복을 내려 주셨죠! 그때의 내 기분이 어땠는지는 아마 하느님밖에 모르실 겁니다. 당신이 떠난 지 꼭 1년만의 일이었죠. 아니, 꼭 1년은 아니었지……. 가만히 계십쇼……. 내 기억이 틀림없다면 당신이 떠난 것은 10월이나 11월이었을 텐데."

"제가 T에서 떠난 것은 9월 상순, 그렇지, 9월 12일이었어요. 기억이 분명합니다……."

"참 그랬던가? 9월이라? 흥……. 아니, 내 머리가 돈 게 아닐까?"

파벨 파블로비치는 깜짝 놀란 듯이 말했다.

"그러면 그렇다고 합시다. 당신이 떠난 것이 9월 12일이고 리자는 5월 8일에 났으니까 어떻게 된다? 9월, 10월, 11월, 12월, 1월, 2월, 3월, 4월……. 그러니 떠나시고 나서 약 여덟 달만이군요! ……그리고 혹시 아셨더라면, 죽은 아내가 얼마나……."

"리자를 만나게 해 주시죠. 이리 불러다 주세요."

벨차니노프는 목멘 소리로 상대방의 말을 가로막았다.

이리하여 벨차니노프는 대수롭게 여겨 본 일이 없던 한때의 사랑이 흔적을 남겼다는 것을 알게 된다. 그에게 한 의문이 생겨난다. 남편이 그것을 알고 있을까, 그리고 소설이 거의 끝날 때까지 독자도 의문을 품어 나갈 뿐이다. 도스토옙스키가 우리를 애매성 속에 몰아넣으며 벨차니노프를 괴롭히는 것도 바로 이 애매성이다. 그는 어떻게 생각해야 좋을지 모른다. 어느 쪽이냐 하면 파벨 파블로비치는 사실을 알면서도 모르는 척하는 것 같다. 짐짓 이런 애매성을 지켜 나감으로써 과거의 정부(情夫)를 괴롭히려는 것이다.

이 야릇한 소설을 해석할 수 있는 한 방법은 이렇다. 즉, 《영원한 남편》은 인습적인 감정과 관례적인 기성의 심리에 대한 진정하고 성실한 감정의 투쟁을 우리에게 보여 주는 것이다.

'해결은 하나밖에 없다. 그것은 결투다'라고 벨차니노프는 외친다. 그러나 결투라는 것은 어쭙잖은 해결 방법이며, 어떤 현실적인 감정도 만족시키지 못하고, 다만 허식적인 명예욕의 발산일 뿐이다. 그것은 앞서 말한 것처럼 바로 서구적 관념에 지나지 않는다. 그러나 이제 그런 것은 소용없다. 사실 파벨 파블로비치는 내심으로는 질투감 그 자체를 사랑하고 있다는 것을 우리는 곧 알게 된다. 그는 자기의 괴로움을 사랑하고 구한다. 이미 《지하실의 수기》에서도 이러한 괴로움의 추구는 대단히 중요한 역할을 하였다.

멜쉬오르 드 보규에 자작 이후 프랑스에서는 러시아 사람들의 '괴로움의 종교'에 관해서 떠들어 댔다. 프랑스 사람은 공식을 소중히 여기고 그것을 널리 이용한다. 그것은 작가를 박제로 만드는 것이다. 그리하여 우리는 그들을 쇼윈도에 진열해 놓는다. 프랑스 정신은 결정적인 것을 알려고 한다. 일단 그렇게 한 다음에는 더 이상 보러 갈 필요도 없고 생각할 필요도 없다—니체—그야 '초인. 위험한 삶을 영위하자'—톨스토이? '악에 대한 무저항주의'—입센? '북극의 우수'—다윈? '인간은 원숭이의 후손이다. 생존 경쟁'—단눈치오? '미의 예찬'. 만사가 이런 식이다. 공식화될 수 없는 사상을 가진 작가는 불행할지어다! 대중은 그런 작가를 받아들일 수 없기 때문이다 (바레스는 이런 점을 잘 알았기 때문에 그의 상품에 '대지와 사자들'이라는 표제를 꾸며 붙였던 것이다).

그렇다, 우리 프랑스 사람은 그럴듯한 말만 들으면 만족하고, 일단 공식이 발견된 뒤에는 모든 것이 말해지고 얻어졌으니 다른 일로 넘어가자고 생각하는 경향이 짙다. 그렇기 때문에 우리는 조프르의 '나는 그들을 갉아먹는다'는 말이나, 러시아의 '길닭기 롤러'의 덕분에 벌써 승리를 거두었다고 믿는 일도 가능했던 것이다.

'괴로움의 종교'—적어도 하나의 오해를 경계하자. 라스콜리니코프가 소냐의 발치에 몸을 내던졌을 때 그는 타인의 괴로움, 온 인류의 괴로움 앞에 무릎을 꿇은 것이다. 또 조시마 장로가 드미트리 카라마조프 앞에 엎드렸을 때도 마찬가지다. 하지만 여기에서 문제가 되어 있는 것은 그런 타인의 괴로움, 온 인류의 괴로움이 아니다. 적어도 그것만에 한정된 것이 아니라, 문제는 또한 자기 자신의 괴로움에 있는 것이다.

벨차니노프는 소설의 처음부터 끝까지 자문한다. 파벨 파블로비치 트루조츠키는 질투를 하는 것일까? 알고 있는 것일까? 모르는 것일까? 철없는 질문이다. 그는 분명히 알고 있는 것이다. 분명히 질투하고 있는 것이다. 하지만 그는 그 질투 자체를 기르고 간직하고 있단 말이다. 그가 찾고 사랑하는 것은 질투의 괴로움이다. 우리가 본 바와 같이 《지하실의 수기》의 주인공이 자기의 치통을 사랑하듯이.

질투하는 남편의 이런 무서운 괴로움에 관해서 독자는 거의 아는 바가 없다. 도스토옙스키는 트루조츠키 자신이 제 곁에 있는 사람들로 하여금 견디게 하는 끔찍한 괴로움을 통해서 다만 간접적으로만 그것을 우리에게 이해시키고 엿보게 해 줄 따름이다. 트루조츠키는 우선 자기가 사랑하는 소녀를 괴롭힌다. 소녀의 괴로움은 우리로 하여금 그 자신의 괴로움이 얼마나 큰 것인가를 짐작하게 해 준다. 파벨 파블로비치는 그녀를 괴롭히면서도 무척 귀여워한다. 정부였던 벨차니노프를 미워할 수 없듯이 그 소녀를 미워할 수 없는 것이다.

"벨차니노프, 당신은 리자가 내게 어떤 존재였는지 아십니까?"

그는 트루조츠키의 이 외침을 상기했다. 그리고 이것이 단순한 헛수작이 아니라는 것. 그의 괴로움은 진실하고 사랑에 넘쳐 있다는 것을 알게 된다. 사랑하는 아이에게 그렇게 잔인하다니 이 괴물 같은 사나이는 도대체 어찌 된 놈일까? 그럴 수가 있을까? 그러나 벨차니노프는 이런 물음을 물리치고 피했다. 이 물음에는 끔찍한 불안과 견딜 수 없고 해결할 수 없는 그 무엇이 깃들어 있는 것이다.

그가 가장 괴로워한 이유는 질투하려고 애써도 그럴 수가 없다는 사실 때문이다. 다시 말하자면 질투에 관해서는 오직 괴로움밖에 모르며, 아내가 자기보다도 좋아한 사나이를 미워할 수 없기 때문인 것이다. 그가 정부에게 겪게 하는 괴로움도, 딸에게 주는 괴로움도 모두 자기 자신이 빠져 있는 두려움과 불행에 대한 일종의 신비스러운 평형추와 같은 것이다. 그러면서도 트루조츠키는 복수를 꿈꾼다. 반드시 복수하고 싶은 것이 아니라 아마도 복수만이 이 무서운 불행에서 빠져 나올 수 있는 유일한 수단이라고 생각하기 때문이다. 여기에서는 관례적인 심리가 진실한 감정을 압도하고 있는 것을 우리는 알 수 있다.

"습관이 모든 것을 결정한다. 사랑에 있어서까지도"라고 보브나르그는 말했다.

또한 여러분은 라 로슈푸코의 격언을 상기할 수도 있을 것이다.

"사랑이란 말을 듣지 못했다고 사랑을 몰랐을 사람이 많겠는가?"

마찬가지로 우리는 이렇게 생각할 수는 없는 것일까? 만일 질투라는 말을 듣지 못했다면, 질투해야겠다고 스스로 다짐하지 않았다면, 질투라는 감정을 몰랐을 사람이 많겠는가?

분명히 관습은 허위의 커다란 공급자이다. 자기 자신과는 엉뚱하게 다른 인물의 역할을 일생 동안 맡지 않을 수 없게 된 사람이 얼마나 많은 것인가! 그리고 이미 규정되고 딱지가 붙지 않은 감정, 이미 전형이 마련되어 있지 않은 감정을 자기 자신 속에서 알아보기란 얼마나 어려운 일인가! 사람에게는, 그 무엇을 발명하는 것보다도 모든 것을 모방하는 편이 한결 손쉬운 것이다. 얼마나 많은 사람들이 허위로 말미암아 기형화되어서 평생을 보내는 것일까! 그들은 자기의 독특한 감정을 성실하게 긍정하기보다는 무슨 일이 있더라도 관습이라는 허위 속에서 사는 것이 더 편안하다고 생각하는 것이다. 만일 자기의 감정을 긍정하려면 일종의 새로운 개척이 필요할 텐데, 그들은 그럴 능력이 없음을 스스로 느끼는 것이다.

트루조츠키의 말을 들어 보자.

"그런데 알렉시스 이바노비치, 오늘 아침 마차 속에서 아주 우스운 이야기가 생각났어요. 그것을 말씀드려야겠습니다. 당신은 방금 '남의 목에 달려든' 사람의 이야기를 하셨지요. 당신은 세묜 페트로비치 리브초프를 기억하시겠죠? 당신이 T에 계실 동안 잘 오던 사람입니다. 그런데 그 친구에게 동생이 하나 있었죠. 역시 마찬가지로 페테르부르크 출신이고 미남이었는데 V지사(知事) 밑에서 일하고 있는 퍽 신용이 있던 사람입니다. 그 사람이 하루는 어떤 모임에서 골루벤코라는 대령과 싸움을 했습니다. 부인들도 동석해 있었고 그 중에는 마음에 든 여자도 있었죠. 그 사람은 큰 창피를 당했지만 꾹 참고 아무 말도 하지 않았습니다. 그런데 얼마 뒤에 골루벤코가 그의 의중에 있는 여자를 가로채서 청혼을 했습니다. 그때 리브초프가 어떻게 한지 아십니까 골루벤코의 친구가 되었답니다. 그뿐더러 그의 들러리를 서겠다는 거예요. 사실 결혼식날이 되자 그대로 했습니다. 더욱이 신랑 신부가 결혼의 축복을 받고 있을 때는 신랑에게 다가가서는 축하의 말을 하고 얼싸안았습니다. 그러더니 갑자기 귀한 손님들이 보는 앞에서 신랑의 배를 푹 찔러 쓰러뜨렸죠! ……들러리가 그랬다니! 이런 딱한 일이 어디 있겠습니까? 그뿐이 아닙니다. 칼부림을 하고 나서는 사방으로 미친 듯이 뛰어 다니며 '아이구, 내가 무슨 짓을 했담! 아이구 이게 어찌된 일이람!' 하고 외치며 울어대고 요동을 치면서 남자 여자 할 것 없이 모든 손님의 몸에 매달렸습니다. '아이구, 내가 무슨 짓을 했담!' 하, 하하! 포복 절도할 이야기죠. 그 골루벤코라는 녀석만 불쌍했죠. 하지만 목숨은 건졌습니다."

"내게 왜 그런 이야기를 하시는지 모르겠군요."

벨차니노프가 이맛살을 찌푸리면서 냉담하게 말했다.

"단지 칼부림을 했으니까 한 이야기죠."

파벨 파블로비치는 여전히 웃으면서 대답했다.

그런데 파블로비치의 진실하고 자연적인 감정이 나타난다. 그것은 때아니게도 벨차니노프가 간에 병이 들어 갑자기 그를 간호하게 되었을 때다. 나는 이 기막힌 장면 전체를 읽어 보려고 한다.

'환자는 눕자마자 잠이 들었다. 그날 하루 종일, 그리고 요새 쭉 계속해서 그를 긴장시킨 부자연한 흥분 상태에 뒤이어, 마치 어린애처럼 약해지고 있었다. 그러나 병이 극성을 부려 피로와 잠을 앗아 갔다. 한 시간이 지나자 벨차니노프는 눈을 뜨고 신음 소리를 내면서 소파 위에 일어나 앉았다. 폭풍우는 벌써 사라지고 방에는 담배 연기가 자욱했다. 빈 술병이 책상 위에 놓여 있었다. 파벨 파블로비치는 또 하나의 소파에서 자고 있었다. 옷을 입고 구두도 신은 채 두 다리를 쭉 뻗고 자고 있는 것이었다. 코안경이 호주머니에서 떨어져서 마룻바닥에 닿을 정도로 비단 끈에 대롱대롱 달려 있었다.'

인간 심리의 가장 야릇한 영역으로 우리를 끌고 들어갈 때 도스토옙스키는 우선 가장 사소한 점이라도 사실적으로 묘사하려고 하는데, 이것은 주목할 만한 사실이다. 만일 이런 방법으로 우리 앞에 나타나는 일들의 단단한 현실성을 되도록 강조해 두지 않으면 자칫하다가는 환상적이며 가공적으로 보일 염려가 있기 때문이다.

벨차니노프는 무섭게 괴로워한다. 이윽고 트루조츠키는 세심한 간호를 한다.

'그러나 왜 그런지 파벨 파블로비치는 마치 제 자식의 생명에 관한 일처럼 당황해서 어쩔 줄을 몰랐다. 그는 환자의 말에는 통 귀도 기울이지 않고, 마구 우겨댔다. 뜨거운 찜질을 해야 한다. 게다가 펄펄 끓을 정도로 데운 엷은 차를 두세 잔 단번에 마셔야 한다……. 그는 벨차니노프의 승낙도 받지 않고 마브라를 부르러 갔다. 그러고는 그녀를 부엌으로 데리고 가서 불을 피우고 사모와르에 차를 끓였다. 동시에 환자를 눕게 하고 옷을 벗기고 담요로 덮어 주었다. 12분쯤 지나자 차가 준비되고 최초의 찜질돌이 뜨거워졌다.

"이러면 되겠군……. 살을 태울 정도로 접시가 뜨거우니까!"

그는 수건에 싼 접시 하나를 벨차니노프의 가슴에 갖다 대면서 열띤 소리로 외쳤다.

"찜질돌이 따로 없어요. 사러 가자니 시간이 너무 걸리겠고……. 내 말을 믿으세요. 접시가 그래도 제일 좋습니다. 표트르 쿠즈미치에게 내 손으로 직접 시험해 본 일이 있으니까요……. 우물쭈물하다가는 죽을지도 모르는 거예요……. 자, 이 차를 쭉 들이켜세요. 목이 타도 할 수 없죠……. 살아야 하니까요. 이러구 저러구 할 때가 아니죠."

그는 아직도 잠이 덜 깬 마브라에게 호령했다. 3, 4분마다 접시를 갈았다. 세 번째로 접시를 갈고 끓는 차를 두 잔째 단숨에 마시고 나니 벨차니노프는 금방 속이 편해졌다.

"통증이 가라앉기만 하면 되는 거예요. 좋은 징조입니다!" 파벨 파블로비치가 외쳤다. 그러고는 사뭇 기쁜 낯을 하고 다른 접시와 차를 또 한 잔 가져오려고 뛰어갔다.

"아픈 것만 없어지면 되는 거예요. 아픈 것만 멎으면 대성공이죠."

그는 연거푸 되풀이했다. 반시간쯤 지나니 통증이 완전히 가셨다. 그러나 환자는 너무 기운이 없어서 파벨 파블로비치가 아무리 애걸해도 접시 또 하나를 갖다 대는 것을 끝끝내 거절했다. 맥이 풀려서 눈이 저절로 감겼다.

"자겠어요! 좀 자야겠어요!"

그는 꺼져 가는 듯한 소리로 중얼거렸다.

"그러세요, 어서 주무세요."

"당신도 주무시죠……. 몇 시나 됐죠?"

"곧 2시 15분 전이 됩니다."

"주무시죠."

잠시 뒤 파벨 파블로비치는 환자가 다시 부르는 소리를 듣고 달려가서 살펴보았다.

"아아, 당신은 나보다도 훌륭한 분입니다!"

"고맙습니다. 주무세요. 주무시라니까!"

파벨 파블로비치는 아주 나지막한 소리로 말했다. 그러고는 발끝으로 걸어서 재빨리 소파로 돌아갔다. 환자의 귀에는, 파벨 파블로비치가 조용히 자리를 펴고 옷을 벗고, 촛불을 끄고, 방해가 되지 않도록 숨을 죽이면서 눕는 소리가 들려 왔다.'

그러나 15분쯤 지나자, 벨차니노프의 눈앞에 트루조츠키가 나타났다. 그가 잠들어 있으리라고 생각한 트루조츠키가 그를 죽이려고 허리를 굽히고 있는 것이다.

이 범죄는 미리 계획된 것은 아니었다.

적어도,

'파벨 파블로비치는 죽이려고 했을지 모르지만 자기에게 살의가 있다는 것을 의식하지는 못했다. 도무지 이해할 수 없는 일이다. 그러나 사실이 그렇다. 벨차니노프는 이런 생각을 했다.'

하지만 벨차니노프는 이 생각만으로는 만족할 수 없었다.

'그것은 과연 진실이었을까?' 그는 얼마 뒤에 자문해 보았다. '그것은 과연 진실이었을까? 턱을 덜덜 떨며 주먹으로 가슴을 치면서 트루조츠키가 나에 대한 사랑이 어떻다고 떠들어 대던 그 모든 말이? ……그렇다, 모두 진심에서 우러나온 것이다. 벨차니노프는 두서 없이 이것 저것 따져 보면서 스스로 되풀이했다. 20년 동안이나 행실이 올바르다고만 믿어 온 아내의 정부에 반하다니 이 친구는 무척 어리석고 너그럽군. 그는 9년 동안이나 나를 존경하면서 나를 훌륭한 사람으로 알아 오고 내 '격언'을 기억하고 있었어. 어제 거짓말을 했을 리가 없지. 어제 '자, 결산을 해봅시다' 하고 내게 말했을 때 나를 사랑한 것이 아니었을까? 정말이지 나를 미워하면서도 사랑하는 거다. 그리고 이런 사랑이 가장 강한 사랑이지.'

그리고 결국에 가서는

'다만 이 친구는 이 모든 일이 키스로 끝날 것인지 혹은 칼부림으로 끝날 것인지를 몰랐던 거다. 그런데 해결 방법을 찾았단 말이다. 키스와 칼부림을 한꺼번에 하자는 거야. 이것이 가장 논리적인 해결이지!'

내가 이 짧은 소설을 두고 이렇게 오래 이야기한 것은, 이 소설이 도스토옙스키의 다른 소설들보다 파악하기가 쉽기 때문이다. 그리고 증오와 사랑을 넘어서 앞서 말한 깊은 종교에 접근할 수가 있기 때문이다. 이 종교의 영역은 사랑의 영역도 아니며 또 정열이 미칠 수도 없는 곳이다. 거기에 도달하기는 쉽고도 어려운데, 그것은 쇼펜하우어가 말하듯이 인간의 연대성의 모든 감정이 합류하고, 존재의 한계가 사라지고 개인과 시간의 관념이 소멸되는 영역이다. 그리고 도스토옙스키는 그 영역 속에서 행복의 비밀을 찾고 발견했던 것이다. 다음에는 그 이야기를 하기로 하자.

5

지난번에는 도스토옙스키가 인간의 개성에서 구별하고 있는 듯한 세 가지의 층 내지는 영역에 관해서 이야기했다. 그 세 가지 층이란 즉 지적(知的) 사색의 영역, 중간 지대를 형성하는 정열의 영역, 그리고 그 정열의 움직임이 도달할 수 없는 깊은 영역이다.

이 세 가지 층은 물론 명확히 분리되어 있지는 않으며, 또 분명히 한정되어 있는 것도 아니다. 그것들은 늘 서로 침투 작용을 한다.

지난번에는 중간의 영역, 즉 정열의 영역에 관해서 말한 바 있다. 드라마가 연출되는 것은 바로 이 영역에서이다. 비록 도스토옙스키의 소설만이 아니라, 인간의 모든 드라마가 거기에서 전개된다는 말이다. 그리고 우리는 얼른 보기에 역설적인 것 같은 사실을 확인할 수가 있었다. 즉 정열이 아무리 소용돌이치고 강할망정 그것은 결국 큰 중요성을 띨 수 없다는 것이다. 적어도 영혼의 깊은 부분에는 영향이 미치지 않는다고 말할 수가 있으리라. 무릇 사건은 영혼을 뒤흔들 수 없다. 그런 것은 영혼에게는 흥미가 없는 것이다. 그 증거로서는 전쟁보다도 더 좋은 예가 또 어디 있겠는가? 우리가 막 겪었던 그 끔찍한 전쟁에 관해 여러 가지의 앙케트가 있었다. 문학자들에게 이런 질문이 던져졌다. 이번 전쟁은 어느 점에서 중요한가? 어떤 정신적 반향을 주었는가? 문학에 대한 영향은 무엇인가? ……대답은 지극히 간단하다. 영향은 전혀 없다. 비록 있다고 해도 없는 것이나 다름없다.

가령 나폴레옹 제정 시대의 여러 전쟁을 보라. 그 전쟁들이 문학에 어떤 영향을 주었는지 살펴보라. 어느 점에서 인간의 영혼이 전쟁 때문에 달라졌는지 따져 보아라……. 하기야 나폴레옹의 서사시적 사건을 두고 지은 상황시가 있기는 하다. 지난 전쟁에 관한 시가 지나치게 많은 것처럼. 그러나 심오한 영향이나 본질적인 변화는?

천만의 말씀이다. 사건이 아무리 비극적이고 크다고 해도 이런 영향이나 변화를 일으킬 수는 없다. 이와는 다르게 프랑스 혁명은 그렇지 않다. 그것은 순전히 외적인 사건이 아니다. 정확히 말하면 그것은 우발적인 사건이 아닌 것이다. 외상(外傷)이 아니라고 말해도 좋을지 모른다. 이 경우에는 사건이 인민들 자신에게서 태어났다. 프랑스 혁명이 몽테스키외, 볼테르, 루소의 책에 대해 끼친 영향은 지대하다. 그러나 이 책들 자체는 혁명 이전에 나왔고 혁명을 준비했던 것이다. 이와 동일한 현상을 우리는 도스토옙스키의 소설을 통해서도 보게 된다.

사상은 사건을 뒤따라오는 것이 아니라, 그것을 앞지르는 것이다. 그런데 대부분의 경우 사상으로부터 행동으로 옮아감에 있어 정열이 매개자의 노릇을 한다.

그러나 도스토옙스키의 소설에서는 지적 요소가 때로는 심오한 영역과 직접적으로 접촉하는 일이 있음을 우리는 볼 수 있다. 이 심오한 영역은 결코 영혼의 지옥이 아니라 천국이다.

도스토옙스키에 있어서는 앞서 본 바와 같이 영국의 위대한 신비 시인 윌리엄 블레이크의 경우와 마찬가지로 야릇한 가치 전도의 현상이 일어난다. 도스토옙스키에 의하면 지옥이란 도리어 상부(上部), 즉 지적 영역이다. 우리는 조금이라도 소설에 걸쳐서 지능에 대한 천시(賤視)를 인식하게 될 것이다. 그러나 그것은 체계적이 아니라 거의 무의식적인 천시, 복음서적인 천시이다.

도스토옙스키는 사랑의 반대는 증오가 아니라 두뇌의 반추 작용이라는 점을, 비록 명확히 말하고는 있지 않지만 우리에게 암시해 주고 있다. 지능은 바로 인간을 개체화하고, 신의 왕국, 영원한 생명, 시간을 넘어선 지복(至福)에 대립하는 것이다. 이러한 지복은 오직 개체성을 포기하고 차별 없는 연대성의 감정에 몰입할 때만 비로소 얻어지는 것이다.

이 점에서 쇼펜하우어의 다음 구절은 큰 참고가 될 것이다.

'고통을 주는 사람과 고통을 겪는 사람 사이의 구별은 하나의 현상에 불과하며 사물 그 자체, 즉 그 양자 속에 다 같이 존재하는 의지에는 이르지 못한다는 것을 그는 이해하게 된다. 의지는 그의 명령에 얽매여 있는 지능에 속아 그 자신을 망각하며, 그 현상의 하나로서 행복의 증가를 찾고, 또 다른 현상으로서 과도한 고통을 겪게 한다. 이리하여 의지는 제 힘에 끌려 제 살을 깎아 먹으면서도 자기가 자기 자신을 해치고 있다는 것을 모른다. 그럼으로써 개체화라는 매개를 통하여 제 가슴속에 숨겨두었던 자기 자신과의 싸움을 밖으로 나타낸다. 박해를 가하는 자와 받는 자는 같다. 전자는 자기가 고통을 당하고 있지 않다고 생각함으로써 스스로를 속이고, 후자는 자기에게 없다고 생각함으로써 스스로를 속인다. 그러나 진실로 눈을 뜨게 되면 가해자는 이 넓은 세상에서 자기 자신도 괴로워하는 모든 피조물의 밑바닥에 살고 있다는 것을 알게 되리라. 모든 피조물들은 일단 이성이 부여되면 자기가 당치 않은 고통을 겪고 견디도록 운명지워져 있는 까닭은 무엇일까 하고 해답 없는 물음에 시달리리라. 또 한편으로 고통을 겪은 불행한 사람이라도 이 세상에서 저질러지고 있는 모든 악(惡)은 의지에서 유래한다는 것을 이해하게 될 것이다. 또 의지는 그 자체로 하나의 본질이고, 자기는 그 현상에 불과하다는 것, 그리고 자기는 이 현상과 긍정에 의해 거기에서 솟아나는 모든 고통을 지니고, 이 의지에 얽매여 있는 한 당연히 고통을 견뎌 나가야 한다는 것을 이해하게 될 것이다.'

그러나 도스토옙스키에 있어서는 이 비관주의(쇼펜하우어의 경우 이것은 거의 공연한 겉치레같이 보일 때도 있지만)는 열광적인 낙관주의에 의해서 압도된다.

'내게 생명을 세 번 주신다 해도 모자랄 것입니다.'

그는 《미성년》의 한 인물의 입을 빌려 이렇게 말하고 있다. 또한 이런 말도 있다.

'너는 아무리 강렬한 삶의 욕망을 느끼는 생명이 세 번 주어져도 모자랄 것이다.'

나는 도스토옙스키가 그의 모든 소설에서 우리에게 그려 보여 주거나 혹은 암시해주고 있는 이 지복(至福)의 상태에 관해서 여러분과 같이 좀더 깊이 살펴보겠다. 이런 상태에서는 개인적 한계라는 감정과 함께 시간의 경과라는 감정 역시 사라져 버린다. 미슈킨 공작은 이렇게 말한다.

'그 순간 나는 '이미 시간이 없으리라'라는 사도의 그 기막힌 말을 이해하는 듯이 여겨졌다.'

이와 아울러 《악령》에 나오는 이 감격적인 구절을 읽어 보자.

"자네는 아이를 사랑하나?" 스타브로긴이 물었다.
"그럼, 사랑하지."
키리로프는 별로 관심이 없는 듯한 어조로 대답했다.
"그러면 인생도 사랑하나?"
"물론 사랑하지. 내 대답이 이상하게 들리나?"
………………………………
"자네는 저승에 영원한 생명이 있다고 믿나?"
"아니, 이 세상에 영원한 생명이 있다고 믿지. 시간이 정지하고 영원이 이루어지는 순간이 있는 거야. 자네도 그런 순간에 마주칠 때가 있지."

다른 예를 얼마든지 더 들 수 있겠지만, 이만해도 충분할 거라고 생각한다.
나는 복음서를 읽을 때마다 'Et nunc' 즉, '지금 당장'이라는 말이 늘 두드러지게 쏟아져 나오는 것을 보고 깊은 인상을 받는다. 분명히 도스토옙스키도 이 말에 큰 감명을 받았으리라. 지복, 예수가 약속한 그 지복의 상태는, 만일 인간의 영혼이 스스로를 부정하고 포기한다면 당장에 도달할 수 있는 것이다. Et nunc……
영생이란 미래의 것이 아니다. 적어도 그것만은 아니다. 그리고 우리가 이 세상에서 거기에 이르지 못한다면 언젠가 이를 수 있으리라는 희망은 거의 없다.
이 문제에 관련해서 마크 러더퍼드의 훌륭한 《자서전》을 한 구절 읽어 보자.

'나이를 먹어 감에 따라, 나는 더 잘 깨달았다. 끝없는 미래의 추구, 내일이라는 힘, 매일매일 이어지는 행복의 연기와 유예가 얼마나 터무니없는 것인가를. 이미 너무 늦긴 했지만 나는 지금 내 위에 비치는 태양이 그 어느 미래에 있어서와 마찬가지로 아름답다는 것을 깨닫고, 자나깨나 미래에 대해서 걱정하는 버릇을 버리려고 애쓰게 되었다. 그러나 젊었을 때는 어떤 이유에서이건 자연이 우리로 하여금 품게 하는 환상의 노예에 지나지 않았다. 6월의 찬란한 아침에도, 7월이 되면 더욱 찬란하리라는 생각을 갖게 하는 그런 환상이다. 나는 영혼 불멸의 이론에 대해서 왈가왈부할 생각은 없다. 내가 말하고자 하는 것은 다만 다음과 같은 것이다. 인간이란 영혼 불멸의 이론이 없어도, 심지어는 재앙의 한가운데서도 행복할 수가 있다. 영혼 불멸의 개념만이 오직 이 세상에서 우리의 행동을 가능케 하는 원동력이라고 생각하는 것은 터무니없는 것이다. 그것은 늘 뒤늦은 희망에 의해 우리를 평생 속이는 것이다. 그 결과, 한 시간도 충분한 즐거움을 맛보기 전에 죽음이 찾아온다.'

나는 선뜻 이렇게 말하고 싶다. '순간마다 영원이라는 의식을 못 갖는다면 영원한 생명이 내게 무슨 필요가 있는 것인가! 영원한 생명은 지금 당장 우리 속에 현존할 수 있다. 인간은 자기 자신을 버리고 당장에 영원의 재생을 가능케 하는 자기 포기를 스스로 획득하는 그 순간부터 영원한 생명을 누리게 되는 것이다.'

여기에는 규칙도 명령도 없다. 요한복음 13장 17절을 보면 예수는 '그대들이 이것을 안다면 행복하도다'라고 말하고 있고, 또 복음서의 다른 모든 곳에서도 같은 뜻의 말을 하고 있다. 그가 이러한 표현을 통해서 우리에게 계시하고 있는 것은 지상(至上)의 행복의 비밀이다. '그대는 행복하리라'가 아니라 '그대는 행복하도다'로 되어 있는 것이다. 즉 우리가 행복을 얻을 수 있는 것은 '지금 곧'이란 말이다.

이 크나큰 고요! 정녕 여기에서는 시간이 멈추고 영원이 탄생한다. 우리는 신의 왕국에 들어선다.

그렇다. 여기에 도스토옙스키 사상의 신비로운 핵심이 있고 기독교적 윤리의 중심과 행복의 신성한 비밀이 있는 것이다. 개인은 자기의 개체성을 포기함으로써 승리를 얻는다. 자기의 생명을 사랑하고 자기의 인격을 지키려는 자는 그것을 잃으리라. 이와 반대로 생명을 포기하는 자는 진실로 생명을 얻고 영원한 생명을 갖게 되리라. 그러나 그것은 내세에 있어서의 영원한 생명이 아니라 현재에 있어서 영원히 누릴 수 있는 생명이다. 모든 생명을 통한 부활, 모든 개인적인 행복의 포기. 오오, 그것은 완전한 재획득이 아니겠는가!

이런 감각의 드높임, 사고의 억제는 《악령》의 다음 구절에 가장 잘 나타나 있다. 이 구절은 방금 읽어 드린 구절에 뒤이어 오는 부분이다.

"아주 행복한 것같이 보이는군." 스타브로긴이 키리로프에게 말했다.
"사실 무척 행복하다네."
키리로프는 가장 평범한 대답을 할 때와 같은 어조로 시인했다.
"그렇지만 얼마 전까지만 해도 기분이 나쁘던데. 리푸틴 때문에 화가 났었나?"
"흠, 지금은 불평이 없네. 그때는 내가 행복하다는 걸 몰랐었지. 자네는 가끔 나뭇잎을 본 일이 있나?"
"그럼, 물론이지."
"요새 나도 나뭇잎을 하나 보았지. 누렇게 시들었지만 군데군데 아직도 푸른기가 돌더군. 가장자리는 썩었고. 바람에 휘날리더군. 열 살 때, 나는 일부러 눈을 감고 잎줄기가 똑똑한 푸른 잎과 찬란한 태양을 머릿속에 그려 보았지. 그러고는 눈을 떴어. 마치 꿈이라도 꾸고 있는 듯한 기분이었어. 그렇게 아름다웠단 말일세. 그래서 눈을 또 감곤 했다네."
"무슨 뜻으로 그런 말을 하나? 무슨 비유라도 하려는 건가?"
"아아니……. 왜 그렇게 생각하나? 무슨 알레고리를 말하려는 게 결코 아닐세. 다만 잎사귀 이야기를 하려는 거야. 잎은 아름답지. 만사가 훌륭한 거야."

....

"그러면 이제 자네의 행복을 깨닫게 되었단 말인가?"
"지난 화요일이지. 어느 쪽이냐 하면 수요일이 될 거야. 화요일과 수요일 사이의 밤중에 있었던 일이니까."
"무슨 기회에 깨닫게 됐나?"

"기억이 나지 않는군. 우연히 그렇게 된 거지. 방 안을 왔다갔다하고 있었네……. 그야 아무것도 아니지. 내가 시계를 멈췄는데 2시 37분이었어."

아마도 여러분은 이렇게 물을지도 모른다. 만일 감각이 사고에 대해서 승리한다면, 만일 영혼이 막연하고, 무방비하고, 모든 외부적 영향에 쏠려 들어가는 이런 상태밖에 모른다면, 그 결과는 완전한 무질서 말고 무엇이겠는가. 과연 이것이 도스토옙스키의 교의(教義)의 필연적인 귀결이라는 말이 있었고, 또 흔히 되풀이되어 왔다. 만일 여기서 이 문제를 다루면 한이 없으리라. 왜냐하면 나는 '아니다, 도스토옙스키는 우리를 무질서로 이끄는 것이 아니라 다만 복음서로 이끄는 것이다'라고 여러분에게 단언하고 싶은데, 그러면 이론이 많으리라는 것을 미리 짐작할 수 있기 때문이다. 그러니 여기에서 우리는 같은 점에 의견을 모을 필요가 있다. 복음서에 내포되어 있는 기독교의 교의는 우리 프랑스 사람에게는 보통 가톨릭 교회를 통해서, 가톨릭 교회의 각색을 통해 나타날 따름이다. 그런데 도스토옙스키는 교회를 싫어한다. 특히 가톨릭 교회를 싫어한다. 그는 오직 복음서로부터 직접적으로 예수의 교훈을 받아들이려고 한다. 그러나 이런 태도는 가톨릭이 용인하지 않는 것이다.

그의 편지에는 가톨릭 교회를 비난하는 구절이 많다. 그 비난의 정도가 과격하고 완고하고 열띤 것이기 때문에 나는 이 자리에서 감히 그것을 인용할 수가 없다. 그러나 이로 말미암아 나는 도스토옙스키를 다시 읽을 때마다 받게 되는 전반적 인상을 보다 잘 이해할 수가 있다. 그 이상 기독교적이면서도 그 이하로 비가톨릭적인 작가를 나는 알지 못한다.

그러나 가톨릭 교도들은 이렇게 외칠 것이다. "바로 그 점이 문제다. 우리는 당신들에게 수없이 설명했고 당신들도 이해한 것처럼 보였다. 복음서와 예수의 말씀을 따로 떼어서 볼 때는 무질서로 향할 수밖에는 없게 된다는 것을. 그러니까 바로 성 바울과 교회와 가톨릭교 전체가 필요한 것이다."

나는 여기서 그들에게 항변하고 싶지 않다.

그러나 도스토옙스키는 무질서는 아니지만, 일종의 불교나 적어도 정적주의(靜寂主義 : 퀴에티슴)로 우리를 이끄는 것이 된다(그리고 정통파가 보기에는 그의 사설(邪說)이 이 점만이 아니라는 것을 우리는 알게 될 것이다). 도스토옙스키는 로마로부터, 교황의 회장(回章)으로부터 아주 먼 곳으로 우리를 끌고 간다. 또한 세속적인 명예로부터도 먼 곳으로 끌고 간다.

"그렇다면 공작, 당신은 신사가 아니란 말이오?" 한 작중 인물이 미슈킨에게 외친다. 미슈킨은 도스토옙스키의 사상, 차라리 그의 윤리를 가장 훌륭하게 구상화하고 있는 인물이다. 적어도 그가 《카라마조프의 형제들》을 써서 알료샤와 조시마 장로의 천사적인 모습을 보여 주기 전까지는 그렇다. 그렇다면 도스토옙스키는 우리에게 무엇을 내거는 것일까? 그것은 명상에 잠긴 생활일까? 모든 지성과 의지를 내던지고 시간을 초월해서 오직 사랑 말고는 아무것도 모르는 그런 생활일까?

아마도 인간은 그런 경지에서 행복을 찾을 수 있으리라. 그러나 도스토옙스키는 거기에 인간의 종착역이 있다고 결코 생각하지 않는다. 조국을 떠나 이런 높은 경지에 이르자 미슈킨 공작은 고향으로 급히 되돌아가려는 욕구를 느낀다. 또한 젊은 알료샤가 수도원에서 인생을 마치고 싶다고 속마음을 털어놓자 조시마 장로는 이렇게 대답한다. '이 수도원을 떠나게. 자네는 세상에서 더 유용한 사람이 될 테니까. 자네의 형제가 자네를 필요로 하고 있네.' 예수도 이렇게 말한 바 있다. '그들을 이승에서 데려감이 아니라, 그들을 악마로부터 지켜 주도다.'

한 가지 주목할 점은 대부분의 성경에서 이 말이 '그들을 악으로부터 지켜 주도다'로 번역되어 있다는 사실이다(이 이야기를 하면 자연히 도스토옙스키 소설의 악마적인 부분에 관해서 언급할 수 있게 된다). 그런데 이것은 같은 말이 아니다. 내가 지금 말한 번역은 신교의 번역이다. 신교에서는 천사도 악마도 관심갖지 않는 경향이 있다. 나는 시험 삼아서 신교도들에게 '당신은 악마가 있다고 생각합니까?'라고 여러 번 물어 본 일이 있다. 그런데 그때마다 질문을 받은 사람은 어리둥절한 표정을 짓는 것이었다. 신교도들 대부분은 그런 의문을 가져 본 일조차 없다는 것을 나는 알았다. 그들은 마지막에 가서는 '물론이죠, 나는 악이 있다고 믿습니다'라고 대답했다. 그리고 내가 대답을 더 요구하면, 악이라는 것은 다만 선(善)의 결핍을 뜻하는 것이라고 대답했다. 마치 어둠이 빛의 결핍인 것처럼. 그러므로 이런 사고방식은, 현실적이고 실재적이며 판이한 악마의 힘을 수없이 암시하고 있는 복음서의 텍스트와는 매우 거리가 먼 것이다. '그들을 악으로부터 지켜 주도다'가 절대로 아니라, '그들을 악마로부터 지켜 주도다'로 되어 있는 것이다. 이런 표현을 써도 좋다면 '악마의 문제'는 도스토옙스키의 작품에서 중요한 자리를 차지하고 있다. 그가 마네스교도라고 생각하는 사람조차 있으리라. 우리가 알다시피 위대한 이교도 마네스의 교의에 의하면 이 세상에는 선과 악의 두 가지 원칙이 있는데, 이 두 원칙은 다 같이 능동적이고, 독립적이고 불가결한 것이다. 이 점에서 마네스의 교의는 차라투스트라의 교의에 직접적으로 연결되어 있다. 앞서 본 바와 같이 도스토옙스키의 생각을 따르면 악마가 사는 곳은 인간의 하부 영역이 아니라—하기야 한 인간 전체가 악마의 집이 되고 그 먹이가 되는 수도 있지만—도리어 상부의 지적인 영역, 즉 두뇌의 영역이다. 나는 이 점을 강조하고 싶다. 왜냐하면 이것이 가장 중요한 문제의 하나이며 도스토옙스키가 생각하기에는, 악마가 우리에게 던지는 커다란 유혹은 지적인 유혹, 즉 의문이다. 그래서 다음과 같은 의문을 먼저 고찰한다고 해서 내 주제에서 그다지 빗나가는 것은 아니라고 생각한다. 사실인즉 이런 의문을 통해서 인간의 끊임없는 고뇌가 표현되어 오고 지속되어 내려온 것이다. '인간이란 무엇인가? 어디서 온 것인가? 어디로 가는 것인가? 태어나기 전에는 무엇이었던가? 죽은 뒤에는 무엇이 될 것인가? 인간은 어떤 진실을 바랄 수 있는가?' 이 의문을 좀더 정확히 표현하자면 '진리란 무엇인가?'가 될 것이다.

그러나 니체 이후, 니체와 더불어 다른 것과는 완전히 다른 새로운 문제가 제기되었다……. 이 문제는 다른 문제들을 이어놓은 것이 아니라 도리어 그것들과 배제하고 대치하는 것이다. 이 역시 그 자체의 고뇌를 가져오며 이 고뇌가 니체를 광인(狂人)으로 만들었다. 그것은 '인간은 무엇을 할 수 있는가? 한 인간이 할 수 있는 것은 무엇인가?' 하는 물음이다. 이 물음은 무서운 두려움을 동반한다.

인간은 다른 것이 될 수도 있었으리라, 더 이상의 일을 할 수도 있었으리라, 완성을 바라지 않고 최초의 단계에 비겁하게 머무르고 있는 것이리라는 두려움을.

과연 니체가 이런 물음을 명확히 던진 최초의 사람이었을까? 나는 감히 그렇다고 대답할 수가 없다. 더구나 그의 지적 형식의 과정을 살펴보면 그가 이미 그리스 사람과 르네상스 시대의 이탈리아 사람을 통해서 이런 물음을 알게 되었다는 사실이 밝혀질 것이다. 그러나 그 사람들의 경우에는 해답이 곧 마련되었으며 인간을 실천의 영역으로 재촉했다. 이 해답을 그들은 행동과 예술 작품에서 찾았고 곧 발견할 수 있었다. 내 머리에는 알렉산더, 체사레 보르자, 나폴리와 시칠리아의 왕인 프리드리히 2세, 레오나르도 다빈치, 괴테의 이름이 떠오른다. 그들은 창조자이며 우월한 인간들이었다. 그러므로 예술가나 행동가에게 초인의 문제는 제거되지 않거나 적어도 곧 해결되고 만다. 그들의 인생과 작품 그 자체가 그 물음에 대한 직접적인 해답이다. 고뇌가 시작되는 것은 문제에 해답을 줄 수 없을 때부터이다. 혹은 문제가 해답보다도 한결 멀리 앞질렀을 때부터이다. 행동하지 않고 생각과 상상에 잠긴 사람은 스스로 독을 마시는 것이며, 이런 의미에서 나는 또 한번 윌리엄 블레이크의 말을 인용하고자 한다. '바라기만 하고 행동하지 않는 사람은 무서운 병을 가져온다.' 니체가 독살된 것도 바로 이 병 때문이다.

'한 인간이 무엇을 할 수 있는가?' 이 질문은 바로 무신론자의 질문이며, 도스토옙스키는 그 점을 훌륭히 이해했다. 신의 부정은 필연적으로 인간의 긍정으로 옮아간다.

"신이 없다고? ……그러면……그렇다면 모든 것이 허용되지." 우리는 《악령》에서 이런 말을 발견한다. 《카라마조프의 형제들》에도 역시 같은 말이 나온다.

'만일 신이 있다면 모든 것은 그의 뜻에 달려 있다. 나는 그의 의지를 무시하고 아무것도 할 수가 없다. 만일 신이 없다면 모든 것이 나의 뜻에 달려 있다. 나는 나의 독립을 긍정해야 한다.'

그렇다면 어떻게 독립을 긍정하는 것일까? 여기에서 고뇌가 시작된다. 모든 것이 허용되어 있다. 그러나 무엇이? 한 인간이 무엇을 할 수 있단 말인가? 도스토옙스키의 소설에서 그 주인공이 이 문제를 제기하는 것을 볼 때마다 우리는 얼마 안 가서 그가 파산하고 말리라는 것을 확신해도 좋다. 우선 라스콜리니코프가 그렇다. 그를 통해서 이 사상이 처음으로 도스토옙스키의 소설에 등장한다. 니체에 있어서 초인의 사상으로 발전하는 이 사상. 라스콜리니코프는 다소 파괴적인 논문을 썼는데 그 속에는 다음과 같은 의견이 나타나 있다.

'인간은 범인(凡人)과 비범한 사람으로 분류한다. 전자는 범인인 까닭에 법률에 복종하면서 살아야 하고, 법률을 깨뜨릴 권리를 갖지 못한다. 반면에 후자는 비범하기 때문에 모든 범죄를 저지르고 모든 법률을 깨뜨릴 권리를 갖는다.'

적어도 예심 판사인 포르필리는 이런 식으로 그 논문을 요약할 수 있다고 생각한다.

"꼭 그런 것이 아닙니다."
라스콜리니코프는 솔직하고 겸손한 어조로 말하기 시작했다.
"사실 선생님은 제 생각을 대개 정확히 요약하셨습니다. 바라신다면 대단히 정확히라고는 말씀드릴 수 있습니다……."
그는 어떤 쾌감을 느끼면서 이런 말을 했다.
"다만 저는 선생님이 옮겨 놓으셨다시피, 비범한 사람은 항상 모든 종류의 범죄 행위를 꼭 저질러야 한다고 말한 것은 아닙니다. 만일 제가 그렇게 썼다면, 그런 논문은 검열에 걸려서 발표되지도 못했으리라고 생각합니다, 내가 한 말은 이런 뜻입니다. '비범한 사람은 어떤 한계를 넘어설 권리를 스스로에게 줄 수 있다. 그러나 그것은 그의 사상—때로는 전 인류에게 유익할지도 모르는 그의 사상을 실현시키기에 필요한 경우에만 해당된다.'"

…………………………………

"지금도 기억이 납니다만, 나는 뒤이어 이런 사상을 창조했습니다. '가장 먼 고대의 사람들로부터 시작해서 모든 입법자와 인류의 지도자는 예외 없이 죄인이었다. 왜냐하면 새로운 법을 마련한다는 행위 그 자체를 통해서 그들은 사회가 충실히 지켜 오고 조상이 물려준 지난날의 법을 깨뜨렸기 때문이다…….'
더구나 이 모든 인류의 은인과 지도자들이 무섭게 포악했다는 점도 주목할 만한 사실입니다. 그러니까 위인들뿐만 아니라, 조금이라도 일반 수준을 넘어선 사람들은 그 성격 자체로 보아 모두 필연적으로 죄인입니다. 물론 정도의 차이는 있습니다만. 그렇지 않다면 관습에서 벗어나기는 어려울 것입니다. 그렇다고 해도 그들은 관습의 테두리 안에 남아 있을 수는 없으며, 그들의 의무 자체가 그렇게 하지 못하도록 만드는 것입니다."

'사자와 소에게 동일한 법을 적용한다는 것은 포악한 짓이다.' 블레이크는 이런 말을 했다.
그러나 라스콜리니코프는 다만 문제를 제기할 뿐, 행동을 통해서 그 해답을 얻지 않았다는 사실만으로도 우리는 그가 진실한 초인이 아니었다는 것을 알 수 있다. 그는 완전한 파산 상태에 빠진 것이다. 그는 자기가 평범하기 짝이 없는 인간이라는 의식에서 한시도 해방될 수가 없었다. 그래서 굳이 자기가 초인이라는 것을 스스로 증명하려고 일부러 범죄의 길로 달려간 것이다.

"모든 일이 분명하다."
그는 자신에게 되풀이했다.
"감행하면 그만이다. 이 진리가 명약관화하게 내 안에 나타났던 그날부터 나는 해치우려고 결심했고, 그래서 죽인 것이다. 나는 다만 대담한 짓을 해내고 싶었던 것이다."

그리고 죄를 저지르고 나서 이렇게 생각한다.

"만일 다시 해야 한다면,"
그는 말을 이었다.
"나는 아마도 또 나서지는 않을 것이다. 그러나 그때는 한시라도 빠르게 알고 싶었다. 내가 남들과 같이 데데한 인간인지 혹은 진실로 인간다운 인간인지를. 한계를 넘어설 힘이 내 속에 있는지 없는지를. 내가 벌벌 떠는 사람인지 혹은 권리를 가진 사람인지를."

그러나 라스콜리니코프는 자기의 파산을 인정하지 않으려고 한다. 감행한 것이 잘못이라고는 생각하지 않는 것이다.

"내가 처량한 꼴이 된 것은 실패했기 때문이다! 만일 내가 성공했다면, 남들은 내게 꽃다발을 꾸며 주었을 것이다. 그런데 이제 와서는 허섭스레기가 되고 말았다."

라스콜리니코프의 후예로 스타브로긴, 키리로프, 이반 카라마조프, 또는 《미성년》의 주인공이 잇달아 탄생한다.

도스토옙스키의 소설에서는 지적인 주인공이 모조리 파산하고 만다. 그 이유는 또한 이지적인 인간은 행동의 가능성을 거의 가지고 있지 않다는 작가 자신의 생각 때문이다.

《영원한 남편》보다 조금 일찍 나온 소작품 《지하실의 수기》는, 그의 창작 생활의 정점을 이루는 것이라고 나는 생각한다. 그것은 그의 작품 전체를 열어 주는 열쇠와 같은 것이며, 혹은 그의 사상적 열쇠를 주는 것이라고도 말할 수 있으리라. 우리는 이 작품을 통해서 '생각하는 사람은 행동하지 않는다……'는 사상의 모든 국면을 살펴볼 수가 있는데 이런 사상은, '행동이란 시적인 범용성을 전체 조건으로 하는 것이다'라는 주장과 직결되는 것이다.

이 짧은 소설 《지하실의 수기》는 처음부터 끝까지 하나의 독백이다. 따라서 우리가 친구 발레리 라르보가 최근 말했듯이, 《율리시스》의 작가 제임스 조이스가 이런 소설 형식을 창시한 사람이라고 단정하는 것은 지나친 것이리라. 그것은 도스토옙스키를, 심지어는 포의 존재를 망각한 것이다. 특히 브라우닝을 망각한 것이다. 나는 《지하실의 수기》를 다시 읽을 때면 브라우닝을 연상하지 않을 수 없다. 내 생각으로는 브라우닝과 도스토옙스키는 독백의 형식이 도달할 수 있는, 가장 다양하고 미묘한 경지를 보여 준 최초의 사람이다.

이와 같이 이 두 사람의 이름을 연결시켜 놓으면 미심쩍어하는 문학자들도 있으리라. 그러나 나는 그러지 않을 수가 없다. 다만 형식뿐만 아니라 소재 그 자체에 있어서 서로 비슷한 점에 놀라지 않을 수 없는 것이다. 그것은 브라우닝의 어떤 독백체(특히 생각나는 것은 《내 최후의 공작부인》, 《포필리아의 애인》 그리고 무엇보다도 《반지와 책》에서 포필리아의 남편이 하고 있는 두 가지 진술이다)와, 도스토옙스키의 희한한 소품, 즉 《작가의 일기》에

수록된 《크로차이카》(아마 '겁쟁이'를 뜻하는 것이리라. 과연 최근의 번역은 《겁쟁이》라는 제목으로 나왔다) 사이에 존재하는 유사성이다. 그러나 내가 브라우닝과 도스토옙스키의 유사성을 강조하는 것은 작품의 형식과 수법 때문이라기보다도 그들의 낙관주의 때문이다. 이 낙관주의는 괴테의 낙관주의와는 별로 관계가 없다. 그것은 이 두 사람을 모두 니체와 그 위대한 윌리엄 블레이크에게 접근시켜 주는 낙관주의다. 블레이크에 관해서는 또 여러분에게 말씀드려야겠다.

그렇다, 니체, 도스토옙스키, 브라우닝 그리고 블레이크는 같은 별자리의 네 별이다. 나는 오랫동안 블레이크를 모르고 지냈는데 최근 그를 알게 되자, 마치 큰곰자리의 네 번째 바퀴를 발견한 듯한 느낌을 갖게 되었다. 그리고 천문학자가 어떤 별을 발견하기에 앞서 벌써 오래전에 그 별의 영향을 느끼고 그 위치를 결정할 수 있듯이, 나도 오래전부터 블레이크를 예감해 왔다. 그것은 블레이크의 영향이 컸다는 뜻일까? 천만의 말이다. 반대로 나는 그가 무슨 영향을 주었는지 알지 못한다. 심지어 영국에서조차도 블레이크는 최근까지 거의 알려지지 않은 존재였다. 그는 매우 순수하고 먼 곳에 있는 별과 같아서 이제야 겨우 그 빛이 우리에게 비치기 시작하는 것이다.

나는 그의 가장 뜻깊은 작품 《천국과 지옥의 결혼》 중에서 서너 구절을 인용할 생각이다. 그것을 보면 도스토옙스키의 어떤 특징들을 보다 잘 이해할 수 있기 때문이다.

블레이크는 자기의 몇몇 격언에 〈지옥의 격언〉이라는 제목을 붙여 놓았다. 그리고 내가 앞서 인용했던 '행동이 따르지 않는 의욕은 질병을 퍼뜨린다'는 구절도 그 안에 수록되어 있는데, 이 말은 도스토옙스키의 《지하실의 수기》를 위한 제사(題辭)가 될 수도 있으리라. '흐르지 않는 물에서는 독밖에 바랄 것이 없다'라는 구절도 역시 마찬가지다.

《지하실의 수기》의 주인공(감히 주인공이라는 말을 써도 좋을지 모르지만)은 이렇게 외치고 있다. '16세기의 행동인은 성격 없는 사람이다.' 도스토옙스키의 생각으로는 행동인은 평범한 정신의 사람이다. 왜냐하면 드높은 정신의 소유자는 필연적으로 행동을 할 수 없기 때문이다. 그런 사람은 행동이 사상을 해치고 제한한다고 생각한다. 사상가의 영향을 받아서 행동하는 자는 표트르 스테파노비치나 스메르쟈코프와 같은 사람이다(《죄와 벌》에서 도스토옙스키는 아직도 사상가와 행동가 사이의 구별을 지어 놓지 않았다). 정신은 스스로 행동하지 않고 남을 행동하게 하는 것이다. 우리는 도스토옙스키의 몇몇 소설에서 생각하는 사람과, 생각하는 사람의 영향을 받아 그의 대신 행동하는 사람 사이의 야릇한 역할의 배당, 불안한 관계 및 은연중의 공모 관계를 찾아 볼 수가 있다. 이반 카라마조프와 스메르자코프의 관계, 그리고 스타브로긴과 표트르 스테파노비치(스타브로긴은 그를 자기의 '원숭이'라고 부른다)의 관계를 생각해 보라.

도스토옙스키의 최후의 작품 《카라마조프의 형제들》에 나오는 사상가 이반과 그의 하인 스메르자코프의 야릇한 관계가 그의 최초의 걸작인 《죄와 벌》에서 처음으로 나타나는 것은 매우 기이한 일이 아닐 수 없다. 《죄와 벌》을 보면 스비드리 가일로프의 하인인 필카라는 사나이의 이야기가 나온다. 그런데 그는 주인의 매질에서 벗어나기 위해서가 아니라 주인의 조롱을 면하려고 목을 매고 죽는다. '그는 우울증 환자'였다, 말하자면 철학적인 하인이었다(그의 친구들 말로는 책을 읽어서 머리가 돌았다고 한다)…….

이 모든 아랫사람, '원숭이', 하인들의 속에는, 지식인 대신 행동하려는 모든 사람들 속에는, 정신의 악마적인 우월성에 대한 사랑이 있고 동경이 있다. 표트르 스테파노비치의 눈에는 스타로브긴의 위신이 비상한 것으로 비친다. 이와 마찬가지로 못난 사람에 대한 지식인의 경멸 또한 비상하다.

"사실대로 말해 볼까?" 표트르 스테파노비치가 스타브로긴에게 말했다.
"이런 생각이 한순간 내 머릿속에 떠올랐지(이 생각이란 끔찍한 암살의 생각을 가리킨다). 바로 자네가 별일이 아닌 듯, 그 생각을 내게 암시해 주었다네. 분명히 나를 놀리려는 것이었겠지. 진정으로 그런 암시를 내게 던지려고 한 것은 아니었을 테니 말이야."

………………………………

이야기에 한창 열을 올리고 있었을 때, 표트르 스테파노비치는 스타브로긴에게로 다가가서 그의 윗도리의 뒤를 잡았다(아마 일부러 그런 것이리라). 그러나 갑자기 팔을 세게 얻어맞아서 손을 놓을 수밖에 없었다.
"왜 이러는 거야? 조심해, 팔 부러지겠군."(이반 카라마조프도 스메르자코프에 대해서 이와 비슷한 잔인성을 보인다)

그리고 좀더 읽어 보면

"니콜라이 프세볼로도비치, 하느님 앞에서 말하듯 말해 보게나. 자네는 죄를 진 것인가, 혹은 그렇지 않은가? 정말이지 나는 하느님의 말을 믿듯이 자네의 말을 믿겠네. 이 세상 끝까지 자네를 따라가겠네. 오오, 나는 자네와 같이라면 어디든지 가겠네! 개처럼 따라다니겠네."

마지막으로

"나는 어릿광대야. 나 스스로도 그것을 알고 있어. 그러나 나의 가장 훌륭한 분신인 자네가 어릿광대가 되는 것은 바라지 않아."

이지적인 사람은 타인을 지배할 수 있는 것을 흐뭇하게 생각한다. 그러나 이와 동시에 이 타인에 대해서는 화가 치민다. 왜냐하면 그는 서투른 행동을 통해서 자신의 생각을 마치 만화처럼 그려 보이기 때문이다.

도스토옙스키의 편지를 보면, 그의 작품, 특히 《악령》이 퇴고된 곡절을 알 수가 있다. 나는 이 특이한 소설 《악령》이 도스토옙스키의 가장 박력 있고 희한한 작품이라고 생각한다. 우리는 여기에서 매우 야릇한 문학적 현상을 보게 된다. 애초에 도스토옙스키가 쓰려고 한 것은 오늘날 우리가 알고 있는 《악령》과는 상당히 다른 것이었다. 그러나 그가 작품을 써 가는 동안, 처음에는 생각지도 못했던 새로운 인물이 그의 정신을 지배하고 차츰 제1의 지위를 차지하여, 최초의 계획에서 주인공 노릇을 하기로 되어 있었던 인물을 몰아내고 말았던 것이다. '여태껏 이렇게 힘든 작품을 써 본 일이 없었다'고 그는 1870년 10월 드레스덴에서 부친 편지에 적고 있다.

'처음에는—즉, 지난해 여름이 다 지나갈 무렵의 일입니다만—나는 이 작품의 준비와 구상이 완성된 것으로 생각하고 자랑스럽게 그것을 내다보았습니다. 이윽고 진실한 영감이 떠올랐습니다. 나는 갑자기 이 작품을 사랑하고, 그것을 두 손으로 움켜 쥐어 먼저 썼던 부분을 뭉개기 시작했습니다. 그해 여름에는 또 다른 변화가 생겼습니다. 한 새로운 인물이 느닷없이 나타나서 이 소설의 진실한 주인공이 되려는 것이었습니다. 그래서 처음에 등장했던 주인공은 뒤로 물러갈 수밖에 없었습니다. 그는 재미있는 인물이기는 합니다만, 본래부터 주인공이란 이름에는 사실 적당치 않은 존재였습니다. 새로운 인물에 나는 홀딱 반하고 말았습니다. 그래서 다시 한 번 작품 전체를 고쳐 쓰기 시작했습니다.'

이제 도스토옙스키가 온갖 관심을 기울이고 있는 이 새로운 인물은 스타브로긴이다. 그는 도스토옙스키가 창조한 인물 중에서 가장 야릇하고 두려운 존재다. 스타브로긴은 소설의 마지막에 가서 자기가 무엇인가를 스스로 말해 주고 있다. 도스토옙스키의 인물이 어느 순간에 가서 자기의 성격을 드러내지 않는 일은 거의 없다. 대부분의 경우에는 가장 예기치 못했던 방법으로 별안간 새어 나오는 말을 통해서 성격을 내보이는 것이다. 그런데 스타브로긴은 자기 자신에 관해서 이렇게 말하고 있다.

'나는 러시아와 아무런 인연도 없다. 다른 곳에서와 같이 거기에서도 나는 이방인처럼 느낀다. 사실을 말하자면 여기에서(스위스에서) 나는 다른 어느 곳에서보다도 삶을 견뎌 나가기가 더 어렵다. 그러나 또한 여기에서조차 무엇 하나 미워할 수가 없다. 하지만 나는 내 힘을 시험해 보았다. 당신이 그것을 내게 권고했던 것이다(나 자신을 알기 위해서). 그런데 이런 시험을 통해서, 과거의 생활을 통해서 나는 대단한 강자임을 알았다. 그러나 이 힘을 어디에 쓰란 말이냐? 나는 그것을 안 일이 없고 지금도 모른다. 나는 지난날에 늘 그랬듯이 착한 행동을 하려는 욕망을 느낄 수 있고 또 그래서 기쁨도 느낀다. 그러나 이와 동시에 악을 행하려는 욕구도 있고 그 점에서도 역시 만족을 느끼는 것이다.'

나는 마지막 강연에서 이 선언의 가장 첫째가는 요점, 즉 스타브로긴에게는 조국에 대한 애착이 없다는 사실에 대해서 다시 말하려고 한다. 그 점은 도스토옙스키가 보기에 매우 중요한 것이었다. 오늘은 다만 스타브로긴을 두 갈래로 찢어놓고 있는, 그 이중의 유혹에 관해서만 생각해 보기로 하자.

보들레르는 이렇게 말한 일이 있다.

"모든 인간에게는 두 가지 바람이 동시에 있다. 하나는 신에게 향하는 것이며, 또 다른 하나는 악마에게로 향하는 것이다."

결국에 가서 스타브로긴이 사랑하는 것은 에너지이다. 이 신비한 성격의 설명을 윌리엄 블레이크에서 찾아보자. '에너지는 유일한 생명이다. 에너지, 그것은 영원한 쾌락이다.'

또한 그의 몇몇 격언을 들어 보자. '지나침의 길은 예지의 궁전으로 통한다' '미친 사람이 자기의 광증을 끝끝내 지켜 나가면 현인이 될 것이다', '처음에 지나침을 안 사람만이 충족을 아는 것이다' 이런 에너지의 예찬은 블레이크에게 있어서 가장 다양한 형태를 띠고 나타난다. '사자의 울부짖음, 늑대의 외침, 미친 듯한 거센 파도, 마구 후려치는 칼, 그것들은 인간의 눈에는 너무나 거대한 영원의 일부이다.'

또한 이런 말을 읽어 보자. '물통은 담아 넣고 샘은 넘친다', '노여워하는 호랑이는 훈련받은 말보다 현명하다' 그리고 마지막으로 '천국과 지옥의 결혼'의 첫머리에 적혀 있는 이 사상, 도스토옙스키가 그런 줄도 모르면서 제 것으로 삼는 듯한 그 사상을 알아보자. '대립이 없으면 진보도 없다. 끄는 힘과 튕기는 힘, 이성과 에너지, 사랑과 증오는 인간 존재에 다같이 필요한 것이다.' 또한 그 다음에는 이런 말이 있다. '이 지상에는 늘 대립되는 두 가지의 반대의 염원이 있고 또 앞으로도 항상 있을 것이다. 그것을 서로 화해시키려고 애쓰는 것은 곧 생존을 파괴하려고 애쓰는 것과 같다.'

윌리엄 블레이크의 이《지옥의 격언》에 덧붙여 나는 내가 만든 격언 두 개를 털어놓으려고 한다. '나쁜 문학은 훌륭한 감정으로 이루어진다' '악마의 협력 없이는 예술 작품이 이루어질 수 없다.' 그렇다. 진실로 모든 예술 작품은 천국과 지옥의 접촉점이다. 혹은 천국과 지옥의 결혼 반지라고 말해도 좋다. 이런 의미에서 윌리엄 블레이크는 다음과 같은 말을 하고 있다. '밀턴이 신과 천사를 그릴 때는 거북하게 느끼고 악마와 지옥을 그릴 때는 자유롭게 느꼈다는 사실은 그가 진실한 시인이며, 무의식중에 악마의 편에 서 있었다는 것을 의미한다.'

도스토엡스키는 평생동안 악에 대한 공포감과 아울러 악의 필요성이라는 관념 때문에 괴로워했다(나는 악이라는 말을 동시에 괴로움의 뜻으로 해석하기도 하는 것이다). 나는 그의 작품을 읽으면 밭주인의 우화를 상기하게 된다. '원하신다면 잡초를 뽑아 버리죠'—한 하인이 말했다. 그러자 주인은 대답했다. '아닐세, 추수하는 날까지 좋은 곡식과 함께 독초도 그대로 자라게 내버려 두게.'

지금부터 2년이 좀 지났을 때의 일인데 나는 발터 라테나우를 만날 기회가 있었다. 그는 중립국으로 나를 찾아와서 이틀을 함께 보냈다. 그때 나는 그에게 현대의 여러 사건에 관해서 물어 보고, 특히 볼셰비즘과 러시아 혁명에 관해서 그의 의견을 듣고 싶었다. 그는 대답하기를, 물론 혁명가들이 저지른 만행을 괴롭게 생각하며 그것은 참으로 몸서리칠 일이라고 했다……. 그러고는 이렇게 덧붙였다. '그렇지만 내 말을 믿으세요. 한 민족이 자기 자신을 자각하는 것도, 또한 개인이 자신의 영혼을 깨닫는 것도 오직 괴로움에 빠지고 죄의 심연에 빠졌을 때랍니다.'

그러고는 다시 말을 이었다. '미국이 아직도 영혼을 못 가진 것은, 괴로움도 죄도 받아들인 일이 없기 때문입니다.'

그래서 나는 이런 말을 한 것이다. 조시마 장로가 드미트리 카라마조프의 앞에서 무릎을 꿇었을 때, 또 라스콜리니코프가 쏘냐 앞에 엎드렸을 때, 그들은 다만 인간의 괴로움뿐만 아니라 죄의 앞에서 허리를 굽힌 것이라고.

결코 도스토엡스키의 사상을 오해하는 일이 없도록 하자. 다시 한 번 말해 두겠다. 비록 초인의 문제가 명확하게 제기되어 있다 하더라도, 또 그 문제가 엉큼하게 소설마다 재등장하더라도, 우리가 볼 수 있는 것은 오직 복음서에 있는 진리의 궁극적인 승리이다. 도스토엡스키는 다만 개인의 자기 포기에 있어서만 구제를 보고 또 상상할 따름이다. 그러나 또 한편으로 도스토엡스키는 우리에게 가르쳐 준다. 인간이 신에게 가장 가까워지는 것은 극심한 불행에 빠져 있을 때라는 것을. 그때서야 비로소 이런 외침이 터져 나오는 것이다. '주여, 우리는 누구에게 가야겠나이까? 영원한 생명의 말씀을 가지고 계신 그대여.'

이 의심을 터뜨릴 사람은 신사도 아니며, 항상 갈 곳을 알고 있는 사람도 아니며, 또 자기 자신과 신에 대해 충실하다고 스스로 생각하는 사람도 아니라는 것을 그는 알고 있다. 그것은 정녕코 어디로 가야 할지 모르는 사람의 입에서 터져 나오는 외침이다! 마르메라도프는 라스콜리니코프에게 이렇게 말하는 것이었다. '당신은 아시겠어요? 아무 데도 갈 곳이 없다는 말이 무슨 뜻인지 아시겠어요? 아니, 당신은 아직도 모를 겁니다.' 라스콜리니코프가 복음서를 가까이하게 된 것은 다만 불행과 죄를 넘어서고 심지어는 징벌까지도 넘어섰을 때, 인간의 사회로부터 멀어졌을 때였던 것이다.

오늘 내가 말한 내용은 다소 애매할지도 모른다……. 그러나 그 책임의 한 부분은 도스토옙스키에게 있는 것이기도 하다. 블레이크는 이런 말을 하였다. '문화는 곧은 길을 마련한다. 그러나 아무 이득도 없이 꾸불꾸불한 길은 바로 천재의 길이다.'

아무튼 도스토옙스키는 나와 마찬가지로 확신하고 있었다. 복음서의 진리에는 어떠한 애매성도 없다는 것을. 이것이 바로 중요한 점이다.

6

내게는 아직도 여러분에게 해야 할 중요한 이야기가 많이 남아 있어서 어찌할 바를 모르겠다. 처음부터 여러분도 잘 알겠지만 여기서 내가 도스토옙스키를 논하는 것은 나 자신의 생각을 드러내기 위한 구실에 지나지 않는다. 그러므로 만일 내가 도스토옙스키의 사상을 다르게 해석했다면 더욱더 여러분에게 용서를 청해야 마땅하리라. 하지만 그럴 생각은 없다……. 나는 기껏해야 몽테뉴가 언급한 꿀벌처럼 그의 특출한 작품 중에서 내 꿈에 알맞은 것을 찾아내려고 했을 뿐이다. 초상화가 아무리 실제 인물과 비슷하다 해도, 그것은 모델과 거의 같은 정도로 언제나 화가 자신을 닮는 것이다. 그리고 가장 훌륭한 모델이란, 가장 다양한 유사성을 가능케 해주고 가장 많은 초상화를 그릴 수 있게 하는 모델이다. 나는 도스토옙스키의 초상화를 그려 보려고 했다. 그러나 그의 모습을 완전히 그려 냈다고는 생각하지 않는다.

나는 또한 지금까지의 이야기를 여러모로 수정해야 할 것 같기도 하다. 강연을 하고 나면 번번이 꼭 이야기하려고 한 것을 빠뜨렸구나 하는 후회가 밀려온다. 지난 토요일만 해도 나는 나쁜 문학은 훌륭한 감정으로 만들어지며, 악마의 협력 없이는 진정한 예술 작품이 이루어질 수 없다는 말을 했는데 그것이 무슨 뜻인지 설명하고 싶었다. 내게는 분명한 것같이 생각되는 이런 말이 여러분에게는 역설적으로 들릴 터이니 설명이 필요한 것이다(나는 역설이라면 질색이며 남을 놀라게 해 줄 생각은 추호도 없다. 그러나 조금이라도 새로운 이야기를 하지 못한다면 설명할 필요가 없으리라. 그런데 새로운 이야기는 항상 역설적으로 보이는 것이다). 지금 말한 점을 여러분이 쉽게 이해할 수 있도록 하기 위해서 나는 아시즈의 성(聖) 프랑수아와 안젤리코의 두 사람에 관해서 여러분의 관심을 끌어 볼 작정이었다. 안젤리코가 위대한 예술가일 수 있었던 것은—나는 가장 타당한 예로서 미술사 전체를 통하여 아마도 가장 순수한 이 인물을 고른 것이다. 모든 순수성에도 불구하고 그의 예술이 그만한 가치를 지니기 위해서는 악마의 협력을 허용했기 때문이다. 악마가 참여하지 않는 예술 작품이란 존재하지 않는다. 안젤리코는 성자가 아니었다. 성자는 아시즈의 성 프랑수아이다. 그러므로 성자 중에는 예술가가 없다. 또한 예술가 중에는 성자가 없다.

예술 작품은 막달라가 뿌리지 않은 향수로 가득 차 있는 병과 같은 것이라고 말할 수 있으리라. 그리고 나는 이런 의미에서 블레이크의 놀라운 구절을 인용한 바 있었다. '밀턴이 신과 천사를 그릴 때는 거북하게 느끼고 악마와 지옥을 그릴 때는 자유롭게 느꼈다는 사실은, 그가 진실한 시인이며 무의식 중에 악마의 편에 서 있었던 것을 의미한다.'

모든 예술 작품을 짜내는 베틀에는 세 개의 볼트가 달려 있다. 그것은 바로 사도가 말하는 세 가지 사욕(邪慾), 즉 '눈의 욕심, 살의 욕심, 생명의 오만'이다. 훌륭한 설교를 했다는 칭찬의 인사를 받았을 때 라코르데르가 한 말을 상기해 보라. '여러분보다도 먼저 악마가 그런 인사를 합니다.' 만일 악마가 설교에 협력하지 않았더라면, 그 설교가 훌륭하다고 칭찬의 인사를 하지 않았을 것이며 또 그런 말을 할 필요도 없었으리라.

드미트리 카라마조프는 실러의 《환희의 찬가》에 나오는 시구를 인용하고 나서 이렇게 외친다.

"아름다움! 그것은 참으로 무섭고 끔찍한 것이다. 아주 무서운 것이다. 거기에서 악마와 신이 싸움을 한다. 그리고 전쟁터는 바로 인간의 마음이다."

아마도 블레이크를 제외하고는 어떠한 예술가도 도스토옙스키만큼 아름답게 악마의 역할을 작품에 반영한 사람은 없었으리라. 블레이크의 그 훌륭한 소품《천국과 지옥의 결혼》은 다음과 같은 구절로 끝을 맺는다.

'이제는 악마가 되어 버린 이 천사는 나의 특별한 친구이다. 우리는 함께 자주 성서를 읽었다. 지옥적인 또는 악마적인 의미에 있어서. 만일 훌륭하게 행동한다면 세상 사람들이 모두 찾아볼 수 있을 그런 의미로서.'

나는 지난번에 이 강연장에서 나가자마자 깨달았다. 윌리엄 블레이크의 가장 놀라운《지옥의 격언》몇몇을 인용한 것은 좋았으나, 그 인용의 동기가 된《악령》의 구절 전체를 여러분에게 읽어 드린다는 것을 깜빡 잊어버렸다는 사실을. 그래서 오늘은 그 실수를 벌충하려고 한다. 여러분은 내가 지금까지 지적하려고 애썼던 여러 가지의 요소가《악령》의 이 구절에 융합(동시에 혼동하기도 하겠지만)되어 있는 것을 알 것이다. 우선 낙관주의가 있다. 도스토옙스키의 모든 작품에서 발견되는 생명에 대한, 그리고 온 세상에 대한 야성적인 사랑이 있다. 그것은 블레이크가 말한 것처럼 호랑이도 양도 다같이 사는 '이 거창한 환희의 세계'에 대한 사랑이다.

"자네는 아이를 사랑하나?"
"사랑하지."
키리로프는 꽤 무관심한 듯한 어조로 대답했다.
"그러면 인생도 사랑하나?"
"물론 사랑하지. 내 대답이 이상하게 들리나?"
"그런데 자살하기로 결심했다면서?"

이와 마찬가지로 드미트리 카라마조프도 낙관주의의 발작에 사로잡혀 순수한 열광 때문에 자살하려는 것을 우리는 보았다.

"그런데 말이야, 서로 완전히 다른 두 가지 일을 왜 뒤섞는 거지? 생명이 존재한다면 죽음은 없는 거야."
························

"키리로프, 자네는 무척 행복한가 보군."
"사실 무척 행복하다네."
키리로프는 가장 평범한 대답을 할 때와 같은 어조로 시인했다.
"그렇지만 얼마 전까지도 기분이 나쁘던데. 리푸틴 때문에 화가 났었나?"
"흠, 지금은 불평이 없네. 그때는 내가 행복하다는 걸 몰랐었지……. 사람은 자기가 행복하다는 것을 모르니까 불행한 거야. 다만 그 이유뿐이지. 자기가 행복하다는 것을 아는 사람은 당장에 위대해질 수 있는 걸세……. 모든 일이 다 좋은 거야. 나는 별안간 그것을 깨달았지."
"그러면 누가 굶어죽게 되어도, 소녀를 강간해도 좋단 말인가?"
"그렇지, 모든 일이 그렇다는 것을 아는 사람에게는 만사가 다 좋은 거야."

도스토옙스키의 작품에 자주 나타나는 이 표면적인 잔인성을 오해해서는 안 된다. 그것은 블레이크의 경우와 흡사한 정적주의(靜寂主義)의 일부를 이루는 것이며, 그러므로 나는 도스토옙스키의 기독교는 로마보다도 아시아에 가깝다는 말을 했던 것이다. 하지만 도스토옙스키에 있어서의 에너지의 승인—이것은 블레이크의 경우에는 에너지의 예산으로까지 발전하고 있지만—은 동양적이라기보다는 서구적인 것이 사실이다.

그러나 블레이크도, 도스토옙스키도 복음서의 진리에 매혹된 사람들이다. 그렇기 때문에 이런 잔인성은 일시적인 것이며, 일종의 불안정한 과도기적 결과라는 것, 따라서 조만간 사라질 성질의 것임을 인정했던 것이다.

그러니까 표면상의 잔인성만을 논한다면 블레이크를 배반하는 것이 되리라. 앞서 인용한 그 무서운 《지옥의 격언》과 대조되는 것으로서 나는 그의 《순결의 노래》 중에서 아마도 가장 아름다운 시 한 수를 읽어 보고 싶다. 그러나 그렇게 구슬 같은 시를 어찌 번역할 수 있겠는가? 그 시에서 블레이크는 사자의 힘이 오직 약한 어린 양을 보호하고 양떼를 지키기 위해서만 사용될 시대를 예언하고 있다.

이와 마찬가지로 《악령》의 그 놀라운 대화를 좀더 읽어 보면 우리는 이렇게 말을 잇는 키리로프의 음성을 듣게 된다.

"그들은 착하다는 것을 모르니까 착하지 않은 거야. 그것을 알게 되면 이젠 소녀에게 욕을 보이지 않을 것이고. 그들은 착하다는 것을 스스로 알아야 해. 그러면 마지막 한 사람까지 그들은 모두 당장 착하게 될 테니까."

대화는 계속된다. 이윽고 우리들의 앞에는 인신(人神)이라는 야릇한 사상이 나타난다.

"그렇다면 그런 것을 아는 자네는 착한 사람이란 말인가?"
"그렇지."
"하기야 그 점에서는 나도 같은 생각이야."
스타브로긴은 이맛살을 찌푸리면서 중얼거렸다.
"인간이 착하다는 것을 가르쳐 줄 사람이 나타나면 그자가 이 세상을 완성시켜 놓을 걸세. 하지만 그것을 가르쳐 준 사람은 십자가에 못박혔는걸."
"아니야, 그런 사람이 다시 올 거야. 그 이름은 인신이지."
"신인(神人)이라고?"
"아니, 인신이야, 그건 달라."

신에 뒤이어 오게 될 이 인신의 개념은 우리를 다시 니체에게로 인도한다. 이 점에서도 나는 '초인'의 이론에 관해서 한 가지 수정을 가하고 너무나 자주 유포되고 너무나 경솔히 받아들여진 의견을 부정하려고 한다. 니체의 초인이 '냉혹하라'란 말을 좌우명으로 삼은 것은 사실이다. 그러나 이 말은 자주 인용되었거니와 자주 터무니없이 해석되기도 했다. 왜냐하면 이런 냉혹성은 남에 대해서가 아니라 자기 자신에 대해서 적용하려는 것이었기 때문이다(이런 점에서 라스콜리니코프나 키리로프가 생각한 초인과의 구별이 생긴다). 니체가 초월하려는 인간성이란 바로 자기 자신의 인간성이다. 다시 말하면 이 문제에 관해서 니체와 도스토옙스키는 서로 다르고 반대되는 해결점을 제시한 것이다. 니체는 자아를 긍정하고 그것이 인생의 목적이라고 생각한다. 이와 반대로 도스토옙스키는 체념을 내세운다. 니체가 절정이라고 생각하는 것을 도스토옙스키는 심연이라고 여기는 것이다.

너무 겸허해서 이름을 밝힐 수 없는 한 간호병이 편지에서 읽은 한 구절이 생각난다. 그것은 전쟁으로 가장 암담하던 때의 일이었다. 그의 눈에는 참혹한 고통밖에 보이지 않고 그의 귀에는 절망의 말밖에는 들리지 않았다. 그때 그는 이렇게 썼다. '아아, 이 사람들이 자기의 고통을 내비칠 수만 있다면!'

이 외침에는 빛이 넘쳐 흘러 감히 설명을 덧붙이고 싶지가 않다. 나는 다만 이 외침과 《악령》의 한 구절을 비교해 보고자 할 뿐이다.

'네가 네 눈물로써 이 땅을 적실 때는, 네 눈물을 선물로 내비칠 때는, 네 슬픔은 곧 사라지고 너는 크나큰 위안을 얻으리라.'

이런 생각은 파스칼의 《전체적이며 달콤한 체념》과 매우 가깝다. 이런 체념이 그로 하여금 '기쁨! 기쁨! 기쁨의 눈물!'이라고 외치게 했던 것이다.

우리가 도스토옙스키에게서 당시 찾아보게 되는 이 같은 기쁨의 상태는 복음서가 말해주고 있는 바로 그 상태가 아니겠는가? 그런 상태에서 우리는 예수가 말한 '신생(新生)'에 들어갈 수가 있다. 그리고 이 행복은 우리 속에 깃들어 있는 개인적인 모든 것을 포기함으로써만 얻어지는 것이다. 왜냐하면 영원에 몰입하는 것, 신의 왕국에 들어서는 것, 그리고 또 보편적 생의 막연한 감정을 누리게 되는 것을 불가능케 하는 요인이 바로 자아에 대한 집착이기 때문이다.

이 신생의 제일의 결과는 인간을 어린애의 원초적인 상태로 되돌아가게 하는 것이다. '그대들이 어린아이와 같이 되지 않으면 신의 왕국에 들어가지 못하리라' 그런 뜻에서 나는 라 부루이예르의 한 구절을 인용했다. '어린아이에게는 과거도 미래도 없다. 그들은 현재에 산다.' 그런데 인간은 이미 그렇게 할 수 있는 능력을 잃고 만 것이다. 미슈킨은 로고진에게 이렇게 말한다. "그 순간 나는 '이미 시간이 없으리라'는 그 희한한 사도(使徒)의 말을 이해한 듯이 느꼈다."

앞서 말한 바 있지만 이 영원한 생명에의 참여는 이미 복음서가 베풀어 준 교훈이다. 복음서에는 '당장 지금부터'라는 말이 끊임없이 나온다. 예수가 말하는 기쁨의 상태는 미래가 아니라 바로 이 순간의 상태이다.

"자네는 내세에서의 영원한 생명을 믿나?"

"아니 현세에서의 영원한 생명을 믿네. 시간이 별안간 멈추고 영원이 들어앉게 되는 순간이 있고 자네도 그런 순간에 이를 수 있지."

그리고 도스토옙스키는 《악령》의 마지막쯤에 가서 키리로프가 도달한 그 야릇한 행복의 상태를 다시 다루고 있다. 다음에 인용하는 구절을 읽으면 여러분은 도스토옙스키의 사상을 더욱 깊이 이해하고, 내가 미처 언급하지 못한 가장 중요한 진리 하나를 짐작할 수 있게 되리라.

"5, 6초밖에는 계속되지 않지만, 갑자기 영원한 조화의 존재를 느끼게 되는 순간이 있지. 이 현상은 이승의 것도 저승의 것도 아니야. 그렇지만 이승에 얽매여 있는 인간으로서는 견딜 수 없는 것이지. 그러니까 육체적으로 달라진다든가 혹은 죽을 수밖에 없다네. 그것은 분명하기에 어떤 이론의 여지가 없는 감정이야. 별안간 모든 자연과 접촉하는 듯이 느끼게 되고 '그렇다. 그것은 옳다'라는 소리가 저절로 나오는 거야. 이 세상을 창조했을 때 신은 하루의 창조가 끝나면 으레 '그렇다, 그것은 옳다, 그것은 좋다'라고 말했다지. 그것은……감격이 아니라 기쁨이야. 그때는 용서를 하지 않지. 용서할 것이 하나도 없으니까. 또 사랑을 하지도 않지. 아아, 그 감정은 사랑보다도 높은 것이니까! 무엇보다도 두려운 것은 그 감정이 무섭고 선명하게 나타나고 우리를 기쁨으로 가득 채운다는 거야. 만일 이런 상태가 5초 이상 계속되면 인간의 영혼은 그것을 견뎌내지 못하고 꺼질 수밖에 없는 거야. 그 5초 동안 우리는 인간 존재의 전체를 보게 되는데, 이럴 수만 있다면 생명을 송두리째 내던져도 좋지. 그래도 비싸지 않단 말이야. 하지만 이런 상태를 10초 동안 견디려면 육체적으로 변신을 해야 되는 거야. 내 생각 같아서는 인간은 아이를 낳지 말아야 돼. 목적을 이루었는데 무엇 때문에 아이를 낳거나 진보를 바란단 말인가?"
"키리로프, 자네는 그런 일을 자주 경험하나?"
"사흘에 한 번씩. 혹은 1주일에 한 번씩."
"자네는 간질 환자가 아닌가?"
"아니."
"그렇다면 곧 간질에 걸릴 걸세. 조심하세, 키리로프. 내가 듣기로는 간질

병의 시초가 바로 그렇다는 거야. 그 병에 걸린 어떤 사람이 발작 직전의 느낌을 내게 자세히 설명해 준 일이 있지. 그런데 자네의 이야기를 들어 보니 그 사람의 이야기와 똑같군. 그 사람 역시 5초라고 그랬지. 더 이상 그 상태를 견딜 수 없다는 거야. 마호메트의 물주전자 이야기를 생각해 보게. 물주전자가 비는 동안 천국을 돌아다녔다는 거야. 물주전자는 즉, 5초를 뜻하는 거지. 천국이란 자네가 말하는 조화에 상당하는 것이고. 그런데 무함마드도 간질 환자였거든. 키리로프, 자네도 그런 병에 걸리지 않게 조심하게."

"그럴 틈도 없을 거야."

기사는 조용한 미소를 지으면서 대답했다."

《백치》를 읽어 보면 미슈킨 공작 역시 이런 행복감을 체험하는데, 그것을 자기의 고질병인 간질의 발작과 결부시키고 있다.

이렇듯 미슈킨은 간질 환자이다. 키리로프도 간질 환자이다. 또 스메르쟈코프 역시 마찬가지이다. 도스토옙스키의 대작에는 각각 간질 환자가 하나씩은 있다. 우리는 또한 도스토옙스키 자신이 간질 환자임을 알고 있다. 그리고 이와 같이 소설에 간질 환자를 줄기차게 등장시킨다는 사실로 말미암아 우리는 그가 자기의 윤리의 형성에 있어서, 자기의 사랑의 곡절에 이 병이 중요한 역할을 했다는 것을 충분히 이해할 수가 있다.

잘 살펴보면, 모든 위대한 도덕적 개혁의 밑바닥에는 항상 어떤 자그마한 생리적 신비, 육체적 불만, 불안, 이상 상태와 같은 것이 있음을 발견하게 된다. 이런 의미에서 나는 나 자신의 글을 인용하려고 한다. 실례인 줄 알지만, 같은 말을 쓰지 않고서는 같은 이야기를 똑같이 분명하게 할 수 없으리라고 여겨지기 때문이다.

'모든 위대한 도덕적 개혁, 니체가 말하는 이른바 가치의 전환이 어떤 생리적 불균형에 기인한다는 것은 당연한 이야기다. 행복에 젖어 있을 때 사고는 휴식한다. 그리고 상황에 만족하고 있는 동안에는 그것을 바꾸려는 생각이 떠오를 수 없다(나는 내적 상황을 두고 말하는 것이다. 외적 상황이나 사회적 상황의 경우에는, 개혁자의 동기가 전혀 다르다. 전자는 화학자, 후자는 기계공학자의 영역이다). 한 개혁의 밑바닥에는 언제나 불편함이 있다.

그리고 개혁자가 겪는 이 불편함은 내적인 불균형에서 생기는 것이다. 도덕적인 밀도와 위치와 가치가 제각기 다르게 나타나며 개혁자는 그것들을 다시 조정하려고 애쓴다. 그는 새로운 균형을 바란다. 그의 작업은 오직 자기의 이성과 논리에 따라서 제 속에서 느끼고 있는 무질서한 상태를 재조직하려는 시도에 지나지 않는다. 왜냐하면 그는 무질서의 상태를 견딜 수가 없기 때문이다. 물론 불균형한 상태에 빠지기만 하면 개혁자가 될 수 있다는 뜻이 아니다. 그러나 모든 개혁자는 무엇보다도 먼저 균형을 잃은 사람이라는 것은 사실이다.'

 인류에게 새로운 가치 판단을 제공한 사람 중에서, 비네 상글레(Binet Sanglé) 씨가 지적한 이른바 '결합'을 가지고 있지 않은 개혁자는 단 한 사람도 찾아볼 수 없을 것이다(원수 비네 상글레는 《예수 그리스도의 광증》이라는 불경스러운 책을 지은 사람이다. 그 책에서 저자는 그리스도와 기독교의 중요성을 부정하고 그리스도가 미친 사람이었으며, 생리적 결함을 가지고 있었다는 것을 주장했다).
 무함마드는 간질 환자였다. 이스라엘의 예언자들도, 루터도, 도스토옙스키도 간질 환자였다. 소크라테스는 그의 악마를, 성 바울은 불가사의한 '육체의 가시'를 가지고 있었다. 파스칼에게는 심연이, 니체와 루소에게는 광증이 있었다.
 이런 말을 들으면, '그것은 새로운 사실이 아니다. 롬부로조나 노르다우의 학설이 바로 그렇다. 천재는 신경병 환자이다'라고 여러분은 말할 것이다. 아니다, 나는 그런 말을 하려는 것이 아니다. 그렇게 서두르지 말자. 나는 대단히 중요하게 생각되는 이 문제를 좀더 강조해 두려고 한다.
 천재들 중에는 빅토르 위고처럼 매우 건강한 사람도 있다. 그러나 위고는 그가 지닌 내적 균형 때문에 어떤 새로운 문제도 제시할 수가 없었다. 이와 반대로 루소에게 광증이 없었다면 그는 키케로의 아류밖에는 되지 못했으리라. 이렇게 말하지 말자. '환자라니 참 딱하군!' 만일 환자가 아니었다면, 자기의 그 이상 상태에 유래하는 문제를 해결하고, 자기의 불협화음을 배제하지 않는 어떤 조화음을 찾으려고 하지 못했으리라. 물론 건강한 개혁자가 없는 것도 아니다. 그러나 그들은 입법자들이다. 완전한 내적 균형을 향유하는 사람도 개혁을 실현할 수 있지만, 그 개혁이란 인간의 외적 개혁이다. 그는 율법을 정한다. 이와 반대로 이상 상태의 개혁자는 기존의 율법에서 벗어나려고 하는 것이다.

자기 자신의 체험을 통해서 도스토옙스키는 병적인 상태를 가정한다. 그럼으로써 서로 다른 생활 양식이 설정되고 일정한 인물을 통해서 어느 기간 동안 그것이 암시된다. 지금 우리가 문제삼으려는 것은 키리로프의 경우이다. 이 인물이야말로 《악령》에서 플롯 전체의 주춧돌이 되어 있는 것이다. 우리는 키리로프가 자살하려는 것을 알고 있다. 당장에 자살을 감행하는 것이 아니라 자살하려는 의향을 가지고 있단 말이다. 무엇 때문에? 우리는 그것을 소설의 끝에 이르러서야 알게 된다. 표트르 스테파노비치는 그에게 이렇게 말한다.

"자네가 자살하려는 생각을, 나로서는 전혀 이해할 수 없네. 자네에게 그런 생각을 품게 한 것은 내가 아니야. 자네는 나와 알게 되기 전에 이미 그런 계획을 세우고 있었던 거야. 그리고 자네가 처음으로 그 이야기를 한 것도 나한테가 아니라, 외국으로 달아나 버린 우리의 정치적 동조자들한테 한 것이지. 더구나 그 친구들 중 어느 누구도 자네의 입에서 그런 비밀 이야기가 나오도록 꾀를 쓴 것도 아니었네. 자네가 자진해서 그들에게 알려준 것이란 말이야. 그런데 자네의 자발적인 제안을 참작하고 또 자네의 승낙을 받고서 ─승낙을 받고서란 말이야, 알겠지? ─남들이 이미 변경할 수 없는 어떤 계획을 세우게 되면 그때는 어떻게 하지?"

키리로프의 자살은 완전한 무상(無償)의 행위이다. 즉 그 동기가 전혀 외적(外的)이 아니란 말이다. '무상의 행위'를 방패 삼아서, 이 세상에 끌어들일 수 있는 터무니없는 일들이 무엇인지, 우리는 그 점을 살펴보기로 하자.

키리로프는 자살을 결심한 뒤로는 모든 것에 무관심하다. 그가 겪고 있는 야릇한 정신 상태가 그의 자살을 가능케 하고 또 그 동기가 된 것이다(이 행위는 무상적이지만 동기가 없는 것은 아니다). 그런데 그런 정신 상태로 말미암아 키리로프는 남이 저지른 죄를 뒤집어 써도 무관심하고 또 그 죄를 스스로 떠맡으려고 한다. 적어도 표트르 스테파노비치의 생각에는 그렇다.

표트르 스테파노비치는 이렇게 생각한다. 내가 꾸미려는 범죄를 통해서 음모자들을 결속시키자. 나는 그 괴수이긴 하지만, 아직 그들을 휘어잡고 있지 못하다. 음모자들 각자가 범죄에 가담하면 스스로 공범자라고 느낄 테니까 아무도 이탈하지 못하고 또 감히 이탈하려고 하지도 않겠지―그런데 누구를 죽여야 한단 말인가?

표트르 스테파노비치는 아직도 주저한다. 희생자가 될 놈이 저절로 드러나야 하는 것이다.

음모자들은 한 공회당에 모인다. 이야기가 진행되고 있는 중에 한 질문이 나온다. "지금 이 순간 우리들 중에 스파이가 있을 것인가?" 이런 말이 들리자 큰 소동이 벌어진다. 모두들 한꺼번에 떠들어 댄다. 표트르 스테파노비치가 말을 잇는다.

"여러분, 그렇게 된다면 누구보다도 내가 제일 위험한 처지에 놓이게 됩니다. 그러니 여러분은 내 질문에 대답해 주기 바랍니다. 물론 대답하고 싶다면 말입니다. 그것은 여러분 마음에 달렸습니다."

"무슨 질문이오? 질문이 뭐요?" 사방에서 외치는 소리가 들렸다.

"이 질문을 하고 나면 곧 알게 될 겁니다. 우리가 끝끝내 함께 남을 것인가? 혹은 슬그머니 모자를 집어들고 저마다 뿔뿔이 헤어지고 말 것인가를."

"그 질문을 하쇼. 질문을 하쇼!"

"만일 여러분 중의 어떤 사람이 어떤 정치적 암살 계획을 미리 안다면 그 결과를 예측하고 밀고하러 가겠습니까, 혹은 집에 가만히 있으면서 사건을 기다리겠습니까? 이 점에 관해서는 보는 각도가 다를 수 있습니다. 이 질문에 대한 대답 여하에 따라서 우리가 헤어져야 하느냐, 혹은 오늘 밤만이 아니라 계속해서 같이 남을 것이냐는 문제가 분명히 결정될 것입니다."

이리하여 표트르 스테파노비치는 비밀 결사의 회중에서 특히 몇몇 사람에게 물어 보기 시작한다. 그러자 누가 그의 말을 가로막는다.

"질문은 필요 없습니다. 누구나 같은 대답을 할 테니까. 여기에는 밀고한 사람이 아무도 없습니다."

"저 사람은 왜 일어서는 거예요?"

비르긴스키 부인이 물었다. 과연 샤토프는 일어서 있었다. 그는 모자를 손에 들고 베르코벤스키를 바라보았다. 그리고 무슨 이야기를 하려는 것 같았으나 머뭇거렸다. 그의 안색은 창백하고 노여운 빛을 띠고 있었다. 그러나 결국에는 꿈 참고 아무 말 없이 문 쪽으로 걸어갔다.

"그러다간 이롭지 않을걸, 샤토프!" 표트르 스테파노비치가 외쳤다. 샤토프는 잠깐 문턱에 섰다.

"아닌 게 아니라, 너 같은 비겁한 스파이에게는 큰 이득이 있겠지!"

그는 은근한 협박에 대해서 이렇게 소리치고는 나가 버렸다. 다시 떠들어 대고 아우성치는 소리가 들끓었다.

"이것으로 시험은 끝났습니다."

이렇게 해서 죽게 될 사람이 저절로 드러난다. 이제는 빨리 해치워야 한다. 샤토프가 밀고하기 전에 죽여 버려야 한다.

여기에 우리는 도스토옙스키의 기교를 감상해 보자. 지금까지 그의 사상만을 이야기하였을 뿐, 그가 이런 사상을 표현하기 위하여 사용한 훌륭한 기교를 소홀히 한 것을 나는 스스로 책망한다.

《악령》의 이 지점에 이르면 기교상의 특수한 문제를 제기하는 한 놀라운 일이 생긴다. 이야기가 어느 정도까지 진행되면 그 이후로는 그것이 빗나가지 않게 해야 한다는 말이 자주 되풀이된다. 이야기가 일직선으로 앞으로 달려서 목적지에 이르러야 한다는 것이다. 그런데 이야기가 가장 빠르게 굴러 내려갈 지경에 이르면 바로 이 순간에 도스토옙스키는 엉뚱하게 빗나가도록 꾸며 놓는다. 이 순간에는 독자의 주의력이 너무 집중되어 모든 것이 극단적인 중요성을 띠게 되리라는 것을 그는 느낀다. 그래서 그는 갑작스러운 방향 전환으로 이야기를 짐짓 빗나가게 하여 자기의 가장 깊은 사상을 두드러지게 드러내고자 하는 것이다. 샤토프가 밀고하러 가느냐, 혹은 암살당하느냐 하는 바로 그날 저녁에, 몇 년 동안 보지 못했던 그의 아내가 별안간 집으로 돌아온다. 곧 해산을 할 판이다. 그러나 키리로프는 처음에는 그런 형편을 전혀 알아채지 못한다.

그런데 이 장면을 서툴게 다루면 틀림없이 그로테스크한 것이 되고 말았으리라. 바로 여기에 소설의 가장 아름다운 장면의 하나가 있는 것이다. 이 장면은 연극에서는 '보조역', 문학에서는 사족이라고 할 만한 것을 이루고 있다. 그리고 바로 여기에서 도스토옙스키의 기교는 가장 기막힌 경지에 다다른 것이다. 그는 푸생과 마찬가지로 '나는 무엇 하나 소홀히 하지 않았다'고 말할 수 있었으리라. 이것이 바로 위대한 예술가의 시금석이다. 그는 모든 것을 이용하고, 그때마다 거추장스러운 것을 도리어 이로운 것으로 만들어 놓는다. 여기에서는 이야기의 진행이 느려진다. 이야기의 진행에 방해되는 모든 것이 가장 중요한 의미를 띤다. 샤토프 아내의 갑작스런 출현, 그들 부부 사이의 대화, 키리로프의 중재, 이 두 사나이 사이에 생기는 갑작스러운 우정, 이런 것을 도스토옙스키가 쓰고 있는 장(章)은 이 소설의 가장 훌륭한 장 중의 하나이다. 여기에서, 우리는 앞서 언급한 질투의 결핍이라는 현상을 다시 확인한다. 샤토프는 아내가 임신중인 것을 알게 되지만 그 애가 누구의 아이인지는 전혀 문제 삼지 않는다. 늘 괴로워하고 모욕적인 말밖에 할 줄 모르는 그 여인에 대해서 샤토프는 미칠 듯한 사랑을 느낀다.

'그런데 오직 이러한 사정으로 인해서 악당들은 고발당하지 않고 적으로부터 벗어날 수가 있었다. 마리아가 돌아옴으로써 샤토프의 관심의 대상이 달라지고 평상시의 총명함과 신중함이 없어졌다. 그때부터 그는 개인의 안전과는 전혀 다른 생각을 하게 되었다.'

다시 키리로프의 경우를 살펴보자. 표트르 스테파노비치가 그의 자살을 이용하려는 순간이 왔다. 키리로프는 무슨 이유 때문에 스스로 죽으려고 하는 것일까? 하고 표트르 스테파노비치는 생각해 본다. 납득이 잘 안 간다. 그는 이것저것 따져보고 이해하려고 애쓴다. 마지막 순간에 이르러 키리로프가 생각을 바꾸어서 계획을 그르치고 말지 않을까 하는 두려움이 앞선다. 그러나 그렇지 않다……. 키리로프는 이렇게 말한다.

"아니, 연기하지는 않을 걸세. 지금 당장 자살하고 싶단 말일세."

표트르 스테파노비치와 키리로프 사이의 대화는 유난히 신비롭다. 도스토엡스키의 사상 중에서도 그것은 극히 신비로운 것이다. 다시 말하면, 도스토엡스키는 그의 생각을 순순한 상태로 분명히 드러내지 않고 이야기하는 인물, 사상을 지닌 인물, 그것을 해석하는 인물을 통해서 나타낸다. 키리로프는 가장 야릇한 병적 상태에 있다. 그는 몇 분 후 자살하려고 하며 그의 이야기는 갑작스럽고 앞뒤가 맞지 않는다. 독자들은 그것을 통해서 도스토엡스키의 사상 자체를 파헤쳐야 하는 것이다.

키리로프를 자살의 길로 들어서게 한 사상, 그것은 신비로운 사상이다. 그러나 표트르 스테파노비치는 그것을 이해할 수 없다.

'만일 신이 있다면 모든 것은 그의 뜻에 달려 있다. 나는 그의 의지를 무시하고 아무것도 할 수 없다. 만일 신이 없다면 모든 것이 나의 뜻에 달려 있다. 나는 나의 독립을 긍정해야 한다……. 그런데 내가 나의 독립을 가장 완전히 긍정할 수 있는 길은 자살이다. 나는 자살하지 않으면 안 되는 것이다.'

또한 이런 구절이 있다.

"신은 필요하지. 따라서 신은 존재해야 한단 말이야."
"그래, 사실 그렇지."
키리로프를 선동하려고만 하는 표트르 스테파노비치가 말했다.
"하지만 신은 없고, 존재할 수도 없다는 것을 나는 알고 있지."
"그쪽이 더욱 옳겠군."
"그런데 이런 두 가지 생각을 하면 인간은 도저히 삶을 계속해 나갈 수 없다는 것을 자네는 왜 모르나?"
"자살해야지. 그렇지 않겠나?"
"그만하면 자살할 충분한 이유가 된다는 것을 왜 모른단 말인가? ……"
…………………………
"하지만 자네가 최초의 자살자는 아니겠지. 이미 자살한 사람들이 많으니까."
"그 사람들에겐 이유가 있었지. 하지만 아무런 이유 없이, 다만 인간의 독립을 증명하기 위해서 자살한 사람은 아직도 없단 말이야. 내가 처음이지."

'이 친구는 자살을 안 할지도 모른다.' 표트르 스테파노비치는 다시 생각했다.

"이런 것을 아나?"

그는 짜증스러운 어조로 말했다.

"내가 자네 같으면, 내 독립을 증명하기 위해서 나 아닌 다른 사람을 죽일걸세. 그렇게 하면 유일한 인물이 될 수도 있지. 자네가 무서워하지 않는다면 죽일 만한 놈을 내가 가르쳐 주지."

이리하여 표트르 스테파노비치는 한순간 생각한다. 키리로프가 자살을 주저할 경우에는 그에게 샤토프 암살의 책임을 전가하는 대신에, 그로 하여금 샤토프를 직접 죽이게 할 것을.

"그렇다면 좋아, 오늘은 자살하지 말게. 다른 해결 방법이 있으니까."

"남을 죽인다는 것은 가장 천한 방법으로 자신의 독립을 나타내는 것이지. 정말 자네다운 생각이야. 그러나 나는 자네와는 다르네. 나는 독립의 최고점에 이르고 싶은 거야. 그래서 자살하려는 거지."

"나는 나의 무신앙을 주장하지 않으면 안 되겠네."

키리로프는 방 안을 성큼성큼 왔다 갔다 하면서 말을 이었다.

"내가 보기에는 신을 부정하는 것보다도 더 고매한 사상이란 없네. 나는 나대로의 역사관을 가지고 있어. 인간은 자살하지 않고 살기 위해서 신을 꾸며 낸 거야. 오늘날까지의 세계사를 요약하면 그렇게 되지. 나는 세계사에서 처음으로 신이라는 허구를 물리친 사람이야."

도스토옙스키가 완전한 기독교인이라는 사실을 잊지 말자. 그가 키리로프의 주장을 통해 우리에게 보여 주려고 하는 것은 또 다른 파산의 상태이다. 도스토옙스키는 앞서 본 바와 같이 다만 자기 포기만이 구원의 길이라고 생각한다. 그러나 여기에 한 새로운 사상을 곁들인다. 이런 점에서 나는 블레이크의 《지옥의 격언》을 다시 한 번 인용코자 한다. '만일 남들이 어리석지 않았다면 내가 어리석게 되었으리라.' 또한 같은 뜻으로서 '내가 어리석지 않

은 것은 남들이 먼저 어리석었기 때문이다.'

　키리로프는 환자였기 때문에 그런 생각을 품게 된 것은 사실이다. 그리고 그 생각은 반항적인 것이므로 도스토옙스키 자신이 그것을 모두 시인한 것은 아니다. 그러나 거기에는 어느 정도의 진리가 있다. 키리로프는 환자이기에 그런 생각을 품었다 할지라도 우리는 환자가 아니라도 같은 생각을 할 수가 있다. 키리로프는 이런 말도 하고 있다.

　"맨 처음에 그것을 깨닫는 사람이 반드시 있어야 하네. 그렇지 않으면 누가 시작하고 증명할 것인가? 그것을 처음으로 해치우고 증명하기 위해서 나는 절대적으로 자살해야 돼. 나는 아직도 억지 신일 따름이니까. 그리고 나는 불행해. 왜냐하면 나는 나의 자유를 주장하지 않으면 안 되기 때문이지. 모두들 자기의 자유를 주장하기를 두려워하니까 불행한 거야. 인간은 가장 높은 의미에서는 감히 자유를 긍정하지 못했고 초등학생 같은 불복종으로 만족해 왔지. 그러니까 오늘날까지도 그렇게 불행하고 비참했던 것이지. 그러니 나는 나의 독립을 분명하게 밝히겠네. 나는 신을 믿지 않는다고 믿어야 하지. 나는 이제 시작하고 끝마치고나서 문을 열겠어. 그리고 구하겠어.

　………………………………

　나는 3년 동안 나의 신성(神性)의 속성을 찾아 왔네. 그런데 이제 그것을 발견했단 말이야. 내 신성의 속성, 그것은 나의 독립이지. 그럼으로써만 나는 가장 높은 의미의 반항과 새롭고 무서운 자유를 증명할 수 있단 말이야. 정말 그것은 무서운 것이지. 나는 나의 반항과 새롭고 무서운 자유를 보여주기 위해서 자살하겠네."

　여기에서 키리로프가 아무리 모독적으로 보일망정, 도스토옙스키는 그의 모습을 생각할 때, 약간의 구제를 위한 예수의 개념과 십자가 위에서의 희생의 필요성을 하나의 집념처럼 지니고 있다는 사실을 분명히 알아 두자. 예수의 희생이 필요했던 것은 바로 우리 기독교도가 같은 죽음을 겪지 않고서라도 기독교도로서 살아 나갈 수 있게 하기 위해서였다. '그대가 신이라면 그대 자신을 구하라' 하는 말을 들었을 때 예수는 이렇게 대답했다. '만일 내가 나 자신을 구한다면 그대들은 파멸하리라. 내가 나 자신을 잃고 내 생명

을 희생함은 그대들을 구하기 위함이니라.'

그의 《서한집》 프랑스어 번역판에는 다음과 같은 부록이 붙어 있는데, 그 몇 줄의 글은 키리로프라는 인물에 새로운 조명을 던져 주는 것이다.

"내 말을 잘 이해해 주십시오. 완전한 의식을 갖고 모든 강제성으로부터 벗어난 자발적인 희생, 만인을 위한 자기 자신의 희생은 내 생각엔 가장 높은 인격의 발전, 그 탁월성, 완전한 자기 지배, 가장 큰 자유의사의 증거입니다. 남을 위해서 자기 생명을 자발적으로 희생하는 것, 만인을 위해서 십자가에 못박히는 것, 화형대에 오르는 것, 이 모든 행위는 인격의 강력한 발달 없이는 불가능한 것입니다. 강력하게 발달된 인격, 인격으로서의 권리를 확신하고 있는 인격은 그것 자체로서는 아무 소용이 없습니다. 다시 말하면 그런 인격은 남을 위해 희생하는 것 말고는 아무런 쓸모도 없습니다. 남들도 자유롭고 행복한, 바로 그와 같은 인격이 되도록 하기 위해서 말입니다. 이것은 자연의 법칙으로서, 정상적인 사람은 그런 경지에 이르려 합니다."

이런 의미에서, 비록 키리로프의 이야기가 첫눈에는 다소 두서 없는 것으로 보일지 모르나, 그런 이야기를 통해서 우리는 도스토옙스키의 사상, 그 자체를 찾아 볼 수 있게 된다는 것을 알게 될 것이다.

나는 지금까지 그의 작품이 보여 주는 모든 교훈을 샅샅이 드러냈다고는 결코 생각하지 않는다. 다시 말해 내가 의식적이건 무의식적이건 도스토옙스키의 작품에서 찾아보려 한 것은 무엇보다도 나 자신의 생각과 가장 인연이 깊은 것뿐이다. 다른 사람은 또 다른 것을 찾아 낼 수 있으리라. 이제 마지막 강연의 마지막에 이르렀으니, 여러분은 아마도 내게 어떤 결론을 요구할 것이다. 도스토옙스키는 우리를 어떤 길로 인도하는 것이며, 그는 정확히 우리에게 무엇을 가르쳐 주는 것일까?

어떤 사람들은 도스토옙스키가 무정부 상태를 대단히 두려워한다는 사실을 잘 알면서도, 우리를 볼셰비즘으로 똑바로 끌고 가는 것이라고 말할지도 모른다. 《악령》은 그 전체가 러시아의 현재를 예시한 책이다. 그러나 기성의 율법에 대해서 새로운 '가치표(價値表)'를 내세우는 사람은 보수주의자가 볼 때는 언제나 아나키스트로 보이는 법이다. 도스토옙스키에게는 무질서밖에 없다고 생각하는 보수주의자나 국가주의자는 그가 아무런 소용도 없는 존재라고 결론짓는다. 그러나 나는 이렇게 대꾸하고 싶다. 그들의 반대는 바로 프랑스의 정신을 해치는 것이라고. 외국으로부터 우리와 비슷한 것만을 받아들인다면, 우리의 질서와 논리, 말하자면 우리의 이미지를 담은 것만을 받아들인다면 우리는 커다란 과오를 범하게 될 것이다. 분명히 프랑스 사람은 일정한 틀이 없는 무정형(無定型)인 것을 싫어한다. 그러나 도스토옙스키는 결코 무정형이 아니다. 천만의 말씀이다. 다만 그의 아름다움의 규범이 우리의 지중해적 규범과 다를 뿐이다. 비록 그 규범이 본질적으로 다르다 하더라도 거기에 질서를 세우려는 필요성이 아니라면, 프랑스의 정신은 무슨 소용이 있으며 그 논리는 무엇에 적용된단 말인가?

자신의 이미지만을, 자신의 과거 이미지만을 바라봄으로써 프랑스는 치명적인 위기에 봉착하고 있다. 내 생각을 더 정확하게, 그리고 될 수 있는 대로 부드럽게 피력해 보면 이렇게 될 것이다. 프랑스에 보수적인 분자가 있어 전통을 지켜 나가고 일체의 외국 침입에 반대하고 저항하는 것은 좋은 일이다. 그러나 그런 보수적인 분자에 존재 이유를 주는 것은 바로 새로운 투자가 아니겠는가? 그것이 없다면 우리 프랑스 문화는 공허한 형식이 되고 굳어 빠진 껍데기에 지나지 않게 되리라. 보수적인 분자들은 프랑스 정신에 관해서 무엇을 알고 있는 것일까? 다만 과거에 속하는 것 말고 우리 역시 무엇을 알고 있단 말인가? 국민적 감정도 교회와 같다. 다시 말하면 보수적인 분자들은 프랑스 정신에 대해서 교회가 이따금 성자(聖者)들에게 하던 것과 같은 짓을 한다. 수많은 사람들이 바로 전통의 이름 아래 처음에는 거절되고, 배격되고 부정되었다. 그러다가 이윽고 이 전통의 주요한 주춧돌이 되었던 것이다.

나는 지적보호주의(知的保護主義)에 대한 나의 의견을 가끔 피력해 왔다. 나는 그것이 중대한 위험을 내포하는 것이라고 생각한다. 그러나 한편으로는 지성의 국민성 철폐에 대한 모든 주장 역시 마찬가지로 위험한 것이라고 생각한다. 그런데 나는 이런 말을 함으로써 또다시 도스토옙스키만큼이나 러시아적인 동시에 유럽적인 작가는 일찍이 없었다고 말한다. 그는 특히 러시아적이었으니까 그렇게도 폭 넓게 인간적이고 우리 모두를 그렇게도 독특하게 감동시킬 수 있는 것이다.

그는 자기 자신을 '늙어빠진 러시아의 유럽 사람'이라고 불렀으며 《미성년》의 베르실로프로 하여금 이런 말을 시키고 있다.

'러시아의 사상에서는 반대되는 것들이 서로 화합한다……. 그러니 누가 그런 사상을 이해할 수 있었겠는가? 나는 혼자서 방황했다. 나는 나 개인의 이야기를 하는 것이 아니라……러시아의 사상에 관해서 이야기하는 것이다. 저쪽에는 욕설과 줄기찬 논리가 있었다. 저쪽에서는 프랑스 사람은 프랑스 사람에 지나지 않고 독일 사람은 독일 사람에 지나지 않았다. 그리고 그들은 역사상 어느 시기에 있어서보다도 더욱 완고했다. 그러니까 프랑스 사람이 프랑스를, 독일 사람이 자기의 독일을 그렇게 해친 일은 일찍이 없었다. 유럽 전체에 걸쳐서 유럽 사람이란 한 사람도 없었다! 오직 나만이 이 방화자들에 대해서 튈르리 공원에 불을 지른 것이 범죄라고 말할 수 있는 유일한 자격자였다. 이 피비린내 나는 보수주의자들에게 이 범죄는 논리적이었다고 말할 수 있는 유일한 자격자였다. 나는 '유일한 유럽 사람'이었다. 다시 한 번 되풀이한다. 나는 나 개인이 아니라 러시아 사상을 두고 하는 말이다.'

좀더 앞으로 나가면 또 이런 구절이 있다.

'유럽은 프랑스 사람, 영국 사람, 독일 사람의 훌륭한 유형을 창조해 내기는 했다. 그러나 미래의 인간에 관해서는 아무것도 모른다. 또 내가 보기에는 알려고도 하지 않는다. 이런 현상은 넉넉히 이해할 수 있는 일이다. 그들은 자유롭지 않고 우리는 자유롭다. 러시아적인 고뇌를 지닌 나만이 오직 유럽에서 아직도 자유로울 수 있었다……. 이런 점을 꼭 알아두어라. 프랑스 사람은 누구나 프랑스뿐 아니라 인류를 위해서 공헌할 수 있다. 그러나 무엇보다도 끝끝내 프랑스 사람으로 남는다는 엄격한 조건하에서이다. 영국 사람이나 독일 사람의 경우도 마찬가지이다. 그러나 이와는 반대로 러시아 사람은 유럽적이 되면 될수록 더욱 러시아적이 된다. 이런 일은 러시아 사람이 아직 그의 결정적인 형태를 취하지 못한 오늘날부터 벌써 그렇다. 여기에 바로 우리의 국민적 특질이 있는 것이다.'

그러나 이와 아울러, 도스토옙스키가 한 국가를 지나치게 유럽화한 때에 일어나는 극심한 위험을 어느 정도 의식하고 있느냐는 것을 여러분에게 보여 드리기 위해서 나는 《악령》에 나오는 훌륭한 한 구절을 읽어 보려고 한다.

'어느 시대이건 학문과 이성은 민족 생활에 있어서 제2차적인 역할밖에는 해 오지 못했다. 그리고 영원히 그럴 것이다. 모든 민족은 근원을 알 수 없고 설명할 수 없는 어떤 지배적인 힘에 의해서 형성되고 움직인다. 이 힘은 종말에 이르러서는 지칠 줄 모르는 의욕이며 동시에 그 종말을 부정한다. 한 민족에 있어서 자기 존재의 줄기찬 긍정이며 죽음의 거부이다. 그것은 성경에서 말하듯이 '생명의 혼'이며 묵시록에서 마른다고 예언한 바 있는 '살아 있는 물결'이다. 또한 철학자들의 미적, 도덕적 원칙이며, 가장 간단한 표현을 빌리자면 '신의 탐구'이다. 모든 민족에 있어서, 그 생존의 모든 시대에 있어서 민족의 전체적 움직임의 목적은 오직 신의 탐구이다. 그 자체로서 독특한 신, 유일하고 진실하다고 믿을 수 있는 신의 탐구이다. 신은 발생에서 종말에 이르기까지 한 민족의 종합적인 인격이다. 모든 민족이, 혹은 다수의 민족이 서로 합해서 동일한 신을 믿었던 적은 아직 없었다. 각 민족은 언제나 그 자체의 고유한 신이 있었다. 그런데 종교가 보편화하기 시작할 때는 민족성의 소멸이 가까워진다. 신이 그 토착적인 성격을 잃을 때면 신은 죽고, 또 신과 더불어 민족도 죽는다. 한 민족이 강하면 강할수록 그의 신은 다른 민족의 신과 아주 다르다. 종교 없는 민족, 선악의 관념이 없는 민족은 일찍이 존재한 일이 없다. 각 민족은 나름대로 선악을 해석한다. 선악의 관념이 여러 민족에게 있어서 동일하게 이해될 때는 그 민족들은 죽는다. 그리고 선과 악의 구별 자체가 없어지고 사라지기 시작한다.'

……………………

"그건 의심스럽군." 스타브로긴이 말했다.

"자네는 내 생각을 열심히 집어 삼키고, 그 다음에는 자기도 모르는 사이에 그것을 바꾸어 버린 거지. 자네가 보기에는 신이 단순한 민족의 속성으로 환원된다는 사실만 해도……"

그는 더욱 세심하게 샤토프를 살펴보았다. 이 순간에는 그의 말보다는 표정이 더욱 인상적이었다.

"내가 신을 민족의 속성으로 생각하고 신의 가치를 떨어뜨린다고? 천만의 말씀이지, 도리어 민족을 신의 경지까지 추켜올리는 걸세. 사실 언제 그렇지 않을 때가 있었던가? 민족이란 신의 육신이지. 민족다운 민족이 존재할 수 있는 것은 오직 그 자체의 독특한 신을 갖고, 다른 모든 신들을 줄기차게 배척할 때뿐이야. 그 자체의 신을 가지고 다른 모든 신들을 정복하고 이 세상에서 몰아내려고 할 때뿐이야. 창세기 이래 모든 위대한 민족의 종교는 그런 것이었지. 적어도 역사상 큰 역할을 하고 인류의 앞장을 섰던 민족은 그랬단 말일세. 사실을 어길 수 없는 법이야. 유대인들은 오직 진실한 신을 이 세상에 남겨 놓았지. 그리스 사람들은 자연을 신격화하고 이 세상에 그들의 종교를, 다시 말해서 철학과 예술을 남겨 주었지. 그리고 로마는 국가의 테두리 속에서의 국민을 신격화하고 근대의 국민에게 국가라는 개념을 물려주었다네. 프랑스는 그 긴 역사를 통해서 로마의 신의 개념을 구상화하고 발전시켰을 뿐이야.

....

만일 한 위대한 민족이 오직 자기만이 진리를 지니고 있다고 믿지 않는다면, 만일 자기만이 그 진리를 통해서 우주를 부활시키고 구제할 사명을 걸머지고 있다고 믿지 않는다면, 그 민족은 곧 위대성을 잃고 인종학상의 재료가 되고 말 뿐일세. 진실로 위대한 민족이 인류계에 있어서 제2차적 역할로 만족한 적은 일찍이 없었어. 비록 중요한 역할일망정 그를 만족시키지 못하네. 절대적으로 제1위의 역할이라는 것이 필요한 거야. 이런 신념을 버리는 민족은 생존권을 버리는 거지."

이리하여 그 필연적 귀결로서 스타브로긴의 다음과 같은 말은 앞서 인용한 주장의 결론이 될 수 있으리라. '사람이 조국과 인연을 끊을 때는 이미 신을 잃게 되는 것이다.'

오늘날 도스토옙스키가 살아 있다면 러시아와 '신을 만드는' 그 민족에 대해서 어떻게 생각하겠는가? 그것을 상상하면 퍽 가슴 아픈 일이다. 그는 오늘날의 끔찍한 불행을 예상하고 예감할 수 있었던 것일까?

《악령》에서 벌써 우리는 볼셰비즘 전체가 마련되어 있는 것을 알 수가 있다. 다만 샤갈레프가 자기의 주장을 설명하고 그 설명의 마지막에 이르러 고백하고 있는 것만이라도 들어 보자.

"나는 나 자신이 내세운 여건을 처리할 방법을 몰랐다. 그래서 내 결론은 나의 전체와 직접적으로 모순된다. 무제한의 자유로부터 출발해서 나는 무제한의 전제주의에 도달하고 말았다."

또한 그 끔찍한 표트르 베르코벤스키의 말을 들어 보자.

"일찍이 이 세상에 없는 무질서와 소란이 일어날 것이다. 러시아는 암흑으로 덮이고 옛날의 신이 죽은 것을 슬퍼하리라."

물론 소설이나 이야기의 인물들이 피력하는 사상이 곧 도스토옙스키의 사상이라고 생각하는 것은 악의적은 아닐망정 경솔한 짓이리라. 그러나 도스토옙스키는 그들을 통해 자기의 사상을 나타낸다는 것을 우리는 알고 있다……. 더구나 가슴에 사무친 어떤 진실을 드러내기 위해서 하찮은 인물의 입을 통하는 일이 얼마나 많은 것인가! 《영원한 남편》의 한 단역 인물을 통해서 그는 이른바 '러시아의 병'에 대해서 이야기하고 있는데, 이것은 그 자신의 의견이 아니겠는가.

"내 생각은 이렇습니다. 오늘날 우리는 러시아에서 존경할 만한 사람이 누구인지 모릅니다. 그리고 어느 시대이건 누구를 존경해야 할지 모른다는 것은 무서운 불행이라는 것을 아십시오……. 그렇지 않겠습니까?"

오늘날 러시아가 허덕이고 있는 이 암흑 한가운데서도 도스토옙스키는 여전히 희망을 이어 나갔으리라고 나는 생각한다. 아마도 그는 생각하리라(이런 생각은 그의 소설과 《서한집》에 여러 번 나타난다). 러시아는 키리로프와 같이 희생하는 것일 거라고. 그리고 이 희생은 유럽의 다른 나라들, 다른 모든 인간들의 구원을 위해 아마도 유익한 것일 거라고.

지드의 생애와 작품에 대하여

지드의 생애와 작품에 대하여

번데기 상태의 영혼

앙드레 지드(André Gide)는 1869년 11월 22일 파리에서 태어났다.

"11월 22일은 바로 우리의 지구가 전갈자리의 영향에서 벗어나 사수자리의 영향으로 들어가는 날이다. 신이 이 두 별과 별 사이에 두 개의 피, 두 지방, 두 종교의 결실인 나를 태어나게 했다고 해서 그게 어찌 내 탓이겠는가." 지드가 말했다. 사실 그의 내부에는 두 요소가 한데 어울려 있어 서로 다투거나 힘을 합쳐 하나의 조화를 이루어내고자 애쓰고 있었다. 그는 작품 속에서나마 자기 속에 있는 대립이 조화가 이루어질 수 있지 않을까 생각해 작가가 되지 않을 수 없었다고 말하고 있다.

아버지는 파리 대학 법학부 교수로서 프랑스 남부 랑그도크 출신이고, 어머니는 북부 노르망디 사람이었다. 아버지 쪽의 조상은 대대로 프로테스탄트로서 그중에서 거듭되는 박해에도 굽히지 않았던 신앙심 깊은 위그노 교도였다. 어머니 쪽의 롱도 집안은, 조상은 모두 가톨릭이었으나 할아버지가 신교도 여인과 결혼하여 신교도가 되었다. 그러나 지드는 어머니 쪽의 구교적인 전통을 퍽 중요시하여 자기는 "종교의 네거리에 앉혀져 있다"고 말했다. 이 말은 무척 흥미 있는 말이다. 다시 말해 지드는 교회의 교리에 구애받지 않고 오로지 그리스도 정신에 충실하려고 노력했던 것이다. 그러나 지드 정신의 종교적 기반은 완전히 신교도적인 것이라고 해도 상관없다. 그의 극단적인 자기 반성 버릇도 이 신교도적 피의 유전, 그리고 신교도적 가정 환경이나 교육에서 영향을 받았다고 해도 지나친 말이 아니었다.

부모의 성격도 완전히 반대였다. 아버지는 꿈 많은 시인 기질인데 반대로 어머니는 극단적인 현실주의자였다.

지드의 아버지는 그가 열한 살 나던 해 세상을 떠났기 때문에 교육은 완전히 어머니와 큰어머니와 가정교사였던 안나 같은 여자들의 손에 맡겨졌다.

여덟 살 때 알자스 학원에 들어갔으나 병적인 소심증과 불안정한 심리상태로 인해 두뇌 활동이 둔해서 성적은 언제나 좋지 못했고, 그때부터 이미 자위 행위를 하는 나쁜 버릇이 있었다. 게다가 병약한 체질 때문에 몇 번이나 퇴학당하여 학업은 언제나 불규칙했다.

그러나 소년 지드의 이런 어두운 정신에 빛이나 아름다움이 전혀 없었던 것은 아니다. 동물이나 식물에 대한 애정은 어린 영혼에게는 지극히 자연스러운 현상이긴 하지만, 자전적 작품《한 알의 밀알이 죽지 않으면》에 그려져 있는 소년 지드의 그것은 이상할 정도로 강렬한 것이다. 이것은 그 뒤 지드의 마음속에서 크게 발전하는 아름다운 것, 약한 것, 애처로운 것에 대한 동정과 연민의 싹이라 볼 수 있다.

감수성이 강한 소년에게서 흔히 보는 신경장애(이 신경장애는 마흔 살을 넘어 다시 재발하여 그를 괴롭혔다)가 소년 지드의 몸과 마음이 정상적으로 자라나는 데에 커다란 걸림돌이 된 것은 사실이고, 또 가정의 엄격한 청교도적 분위기가 아름다운 것, 자연적인 것을 향하려는 마음에 적지않은 제약을 준 것도 부인할 수 없는 사실이다. 요컨대 소년 지드의 영혼은 오랫동안 껍질을 둘러싼 번데기 상태에 놓여 있었던 것이다.

이 번데기 상태는 두 살 위인 사촌누나 마들렌 롱도에 대한 청순한 사랑에 의해서 차츰 그 껍질을 벗기 시작한다.《한 알의 밀알이 죽지 않으면》에 쓰

19세기의 루앙 파리 북서쪽 노르망디 지방의 항구도시. 쿠르탱 작.

여 있는 것처럼. 사촌누나가 그 어머니의 불륜이라는 불의(不義)를 알고 깊은 슬픔과 절망에 빠져 있을 때, 지드는 어린 마음에도 그녀를 돕는 것만이 자기의 의무이며 또 거기에 자신의 존재 이유가 있다고 느꼈다. 이같은 충격이 소년의 어두운 정신에 한 줄기 빛을 던져 주고, 여기에서 비로소 그는 자신의 존재를 확실히 인식하게 되었다(《한 알의 밀알이 죽지 않으면》과 《일기》에서 마들렌은 엠마뉴엘로 묘사되어 있다).

지드는 서서히 번데기 상태를 벗어나 스위스의 프랑스계 철학자인 헨리 프레데리크 아미엘이 쓴 《아미엘의 일기》를 완전히 이해할 수 있게 되고, 베토벤과 슈만의 음악을 알게 되었다. 열대여섯 살이 되자 그의 독서열은 차츰 왕성해 갔다. 아버지가 죽은 뒤 굳게 잠긴 서재에서 어머니의 승낙으로 책을 접할 수 있었다. 그러나 어머니는 소년의 마음에 드는 책을 골라 읽게는 했으나 자기 앞에서는 큰 소리로 읽으라고 요구했다. 소년 지드가 맨 처음으로 고른 것은 테오필 고티에의 시집이었다.

당시 고티에는 관습적인 것에 대한 경멸·해방·방종 등을 대표하는 시인으로 알려져 있었다. 지드가 이것을 고른 데는 어머니에게 도전하는 의미도 있었으나, 특히 자기 자신에 대한 도전이었다(이 자기 자신에 대한 도전은 《교황청의

아버지 폴 지드(위)는 어린 아들에게 깊은 애정을 남기고 일찍 죽었다. 어머니 쥘리에트 롱도(아래)는 엄격한 보호자였으며, 지드가 방탕한 시절에도 그가 의지할 수 있는 심판자였다.

지하도》의 라프카디오나, 《사전꾼들》의 베르나르에 재현되어 있다). 그의 주머니엔 위고의 시집이 있었다. 그중 몇 편은 완전히 암기하여 가끔 마들렌에게 들려주었다. 또 그는 하이네를 탐독했다. 열다섯 살 난 소년의 마음속에도 사랑의 움은 터 올라 하이네가 부르는 것에 대답할 줄 알고 깊은 감동을 받아, 다감한 영혼이 전율했던 것이다.

그리스의 시인 중에 그의 정신에 비상한 영향을 준 시인을 발견한 것도 이 무렵이었다. 지드는 이것을 통해 올림포스 신들의 호감이 가는 근엄함과 인간의 고뇌를 알았다.

바로 그 무렵, 마들렌도 호메로스의 《일리아스》와 그리스의 비극들을 읽고 있었다. 그리스에 대한 그녀의 찬탄은 소년 지드의 그리스 예찬에 더욱 박차를 가했다. 기묘하게도 지드가 이런 이교도적 정열에 불탔던 것은 바로 그가 그리스도교에 한창 열중해 있던 때였다. 이 두 개의 상반되는 것이 서로 방해하지 않고 양립할 수 있었던 것은 불가사의한 일이다. 당시의 지드는 결코 미지근한 세례 지망자가 아니라 열광적인 구도자였다. 그러나 그의 마음은, 그 자신의 말을 빌릴 것 같으면 마치 '동방이 활짝 열리고 빛과 음악과 시가

뤽상부르공원 지드가 처음으로 굴렁쇠를 가지고 놀면서 황홀감을 맛본 장소였다.

자유롭게 흘러들어오는 회교 사원과 같은 것'이었다.

또 한 사람, 그의 문학열을 눈뜨게 하고 북돋아 준 사람이 있었다. 그것은 피에르 루이스였다. 지드는 열여덟 살 때 알자스 학원의 수사학급(修辭學級)—중등교육과정의 최고 학급)에 들어가 루이스를 알게 된 것이다. 이 무렵 지드의 정신은 불안정한 상태를 완전히 벗어나 작문에서는 때로 루이스와 첫째 둘째를 다툴 때도 있었다. 지드는 이 조숙한 친구에게 존경심을 품고 그로 인해 계발된 점도 많으나 성격이 정반대였기 때문에 끝내는 우정에 금이 가고 말았다.

굴렁쇠를 가지고 놀던 지드의 어린 시절

청춘의 위기와 생명의 발견

1891년, 스물두 살 때 지드는 마들렌에 대한 사랑을 중심으로 당시 그가 고민하고 있던 영혼과 육체의 싸움, 형이상학적인 불안과 고뇌를 단편적으로 일기 형식을 빌려 쓴《앙드레 발테르의 수기》발표했다. 이것은 서정적인 아름다움은 있으나 소설적 구성이 전혀 없는 아주 서투른 작품이었기 때문에 소수의 사람 이외에는 인정받지 못했다. 그리고 이 작품을 읽은 마들렌으로부터 구혼을 거절당하는 타격을 받았다.

이 무렵, 지드는 에레디아의 살롱에 다니고 이어 말라르메 '화요회'의 열렬한 단골손님이 되었는데, 여기서도 그는 그저 '스승의 목소리를 눈으로 듣고 있는' 지극히 눈에 띄지 않는 존재에 지나지 않았다. 또 레옹 블룸과 폴 발레리와도 사귀고 〈콩크〉 같은 문예 잡지에도 《나르시스론》이며 《유리안의 여행》 등의 작품을 발표했으나 세상으로부터는 여전히 인정받지 못했다.

그는 이때 그의 일생에 가장 혼란한 시기에 놓여 있었다. 그때까지는 어릴 때부터 엄격하게 훈련받은 청교도적 극기주의로 영혼의 평정을 유지하고 있었다. 그런데 청춘이 눈뜸과 동시에 완전히 뒤집히고 말았다. 육체의 순결을 고집하는 것이 자유 분방한 상상을 유발하여 오히려 영혼을 더욱 불결하게 혼탁시키는 결과를 만들었다. 그리고 신을 추종하는 것이 영혼의 균형을 깨뜨려 오히려 자신을 불안하게 하였다. 여기에서 그는 운명을 걸고 성패를 정하는 시도를 해야만 했다. 그리스도교와 결별한 것이다.

1893년, 지드는 친구인 화가 폴 알베르 로렌스와 함께 아프리카의 알제리로 여행을 떠났다. 그는 이 여행에서 과거의 너무나도 병적인 고뇌, 낭만주의, 우울 등을 버리고 균형과 충실과 건강을 찾으려고 했다. 말하자면 고전주의에 대한 최초의 동경이었던 것이다.

그러나 이 동경과 과거의 그리스도교적 이상과는 서로 용납될 수 없는 것이었다. 출발할 때 지드는 일부러 짐 속에 성경을 넣지 않았다. 지금까지 하루도 성서를 손에서 놓은 일이 없는 그로서는 그렇게 하기엔 중대한 결심이 필요했다. "이 양식은 나에게 없어서는 안 될 것이라고 생각되었기 때문에 오히려 이것을 떼어 놓아야 한다고 생각했다"고 그는 뒤에 말했다.

이 여행을 하는 도중 지드는 폐결핵에 걸려 한 해 겨울을 비스크라에서 보냈다. 그는 이 여행 중 이상한 경험을 했다. 그에게는 본디부터 동성애적인 경향이 있어 여성에 대해서는 전혀 성욕을 느끼지 못했다. 이 성적 이상에 대한 번민과 싸움은 날이 갈수록 그 경향을 더욱 심하게 할 뿐이었다. 그는 그것을 극복하기 위해서 어느 날 밤 여자를 안고 그 여자와의 행위에서 만족을 얻었다. 그러나 그것은 눈을 감고, 언젠가 본 아름다운 아라비

고갱의 〈농가의 안뜰〉(1890) 지드가 《앙드레 발테르의 수기》를 완성할 무렵, 멜라르메의 집에서 고갱을 만났다.

아 소년의 모습을 상상하면서만이 가능했다. 그의 성적 이상은 이것으로 고쳐지지 않았으나 이 시도는 건강 회복에 많은 도움이 되었다. 그는 이 하룻밤을 보낸 뒤 이상할 정도로 안정감을 느꼈다. 이 단 한 번의 시도가 의사의 어느 약보다도 효과가 있었던 것이다. 그러나 지드는 그때를 회상하여, 자기에게는 효험이 있던 이 요법을 남에게 권할 만한 자신은 없다. 그러나 자기 병의 경우는 거기에 많은 신경 작용이 잠재해 있었기 때문에 이러한 근본적인 심기 전환으로

《앙드레 발테르의 수기》를 완성할 무렵의 지드(21세 때)

폐의 염증이 사라지고, 뭔가 마음의 평형이 돌아왔다고 해서 조금도 이상할 것은 없다고 말했다.

지드는 소생의 기쁨을 안고 파리로 돌아왔으나 파리 문단은 그가 전에 숨쉬던 그런 곳이 아니었다. 전에는 동경의 대상이었던 살롱도 지금은 죽음의 냄새로 가득 차 있는 것같이 느껴졌다. 살롱의 사람들이 그의 마음속에 일어난 변화도 모른 채 관념적인 토론만을 계속하고 있는 것을 보고 그의 자존심은 걷잡을 수 없이 무너졌다. 그들 곁에 있으면 그는 자신이 과거의 자신이 아닌 것을 확실히 느낄 수 있었다. 그는 자신 속에 일어난 변화를 말하고 싶어서 견딜 수 없었다. 그러나 아무도 그의 말에 귀를 기울여 주는 사람이 없었다. 그는 자신과 그들과의 사이에 있는 너무나 큰 간격에 할 말이 없었다. 그들이 만족하고 있는 빈약하고 비참한 것에 대한 연민은 마침내 절망의 분노로 바뀌었다. 만약 이 고뇌어린 마음을 《팔뤼드》 속에 풍자적으로 묘사함으로써 분출구를 찾지 못했더라면, 어쩌면 지드 자신도 고백하고 있듯 그는 자살을 감행했을지도 모른다. 그가 예술가였다는 점이 위기에서 그를 구해 준 것이다. 그가 만일 단순히 심리 분석가였으면, 그의 일생 동안 고민의 원인이던 그 의식 분열도 아무런 수습책을 얻지 못했을 것이다.

지드는 파리를 떠나 스위스의 느샤텔로 가서 가을의 호숫가를 라이프니츠의 《변신론(辯神論)》을 읽으며 거닐었고, 겨울에는 쥐라 산중의 쓸쓸한 마

을 라브레비느로 들어갔다. 그러나 그는 전나무가 칼빈풍의 음침함과 준엄함을 드리우고 있는 이 산림 지대에 공포를 느끼고 마침내는 증오를 느끼게까지 되었다. 그러한 그의 마음에 저절로 끓어오르는 것은 아프리카의 작열하는 태양과 타는 듯한 사막, 노래, 춤, 향기, 또 그 야성적인 아이들에 대한 노스텔지어였다.

그는 스위스의 이 대지에 대한 분노를 느끼며 매일 아름답지 않은 자연을 밟으며 긴 산책을 했다. 산책을 하지 않을 때는 책상에 앉아 오로지 《팔뤼드(전원교향곡)》 집필에만 전념했고, 완성된 뒤에는 알제리를 향해 출발했다.

하얀 결혼

지드는 1895년 어머니를 잃었다. 그의 어머니는 자신의 의무를 철저하게 실천하는 여성이었다. 자유사상가적인 면모를 지니고 있던 남편이 죽은 뒤에는, 자기의 성격을 제지할 사람이 없었기 때문인지 이 성격은 더욱 극단적으로 되었다. 이미 다 자라 성인이 된 아들에게도 애정은 간섭의 형식을 취하고 있었다. 아들은 어머니의 비뚤어진 사랑에 대해 항상 반항하는 태도를 취했으나, 어머니가 죽기 직전 두 사람은 화해하였다. 지드는 어머니의 죽음으로 지금까지 갈망해 오던 자유를 겨우 얻을 수 있었다. 그러나 갑자기 찾아온 자유는 오히려 지드를 당황하게 했다.

그런 자신을 그는, 뜻밖에 석방되어 어쩔 줄 모르는 죄수에, 그리고 닻줄이 끊겨 비바람에 아무렇게나 밀려다니는 조각배에 비유했다.

그러한 지드의 유일한 의지는 오직 사촌누나 마들렌에 대한 사랑뿐이었다. 그녀와 결혼하려는 의지만이 그의 생활의 유일한 지침이었다. 그런데 이 애정은 분석해 볼 필요가 있다. 거기에는 애타적(愛他的)인 요소가 많았다. 그는 자기 자신보다도 그녀를 더 사랑하고 있었다. 그녀에게 결혼을 신청했을 때도 자기보다는 오히려 그녀를 더 생각하고 있었다. 이 결혼에 어떤 위험이 따를까 하는 그런 것은 문제삼지도 않았다. 그는 무엇보다도 그녀를 자기의 등 뒤에 거느리고 나가고 싶은 이 욕망 때문에 자기를 완전히 잃고 있었다. 왜냐하면 자기의 정열로 정복할 수 없는 것이 있으리라고는 생각하지도 않았기 때문이다. 위험에 대한 염려는 비겁한 것으로 생각되었다. 가장 성실한 행동은 계산하지 않는 행동이라고 그는 생각했다. 일반적인 다른 사

람들과는 성격이 다른 자기가, 과연 그
녀와의 결혼을 이끌어 나갈 수 있을까
하는 의문도 있었다. 그러나 그녀와의
결혼은 하나의 숙명이라고 생각했다.

마들렌도 지드의 필사적인 구혼에는
마음이 움직이지 않을 수 없었다.

그러나 두 사람의 결혼생활은 행복하
지 못했다. 이 비밀은 그가 죽은 뒤인
1951년에 발간된 《이제 그녀는 그대 안
에 있다》에 자세히 서술된 바, 지드는
앞서도 말했듯이 원래 이상 성욕의 소유
자로 동성애적인 취미를 갖고 있었다.
게다가 결혼 초기에는 성(性)에 대한
극단적인 무지로 부부는 마음으론 서로
사랑하면서도, 이른바 하얀 결혼으로 지
드 부인은 일생 처녀로 지냈다고 한다.

지드가 친구들과 함께 찍은 사진(1912)
퐁티니에 모여 지성적인 교류를 즐기는 슐
룅베르제·마르탱 뒤 가르·리비에르·지드.

그러나 마들렌은 지드의 생애에 커다
란 위치를 차지하였다. 이를테면 《앙드레 발테르의 수기》의 엠마뉴엘, 《배덕
자》의 마르슬리느, 《좁은 문》의 알리사에 그녀의 그림자가 짙게 깔려 있음은
이미 다 아는 사실이다.

지드의 문단생활

지드는 첫 번째 알제리 여행에서 얻은 경험을 토대로 생명의 송가(頌歌)
라고 할 수 있는 일종의 산문지 《지상의 양식》과 생명의 해방을 노래한 비극
《배덕자》를 썼다. 《배덕자》는 향락하기 위해 자기의 생명을 소생시킨 사랑하
는 아내를 병상 위에 그대로 내버려 둔다는 얘기인데, 이것은 그가 최초로
시도한 본격적인 스토리가 있는 작품이다. 이 작품으로 겨우 문단의 한 모퉁
이를 차지하기는 했으나 그의 존재는 아직 결코 큰 것이 아니었다. 이 작품
이 정당하게 평가되기까지는 근 10여 년의 세월을 기다려야 했다. 이 작품
이 받은 사회적 묵살은 그 무렵 그가 고민하던 정신의 우울한 마비 상태를

더욱 깊게 했다.

 지드는 본디 많은 작품을 남발하는 작가는 아니었다. 한 작품을 끝내고 다음 작품이 나올 때까지는 상당히 오랜 기간 동안 마비 상태가 계속되었다. 《배덕자》를 써낸 뒤에도 짧은 평론을 쓴다든지 강연을 한다든지 하기는 했으나 정신은 도무지 활발하게 움직이려 하지 않았다. 뭔가 뇌리에 정신적인 의혹이 떠올라 그것을 해결하려고 하면 그의 속에 있는 비평가가 일어나 "그게 그만큼 애쓸 가치가 있다고 확신하고 있는가?" 하고 의문을 던졌다. 이러한 정신의 마비 상태가 일어날 때마다 그는 번번이 알제리로 여행을 떠났다.

 1903년 알제리로 떠난 여행은 마음속으로 기대하고 있던 대로 그를 다시 일어서게 했다.

 지드는 이때의 여행일기에 다음과 같이 적어 놓았다.

 '나는 생각했다. 그렇다. 오랫동안의 겨울잠을 지켜온 장미만이 더없이 아름다운 꽃을 피우는 거다. 이토록 풍요하고 더운 아프리카에 피어 있으면서도 놀랄 만큼 꽃이 작고 가늘고 보잘것없는 것은 그 꽃이 사시사철 쉴 새 없이 피고 있기 때문이다. 꽃 하나하나가 아무런 비약도, 숙고도, 기대도 없이 꽃을 피우고 있다…… 이와 마찬가지로 인간의 더없이 훌륭한 개화에도 오랜 마비 상태가 필요한 것이다. 위대한 작품의 무의식적인 창작은 예술가를 일종의 우둔한 마비 상태로 빠뜨린다. 그런 상태를 받아들이지 않는 것, 그것을 두려워하는 것, 너무나도 성급하게 이루려고 하는 것, 그런 겨울을 부끄러워하는 것——그러한 것이 꽃을 하나라도 더 피우려고 하다가 도리어 하나하나의 꽃을 작고 보잘것없는 것으로 만드는 것이다……'

 이러한 감상은 지드가 마침내 정신의 마비 상태에서 벗어났다는 것을 말해 주고 있다. 사실 1905년쯤부터 《좁은 문》의 구상이 마음속에서 서서히 무르익어 조금씩 손대기 시작하고 있었던 것이다.

 지드는 이 《좁은 문》을 1908년에 탈고, 당시 그가 고문격이 되어 자크 코포, 장 슐룅베르제 등과 함께 창간했다가 내분(內紛)으로 폐간, 다음해 2월에 다시 복간된 〈신프랑스 평론(Nouvelle Revue Française)〉(통칭 N·R·F)의 제1호부터 제3호에 걸쳐 연재하여 대호평을 받았다. 이 잡지는 별로 새롭거나 특정한 교의(敎義)를 내세운 것은 아니지만, 작가의 내적 완성에 의해 예술의 모럴을 세우려는 성실성을 가지고 있어 당시 상업주의에 침해를 받은 문단에 상당한 자극을 주었다.

지드는 또 신인들의 원고를 보살펴 주고 이것을 세상에 내놓는 수고를 아끼지 않았다. 〈N·R·F〉의 출자자(出資者)가 된 가스통 갈리마르가 무명 작가의 원고 '장 바르와'를 가지고 와서 의견을 물었을 때, 지드는 한 번 읽어보더니, "어쩌면 예술가는 아닐는지 모르나 멋진 사나이임에는 틀림없다"고 대답했다.

이 사나이야말로 바로 《티보 집안 사람들》로 노벨문학상을 받은 마르탱 뒤 가르이다. 또한 〈N·R·F〉의 주필이 된 자크 리비에르도 지드에게 발견되어 1910

챙 넓은 검은색 모자를 쓴 지드(1912)
J.E. 블랑슈 작.

년에는 편집부에서 서기로 활동했다. 그 밖에 발레리 라르보라든가, 쥘로맹이라든가 알랭 푸르니에와 같은 젊고 유망한 사람들과 알게 되고 이들을 〈N·R·F〉로 모았다. 눈이 밝은 지드도 꼭 한번 실수를 저질렀다. 그것은 1912년 마르셀 프루스트로부터 《스완 집안의 사람들》의 출판의뢰를 받았으나 그것을 거절한 것이었다. 그러나 다시 읽었을 때에는 자기의 잘못을 솔직하게 인정하고 이듬해 프루스트에게 사과했다.

이리하여 고독했던 그의 주변도 차츰 활기를 띠었으나 그 반면 옛날 친구 몇 사람은 가톨릭교로 개종해 그의 곁을 떠났다.

우선 맨 먼저 프랑시스 잠은 1905년에 개종을 선언했다. '제발 자네의 그 염증나는 니체주의를 버려 주게. 프랑스는 자네를 필요로 하네. 개종하지 않으면 안 되네. 최근의 시를 읽어 주게. 내 시재(詩才)는 아직 결코 줄어들지 않았네. 오히려……' 이런 것들을 잠은 종종 써 보냈다. 그러나 잠의 권고는 결코 고압적인 것은 아니었다. 지드는 웃으며 그 충고를 들을 수가 있었다. 그런데 확고한 신념을 갖고 무작정 상대를 설득하려는 폴 클로델도 있었다.

◀ 알제항 풍경
지드는 알제리 여행을 두 번이나 떠났다. 마르케 작. 생트로페의 아농시아드 수도원 소장.

▼ "어제는 오후 두 시가 되어 어느 강가 마을에 발을 멈추었다. 매우 가난한 마을이었다." 《콩고 여행》에서

클로델은 지드와 한 그룹이었는데 지드와 정반대 되는 영향을 사람들에게 주고 있었다. 프랑시스 잠을 개종시킨 것도 그였고 샤를 루이 필립도 만년에 그의 영향을 받아 가톨릭 교도가 되려고 했다. 자크 리비에르도 처음에는 그의 영향 아래 있었는데, 한때는 《지상의 양식》의 '도처에 발견할 수 있는 신(神)'을 환희로 칭송하다가 제1차 세계대전이 시작될 무렵 다시 가톨릭교로 돌아갔다. 그 밖에 자크 마리탱, 샤를 페기 등이 클로델의 영향으로 개종해 갔다.

폴 알베르 로렌스가 그린 지드(1924) 친구이자 화가인 로렌스는 지드의 알제리 여행에 동행하였다.

그러나 지드는 클로델의 권고를 단연 물리쳤다. 그리고 1914년에 《교황청의 지하도》가 〈N·R·F〉에 발표되는 것과 동시에 두 사람의 결별은 결정적인 것이 되었다. 지드는 이 풍자적인 작품 속에서 자유인 라프카디오를 창조해 내고, 한편으로는 어둡고 몽매한 종교계를 한껏 야유했다. 《배덕자》 이래 문제가 되어오던

콩고 여행 때의 지드(1925) 마르크 알레그레와 함께 콩고 여행을 하였다.

지드의 소년애(少年愛)가 이 작품에서도 한 성직자 속에 나타나 있는 것을 보고 클로델은 분노했다. 클로델은 짐짓 지드 자신에게 과연 그러한 경향이 있는지 없는지 캐물었다. 지드는 깊은 상처를 받고 고백을 했다.

1914년 제1차 세계대전이 일어나자 4년 동안 지드는 문학작품에는 전혀 손을 대지 않고, 계속 일기만 기록해 나갔다. 그리고 오랫동안 버려 두었던

복음서를 꺼내 그것을 탐독했다. 그때마다 그는 그리스도에 대한 외침이며, 자기 마음의 독백을 단편적으로 써두었다. 그것을 정리한 것이《그대로 또한……》이다. 이렇게 복음서에 빠져든 모습은 그의 개종을 바라는 사람들에게 은근한 기대를 품게 했다. 샤를 뒤 보스는 이것을 '신의 품으로 한 발 전진하기 위한 영혼의 움직임'이라고 보았으나, 지드는 끝내 개종하지 않았다. "나는 가톨릭 교도도 아니거니와 신교도도 아니다. 그저 단순한 그리스도교도이다"라고 말하고 한결같이 소박한 마음으로 복음서의 자유 해석에 전념했다. 1919년에 발표한《전원교향곡》은 이《그대로 또한……》속에서 했던 그의 마음의 대화를 극화(劇化)한 것이라고 할 수 있다.

반(反)지드 십자군

세계대전이 끝나고 나서 이른바 불안이 감도는 시기에,《지상의 양식》이며《배덕자》며《교황청의 지하도》등이 젊은 세대에게 크게 환영을 받아 그를 따르는 젊은이들이 점점 늘어갔다. 그러나 반면에 적도 많이 생겼다. 감각의 해방을 가르치고 광열(狂熱)과 유동(流動)을 설교하고 순응주의로부터의 탈피를 부르짖는 그는 세상의 '범인'들의 눈에는 더할 수 없이 위험한 인물이었다. 맨 먼저 가톨릭 교도인 앙리 마시스가 1921년에 '르뷔 위니베르셀'을 통해 반(反)지드의 봉화를 올렸다. 그리고 다시 1924년에는《재단(裁斷)》이라는 논문집에서 지드를 물고 늘어졌다. 훨씬 뒤인 1927년에는 역시 가톨릭파의 빅토르 프셀이 지드의 배덕주의를 신랄하게 공격 했다.

지드에 대한 비난은 단순히 이러한 종교적인 신념에 대해서만이 아니라 문단적 질투에 의한 것도 있었다. 예를 들어 앙리 베로는 지드를 중심으로 한〈N·R·F〉에 히스테릭한 공격의 화살을 던졌다. 지드가 그 영광을 예언한 발레리는《젊은 파르크》와《해변의 묘지》로 화려하게 문단에 복귀하고, 프루스트의 작품은 1919년에 '콩쿠르상'을 획득하여 일약 그 이름을 떨쳤으며 또 쥘 로맹, 폴 모랑 등 신진도 다투어 배출되어〈N·R·F〉는 그야말로 이름 그대로 문단의 준재(俊才)를 한자리에 모아 놓은 격이 되었다.

이처럼 반지드 십자군이 곳곳에 결성되고 있을 때, 그는 다시금 자기에게 향한 화살을 자기 손으로 상대에게 되돌려 주었다. 그것은《코리동》(1924)과《한 알의 밀알이 죽지 않으면》(1920)이었다.《코리동》은 이미 1911년에 쓰여져서 익명으로 발표, 극히 적은 부수가 판매됐던 것이다. 이것은 이른바 동성애자 옹호의 글인데 지드가 말하고자 한 것은, 남색은 보통 불건강하고 퇴폐적인 것이라고 여겨지고 있으나, 남색자가 길어올리는 샘도 그 순수함에 있어서는 정상적인 남성이 갈증을 푸는 샘과 조금도 다름이 없다는 것이었다. 고대 그리스의 아름답고 건강한 청년들이 당시의 시인, 철학자, 조각가들에게 얼마나 큰 영감을 주었는가 하는 것도 지드는 예로 들었다. 그리고 지드 자신은 이를 통해 몇 번이나 정신의 위기를 극복했다고 고백했다. 따라서 자기에게 있어서 이것은 변태가 아니라 극히 자연스러운 일이라고 주장했다.

시칠리아 섬 에트나화산 여행 때의 지드

《한 알의 밀알이 죽지 않으면》은 유년 시대부터 마들렌과 약혼하기까지의 자서전인데, 자신의 결함이나 나쁜 버릇까지 모조리 토로한 대담성에 있어서는 루소의 《고백록》이나 스트린드베리의 《하녀의 아들》에 비해 조금도 뒤떨어지지 않는 작품이다. 이 글의 내용을 미리부터 알고 있던 가까운 사람들은 간행을 극력 반대했으나, 그는 진실을 이야기하는 것은 예술가의 의무라면서 용감하게 그것을 발간했다.

그리스 페스툼 지방을 딸과 함께 여행한 지드

사회문제에 눈뜨다

1925년 지드는 스스로 자기의 유일한 소설이라고 말한 《사전꾼들》을 끝내자, 마르크 알레그레와 함께 콩고로 여행을 떠났다. 그는 이 여행을 통해 지금까지 예기치 못한 새로운 것을 발견했다. 그것은 욕심많고 가혹한 프랑스 식민정책에 희생되고 있는 불쌍한 토인들의 비참한 상태였다. 이것은 곧 그의 마음을 사로잡아 마침내 이 여행의 주요 관심사가 되었다. 이때에 쓴 여행기 《콩고 기행》은 여론을 불러일으키고 그의 청년 시절부터의 친구로서 정치가이자 문학·사회비평가인 레옹 블룸은 그가 주재하는 〈포필레르〉지에서 그에게 직접 성원을 보냈다. 드디어 이 문제는 의회로까지 번져 그가 주장하는 바의 일부분이 더러 실현되기에 이르렀다.

이 여행은 그에게 커다란 전환을 가져다 주었다. 그 뒤부터 그의 눈은 차츰 사회 문제를 향해 크게 열렸다. 그러나 이것은 그의 정신적 변화가 아니라 정신의 필연적인 진전이었던 것이다. 허위, 부정에 대한 증오, 피압박자에 대한 사랑, 진실 추구의 욕구, 이것은 시종 변치 않는 그의 정신적 태도였다. 다만 추구하는 관점이 내부로부터 외부로 향해진 것만이 달라진 점이었다. 그러나 이것이 그를 '현대의 양심'이라고 불리기에 마땅한 위대한 존재로 만든 중요한 전기가 되었음은 두말할 나위가 없다.

1929년에 지드는 다시 문제작을 발표했다. 그것은 《여성의 학교》와 그 속편 《로베르》이다. 이것은 1935년에 발표된 《주느비에브(미완의 고백)》와 함께 삼부작을 이루는 것이다. 이 작품은 위선을 비판하고 성실을 추구한 작품이었는데, 지드는 이 시기에도 사회 문제에 더 강하게 마음이 끌리고 있었다.

전향과 이탈

그 뒤 지드의 사상은 차츰 좌경(左傾)하여 1932년에는 공산주의로 전향할 것을 선언해 세상을 깜짝 놀라게 했다. 이 전향은 얼핏 대담한 것같이 보이긴 했으나, 이것은 당시 사람들이 말한 대로 확실히 '개종'은 아니었다.

그의 전향은 대체로 두 가지 면에서 볼 수 있다. 첫째는 개인주의적 모럴의 필연적인 진전이고, 둘째는 현재의 그리스도교에 대한 반발이다. "참이 해된 개인주의는 공동체에 봉사해야 한다"고 말하고 사회적 개인이 자유로이 살 수 있는 세계를 공산주의에서 찾았다. 그는 공산주의는 결국 그리스도교의 그리스도에 대한 이반(離反)에서부터 생긴 것이며 만약 그리스도교가 그리스도의 정신을 철저하게 살렸더라면 공산주의가 존재하지는 않았을 것이라고 그는 보았다.

이런 그가 현실의 소련을 샅샅이 살펴볼 기회가 생겼다. 1936년 6월 중순, 고리키의 와병(臥病) 소식을 듣고 그는 런던에서 열리는 '문화옹호국제저작가대회'에 참석할 예정도 변경하고 급작스럽게 항공기로 모스크바를 향했다. 고리키는 그가 도착한 다음 날 영면했다. 장례식날 그는 '문화옹호국제저작가동맹'을 대표

테오 반 리셀베르그가 그린 지드의 초상

해 "새로운 세계를 과거의 세계와 연결하고 또 미래로 이은 찬란한 운명의 작가"라면서 고리키에게 진심어린 추도사를 바쳤다. 또 수천 명의 대학생들 앞에서 "새로운 러시아의 청년 제군, 제군은 어째서 내가 기쁘게 나의 '새로운 양식'을 제군들에게 바쳤는지 이제 알았을 것입니다. 그것은 바로 제군들에게 미래가 걸려 있기 때문입니다. 미래는 밖으로부터 오는 것이 아닙니다. 미래는 제군들 안에 있습니다. 더구나 그 미래는 소련만의 미래가 아닙니다. 왜냐하면 소련의 미래에는 전세계의 운명이 걸려 있기 때문입니다. 미래? 이 미래를 창조하는 것은 제군들이 아니면 아무도 할 수 없습니다"라고 열변을 토했다.

그러나 이어 외젠 다비, 피에르 에르바르, 루이 기유 등과 함께 각종 사회시설이며 문화시설을 보고 다니는 동안 강한 공감과 함께 비판의식도 싹텄다. 그는 소련을 사랑하기 때문에 작은 결함도 모조리 적발해야 한다고 생각했다. 그중에도 문화 쇄국주의와 새로운 관료주의, 획일주의에 그는 반발했다. 인간주의 위에 선 순수한 모럴리스트인 그의 생각은 소련의 현실적인 정

치주의와 날카롭게 대립했다. 그의 《소비에트 여행기》는 호의적인 충고자의 입장에서 쓰인 것이긴 하나 그 결벽성이 소련을 강하게 자극하여 〈프라우다〉지와 그 밖의 신문들이 일제히 지드 공격에 나섰다. 프랑스에서도 마찬가지였다. 그에 대답한 《소비에트 여행기 수정(修正)》(1937)은 전자에 가해진 비방에 대한 반박이 주안점이 되어 자기의 말을 정당화하려는 초조감이 앞서는 바람에 오히려 본질적인 논쟁은 도외시된 느낌도 없지 않았다.

만년의 지드

지드의 만년 생활은 결코 조용하고 평화롭지 못했다. 마들렌을 잃었을 때 그의 충격은 대단히 컸다. 아내의 죽음이 가져온 정신적 타격에서 간신히 일어섰다고 생각하자 이듬해인 1939년 9월에 제2차 세계대전이 일어났다. 1940년 6월에 파리가 함락되자 그는 칸 가까이에 임시로 거처를 정했다. 이 시기에 그는 괴테에 심취하고 또 '가상(假想) 회견기'에 수록된 소논문을 쓰고 있었다. 그리고 1942년 5월 북아프리카의 튀니지로 건너가 여러 곳을 전전하면서 장 루이 바로로부터 의뢰받은 《햄릿》의 번역을 완성하고, 또 최후의 작품인 《테세우스》를 끝마쳤다(1944).

1947년 11월 스웨덴 아카데미는 지드에게 노벨문학상을 수여할 뜻을 밝혔다. 아카데미 프랑세즈의 회원으로 추대되었을 때 "나는 아직 그토록 늙지는 않았다"고 거절했던 그도 노벨상은 기쁘게 받았다. 선정 이유로는 '지드 씨는 광범위한, 그리고 예술적으로도 대단히 귀중한 그 저작에서 인간성의 여러 문제와 상태를 두려움 모르는 진리애와 심리학적 통찰력으로 제시했다'고 밝히고 있다. 그것은 그대로 적중한 말이었다. 1949년 괴테 탄생 2백 주년을 맞이해서는 토마스 만과 나란히 괴테협회로부터 기념상을 받았다.

그러나 이러한 영광에 싸인 지드도 이 무렵부터는 차츰 건강이 나빠지더니, 1951년 2월 19일 82세의 긴 생애를 마쳤다.

지드에 대한 평가

지드의 작품은 어느 것이나 그가 인간성의 자유를 찾아 방황한, 그 순례의 길 위에 세워진 하나의 도표이다. 따라서 완성된 것은 하나도 볼 수 없다. 그러나 그것은 단순한 미완성은 아니다. 그것은 시대와 함께 괴로워하고 시대와 함께 성장하는 무한의 미완성이다.

지드는 항상 움직이고 있었다. 그리고 항상 성장하는 자의 편이었다. 그래서 고정되고 발전 없는 자들의 적이기도 했다. 그러한 지드의 태도를 가장 잘 표현했다고 할 수 있는 토마스 만의 말을 들어 보기로 하자.

'지드는 소설 분야에 있어서 대담한 실험자였다. 그는 항상 옳다고 믿는 것만을 선언했다. 그는 순수

친구 반 리셀베르그와 대화하는 지드 지드는 평소 친구들과 대화하기를 즐겼다.

한 모럴리스트였다. 근시안적인 도덕학자들은 그에게 비난의 화살을 던졌으나, 그는 정신적 호기심의 극점(極點)을 향해 달리고 있었다. 그러한 드높은 호기심은 회의주의가 되고, 그 회의주의는 다시 창조적으로 변하는 것이다. 그는 이 호기심을 그가 좋아하는 괴테와 함께 나누어 갖고 있었다. 그는 괴테처럼 끊임없는 충동에 의해 움직이고, 탐구의 방향으로 쉴 새 없이 밀고 나가고 있었다. 영혼의 평온함이나 도피는 그가 취하는 바가 아니었다. 불안, 창조적 회의, 무한한 진리 탐구가 그의 영역이었다. 그리고 이 진리를 향하여 예지와 예술에 의해 주어진 모든 방법을 다해서 전진하려고 노력했던 것이다.'

사실 20세기의 대작가로서 지드만큼 각각 다르게 평가받는 사람도 적을 것이다. 한편에서는 '현대의 양심'이라고 존경하는가 하면, 앙리 마시스를 대변자로 하는 가톨릭 교도 같은 사람들은 '위험한 배덕자'로 공격한다. 또 영국의 비평가인 존 미들턴 머리는 '거의 취할 것도 없는 업적을 바탕으로 그처럼 전유럽적 인물이 된 작가는 아마 거의 없을 것이다'라고 했다. 마시스의 공격은 입장이 다른 것으로 한 번쯤 귀 기울여 볼 만하지만, 머리의 말

지드의 생애와 작품에 대하여 441

은 무책임한 폭언이라 하겠다. 지드가 가끔 청년들을 나쁜 길로 인도했다는 비난에 대해 스웨덴 아카데미는, 이것은 정신의 해방자면 누구에게나 주어진 비난으로 그의 제자들의 가치에 대해 생각하면 그의 영향력의 공과(功過)는 스스로 명백해질 것이라고 반박했다. 어떻든 간에 지드가 인간성의 자유를 추구한 위대한 개인주의자로서 20세기에 남긴 발자취는 대단한 것이고, 그 영향력은 이후에도 결코 작게 평가받을 수 없을 것이다.

절대 순수에 대한 사랑, 《좁은 문》

지드는 1901년 10월 《배덕자》를 탈고한 뒤, 1905년에 걸친 4년 동안 소설 집필에선 손을 떼고 있었다. 지드 자신의 말에 따르면, 이 시기는 작가에게 있어 무시무시한 '마비 상태'의 연속이었다. 마치 출산으로 인해 배 속이 완전히 비어 버린 느낌을 받는 어머니처럼, 그는 작가로서 텅 빈 듯한 상상력의 세계 속에서 공허함을 느꼈을지도 모른다. 하지만 원치 않던 이러한 침잠은 그에게 더 나은 세상을 펼쳐 보일 수 있는 휴식의 시간이 되었음이 틀림없다. 4년에 걸친 침묵이 끝난 1905년부터 《좁은 문》을 쓰기 시작한 것이다. 지드는 좋지 않은 건강에도 불구하고 천천히 집필을 계속하여 1908년에는 작품을 탈고하기에 이른다.

앞서 발표한 《배덕자》와 마찬가지로 지드는 이 작품을 '소설'이라고 부르지 않고 단순히 '이야기'라고만 불렀다. 이러한 관점은 지드가 한 이야기에서도 확실히 드러난다. "소설은 소설가의 관점에 따라 조금이라도 한계를 가지는 일이 있어서는 안 된다. 다시 말해 이야기에서 보이는 좁은 한계를 무시하고 거기에서 완전히 빠져 나온 것이어야만 한다."

지드가 '내 최초의 소설'이라고 했던 《사전꾼들》과 놓고 보면 《좁은 문》은 그야말로 지드가 말한 '이야기'라는 이름에 가장 잘 어울리는 작품이다. 뛰어난 균형에 앞선 구성력, 지드 특유의 놀랄 만한 순수함을 표현한 문체를 통해 고전적인 완벽함으로의 도달을 보여 준다.

제롬은 사촌누나인 알리사에게 청순한 사랑을 품고 있다. 그런데 제롬에 대한 알리사의 사랑은 그 이상으로 청순한, 천상의 사랑이라고까지 할 만한 것이다. 알리사가 택한 지상적(地上的) 행복의 포기와 이상할 정도의 극기주의는 대체 어디서 온 것일까?

둥근챙 모자를 쓴 채 집필 중인 지드 또하나의 모자가 책상 위에 있듯이 지드는 특별히 모자에 애착을 보였다.

거기에는 몇 가지 원인을 생각할 수 있다. 첫째는 지상적인 행복에 취했던 어머니의 불륜에 대한 괴로운 추억, 둘째는 제롬을 사랑하는 동생에 대한 살뜰한 배려, 셋째는 자신이 결혼해서 가버린 뒤 혼자 남게 될 늙은 아버지에 대한 연민, 넷째는 자신이 제롬보다 손위라는 염려…… 등등인데, 이것들은 어느 것이나 결정적인 원인은 아니다.

진정한 원인은 알리사의 마음 깊숙이 뿌리박혀 있는 금욕주의였다. 사실 알리사는 지드의 사촌누나인 마들렌을 모델로 한 것인데, 한편으로는 지드 자신의 분신이기도 하다. 엄격한 종교적 분위기에 젖어 있던 청소년 시기의 정신 상태가 이 알리사의 내면에 극히 순수한 형태로 나타나 있는 것이다.

1882년, 지드는 마들렌이 자신의 어머니의 불륜에 대한 비밀을 가슴에 품고 있음을 알게 된다. 이것은 제롬이 알리사에 대해 그러했던 것처럼 지드의 마들렌을 향한 사랑에 신비스러운 광채를 덧입히는 결과가 되었다. 아버지

지드의 생애와 작품에 대하여 443

가 죽은 뒤의 청교도적 교육과 종교에 얽매여 성적으로 억제된 생활, 어머니의 불륜으로 인한 슬픔을 간직한 사촌누나에 대한 사랑은 제롬의 모습 꼭 그대로를 옮겨 놓은 것이다.

과연 지드는 작자로서 넘칠 만큼의 애정을 알리사에게 쏟아 붓고 있다. 그것은 과거의 자신에 대한 연민이기도 하고, 마들렌의 젊은 시절의 모습을 그리는 마음이기도 하다. 지난날 피투성이가 되도록 싸웠던 그 금욕주의에 대한 향수가 작가의 마음 한구석에 남아 있었던 것이다. 지드 자신도 말했다.

"자기의 침입은 극히 자연스러운 것으로, 이를 테면《좁은 문》에 있어 알리사의 일기며 편지처럼 편안한 정을 갖고 쓴 것은 없다."

평론가 자크 리비에르는 '이 작품은 단숨에 읽을 필요가 있다. 알리사가 어느 아름다운 날 사랑 때문에 눈물을 머금은 채 힘없이 의자에 기대앉아 책을 읽는 것처럼'이라고 말했다.

사실 이 작품은 읽기 시작하면 책을 손에서 놓을 수 없을 만큼 뛰어난 흡인력을 갖고 있다. 이 자기희생의 이야기는 읽는 사람을 고뇌하고 또 도취하게 한다. 그러나 전편에 넘쳐흐르는 서정적 아름다움에 도취해 알리사의 마음씨에 눈물을 흘리는 것만으로는 이 작품을 이해했다고 할 수 없다.

《배덕자》는 책과 도덕, 법률과 관습, 문화인으로서의 여러 요소를 털어내고, 본능적이고 원시적인 삶의 환희와 '쓸모없는' 큰 자유를 회복한 주인공 미셸을 그려내어 이교적 풍토를 극단에 위치시킨 작품이라 불린다. 그런데《좁은 문》은 지상의 사랑을 버리고 오로지 천상의 사랑만을 동경한 알리사를 주인공으로 한 이야기라는 점에서 자칫 청순한 그리스도교적 풍토를 노래한 작품으로 해석할 여지가 있다.

하지만 이야말로 지드 자신이 나날이 성장해 나가던 시기에 품었던 속마음에 대한 매우 통렬한 실험기록이다. 대를 거듭한 독실한 프로테스탄트 집안에서 태어난 지드가 그리스도교적 선입관을 좇은 '자기희생에 따른 덕의 추구'를 극한의 경우로 두고, 그에 대해 날카로운 비판을 시도한 적이 있다는 사실을 잊어선 안 된다.

이를테면 지드 탄생 80주년을 맞이해 방송된 라디오 인터뷰에서 지드가 질문자 장 암루슈에게 했던 말처럼, 이 작품은 지드의 정신발달 과정에 있어서 그가 처음으로 '인간의 최종목적은 신의 문제를 조금씩 인간의 문제로 바꾸어 가는 것'이라는 결론에 도달한 시기에 쓰였다는 점이다.

이 작품에서 알리사의 모습 일부가 뒷날 그의 아내가 된 사촌누나 마들렌이라는 사실에서 《좁은 문》 또한 그의 반자전적 작품이라고 여겨진다. 전기 인터뷰에서도 지드는 등장인물의 모델을 현실에서 따옴으로서 인물묘사의 단순화를 위해 생각지 못한 고민을 하게 되었고, 이것이 원인으로 작품의 진행이 매우 늦어진 적이 있으며, 작품의 여러 부분 또한 몇 번을 다시 썼다고 서술하고 있다.

바노 거리 자택에서의 지드

《좁은 문》은 탈고를 기다려 1909년 2월 〈N.R.F〉지 복간 제1호부터 제3호에 걸쳐 연재되고, 이어서 같은 해에 메르퀴르 드 프랑스사의 단행본으로 발행되었으며, 뒤에는 갈리마르에서 발행한 정본 '지드 전집'에 수록되었다.

낙타가 바늘구멍을 들어가듯 어려운 지극히 순수한 사랑의 추구! 그러나 사랑을 논리적으로 반성할 때, 현대에서는 사실상 성립되기 어려운 사랑을 알리사의 사고를 통해 지적하고 있다.

눈먼 아름다움을 연주하는 《전원교향악》

제목에서부터 느껴지는 맑고 아름다운 자연의 향기는, 목사가 세상의 때가 묻지 않은 제르트뤼드를 만나 그녀에게 빠져들며 느낀 것과 흡사하다.

시야가 탁 트인 초록 들판에 작고 노란 꽃무늬가 아로새겨진 완만한 비탈이 양쪽으로 펼쳐져 있고, 그 너머로 하얀 벽에 적갈색 기와지붕을 얹은 집이 검은 전나무 그림자 사이로 드문드문 보인다. 노을빛을 받아 마치 금가루를 뿌려놓은 듯이 보이는 푸른 목장이 끝없이 펼쳐지고, 군데군데 소가 느릿한 걸음을 옮기며 한가롭게 풀을 뜯고, 저 멀리 산등성이에는 뭉게구름이 두둥실 떠 있다. 이것이 《전원교향악》의 무대인 스위스 북부 쥐라산맥의 해발 1,040미터에 위치한 라 브레빈 마을의 모습이다.

라 브레빈은 앙드레 지드가 《팔뤼드 Paludes》(1895)와 《전원교향악 La Symphonie pastorale》(1919)를 쓴 곳이다. 1894년 겨우내 이곳에서 요양을 한 지드는 주민들의 배타적인 태도를 견디며 《팔뤼드》를 썼다. 그 전년에 이미 《전원교향악》의 주제를 구상하고 있던 것을 생각하면 지드가 그 작품을 그려낼 무대로 이 산간마을을 선택한 것 역시 1894년 겨울이라고 추정된다.

그런데 《전원교향악》이 오늘날 우리가 읽는 것과 같은 내용과 구성을 갖추기까지는 여러 우여곡절이 있었다. 1910년 무렵 지드는 이미 '시각장애자'라는 표제를 떠올리고 있었다. 작품의 주제도 성 바울이나 칼뱅을 배제하고 예수의 가르침을 직접 접하려 할 때 일어나는 정신적 사건 같은 것이었다고 한다. 작품의 최종 형태는 1918년에 이르러 비로소 완성됐다.

1910년부터 8년 동안은 지드의 파란만장한 생애 중에서도 가장 힘든 시기 가운데 하나였다. 첫째로 신앙의 위기, 둘째로 마르크 알레그레라는 소년과의 만남이 불러일으킨 부부간의 위기가 그를 덮쳤다. 게다가 사회적으로는 제1차 세계대전의 폭풍이 불어 닥치고 있었다.

제1차 세계대전 중에 지드는 '프랑스의 벨기에 집'에서 점령지의 난민구제 사업에 종사하는 한편, 창작에는 손을 대지 않고 오로지 복음서에 몰두하며 동요하는 정신의 버팀목을 찾고자 했다. 이미 지드의 애제자 자크 리비에르는 가톨릭으로 개종한 상태였고, 일찍이 지드 편에 서서 클로델 공격에 가담했던 친구 앙리 게옹마저 전장에서 가톨릭으로 완전히 개종했다는 소식을 편지로 전하며 지드의 개종까지 촉구했다.

지드는 몇 번인가 가톨릭 교회의 문을 두드리려고 했으나 그때마다 무언가가 그를 저지했다. '전에 법을 깨닫지 못할 때는 내가 살았더니 계명이 이르매 죄는 살아나고 나는 죽었노라.' 성 바울의 이 한 구절이 가톨릭 교회 입구에 버티고 서서 지드의 입교를 가로막았다. 자유인 지드로서는 율법으로서의 종교가 아무래도 참을 수 없었던 것이리라. 은총 앞에 율법이 있었음을 인정한다면, 그 율법 이전에 청정무구한 상태가 있었음을 어찌 인정하지 않

가족에 둘러싸여 "가정이여, 더 이상 너를 미워하지 않노라!" 하고 마지막 역할인 '할아버지 노릇'을 몸소 연기해 보이는 지드.

을 수 있으랴. 성 바울의 뜻과는 관계없이, '전에 법을 깨닫지 못할 때는 내가 살았더니'라는 구절이 지드의 정신에 무시무시한 의미를 가지고 그물을 치기 시작했다. 어린아이처럼 천진무구한 마음으로 모든 사물을 바라보고 자유롭게 행동하라는 그리스도의 말씀에 형벌, 위협, 금지 따위는 없으므로 그것들은 모두 성 바울에 의해 거론된 것이 마땅했다. 결국 지드는 가톨릭 교회로 향할 수가 없었다. 율법의 종교가 아니라 자유로운 사랑의 종교를 설파해야 한다는 것이 그의 생각이었다.

이때 지드의 정신 상태는 1916년에서 1919년 사이에 쓴 일기의 단편 〈우리 그리고 너 Numquid et tu〉에 자세히 드러나며, 《전원교향악》은 이러한 사상을 소설로 쓴 것이다. 이렇게 해서 목사와 그 아들 자크의 대립의 드라마가 준비되고 여기에 또 다른 모티프가 보태져서 작품에 살이 붙게 된다.

그 모티프란 소년이었던 마르크 알레그레(뒷날 저명한 영화 시나리오 작가가 됨)에 대한 지드의 동성애와 이를 눈치 챈 아내 마들렌과의 갈등이다. 마르크 알레그레는 지드의 별장이 있던 노르망디 지방 퀴베르빌에서 가족끼리 친밀한 교제를 나누던 엘리 알레그레 목사의 4남인데, 지드는 이 재치 넘치는 소년에게 이상한 집착을 보이다가 마침내 그의 교육에 온힘을 바치기에 이른다. 지드는 일기에서 마르크를 이렇게 그리고 있다.

"미셸(마르크)은 아직 자신에 대해 거의 아무것도 모르는 나이이다. 그의 욕망은 갓 눈을 떴으며, 아직 현실과 견주어 본 적도 없다…… 미셸의 영혼은 파브리스(지드)에게 아름다운 풍경을 펼쳐 보여 주었다. 그러나 파브리스가 보기에 그것은 아직 아침 안개에 뒤덮인 것만 같았다. 이 안개를 걷어 내려면 첫사랑의 광선이 필요했다."(1917년 8월 9일)

또한 지드는 다음과 같은 노골적인 찬사까지 늘어놓는다.

"이 소년은 놀라우리만치 아름다울 때가 있다. 마치 은총에 휩싸인 것 같았다. 시뇨레라면 '신들의 꽃가루'로 덮여 있다고 표현했으리라. 그 얼굴이, 또한 피부 전체가 황금색 광채를 발했다. 그 목과 가슴, 얼굴, 손 등등 온몸의 살갗이 따스하게 금빛으로 빛나고 있었다…… 그 눈빛의 나른함, 부드러움, 육감적인 매력은 뭐라 형용할 길이 없었다. 파브리스는 그에게 도취되어 오랫동안 시간, 장소, 선악, 분별을 잊어버리고, 자아를 잊어버렸다. 예술작품 중 이토록 아름다운 것을 표현한 작품이 있긴 했을까 의심이 들 정도였다."(같은 해 8월 21일)

앞의 일기에서 육감적인 표현을 제거하면 목사의 일기에 적힌 제르트뤼드의 모습과 흡사할 정도다. 그리고 목사의 어리석음을 한탄하는 아내 아멜리는 남편 앙드레 지드와 마르크 알레그레와의 관계에 고통 받고 분노하는 마들렌 부인의 일면을 여실히 보여 주고 있다.

이렇게 작가의 실제 인생에서 소재를 얻어 1918년 2월에 쓰이기 시작한 《전원교향악》은 같은 해 10월에 완성되고 이듬해에 발표되었다. 작품의 주제는 이상에서 살펴본 바로 대충 짐작이 가겠지만, 처음에 예정했던 '시각장애자'라는 제목이 작품의 주제를 얼마나 상징적으로 드러내는지 알 수 있을 것이다.

목사는 아내에게 끼칠 피해는 생각하지도 않고 양심이 이끄는 대로 시각

만년의 지드
"나는 베르길리우스를, 지금도 베르길리우스를 죽음의 문턱에 이르기까지 읽는다."

 장애자 소녀 제르트뤼드를 거둔 뒤 사심 없는 사랑으로 소녀의 정신적 개안을 위해 헌신한다. 사심 없는 사랑, 신의 뜻에 따르는 사랑이라고 목사는 굳게 믿는다(또는 믿고 싶어 한다). 그러면서도 아들 자크가 제르트뤼드를 사랑하며, 그녀와 결혼하겠다고 하자 분통을 터뜨린다. 자크의 사랑을 사랑이 아니라 단순한 '놀이'라고 치부한다. 성직자로서 제르트뤼드를 대하던 목사의 사랑은 어느새 여성을 대하는 남성의 사랑으로 변질되었던 것이다. 그러나 목사는 자신의 마음을 눈치채지 못했거나 눈치채고 싶어하지 않았다. 그렇지만 아내 아멜리의 트인 눈에는 남편의 마음이 어딜 향하고 있는지 똑똑히 비쳤다. 어떤 의미에서 목사 역시 또 하나의 시각장애자였던 것이다. 제르트뤼드가 육체적인 시각장애자였다면 목사는 정신적인 시각장애자라고 볼 수 있을 듯하다.
 시각장애자가 시각장애자를 이끌면 어떻게 될까? '시각장애자가 시각장애자를 인도하다가 둘 다 구렁텅이에 빠지는' 이 작품의 제1장은 시각장애자가 시각장애자를 구렁텅이 바로 앞까지 인도하는 과정이자, '너희가 시각장애자가 되었더라면 죄가 없으려니와'라는 성서 구절이 말하는 무지의 행복에 의해 연주되는 전원 교향곡이다. 하지만 이윽고 시각장애자도 눈을 떠야 하는 날이 온다.

제1장이 느긋하게 무구한(혹은 무지한) 사랑 이야기를 펼치는 데에 비해 제2장은 빠른 속도로 잔혹한 각성 과정을 기록하며 둘을 '구렁텅이'라는 파국으로 정신없이 몰아간다. 제르트뤼드는 자살을 시도해 '죄는 살아나고 나는 죽었노라'는 무시무시한 구절과 다투면서 죽어간다. 자기 신앙의 좌절과 직면한 목사의 마음은 '사막보다 더 메말랐다.'

그러면 작자 지드는 아버지와 아들의 대립, 즉 자유로운 사랑에 의한 종교와 율법에 의한 종교의 대립, 프로테스탄티즘과 가톨릭의 대립에서 결국 후자의 손을 들어 준 것일까? 작품을 보면 얼핏 그렇게 보이기도 한다. 하지만 그렇다면 자크의 손에 이끌려서 가톨릭교로 개종한 제르트뤼드는 어째서 가톨릭의 가장 큰 죄악 중 하나인 자살을 감행한 것일까? 여기에 대해서는 개종하여 죄의식이 싹트지 않았다면 혹시 제르트뤼드도 죽지 않았을지 모른다는 생각을 해본다. 또한 스스로는 깨닫지 못했지만 그녀를 이끈 자크의 손 역시 시각장애자의 손은 아니었을까? 여전히 많은 의문이 남는다. 작자로부터 해답을 기대해 본들 소용없을 것이다. 해답은 독자가 각자 마음속 독백을 읽어내어 스스로 발견해야 하는 것이며, 독자 마음에 그러한 독백을 유발하는 것이야말로 작자 지드의 의도였을 테니까.

존재의 어둠을 비추는 《지상의 양식》

폴 발레리는 《지상의 양식》에 대해 '탈출과 해방의 교과서, 당신의 여행안내서'라고 말했으며, 자크 리비에르는 '우리의 영혼이 달라져 새로운 취향과 쾌락을 즐기게 됐다'고 했다. 실제로 이 작품은 윤리규범과 기술지침, 이론 지식 등이 집약된 실천의 길잡이라고 할 수 있다. 교훈적인 내용은 별개로 치더라도 상대를 설득하고 교육하려는 의지와, 스승의 사상을 이을 조심성 있는 제자를 기르려는 의지가 뚜렷이 드러난다. '양식'이라는 표제에는 나름대로 어울리는 셈이다.

1896년부터 1899년, 1900년, 1903년에 지드는 아프리카로 여행을 다녔다. 이 여행은 그에게 놀라울 정도로 커다란 충격을 안겨 주었다. 본능적 쾌락과 청교도적 종교 교육에서 비롯된 윤리 및 종교에서의 해방, 강렬한 생명력의 분출을 맛본 것이다. 이것은 더 나아가 문학적 해방으로도 이어졌다. 그래서 소설도 시도 아닌 알 수 없는 장르의 《지상의 양식》이 탄생한 것이다.

그는 여기서 실례를 드는 것을 꺼리지 않는 교육으로서, 자신의 마음을 적나라하게 드러내고, 제자가 그 실례를 이용할 수 있도록 한다. 제자를 친근하게 '너'라고 일컬으며 직접 부르고 있다는 사실을 놓쳐서는 안 된다. 또 '가르친다'는 동사가 반복되는 데에서 작자의 의도를 확인할 수 있다. '나타나엘이여, 그대에게 열정을 가르쳐 주리라' 하고 말한 것처럼. 하지만 그는 거만하게 교단 위에서 설교하는 것이 아니라 플라톤이 아카데미 숲속을 배움터삼아 그랬던 것처럼 친구로서 함께 산책하며 가르친다.

제자를 모으는 것은 자신을 속박하는 것, 제자들에게 대한 의무를 지는 것, 하나의 사회적 책임을 받아들인다는 것이다. 그런데 설교가 성공하고 추종자가 늘어나자, 그 틈에서 독방 죄수처럼 숨이 막힐 것이 두려웠던 걸까? 지드는 그것을 거부한다. 그는 '내 책을 던져 버려라'라고 하면서 자기 자신이 아닌 다른 누군가가 자신을 교육시킬 수는 없다고 발뺌한다. 한 인간의 마음을 정복하고 싶은 유혹과 제자들에 대한 어떤 의무를 지게 된다는 두려움 사이에서 분열에 빠지자, 지드는 연막을 치고 도망친다.

그는 도망만 간 것이 아니다. 젊은이들에게 호소했던 주장도 스스로 축소시키고, 자기 작품 속으로 피난하려고 했다. 제자들에게 둘러싸여 있는 한 죄의식은 사라지지 않았다. 따라서 어쩔 수 없는 역설이 생겨난다. '이 탈출과 해방의 교과서 안에 나를 가두는 것이 세상의 습관이다.' 그는 이렇게 쓰고 있다. 세상에 휩쓸리진 않겠다, 그럴 바엔 틀을 깨고 벽을 부숴 버리겠다는 것이다. 이 '교과서'의 1927년 판은 지드를 속박하는 무거운 짐이었는데, 그는 서문에서 '자신의 존재가치를 축소시키려고' 고심했다. 요컨대 《지상의 양식》은 '환자까지는 아니지만 적어도 회복기 환자인' 작자의 저작에 지나지 않는다는 것이다. 게다가 이 책은 1897년 발표된 이래 조금도 팔리지 않았고 비평가들의 눈에도 들지 못했다. 초판 1,650부가 모두 팔리는 데 무려 18년이라는 세월이 걸렸다.

지드가 이 책을 쓴 것은 당시 '문학이 견딜 수 없을 만큼 인공적 기교와 고리타분한 냄새로 찌들어 있었기 때문이었다.' 그는 '예술이 자연스러움과 삶에서 완전히 분리될 큰 위험에 놓여 있다고 생각했다.' 그래서 '문학이 다시금 대지에 닿아 그저 순박하게 맨발로 흙을 밟도록 하는 것이 시급하다'고 여겨 방향성 잃은 당대인들에게 새로운 길을 보여 주고자 했던 것이다. 그러면서도 그는 '세간의 열광을 불러일으킬 만한 가치 따위는 없는 유행에 지나지 않는다고 해도 좋다'고 한다. 물론 그의 이러한 말은 다시 생각해 볼 여지가 있으나, 자신의 말을 더욱 설득력 있는 것(세간의 열광에 더욱 찬물을 끼얹는 것)으로 만들기 위해 망설임 없이 자신의 지적 성실을 도마 위에 올려놓았다.

자유의 사도가 되면서도 자유를 피해 결혼했다. 예술에서도 사랑에서도 성실했지만 두 가지 성실은 모순되기 마련이다. 모호하게 행동하는 자는 지도자가 아니다. 그러므로 '나'는 사기꾼이다. '나'에게서 멀어져라. '나타나엘이여, 이제 내 책을 던져 버려라. 내 책에서 떨어져 자유로워져라'라고 끝맺는 책에 어떻게 매달릴 수 있단 말인가?

《지상의 양식》은 제자가 '인내력의 유무를 불문하고 누구나 그 대신이 될 수 있는 인간'이 되는 데 도움을 주었을지는 모르나 목적을 다한 지금, 스승은 자유로운 고독을 요구하며 말한다. '나를 떠나라. 이젠 네가 귀찮구나. 네가 날 속박하고 있다. 너에 대한 사랑은 과대평가 된 무거운 짐이다. 누군가를 교육하는 척하는 것도 지긋지긋하다. 내가 언제 나와 똑같은 사람으로 만들겠다고 했는가? ……내 책을 던져 버려라. 이는 인생에 맞서는 수많은 태도 가운데 하나에 지나지 않음을 잘 생각하라. 너 자신의 태도를 탐구하라…….'

지드가 바라본 도스토옙스키

이 《도스토옙스키》는 지드가 도스토옙스키 탄생 100주년인 1921년에 행한 강연 내용을 추려 다음 해에 책으로 발표한 것이다.

알려져 있는 바와 같이 지드는 모순의 작가다. 그는 인간이 어떤 원리원칙에 따라 정연하게 분석될 수 있는 존재는 아니라고 본다. 그의 판단에 따르면, 인간이란 분석될 대상이 아니라 살아 있는 존재로서, 악마와 신을 동시에 가슴에 품고 겸손과 오만 사이에 갈팡질팡하는 고뇌의 존재다.

한데 이러한 인간의 모습, 우리가 흔히 보존적이라고 부를 수 있는 모습은, 현실을 여러 가지 요소로 분석하고 분류할 수 있다는 프랑스의 전통적 사고방식으로는 해결될 수 없는 것이다. 여기에 바로 지드의 고민이 있었으며, 도스토옙스키에 대한 발견은 이러한 그의 반라틴적인 발상에 새로운 힘을 주었던 것이다.

지드가 도스토옙스키에 관해서 깊은 관심을 가지기 시작한 것은 1900년 즈음의 일로 추정된다. 그 무렵의 초고를 보면, 질병을 지녔기 때문에 오히려 인류에게 새로운 빛을 던져 준 위인들로 루소·니체·도스토옙스키 등을 들고 있다. 그 뒤 지드의 도스토옙스키에 대한 관심은 커다란 존경으로 바뀌어 1908년에는 그에 관해서 쓴 글을 잡지에 투고하기에 이른다. 1913년의 일기에서는 니체와 도스토옙스키의 유사성을 강조하고 있기까지 하다.

뿐만 아니라, 지드는 여러 곳에서 그가 좋아하는 네 사람, 즉 블레이크·브라우닝·니체·도스토옙스키를 열거하고 있는데, 이 작가들이 모두 프랑스 사람이 아닌 점은, 이미 밝힌 바와 같이 지드의 반분석적인 태도로 보아 당연한 일이다.

지드는 일기에서 이렇게 말하고 있다. '도스토옙스키의 위대함은 그가 이 세상을 결코 하나의 이론으로 해석하지 않았고, 또 이론화의 유혹도 받지 않았던 데 있다. 발작은 항상 정념의 이론을 찾았다. 그런데 발작이 끝내 그런 이론을 찾아내지 못한 사실은 그를 위해서 참으로 다행한 노릇이다.'

이론이 없어서 그만큼 더 위대하다는 역설적인 생각, 즉 이론을 넘어서는 복잡하고 다각적인 삶의 현실에 대한 외경과 고민은 이 《도스토옙스키》뿐만 아니라, 지드의 작품 전체를 이해하기 위한 열쇠가 된다. 이런 점에서 볼 때, 참된 소설은 인간에 대한 세부적인 분석이 아니라 인생관의 혁명을 위해서 있는 것이며, 이 혁명의 길을 걷는 과정에서 지드는 도스토옙스키라는 보기 드문 동지를 만났다고 할 수 있는 것이다.

사실, 도스토옙스키가 지드의 사상이 발전하는 데 있어 결정적으로 영향을 끼쳤다고 말하기는 어렵다. 다만 우리가 알 수 있는 것은 《앙드레 발테르의 수기》 이래로 지드를 사로잡아 오던 반지성주의적 반항과 도스토옙스키의 사상 사이에 깔린 깊은 유사점이며, 지드가 이 유사점에 많은 감명을 받았다는 사실이다.

따라서 지드의 《도스토옙스키》는 엄밀한 의미의 비평서라기보다는 도스토옙스키라는 위대한 소설가를 앞세워 이뤄진 지드 자신의 신념 고백과 같은 것이다. 그는 1922년 8월 4일자 《일기》를 통해, 타인의 공감을 얻기 위해 도스토옙스키의 사상을 이용해서 자기 자신의 사상을 제시해 보았다는 말을 그 강의 후 얼마 안 되어서 고백하고 있다.

지드 연보

1869년	11월 22일. 파리 대학 법학부의 로마법 교수였던 아버지와 노르망디의 롱도 집안 출신 어머니 사이에서 태어남.
1877년(8세)	알자스 학원에 입학. 자위하는 나쁜 습관이 생기고, 홍역에 걸려 휴학. 칼바도스의 라 로크 별장에서 요양하다. 동물과 식물, 음악에 흥미를 가짐.
1879년(10세)	알자스 학원에 복교, 브델 선생 댁에 기숙함.
1880년(11세)	아버지 죽음.
1884년(15세)	알자스 학원에 다시 입학. 그러나 얼마 뒤 다시 학업을 중단하고 이때부터 독서에 열중, 고티에·하이네, 그리스 고시(古詩)를 탐독함. 특히 성서는 매일 밤 읽고 종교와 예술에서 기쁨을 찾음. 마들렌을 사모함.
1887년(18세)	알자스 학원의 수사학급(修辭學級)에 입학.
1888년(19세)	앙리 4세 학교에 입학. 스피노자·라이프니츠·데카르트·니체를 읽음. 특히 쇼펜하우어에 심취. 앙리 4세 학교를 퇴학하고 독학으로 대학입학 자격시험의 수험 준비에 열중함. 이때부터 작가가 될 결심을 함. 《앙드레 발테르의 수기》 계획함.
1890년(21세)	베를렌을 찾아감. 《앙드레 발테르의 수기》를 완성. 폴 발레리를 알게 됨.
1891년(22세)	파리 대학 철학과에 입학했으나 곧 퇴학. 루이스의 소개로 에레디아, 말라르메의 살롱에 드나들기 시작. 2월 《앙드레 발테르의 수기》를 익명으로 출판. 불안과 우울의 나날을 보냄. 《나르시스론(論)》을 출판, 발레리에게 바침.
1893년(24세)	에스파냐·알제리 여행. 《유리안의 여행》 《사랑의 시도》 출판.
1895년(26세)	다시 알제리로 감. 와일드와 만남. 《지상의 양식》 쓰기 시작

함. 《팔뤼드년(전원교향곡)》 출판.

1897년(28세) 《지상의 양식》 출판. 《문학과 도덕의 여러 점에 관한 고찰》 《엘 하지》 발표. 《파멸당한 사람들에 대해서》 발표하고 모리스 바레스의 태도 공격함.

1898년(29세) 《피로크테트》 《말라르메》 발표. 《안제르에의 편지》 쓰기 시작함.

1899년(30세) 《사슬에서 벗어난 프로메테》 《여행일기 1895~1896》를 익명으로 출판. 클로델과 서신 왕래 시작함.

1902년(33세) 《배덕자》 출판. 《엠마뉴엘 시뇨레》 《노르망디와 바 랑그도크》 발표.

1905년(36세) 《와일드》 《에레디아》 발표. 《좁은 문》 쓰기 시작함.

1906년(37세) 《아맹타스》 출판.

1907년(38세) 《탕아 돌아오다》 발표.

1908년(39세) 11월 몽포르를 주간으로 하여 〈N·R·F〉지를 창간. 레옹 보케의 〈반(反)말라르메론(論)〉을 에워싸고 내분이 일어나 제1호로 폐간됨. 《서간으로 본 도스토옙스키》 발표.

1909년(40세) 자크 코포·앙리 게옹·장 슐링베르제 등과 더불어 〈N·R·F〉복간(復刊). 제1호부터 《좁은 문》 연재. 《반(反)말라르메》 《날짜 없는 일기》 《국민주의와 문학》 발표. 자크 리비에르와 알게 됨.

1911년(42세) 《카라마조프 형제들론(論)》 발표. 《속(續) 프레텍스트》 〈C·R·D·N〉(익명, 이것을 다듬은 것이 뒤의 《코리동》) 《이자벨》 출판. 릴케의 《말테의 수기》 일부 번역.

1913년(44세) 《프랑스 소설 열 가지》 《중죄 재판소의 추억》 발표. 타고르의 《기탄잘리》 번역.

1914년(45세) 《교황청의 지하도》 출판. 여름 제1차 세계대전이 일어나자 〈N·R·F〉 휴간함. 샤를 뒤 보스와 더불어 프랑스·벨기에 협회에 참가하고 벨기에 난민구제에 전력함.

1919년(50세) 〈N·R·F〉 복간. 《독일론》 《어떤 독일인과의 대화》 《그리스 신화에 관한 고찰》 발표. 《전원교향곡》 출판. 《사전꾼의 일

	기》 쓰기 시작함.
1920년(51세)	셰익스피어의 《안토니우스와 클레오파트라》 번역함.
1921년(52세)	앙리 마시스는 〈앙드레 지드 씨의 영향〉을 발표하고 종교와 도덕면에서의 지드의 패덕주의 비난함.
1923년(54세)	《도스토옙스키론》 출판. 《유럽의 장래》 발표. 앙리 베로가 〈레클레르〉지에서 지드를 공격함.
1924년(55세)	《안시단스》 출판. 《코리동》《한 알의 밀알이 죽지 않으면》의 저자명을 밝힘. 《조셉 콘라드》 발표.
1925년(56세)	《자크 리비에르》 발표. 《앙드레 발테르의 수기》 저자명을 밝힘.
1926년(57세)	《단디키》 발표. 《사전꾼들》《사전꾼의 일기》 출판.
1927년(58세)	《콩고 기행》 출판.
1928년(59세)	《차드 호(湖)에서 돌아오다》 출판. 《몽테뉴론(論)》《편지》《단상(斷想)》 발표. 《지드 예찬》 출판.
1929년(60세)	《여성의 학교》《편견 없는 정신》 출판. 《몽테뉴에 의한다》《편지》《구고(舊稿)》 발표.
1930년(61세)	《로베르》《브와티에 불법 감금 사건》《르듀로 사건》 출판.
1931년(62세)	《외디프》《아놀드 베케트》《청춘》《쇼팽에 관한 노트》 발표. 생 텍쥐베리의 《야간 비행》 머리말을 씀. 《디베르》 출판. 코뮤니즘에 대한 관심이 많아짐. 〈라티니테〉지가 유럽에 있어서의 지드의 영향에 대한 설문조사를 시도함.
1932년(63세)	《괴테》《오차르모트에 대해》 발표. 《일기》(1929~1932)가 〈N·R·F〉에 연재됨에 따라 지드의 좌익 전향문제가 빈번히 논의됨. 《지드 전집》이 간행되기 시작함.
1933년(64세)	파리의 반(反)파시즘대회에서 강연함. 〈러시아 청년에게〉라는 제목의 우호성명 발표. 5월 사회문제에 대한 《단상》 발표. 그리스도교와 코뮤니즘에 대해 다니엘 로프에게 편지를 보냄.
1934년(65세)	앙드레 말로와 함께 베를린으로 가서 디미트로프(1933년 2월 독일국회 방화사건으로 체포되었음)의 석방 요구. 《페르세포네》 발표. 《일기 초(抄)》 출판. 모스크바의 소비에트 작

	가협회에 메시지를 보냄.
1935년(66세)	〈지드와 현대〉라는 제목으로 토론회 개최. 페르낭데스·모리악·마시스·말로·무니에 등이 참가, 지드도 출석하여 질문에 응함. 《주느비에브》《열세 번째의 나무》발표. 《새로운 양식》출판.
1936년(67세)	《소비에트 여행기》출판. 좌익 진영의 공격을 받음.
1938년(69세)	《유대인 세리느와 마리탱》《제프 라스트》《발견된 페이지》《프랑시스 잠》발표.
1941년(72세)	《앙리 미쇼의 발견》《아르튀르 랭보》발표.
1942년(73세)	《나의 어머니》《베를렌과 세 번 만난 일》발표.
1943년(74세)	〈가상(假想) 회견기〉출판. 5월에는 알제리로, 10월에는 모로코로 옮김.
1944년(75세)	지드가 주재하는 〈방선(方船)〉간행. 독일 항복. 《테세우스》탈고.
1945년(76세)	지드 번역의 《안토니우스와 클레오파트라》가 코미디 프랑세즈에서 상연. 《붓장사의 교훈》《정의냐 사랑이냐》《앙리 게옹》《폴 발레리의 영광》《폴 발레리》발표. 프랑크푸르트 시에서 괴테 훈장 받음.
1946년(77세)	《테세우스》,《문학적의 회상과 현재의 문제》《로베르(일반의 이익)》출판. 《크리스찬 베크에의 편지》《메르퀴르 드 프랑스》《르뷔 블랑슈》발표.
1947년(78세)	옥스퍼드 대학에서 명예박사학위 받음. 《극작 전집》발간. 《감춰진 일기》한정 출판. 노벨문학상 수상.
1948년(79세)	《프랑시스 잠과의 왕복 서간집》출판. 《앙도낭 아르트》《용기》《진리》《가을의 단상》발표.
1950년(81세)	《일기 1924~1949》출판. 스스로 각색한《교황청의 지하도》가 코미디 프랑세즈에서 상연됨.
1951년(82세)	2월 19일 파리 바노 거리의 자택에서 세상을 떠남.

이휘영(李彙榮)

일본 메이지대학 수료. 도쿄 아테네프랑세 졸업. 프랑스 소르본대학 수학. 서울대 불문과 및 경희대 불문과 교수 역임. 한국불어불문학회회장·한불문화협회회장 역임. 프랑스 팔므아카데믹훈장 및 녹조소성훈장·국민훈장모란장·서울시문화상 수상. 지은책 《불한사전》《엣센스 불한사전》《대학불어》《불문학개론》《불어학개론》, 옮긴책 위고 《레 미제라블》 모파상 《여자의 일생》 카뮈 《이방인》 사르트르 《구토》 등.

이춘복(李春馥)

한국외국어대 불어과 졸업 서울대대학원 불문학 석사 프랑스 파리제1대대학원 박사. 한국외대 불어과 교수 명예교수 역임. 옮긴책 모파상 《여자의 일생》《비계덩어리》《목걸이》, 메리메 《마테오 팔코네》, 알퐁스 도데 《별》《아르르의 여인》 등이 있다.

155

Andre Gide
LA PORTE ÉTROITE
LA SYMPHONIE PASTORALE
LES NOURRITURES TERRESTRES

좁은 문/전원교향악/지상의 양식

앙드레 지드/이휘영 이춘복 옮김

1판 1쇄 발행/1978. 8. 10
2판 1쇄 발행/2011. 4. 1
2판 2쇄 발행/2014. 2. 10
발행인 고정일
발행처 동서문화사
창업 1956. 12. 12. 등록 16-3799(윤)
서울 강남구 도산대로 163(신사동)
☎ 546-0331~6 (FAX) 545-0331
www.dongsuhbook.com

*

이 책은 저작권법(5015호) 부칙 제4조 회복저작물 이용권에 의해 중판발행합니다.
이 책의 한국어 문장권 의장권 편집권은 저작권 법에 의해 보호받으므로
무단전재 무단복제 무단표절 할 수 없습니다.
이 책의 법적문제는 「하재홍법률사무소 jhha@naralaw.net」에서 전담합니다.

*

사업자등록번호 211-87-75330
ISBN 978-89-497-0741-9 04080
ISBN 978-89-497-0382-4 (세트)